老龄黄皮书
YELLOW BOOK OF AGING

老龄政策理论与实践研究（2022）

LAO LING ZHENG CE LI LUN YU SHI JIAN YAN JIU

中国老龄协会◎编

华龄出版社
HUALING PRESS

图书在版编目（CIP）数据

老龄政策理论与实践研究 . 2022 ／ 中国老龄协会编
. -- 北京：华龄出版社，2024.6
ISBN 978-7-5169-2736-6

I. ①老… II. ①中… III. ①老年人—社会政策—研
究成果—中国—2022 IV. ① D669.6

中国国家版本馆 CIP 数据核字（2024）第 068280 号

责任编辑	程 扬 彭 博		**责任印制**	李未圻
责任校对	张春燕			

书　　名	老龄政策理论与实践研究（2022）		作　者	中国老龄协会
出　版 发　行	华龄出版社 HUALING PRESS			
社　　址	北京市东城区安定门外大街甲 57 号		邮　编	100011
发　　行	（010）58122250		传　真	（010）84049572
承　　印	廊坊市博林印务有限公司			
版　　次	2024 年 6 月第 1 版		印　次	2024 年 6 月第 1 次印刷
规　　格	787mm×1092mm		开　本	1/16
印　　张	26.5		字　数	580 千字
书　　号	ISBN 978-7-5169-2736-6			
定　　价	180.00 元			

前　言

　　开展老龄政策理论与实践研究，为相关部门提供积极应对人口老龄化决策支持和政策建议，是中国老龄协会（以下简称"协会"）的一项重要工作。为此，协会每年围绕积极应对人口老龄化的重大战略问题、老龄科学领域的理论前沿问题、老龄事业发展的重点难点问题、老年人的急难愁盼等问题，通过委托研究、自主研究等方式，选择上述领域的若干具体议题进行深入研究。在此基础上，协会积极将优秀研究成果通过上报决策部门、召开新闻发布会、公开出版等方式，有效推动研究成果转化、扩大社会效益。

　　同时，协会注重加强老龄科研资源整合，有效发挥老龄科研优势，遴选了复旦大学老龄研究院、中国人民大学社会与人口学院、浙江大学老龄健康和研究中心等二十个老龄科研基地（以下简称"基地"），加强与这些基地之间的交流合作，其中委托基地开展课题研究是重要的方式。本书收录的四份研究报告即选自协会政策研究部委托基地承担的 2022 年结题的课题中的优秀研究成果。

　　由协会基地（复旦大学）承担的《实施积极应对人口老龄化国家战略研究》在综合研判我国人口老龄化发展态势的基础上，提出应从"从强调'中国特征'向构建'中国优势'转变""在党的全面领导下构建整体性治理格局"等六个方面加快转变实施积极应对人口老龄化国家战略的思路，应准确把握实施积极应对人口老龄化国家战略的八方面治理选择和重点领域，通过凝聚共识、形成合力，夯实积极应对人口老龄化国家战略的实施基础。

　　由协会基地（中国人民大学）承担的《老年人社会参与政策评估研究》以完善我国现有老年社会参与政策体系，继续发挥老年人积极作用，满足老年人美好生活需要为导向，立足就业、志愿服务和老年人力资源开发三个重要老年社会参与领域，沿着相关政策的年龄包容性和老龄政策的公平性两条路径，围绕参与权利、参与途径和权益保障三个维度，对上述两条路径中涉及政策的不足和政策执行中存在的问题进行梳理和分析，为清除阻碍老年人继续发挥作用的制度障碍提出对策建议，为优化老年社会参与政策提供方向和参考。

由协会基地（南开大学）承担的《资本市场服务养老服务业研究》在分析资本市场和养老服务业发展关系的基础上，剖析了我国养老服务业发展存在的问题和内在原因，遵循资本市场规律，借鉴国际先进经验，从投资和融资两个方面探索我国资本市场服务养老服务业发展的可行模式，并从政府、资本市场、养老企业、消费者四个角度分别提出对策建议，为推动我国养老服务业高质量发展提供决策参考。

由协会基地（华东师范大学）承担的《深化公共养老服务资源分配研究》界定了公共养老服务资源的概念和内涵，以对全国人口老龄化发展态势的研判为基础，从养老服务供需角度对全国范围内公共养老服务资源的分配现状进行分析，从公平性和效率性两个维度对我国公共养老服务资源的分配水平进行评价，查找存在的问题并进行原因分析，借鉴典型国家公共养老服务资源分配经验，从七个方面提出了深化我国公共养老服务资源分配的对策建议。

总体来看，上述研究选题紧扣时代主题和现实需求，内容翔实，论述深入，视角多元，方法得当，坚持理论联系实际，注重问题导向，注重研以致用，所提建议具有较强的针对性和操作性，对于推动老龄研究、开展老龄工作和发展老龄事业具有一定的参考价值。

不足之处，请读者批评指正。

中国老龄协会

2024 年 3 月 4 日

目　录

实施积极应对人口老龄化国家战略研究

胡　湛　彭希哲　王雪辉　李　婧　苏忠鑫　宋靓珺　陈　倩

檀榕基　王尚慧　朱　勤　张　震　沈凯俊　吴敏捷　高俊岭[①]

前　言

　　2012 年修订的《中华人民共和国老年人权益保障法》明确规定："积极应对人口老龄化是国家的一项长期战略任务"。2016 年发布的《国务院关于研究处理老年人权益保障法执法检查报告及审议意见情况的反馈报告》进一步强调"落实应对人口老龄化国家战略"的重要性。2020 年 10 月，党的十九届五中全会决定"实施积极应对人口老龄化国家战略"，体现了最高层级的国家意志与发展定位，具有划时代的重大意义。

　　实施积极应对人口老龄化国家战略，事关国家发展全局，事关亿万百姓福祉，对"十四五"和更长时期我国经济社会持续健康发展具有开创且深远的意义。从战略定位上看，积极应对人口老龄化国家战略脱胎于中国特色社会主义现代化新发展格局之中，是进一步推动高质量发展、加快发展中国式现代化新道路的重要举措。积极应对人口老龄化必须以实现高质量发展为目标，而实现高质量发展又必须以积极应对人口老龄化为基础。有效实施积极应对人口老龄化国家战略，不仅是中国人口发展现代化的试金石，更将成为实现"两个一百年"奋斗目标的重要考量。

　　基于此背景，本课题组通过文献分析、实证研究和实地考察等调研方式，进行了实施积极应对人口老龄化国家战略研究，形成本研究报告。积极应对人口老龄化是一项长期性、全局性的重大任务和系统工程，无疑需要基于整体性的中国思考。因此，课题组在综合研判中国人口老龄化态势的科学基础上，加快转变实施积极应对人口老龄化的战略思路、有效识别积极应对人口老龄化的当前战略重点，以凝聚共识、形成合力，夯实

　　① 胡湛，复旦大学老龄研究院教授；彭希哲，复旦大学老龄研究院教授；王雪辉，复旦大学人口与发展政策研究中心青年副研究员；李婧，复旦大学人口与发展政策研究中心博士后；苏忠鑫，复旦大学老龄研究院助理研究员；宋靓珺，复旦发展研究院助理研究员；陈倩，复旦大学人口与发展政策研究中心博士研究生；檀榕基，复旦大学老龄研究院研究助理、博士；王尚慧，复旦大学人口与发展政策研究中心博士研究生；朱勤，复旦大学老龄研究院教授；张震，复旦大学人口与发展政策研究中心副教授；沈凯俊，复旦大学人口与发展政策研究中心博士研究生；吴敏捷，复旦大学人口与发展政策研究中心博士研究生；高俊岭，复旦大学公共卫生学院副教授。

国家战略的实施基础。

复旦大学课题组

2022 年 10 月

一、总论

    党的十九届五中全会提出"实施积极应对人口老龄化国家战略"，体现了最高层级的国家意志与发展定位，具有划时代的重大意义。这将成为一项长期性、全局性的重大任务和系统工程，无疑需要基于整体性的中国思考，在综合研判中国人口老龄化态势的科学基础上，加快转变实施积极应对人口老龄化的战略思路、有效识别积极应对人口老龄化的当前战略重点，以凝聚共识、形成合力，夯实国家战略的实施基础。

（一）实施积极应对人口老龄化国家战略的重大现实意义

    党的十九大报告已明确提出到 21 世纪中叶"把我国建成富强民主文明和谐美丽的社会主义现代化强国"和"全体人民共同富裕基本实现"的宏伟目标，而届时恰是我国老龄化程度相对最高的时期。在此背景下，党的十九届五中全会提出"实施积极应对人口老龄化国家战略"，成为与科教兴国、乡村振兴、健康中国等并列的最高层级的国家战略，使之升格为党和国家的中心工作之一。这是党中央审时度势做出的重大战略部署，也令老龄社会治理成为国家整体发展框架中的重要一环。老龄社会治理体系并不是孤立的制度与政策集群，而是中国整体发展格局中的有机组成，它并不外在于"创新驱动发展 / 区域协调发展 / 可持续发展""科教兴国 / 人才强国"以及"乡村振兴"等国家战略，也不是与"健康中国""新型城镇化"乃至"一带一路"等无关的问题，对老龄化的应对治理应更多置入国家整体发展战略中加以论证。

    实施积极应对人口老龄化国家战略，事关国家发展全局，事关亿万百姓福祉，对"十四五"和更长时期我国经济社会持续健康发展具有开创且深远的意义。从战略定位上看，积极应对人口老龄化国家战略脱胎于中国特色社会主义现代化新发展格局之中，是进一步推动高质量发展、加快发展中国式现代化新道路的重要举措。积极应对人口老龄化必须以实现高质量发展为目标，而实现高质量发展又必须以积极应对人口老龄化为基础。有效实施积极应对人口老龄化国家战略，不仅是中国人口发展现代化的试金石，更将成为实现"两个一百年"奋斗目标的重要考量。

（二）深化认识实施积极应对人口老龄化国家战略的社会形势与社会心态

    人口老龄化作为一种超复杂系统问题，其发展及影响所产生的冲击将"不亚于全球化、城市化、工业化等人类历史上任何一次伟大的经济与社会革命"，其应对亦将涉及整个国家治理及制度体系的调节乃至重构。目前，人口老龄化的影响已渗透入我国社会经济文化发展的方方面面，其发展进程与中国特色社会主义进入新时代相同步，并始终伴随"两个一百年"奋斗目标的实现过程。一方面，我们应立足于我国人口态势及老龄化发生发展规律，正确认识实施积极应对人口老龄化国家战略面临的国内外形势。另一方面，我们应识别并厘清当前社会针对老龄化发展和老龄社会治理的认知误区和理解偏差。

1. 深化认识实施积极应对人口老龄化国家战略面临的新形势

首先，寿命延长和生育下降使人口老龄化成为常态。一方面，卫生条件的改善、医疗技术的推广、生活水平的提高及保健意识的增强，大大降低了人类的死亡率，使人类寿命普遍延长。另一方面，人们的生育行为也发生了显著变化。计划生育政策、经济社会的发展、妇女地位的提高、教育的普及、家庭规模的缩小、人口流动的加剧，以及生活观念和生活方式的改变，都直接或间接地对生育率的下降发挥着作用。人口老龄化作为一种必须面对的客观趋势，其在任何国家和地区都概莫能外，差别只是出现的早晚和进程的快慢。它不仅是社会经济发展的必然趋势，也是人口再生产模式从"传统型"向"现代型"转变的必然结果。

其次，我国应从治理视角对中国人口老龄化达成共识。当前国内外权威机构和学者对中国人口老龄化发展趋势的研究预测大致相同，即中国将不可逆转地进入老龄化深化并持续的长期过程；对其发展规律的基本判定也趋于类似，如基数大、速度快、区域不均衡、高龄老人和失能失智老人增多、空巢化和独居化加剧等。随着中国特色社会主义进入新时代，我国老龄社会发展的整体特征如下：①我国正处于人口老龄化的急速发展期，该阶段已从"未富先老"转变为"边富边老"乃至"慢备快老"，其中还包括"科研慢备"，诸多治理实践涌现问题的根源亦在于此。②抚养比上升将由老年人口增加所主导，这将倒逼劳动就业模式转型。③家庭变迁将增加养老制度安排的变数，其风险与机遇并存。④老龄化的地区差异增加了应对复杂度，但也创造了政策回旋空间。⑤老年人口健康水平不断提升，但其政策价值仍有待挖掘。⑥现役老年标准与社会现实趋于脱节，存在误判老龄化态势的风险。

2. 反思对于老龄化和老龄社会的认知误区及形成机制

中国不同领域的学者由此从不同学科出发对中国老龄化问题进行了较为系统性的探索，并形成大量丰硕的学理性成果。但论及具体的对策政策研究，不少研究却常常过高估计老龄化问题的严重程度，不同程度地存在着将老龄化视为"问题"或"挑战"的倾向，形成了一系列对于老龄化发展和老龄社会治理的认知误区及偏差，其对策与政策研究较多着眼于单项或局部的静态政策问题，存在若干治理困境，相应治理研究亦有囿限。

其一，老龄化研究和实践中，存在四种认知误区和理解偏差：①对老龄社会的常态化欠缺共识，"悲观论"与"危机论"在研究实践中仍有市场。②将老龄问题等同于老年人问题乃至养老问题，将老龄社会治理等同于老年人工作的开展和老龄事业的发展。③较多推崇"拿来主义"，忽略了中国在老龄社会治理中的特殊性乃至优势。④在实践中过度关注人口老龄化应对的技术性，忽视了老龄社会治理的全民性和整体性。

其二，老龄社会治理研究中，存在基础理论的缺乏与认知困境：①应对中国人口老龄化的基础治理理论尚未廓形，具体的治理体系尚未落实，因而难以实现从一元主导到多元共治、从查漏补缺到持续发展、从管控维稳到共建共享的治理格局转变。②现有社会认知混沌，存在误判人口及老龄形势的风险。固守传统的概念、工具和框架，忽略其与当前社会现实脱节的问题，是社会认知混沌的重要原因。③现有涉老制度与政策安排的研究尚未形成中国方案。④现有研究及实践对人口社会变迁过程中的"不确定性"把握不够。

其三，认知误区与理解偏差的形成机制：①社会认知发展所固有的"慢同步"特点。人口结构的老龄化本身涉及一系列超复杂系统问题，并且人口老龄化本身亦仍在不断发展之中。②制度资源储备相对缺位引发若干社会焦虑。人口老龄化本身并不构成"问题"，但其与现行以中青年为核心而设计运行的社会治理架构与制度结构相互不适应所产生的矛盾则以多以"挑战"或"压力"的面貌呈现。③社会文化变迁对社会观念和代际关系的影响。④传统生死观对老年观或老龄观的影响。中国传统文化伦理所隐含的若干理念和思维模式对当前老龄观和老年观的形成亦有不可忽略的影响。这使得我们对于生命末期的关怀常常被忽略，我们对老年人最后生命历程的理论储备和现实经验由此显得不足。

（三）加快实施积极应对人口老龄化国家战略的思路转变

在新时代背景下，实施积极应对人口老龄化国家战略必须跳出在传统逻辑框架内探讨防止或延缓老龄化的路径依赖，不仅要避免局限于"在旧框架内解决新问题"的思路，更要抛掉局部的、静态的治理模式调整或政策调节思路，进而从全局的、动态的视角来重新思考整体性战略布局。具体而言，实施积极应对人口老龄化国家战略应尽快实现在治理理念和治理路径方面的转型优化，其整体思路主要包括：

1. 从强调"中国特征"向构建"中国优势"转变

积极应对人口老龄化是一个崭新的全球性战略议题，先期老龄化国家确有经验可为我国借鉴，然而治理转型和制度改革是持续的过程，各国之间存在共同趋势，但更多表现出显著的差异和个性特征，无法简单模仿引用，何况诸多发达国家亦因制度囿限而陷入老龄化的泥潭而不拔。中国国情及其所处时代的特殊性，要求我们走出一条积极应对人口老龄化的中国特色之路，客观而言，当代中国在老龄社会治理中具备一定特殊性乃至优势，例如：①事实已反复证明，党和政府在处理一些事关全局和涉及长期发展的复杂问题上，具有其他国家难以比拟的动员力和灵活性，这是老龄社会治理中最坚强可靠的主体力量。②新中国成立后的长期发展以及改革开放后逐步积累形成的海量发展红利，为积极应对人口老龄化提供了稳固的经济基础。③以孝道为核心的家庭伦理和传统文化形成了特殊的治理资源，将为积极应对人口老龄化提供强大的文化伦理支撑和稳定的价值理念输出。④中国的大国优势与地区发展多样性可能会为老龄治理腾挪出宝贵的时间与空间，这一国家禀赋性优势将较大提高老龄政策体系的灵活性。⑤中国在应对老龄化上存在"后发优势"，尤其当代科技革命正在重塑现有社会格局、产业结构和生产生活方式，并将形成中国经济增长的新动能，为老龄社会治理提供更多的创新可能与技术支撑。积极应对人口老龄化的中国方案无疑应基于这些"中国特征"，并逐渐将其转换为"中国优势"。

2. 在党的全面领导下构建整体性治理格局

为最大限度发挥党和政府总揽全局、集中力量办大事、有效平衡短期目标和中长期发展战略的制度优势，我们在长期实践中摸索形成了独具特色的国家治理范式，即在中国共产党领导下的多元主体共同治理。这在推动当代中国高速高质发展，以及脱贫攻坚、抗击新型冠状病毒感染疫情等实例中，均取得了举世瞩目的伟大成就。得益于此，坚持党总揽全局，将为积极应对人口老龄化提供坚强保证。实施积极应对人口老龄化国家战略，必须坚持党的全面领导，发挥党总揽全局、协调各方的作用。当前，政府应首先强调老龄政策的跨功能性和跨部门性，以形成机制乃至机构创新，提升治理网络效能。特别需要指出的是，在多元治理主体整合合作的背景下，重视并支持家庭应当成为中国应对人口老龄化的一个重要特点。总之，构建并夯实老龄社会的整体性治理格局，其关键在于坚持全面加强党对老龄工作的领导，并在政府、市场、社区、家庭等多元主体合作的框架下形成创新与合力。

3. 树立"全龄—全域—全周期"的发展观

应对人口老龄化战略的治理要点应凸显"全龄—全域—全周期"的发展观。一方面，"老龄化问题"绝不是"老年人的问题"，未来老年人的健康和医疗保健支出问题需要通过对现在年轻人的健康投资和行为转变来改善，老年人的养老金问题需要提高年轻人的劳动生产率和推动老年劳动力的经济参与来缓解。另一方面，老龄化贯穿经济社会发展的各领域和全过程，不仅对社会保障体制、劳动力市场和产业结构等经济格局形成冲击，也影响城乡与区域结构、代际关系与家庭模式等社会生活的方方面面。总之，人生的不同年龄阶段是相互关联、彼此重叠的过程，只有将个体发展的各个阶段、人口结构的各个层次、和经济社会生活全域综合起来考虑，强调"全龄全域全周期"的思路，才能在降低社会运行成本的同时，平衡短期应急目标与中长期发展战略，夯实老龄政策的基础。

4. 在治理模式和政策逻辑中强调"实现人的全面发展"

应对人口老龄化战略绝不只是人口发展战略的组成部分，人口发展的复杂性和全局性也决定了其与社会经济系统互构而共生的特质。作为一项基本国情，人口众多对我国各项发展事业起到基础性支撑作用，同时人口调控作为政策工具也在治理转型和制度变迁中发挥出若干决定性影响。这使现有治理模式及政策调节逻辑形成了一种"路径依赖"，即习惯于或倾向于依靠对人口政策的技术性调节来满足快速发展的治理目标。甚至当某些制度或政策安排的可持续性出现滞碍时，亦趋于将其包装为所谓"人口问题"予以探讨。出于这样一种思维定势和逻辑惯例，当前对于人口老龄化的应对及治理亦未跳出其窠臼。事实上，无论是调整生育政策以延缓人口老龄化进程，还是改革退休制度以维持养老保险系统，均属其范畴。如果不对制度要件进行机制性的治理改革，仅靠以追求快速发展为目标，采取刚性调节模式来转变局部人口要素或推行一些"开源"措施，现有制度安排的可持续目标将愈来愈难以达成。人口老龄化已成为中国社会的常态，我们对其只能适应而无法逆转。现有的技术性政策调节模式，源于对老龄社会常态化这一重要前提认识不足，因而其体制机制常有削足适履的倾向。在新时代背景下有必要迅速转变思路以使治理逻辑逐渐向强调"实现人的全面发展"转型，在适应人口老龄化的过程中，通过政策整合和制度创新来协调这种变化的人口年龄结构与现有制度体系之间的矛盾，以人的全面发展统筹应对人口老龄化。

5. 从强调"条条块块"向"关口前移、重心下沉"转变

党的十九大报告提出"加强社区治理体系建设，推动社会治理重心向基层下移"，以打造"共建共治共享"的社会治理格局。这不仅为新时代社会治理确立了路径，也为老龄工作提供了宏观指导框架。如何将顶层设计落地、将优势资源下沉，将成为新时代老龄工作的重中之重，其核心即在基层社区。传统基层社区管理体制强调"条条"为主、"块块"为辅，上级谋定而基层落实。尽管这一模式具有贴近群众的优势，但因处于国家治理组织体系之最末端，拥有的行政势能最低，可供调动的资源有限，整合资源的难度突出。目前，政府已向基层社区投入了大量养老服务资源，然而由于条块分割的体制制约，这些服务管理难以形成部门间的联动与合力，资源浪费与资源短缺并存，资源整合利用效率低，信息碎片化严重。因而应尽快实现老龄工作的关口前移和重心下沉，以强化社区老龄工作，充分发挥社区在公共服务供给上的天然地缘优势，推动社区养老资源的有效整合和服务供需双方的精准对接，以破除碎片化和有效增强社区工作的辐射性。目前一些城市社区推行了"老伙伴计划""为老服务券""爱心呼唤铃"等实践，以及一些农村的"村办养老""时间银行"等尝试，这些项目有些并不需要政府投入很多政策或资金成本，在满足老年人实际需要的同时，有效提高了老龄工作的社会参与度，且有很好的宣传教育功能，具备较大推广价值和创新空间。

6. 在文化传承的基础上更新理念和创新制度

构建整个社会的"积极老龄观"是实施积极应对人口老龄化国家战略的核心要件之一。当前老龄社会治理面临的许多问题都源于传统以中青年人口为核心的社会所形成的观念、文化和制度政策安排不适应老龄社会的发展，因而在社会经济生活中有意或无意地形成了对老年人的排斥乃至歧视，这样既使老年人利益受损，又导致老年人力资本的极大浪费。此外，传统观念及文化还习惯将"老"与"衰弱"画上等号，这既缺乏对生命伦理的现代解读，也不利于老年人自强观的建立和自身能力的发挥，更滋养了"悲观论"和"政府全能全责论"的土壤。因而应在制度和政策安排的层面上确立"年龄平等"原则，在继续弘扬尊老爱幼的文化传统的基础上重新定义老年与老龄，对教育制度、就业制度、薪酬制度、退休和社会保障制度等进行深刻改革，并在更广泛的政治、经济、社会、文化、军事等方面的变革和发展中强调年龄平等观念，消除现有治理格局中存在的固有障碍及歧视，实现不同年龄群体之间的公平参与和共同发展。

（四）准确把握实施积极应对人口老龄化国家战略的当前重点

实施积极应对人口老龄化国家战略研究是一项长期性和全局性的重大研究任务，不

可能在短期内即形成定论，需要有效识别并准确把握阶段性重点工作或领域。目前来看，实施积极应对人口老龄化国家战略应重视我国未来人口发展的两个阶段以科学优化战略资源储备。

——2022—2035 年仍处于老龄化增速最快、波动最大的时期，年均净增老年人口可达到 1100 多万，但社会抚养比仍相对最低、老年人口结构相对最年轻，应着力强化积极应对人口老龄化的制度完善和政策落地。其核心任务是确立并夯实积极应对人口老龄化国家战略的制度及政策框架，重点关注老龄政策法律法规体系、多元社会保障体系、养老服务体系、健康支撑体系、老年人社会参与体系的建立或健全。

——2035—2055 年将进入深度老龄化阶段，人口老龄化速度有所放缓并将在 2055 年前后抵达峰值，年均净增老年人口约 400 万。其间的社会抚养比将大幅提升，高龄化加剧且规模较大，应有相对完备的老龄政策体系及相应的社会服务体系，针对不同领域的重难点问题定点突破，开展有针对性的政策设计和应对举措，全方位提升积极应对人口老龄化国家战略的系统性、全面性、科学性。这将是积极应对人口老龄化的战略攻坚期，并最终夯实中国社会在老龄化前提下继续健康持续发展的基础。

综合而言，在聚焦"十四五"期间以及 2035 年之前老龄工作重点的同时，展望中长期治理诉求以夯实战略攻坚基础，当前应准确把握以下重点。

1. 加强政府在复合治理体系中的引导作用

老龄社会的治理体系，究其本质首先必须明确政府的角色定位。中国政府在老龄社会治理体系的构建中一直承担核心的角色。随着国家治理体系与能力现代化成为公共治理的改革核心，政府在老龄治理上的顶层设计、总体布局、统筹安排和协调推进等功能得到进一步增强。今后中国老龄社会的治理，需要的是一个"更强的政府"，能够有效顺应老龄社会需要，主动调整治理架构，丰富治理模式，从而形成不同治理主体同步发展和协同合作的良性治理格局。

目前国家卫健委已经成为协调我国老龄工作的主导政府部门，但从部委到地方涉及老龄治理的政府机构仍众多，这体现了国家对老龄工作的重视，但也可能导致多头审批、盲目设置、重复建设和无序竞争的局面，还可能使得政策接轨困难。现有的老龄事务协调机制亟须创新及升级，进一步充实和提高其效能，为推动并实现老龄社会的整体性治理进行必要的统筹。为此，今后在老龄社会治理格局塑造上，政府可以考虑强化三个领域的工作。首先，应逐步建立健全老龄社会福利体系的政策框架。政府要更加善于对老龄社会的各项问题进行研究、预测和规划，对老龄社会福利与服务的内容进行设计，找准老龄工作重点和政府责任重心，通过政策制定和政府组织与制度构建，形成有利于老龄社会治理的政策与制度激励，逐步形成基于科学研究的动态调整的老龄政策整体性治理体系和各政策主体沟通联动的实施体系，主要运用政策工具和杠杆对老龄人群和各老龄工作主体进行行为调节。其次，政府还应逐步建立健全老龄社会福利体系的多元执行体系。一方面，政府仍然要承担老龄工作的基础性的、托底性的、监管性的工作，要承担市场与社会无激励、无能力和不适合的工作。另一方面，政府要通过资源供给、政策支持、信息提供等多种方式，将市场和社会可以高效提供的服务，采取多种灵活方式合作提供。最后，我国需要建立权威常态机制或机构以有效整合相关政府职能和行政资源，在科学的整体规划设计下对相关政策进行统一的管理、调控与实施，不仅为国家战略实施提供重要的体制、组织和资金保障，也为中国社会在老龄化前提下继续健康协调地运行和发展奠定长治基础。

2. 增加应对人口老龄化的财富储备，健全优化老年社会保障体系

《国家积极应对人口老龄化中长期规划》中提出夯实应对人口老龄化的社会财富储备，通过扩大总量、优化结构、提高效益，实现经济发展与人口老龄化相适应。通过完善国民收入分配体系，优化政府、企业、居民之间的分配格局，稳步增加养老财富储备。从现阶段的基本国情看，我国"老有所养"的物质基础并不充分，养老财富储备总量不容乐观。目前除了基本养老保险基金、社会保障战略储备基金之外，我国尚未建立其他制度化、成规模、稳定的养老财富储备机制来源。由于第一支柱缴费负担过重，加之经济增速放缓，大多数企业很难自愿建立企业年金等第二支柱。而随着居民教育年限延长、就业和生育推迟，其退休年龄并未有效后推，使得留给自己为养老储备的资产和时间都更为紧迫，大部分人群因可支配收入有限而没能积累养老财富。未来三十年，我国既要保持经济持续适度增长，又要确保老人分享经济社会发展成果。总体而言，目前我国应对老龄化的养老财富储备不仅总量低，财源基础也较为薄弱，亟须通过完善收入分配体系，优化政府、企业、居民之间的分配格局，稳步增加养老财富储备。此外，在增加应对人口老龄化物质基础的同时，还需要同步推进建立覆盖全民、统筹城乡、公平统一、可持续的多层次老年社会保障体系。

当前工作重点包括：①从政府层面来讲，一是依靠技术进步、提高生产效率、制度革新等宏观经济手段，保持经济持续稳定增长，优化经济发展结构，提高经济发展质量效益，不断"做大蛋糕"，使我国社会财富极大丰富才是治本之策；二是做好顶层设计，平衡有序发展三支柱养老金体系。建立养老保险精算报告制度，实现养老保险基金的精算平衡，完善养老保险基金风险预警机制；三是继续划拨国有资产充实社会保障基金，不断为养老保险注入战略储备资金；四是推进养老保险全国统筹以及养老保险制度转移接续，实现不同区域之间和不同制度之间的无缝对接，增加制度积极应对人口老龄化的韧性和内生平衡能力。②从金融系统层面来讲，银行、保险、基金等金融机构积极进行供给侧改革，实现与养老跨界融合，优化产品结构，丰富产品线和产业链，开发能匹配居民养老储备安全性、收益性、流动性的养老保险、养老理财、养老基金、养老资管专户、养老信托等多类型产品，并积极促成与养—护—医体系的顺畅对接。③从家庭及个体层面来讲，家庭和个人需及早树立进行养老财富储备的意识，促进家庭理财观转型升级，将养老储备与养老投资贯穿于整个生命期。④从建立健全老年社会保障体系来讲，一是完善老有所养的养老保险体系，二是健全老有所医的医疗保障制度体系，三是完善弱有所扶的社会福利和社会救助体系，四是建立满足多元需求的长期照护保障制度，五是完善养老服务补贴制度与长期护理保险制度的衔接机制，力争在 2035 年之前，基本形成适应我国经济发展水平和人口老龄化发展趋势的系统性老年社会保障体系。

到 21 世纪中叶，我国应已基本建成多层次、多元化的养老金支柱体系，完善"个人养老金"制度，为个体提供养老储蓄存款、养老理财和基金、专属养老保险、商业养老金等各种养老财富储备选择。

3. 加快推动养老服务体系的均衡充分发展

国务院印发的《"十四五"国家老龄事业发展和养老服务体系规划》指出，现阶段我国老年人的需求结构正从生存型向发展型转变，老龄事业和养老服务还存在发展不平衡不充分等问题，主要体现在农村养老服务水平不高、居家社区养老和优质普惠服务供给不足等方面。因此，加快养老服务体系更加均衡和充分发展是中短期内积极应对人口老龄化挑战的重要任务。结合我国人口老龄化发展过程的特点，可采取分阶段地推进策略。

2022—2035 年，该阶段应以补短板、促均衡为基本原则，切实推动养老服务体系实现均衡化、普惠化发展，具体包括：①强化农村互助养老服务功能，继续弘扬农村互助文化，多渠道筹资增加农村互助养老资金支持，加强农村互助养老组织建设，还应加强规范指导，提高互助养老的服务质量，同时盘活存量资源，提升农村互助养老设施的功能。一方面，各级政府应加快为农村互助养老提供制度性保障，如完善农村互助养老政策措施、健全农村互助养老政策体制和机制等。另一方面，还需明确互助养老服务模式的运营标准以及扶持、激励和监督政策等一系列配套政策。②加强养老服务硬件建设，合理规划养老服务设施空间布局，充分利用存量企业厂房、办公用房、商业设施、培训疗养机构和其他社会资源改建为养老服务设施。③大力发展社区嵌入式养老服务，推广居家、社区、机构融合发展的综合照护服务模式。④大力推进养老服务机构公建民营，营造公平开放的政策环境，鼓励各类主体参与养老服务，对提供基本养老服务的企业和社会服务机构给予同等的床位建设、机构运营等补贴支持。⑤完善财政补贴机制，推动养老服务领域补贴制度实现"补供方"与"补需方"的有机结合，重点提升经济困难老年人的养老服务购买能力。

2035—2050 年，针对高龄老年人规模大、占比高的阶段性特点，应着力推进以失能老人和认知障碍老年人为主要服务对象的举措，具体包括：①重点发展护理型床位和认知障碍照护床位，在城市地区继续探索发展连续、稳定、专业的家庭照护床位，支持和鼓励社会力量投资设置普惠型和护理型养老床位。②持续推进老年认知障碍友好社区试点，在城市地区实现街镇全覆盖。③促进农村养老服务提质升级，以农村互助性养老为基础，逐步提高专业服务水平，推动养老服务与乡村旅游、绿色农产品开发等融合发展。

4. 巩固和加强家庭建设，提升家庭养老功能及照护能力

随着家庭逐渐呈现小型化、核心化和多元化的趋势，家庭功能和承担传统责任的能力受到不同程度的挑战，大量独生子女家庭的存在对传统家庭养老制度的影响更是首当其冲。但不可否认的是，家庭仍是我国应对人口老龄化挑战的重要依托。在重视并了解家庭的基础上重新安排政府、市场与家庭在养老政策中的福利搭配和责任分担，进而统筹它们的作用以形成合力，是新形势下中国养老制度安排的关键之一。因此巩固和加强家庭养老功能，提升家庭养老照护能力依旧是我国积极应对人口老龄化国家战略的重要

内容之一。

当前工作重点包括：①强化法律保障，制定支持子女赡养照顾老人的政策措施，强化子女赡养老人的职责，巩固和增强家庭养老功能。②形成尊老敬老孝老社会环境，教育引导家庭成员自觉承担家庭养老责任，鼓励和引导家庭成员学习康复、护理技能，提高家庭照护能力。③为家庭照护者提供支持，推进志愿关爱服务、家庭照护者培训、"喘息服务"、辅具推广服务、"时间银行"等项目。④鼓励各类社会资源为失能老年人家庭提供所需支持性"喘息服务"。⑤在城市地区推出家政赋能系列政策，推广家政从业人员持证上门服务，提升家政服务质量，减轻家庭成员的家务负担。⑥针对独生子女家庭养老需求，切实落实独生子女父母护理假制度，制定和完善有利于独生子女父母养老保障的制度和措施。⑦各地继续向特殊弱势家庭提供必要的经济支持，缓解家庭成员的赡养压力。

5. 推动社会资源参与老龄事业和产业发展，助力银发经济成为中国老龄社会发展新动能

近年来，我国银发经济呈现市场规模不断扩大、需求持续增长、产业体系逐步完善、关键技术和产品创新速度加快等发展态势，特别是在老年产品市场、养老服务市场、养老基础设施建设方面取得较大发展。随着老年人口持续增长和消费水平的提升，银发经济在国内生产总值（GDP）中所占的比重持续攀升，保证了银发经济在拉动内需和培育新的经济增长点方面持久、强大的动力。因而亟须重新认识老年人作为生产者的角色，结合我国经济社会发展水平和老年人实际需求，以提升老年人自主能力为宗旨，制定发展银发经济的专项规划，确定银发经济发展的战略总目标与阶段性目标，促进银发经济科学有序发展。

当前工作重点包括：①破除老年人社会经济参与的行政壁垒以消除各种形式的"年龄歧视"，营造"全龄友好型"的制度环境和"不分年龄人人共建共治共享"的社会氛围。应对影响老年人口社会经济参与的各种法律文件规章开展清理，亟须破解目前金融、保险和旅游康养等行业的年龄歧视，扩大老龄金融保险和旅游市场；开发低龄老年人力资源，调动低龄老年人以就业、志愿服务等多种形式参与养老服务和社会活动，充分发挥低龄老年人作用，即使在整体经济形势走低时，亦应尽快公布延迟退休的路线图和基本方案。在全面构建终身教育体系的过程中，鼓励开展针对老年人的职业教育，提高其适应信息化社会相关工作的智力素质与技能水平。②制定养老产业专项促进政策，激发银发市场活力，着力推动社会资源参与老龄事业和产业发展。一是强化社会融资支持，完善养老产业发展的财力保障机制。未来养老产业的发展，需要优化养老产业营商环境，进一步激发社会力量参与的活力。强化财政资金引导，加大养老服务领域财政资金支持力度。二是强化政府和政策对养老产业发展的驱动作用，促进养老事业和产业的协同发展。建议突出规划引领，完善扶持政策，激发银发市场活力。三是建立银发经济发展评估指标体系，由国家统计部门完善银发经济发展的统计指标及数据采集工作，对各地银发经济发展实施动态监测，为政府决策和市场发展提供参考。③加强老年用品和服务标准体系建设，以高标准促进质量提升；严格行业准入制度，完善相关法律法规和市场准则，规范市场运作；推动培育行业内的龙头企业，推广优质产品和服务；实行严格的质量监管工作机制，建立健全网络监管体系，为老年人创造良好的消费环境。

到 21 世纪中叶，顺应我国人口老龄化发展和老年人消费需求变化趋势，利用新基建契机，依靠新技术新应用对银发经济产业进行全方位、全角度、全链条的改造升级，加强老年产品和服务的科技研发及成果的市场转化；重点强化老年智慧健康、康复辅助和老年游戏等领域的技术研发和应用，依托科技创新培育新的产业增长点，推动老年消费市场提质扩容；重视发挥第三次分配作用，引导企业以慈善捐助等方式成立养老专项基金；建立全国养老数据共享平台，以国家卫健委、中国老龄协会已有的数据库为基础，接入民政、人力资源、公安、教育等部门的涉老信息，结合企业大数据，利用信息化和智能技术整合政府和市场的各类资源。

6. 打造高质量的老年健康支持体系，完善长期照护体系运行机制

老年人是慢性疾病高发的群体，疾病预防和健康管理是老年人最紧迫、最突出的需求，有效促进老年健康是积极应对人口老龄化的长久之计。根据全面推进健康中国建设和实施积极应对人口老龄化国家战略的总体要求，在未来较长时期内我国要持续推动以治病为中心转变为以人民健康为中心，切实不断提高老年人的健康水平。结合我国人口老龄化发展阶段的差异性，可从短期、中期和长期采取不同的策略重点。

2022—2035 年，该阶段我国老年群体仍以中低龄老年人为主，这一时期的策略重点应聚焦在提升老年群体的健康素养上，确保多数老年人实现健康老龄化的目标。工作重点主要包括：①全方位普及老年健康生活方式。一是鼓励各类媒体平台开设老年健康栏目，发挥新媒体传播优势，规范健康资讯传播。二是提倡科学健身，根据老年人特点推广中医健身运动项目，各地制订实施老年人健康干预计划，推动体医融合和非医疗健康干预，形成体医融合的健康管理和服务模式。三是加强老年人健康素养和生活方式监测，倡导老年人自主健康管理的理念。②整合和优化老年健康服务资源。一是健全"预防—治疗—康复—护理—长期照护—安宁疗护"服务链。二是实施慢性病综合防控战略，早发现、早干预、早治疗"三早"健康服务。三是推进心理健康服务体系建设和规范化管理。四是加强社区居家康复和护理服务，推进"互联网＋护理""互联网＋医疗""互联网＋家庭医生"等服务模式应用于老年健康服务。五是普及安宁疗护文化理念，提升临终患者生命尊严。六是发挥中医药在治未病、慢性病管理、疾病治疗、康复、安宁疗护等方面的独特作用，为老年人提供中西医结合的健康服务。③健全老年健康服务机构及设施。一是推动二级及以上综合医院、中医医院、中西医结合医院开设老年医学科。二是加强老年护理床位建设，推动社区卫生服务中心老年护理床位设置和具有康复功能床位建设。三是鼓励社会资本兴办老年康复医院和老年护理机构。④提升医养结合水平，深化医养结合模式。一是继续推进医疗卫生机构和养老服务机构合作机制，为老年人提供住院治疗、康复护理、生活照料、安宁疗护等一体化的服务。二是进一步打通居家、社区和机构的一站式医养结合服务链。三是鼓励地方开展医养结合试点示范项目，推动医养结合高质量发展。四是将社区卫生服务中心打造成医养结合重要平台，推进社区综合为老服务中心医养结合功能建设。五是加强家庭病床服务，提高基层医疗卫生机构为居家老年人提供上门医疗服务的能力。

建设高质量的老年健康支持体系，需要完善、全面的长期照护服务。长期以来，我国失能、失智老人精准识别尚未提上重要议事日程，政策靶向不准。我国并未将针对失能老人的长期照护服务与面向一般老年群体的养老服务明确区分，两类服务存在交叉和重叠。这致使对失能、失智老人的长期照护服务供给严重不足，因此才会出现国家的投入在增大，政策力度在加强，但政策效果并不显著，护理床位缺少与大量新增床位无人问津并存的结构性失衡问题依然严重。目前从长护险的评估工具来看，存在一些共同问题：①评估过程仍较为偏重医疗和临床护理，评估工具中借助了不少康复医疗评估指标，因此在各个城市的实际操作过程中，极易将长期护理与医疗服务混淆。②单一量表不足以充分评估老年人失能的综合表现。③普遍缺乏对社会参与和外部环境的关注。④最后评估结果大都未能与实际提供的服务等级对接。

因此，完善长期照护体系运行机制主要包括三个方面：第一，以全生命周期视角全面研判长期照护服务的有效需求。我们将失能干预前移至机体开始衰弱的阶段，尽可能地维持和发挥老年人"内在能力"，延迟甚至扭转老人个人能力的下降。同时我们将失能后的照护延至存活时间在 6 个月以内的生命临终期，为临终者提供缓解病痛治疗以使其尊严、体面地离开人世。至此，个体生命周期的安排就相对较为完整，人生各个阶段都得到了最合适的照护和关怀。第二，鼓励老年人社会参与，有效释放老年人的活力与潜力。目前涉及老年人福利的各种社会政策的实施过程中，仍然以"补缺式"或"应急式"的方式为主，而在老年长期照护方面，老年人自身存在的"未挖掘的潜力"不应被忽视。社会政策的设计和制定不仅要为老年人提供所需服务，更要为老年人发挥"复原力"提供机会、创造条件，真正创造"以老年人为中心"的政策实施环境，将老年人从被动接受服务变为主动参与设计服务。第三，利用大数据技术精准识别有效需求，降低供需失衡带来的运行成本。养老服务供给主体的提供方式可以时间为单位进行拆解和分割，充分整合志愿者、义工、散工等供给资源，利用区块链技术实现养老服务供需双方的最佳匹配，达到降低养老服务总需求和提高养老服务供给总效益的双赢结果。

7. 推进老年人力资源有效开发和有序利用

老年人群体在不同时代的发展特征存在明显差异，其表现出的人力资源价值也有巨大差异。21 世纪的老年人具有知识广博、思维敏捷、参与意识强、健康长寿、生活丰富等特征，使其成为推动社会经济可持续发展的重要人力资源之一。整体上看，现阶段我国政府对低龄老年人力资源的开发和利用严重不足，尚未形成相对完整的制度体系。开发老年人力资源不同于一般人力资源的开发，不仅应着重注意在政策衔接上处理好短期就业压力巨大和长期劳动力紧张的关系，而且也要注意在开发机制上处理好政府引导和市场主导的关系，同时，在观念转变上处理好老有所乐和老有所为的关系，老年人的非社会经济参与的其他休闲娱乐权利也应得到尊重和保障。

2022—2035 年间我国低龄老年人力资源丰富，应结合其群体特征及需求，同时借鉴国际成功经验，推动老年人积极开展社会经济参与，具体包括：①转变观念，推动全社会形成低龄老年人能够再就业的意识。老年人力资源参与社会经济活动不仅有利于社会保障制度的长期持续平衡，也有利于老年人口的身心健康，更是老年人口的一项基本权利，是破除年龄歧视的具体体现。政府部门和社会组织应加强宣传教育，通过各种传播媒介在社会上形成不分年龄都能为中华复兴和社会经济发展做出贡献的社会共识，构建老年（年龄）友好型的社会氛围。②逐步推行弹性退休制度。在保证退休年龄下限基本不变的前提下，适当提高部分劳动人口退休年龄的上限值，并尊重个人和工作单位对于退休时间的选择，实现退休年龄弹性化，使低龄老年群体由生产人口向纯消费人口转化的时间推后。③完善相关法律法规，提供制度保障。一方面，政府有关部门需加快出台如《老年人就业保障条例》等保障老年人再就业的法律法规，针对低龄老年人的需求，提出具体的再就业政策，提供老年友好的政策环境。另一方面，改革企业退休制度，完善返聘制度，保障退休返聘人员的权利。④在老年人的经济社会参与中，重新评估家庭照料活动的社会价值。家务劳动对中国老年人而言具有双重意义。一方面低龄老年人特别是女性承担着繁重的家务劳动，具有重大的经济和社会价值，但在国民经济统计中尚未得到反映。另一方面，我国有相当数量的低龄老年人帮助子女教育和照顾下一代，为子女集中精力工作解除后顾之忧，子女的劳动实际上也包含着他们所创造的价值。以家庭为整体的福利单位，将家庭照料行为作为制定家庭税收豁免或优惠的主要依据。⑤切实推进终生教育，提高低龄老年群体与现代科技经济同步发展的智力素质和技能。通过终生教育和老年职业教育开发低龄老年人力资源是一项行之有效的"人才储备和发展机制"，老年教育机构从休闲娱乐型向职业技能型转变将有效提高老年人参与社会经济活动所必需的技能和能力，疏通再就业和创业渠道，促进低龄老年人"后职业"发展。政府应发挥主导作用推动终身学习型社会建设，教育体系应当做适应性的改革，同时鼓励企业和社会组织广泛参与到终生教育特别是老年职业教育中，对其实施税收减免或补贴政策，形成校企联合的发展模式。⑥建立国家层面的低龄老年人力资源开发体系。制定国家层面的开发低龄老年人力资源的政策，同时设立低龄老年人才数据库、建立低龄老年人就业指导中心，完善老年人才市场以及成立老年人再就业权益保护协会等，各级政府联合当地企业等资源建立合作网络，适时公布适合低龄老年人的工作岗位信息。

到 21 世纪中叶，其时的老年群体将以"70 后""80 后"为主，这一未来老年群体的文化素养较高、社会参与意愿较强、终身学习已成为普遍理念，该阶段的政策重点应聚焦于保障常态化的老年人社会经济参与，具体包括：①构建老有所学的老年教育体系。一是全面推进老年教育硬件和软件建设。二是鼓励老年教育向个性化、多元化和专业化发展。三是支持各地区开展老年教育示范点建设，大力提升老年教育质量。②切实营造老有所为的社会环境。一是顺应延迟退休年龄趋势，加强老年人再就业的专业培训体系建设，积极搭建老年人才市场，建立老年人才信息库。二是鼓励老年人参与就业创业。三是鼓励老年人继续发挥经验、知识、技能方面的优势。

8. 增强老龄社会治理的科技支撑和技术扩散，促进老年群体数字融入

科技创新是推动老龄社会治理的强有力支撑。我国正处于从快速发展到高质量发展阶段，积极探索老龄社会治理，确保经济社会持续健康发展最有效的办法就是运用科技创新，激活发展的动力机制。一方面，把科技进步和创新作为加快转变经济发展方式和调整经济结构的重要支撑，有利于对冲老龄化对经济增长的负面影响。另一方面，科技将助力提升老龄社会治理体系的信息化水平，提高治理效率。第五代移动通信技术（5G）、人工智能、大数据、物联网等信息技术正在快速发展，推动了在线教育、互联网医疗、智慧养老等新业态发展提速，为应对人口老龄化提供新的更好手段的同时，也深刻改变着老龄事业发展的路径和模式。应把科技创新作为积极应对人口老龄化的第一动力和战略支撑，加快养老服务业的技术创新、模式创新、业态创新和产品创新，着力推进养老领域数字化赋能及服务与管理流程再造，提升老龄工作的信息化、科学化水平。为使老年群体更好地适应和融入数字社会，需采取多种举措加强老年人的数字素养和数字能力，共享社会经济发展成果。

应有效搭载当前科技发展红利，不断夯实积极应对人口老龄化的科技基础，推广科技产品在老龄领域的应用，同时需重点提升老年群体的数字使用能力。具体包括：①聚焦老龄重点领域的技术创新，一是加快服务机器人、康复机器人等智能设备在现代服务、养老陪护、医疗康复、教育娱乐、公共安全等领域的普及和应用。二是加强人体机能增强技术的研发及应用，综合利用认知增强、体力增强等新技术装备，帮助有劳动意愿的老年人延长劳动年限，提升老年人劳动参与率。②全面推广智慧养老产品和技术的应用。一是充分利用区块链、云计算、大数据、物联网等新一代信息技术提供物联化、互联化、智能化的养老服务，开发与智能设备、医疗设备对接的智慧养老系统。二是制定完善智慧养老相关产品和服务标准，开展家庭、社区服务中心、养老机构等多种应用场景的试点，支持发展社区居家"虚拟养老院"，培育一批智慧养老应用示范基地、示范社区和示范品牌。三是鼓励各地区老年人口大数据、老年健康服务信息管理等数据平台建设，鼓励各类企业开发集信息系统、专业服务、智慧养老产品于一体的综合服务平台。③增加政府投入，重点加强薄弱地区数字信息基础设施建设，将社区和家庭网络数字化改造作为城乡数字信息基础设施建设的重点，不断提升信息化和数字化服务能力，让各种数字化服务便捷地接入每个社区、每个家庭、每位老年人，形成智慧家居、智慧社区。④创造老年人数字应用环境，增强老年人数字接入能力。建立老年人专用网站，方便老年人通过网络了解与老年生活息息相关的健康、养老、福利和法律等各类信息。开发专用移动应用程序，满足老年人的个性化需求。推动无障碍软件设计，方便老年人浏览网页信息和服务项目，提高网页的普遍可用性。⑤通过多种途径，提升老年人信息技能和素养。一是设计多样化的培训课程，鼓励老年大学、非营利组织和企业等参与老年数字培训课程开发，政府加大资金支持力度。二是采取多种方法，激励老年人使用信息技术。如减免学习费用、奖励老年参与者、鼓励老年互助。⑥鼓励多方主体参与，开展智慧助老行动，研究开发适老化智能产品，推进互联网应用等智能化服务适老化及无障碍改造，引导帮助老年人融入信息化社会。

二、实施积极应对人口老龄化国家战略的理念框架

中国乃至全球人口结构的老化在相当长的时期内都是不可逆转的，系统应对老龄社

会对全球社会都是一个亟待解决的新问题。实施积极应对人口老龄化国家战略，需要在国家战略的视角和框架下审视中国人口老龄化，反思当下中国社会对于老龄化发展和老龄社会治理的认知误区，并在此基础上实现相应的理念转型。

首先，中国人口老龄化的再认识需要跳出战术思维和技术思维，充分考虑中国国情及其所处时代的特殊性，落脚于"国家治理体系和治理能力现代化"在老龄社会治理领域的具体落实。中国人口老龄化之所以特殊，是因为我们是老年人口规模最大和老龄化速度最快的国家，应对老龄化的任务也最繁重和最复杂。不过，时代背景赋予了我们应对老龄化的"后发优势"，中国的政治体制、经济体量、人口规模、区域差异、文化传统、家庭伦理等基本国情更提供了丰沛的资源禀赋和多元化的治理路径。

其次，随着老龄化的进一步深化和社会转型的加速，识别并厘清当前社会针对老龄化发展和老龄社会治理的认知误区和理解偏差愈加重要。这不仅是老龄社会治理理念转型和社会观念更新的前提条件，更是对国家治理体系和治理能力现代化的具体诉求的积极回应。目前关于中国老龄化的学理性成果虽多，但不同程度地存在着将老龄化视为"问题"或"挑战"的倾向，形成了一系列对于老龄化发展和老龄社会治理的认知误区及偏差。此外，对策与政策研究较多着眼于单项或局部的静态政策问题，存在若干治理困境，相应治理研究亦有囿限。

最后，立足以上认识和反思，本报告提出，实施积极应对人口老龄化国家战略必须跳出在传统逻辑框架内探讨防止或延缓老龄化的路径依赖：不仅要避免局限于"在旧框架内解决新问题"的思路，更要抛掉局部的、静态的治理模式调整或政策调节思路，进而从全局的、动态的视角来重新思考整体性治理的战略布局。具体而言，综合前文对中国人口老龄化的审视和对现有认知误区的识别和形成机制的探讨，本节提出实施积极应对人口老龄化国家战略所需实现的六大理念转型路径。

（一）深化认识实施积极应对人口老龄化国家战略面临的新形势

人口老龄化是一种难以逆转的全球化长期发展趋向，已经成为中国乃至人类社会的常态。随着经济社会的日趋发展和科学技术的不断突破，人口寿命进一步延伸的可能性将继续扩大，而恢复到传统高生育率模式的概率却又极低。从本质上讲，中国乃至全球人口结构的老化在相当长的时期内都是不可逆转的，我们无法从根本上扭转人口老龄化的趋势，而只能在适应它的前提下，合理规避其给经济社会发展带来的各种风险。

自 2000 年步入传统意义上的老龄社会之后，中国的人口老龄化程度不断提升，至 2020 年"七普"时已达到 18.70%（60 岁以上），规模近 2.6 亿，且 31 个省市区（不包括港澳台地区）中除西藏外，所有地区的老年人口比例均超过 10%。一方面，人口老龄化所带来的挑战并不完全来自老年人或者老龄化本身，而更多源于变化的人口年龄结构与现有社会经济架构之间的不协调所产生的矛盾。另一方面，人口老龄化的影响已经渗透到中国社会的各个领域，并由此形成一个超复杂系统问题。这无疑使在国家战略的视角和框架下审视中国人口老龄化态势成为必须。本节在论证人口老龄化的常态化的前提下，从治理及公共政策的视角出发，提出六个亟待形成共识的相关问题。

1. 寿命延长和生育下降使人口老龄化成为常态

从有文字记载的历史来看，人类社会始终以年轻人居多，世界人口的年龄结构在相当漫长的岁月里保持相对稳定。直至 1865 年前后法国的老年人口（60 岁＋）比重达到 10%，其成为历史上首个步入老龄社会的国家，随后不到百年间，西方发达国家悉从其势，这种现象自 20 世纪后半叶起在发展中国家及地区亦趋于蔓延，目前已经随着社会经济的发展和人口转变的加快而进入了急剧变化并持续发展的阶段。概括而言，人类社会全面进入老龄化阶段源自两种人口增长模式的变化：人类寿命的普遍延长和生育水平的显著下降。

卫生条件的改善、医疗技术的推广、生活水平的提高及保健意识的增强，大大降低了人类的死亡率，使人类寿命普遍延长。根据联合国的数据，世界人口的平均预期寿命已从 1950—1955 年时的 46.6 岁提高到 2005—2010 年的 67.6 岁[①]。其中，发达国家人口出生时的预期寿命从 66 岁提高到 77 岁，延长了 11 年；发展中国家则从 41 岁提高到 66 岁，延长了 25 年。中国在这方面的变化尤其显著，1949 年中华人民共和国成立时中国的预期寿命还不足 40 岁，而 2010 年这一数字已跃升至近 75 岁，并预计在 2040—2050 年达到 80 岁[②]。

与此同时，人们的生育行为也发生了显著变化。在经历了第二次世界大战（以下简称二战）后的人口快速增长以后，发达国家与发展中国家的人口生育水平依次开始下降，全球的总和生育率已从 1965—1970 年每名妇女生育 5.0 个子女下降到 2005—2010 年每名妇女生育 2.6 个子女[③]。人口生育行为的变化在中国更为突出，自 20 世纪 70 年代以来，中国人口生育水平显著下降，全国的总和生育率从 1970 年的 5.8 下降到目前的 1.5 左右。中国人口的膨胀性增长得到了有效抑制，人口自然增长率目前远低于世界平均水平。计划生育政策和项目的实施无疑是中国生育率下降最为关键的推动力之一，而经济社会的发展、妇女地位的提高、教育的普及、家庭规模的缩小、人口流动的加剧，以及生活观念和生活方式的改变，都直接或间接地对生育率的下降发挥着作用。

作为一种必须面对的客观趋势，人口的老龄化在任何国家和地区都概莫能外，差别只是出现的早晚和进程的快慢。毫无疑问，人口老龄化已成为中国乃至人类社会的常态。它不仅是社会经济发展的必然趋势，也是人口再生产模式从"传统型"向"现代型"转变的必然结果，甚至可以说是社会现代化的一个重要标志。传统型人口再生产模式的主要特征是高出生率和高死亡率，而现代型人口再生产模式的主要特征则是低出生率和低死亡率，其结果必然导致人口老龄化。既然如此，我们就应该正视人口老龄化并适应人口老龄化，对这一社会基本特征进行深入的研究，使人类社会在老龄化的前提下

---

① United Nations. 2017. World Population Prospects: The 2017 Revision. https://population.un.org/wpp/Publications/Files/WPP2017_DataBooklet.pdf [2017–10–25].

② CPP (China's Population Prospects). 2017. China's Population Prospects Database. http://cpp.fudan.edu.cn [2021–03–10].

③ UNFPA. 2009. World Demographic Trends: Report of the Secretary-General (E/CN. 9/2009/6). NewYork. UN Documentation Database: 6. https://digitallibrary.un.org/record/647866 [2010–01–13].

继续健康、协调地运行和发展。然而遗憾的是，今天仍有许多研究者认为人口老龄化是一种不正常的社会态势，并将其视为沉重的负担；许多研究也都是在传统的逻辑框架内探讨防止或延缓老龄化的种种途径，这其实是用 20 世纪的思路和方法来应对 21 世纪的挑战，难以真正解决问题。

2. 应从治理视角对中国人口老龄化达成共识

当前国内外权威机构和学者的研究对中国人口老龄化的趋势预测大致雷同（图 1），即中国将不可逆转地进入老龄化深化并持续的长期过程，区别仅在于数字上的一些出入，对其发展规律的基本判定也趋于类似，如基数大、速度快、区域不均衡、高龄老人和失能老人增多、空巢化和独居化加剧等，但从治理及公共政策的视角出发，对以下六大问题仍应特别关注并进一步形成共识。

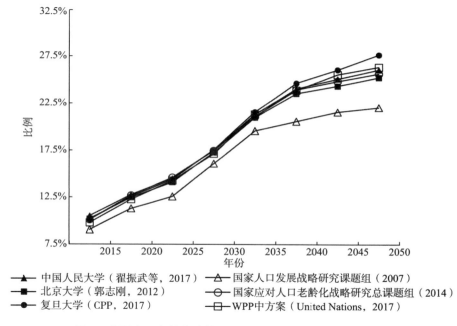

图 1 中国人口老龄化趋势预测（65 岁 +，2015—2050 年）

注：本图由相关文献所做的预测数据汇总整理所得[①]。

（1）中国正处于人口老龄化急速发展期，"未备先老"或"慢备快老"是其核心议题

中国人口老龄化发展具有特殊性，我们不仅是老年人口规模最大和老龄化速度最快

---

① 翟振武，陈佳鞠，李龙. 2015—2100 年中国人口与老龄化变动趋势 [J]. 人口研究，2017(4)：60–71；郭志刚. 重新认识中国的人口形势 [J]. 国际经济评论，2012(1)：6，96–111；CPP (China's Population Prospects). 2017. China's Population Prospects Database；国家人口发展战略研究课题组. 国家人口发展战略研究报告 [M]. 北京：中国人口出版社，2007；国家应对人口老龄化战略研究总课题组. 国家应对人口老龄化战略研究总报告 [M]. 北京：华龄出版社，2014；United Nations. 2017. World Population Prospects: The 2017 Revision.

的国家，应对老龄化的任务也最繁重和最复杂。2020—2050 年间，中国老年人口（65 岁 +）总量将从 1.9 亿增至近 4 亿，预计在 2055—2060 年达到峰值，之后的老龄化速度有所放缓并进入"高位平台期"，但至 2100 年老年人口比例仍将维持在 30% 左右的高水平。2021—2035 年是老龄化增速最快、波动最大的时期，也是社会抚养比相对最低、老年人口结构相对最年轻的时期，尤其 2018—2022 年还将出现暂时的"底部老龄化"和"顶部老龄化"同时弱化现象。应对老龄社会的战略和战术储备应尽快完成，2040 年后老龄化增速将略趋于缓和。目前来看，"未富先老"已不是我国老龄社会的整体特征，应对老龄化挑战的主要障碍不全是"未富先老"，更主要是"未备先老"或"慢备快老"，其中也包括"科研未备"或"科研慢备"，诸多治理实践涌现问题的根源亦在于此，乃至不少领域的研究不是"不足"而是"空白"。我们现有的制度安排对人口老龄化及其所带来的变化仍缺乏结构化和系统性的反应及适应[1]。

（2）抚养比上升将由老年人口增加所主导，倒逼劳动就业模式转型

我国目前及未来一段时期内老年人口的增长主要源自 20 世纪五六十年代的出生高峰人群，60 岁或 65 岁及以上人口规模分别于 2016 年和 2026—2032 年超过 0—14 岁少儿人口，且 2025 年之后老年人口自身结构的老化开始凸显。最迟由 2030—2035 年开始，我国劳动适龄人口的抚养重点将明显向老年人口倾斜。目前按传统概念推算的劳动力供给已经出现拐点，潜在劳动力总量将持续缩减且结构趋于老化。因生育政策调整带来的未来劳动年龄人口上升至少要到 2030 年之后才会对老年抚养比产生相对有限的影响，主导抚养比上升的依然是老年人口增加和老年抚养比提高。但是，中短期内我国的劳动力供给依然充足，未来 20 年间将始终稳定在 9 亿以上。

与此同时，我国劳动力市场出现了以下结构性的变革：首先，对资本和技术密集型产业的高端劳动力需求上升；其次，以人工智能和物联网为代表的科技进步将淘汰部分传统职业、产生新的就业方式和职业形态，使就业模式呈现多元化和层叠化。仅仅依靠加强传统劳动力教育投资和加快农村劳动力转移已无法应对这些变革，对中老年人力资源（特别是中高端人才）的开发利用、对某些行业从业人员的转移安置与再教育，甚至劳动力市场的重构等一系列更为复杂的议题才是题中之义。

（3）家庭变迁将增加养老制度安排的变数，其风险与机遇并存

无论中国还是外国，居家养老都是最主要的养老形式，几乎所有的老年人或多或少地通过家庭或社区得到相应的养老服务。尽管中国家庭正在不断变小，却并不必然意味着其功能的磨损和凝聚力的缺失，传统家庭伦理和家庭文化仍具有强大的凝聚力，家庭的代际纽带亦一贯强韧，而现代科学技术对日常生活方式的影响也极大地扩展了家庭的空间联系，家庭成员（主要是亲子）之间的传统互助网络仍以新的形式在继续[2]。此外，随着我国家庭户规模的不断缩减（表 1）、家庭结构格局的不断简化、老年人居住模式出现结构转变、非传统类型家庭大量涌现，家庭在未来养老制度安排中的作用机制有待重

① 陈友华 . 关于人口老龄化几点认识的反思 [J]. 国际经济评论 , 2012(6):110–123.

② 彭希哲 , 胡湛 . 当代中国家庭变迁与家庭政策重构 [J]. 中国社会科学 , 2015(12):113–132.

新研究。在家庭政策及相关服务仍系统性缺位的情况下，这些现象将给未来养老制度安排带来极大不确定性，其机遇与风险并存。

表 1   我国家庭户人口结构变化（1982—2010 年）

年龄（岁）	家庭人口年龄结构（%）				家庭户均人口规模（人）			
	1982 年	1990 年	2000 年	2010 年	1982 年	1990 年	2000 年	2010 年
0～14	33.6	27.7	22.9	16.6	1.48	1.10	0.79	0.51
15～64	61.5	66.7	70.1	70.1	2.71	2.64	2.41	2.18
65+	4.9	5.6	7.0	13.3	0.22	0.22	0.24	0.41
合计	100	100	100	100	4.41	3.96	3.44	3.10

（4）老龄化的地区差异增加了应对复杂度，但也创造了政策回旋空间

我国人口老龄化的地区差异主要受本地人口转变和人口迁移流动两大因素的影响，并表现为由东向西的梯次特征，而城乡差异则体现出明显的"城乡倒置"特征[①]。在城镇化的作用下，2000 年之后我国农村地区的人口老龄化水平和速率均远高于城市，人口的城乡迁移是其主导性因素。人口迁移流动相对显著地加重了农村地区（主要是中西部）的老龄化压力，但同时也有效拉低了城市地区（尤其是东南沿海）的老年人口比例，使得这些地区在一定时期以内尚有相对充沛的人口红利。这意味着，首先，老龄化压力将通过人口流动更多地传导至中西部地区（主要是农村），为城镇地区有效延长了人口红利窗口期。其次，区域差异及其所导致的人口流动与动态聚集使得不同地区机会窗口的开启与关闭时间并不一致，这种时间上的梯次差异将可能会为应对人口老龄化创造出灵活的政策腾挪空间。

（5）老年人口健康水平不断提升，但其政策价值仍有待挖掘

2010 年，我国男性和女性老年人口（60 岁＋）的余寿分别为 20.04 岁和 23.14 岁，生活自理预期寿命为 17.22 年，平均带残存活时间约为 2.53 年[②]，相比 2000 年均稳步提升。不同口径的老年人口失能率区间为 10.48%~13.31%[③]，其中，中重度失能老人比例未超过 3%（1.55%～2.99%），至 2020 年前后各类亟须照顾的老年群体[④]将可能接近 2000 万的规模。对此需要特别指出的是，人口寿命提高在带来效益的同时也会产生成本及压

①   胡湛，宋靓珺，郭德君. 对中国老龄社会治理模式的反思 [J]. 学习与实践，2019(11):81-91.

②   张文娟，魏蒙. 中国老年人的失能水平和时间估计——基于合并数据的分析 [J]. 人口研究，2015(5):3-14.

③   张文娟，魏蒙. 中国老年人的失能水平到底有多高？——多个数据来源的比较 [J]. 人口研究，2015(3):34-47. 该论文指出，2010 年"中国城乡老年人口状况追踪调查"数据的老年人口失能率最高，达到 13.31%；2011 年"中国健康长寿影响因素跟踪调查"数据的失能率最低，为 10.48%；2010 年"六普"数据的老年人口失能率为 11.20%。

④   包括中重度失能、中重度失智、失明失聪群体。

力，即"胜利的成本"（Cost of Success）乃至"胜利的失败"（Failure of Success）^①，而现有的制度安排模式尚未对我国老年人口健康水平提升这一现实进行必要的调适，对其效益未有效利用，对其可能带来的压力也未及时反应，这尤其反映出社会保障系统和老年科技发展的滞后性，并可能由此形成所谓"长寿风险"问题。

（6）现役老年标准与社会现实趋于脱节，存在误判老龄化态势的风险

联合国自20世纪中叶起所推行的老年定义依赖于单一的生理年龄指标，并由此形成人口老龄化的判定标准，这在很大程度上反映当时预期寿命的限制和各国政府对养老保障的考量。从确定这些标准至今，人类社会已经历巨大的人口、健康及疾病谱转变，经济社会关系也产生了重大变革，因而进入21世纪以来重新定义老年/老龄化一直是国际社会关注的前沿。与此同时，世界卫生组织（WHO）亦正在不断修正对健康的看法，目前已将其重新定义为"健康不仅仅是消除疾病或虚弱，而是一种身体、精神与社会环境适应的完好状态"。然而在实际情境中，我们却仍普遍更多地关注老年人的疾病、虚弱及因此导致的基本生活能力丧失，这显然已与国际现行的主流评价体系相脱节，一个科学完整的"大健康"概念应该是立体而非单一的，涉及多维度与多层次，不仅包括身心适应和社会参与，更需要"老年友好型"环境的支撑。

可见，一旦跳出旧概念和旧框架的桎梏，我们对中国人口老龄化态势将会有一个全新的认识，这不仅源于中国人口再生产模式的变动，也是国家治理模式改进、人民生活方式改变及科技发展的合力使然，并必然影响到与老龄化相关的国家治理模式和制度政策的设计。

（二）反思对于老龄化和老龄社会的认知误区及其形成机制

中国不同领域的学者由此从不同学科出发对中国老龄化问题进行了较为系统性的探索，并已形成大量丰硕的学理性成果。但论及具体的对策政策研究，不少研究却常常过高估计老龄化问题的严重程度，不同程度地存在着将老龄化视为"问题"或"挑战"的倾向，形成了一系列对于老龄化发展和老龄社会治理的认知误区及偏差，其对策与政策研究较多着眼于单项或局部的静态政策问题，存在若干治理困境，相应治理研究亦有囿限。本节将识别老龄社会治理的研究困境和老龄化及其治理研究中的认知误区，分析出现认知误区和理解偏差的主要机制。

1. 老龄化研究和实践：认知误区和理解偏差

人口老龄化及其影响具有较大的弥散性和渗透性，常常涉及一系列跨越功能边界的

---

① ZENG Y, FENG Q, HESKETH T, et al. Survival, disabilities inactivities of daily living, and physical and cognitive functioning among the oldest-old in China: a cohort study[J]. The Lancet, 2017, 389 (10079): 1619-1629. 该论文指出，"胜利的成本"是指人类寿命提高（即所谓"胜利"）在带来效益的同时也是有成本的，如健康状况较差的高龄老人存活率提高就会给社会长期照料和亿万家庭生活质量带来严峻考验。一种更悲观的理论则认为，老年人寿命延长将导致老年人群中残障比例增加，是一种"胜利的失败"。

非结构化公共事务，并形成诸多超复杂系统问题，对其应对的治理模式与政策安排必须基于这一特征展开。然而所有的治理与政策变迁都不可能在一夕之间完成，其间更需要政府治理理念和社会主流观念的不断调适。因此尽管老龄议题在近年已引起社会各界高度关注，政府出于民生大计亦对其极为重视，但囿于固有的治理困境，研究与实践中的共识仍未普遍达成，尚存在若干亟待商榷的认知倾向。随着老龄化的进一步深化和社会转型的加速，识别并厘清当前研究和实践中的认知误区和理解偏差正变得愈加重要和必要，这将是实施积极应对人口老龄化国家战略的前提条件之一。

整个社会在应对老龄化的过程中仍存在诸多认知误区或理解偏差，倾向于将其视为"问题""挑战""负担"乃至"危机"，相当多的学术探索委身于此框架之下寻求防止或延缓老龄化的种种途径，大量的政策探讨亦由此过多聚焦于单项或局部的政策调整或调节，例如养老压力及针对老年人的各类支助措施等，有一定工具理性特征，而与老龄化密切相连的其他问题或者同一问题的其他方面则经常被忽视，对整个老龄社会基本规律的系统研究和对政策体系的整合性研究仍相对欠缺，不少工作于今已显得杯水车薪，并可能导致我们对于未来老龄社会发展路径的误判。具体说来，认知误区有以下四种表现。

（1）对老龄社会的常态化欠缺共识，"悲观论"与"危机论"在研究实践中仍有市场

人类寿命大幅延长而生育水平显著下降，两者叠加使得不同国家与地区的人口年龄分布普遍向老龄化倾斜。因而从本质上讲，老龄化是人类再生产模式转型和经济社会发展的必然结果，它在任何国家和地区概莫能外，差别只在于出现之早晚和进程之快慢[1]。然而，当前老龄研究与实践中仍充斥不少负面乃至悲观的情绪。这一方面源于社会大众在心理上的不适应，另一方面则是目前以中青年为核心形成的社会架构对老年人比例增多这一现实仍存在不同程度的不匹配。有相当多的证据揭示老龄化对宏观经济发展并未带来不可逾越的挑战，在一些西方发达国家，老龄化甚至与其经济增长显现出一定程度的正相关，中国最近几十年间的经济高速增长亦与人口老龄化的发展进程相同步。这恰恰说明人口与发展之间的关系不是线性的，不需要无谓地自我设障。正如戴利和汤森所指出"人们经常议论老年人口的保守性和反动特征，年轻人的进步和活力，这都是无稽之谈"[2]。

（2）将老龄问题等同于老年人问题乃至养老问题，将老龄社会治理等同于老年人工作的开展和老龄事业的发展

老龄社会的可持续发展因而需要通过对不同生命周期人口的持续投资和引导而夯实。将老龄化议题过度聚焦于老年人群体既会造成不必要的社会焦虑和社会恐慌情绪，也不符合代际公平和共建共治共享的治理理念。

人口老龄化尽管暗含老年人口增多等数量性议题，但它在本质上是一个结构性问

---

[1]　彭希哲，胡湛. 公共政策视角下的中国人口老龄化 [J]. 中国社会科学，2011(3):121-138, 222-333.

[2]　戴利，汤森. 珍惜地球：经济学、生态学、伦理学 [M]. 马杰，钟斌，朱又红，译. 北京：商务印书馆，2001.

题，即人口年龄分布的结构性变动。正是由于片面地将老龄化问题等同于老年人的问题，当前老龄社会治理研究与实践亦较多关注老年工作的开展和老龄事业的发展，而非老龄社会的整体性应对①。老年工作与老龄事业聚焦于如何为老年人口提供经济赡养、公共服务及精神慰藉等支助，这当然是政府重视民生并为应对当前的现实养老压力而产生的一种自然选择，然而老龄化所意味的年龄结构变迁将涉及人口结构的各个层次和个体发展的各个阶段，仅仅关注老年人口显然无法全面应对老龄社会的诸多挑战。人生的不同年龄阶段是一个相互关联、彼此重叠的过程，只有将个体发展的各个阶段和人口结构的各个层次联系起来考虑，重视老龄社会的全民性和整体性，才能够夯实老龄社会治理模式的基础。

（3）较多推崇"拿来主义"，忽略了中国在老龄社会治理中的特殊性乃至优势

中国进入老龄社会相对较晚，在应对经验相对匮乏的情况下，参照或参考国际社会的通用性思路或一般性对策无可厚非。然而随着老龄研究的不断深化和实践经验的不断积累，我们必须清醒地认识到，人口老龄化在不同国家和地区的发展有其共性，但更多的则是其个性及差异，国际社会的应对经验固然存在普遍性，但具体国家的具体治理格局则必须基于其各自基本国情。

西方发达国家大多于 20 世纪上半叶进入老龄化阶段，其时处于工业时代的尾声，纵观其治理经验，研究者极为关注西方社会日益深重的养老压力及其所引发的一系列发展困境②③④，而由于福利刚性并囿于制度结构，这些研究往往聚焦于制度安排中市场与国家的二分。实践却表明，市场追求效率，市场经济发展成果自动惠及所有社会成员的现象并没有呈现；福利国家虽由政府提供相对完善的社会养老保障，却较大磨损了家庭养老功能，并招致财政危机与代际冲突，"找回家庭"反而成了重要的制度安排⑤⑥⑦。

与西方发达国家不同，中国是在信息时代进入了老龄社会，这为应对该挑战提供了全新的可能和机遇，但亦同时面临经济未发达、就业未充分和社会保障未完善等约束条件。客观而言，当代中国在老龄社会治理中具备一定特殊性乃至优势，例如：①新中国

---

① 吴玉韶. 2018. 上海论坛观点集萃：老龄化是社会发展的巨大机遇. https://finance. sina. cn/2018-05-31/detail-ihcikcev5092685. d. html[2019−01−21].

② LEE R, MASON A. Population Aging and the Generational Economy: A Global Perspective[M]. Cheltenham: Edward Elgar Publishers, 2011.

③ PIFER A, BRONTE L. Our Aging Society: Paradox and Promise[M]. New York: W. W. Norton &Compang, 1986.

④ SCHULTZ P. Population matters: demographic change, economic growth, and poverty in the developing world[J]. Journal of Economic History, 2001,63(3): 889−890.

⑤ MISHRA R. The welfare state in crisis[M]. Brighton: Wheatsheaf, 1984.

⑥ ROSE R. Common goals but different roles: the state's contribution to the Welfaremix//Rose R, Shiratori R. The Welfare State: East and West[M]. Oxford: Oxford University Press, 1986.

⑦ MIDGLEY J, TANG KL. Introduction: social policy, economic growth and developmental welfare[J]. International Journal of Social Welfare, 2001,10(4): 244−252.

成立后的长期发展，尤其是改革开放后逐步积累形成的海量发展红利，为老龄社会治理提供了稳固的经济基础。②事实已反复证明，中国政府在处理一些事关全局和涉及长期发展的复杂问题上，具有其他国家难以比拟的动员力和灵活性，这是老龄社会治理中最坚强可靠的主体力量。③以孝道为核心的传统文化给中国老龄治理提供了特殊的治理资源，将为老龄社会治理提供强大的文化伦理支撑和稳定的价值理念输出。④中国的大国优势与区域多样性可能会为老龄化治理腾挪出宝贵的时间与空间，这一国家禀赋性优势将较大提高老龄政策体系的灵活性。⑤从更长远来看，以信息技术和生命科学为代表的科技革命正在深度改变现有的生产生活方式、产业格局、社会结构，并将可能成为中国经济增长的新引擎，同时为老龄社会治理提供更多的创新可能与技术支撑。

（4）在实践中过度关注人口老龄化应对的技术性，忽视了老龄社会治理的全民性和整体性

囿于体制资源等现实约束，并在上述认识误区和理解偏差的作用下，大量对策研究将老龄化的应对较多地视为一个技术性问题，常常过高估计老龄化问题的严重程度，且不同程度地存在着将老龄化视为"问题"或"挑战"的倾向，较多着眼于单项或局部的静态政策问题，并相对集中于三个方面：①以生育政策为重点的人口政策调整。人口生育政策的实施在规范我国人口生育行为乃至推动人口转变的过程中发挥了巨大功用，许多研究自然而然地将应对老龄化的希望也寄托于人口政策的改革完善，近期对三孩政策的解读也大多聚焦于此。通过人口政策及其相关福利政策的适度调整的确能够在一定程度上改变人们的生育行为，并借此延缓老龄化的速度，为未来世代赢得应对老龄化问题的时间。然而，人口老龄化是人类寿命延长与生育水平下降共同作用的结果，其进程不可能因生育政策的调整而得到根本性逆转。②与老年人相关的政策调整。老龄化问题常常被看作只是老年人的问题，即如何为现在和未来的老年人口提供经济赡养和公共服务。现有政策聚焦于老年人口也是政府应对现实的、短期的老龄化压力而产生的一种自然选择。但老龄化已成为中国社会的常态，这一社会基本结构形态的改变涉及个体发展的各个阶段和人口结构的各个层次，仅仅调整对老年人的公共政策显然无法全面应对老龄社会的诸多挑战。③相关部门的政策调整。囿于体制资源等现实约束，相当多的老龄治理实践落脚于"部门政策"的调节或调整，如社会保障部门、民政部门、卫生部门等。然而在现实中，不同的政府部门往往专注于各自的功能和职能定位，相关部门之间职责交叉但界限不明确的情况时有发生，由于缺乏整合，出现政策冲突或政策衍生问题的例子并不少见，这更加剧了现有政策体系的碎片化与空心化，对其政策效能发挥反而产生了负面影响，并在一定程度上加剧了对老龄化压力的社会焦虑。

2. 老龄社会治理研究：基础理论的缺乏与认知困境

首先，应对中国人口老龄化的基础治理理论尚未廓形，具体的治理体系尚未落实，因而难以实现从一元主导到多元共治、从查漏补缺到持续发展、从管控维稳到共建共享的治理格局转变。老龄社会的治理内嵌于新时代的公共治理。2013年党的十八届三中全会将"推进国家治理体系和治理能力现代化"作为全面深化改革的总目标之一，强调从"社会管理"到"社会治理"的转变，2017年党的十九大报告更明确提出"加强和创新

社会治理"以打造"共建共治共享的社会治理格局"。这些理念与方案不仅为中国新时代的公共治理确立了路径，也为老龄社会的治理提供了宏观理论框架。然而，传统建立在年轻人口占绝对主体基础之上的社会治理模式和制度安排架构都需要根据老龄化的发展态势做出相应调整乃至重构，但很多基本的理论问题仍未解决，如：现行老年和老龄定义是否合理、老龄社会的就业形态和福利模式会否颠覆、传统文化在老龄社会中的作用机制等。另外，"治理"概念本身具有"问题导向"和"结果导向"的特点[1][2][3]，具体的治理体系将根据现实议题的变化而不断演化，以与社会发展现状不断适配。尽管从中央到地方都已针对老龄工作形成了初步的宏观治理格局，但现有涉老制度与政策安排仍未脱离"政府主导型"和"管控型"的社会管理模式。

其次，现有社会认知混沌，存在误判人口及老龄形势的风险。固守传统的概念、工具和框架，忽略其与当前社会现实脱节的问题，是社会认知混沌的重要原因。目前广泛存在的认知误区有三类：①"悲观论"和"政府全能全责论"仍有不少市场。例如：希望仅仅通过提高生育率来遏制老龄化发展，却忽视了老龄社会已成为一种不可逆转的常态；断言中国家庭功能及其凝聚力已普遍磨损而致使家庭养老功能丧失，却对家庭网络在新历史时期的新表现形式视而不见等。②更有研究则习惯性地将老龄化问题看作只是老年人的问题，即如何为现在和未来的老年人口提供经济赡养和公共服务，由此形成的政策建议和相关职能部门也更多关注老年人工作的开展和老龄事业的发展，而非对整个老龄社会的应对[4]。③现行老年定义依赖于单一的生理年龄指标，并由此形成人口老龄化的判定标准，导致涉老政策的内涵和外延与当前社会现实日益脱节。片面关注生理年龄的老年人和老龄化定义，忽视了老龄化的多元性、层次性、阶段性、动态性，以及巨大的个体和群体差异。这不仅始于人们对待"衰老"的粗糙的传统观念，也源于现有涉老政策体系的设计运行仍基于传统的评价指标和政策工具。不仅如此，考虑到我国发展不平衡所呈现的巨大区域差异，传统的老龄化指标无法反映老龄化对某一区域的真实影响，更难以体现其应对老龄化所具备的资源和能力。有鉴于此，有必要重新定义和定位"老年人"和"老龄化"，科学反映个体老化和人口老龄化的动态过程，突破现有老龄研究的桎梏、转变传统政策干预的套路，并逐步弱化大众对待老龄化的不必要的悲观态度。

再次，现有涉老制度与政策安排的研究尚未形成中国方案。在过去的 40 年间，中国的老龄政策经历了从无到有、不断改进的过程。以前我们完善老龄社会治理体系的主要路径有二，一是"摸着石头过河"，二是广泛学习西方经验。然而治理模式及其政策安

---

① 燕继荣.社会变迁与社会治理——社会治理的理论解释 [J].北京大学学报（哲学社会科学版），2017, 54(5):69-77.

② 李强.怎样理解"创新社会治理体制"[J].毛泽东邓小平理论研究，2014(7):43-48.

③ 郁建兴，关爽.从社会管控到社会治理——当代中国国家与社会关系的新进展 [J].探索与争鸣，2014(12):7-16.

④ 吴玉韶.2018.上海论坛观点集萃：老龄化是社会发展的巨大机遇.https://finance.sina.cn/2018-05-31/detail-ihcikcev5092685. d. html[2019-01-21].

排有鲜明的国家特征，尤其随着我国进入高质量发展阶段，我们已经很难继续通过借鉴西方经验来解决中国的现实问题。而且，对于中国这样的人口大国，基本国情、社会架构、发展阶段和文化特征等方面的差异使得我们无法生搬硬套其制度及政策模式，何况不少西方国家自己也正因此陷入债务泥潭而至今不拔。总而言之，如何在尚未实现现代化的条件下应对老龄社会的诸多挑战，中国目前尚无系统的他国经验可资模仿。近年来我国政府和学界已开展多项大规模老龄研究，不同领域的学者从不同学科出发对中国老龄化议题进行了较为系统的探索，并形成大量丰硕的学理性成果，其中具体的对策政策研究则相对集中于以生育政策为重点的人口政策调整、与老年人相关的政策调整和单一部门的政策调整等 [1]。

不难想象，这些对策研究仍不同程度地存在着将老龄化视为"问题"或"挑战"的倾向，较多着眼于单项或局部的静态政策问题，尚未形成基于中国思考的整体性框架。正如前文所强调的，人口老龄化已成为中国社会的常态，其进程涉及个体发展的各个阶段和人口结构的各个层次，不可能只因生育政策的调整而得到根本性逆转，也不可能仅仅通过优化老年人福利而消弭其压力，更不可能依靠传统"部门政策"的单打独斗而扭转当前治理困境。

因此，尽管中国的老龄社会治理仍需不断总结先期老龄化国家的经验教训，但更需要的是将中国国情的特殊性与国际社会应对老龄社会的普遍性相结合，在深刻立足于中国现实的基础上，摸索和凝练出一条中国特色的老龄社会治理之路，并与中国发展现状不断适配。中国独特的政治体制、人口规模、经济体量、文化传统和家庭观念也是我们必须关注的特征，并由此形成整体性应对方案。

最后，现有研究及实践对人口社会变迁过程中的"不确定性"把握不够。治理是一个不断与社会发展现状和制度变迁形势相互适配的动态过程。尽管人口老龄化已成为中国社会的常态，对其基数大、速度快、区域不均衡、高龄老人和失能老人多、空巢化和独居化加剧等规律和现象也正在逐步形成共识，但中国的老龄化毕竟仍在不断发展之中，其治理过程尚有一系列"不确定性"需进一步把握。例如前文提到的就业结构与模式面临结构性转变、老龄化区域差异的动态发展、家庭模式变迁对未来养老制度安排的影响、老年人口健康水平的变化等方面。这些"不确定性"将在相当长的时期内伴随中国老龄社会的治理进程，应对其有效把控和合理应对，并由此形成"中国方案"中的中国特色。

3. 认知误区与理解偏差的形成机制

对于人口老龄化这样一个相对较新的议题，出现认知误区和理解偏差是无可厚非的，然而具体到当前我国社会经济发展的现实情境和老龄社会治理的现实诉求，有必要在新的历史时期对这一问题进行分析性的认识总结，以正本清源、承前启后。

（1）社会认知发展所固有的"慢同步"特点

出于实用主义，现有研究倾向于将老龄化置入具体情境中而识别为一个相对独立的

---

① 彭希哲，胡湛. 公共政策视角下的中国人口老龄化 [J]. 中国社会科学，2011(3):121–138, 222–333.

认知对象，遵循"问题—答案"式的思维路径，从而将老龄化的具体应对转化为一系列线性的技术性问题，如将老龄化压力等同于老年人压力乃至养老金压力、将老龄社会治理等同于老年人工作开展和老龄事业发展均属此列。无论在自然科学还是在社会科学领域，这种问题意识诚然是推动认识前进和发展的不竭动力，其积极作用毋庸置疑，然而对于许多超复杂结构或非结构化的认识问题，这种线性路径则往往趋于片面而不能从整体上对相关问题进行更为深入的研究。

一方面，人口结构是一切社会结构的基础构件，更是社会变迁和科技发展的先决条件之一①，因而人口结构的老龄化将涉及一系列超复杂系统问题，其影响更具有较大的弥散性，将可能渗透到人类社会生活的方方面面。另一方面，由于人口老龄化本身亦仍在不断发展之中，其认识边界呈现动态性，未来社会经济和科学技术的发展及老年人群体的演化都有可能超出人类现有历史经验，更为老龄社会的发展可能性增添了迷思。这不仅决定了我们不可能一劳永逸地解决老龄化带来的所有压力，更意味着我们必须在研究和实践的过程中不断修正我们的认识，而这种认识还将反过来不断调整乃至重构老龄化议题的内涵与外延。在这样的背景下，社会上有些人对于老龄化这一相对较新的议题因不甚了解而产生望文生义或断章取义，拒绝承认老龄化的常态化，乃至形成恐慌和恐惧的心理都是可以理解的，社会共识的形成本就是一个逐渐及逐段发展的长期过程，存在固有的"慢同步"现象。

此外，对老龄化消极认知的背后还涉及一个认识和评价主体的问题。尽管老龄社会的老年人口比例有所提高，但社会的主体构成依然是非老年人群体。在这样的结构形态下，对老龄化的认知其实主要反映的是非老年人群体的态度与观念。当然，其中也不排除老年群体自身的态度和观念（甚至有些老年人还可能对老龄化及老年人存在负面认知），但因其所占人口比例相对较低而对整体社会认知的影响有限。假如我们互换认识和评价主体，结果可能将截然不同，这不仅折射出认识主体对于认识活动的重要影响，也说明新现象、新事物、新议题本就很少会伴随掌声呈现。

（2）制度资源储备相对缺位引发若干社会焦虑

利用当前老龄化发展的波动期和窗口期以尽快完成相关治理及制度资源储备，跳出传统制度和政策工具的束缚，与国家其他发展战略相融合，使之不局限于为老年人提供保障和服务，而是涉及社会保障、劳动就业、医疗健康、科技教育等体系的重大持续变革，已成重中之重。

人口老龄化本身并不构成"问题"，但其与现行以中青年为核心而设计运行的社会治理架构与制度结构相互不适应所产生的矛盾则以多以"挑战"或"压力"的面貌呈现。从这个意义上讲，人口老龄化应对与老龄社会治理的关键在于制度及政策安排的适应、适配乃至重构。然而中国社会是在经济尚未发达、就业尚未充分及保障系统尚未完备的条件下迎来人口老龄化的，且相对于我们的社会经济发展水平而言，老龄化发展速

---

① WEEKS J. Population: an Introduction to Population (11th) [M]. California: Wadsworth Publishing, 2011.

度又明显过快，更将当前制度资源的相对缺位在短时期内予以放大。

与此同时，中国政府自 20 世纪 80 年代以后开始建立的社会保障体系的覆盖面仍显狭窄。尤其值得注意的是，中国的城乡二元经济结构所形成的二元社会结构，还使城市居民所享受的各类社会保障福利远未能覆盖到农村地区。我国财政用于社会保障的资金投入，大部分拨付给了城市居民，用于农村社会保障的公共支出非常有限，自 2009 年开始试点的新农保（新型农村社会养老保险）尽管进展很快，至今的覆盖面仍相对有限。随着老龄化进程加快和城乡人口迁移流动的持续，中国农村在养老、医疗等方面的压力相对于城镇将更加突出。不仅如此，医疗保健和社会服务的相对滞后，以及传统家庭养老功能的弱化，也对中国的社会服务体系提出新的要求。

（3）社会文化变迁对社会观念和代际关系的影响

从历史上看，中国是一个按照人际关系和血缘关系而非地域原则进行统治的国家[①]，其传统文化孕育出浓重的尊老成分，即所谓的"孝文化"或"崇老文化"。在传统社会中，这种文化模式具有强烈的伦理性和制度性特征，它不仅规范人们的行为，还主导了中国的主流社会价值[②]。"孝文化"直接参与塑造中国人"家"的观念，使亲子关系成为中国家庭关系的核心，而不同于欧美国家的以夫妇关系为家庭轴心。亦因此，赡养父母对中国人来说是天经地义的职责，是自己对父母养育之恩的延期回报，由此而发展出的中国家庭养老文化绵延千载。

然而，随着中国由传统社会向现代社会过渡，传统社会价值和家庭伦理已随之重塑，甚至在现代化理论和现代性的话语框架下，"传统"有时还被视为"现代化"的障碍之一，传统的养老文化和孝文化在不同层面受到了不同程度的冲击，而人口老龄化的出现则无异推波助澜。

首先，在中国传统孝文化与崇老文化呈现衰退趋势的背景下，人口老龄化促使中国的家庭养老由文化模式走向行为模式[③]。例如，有研究表明，父母对子女的投资及帮助（如早年的教育投资、经济援助，以及近期的照看孩子、做家务等家庭服务）同子女为父母提供养老帮助之间存在因果关系[④]。

其次，人口老龄化进程的加速，使中国人对老年人的社会认知迅速地由伦理本位转向为道德本位，而道德的约束力在当下已然今非昔比。在家庭内部，探望老人这一基本的家庭代际交往都必须通过法律来加以规范，一些无视老年人需求、虐待老人的现象更时有发生。在社会范围内，中国的不同社会群体对老年人的主观评价，以及他们对老年人生存现状的客观评价，都存在一定的老年歧视（Ageism）倾向[⑤]。

最后，在中国人口转变和社会转型并进的复杂背景下，家庭规模不断缩小，家庭功

①　梁治平.寻求自然秩序中的和谐 [M].北京：中国政法大学出版社，1997:17.
②　姚远.老年人社会价值与中国传统社会关系的文化思考 [J].人口研究，1999(5):44–50.
③　姚远.对中国家庭养老弱化的文化诠释 [J].人口研究，1998(5):48–50.
④　陈皆明.投资与赡养——关于城市居民代际交换的因果分析 [J].中国社会科学，1998(6):131–145.
⑤　吴帆.认知、态度和社会环境：老年歧视的多维解构 [J].人口研究，2008(4):57–65.

能不断弱化，提供给家庭成员的在生命周期不同阶段的支持和资源也逐渐减少，家庭内部的代际关系被迫实现社会化，这种过程在中国远比其他国家和地区更加深刻和迅速。以"孝"为核心的中国传统文化只能调节家庭内部资源的代际转移与分配，对社会资源的配置却无能为力[①]。在这些现象的背后，渗透出将老龄化等同于压力、负担、危机的观念乃至于将其妖魔化的倾向亦不足怪。

（4）传统生死观对老年观或老龄观的影响

中国传统文化伦理所隐含的若干理念和思维模式对当前老龄观和老年观的形成亦有不可忽略的影响。儒家的"贵生"思想，即对现世关注远高于来生的倾向影响深远，并充分渗透进传统的生命观和死亡观之中。通过伦理规范进而要求人们珍惜生命和当下的生活的观念固然在历史上产生了积极的社会效应，但对死亡的体悟其实是理解完整生命历程的一把钥匙。海德格尔的"向死而在"就从生存论和本体论的角度对死亡赋予了更为积极的内涵[②]。相比较而言，传统文化伦理及思想观念却使中国人在日常生产生活中很少论及死亡，死亡在本土文化语境中往往携带着莫名的禁忌和无端的恐惧。这种死亡忌讳具有引申性，作为距离死亡最近的群体，普通民众"讳老"和"忌老"的心理在很大程度上亦由此而来，并在生活中惯性地将"老"与"衰弱"画上了等号。在此背景与情境下，尽管医疗与科技的进步正使人口健康水平不断提高、寿命延长的可能性不断得以放大，然而我们对于生命末期的关怀却被常常被忽略，我们对老年人最后生命历程的理论储备和现实经验由此显得不足。随着老龄化的加剧和老年人的增多，这些传统规训无疑将经受越来越多的伦理诟病。

（三）实施积极应对人口老龄化国家战略需实现理念转型

人口年龄结构是社会结构中最基本的形式，当其发生重大改变时，必然带来社会、经济乃至文化系统的全方位变化，进而要求制度和政策安排的相应调整乃至重构。由于人们观念的转变和制度形态的演变都需要过程，使得这种调整往往滞后于人口结构的改变。正是在这个意义上，人口老龄化所带来的挑战并不完全来自老年人或者老龄化本身，而更多源于现有的社会治理模式和公共政策体系不能满足老龄社会的发展需求。在这样的背景下，积极应对中国人口老龄化必须跳出在传统逻辑框架内探讨防止或延缓老龄化的路径依赖，不仅应避免局限于"在旧框架内解决新问题"的思路，更要抛掉局部的、静态的治理模式调整或政策调节思路，从而从全局的、动态的视角来重新思考整体性治理的战略布局。立足于中国的现实情境，新时代老龄治理的核心应聚焦于整体性和可持续性，并兼顾其动态适应性和中国属性。因而应尽快形成政府主导下的多元共治格局，从"居高临下"和"单打独斗"转为合作整合，重视全民参与和社会自治，在代际及群际均衡的基础上强调老龄社会的可持续发展，并始终根据社会发展状况而不断调整

---

①　吴帆，李建民. 中国人口老龄化和社会转型背景下的社会代际关系 [J]. 学海，2010(1):35–41.

②　海德格尔. 存在与时间 [M]. 陈嘉映，王庆节，译. 北京：生活·读书·新知三联书店，1999.

其治理形态，通过不断提升大众获得感和增进社会和谐而最终达成老龄社会的"善治"。

具体而言，综合前文对中国人口老龄化的审视和对现有认知误区的识别和形成机制的探讨，本节提出实施积极应对人口老龄化国家战略所需实现的六大理念转型路径。

1. 从强调"中国特征"向构建"中国优势"转变

老龄化是一个全球性的发展趋势，系统应对老龄社会对全球社会也是亟待解决的新问题。先期老龄化国家确有许多成功经验可为我所借鉴，然而治理模式转型和制度体系改革是一个持续的过程，各国之间存在某些共同趋势，但更多表现出显著的差异和个性特征，无法简单地模仿引用。而且，老龄化的发展和影响现已大大超出人类已有历史经验，中国乃至全球的社会经济形态和结构已和西方发达国家进入老龄社会的时代截然不同，中国的特有国情更为我们应对老龄化提供了丰沛的资源禀赋和多元化的治理路径。这些背景导致应对老龄化的中国方案必须基于中国思考。

应对老龄化的中国治理方案无疑应基于以下五大"中国特征"，并逐渐将其转换为"中国优势"。第一，中国有强大而稳定的政府，其组织能力和资源配置能力使得在应对养老金等复杂议题时具备较大的灵活性和创新可能性（如国有资产划转充实社保基金），这也是我们的制度优势在应对人口老龄化中的集中体现。第二，新中国成立后的长期发展以及改革开放后逐步积累形成的海量发展红利，为积极应对人口老龄化提供了稳固的经济基础。第三，以孝道为核心的家庭伦理和传统文化形成了特殊的治理资源，将为积极应对人口老龄化提供强大的文化伦理支撑和稳定的价值理念输出。我们悠久的养老、孝老和敬老、尊老文化传统不仅是传承数千年的中国文化、是中华文明得以延续的重要基础，也将奠定中国式养老的价值理念基础，并极大拓展养老资源乃至应对老龄社会的资源格局。第四，中国的大国优势与区域多样性也将为老龄社会治理提供宏观战略的施展舞台，并为资源配置提供巨大灵活性和政策腾挪空间。第五，中国在应对老龄化上存在"后发优势"，尤其当代科技革命正在重塑现有社会格局、产业结构和生产生活方式，并将形成中国经济增长的新动能，为老龄社会治理提供更多的创新可能与技术支撑。积极应对人口老龄化的中国方案无疑应基于这些"中国特征"，并逐渐将其转换为"中国优势"。

2. 在党的全面领导下构建整体性治理格局

为最大限度发挥党和政府总揽全局、集中力量办大事、有效平衡短期目标和中长期发展战略的制度优势，我们在长期实践中摸索形成了独具特色的国家治理范式，即在中国共产党领导下的多元主体共同治理。这在推动当代中国高速高质发展，以及脱贫攻坚、抗击新型冠状病毒感染疫情等实例中，均取得了举世瞩目的伟大成就。得益于此，坚持党总揽全局，将为积极应对人口老龄化提供坚强保证。实施积极应对人口老龄化国家战略，必须坚持党的全面领导，发挥党总揽全局、协调各方的作用。

应对中国人口老龄化的治理模式和政策体系并不是孤立的策略或对策集合，而是中国整体发展战略中的有机组成部分，它并不外在于"创新驱动发展/区域协调发展/可持续发展""科教兴国/人才强国"及"乡村振兴"等国家战略，也不是与"健康中国""新型城镇化"乃至"一带一路"等无关的问题。换言之，对老龄化的应对治理应更多置入国家整体发展框架中加以思考和布局，这自然需要首先突破传统体制机制的固有制约。目前以部门为主导而形成的各种与老龄化有关的公共政策及管理不断呈现碎片化（Fragmentation）及空心化（Hollowing out）的趋势[①]，各类老龄政策在不同部门发展序列中的排位及政策优先对象的确定都要取决于相关部门对老龄事务的理解，更遑论部门权责交叉和政策摩擦的现象，这会使老龄社会治理模式和公共政策转变的许多基础性工作难以开展，源头性问题难以得到解决。

老龄化的影响已经渗透到中国社会的各个领域，它所呈现的是一套跨越功能边界的非结构化公共事务问题，分工细密、层级分明、专业导向和行政驱动的传统政府管理模式难以实现有效的治理。因而需要引入"整体性治理"（Holistic Governance）的战略视角来调节乃至重构目前我们为解决老龄问题而实施和运作的公共政策和公共管理体系。整体性治理是在20世纪末开始崭露头角的公共管理与公共政策理论的新范式[②]，是在网络化治理、协作治理、合作治理、参与治理等微观治理形态上进一步形成的宏观治理格局。它首先对新公共管理运动所主张的分权、市场化和民营化进行了反思和调整，强调政府进行全面协调的必要性及能力；其次在传统的行政协调上引入新的协作伙伴和工具，丰富了协调对象和方式，并极为重视现代信息技术在治理中的作用；最后还改变了民众作为单纯服务消费者的角色，将他们转化为积极的公共服务生产者和治理主体，突破了传统公共行政学的本位主义[③④]。当前我国的大部制改革、区域联动发展、部门间议事协调机制、一站式服务创新和基层民主创新，都部分体现了整体性治理的思路[⑤]，但在老龄领域从整体性治理视角开展的研究实践还较薄弱，仅有个别研究显现。

因此，在当前条件下实现老龄社会的整体性治理转型，一方面，应首先强调老龄政策的跨功能性和跨部门性，以形成机制乃至机构创新，提升治理网络效能。另一方面，整体性治理需要强大的政府、市场和社会（包括家庭和社区），也需要它们之间对相关公共事务的基本认同、信任和亲密合作，而不是仅仅依靠某一项目、某一部门或某一社会系统来承担责任。不同治理主体对个体的福利支持本就属于不同形式和层面，彼此不存在简单的替代关系。特别需要指出的是，在多元治理主体整合合作的背景下，重视并支持家庭应当成为中国应对人口老龄化的一个重要特点。尽管政府、市场等公共性主体将不可避免地承担越来越大的治理责任，但缺少家庭责任的老龄政策是残缺的，既不能使老人获得完整的福利，也会造成社会的过重负担，尤其老人通过家庭获得情感和心理上的满足更是任何专业的社会服务都无法取代的。这些伦理资源根植于中国的文化土

① 郑秉文. 中国社会保障制度60年：成就与教训 [J]. 中国人口科学，2009(5):2-18, 111.

② Perri 6 Professor, Leat Diana, Seltzer Kimberly, Stoker Gerry. Towards Holistic Governance: The New Reform Agenda[M]. New York: Palgrave, 2002:39.

③ 竺乾威. 从新公共管理到整体性治理 [J]. 中国行政管理，2008(10):52-58.

④ 陈振明，薛澜. 中国公共管理理论研究的重点领域和主题 [J]. 中国社会科学，2007(3):140-152, 206.

⑤ 敬乂嘉，陈若静. 从协作角度看我国居家养老服务体系的发展与管理创新 [J]. 复旦学报（社会科学版），2009(5):133-140.

壤，关键在于整体性治理体系的有效引导与支持，并在政府、市场、社区等与家庭合作的框架下形成创新与合力。总之，构建并夯实老龄社会的整体性治理格局，其关键在于坚持全面加强党对老龄工作的领导，并在政府、市场、社区、家庭等多元主体合作的框架下形成创新与合力。

3. 树立"全龄—全域—全周期"的发展观

应对老龄化的战略思考和治理选择可以粗略地分为两类：一类是在老年人口占较大比重的社会形态下的各类制度与政策安排如何适应和调整，以实现全民共同发展和社会福利最大化。另一类则主要是如何满足老年人口的经济安全、医疗保健、精神慰藉等方面的需求。这两类治理问题亟须整合，因而凸显了"全人口全生命周期"理念的重要性。从某种程度上讲，"全人口全生命周期"理念也是整体性治理的应有之意，但强调"全人口全生命周期"是为了强调老龄治理模式及相关政策体系的可持续性和代际公平原则。

将老龄化问题过度聚焦于为老年人口提供经济保障和公共服务既易造成不必要的社会恐慌情绪，也不符合代际均衡的发展理念。一方面，人口老龄化的巨大惯性决定了老龄社会的应对战略不应是一种应急策略，还必须考虑到经济社会的可持续发展。因此老龄战略应充分考虑全年龄段人口的需求与价值，致力于寻求将再分配功能和生产性功能内在整合的发展型政策模式，在降低社会运行成本的同时，平衡短期应急目标与中长期发展战略。另一方面，"老龄化问题"绝不是"老年人的问题"，人生的不同年龄阶段是一个相互关联、彼此重叠的过程，只有将个体发展的各个阶段和人口结构的各个层次联系起来考虑，才能够夯实老龄社会政策设计的基础。例如，未来老年人的健康和医疗保健支出问题在很大程度上需要通过对现在年轻人的健康投资和行为转变来改善，老年人的养老金问题需要通过提高年轻人的劳动生产率和推动老年劳动力的经济参与来缓解，老年照料负担的问题需要给家庭和社会资源合理而有效的投入才能得到良好的解决。

4. 在治理模式和政策逻辑中强调"实现人的全面发展"

一个国家或地区的人口发展是一个极为复杂的过程，与社会经济系统互构而共生，远不能为线性的因果逻辑所能概括。因此，过分强调人口因素对中国社会各项发展所发挥的所谓"主导性或决定性影响"，并由此形成一种习惯于或倾向于依靠对人口政策的技术性调节来满足快速发展的治理目标的治理模式及政策调节逻辑，显然失之偏颇。然而对待老龄社会治理这一复杂议题，该政策调节逻辑当前仍为许多研究者所秉持，例如将调整生育政策、鼓励育龄人群生育作为扭转人口老龄化进程的最重要政策举措就是其典型之一。诚然，根据人口发展态势适时调整生育政策对于应对人口老龄化十分必要——通过改变人们的生育行为可延缓老龄化的速度，平缓因出生数量波动而造成的对社会经济的惯性影响，并为未来世代赢得应对老龄化问题的时间，但人口老龄化的进程不可能仅仅因生育政策的调整而得到根本性逆转。现有的人口政策调节模式无异于削足适履。在新的时代背景下有必要迅速转变思路以使老龄治理模式及政策调节逻辑逐渐向"实现人的全面发展"转型，在适应人口老龄化的过程中，通过政策整合和制度创新及重构来协调这种变化的人口年龄结构与现有制度体系之间的矛盾。

另外，采用"以人口变动适应制度"的治理模式和政策调节逻辑来应对老龄社会在一定程度上也是被既有的思维定式所束缚，还在用工业时代的思维方式来分析后工业时代和信息时代的社会形态，因而对老龄化的判断常常是负面的，应对之策也主要是短期的和非生产性的。目前社会上广泛存在着对老龄化的过度忧虑与不必要的恐慌，这些现象所基于的假设是：个体或群体一旦超过60岁/65岁，将从"生产者"或"劳动力"立即转化为"被抚养者"或"负担人口"。这种片面关注生理年龄和老龄化定义，忽视了老龄化的多元性、层次性、阶段性、动态性，以及巨大的个体和群体差异。只有当公共政策不再机械地将"老年人"和"老龄化"与"负担"和"挑战"相等同，才能真正形成积极应对老龄化的良好环境。在这样的环境中，老年人不仅仅是需要支持和照顾的对象，其自身也可以成为老龄社会经济格局中的开拓者和创新者，这也将成为"不分年龄人人共建共治共享"的有力注脚。

5. 从强调"条条块块"向"关口前移、重心下沉"转变

党的十九大报告提出"加强社区治理体系建设，推动社会治理重心向基层下移"，以打造"共建共治共享"的社会治理格局。这不仅为新时代社会治理确立了路径，也为老龄工作提供了宏观指导框架。如何将顶层设计落地、将优势资源下沉，将成为新时代老龄工作的重中之重，其核心即在基层社区。传统基层社区管理体制强调"条条"为主、"块块"为辅，上级谋定而基层落实。尽管这一模式具有贴近群众的优势，但因处于国家治理组织体系之最末端，拥有的行政势能最低，要么是可动员的资源有限，要么是有了资源却难以整合。

目前，政府已经向基层社区投入了大量的养老服务资源。然而由于条块分割的体制制约，这些服务管理难以形成部门间的联动与合力，资源浪费与资源短缺并存，资源整合利用效率低，信息碎片化严重。同时，由于养老服务行业存在投资大、经营利润空间小、回收周期长等问题，市场主体或社会力量介入社区养老服务的动机动因缺乏，养老服务的市场和社会参与不充分，服务专业化程度低。因而应尽快实现老龄工作重心下移、资源下沉以强化社区老龄工作，充分发挥社区在公共服务供给上的天然地缘优势，推动社区养老资源的有效整合和服务供需双方的精准对接，以破除碎片化和有效增强社区工作的辐射性。

此外，社区养老服务的有效运作也需有具备社会工作专业资质的养老服务管理人员，既熟悉养老相关的政府政策，又具备较完善的医疗知识储备，以有效闭合从"资源下沉"到"精准对接"的最后一环。目前一些城市社区推行了"老伙伴计划""为老服务券""爱心呼唤铃"等实践，以及一些农村的"村办养老"和"时间银行"等尝试，这些项目有些不需要政府投入很多政策或资金成本，在满足老年人实际需要的同时，不仅有效提高了老龄工作的社会参与度，还有很好的宣传教育功能，具备很大推广价值和创新空间。

6. 在文化传承的基础上更新理念和创新制度

构建整个社会的"积极老龄观"是实施积极应对人口老龄化国家战略的核心要件之一。当前老龄社会治理面临的许多问题都源于传统以中青年人口为核心的社会所形成

的观念、文化和制度政策安排不适应老龄社会的发展，因而在社会经济生活中有意或无意地形成了对老年人的排斥乃至歧视，这样既使老年人利益受损，又导致老年人力资本的极大浪费。此外，传统观念及文化还习惯将"老"与"衰弱"画上等号，这既缺乏对生命伦理的现代解读，也不利于老年人自强观的建立和自身能力的发挥，更滋养了"悲观论"和"政府全能全责论"的土壤。因而应在制度和政策安排的层面上确立"年龄平等"原则，在继续弘扬尊老爱幼的文化传统的基础上重新定义老年与老龄，对教育制度、就业制度、薪酬制度、退休和社会保障制度等进行深刻改革，并在更广泛的政治、经济、社会、文化、军事等方面的变革和发展中强调年龄平等观念，消除现有治理格局中存在的固有障碍及歧视，实现不同年龄群体之间的公平参与和共同发展。

三、实施积极应对人口老龄化国家战略的治理选择与重点领域

如前文所述，人口老龄化不仅是社会经济发展的必然趋势，也是人口再生产模式从"传统型"向"现代型"转变的必然结果，更是社会现代化的一个重要标志。当前的中国学界针对老龄社会的公共政策与治理体系的研究已有不少，但主要是从具体的政策领域出发，尚不能从整体上反映中国对老龄社会发展的治理回应，以及其中参与治理的主体，如政府、家庭和社区，各自所应承担的角色[1][2]。

本节的第一部分将聚焦政府在老龄社会的复合治理体系中所扮演的核心角色。基于政策文本资料，本报告将梳理 1982 年以来中国对于老龄议题的治理体制发展脉络，并对未来老龄社会的治理提出政策建议。本节的第二部分将阐释社区环境与社区服务作为中国老龄社会治理的另一主体的重要性，详述老年友好社区的建设路径，以及社区养老服务体系的构建要点。本节的第三部分将强调老龄社会治理的第三大主体——家庭。作为最具"中国特性"的本源型传统[3]，家庭被看作是当代中国社会转型与制度变迁的历史起点和给定条件。因此，重视并支持家庭应当成为中国老龄社会治理的一个重点乃至特点。在对当代中国家庭变迁展开相对宏观的解读后，本节将提出老龄社会的家庭政策重构要点。

（一）加强政府在复合治理体系中的引导作用

本节将在理论上分析中国应对老龄社会的治理格局，以及其中关键的治理要素，并凸显政府所扮演的角色。自 1982—2021 年的中央层面老龄政策文件，以及一些地方的政策实践将作为经验证据，用以分析老龄议题的治理体制发展脉络。在此基础上，本节

---

①　彭希哲，胡湛 . 公共政策视角下的中国人口老龄化 [J]. 中国社会科学，2011(3):121–138, 222–333.

②　胡湛，彭希哲 . 应对中国人口老龄化的治理选择 [J]. 中国社会科学，2018 (12):134–155, 202.

③　徐勇 . 中国家户制传统与农村发展道路：以俄国、印度的村社传统为参照 [J]. 中国社会科学，2013(8):102–123, 206–207.

的最后将对未来老龄社会的治理提出政策建议。

1. 政府的核心角色定位

中国的老龄化的复杂性体现在经验匮乏、时代变迁和回应难度三个维度上，并兼具发展速度过快、与社会大转型同步和与整体发展水平脱节这三大特点。首先，老龄化本身是人类前所未有的发展现象，这使我们在代际制度、经济社会安排等方面均没有先例可循；其次，老龄化发生在人类经济社会加速变迁的时代，尤其是当前人类正处在以通信和数据技术发展为代表的第四次产业革命时期，再加上前所未有的全球化影响，增加了诸多变数；最后，现代社会对于个体（尤其是老年人）权利和社会可持续发展的强调因老龄化的深化而进一步凸显，这要求公共治理对于老龄化的回应趋于积极、精细、全面和可持续。

此外，中国人口老龄化的第一个显著特点是发展速度相对过快。除了现代化所带来的自然后果外，20 世纪 70 年代以来实行的计划生育政策，通过高强度政策干预的形式极大削弱了老龄化所面临的生育"拉"力，迅速压低了妇女的总和生育率[①]。这种快速变化使得社会对老龄化的整体反应和调整能力受到限制。中国的老龄化发生在社会大转型时期，这是其第二个显著特点。这一时期中国的家庭人口结构、产业结构、城市化水平、人口流动情况和社会生活状况都发生了巨幅调整，老龄化还与这些变化存在内在的相互联系和影响。第三个显著特点是，中国的整体发展水平与其老龄化水平存在一定程度的脱节，即通常所说的"未富先老"或"未备先老"，我们尚未跨越"中等收入陷阱"便进入了老龄化，这可能会在某些方面制约中国在应对老龄化上所具有的资源和技术能力[②]。

基于此，对老龄化应对和治理的格局应是复合性的，且这种复合性的内涵亦趋于多元。它首先是从老龄化面临的问题和由此产生的需求出发，要求在一个相对稳定的时期内能够对这些问题和需求做出全面协调的政策回应；也要求在较长的时间范围内，能够不断地对动态性变化和新衍生的问题和需求做出有效回应，尽量减少政策的滞后性和短期性。老龄社会治理体系能够提供多样化的资源，包容多样化的机制，其组合能够回应问题和需求的复杂性，其调整能够回应问题和需求的变化。这样的治理格局往往需要从一开始便尽量明确治理主体及其间的关系，而首要问题即是"谁来主导"和"谁来协调"。

因此，老龄社会的治理体系，究其本质首先必须明确政府的角色定位。中国政府在老龄社会治理体系的构建中一直承担核心的角色。在 20 世纪 80 年代，老龄化程度较低，经济社会体制改革刚刚启动，老龄治理问题主要集中在对国有单位离退休人员的安排和适应市场化发展的社会保障体系的初步建立。政府一方面仍然是几乎唯一的老龄化治理主体，另一方面因为经济社会体制改革而相对缩减了其社会职能。在 20 世纪 90 年代，市场主体的逐步成熟，公私伙伴关系和民营化的发展，使得走市场道路解决老龄问题成为一个思路，社会化养老等实践开始萌生。我国在 1999 年正式成立的全国老龄工

---

① 郭志刚. 六普结果表明以往人口估计和预测严重失误 [J]. 中国人口科学，2011(6):2–13, 111.

② 田雪原. 人口老龄化与"中等收入陷阱"[M]. 北京：社会科学文献出版社，2013.

作委员会，作为国务院议事协调机构，承担了老龄政策问题的统筹规划和协调推进工作，是老龄社会治理体系化建设的重要工作机制。到 21 世纪，随着国家社会职能的再认识与"和谐社会"理念的提出，以及财政收入的较快增长和社会组织的较快发展，通过政社合作来应对老龄问题得到认可和发展，养老的资源和服务供给得到强化。随着国家治理体系与能力现代化成为公共治理的改革核心，政府在老龄治理上的顶层设计、总体布局、统筹安排和协调推进等功能得到进一步增强。

2. 老龄社会的治理格局

在老龄社会的治理体系构建上，以政府角色为转移，存在如表 2 所示的四类基本治理模式[①]。当治理资源来自政府或其他具有国家权威的公共主体时，属于政府治理；当治理资源主要来自非国家的治理主体如企业、非营利组织或社区团体时，属于自治理；而当治理资源来自上述两种主体或其混合体，并存在相互交换、结合与共享时，属于合作治理。不同的治理方式往往针对不同的治理事务或情形，当其相互之间形成互补和配合时，就形成了元治理的复合治理局面。现实中，政府在不同的治理模式中均扮演了重要的角色。

表 2　老龄社会治理的基本模式

治理模式	治理资源来源	政府角色
政府治理	国家及其机构	实现公共部门体系内的政策与管理的统筹协调
合作治理	国家与非国家组织	运用多种协调机制，调动和实现多部门合作
自治理	非国家组织	通过引育扶持与监督问责，鼓励民间社会对问题的自我解决
元治理	国家及其机构	对三种治理方式进行协调配合，在问题、需要和治理模式之间进行组合

注：本表根据相关文献整理所得[②]。

分析中国老龄社会治理体系的发展和演进，并总结治理格局的现状，是本节的主要内容。本节的数据有两类：① 1982—2021 年中央政府及其组成部门发布的涉及老龄问题的规范性政策文件；②一些地方的政策实践。通过透视政策文本的行文方式、话语逻辑、用词等，本报告将揭示政策的变迁历程和演化逻辑；同时，对政策文本的外在表现形式（如数量、发布主体等）的考量也能从侧面表明政策的变迁和治理的演进。

（1）政府治理的强度不断提升、领域逐步扩展、协调性日渐提高

老龄问题的政府治理是以政府为主体所进行的政策制定与实施。1982 年以来的老龄政策发展，反映出政府在老龄问题上治理介入的深度和广度不断扩展，也反映出老龄问题的复杂性和严峻性不断增加。

① 敬义嘉.合作治理：再造公共服务的逻辑 [M].天津：天津人民出版社，2009.
② 敬义嘉，陈若静.从协作角度看我国居家养老服务体系的发展与管理创新 [J].复旦学报（社会科学版），2009(5):133–140.

政府治理的发展的第一个特点是强度不断提升。首先，出台政策数量总量持续增加，年平均出台政策数量也在增长（图2），这在一定程度上反映了对老龄问题的重视程度和投入强度。从图2的4个时段可以看出，自进入20世纪90年代以来，政府年出台政策的数量一直处在高位，在2000年正式进入老龄社会后，更是出现了一个高峰。其中，从90年代开始，专门针对老龄人口的政策数量在老龄政策中的比例有所下降，这反映了老龄问题在不同政府事务中出现的弥散趋势，即不同部门在制定其政策时，会考虑政策与老龄问题的交集，并在政策中包含相关的规定。其次，在出台的政策文件形式上，包括党的文件、法律、行政法规、国务院规范性文件、部门规范性文件、部门规章和司法文件等，表明了政策来源的多元性（表3）。特别值得注意的是，国务院层面的政策制定增长较快，国务院规范性文件的数量增长较快。政策的数量主体是部门规范性文件和国务院规范性文件。

除了强度的不断提升，政府治理的发展的第二个特点是领域也在不断扩展和变迁。整体看，改革开放以来，养老保险、离退休事务和养老服务是三个最主要的政策领域，总占比达到约3/4（74.7%）。具体来看，各时段的政策重点出现了明显的变化。20世纪80年代有3/5的政策均为离退休事务，反映了在计划经济体制向市场经济体制转型的初期，对老干部福利待遇的维护成为老龄政策的核心，也是政治稳定的重要方面。随着经济市场化的推进和单位制的逐步解体，以及人口流动的大幅增加，社会化的养老保险在20世纪90年代成了老龄政策的新重心，数量占比接近一半。不过，该阶段离退休事务的政策仍然占比近2/5。养老保险在21世纪的第一个10年成为重心，而离退休事务的重要性有所降低。2010年以来，养老服务崛起，和养老保险各占比3/10左右。

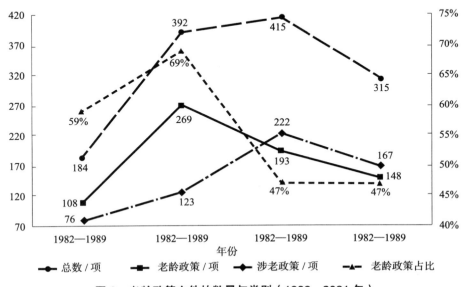

图2　老龄政策文件的数量与类别（1982—2021年）

注：表中老龄政策指专门针对老龄问题出台的政策；涉老政策指非专门针对老龄问题，但在政策中有直接涉及老龄问题的内容和规定。

表 3　老龄政策文件的形式（1982—2021 年）（单位：项）

文件形式	1982—1989 年	1990—1999 年	2000—2009 年	2010—2021 年	合计
党的文件	34	33	20	7	94
法律	4	6	7	3	20
行政法规	0	2	14	8	24
国务院规范性文件	38	45	101	125	309
部门规范性文件	108	303	249	157	817
部门规章	0	2	7	9	52
司法文件	0	1	3	1	5
其他	0	0	14	5	19
总计	184	392	415	315	1306

注：通过对国务院、中国老龄协会、民政部、人力资源和社会保障部等官方网站的查询，以及利用法律法规数据库"北大法宝"、搜索引擎等工具，在对政策进行相关性研判的基础上，本表共理出 1982—2021 年的 1306 份有关老龄政策的文本。

最后，政府治理的发展的第三个特点是协调性逐步提高。老龄化的复杂性决定了老年服务多样性和相互关联性，但老龄问题的整体性却往往由于政府部门的职能分工边界而无法得到回应。可见，部门间合作在老龄政策的制定和实施上具有很强的重要性。据本课题组统计，在 1982—2015 年的 1306 项政策中，有 393 项（占 30%）政策是由两个及以上部门联合制定和发布的，表明老龄政策有相当数量都是在部门间的讨论和协作过程中产生的。这还不包括本身具有部门间协作能力的国务院（包含其办公厅）、中国共产党中央委员会和全国老龄工作委员会等部门所制定的政策。从 4 个时期来看，并没有明显的差异，但较多部门比如 10 个及以上部门作为政策发布机构的情况，在 20 世纪 90 年代以来才出现。

老龄政策的跨部门协调还特别体现在于 1999 年成立的全国老龄工作委员会。作为国务院议事协调机构，全国老龄工作委员会的一个关键职责是对涉老问题进行多部门协调。全国老龄工作委员会的工作机制和结构实质上是一种内嵌在行政体系内的政策网络，可以更直观地反映在老龄事务上的政府内协调情况。根 1999 年《国务院关于成立全国老龄工作委员会的通知》，以及在 2003 年、2008 年和 2018 年下发的《国务院办公厅关于调整全国老龄工作委员会组成人员的通知》，图 3 显示了全国老龄工作委员会的网络治理结构。该图中的 4 个中心方块代表了 4 个时期的全国老龄工作委员会，圆圈是其组成部门，三角则是组成部门中的全国老龄工作委员会办公室所设在的部门。从图 3 可以看出，全国老龄工作委员会结构相对稳定，成员数量持续增长。虽然该图显示在 2018 年的改革中，有相当数量的部门首次进入全国老龄工作委员会（见图 3 右侧），但其中相当部分是发生了更名的原成员单位。

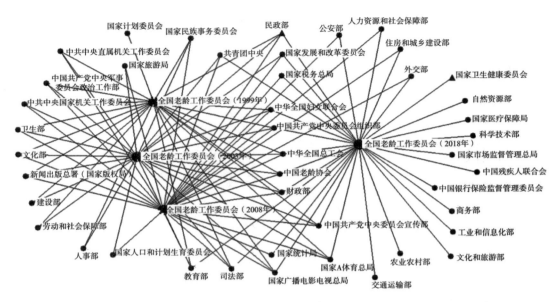

图 3　全国老龄工作委员会的治理网络结构（年：1999，2003，2008，2018）

注：本图中的不同时期部门，因机构改革可能存在前后传承的关系。

（2）合作治理主要体现在政策的执行和操作领域

老龄社会的合作治理涉及老龄政策的决策和执行等多个方面。基于我国政治体制的基本特征和发展阶段，当前在该领域的合作治理主要体现在政策的执行和操作领域。合作治理主要是在涉及老龄问题的各方面事务上，政府有组织有步骤地引入市场经济组织和社会服务组织，使其参与相关服务的提供和事务的解决，以改变从计划经济延续下来的以政府和家庭为主的传统。

总体看，21 世纪以来，老龄政策文件中所采纳的政策工具，越来越多地使用市场的、社会的或准市场、准社会的工具。老龄领域对外部组织和能力的引入历史较短，从20 世纪 90 年代才逐步开始，主要是引入社会力量进入到专门为老年人提供养护、康复、托管等服务的福利性、非营利性的老年服务机构的设立和运营中，包括老年社会福利院、敬老院、养老院、老年服务中心、老年公寓等，以缓解老年服务机构供不应求的局面。此后，引入社会力量和社会资本的一个重心始终是兴办老年机构以及相关老年服务业和银发经济。

近年来，政府购买老年服务是另外一个主要发展趋势。顶层框架的逐步完善对基层实践起到了引领和保障作用。目前，政府与社会组织合作发展最快和效果最明显的领域是政府购买养老服务，其合作的深度、广度和规范程度都引人瞩目。上海市作为政府购买公共服务领域的探路者，相关实践一直走在全国前列。通过引入外部的服务生产者，以合作方式提供服务，政府转变为服务的界定者、供给者和监督者，而把直接提供服务的过程交给合同商，利用其运营能力优势，实现更好的合作服务提供。在长期的购买服务合作过程中，政府和外部组织可以逐步发展和深化共同决策和共同治理的局面，即政府将外部组织引入公共决策的过程中 [①]。

（3）自治理的发展呈现渐进推进的态势

自治理是指主要由非国家的组织所实现的公共服务提供和社会事务治理。自治理是对现代国家治理的补充，它既存在于国家无力达到或不想到达的地方，也存在于社会希望能够自治而避免或减少国家介入的地方。自治理发展的程度受到多方面因素的影响，如国家财政的能力、国家和地方的文化传统、自治理组织的发育程度等。从我国的情况来看，老龄事务的自治理发展存在有利和不利的条件。包括国家财政能力在内的国家能力的增强，既提高了国家参与和干预老龄事务的主动性，也带来公民对国家在养老服务提供上的更多期望；但是从整体来看，与老龄化的急速发展和由此产生的治理需要相比，国家能力尚有很大不足。虽然社会组织、公益文化等得到更多认可，但是"大政府"的文化传统在中国仍然有很大市场。近年来老年社团组织和服务机构增长速度很快，但其往往对政府有较大依赖性，社会与社区联结性差，在业务发展和专业性追求上缺乏激励，公益性特征不明显。这些因素都使得在自治理的需求和供给上还存在很大的缺口。

当前，推进老龄事务自治理的首要任务是要培育老龄组织及其领导和管理人才，使他们能够独立或在政府协助下解决社区和社会中存在的各类老龄事务，并提供公益性的老年服务。在推动老龄社会组织发展上，行政手段和市场手段各有其优劣，也都得到了应用。通过行政手段促进社会组织发展的方法是迅速和可控的，但这种方法也会造成政府的过度干预及社会组织发展活力的不足。因此行政手段往往被准行政手段所替代。市场和准市场手段的采纳为社会组织的发展提供了更大的灵活性、参与性和自主性。由于我国长期以来严格的社会管理体系，包括基层广泛存在的街居体制，在扩展老龄社会自治理的同时，必须要解决其与现有社会管理体制之间的零和博弈问题。因此自治理的发展只能是渐进推进的，其整体特征是与国家之间的高度协调和配合。

（4）总结：元治理格局初步形成

当政府治理、合作治理和自治理以有机方式形成互补和配合时，就形成了元治理的局面。本节利用老龄政策中所运用的政策工具，分析老龄事务治理中的元治理格局和政府决策。结合我国老龄政策的实际发展情况，依据政策实施主体及机制的差异，养老政策工具划分为行政工具、准行政工具、市场工具和社会工具四种类别（表4）。表4反映了政府在推动老龄问题元治理中的积极角色，即政府积极地就不同老龄事务配置相应的政策工具，从而推动不同类型治理资源的进入和治理模式的采纳。

同一项政策可能会使用一种以上的政策工具，通过政策工具的搭配，形成不同治理资源与模式的搭配。表5清晰地显示出，随着时间推移，行政工具的使用呈下降趋势，并在2010年后不再是政策工具的主体；而准行政工具、市场工具和社会工具的应用则不断增加，已经从行政工具的补充成为政策工具在数量上的主体。对政策工具的分析显示，我国老龄政策中存在明显的元治理思维，且不断根据经济社会发展的实际情况进行动态调整。政府是老龄事务元治理的动力基础和理性核心。

---

① 敬乂嘉. 从购买服务到合作治理：政社合作的形态与发展 [J]. 中国行政管理，2014(7):54-59.

表 4　老龄政策中的政策工具分类和示例

政策工具	种类细分	实例
行政工具	提供补贴	对城镇残疾人个体户缴纳基本养老保险费给予适当补贴
	设定标准	将农村养老保险个人账户计息标准和退保计息标准进行调整
	发布规定	要求企业和个人缴纳的养老保险费，转入社会保险管理机构在银行开设的"养老保险基金专户"
准市场工具	提供信息	全面抓好宣传贯彻《中华人民共和国老年人权益保障法》工作
	购买服务	通过市场化方式，把适合的老年人照顾服务项目交由具备条件的社会组织和企业承担
市场工具	商业保险	推动商业保险机构提供企业（职业）年金计划等产品和服务
社会工具	家庭	国家建立健全家庭养老支持政策，鼓励家庭成员与老年人共同生活或者就近居住
	社会组织	放宽外商捐资举办非营利性养老机构的民办非企业单位准入
	社区	鼓励和引导单位、社区（村）、家庭和个人行动起来，形成政府积极主导、社会广泛动员、人人尽责尽力的良好局面

注：本表根据相关文献整理所得[①]。

表 5　老龄政策中的政策工具使用（1982—2015 年）

年份	行政工具	准行政工具	市场工具	社会工具	合计
1982—1989	180（96.3%）	4（2.1%）	1（0.5%）	2（1.1%）	100%
1990—1999	339（76.0%）	94（21.1%）	1（0.2%）	12（2.7%）	100%
2000—2009	314（58.6%）	154（28.7%）	20（3.7%）	48（9.0%）	100%
2010—2015	163（38.1%）	142（33.2%）	52（12.1%）	71（16.6%）	100%
总计	996（62.4%）	394（24.7%）	74（4.6%）	133（8.3%）	100%

注：本表根据表 4 中不同政策工具的定义，对表 3 中总结的老龄政策进行了分类所得。

　　对 1982 年以来中国对于老龄议题的治理体制的分析表明，整体来看，政府治理仍然是当前老龄社会治理的核心，并且仍然在经历大幅调整和完善，以实现老龄治理的现代化。政府仍然是应对老龄化的关键力量，其工作重点逐步转向老年健康和养老服务等领域。合作治理则迅速成长，正成为政府在新时代实现其老龄职能的关键抓手，但主要是在政策实施阶段和服务生产层面，外部组织尚缺乏足够的专业能力和政治地位来构建深层次的合作治理格局。自治理作为政府治理的一种替代模式，尚缺乏成熟的制度支撑和稳定的资源来源，但其社会合法性正在潜滋暗长中。元治理作为一种对老龄事务的全面均衡治理，政府是协调中枢，并正在发挥基础性作用。

---

① 赵德余. 公共政策：共同体、工具与过程 [M]. 上海：上海人民出版社，2011.

3. 建立健全政策框架及多元执行体系

前一节对中国老龄社会治理体制的分析表明，中国的老龄问题、政府职能与结构演变，以及政府、市场和社会关系等与西方存在显著不同。因此在治理格局上，虽然理论和现实上均存在政府治理、合作治理和自治理等不同的治理形态，但其各自的发育程度和相互关系，与西方社会都有较大差异。因此，为了促进所谓的"善治"，对所谓"更少或更小的政府"必须正确理解。"更少或更小的政府"是一个动态的调整和平衡，政府可能在直接的操作运营领域有序退出，但在政策制定和资源供给上，仍然承担主要的甚至扩大的责任。"善政"是"善治"的前提。今后中国老龄社会的治理，需要的是一个"更强的政府"，能够有效顺应老龄社会需要，主动调整治理架构，丰富治理模式，从而形成不同治理主体同步发展和协同合作的良性治理格局。另外，我们的涉老制度体系要从"老年人中心化"转型为"全人口全生命周期化"以及"国家战略化"。

为此，今后在老龄社会治理格局塑造上，政府可以考虑强化两个领域的工作。首先，政府应逐步建立健全老龄社会福利体系的政策框架。政府要更加善于对老龄社会的各项问题进行研究、预测和规划，对老龄社会福利与服务的内容进行设计，找准老龄工作重点和政府责任重心，通过政策制定和政府组织与制度构建，形成有利于老龄社会治理的政策与制度激励，逐步形成基于科学研究的动态调整的老龄政策整体性治理体系和各政策主体沟通联动的实施体系，主要运用政策工具和杠杆对老龄人群和各老龄工作主体进行行为调节。在政策制定和实施上，政府要始终坚持和加强其核心竞争力，确保其政策领导力和规划控制力；同时，逐步探索将企业、社会组织和公民制度化地引入公共决策的过程中。

其次，政府还应逐步建立健全老龄社会福利体系的多元执行体系。一方面，政府仍然要承担老龄工作的基础性的、托底性的、监管性的工作，要承担市场与社会无激励、无能力和不适合的工作。另一方面，政府要通过资源供给、政策支持、信息提供等多种方式，将市场和社会可以高效提供的服务，采取多种灵活方式合作提供。此外，提供良好的监管环境和政策激励，指导和鼓励为老服务领域的市场和社会组织的发展和业务创新，在丰富老龄社会资源投入的同时，减轻财政压力和政府负担。政府可以对老龄社会的服务性工作进行全方位的梳理，在政府、市场、社会、家庭和个人的多元化提供和共同生产上进行顶层设计和逐步推进。

（二）增加应对人口老龄化的财富储备，健全老年社会保障体系

《国家积极应对人口老龄化中长期规划》中提出夯实应对人口老龄化的社会财富储备，通过扩大总量、优化结构、提高效益，实现经济发展与人口老龄化相适应。通过完善国民收入分配体系，优化政府、企业、居民之间的分配格局，稳步增加养老财富储备。从现阶段的基本国情看，我国"老有所养"的物质基础并不充分，养老财富储备总量不容乐观。目前除了基本养老保险基金、社会保障战略储备基金之外，我国尚未建立其他制度化、成规模、稳定的养老财富储备机制来源。由于第一支柱缴费负担过重，加之经济增速放缓，大多数企业很难自愿建立企业年金等第二支柱。而随着居民教育年限

延长、就业和生育推迟，其退休年龄并未有效后推，使得留给自己为养老储备的资产和时间都更为紧迫，大部分人群因可支配收入有限而没能积累养老财富。未来三十年，我国既要保持经济持续适度增长，又要确保老人分享经济社会发展成果。而总体而言，目前我国应对老龄化的养老财富储备不仅总量低，财源基础也较为薄弱，亟须通过完善收入分配体系，优化政府、企业、居民之间的分配格局，稳步增加养老财富储备。此外，在增加应对人口老龄化物质基础的同时，还需要同步推进建立覆盖全民、统筹城乡、公平统一、可持续的多层次老年社会保障体系。

1. 做大经济蛋糕，增加财富储备

积极应对老龄社会的本质问题是经济可持续发展，不断做大"经济蛋糕"。坚持以新发展理念为统领，坚持发展是第一要务，努力实现更高质量、更高效益、更加公平、更可持续的发展，稳步增加应对老龄社会的财富储备，夯实应对能力是问题的核心。

"未富先老"是我国发展途中的必经阶段，人口老龄化进程也是经济社会动态发展的过程。刚步入老龄化社会时，我国 GDP 首次突破 1 万亿美元，但人均 GDP 不足 1000 美元，我国处于刚刚解决温饱问题的中国特色社会主义建设起步阶段，经济发展水平处于低收入国家行列，是典型的未富先老社会形态。伴随改革开放以来中国经济高速增长，国家综合实力不断增强，人民生活水平不断提升。2010 年我国 GDP 总量突破 6 万亿美元，跃居世界第二大经济体，人均 GDP 由 2000 年 959 美元增加至 4550 美元，增长了近 4 倍，实现基本小康。2019 年我国人类发展指数增至 0.758，成为世界人类发展指数进步最快的国家之一，初步跨入了"高人类发展水平"国家行列，经济和社会发展水平与发达国家的差距均在快速缩小，"速老快富"的步伐正在稳步前行。

人口老龄化进程与当前进一步深化改革开放和推进中国特色社会主义现代化强国建设战略相耦合。我国经济由改革开放 40 年接近年均 10% 的高速增长跨入 6%~7% 的中高速增长新常态，由高速增长阶段转向高质量发展阶段，经济动力转型、经济结构升级、经济质量提升、经济实力快速改善，社会形态由"未富先老"正在转入"速老快富"。全面建设社会主义现代化强国的总任务是在全面建成小康社会的基础上分两个阶段实施，2020—2035 年基本实现社会主义现代化，2035—2050 年建成社会主义现代化强国。这两个阶段既是中国特色社会主义现代化建设的战略机遇期，也是深度老龄社会向重度老龄社会迈进的转折期，同时还是人口老龄化程度"赶超"欧美等发达国家的特定历史时期，蕴含着重大机遇与挑战。

人口老龄化进程不可逆转，应对之路是单向的，只有依靠经济社会发展主动适应老龄化。资本、技术、劳动力以及效率改善是经济增长的动力源泉。工业化、信息化、城镇化以及"五个现代化"建设的道路上，人口综合素质不断提升，人力资本积累愈发雄厚，经济社会资本日益厚实，技术创新日新月异，人工智能普遍应用，劳动密集型产业将逐步被资本和技术密集型产业替代，劳动力数量的减少对经济增长的负面冲击效应趋于淡化，人力资本开发利用将成为积极应对人口老龄化的有效途径之一。

2. 分好经济蛋糕，保证公平分配

本着尽力而为、量力而行的基本原则，不断完善多层次养老保障制度，健全医疗保障制度，构建长期照护保险制度以及完备的社会福利和社会救助体系，这是保证公平分配经济蛋糕和民生改善的基本制度安排。

20世纪五六十年代，我国逐步建立了与计划经济体制相匹配的、国家主导的劳动保险条例、职工养老保障制度、社会救助制度、农村五保制度、农村合作医疗等社会保障制度。伴随社会主义市场经济体制改革的步伐，20世纪90年代探索建立"统账结合"的现代社会保障体系，社保制度由单一向多元转型，为21世纪中国特色社会保障制度的建立奠定了基础，但仍然存在社保资金缴纳与管理尚不完善、地区差异大、覆盖范围有限、保障标准低等问题，不完善的社会保障制度与老年人日益增长的养老需求之间的矛盾凸显，尤其是农村老年人社会保障制度建设严重滞后。

保障和改善民生要抓住人民最关心最直接最现实的利益问题，既尽力而为，又量力而行。2000年以来，伴随经济社会的高速发展和人口快速老龄化，现代社会保障体系建设步伐不断加快，先后调整统账结合账户缴费比例、建立企业年金，完善农村社会养老保障制度，推动"新农合"建设，就业、教育、养老保险开启城乡一体化建设，不断改革城乡医疗保障制度，完善社会公共政策，改革住房制度，探索长期照护制度试点，加快老年服务体系和老年健康服务体系建设，推进医养结合，积极引导商业保险发展，逐步解决制度缺失、制度碎片化、覆盖率不足等重大问题，推动了社会保障制度由双轨制向单轨制、由城市保障为主向城乡一体化模式转变。截至2018年，参加城镇职工基本养老保险人数4.2亿、城乡居民基本养老保险人数超过5.2亿、基本医疗保险人数13.45亿，城镇职工参保率由2000年的48.7%增长到96.4%，年均增速2.65%。目前，社会保障体系基本实现了全覆盖，人民健康和医疗卫生水平大幅提高，应对老龄社会的社会保障制度准备愈发充分，正在从"未备先老"走向"边老边备"。

在积极应对人口老龄化的战役中，做大经济蛋糕是基础，公平分配经济蛋糕是手段，保障群众基本生活是目标，不断满足人民日益增长的美好生活需要，不断促进社会公平正义，增强人们获得感、幸福感和安全感。①

3. 实现养老金制度高质量发展

在国家步入全面建设社会主义现代化强国新征途和追求高质量发展成为时代主题的背景下，中国养老金制度亟待走出既有思维定势，弱化传统路径依赖，坚持守正创新，通过全面深化改革实现养老金制度高质量发展，最终全面建成中国特色的养老金制度体系。

（1）坚守公平建制的核心价值理念

前已述及，经过30多年来的制度变革，中国已经找到了社会保险制、多方分担筹资责任、普惠全体老年人、制度结构多层次化的养老金制度发展基本规律，也形成了中国特有的宝贵经验。这是必须长期坚守的正确发展理念，未来应当更加尊重这些规律和已有经验。针对现行制度公平性不足的缺陷，尤其应当强调坚守公平建制的核心价值理念。这既是各国养老金制度的共性，更是中国特色社会主义制度追求共同富裕本质的内

---

① 原新. 财富储备是应对人口老龄化的硬道理 [J]. 中国社会工作，2019(35):12, 13.

在要求。中国的养老金制度不能违背普遍规律，更不能与共同富裕目标南辕北辙。为此，有必要在以下三个方面发力：第一，明确以促进公平和缩小差距为根本标尺，客观评估养老金制度的改革与发展。坚决杜绝将效率置于公平之上、将利己主义置于集体主义之上的错误取向，积极有序地缩小三大基本养老保险制度的差距，同时推进企业年金从少数人专利走向适度普惠。第二，对个人账户采取必要措施，让基本养老保险回归到真正意义上的公共养老金本位。由于私有化的个人账户从根本上背离了公共养老金属性，必须采取相应措施加以矫正。一种措施是在一时难以取消个人账户的条件下，彻底淡化企业职工与机关事业单位工作人员基本养老保险中的个人账户概念。对此宜通过修订《社会保险法》来改变其私有属性。它可以作为公民参保缴费的记账符号并与其养老金待遇挂钩，但不再视为个人所有，更不能作为遗产来继承。另一种措施是重构基本养老保险制度结构，将企业职工与机关事业单位工作人员的养老保险个人账户分解，部分作为公共养老金的来源并增加参保人之间的互助共济，部分作为企业年金的筹资来源，以此实现基本养老保险完全公共养老金化，同时促进企业年金走向适度普惠。对于居民基本养老保险则只保留非缴费型的基础养老金，将其个人账户转化为居民的补充年金。只有妥善消化好基本养老保险制度中的个人账户，才能真正实现公共养老金制度公平普惠，并使这一制度应当坚守的互助共济本质和共建共享原则落到实处。第三，将公平理念具体落实到持续缩小企业退休人员与机关事业单位退休人员两大群体的养老金待遇差距上，真正改变"双轨制"下的路径依赖，同时提升居民基本养老金水平，并根据退休人员年龄高低采取待遇有别的增长机制，让为中华人民共和国做出过历史贡献者获得更为优厚的回报。

（2）加快实现法定养老金制度的统一

鉴于现行制度存在的诸多缺陷均是制度不统一造成的不良后果，以及基本养老保险制度事实上决定着公民的基本养老金权利和补充层次制度安排的发展空间，深化养老金制度改革应在优化制度的条件下尽快将统一制度置于首位。为此，需要多措并举：第一，缩短中央调剂金制度实施时间，尽快明确实现职工养老保险基金全国统收统支的时间表与路线图；同时实现机关事业单位工作人员与城乡居民基本养老保险制度在国家统一规制下的省级统筹，促使三大法定养老金制度真正走向全国统一。第二，将法定养老金、企业与职业年金的政策定制权完全上收到中央政府，在全国范围内实行统一的工资（或收入）计算口径、缴费基数、缴费率、待遇计发办法、视同缴费计算依据与标准、个人账户收益率以及养老保险基金投资政策，坚决取消地方政府在这些方面的自决权。第三，出台三大基本养老保险制度相互对接与协同发展的具体政策，制定科学的分段计算参保人养老金权益的公式，切实维护所有参保人的合法权益。第四，尽快统一养老保险经办机制与信息系统，对省以下的经办机构一律实行垂直管理，制定全国统一的养老保险信息标准体系，确保上下左右能够无缝对接。这是统一制度的前提条件与技术支持。

（3）调整基本养老保险的责任分担机制

责任分担机制合理与否，决定着养老金制度能否理性发展。德国公共养老金制度之所以经历 130 多年仍在持续发展，最重要的一条经验是政府和劳资双方相对均衡地分担责任奠定了养老金制度理性发展的基石。根据创制之初就确立的规制，德国政府每年按照养老金支出的 25% 固定比例分担给付责任，劳资双方则根据养老金给付的实际需要（其采取的现收现付制）按照 1∶1 分担筹资之责。可见，其政府责任是清晰且可控的，劳资双方的责任也是清晰的，更是平等的。这种均衡的责任分担机制决定了主体各方必须以利益均衡和制度可持续发展为共同目标，从而为养老金制度发展自动地注入了理性。借鉴德国的经验，中国也需要将调整筹资责任分担机制置于优化制度安排的核心地位。包括：第一，确立筹资负担相对均衡的目标，并制定行动方案，积极稳妥地分步推进。第二，进一步降低用人单位的缴费率，直到与个人缴费相对均衡。2019 年国务院将用人单位养老保险缴费率从 20% 降到 16%，但仍是个人缴费的 2 倍，从而仍需继续降低。第三，对政府责任宜以按照筹资或待遇给付的固定比例制取代现行的无法准确预知的兜底保障制，以使政府、用人单位、参保人三方对筹资责任均有清晰的预期。第四，采取更加积极的养老保险基金投资政策。包括明确规制满足养老金支付需要的基金积累月数，明确要求将超额部分资金必须用于有效投资；同时加快实现职工基本养老保险全国统筹，做实机关事业单位工作人员基本养老保险、城乡居民基本养老保险省级统筹，以为统一归集养老保险基金并用于有效投资创造条件。

（4）赋予相关政策参数自我调节功能

一个高质量的养老金制度应当具有自我调节、自我发展的机能。针对中国现行养老金制度的政策参数僵化现状，必须从适应社会发展变化要求和不断完善制度安排出发，加快相关政策参数的调整步伐并使之正常化。第一，尽快公布实施提高基准退休年龄政策。可以按照小步渐进、女快男慢、分段推进、兼顾特殊等原则细化具体政策。同时允许在基准退休年龄基础上有一定的弹性，以为劳动者提供清晰的预期。第二，尽快制定有序延长最低缴费年限政策。按照老人老办法、中人中办法、新人新办法原则出台新政策。可以设定新人的最低缴费年限为 30 年，中人则根据年龄、工龄情况向 30 年逐步靠近，争取到 21 世纪中叶全面实现。同时，将最低缴费年限的缴费明确为所有参保人应尽的法定义务，其对应的是均等化的部分养老金待遇（或最低养老金），将超过最低缴费年限的缴费与养老金待遇的差异化挂钩并真正体现出多缴多得、长缴多得的激励功能。第三，在夯实并统一缴费基数与费率的前提下，明确费率可以据需适当调整的政策，以适应养老金制度的发展需要。第四，调适养老金替代率。根据多层次养老金体系建设的总体目标，可以将公共养老金属性的基本养老保险的替代率降低到 40% 左右，同步采取得力措施推进企业年金走向适度普惠化。第五，建立养老金待遇初始计发与个人全周期参保缴费挂钩的机制。即放弃现行的只与上一年度社会平均工资挂钩的做法，采取与参保人退休前全周期缴费情况挂钩办法，以此确保个人权利义务对应和制度的公平性，同时避免因退休前一年社会平均工资增长过快导致退休人员待遇差距扩大的现象。第六，建立正常的养老金待遇调整机制。基于养老金的目的在于确保老年人的基本生活，应当确定科学的待遇调整计算公式，明确养老金增长的影响因子主要是通货膨胀率，同时适当考虑同期职工工资或居民收入增长率，并规定一定时间自动调整而不受其他影响。

（5）构建层次结构清晰、保障功能明确、未来预期稳定的多层次养老金制度体系

基本思路如下：明确三个层次养老金的保障功能。其中：法定的基本养老保险作为政府主导的公共养老金制度，应负责解决老年人的基本生活经济来源，依法强制实施并覆盖全民，其采取现收现付的财务机制，所有老年人均应相对均衡地享有水平适度的法定养老金。企业或职业年金是用人单位主导、政府支持的政策性养老金，它通过减免用人单位和参保人税收等措施，为老年人提供适度普惠的补充养老金，其采取完全积累即个人账户式的财务机制。商业性养老金由市场主导并遵循市场交易法则，政府可以给予适当的支持，奉行"不保不得、少保少得、多保多得"原则，以满足较高收入者提升年老后物质生活水准的需要，同时兼具其他风险保障功能。有鉴于此，在促使法定养老保险优化并定型后，政策重点应当是支持企业年金朝着覆盖大多数劳动者的方向发展。

统筹规划养老金体系的总体水平与不同层次的基本水准。其中：法定养老金应当切实贯彻保基本、促公平原则，根据个人适度水准的基本生活需要，其替代率以40%左右为宜；企业年金或职业年金的替代率可确定为30%左右。第一、二层次相加即能够确保老年人过上较为体面的晚年生活。商业性养老金则宜完全凭个人能力与需要自愿参加，政策上无法预设替代率目标，但可以引导人们据需参保，并给予适度的政策支持。多层次养老金体系的建设与发展，应根据这样的结构与不同的替代率来谋划并逐步推进。

大力发展企业年金并促使其朝着适度普惠的方向发展。为此，需要采取如下举措：一是继续降低法定养老金的缴费率和替代率，为企业年金发展留出空间，同时使用人单位与参保者个人有足够的能力参与企业年金。二是将大多数劳动者能够拥有企业年金作为政策目标。以2013年德国企业年金覆盖率达56.4%、美国为41.6%为参照，社会主义中国的企业年金覆盖率可设定为不低于60%。政策重点应当是促使企业年金从正规就业者向非正规就业者扩展、从国有企业向民营企业扩展、从报酬较高的劳动者向报酬偏低的劳动者扩展，政府财政应当为低收入群体提供参加企业年金的适当补贴，并适用于灵活就业人群中的低收入者与农民。三是增加市场主体，鼓励市场竞争，引导第二、三层次养老金健康发展。包括增加寿险公司和专业养老保险公司，鼓励基金公司与其他金融机构举办企业年金，鼓励大企业自主举办企业年金，支持小微企业集合举办企业年金，并据此提供精准的政策支持。

鼓励发展商业性养老金，引导中高收入阶层特别是高收入阶层通过市场获得更高、更全面的养老保障。为此，应当进一步开放保险市场，督促保险公司提高养老金产品开发能力并依靠服务质量赢得保险客户。政策方面的重点应当从偏重税收优惠转向放开投资管制，让市场主体主要通过投资收益而非保费收入来实现自己的利润目标。当前需要及时总结延税型商业性养老金的试点经验，在鼓励商业性养老金发展的同时避免形成强者通吃、弱者失助的局面。①

---

① 郑功成.中国养老金：制度变革、问题清单与高质量发展[J].社会保障评论，2020，4(01):3-18.

4. 实现医疗保险制度适老化改革

（1）更新老龄健康理念，发挥国家医疗保障的预防为主、功能促进、健康管理等更积极作用

面对全球人口老龄化挑战，2016 年世界卫生组织倡导新的"健康老龄化"定义，强调实现老年健康生活所需功能的重大意义。党的十九大也强调坚持预防为主。为适应老龄健康的新定义和新工作方针，作为国民医疗服务的最大筹资机制，我国医疗保险制度要改变目前这种审核、报销的事后监管方式，逐步向健康管理、疾病预防、功能维持等前端转移。除门诊和住院服务外，医保基金承保范围应将预防保健、长期护理、慢性病治疗、中医药特色医养结合服务等纳入。"适老化"改革的根本出路在于从医疗保险到健康保障的转变。在健康保障综合治理框架下，更好发挥"以养节医""以护节医"的良好功效。否则，老龄化将使我国陷入医疗费用支出"无底洞"的巨大系统风险。我国政府在今后发展医疗保险事业中，也应该将发展重点逐步由疾病治疗转向疾病预防，构建以老年人为对象的疾病预防和保健的医疗保险制度。例如，可以增加预防和保健知识的宣传与讲座，协同卫生部门、福利部门等多方力量，健全疾病预防体系，大力推进积极老龄化。

（2）建立相对独立的老年人医疗保险制度或制定专门的老年人医保政策

我国现阶段医疗保险制度属于全民医保。平均保障水平难以满足老年人口对医疗服务的更高保障要求。据国际经验，提高老年医疗保障水平主要有两种方法：一种是提高整个国家医疗保障水平，这需要大量的基金支出或财政投入；另一种是全民医保实现以后我国应建立相对独立的老年人医疗保险制度。如参考美国联邦医疗保险（Medicare）制度，我国可以建立专门针对 65 岁以上老年人的医疗保障制度，包括门诊、住院、医疗护理以及康复等保障内容。结合我国国情，亦可参考日本经验，在整个医保制度内部建立一个相对独立的长期护理保险板块，专门针对老人采用相对独立、更具针对性的药品目录、诊疗目录和设施标准目录，使之更符合老年人疾病谱、治疗路径等。借鉴发达国家在建立专门针对老年人医保制度的过程中，都是通过立法或颁布政策的形式，我国在建立相对独立的老年人医疗保险制度也必须从国家层面总体规划，给予立法形式的支撑，完善医疗保险体系，明确各级政府的职责，有效降低老年人的医疗保险费用负担风险。

（3）构建适应老龄化挑战的多元筹资机制

从现行筹资方案来看，医疗保险基金筹资来源缺乏老年人的责任承担，主要是国家财政和年轻一代职工的缴费，是典型的"权益累积型"的医保筹资模式。如果老年人在缴纳医保达到一定年限后就可以只享受权利不承担义务，可能会导致医疗卫生服务资源的挤占和浪费，也会对医保基金的持续性和稳定性产生负面影响。由于我国人口基数大、老年人口数量增长迅速以及国家财政资金有限，在建立老年医疗保险制度时也应建立多样化的筹资渠道。目前我国老年人的医疗保险费用主要来自基本医疗保险的统筹资金，约占 50%~60%。随着老年医疗需求逐步提高，可以引入退休者缴费、财政补助等多元筹资渠道，同时再鼓励一些企业集团和医疗机构等民间资本长期加入，并根据地区

差异按照不同比例强制符合条件的个人按照社会保险形式定期缴纳保险费。依照国外经验，政府对老年医疗保障的补助比例定在 30%~40% 比较合适。如日本老年医疗保险制度由政府负担约 30%。美国 Medicare 的筹资模式也是"税收＋个人缴费＋财政补贴"。德国退休人员需要缴纳医疗保险费，本人负担 50%，养老保险承保机构负担 50%。新加坡的终身健保计划强调每个人的缴费责任，年龄越大，缴费越高。与此同时，依据国际经验，我国也可以建立一个仅包含退休人员（62 岁及以上）的医疗保险制度，让退休人员承担部分医疗保险的筹资责任，但缴费比率可以比城镇职工医疗保险的缴费低。为了过渡，可以采用"老人老办法、新人新办法"的方式。就此，老年医疗保险建立起"统筹基金＋政府补助＋个人缴费＋民间资本"的多元筹资模式，增强老人医疗保险基金的财务稳健性。

（4）尽快推广对医保起互补作用的长期护理保险

在当前高龄化、失能化背景下，现有医疗保险制度在病后康复、护理等方面的保障严重缺失。当前我国长期护理保险虽已进行试点，但范围小，暂未推广。我国应尽快建立和完善能对医保起互补作用的、以老人为主体的长期护理保险。美国医疗补助保险和商业长期护理保险满足了老年人长期护理的需求。日本有专门的老年护理保险制度，将老年护理项目从医疗保险制度中独立出来。德国本着"长期护理保险跟从基本医疗保险"原则建立起了全民参保的长期护理保险。新加坡的长期护理保险也变成了强制参保，专门为失能老人和残疾老人提供照护保障。此外，还需完善长期护理保险与医疗保险的衔接机制，加强长期护理保险与医疗保险的政策协同。当老年人患急病、重病需要治疗时，先由专业医疗机构救治，当病情稳定需要康复时则由护理机构进行康复训练和指导，满足老年人的康复和护理需求。而且，在老年长期护理的发展过程中，社区照护的功能逐渐受到人们的重视。正如德国的家庭护理制度，以社区为单位开展护理保险可以充分发挥社区照护资源的优势。依据社区设置的护理机构具有情况熟悉、服务便利、及时迅速等优点，更契合老年人群的保障需求，不仅老年人可以在熟悉的环境中享受护理服务，而且还可以解决社区一部分人的就业问题。我国应借鉴德国及日本发达国家的成功经验，建立以家庭为本、社区服务为基础的社区长期照护体系。将老年人照护服务纳入基层健康计划中，将长期照护资源汇集至地方社区和居家层面。这将是我国医疗保险制度"适老化"改革的重要发展路径。

（三）加快推动养老服务体系的均衡充分发展

环境对人们的行为生活方式和健康具有重要的影响。老年人往往患有各种慢性病，而且其移动功能、视听功能、感觉功能及免疫功能等衰退，对社区环境的依赖程度更大，社区环境对其健康和幸福感影响也更大。因此，建设老年友好型社区环境对于实现健康老龄化具有重要意义。本节主要阐述社区环境对老年人的影响，老年友好社区的建设路径及社区养老服务体系的构建与实践要点。

1. 社区人口与环境的交互

环境影响人们健康的路径是复杂的，但对老年人来说社区是其活动的主要场所，对其健康影响最为重要。图 4 描绘了相关影响路径。社区人口构成与社会环境和物质环境相互影响。首先，社区人口构成，如年龄、受教育水平、职业等会影响社会规范、社区安全、社区凝聚力等社区环境，同时也会影响商铺、工作场所、公共服务场所等，进而影响社区的物质环境。反之，社区社会和物质环境也会影响居民的生活、行为和健康。社区人口构成与环境的交互作用，最终通过四条途径影响居民的健康。

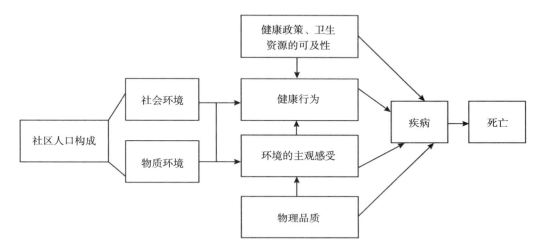

图 4 社区环境对居民健康的影响路径

第一，健康政策、卫生资源的可及性。预防服务、健康教育、筛查项目，医院、诊所、医生在当地政府的管理和分布情况的差异，可能导致健康行为和健康状况的差异。例如，丹麦的哥本哈根从 1991 年就开始对女性进行乳腺癌钼靶筛查，但在其他地区直到 2007 年才开始这项筛查项目。而乳腺癌钼靶筛查可减少 25%~29% 的乳腺癌死亡率。

第二，健康行为。社区环境可以影响居民的吸烟、饮酒、饮食、身体活动等影响健康的行为生活方式。社区的物质环境特征可以通过获得促进健康或损害健康的商品来影响个人的健康行为。例如，研究表明，居住在快餐店较多的社区的居民，肥胖的发生率也较高；居住在超市或者健康食品可得性较高的社区的居民，肥胖发生率较低。此外，社区绿化、道路连接性等均可促进居民身体活动水平。社会环境对行为也有重要影响，有研究显示吸烟、饮酒、身体活动可以在人群中彼此传播，而且邻居的影响是最大的。此外，社区安全、社区凝聚力等可以促进社区居民的身体活动。而且，社区物质环境和社会环境也是相互影响的，如绿化率高、休闲娱乐设施可及性高的社区，居民间的社会支持、社区凝聚力也很高。

第三，环境的主观感受。社区物质环境，如社区连接性、基础设施、公共交通、美观度等会影响人们对其所在地区的主观感受。社区居民对周围环境的积极感受，会使其会感到更舒适，心理问题和与周围环境有关的压力会减少，进而促进更健康的生活方式，降低发病率，延长预期寿命。

第四，物理品质。主要包括空气污染、地面污染、辐射、交通噪声、水质及缺乏供暖、卫生设施和基础设施等传统的影响人群健康的因素。由图2-3可知，这条路径也是相互影响的，如健康政策可以影响行为、社区物理品质会影响居民的主观感受。因此，建设健康支持性环境要综合考虑彼此间的关系。

2. 建设老年友好型社区

老年友好环境（Age-Friendly Environment）①，是指通过在整个生命过程中促进和保持内在能力，以及帮助具有一定能力水平的人实现其更大的能力发挥来促进健康和积极老龄化的环境，如家庭、社区、城市。在实践过程中，老年友好环境就是通过政策、系统、服务、产品和技术支持，消除影响老年人的物质和社会障碍。老年友好环境的主要特征包括以下七点。

第一，促进健康。老年人出现的各种健康问题不仅仅是老年阶段的因素引起的，而是在整个生命过程中暴露的各种因素所致。因此，老年友好环境建设必须从生命全程的角度出发，促进社区中每个人在生命全程中的健康和内在能力。第二，提升幸福感和获得感。老年友好环境建设不仅仅是维持或促进老年人的健康水平，更重要的是保证每个老年人按照自己的意愿做自己想做的事情，是提升幸福的重要内容，也是老年友好环境建设的重要组成部分。第三，识别老年人的各种能力和资源。不同老年人间的健康状况和能力的差异很大，所以不能武断地基于年龄对老年人进行分类，即年龄歧视。此外，老年人可以通过多种途径为社会做出贡献，比如照顾家庭、为年轻人提供经验指导等，投资与养老或护理等老年人相关的产业，也是一种新的经济增长模式。第四，预测并灵活地应对老年人相关的需求和偏好。卫生系统针对老年人的多方面的需求提供整合性的服务，其效果要优于单独提供应对各种疾病的服务。这将需要范围广泛的各种服务之间的协调，其中包括健康促进和疾病预防，筛查、早期发现和急救护理，慢性病的持续管理，康复和姑息治疗。不同服务层级之间的协调，以及各种卫生和社会服务之间的协调将是至关重要的。因此，鼓励老年人自己参与制订服务计划，围绕老年人的需求和偏好设计服务设施。第五，尊重老年人的决定和生活方式选择。自主权是老年健康幸福的一个核心部分，对他们的尊严、人格的完整性、自由和独立具有巨大的影响。老年人有权做出选择并自主控制一系列问题，包括他们居住的地方，他们维持的社会关系，他们穿的衣服，他们如何安排自己的时间，以及他们是否开始接受一种治疗。第六，消除不公平、保护脆弱人群，保证每个人都公平享有健康老龄化的机会，不因社会和经济水平而不同，不因出生地和居住地而不同，不因其他社会因素而不同。第七，促进老年人融入社区生活的各个领域并为社区生活做出贡献。老年人在老龄化过程中的参与有助于建设团结、和平、公平和安全的社会。因此，促进老年人的参与，确保他们能够参与并受益于这些过程对老年友好环境建设是至关重要的。

根据影响老年健康的环境因素，老年友好型社区的建设内容可以分为物质环境、社

---

① WHO. 2018. The Global Network for Age-friendly Cities and Communities: Looking Back over the Last Decade, Looking Forward to the Next. Geneva.

会环境和信息与服务三个方面[①]。就物质环境而言，支持性物质环境旨在降低失能对老年人生活的影响，帮助老年人找到应对功能下降的新方法。此外，物质环境也可通过鼓励健康行为和社会互动，提高生命全程中的健康和恢复力。早期的老化和健康状况下降是否会导致不良健康结局和残疾，在很大程度上取决于人居住的物质环境。行动能力稍有下降的老年人，如果对周围物质环境不产生过高的需求，他（她）依然可以感到身体状况很好，过上独立的生活。例如，有些老年人由于视力受损而无法安全驾驶，他也可以步行到附近的商店或菜场购物，或者如果公共交通工具可及性好、标识明确、价格合理且与当地连接良好，他可以使用公共交通工具拜访朋友、家人，进行正常的社交活动。

与物质环境因素相比较，社会环境因素对老年人健康的影响有时表面上看起来不明显，但是老年友好型社会环境对于鼓励人们进行积极健康的生活以及破除健康老龄化的影响因素非常重要。社会环境是老年人健康的一个重要决定因素：加强社会环境有助于破除健康老龄化的影响因素，并有助于改善全人群的健康状况。例如，社会网络和支持可以缓冲健康水平下降对生活质量和福祉的影响，使那些健康状况不佳的人仍能以有意义的方式做出贡献，并帮助他们做对他们来说重要的事情。相比之下，社会障碍和排斥会导致老年人被非自愿地孤立，并遭受孤独感，这对老年人的生活质量具有重大影响，并导致健康和积极老龄化中的不平等。在采取循证干预措施的基础上，同时对各项措施进行评估，以便更好地理解老年人的社会网络以及社会参与的影响因素，对于今后加强老年人的社会参与和社会关系至关重要。

最后，各类政府部门向老年人提供的医疗、保健和社区服务对于促进健康老龄化和实现体面生活至关重要。为了降低服务对老年人的要求，需要很好地整合来自社区不同部门和参与者的服务，因此各部门之间的沟通和协调至关重要。能够适应老年人的需要和偏好的社区新闻、活动机会的可靠信息，对于老年人来说至关重要，尤其是对于那些单独生活在社区中的老年人，以及那些可能减少了社会联系的老年人。随着年龄的增长，老龄人的服务需求更加多样化，而且呈现出长期且复杂的需求。研究显示，针对老龄人群多层次的服务需求，提供整合性的医疗卫生服务的效果要优于针对各种疾病单独提供服务的效果，然而老年人获得服务常常是专门针对急性疾患或症状的治疗，此种治疗采用独立、分离的方式处理各种健康问题，使得不同的卫生保健提供者、医疗机构缺乏协同，不同时点、不同情况下的服务也缺乏一致性。因此，需要通过以下途径为老年人提供整合式服务。

3. 构建社区养老服务体系

我国自从 2000 年步入老龄化社会以来，老年人口规模和比重加速上升，未来人口老龄化程度还将进一步深化。同时，高龄、失能失智、独居和空巢老年人数量将进一步增加，老年人在养老、医疗、照护、福利等方面的需求将持续增长。在养老服务供给上，社区具有天然的地缘优势。国家"十二五"和"十三五"期间出台的《社区服务体

---

① WHO Regional Office for Europe. 2018. Age-friendly environments in Europe: Indicators, monitoring and assessments (2018). Copenhagen.

系建设规划（2011—2015 年）》及《城乡社区服务体系建设规划（2016—2020 年）》均对加强社区公共服务体系建设提出了具体要求，其中就包括养老服务、社区照料服务、病患陪护服务和家政服务等社区为老服务体系的建设完善。社区养老是我国解决人口老龄化问题的重要举措和必然趋势，在社区层面构建整体性的养老服务体系是发展社区养老和福利社区化的必然路径。

据调查，目前社区养老服务存在的问题主要表现为：①现行体制下社区养老服务资源条块分割严重，资源碎片化，资源浪费与资源短缺并存。②养老服务的市场参与和社会参与不充分，服务专业化程度不高。③专业养老机构对社区的辐射能力不强，机构、社区、居家养老服务的有机连接薄弱。④社区养老服务信息资源条块分割，存在一定的碎片化现象。上述问题一方面与社区的人口、经济、社会发展状况的自身特点相关，另一方面也涉及当前政策、制度与机制层面的一些制约因素，有必要从整体性政策设计的角度探讨如何整合协调落实到社区层面的各类资源，通过专业化的团队高效对接社区各种养老资源与老年人之间的供需匹配，特别是针对社区内不同老人自身的经济水平、受教育程度和身体健康状况等特征为他们导入与养老有关的政策信息、项目参与、入住设施等服务，从而达到对老年人长期稳定、个性化的照料服务及花费少、质量高的服务目标。

构建社区养老服务体系是老龄社会基层治理的重要举措。立足于上述分析，本报告提出整合式社区养老服务体系的构想。该体系整合各部门投放到社区的养老服务资源，统筹政府、社会、市场、家庭各行动主体的养老服务功能，以整合式服务平台精准对接养老服务的供需双方，综合各种社会力量为社区老年人提供全方位、多层次、专业化和精准化的养老服务，使社区成为养老服务资源的连接和组织平台。整合式社区养老服务体系的主要目标包括：资源整合、多元协同、供需匹配和数据融合等。资源整合是指整合各部门投放到社区的养老服务资源，解决政策碎片化、供给重叠与缝隙。多元协同是指统筹政府、社会、市场、家庭各行动主体的养老服务功能，打通居家、社区、机构养老服务，形成合力。供需匹配是指老年社会工作者嵌入社区，以整合式服务平台精准对接养老服务的供需双方，资源下沉，解决供需矛盾。数据融合是指以统一共享的微观人口数据为核心，建立社区养老服务数据平台，解决信息孤岛、数据冗余与不一致、功能碎片化问题。

4. 推动居家社区和机构养老服务一体化发展

居家社区和机构养老一体化发展是指三种养老模式与经济社会发展水平相适应，在形式、内容、平台等方面相互支持、相互补充，推动养老服务共同均衡发展这样一种状态。换言之，居家、社区、机构养老服务一体化发展，就是以居家为基础，以社区为枢纽，以机构为主干，三种养老方式相互融合、相互协调，取长补短，相互促进，形成一个有机整体，发挥最大效能。

我国机构养老服务供给呈现"哑铃形"特征，即追求经济效益的市场化机构提供的高端服务和政府兜底的敬老院提供的低端服务多，普通老年人消费得起、质量有保证的中档服务不足。过去几年，我国的养老机构得到突飞猛进式的发展，根据国家和各地的养老服务发展规划，养老机构和养老床位仍然是养老服务建设的重中之重。从政府养老服务资金投向看，过去几年，主要是以直接投资建设和建设补贴、运营补贴的名义，用在了养老机构和养老床位上。

目前的养老机构功能单一，多数只是给老人提供一个吃住和简单照料的地方，其服务对象只是入住机构的老人，未能充分发挥其资源和人员集中的优势。一是服务内容具有局限性，难以辐射社区。二是新建养老机构有位置偏远和高大上的倾向，不仅脱离普通老人的经济承受能力，而且不方便老人入住和家属探视。

应支持养老机构向周边进行功能辐射。养老机构实现功能辐射，为周围居家养老和社区养老提供支持，是实现居家、社区和机构养老一体化发展的关键一环。养老机构拥有居家和社区养老服务所需的专业设施、专业知识和专业人员，有能力为周围居家养老和社区养老提供服务。对此，政府应给予大力支持。一是支持养老机构运营社区养老服务设施，如城市日间照料中心、助老餐厅、农村养老服务中心、敬老院等；二是支持其上门为居家老年人提供专业服务，重点是失能失智老人，发展家庭床位和家庭照护；三是支持其对周边失能老年人家庭成员进行专业照护知识和技能培训，将其纳入政府购买养老服务目录；四是对开展居家社区养老服务好的养老机构，在各项优惠政策方面给予特殊支持。

推动"机构社区化"和"社区机构化"。所谓机构社区化，就是要大力发展社区嵌入式小型养老机构，这种养老机构不仅建设成本低、运营管理难度小，老人可以不脱离其熟悉的生活环境，方便老人入住和子女探望，而且有利于为居家和机构养老提供方便、快捷服务，是将居家、社区和机构养老融合为一体的理想途径；所谓社区机构化，就是要在社区内发展多种形式的社会养老服务机构，如医疗卫生、助餐助浴、日间照护机构等，而不仅仅是养老机构。这些机构/平台建在社区里，通过这些平台，为居家老人输送其所需要的各种养老服务，从而实现居家、社区和机构养老一体化的发展。这样既能满足普通群众的实际需求，也符合其支付能力。

（四）巩固和加强家庭建设，提升家庭养老功能及照护能力

作为社会制度的核心之一，家庭或直接或间接地投射出人类历史和社会发展的基本轨迹。中国自古便有"集人成家，集家成国"的说法[①]，这种"家国同构"的传统逻辑使家庭在中国不只是生产与再生产的经济单元，而且还是秩序单元、教化单元和福利单元，并负有社会化和保护其成员的责任。新中国成立之后，尤其是改革开放以来，深刻的社会经济变迁重新刻画了中国家庭乃至整个中国社会的形貌，中国政府更通过人口与社会政策的制定与实施直接参与了家庭活动，成为中国家庭变迁的巨大推力。中国的家庭变迁与快速的人口转变相同步，并深深地内嵌于中国社会转型的进程之中[②]。

然而，转型期的中国社会虽赋予了家庭重要的福利与保障职责，但对家庭的支持却

---

① 吕思勉. 中国社会史 [M]. 上海：上海古籍出版社，2007.

② 胡湛，彭希哲. 家庭变迁背景下的中国家庭政策 [J]. 人口研究，2012(2):3–10.

非常有限，家庭在整个公共政策领域中甚至是一个较少被提及的概念[①]，中国家庭已面临诸多发展困境。经历了剧烈变迁之后，中国的家庭及家庭政策如何在超越传统局限性的同时注重传统的延续性，将直接关系到当下中国社会能否在老龄化的前提下顺利完成传统与现代的历史转换。

因此，重视并支持家庭应当成为中国老龄社会治理的一个重点乃至特点。本节将首先对当代中国家庭的变迁和家庭政策进行相对宏观的解读，并据此阐释老龄化背景下的中国家庭发展困境。其次，本节将构建家庭承载能力的概念，运用投影寻踪综合评价法对 2015 年中国 31 个省级行政单位的家庭发展状况进行测度与评价。本节的最后将根据以上讨论提出老龄社会的家庭政策重构的五大要点。

1. 当代中国家庭的模式与功能变迁

（1）传统大家庭的迷思

尽管大家庭（即联合家庭）曾被普遍地认为是中国历史上的主流家庭形态，但大量的历史数据已对其证伪。不同于欧洲传统的长子继承制[②]，诸子均分家产的制度在中国从战国之后便被一贯推行。尽管在魏晋南北朝曾短暂出现过少数"千人共籍""百室合户"的特大型家庭，宗族伦理与基层治理需求也使得三代及三代以上的直系家庭长期占据一定比例，但由父母与未成年子女组成的核心家庭户却一直是民间的主要家庭形态之一[③]。而且，由于存在户等制度和按户抽丁税等政策设计，百姓虚假分家或合户以避徭役税赋的做法在各朝各代都难以杜绝，政府推行按户分田、按土地征税（如计田出夫、摊丁入亩）等政策更进一步促进了民间分家立户[④]。可见，古代中国的法规制度既维系大家庭，也促其分居立户，但这些影响都主要体现在户口籍账中登记的人口变动上，民间大多还是按照实际生活需求组建家庭。

进入近现代，小家庭主流化的趋势更加显著。随着清末和民国时期的城镇发展和社会变动，核心家庭户和 5 人及以内的主干家庭已成为当时家庭户类型的主流形态。新中国成立初期，土地改革导致大量农村家庭分家立户，中国家庭户数量激增、规模锐减。此后，高生育率和不断下降的死亡率使得家庭规模略有增大，直至 20 世纪 70 年代后随着生育率变化，家庭规模开始了持续快速的缩小。这一时期一系列以集体主义为主导的社会变革将个人从家庭中脱离出来嵌入城市单位 / 社区或农村人民公社，进一步弱化了原先家庭承担的诸多功能。即便如此，由于受到国家实际福利支付能力等的限制，在新中国成立前的 30 多年间，个体的生存与生活依然受制于家庭，"家庭"被规定为个体难

---

①　徐月宾，张秀兰. 中国政府在社会福利中的角色重建 [J]. 中国社会科学，2005 (5):80–92, 206.

②　中国传统中也有长子继承制，但不同于欧洲的长子继承制。中国的长子继承制，是长子继承世系爵位宗室身份，而财产则实行诸子均分制，并且以国家律令的形式作规范。然而，欧洲传统社会的长子继承制包括了继承财产，以防家族封地和财产实力因后代的分割导致变小、变弱。

③　王天夫，王飞，唐有财，等. 土地集体化与农村传统大家庭的结构转型 [J]. 中国社会科学，2015(2):41–60, 203.

④　张国刚. 中国家庭史 [M]. 广东：广东人民出版社，2007.

以脱离的消费共同体与福利共同体，"家庭"与"单位"或"公社"共同成为国家生活资源配置制度与个体生活需求之间的中介，有学者称之为"福利家庭化"①。

历史条件和制度环境塑造了中国"传统"家庭边界的模糊性和不确定性，但其内核仍具备一定的一致性：①所谓"传统大家庭"从来都不是中国家庭的主要类型，小家庭（核心家庭户和 5 人及以内的主干家庭）居多的情况并非近现代骤现。②国家改造在近现代中国家庭变迁中的作用显著。从历史早期起，政府所主导的人口变动便反复与家庭变迁互嵌，并直接影响了分家立户的可能性和不同家庭类型的比重②。③中国家庭在历史中常被工具化，国家对其改造亦由此时有自相矛盾处。惯性使然，国家政府往往会出于治理需求而对家庭实施工具性操作，并成为家庭变迁的巨大推力。

（2）当代家庭的规模结构缩减、居住模式变化、非传统类型家庭增加

改革开放之后，快速的人口转变与剧烈的社会变迁持续影响着中国家庭的发展。我国政府自 20 世纪 70 年代开始推行的人口计划生育政策及项目，其本质是通过对家庭进行生育调节来达到有效控制人口规模增长的目的，如破除"养儿防老"的观念就是计划生育的宣传逻辑之一。与此同时，计划生育还催生了大量独生子女家庭，加速并加剧了中国家庭的小型化，这一进程更由于中国社会经济的快速发展而进一步提速。这体现了人口政策与家庭政策虽然经常在某些领域中同时发生，但两者更多的是互补而非包含的关系③。

此外，随着城市单位制和农村人民公社制度的解体，政府主导的社会保障和社会福利项目日益成为城乡居民日常生活的必需，政府已经成为最大的公共服务和福利保障的提供者，而大多数的公共服务和福利保障均以个人为基础并大都以就业作为其准入门槛，且在家庭成员之间不得转移。家庭福利很长时期仍主要表现为补缺模式④，即将重点放在了问题家庭与那些失去家庭依托的边缘弱势群体上，如城市的"三无对象"和农村的"五保户"等。近年来，政府对家庭功能的强调正与日俱增，"减轻国家负担、增加家庭和个人责任"逐渐成为多支柱社会保障体系的主导思想，地方政府也习惯性地将社会福利打包给家庭，相关压力和矛盾也顺带被一并转移，这在各种有关城市住房政策、普及教育、公共服务均等化等制度安排中都有着明显的体现⑤。家庭在重新变得重要的同时，也被迫消化了大量社会转型的成本，其规模、结构和稳定性发生了很大变化。在实际的政策实施中，却不仅缺少对非问题家庭普遍而形式多样的支持，而且在一定程度上忽略了家庭变迁导致家庭脆弱性增强的事实，忽视了家庭在养老、抚幼等方面的经济与

---

① 陈映芳.国家与家庭、个人——城市中国的家庭制度（1940—1979）[J].交大法学，2010(1):145-168.

② 曾毅.关于生育率下降如何影响我国家庭结构变动的探讨 [J].北京大学学报（哲学社会科学版），1987(4):73-86.

③ 孙常敏.完善和创新家庭政策统筹解决人口问题 [J].社会学，2010(1):170-181.

④ 胡湛，彭希哲.家庭变迁背景下的中国家庭政策 [J].人口研究，2012(2):3-10.

⑤ 陈映芳.国家与家庭、个人——城市中国的家庭制度（1940—1979）[J].交大法学，2010(1):145-168.

社会成本。从某种意义上讲，这意味着拥有家庭的人反而得不到政策的直接支持[①]。

家庭的种种变迁日益成为摆在学术研究者和政策实践者面前的重要议题。结合1982—2010年历次人口普查数据，中国改革开放之后30年多来的当代家庭户变动的主要趋势呈现以下三个主题。

首先，在计划生育政策实施、人口迁移流动加剧等因素的多重作用下，我国家庭户数增长速度明显高于人口增幅，家庭户规模在近几十年来呈现出不断小型化的趋势。1982年"三普"时5人及以上家庭户比重仍近半，但1990年以来1~3人户的比重开始快速上升，至2010年已达到65%。这使得2010年我国家庭户平均规模仅为3.10人，比1982年整整少了1.31人，减幅近三成，而这一阶段的家庭户户数增幅则近一倍。此外，家庭户规模的缩减趋势在城市和农村趋同，且收缩都比较迅速，曾经在农村常见的大家庭正在快速消失[②]。在此背景下，一代户和二代户是当代我国家庭户的主体。但随着二代户比重持续下降、一代户比重大幅提升，我国家庭户结构正进一步趋于简化，家庭户内的代数趋减。

其次，中国家庭"老龄化"的现象也在不断加剧，主要表现为有老年人的家庭比重上升和家庭中老年人口比重增加。与此同时，随着低生育水平长期持续，家庭内的孩子却越来越少，中国家庭正在经历"少子老龄化"的进程。虽然与子女同住仍是老年人居住安排的最主要类型，但老年人独立生活的家庭户比重却持续提高，2010年已超过四成。其中，老年夫妇家庭户的比例在1990—2010年间提升了12.1个百分点，是增幅最快的老年人居住类型。总的来说，老年人独立居住模式和传统意味强烈的"多代同堂"模式已开始并列成为我国当前老年人居住安排的两大类型。老年人独居现象的不断增多，一方面是生育水平持续下降导致少子化严重，减少了家庭人口；另一方面的原因是住房条件改善，从物质上使独居更为可能，尤其是较年轻和健康的老年人或老年夫妇倾向于自己单独居住。尽管联合国曾提出"老年人独立居住的趋势不仅符合发达国家国民喜好独立生活的愿望，而且也越来越成为发展中国家国民的一种主动选择"。但在社会福利制度缺位或不完善的情况下，中国在"独居老人"这一议题上有着明显的"问题化"取向，因为它已不仅是个人问题、家庭问题，更是一个亟待解决的政策命题。

最后，全国人口普查数据还显现出我国家庭户类型多样化的趋势，主要表现为非传统类型的家庭大量涌现，如纯老家庭、空巢家庭、隔代家庭、丁克家庭、大龄单身家庭、单亲家庭等。在生育率持续走低、人口老龄化加速、人口迁移流动加剧的背景下，这些非传统家庭的类型和数量很可能会越来越多，并越来越难以应对中国社会转型过程中所产生的各项结构性冲击。

2. 老龄化背景下中国家庭的发展困境

与西方国家不同，家庭在中国不只是生产与再生产的经济单元，还是秩序单元、教化单元和福利单元，并负有社会化和保护其成员的责任。而在人口与社会双转型的过程

---

① 张秀兰，徐月宾. 建构中国的发展型家庭政策 [J]. 中国社会科学，2003(6):84-96, 206-207.
② 资料来源为1982—2010年全国人口全国普查抽样数据。

中，政府出于自身需要对家庭模式实施了强制性干预①，这使中国家庭在制度层面被高度工具化，却缺乏有效的政策支持家庭自身的发展。实施积极应对老龄化战略，需解析老龄化背景下中国家庭的发展困境，为治理与政策安排的调整乃至重构发现机遇、规避风险。

在老龄化常态化的大背景下，中国家庭正在经历"少子老龄化"的进程，未来中国家庭的抚养压力不断增大。这是因为在制度不完善的情况下，相当多的老年人在不能工作时必须依靠自己的积蓄或子女获得支持。不仅如此，那些高龄老人更需要大量的日常生活照料，而目前这些照料服务或直接或间接地大多来自他们的子女。毫无疑问，中国家庭正在或即将陷入前所未有的养老困境，这一困境甚至还会随时间的推移而放大。尽管政府一直尝试改革甚至重构养老保障体系，但如果生育率一直过低的话，那么任何社会保障体系都很难具有持续性，这将成为未来老龄中国的社会保障制度能否成功的一个关键。大量的研究指出，结合西方国家的教训和中国自己的经验与传统，重视并支持家庭应当成为中国养老制度安排的一个重点②③④。在传统文化的作用下，中国家庭的很多养老资源乃是通过生育资源所转化，并不全是政府的责任。更何况，通过家庭获得情感和心理上的满足更是任何专业的社会服务都无法取代的。缺少家庭责任的养老政策是残缺的政策，既不能使老年人获得完整的福利，还会造成社会和政府财政的过重负担。需要特别说明的是，在家庭少子老龄化的趋势下强化家庭的养老责任，并不只是简单地将国家或社会应当承担的责任转嫁给家庭，而是要明确主体边界，扩展或延续家庭的功能，在政府、市场、社区等与家庭合作的框架下，整体统筹这些不同社会系统的作用⑤。但问题在于，在制度长期缺位的情况下，老龄化的加剧和少子化的普遍使得大量中国家庭面临极大脆弱性，中国家庭在养老责任面前已经举步维艰。

在当代中国家庭规模小型化和结构简化的背景下，以夫妇或夫妇与子女构成的核心家庭已成为当代中国家庭户的主要形式。但是，家庭规模变化并不能代表家庭模式变动，户均规模缩小也不能等同于家庭核心化。也就是说，核心家庭比例和数量的增加并不一定意味着"核心化"，也有可能是人口结构和居住模式变化的反映⑥。而且，就原生意义的"现代核心家庭"概念来说，它不仅是指居住模式，更与一整套价值体系、生活方式和物质条件等因素紧密相关⑦，是西方家庭现代化理论的核心之一。西方发达国家近代家庭核心化的一个重要制度基础是其相对完善的福利与保障体系，这些制度安排保

---

① 杨笛.聚焦中国家庭变迁,探讨支持家庭的公共政策:"中国家庭变迁和公共政策国际研讨会"述评[J].妇女研究论丛,2011(6):89–94,104.

② 张秀兰,徐月宾.建构中国的发展型家庭政策[J].中国社会科学,2003(6):84–96,206–207.

③ 胡湛,彭希哲.家庭变迁背景下的中国家庭政策[J].人口研究,2012(2):3–10.

④ 彭希哲,胡湛.当代中国家庭变迁与家庭政策重构[J].中国社会科学,2015(12):113–132,207.

⑤ COX D, JAKUBSON G. The connection between public transfer and private interfamily transfers[J]. Journal of Public Economics, 1995, 57(1):129–167.

⑥ 郭志刚.当代中国人口发展与家庭户的变迁[M].北京:人民大学出版社,1995: 30–35.

⑦ MACFARLANE A. The Origin of English Individualism: The Family, Property and Social Transition[M]. Cambridge: Cambridge University Press, 1978.

证了核心家庭中的个体可以在不依赖于扩大的家庭亲属网或其他人便能够生活，并对个体的生老病死都有比较完整的保障，基本公共服务和福利制度建立在核心家庭的基础之上。可见，将中国家庭核心化研究建构在居住模式数据之上，强调家庭对社会的适应，而忽略家庭关系、功能及观念的变迁，显然是片面的。在中国，以单位和公社为主体提供的福利保障在改革开放之后转化为以个人为中心的社会保障和公共服务，目前面向家庭的福利政策主要表现为补缺模式，即将重点放在了问题家庭与那些失去家庭依托的边缘弱势群体上面。在此背景下，核心家庭很多功能的完成必需依赖其亲属网络，并尤其体现在养老和抚幼等方面，其家庭功能的完成呈现网络化特征[①]。可以说，这种"形式核心化"和"功能网络化"现象才是未来家庭政策必须要正视的。

3. 家庭承载力指数

如前文所述，中国家庭在老龄化的背景下已遭遇若干发展困境。养老是人口老龄化研究的核心议题。家庭养老既是家庭功能的重要组成部分，同时家庭功能的完善与发展又是家庭养老得以实现的基础，两者相辅相成。因而定量化地研究家庭承载能力能够将家庭养老功能可视化，从而对老龄社会的家庭政策和养老制度安排提供有效而精细的决策支持。本节构建了老龄化背景下家庭承载力的综合评价体系，包含 3 个方面（家庭形态、家庭禀赋、家庭政策）共 21 个具体评价指标，并运用投影寻踪综合评价法对 2015 年中国 31 个省级行政单位的家庭发展状况进行测度与评价。

（1）家庭承载力指数的构建

学界一直尝试通过强化家庭量化研究以明确现状并找出问题的症结所在，通过创建指标或指数来衡量家庭发展状况的理念由来已久，目前国内外与家庭承载力概念相关的指标主要有家庭发展能力[②]、家庭负担[③]和家庭功能[④]等。但是，现有相关家庭指数的编制工作较多是从相对单一的角度（如养老、生活质量、老龄人口等）对一些家庭相关统计指标进行分类和加权，且大多止步于指数体系的构建之上。在家庭结构变迁和公共政策相对缺位的背景下[⑤]，中国家庭很可能陷入家庭功能磨损的困境。随着生育水平的降低和预期寿命的延长，家庭结构的变化持续影响着家庭功能的发挥，从而影响着家庭成员的生存环境和家庭的发展能力。衡量家庭发展状况无疑需要同时考虑家庭内部的结构模式和外部环境的影响，我们由此基于已有的家庭功能、家庭变迁、家庭政策等相关研究，提出家庭承载力指数，构建一个涵盖家庭形态、家庭禀赋、家庭政策支持等领域的指标体系以综合测度家庭承载能力，意在衡量家庭抵抗风险的能力和健康持续发展的潜力。

家庭承载力是从供给的角度考察家庭承担压力或抵御风险的资源与能力，是反映家庭综合发展能力的综合性指标体系，对其进行科学定量评价主要有以下意义：①家庭发

① 潘允康，阮丹青 . 中国城市家庭网 [J]. 浙江学刊，1995(3):66–71.

② 吴帆，李建民 . 家庭发展能力建设的政策路径分析 [J]. 人口研究，2012(4):37–44.

③ 封婷，郑真真 . 老年人养老负担和家庭承载力指数研究 [J]. 人口研究，2015(1):50–62.

④ 刘军 . 国内家庭功能研究述评 [J]. 社科纵横（新理论版），2012(3):139–141, 157.

⑤ 彭希哲，胡湛 . 当代中国家庭变迁与家庭政策重构 [J]. 中国社会科学，2015(12):113–132, 207.

展建立在多因素协同作用的基础之上，对家庭承载力的定量研究可确切地找出制约家庭发展能力的主要因素。②建立一套具有综合性、指导性和可操作性的家庭承载力指数具有引导政策支持家庭健康发展的战略意义，可视为制定和实施家庭政策的参考工具。③家庭承载力的评估可反映家庭政策对家庭承载力的调控效果，可按照家庭承载力指数对不同区域进行分类、分级评价，有助于增强政策实施的准确性和科学性，增强调控政策的功效。

（2）家庭承载力指数的测算与结果

家庭承载能力是家庭综合运用各类家庭禀赋资源的复杂过程，各相关指标互相作用、互相影响，最终决定家庭的实际承载能力，采用任何单一指标反映家庭承载状况都是不全面和不准确的。因此，中国家庭承载力指数在内容上将综合考量内部的结构性、质量性指标与外部的支持性指标，以期全方位、多角度地对我国的家庭承载能力进行综合指数度量。

基于以上原则，我们结合数据的可获得性及数据的特征采用指标聚类的方法，利用评价指标体系具体而清晰地体现中国家庭的现状，综合评价指标体系的构建是整个家庭评价研究的成败关键，指标选取要做到：一是突出家庭的特点，评价指标与评价目标保持一致性；二是避免为追求指标的全面，罗列过多的指标；三是指标的选取要考虑后续数据的可获得性。该指数体系由家庭形态、家庭禀赋和家庭政策 3 个一级指标和 10 个二级指标构成，每个二级指标都有具体的表征变量，涉及家庭内部的人口结构、家庭拥有的资源和外部的政策环境，它们直接反映家庭的发展能力和对压力的承载力。

其中，家庭形态指标是家庭承载力指数体系的基础，是从人口学角度衡量家庭的结构，包括家庭户的规模、结构和家庭关系。该部分的指标都是以家庭户为单位的。①家庭户规模及构成主要反映了家庭成员的多少及人口结构，用家庭户平均规模来衡量。家庭分化水平正在提高，家庭分化最概要的指标，就是由总人口及其分化出的总户数所决定的平均家庭户规模[①]。②代际间支持程度，家庭代际互动是家庭整个生命周期中的重要要素，目前我国社会组织和福利制度的发育尚未能有效承担家庭照顾幼儿和养老的功能，因此家庭内的代际结构能反映家庭承载力程度，选取拥有 5 个及其以上成员家庭户的比例和一代户比例作为衡量指标，家庭户人口越多，家庭内部对老年人支持的强度就越大。③家庭关系，主要反映老年人与子女日常往来的形式，通过独居老人比例和子女赡养父母的比例，反映老年人的居住模式和子女赡养老人的方式，该指标与家庭养老强度之间存在紧密联系。在老年人家庭中家庭的经济、人力养老负担会随着老年人口的年龄增加而急剧升高[②]。

家庭禀赋是个人发展能力的拓展，是个人禀赋的外延，是家庭成员可以共同利用的资源，是家庭拥有选择机会、选取发展策略和应对风险环境的基础[③]。家庭发展能力和潜

① 郭志刚. 关于中国家庭户变化的探讨与分析 [J]. 中国人口科学，2008(3):2–10, 95.

② 封婷，郑真真. 老年人养老负担和家庭承载力指数研究 [J]. 人口研究，2015(1):50–62.

③ 石智雷，杨云彦. 符合"单独二孩"政策家庭的生育意愿与生育行为 [J]. 人口研究，2014(5): 27–40.

力在很大程度上取决于其资源禀赋状况，家庭功能的实现亦大多建立在家庭财富、社会资源等基础之上，因此我们选取家庭禀赋作为家庭承载力的核心指标，而没有直接对家庭功能进行测量。该部分包括家庭经济资本、家庭人力资本和家庭社会资本。①家庭经济资本由平均家庭收入、平均每一就业者负担人数、恩格尔系数衡量。家庭的抚养比指非劳动年龄人口对劳动年龄人口数之比，非劳动人口包括幼儿及老年人口。恩格尔系数是国际上常用的测定贫困线的指标，计算方法为家庭食品支出与总收入的比值，它随家庭收入的增加而下降。②家庭人力资本，人力资本为蕴含于人身上的各种生产知识、劳动与管理技能及健康素质的存量总和，健康是生活、劳动的基础，失能人员意味着家庭财富、人力资源的消耗，大大制约家庭积累物质财富和社会资本。该部分用就业者教育年限和失能家庭户比例来衡量，其中平均教育水平由就业人口的受教育程度转化为受教育年限所得。一般教育程度高者，其协调家庭关系能力、经营管理家庭资产能力、社会交往能力要高于低教育程度者，从而教育程度是家庭成员处理家庭事务的重要变量。③家庭社会资本包括家庭获取社会资本及与外界环境的良好互动能力，主要与产业结构、职业结构和社会网络活性有关，其中产业结构用非农产业比衡量，指制造业（第二产业）与服务业（第三产业）之和在 GDP 中的比重，这是计算工业化指数的产业结构指标。职业结构参考职业分类社会经济地位指数，用职业层级较高的就业人口比例来衡量。职业层级高一方面意味着一份稳定可靠的收入，也能给家庭带来可观的社会效益，社会资源在职位晋升、子女教育、就医等方面合理利用可以促进家庭的发展，提高家庭应对风险能力。

家庭政策是指以家庭为对象或目的的政策，包括对婚姻行为、生育行为、家庭关系、儿童保护等直接施加影响的法规，为目标家庭（如多子女家庭）或家庭中成员（如孕产期夫妇、儿童、老人）提供的收入支持和公共服务等[①]。在缓解家庭负担上，我国的家庭政策主要分为妇幼福利政策、养老与医疗保障政策、居住保障政策及一般性家庭福利政策，该部分根据这 4 个方面构造家庭政策指数：①首先是妇幼福利政策，家庭的规模和结构最初是由女性生育子女数量直接决定的，家庭的生育功能既是家庭功能的主要部分又对其他家庭功能的发挥有很大影响作用，因而生育政策常常成为家庭政策的重点领域。在我国生育相关的家庭政策主要是计划生育家庭奖励和生育保险，该部分选取 3 岁以下儿童和孕产妇保健系统管理率来衡量，该数据是对各地区妇幼保健工作的体现。②医疗保险和养老保险是国家为了预防和分担居民年老、疾病的主要社会保障制度，具有稳定家庭生活的功能，这部分用养老保险参与率、养老金替代率、基本医疗保险覆盖率和医疗保险费用分担率来衡量。③居住保障政策是政府实施一些特殊的政策措施帮助单纯依靠市场解决住房有困难的群体，居住是家庭发展最基础的保障，该指标选择经济适用房开工面积占总建筑面积比和公共物品消费支持程度，以此评价保障型住房改善中低收入住房困难家庭居住水平的普及程度。④一般性家庭福利政策，包括以最低生活保障制度为核心的对城乡困难家庭的收入支持政策和相关配套政策、对"零就业"家庭的

---

① 陈卫民.我国家庭政策的发展路径与目标选择[J].人口研究，2012(4):29-36.

就业支持政策和城乡高龄老人的津贴补助政策、城市住房保障和以家庭为单位的公积金贷款政策等[①]。这类政策主要通过直接的政府转移支付发放到居民家庭，从统计年鉴上的人均转移性收入数据来看，政府转移支付部分仍占据主导地位，因此可直接用统计年鉴中人民生活部分的可转移收入来衡量政府对家庭的福利支出[②]。

对于家庭规模和家庭结构变迁的研究较多使用全国人口普查、专项调查和统计年鉴资料。本节的家庭形态、家庭人力资本和社会资本指标的数据主要来自《2015 年全国1% 人口抽样调查资料》。各省区市家庭收入、养老与医疗保障数据和经济适用房及转移性收入的数据来自《中国统计年鉴 2015》。3 岁以下儿童系统管理率和孕产妇系统管理率的数据来源于《中国卫生和计划生育统计年鉴 2015》，各省区市的平均每一就业者负担人数、恩格尔系数是通过查阅各省区市 2015 年的统计年鉴整理所得。

图 5 是全国各地区与全国平均水平的家庭综合承载力指数，从地理分布来看，东部地区与中西部地区的家庭综合承载能力差异很明显。全国范围内家庭承载力最弱的是中南和西南地区，除了广东、四川和陕西，其他都在全国平均水平以下，尤其是西藏、贵州、云南、广西、河南、重庆、海南都是负值。华东地区的差异性很大，上海、江苏和浙江的家庭承载力显著在全国处于较高水平，而安徽、福建、江西和山东在全国处于低水平。家庭承载力较高的大都分布在是华北地区和东北地区，北京、天津、辽宁、吉林和黑龙江的家庭承载力在全国属于较高水平，但这些地区家庭承载力的来源并不相同。

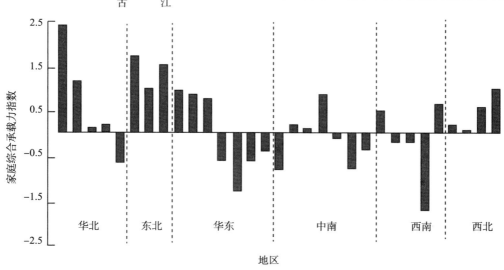

图 5　不同地区的家庭综合承载力指数及全国平均水平

①　陈卫民. 我国家庭政策的发展路径与目标选择 [J]. 人口研究，2012(4):29–36.

②　徐会奇，齐齐，李辉. 我国城乡居民消费行为研究中的分歧及原因——基于文献综述 [J]. 南京审计学院学报，2014, 11(1):46–53.

　　图 6 显示家庭形态指数方面有明显的地区分布特点，整个华北和东北地区家庭形态指数为负，中南、西南和西北地区中除了重庆和宁夏，其他的地区家庭形态指数都为正值，反映了东部地区依靠传统的家庭支持体系的不足，中西部家庭的承载能力主要来源于家庭规模、家庭内部的相互支持。家庭形态指数与流动率的相关性为 0.705，人口流动较大的省份形态指数低，流动率最大的 5 个省市：上海、北京、浙江、山东和天津是所有省份中形态指数最低的省份。在流动率大的地区，中国的家庭传统会以另一种形式——中国式"家庭网"表现出来，处于家庭网中的各个家庭是相对独立的，在保持各自生活方式的前提下，以日常生活中的频繁交往和相互援救为其主要特征[①]。

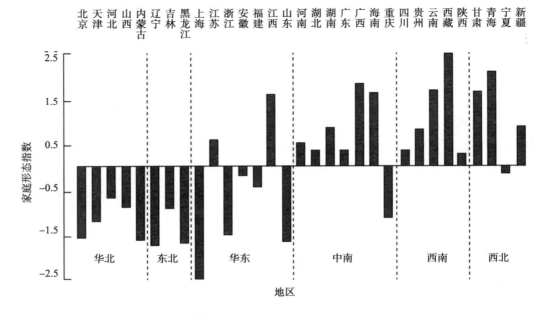

图 6　不同地区的家庭形态指数及全国平均水平

　　如图 7 显示，家庭禀赋方面中南、西南和西北地区除了广东外全部显著低于全国平均水平，华北的北京、天津和华东的上海、江苏、浙江处于全国的高水平。东部与中西部是相反的，东部地区强大的家庭禀赋解决了该地区家庭形态结构对家庭发展能力的限制，中西部家庭禀赋不足导致家庭承载力无法转为正向的家庭发展能力。家庭禀赋指数与总体承载力指数呈显著正相关性，家庭禀赋指数基本决定家庭承载能力的强弱。东部优势非常明显，经济发展水平分化，经济越发达，家庭禀赋指数越高。家庭禀赋指数为正数的基本分布在东部，东部地区除了河北，其他省份的家庭禀赋指数均为正数，而整个中部和西部地区除了广东家庭禀赋指数都为负值。东部地区的家庭禀赋指数显著高于其他地区，中西部无明显差异。家庭禀赋指数与人均地区生产总值的相关系数为 0.837，

① 　潘允康，林南.中国城市现代家庭模式 [J]. 社会学研究，1987(3):54-67.

说明宏观经济发展水平是决定微观家庭禀赋的主要因素。

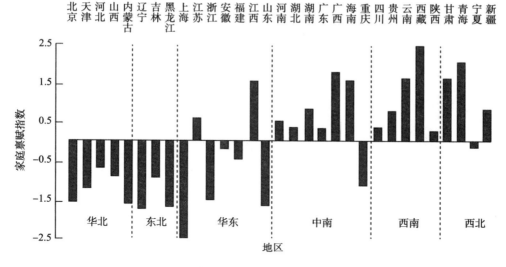

图7 不同地区的家庭禀赋指数及全国平均水平

如图8所示，华北地区的政策指数是正值，家庭政策指数较低的主要分布在华东、中南和西南地区。我国不同省区市现行养老保险制度的覆盖率、养比、替代率和缴费率都存在较大差异，华北、东北地区政府扶持力度大，对于社会养老保险的财政转移支出较多，配套政策落实得比较好，居民自发参保倾向最强。西南和华南地区的自发养老保险倾向最弱，这些省份家庭普遍子女数较多，家庭养老意识较强，而社会化养老意

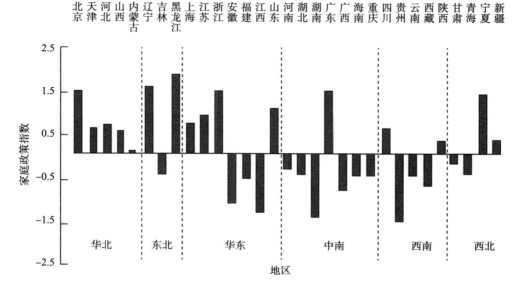

图8 不同地区的家庭政策指数及全国平均水平

识比较薄弱。在妇幼支持政策方面，往往是 3 岁以下儿童和孕产妇保健系统管理率同时较高或同时较低，东部地区的管理率高于中西部地区。幼儿政策方面托幼问题比较突出，相对于义务教育，各级政府和相关单位对托幼服务并没有明确的责任定位，相关的法律还很缺乏，对托幼的经费投入量难以保证大部分幼儿得到正常托幼服务。尤其是在政府财政经费有限的情况下，学前教育往往易得不到足够重视，造成劣势地位。家庭方面，由于家庭不稳定性增强，原有依赖于家庭网络和社会关系相互支持的体系被打破，家庭照料功能被弱化，对公共托幼服务需求日益加大，托幼服务的供给和需求无法达到平衡。

从以上数据结果总的来看，地区间家庭承载能力的分布差异显著，不同地区呈现出与经济社会发展阶段相适应的家庭特征。东部沿海地区的家庭承载能力较中西部地区强，中西部家庭的承载能力主要来源于传统的家庭规模、家庭内部的相互支持，东部地区依靠传统的家庭支持体系的能力不足，但经济实力、人力资本方面的明显优势，解决了该地区家庭形态结构对家庭发展能力的限制。人口大规模流动通过影响家庭规模、家庭稳定性、代际关系和家庭收入，形成了各地区家庭形态特征，流动率排前四位的省份的家庭形态指数是所有省份中最低的。家庭禀赋指数主要由该地区的经济发展水平决定，经济越发达，家庭收入能有足够的保障，拥有优越家庭成员的教育水平、身心健康和职业等级，有助于家庭关系的和谐，家庭功能实现过程更顺畅，禀赋指数越高。无论是东部还是中西部地区的家庭政策方面，其对家庭发展能力支持的作用非常有限，反映了我国家庭政策体系仍有待完善。随着传统家庭模式及亲属网络逐渐被新型家庭功能网络所替代，人口迁移流动对家庭承载力的影响是趋于增强还是减弱，家庭功能与公共政策如何互补支撑家庭发展能力增强，这些新的研究课题值得持续关注。

4. 强化老龄社会治理中的家庭建设

重视并支持家庭应当成为中国老龄社会治理的一个重点乃至特点。然而不可回避的是，中国政府自改革开放以来对家庭的支持一直囿限于一种"含蓄的援助"[①]，难以有效稳定家庭和承担家庭功能。基于前文的分析，本课题组认为以下五个方面是老龄社会中家庭政策完善乃至重构过程中应当特别关注的主题。

（1）正视家庭发展的多元性，倡导构建新的家庭伦理观

一方面，家庭发展是一个多元动态的过程，家庭政策理应正视并包容这一多元性。从目前来看，生育水平的未来趋势仍是家庭模式变化的基础，这将直接影响人口老龄化进程，也决定着未来中国社会保障制度的可持续性。与此同时，新型城镇化的推进和区域经济发展不平衡的延续乃至强化，将决定未来中国人口迁移的基本走势。在这些宏观背景下，纯老家庭、隔代家庭、大龄单身家庭、单亲家庭、丁克家庭、失独家庭，乃至同居家庭、同性家庭等非传统类型家庭将大量涌现，家庭发展的多元化使得传统家庭的定义面临新的挑战。另一方面，中国传承数千年的家庭伦理和家庭文化是中华文明得以延续的重要基础，但在新的社会经济形态下必须去芜存菁、与时俱进。全球

---

① 胡湛，彭希哲．家庭变迁背景下的中国家庭政策 [J]．人口研究，2012(2):3-10.

化、城镇化、现代化正在影响中国的整体社会形态，也同样影响个体家庭。以互联网为代表的信息技术已经极大地缩短了家庭成员之间的空间距离，使得部分传统家庭功能可以通过网络得以集成或扩散。现代科学技术的发展和生活方式的改变更在重塑中国家庭内外的交往方式和功能实现，每代人的生存理念和中华民族的文明传承都应在新的家庭伦理中得以体现。而适应新时代的现代家庭伦理无疑是中国核心价值体系中的应有之义，以及新的家庭政策的指导原则。

（2）明确主体边界，支持家庭承担应有的养老责任

我国现有社会政策大多以独立的"个人"为基本单位。家庭政策应当转而以家庭整体作为政策对象，缺乏与家庭的实质性配合，家庭政策鲜有成功的先例。政府应尽快根据目前已涌现的家庭发展困境推行以家庭为单位的优惠或补偿性政策，例如：尝试推行更多以家庭户为单位的税收优惠措施，尤其要将有养老或育儿需求家庭的经济成本考虑在内；尝试将家庭规模与结构作为公用消费品（水、电、燃料等）价格和住房政策的制定依据之一，尤其给予承担养老或育儿责任的家庭更多优惠；尝试在社会保险及医疗保险政策中考虑家庭需求，允许部分保险在家庭成员（主要是配偶）之间适当转移，并向老年家庭（如考虑亲子转移）倾斜；论证将家庭成员所承担的某些长期家庭服务（如失能老年人的长期看护等）纳入社会保险范畴的可行性等。此外还应注意到，在传统文化的作用下，中国人往往甘于承担家庭责任。即便在家庭传统能力已遭削弱的今天，城市核心家庭中的年轻夫妇大多仍认为赡养双方的老年父母是子女无法推卸的责任和义务[①]。因此，政府可顺势而为，着力提升家庭延续传统功能的能力，并使我国家庭在社会建设和文化传承等长期发展战略中成为主体。

从法律层面来说，《中华人民共和国民法典》第一千零六十七条规定："成年子女不履行赡养义务的，缺乏劳动能力或者生活困难的父母，有要求成年子女给付赡养费的权利。"《中华人民共和国老年人权益保障法》第十四条规定："赡养人应当履行对老年人经济上供养、生活上照料和精神上慰藉的义务，照顾老年人的特殊需要。赡养人是指老年人的子女以及其他依法负有赡养义务的人。赡养人的配偶应当协助赡养人履行赡养义务。"政府应继续加强从法律层面落实相关规定，与孝道文化相辅相成，共同推动家庭功能持续发挥作用。

与此同时，要看到家庭非正式照护资源日趋紧张、家庭照护者压力重重、社会支持短缺和匮乏是不可避免的困境。以子女及配偶为主的非正式照护模式是我国老年人长期照护的主要力量，但由于日益核心化、小型化的家庭结构，家庭内部潜在的护理人员数量在不断缩减。非正式照护者在身体、精神、经济和社会参与等方面都承担着巨大的负担。家庭成员往往不具备专业的照护知识和技能，尤其是对于失能老人的照护有着较高的专业化和规范化需求，这对于非正式照护者来说是一个巨大的挑战。因此，要更好地支持家庭的养老功能，就要加强对家庭赋能，建立包括法律支持、经济支持、就业支

---

① 马春华，石金群，李银河，等. 中国城市家庭变迁的趋势和最新发现 [J]. 社会学研究，2011(2): 182–216, 246.

持、服务支持、技能支持、智能支持等多维政策支持体系，以促进非正式照护作用的发挥。

（3）将支持家庭作为中国构建发展型养老制度的重要抓手

中国的养老问题以经济未发达、就业未充分和社会保障未完善为背景，这要求中国的养老制度不仅要有社会性的再分配功能，还需具备生产性的社会投资功能，因而应当寻求把经济与社会发展内在整合的发展型政策模式，以使老年人养老的现实问题与老龄社会的可持续发展统一起来。引入发展型政策模式是为了使养老制度具有生产性，其主要理念及策略是支持家庭与投资人力资本。一方面，政府应考虑为承担养老责任的家庭提供直接援助，这样做有以下优点：①有养老需求的中低收入家庭面临较大脆弱性，且总量较大。如果这一群体均能得到一定资助，则需要救助的家庭数量可能会大幅下降。②避免制度的内在不平等导致中低收入家庭无法从再分配系统中公平获利，这也是社会贫困现象的根源之一。③操作简单，避免"家计审查"的困扰及"政策瞄偏"等情况。

另一方面，为了应对人口年龄结构老化的长期不可逆性和 20～30 年后到来的老龄化高峰，保证经济社会的可持续发展，投资人力资本、提高劳动生产率应成为当前最重要的制度安排之一。这无疑涉及教育、卫生及就业等政策的方方面面，而良好的家庭功能却是形成和发展人力资本的首要环境，更与人力资本在新形势下的新内涵（如人的社会能力、精神品质等因素）有着千丝万缕的联系[1]。不仅如此，家庭稳定还与社会稳定息息相关，已有不少研究表明，在家庭支持强度低的社会中，家庭内部不存在明显的福利再分配，家庭的福利转移很难化解掉养老福利分配体系中的代际不公，从而使得代际之间的冲突容易显露[2]。

（4）淡化"工具主义"的家庭政策取向，引入"整体性治理"模式

政府针对家庭进行工具化操作的政策取向使我国家庭政策设计囿于应急干预和查漏补缺。越来越多的研究者与实践者已认识到，仅仅依靠"工具主义"和"病理学式"的家庭政策及项目难以兼顾现代家庭的多元利益，以"个人"为基本单位的社会政策和公共服务更无法应对日益复杂的家庭发展趋势。事实上，多年来我国在推动男女平等时提倡将"社会性别视角"纳入决策主流的尝试，完全可为家庭政策改革所借鉴，即在公共政策（尤其是涉及民生和社会建设的各种政策）的制定、实施及评估的全过程引入家庭视角，明确提出"现代家庭建设"的理念，将家庭整体作为家庭政策的对象，以满足现代家庭的发展需求为出发点，平衡国家—家庭—个体之间不同的利益取向，制定不仅能关注弱势家庭、被动应急，且具有预防、发展作用的家庭政策，并逐步走向适度普惠。

为此，政府应进一步转变治理思路，以整体性治理的理念协调政府各部门、城乡各地区及各行动主体的资源，统筹不同社会系统的作用，以设计与家庭政策完善、生育政策调整相匹配的公共资源配置方案。经济合作与发展组织（以下简称 OECD）国家的大

---

① 张秀兰，徐月宾 . 建构中国的发展型家庭政策 [J]. 中国社会科学，2003(6):84–96, 206–207.

② 刘骥 . 阶级分化与代际分裂：欧洲福利国家养老金政治的比较分析 [M]. 北京：北京大学出版社，2008: 4–14.

量实践表明，任何社会政策在实施的过程中，必须有其他部门或政策的配合与支持，才能够达到预期的政策目标。具体到家庭政策领域，政府不仅要以家庭的视角来审视、制定和完善相关的法律法规和政策，在政策实施的过程中，还必须充分考虑和评估其对家庭所产生的影响。而注重家庭政策与其他政策安排之间的协调，减少政策制约并避免政策冲突，无疑也是提高家庭政策的精准性和有效性的重要条件之一。

（5）强化家庭建设，推动建立专司家庭事务的权威常态统筹机构

支持家庭应成为我国老龄化应对中的一个特色及重点。尽管当代中国家庭的养老功能在"少子老龄化"进程中有所磨损，但来自家庭内部的代际支持仍是我国老年人养老保障和照料的主要来源，中国传统家庭伦理和文化具有强大的凝聚力，亲子之间的传统互助网络仍继续存在。老年人与子女同住（"多代同堂"模式）或紧邻居住（"分而不离"或"离而不远"模式），既改善老年人健康和充实其养老资源，又强化老年人对子女的家务协助且提升妇女就业，实现家庭代际"双赢"。这种"代际双赢"的家庭互助式居住安排根植于中国传统文化伦理，它是中国养老模式中不可或缺的重要支柱，更生动注解了养老制度安排乃至老龄社会治理的"中国特色"及"中国优势"。

尤为重要的是，目前"一老一小"已成为我国民生建设的重中之重，而"一老"和"一小"共存于同一个家庭。以家庭视角将两代人统合起来考量，充分考虑家庭的真实需求，通过对家庭而非向个人提供资源支持，可以使资源更有效在家庭得到流转，并避免政策"瞄偏"。事实上，对家庭进行制度性支持可以起到典型的"辐射"效应，家庭功能具有"领域不敏感性"，通过支持家庭功能完善可以同时实现对不同福利领域的"一揽子"支持（如养老、生育养育、弱势家庭成员保障等）。在这样的背景下，应尽快论证和推动建立专司家庭事务的权威常态统筹机构，从体制上整合卫健、民政、政法等系统的相关职能和资源，为统筹应对"一老一小"等问题提供重要的体制、组织和资金保障，在科学的整体规划和设计下对家庭政策进行统一的管理、调控与实施，以生动注解"全人口全生命周期"和"整体性治理"理念，将实施积极应对人口老龄化国家战略真正落在实处。尽管国家卫健委已下设"人口监测与家庭发展司"，但其主要职责以"完善生育政策并组织实施，建立和完善计划生育特殊家庭扶助制度"为重点，未突破原有"病理学式"的选择主义窠臼，行政级别和统筹能力亦极为有限，不仅难以为现代家庭提供普适意义的多元支持，亦无法真正释放中国家庭的治理潜力与文化势能。

（五）推动银发经济成为中国老龄社会发展和经济增长新动能

人口老龄化给我国经济社会带来诸多挑战的同时，也带来经济发展的新机遇。发达国家的实践经验表明，银发经济是老龄化社会中最具活力、最有发展前途的经济形态之一，是应对人口老龄化的有效举措。本节将首先论述银发经济的定义及特征，并对老年消费态势进行研判、探讨老年消费的经济寓意。其次，在此基础上，由于当前我国银发经济的从业人员较为紧缺，严重制约了以养老服务业为代表的相关产业的发展，本节也将讨论老年人力资本开发如何助力银发经济的蓬勃发展。最后，本节将综合讨论我国银发经济在体系架构、管理与监督等市场机制方面面临的问题，并针对性地提出相应的政策建议。

1. 银发经济的定义及特征

我国的银发经济，主要指围绕衣食住行、文教娱乐、医护康养等为老年人提供各种产品和服务的生产、供给、消费以及衍生的经济活动的总和。银发经济是一个阶段性概念，目前涵盖了老年产业、老年事业的主要内容。近年来，我国银发经济呈现市场规模不断扩大、需求持续增长、产业体系逐步完善、关键技术和产品创新速度加快等发展态势。2020 年我国银发经济规模已超 5 万亿，占 GDP 比重约为 5%。

我国银发经济主要具有以下四方面特征：一是综合多样性。银发经济既包括有形的物质生产活动，也包括无形的精神文化服务；既包括传统的老龄产业，也包括现代服务业背景下面向老年人的新产业和新业态；既包括以老年人为主要消费者的产业，也包括以老年人为主要生产者的经济活动等。二是年龄指向性。银发经济的主要对象为老年人，相关产业的经济实体主要基于老年人的需求和特征进行运作。三是公共经济性。银发经济具有公共产品的性格，兼具市场性和福利性，是一种"混合经济"形态。它在供求与价格等方面与市场经济有所不同，其价格制定和发展规模受到来自政府对老年人公共产品的财政支持和公共政策指向的制约。四是动态发展性。现代数字经济、虚拟经济、移动通信技术、人工智能技术等的发展，使银发经济处于动态发展变革之中，产业融合化和行业细分化趋势增强，新产业、新业态、新商业模式不断涌现，内涵与外延范围均在不断拓展。

2. 老年消费的态势与发展前景

老年人口占比不断提升预示老年消费的持续升级，老年消费是老龄化研究的热点问题之一。对于这一问题，国内已有研究认为我国老年人口经济状况总体欠佳、消费需求较低、消费行为较节俭、消费心理较为成熟与理性[1][2]，因而总体认为我国老年人口相比其他年龄人口的消费水平较低，甚至被极端地归为"零"消费人群[3]。这些认知大多来源于对老年消费心理和老年消费习惯的定性研究，对我国老年消费的认识更多地建立于对老年人群特质的理解之上，而非直接针对老年消费本身。我们国家正在经历前所未有的经济发展与社会进步，现在的老年人已不再是过去的老年人，无论是自身经济能力还是养老生活方式都与过去有所不同[4]。这些不同意味着我国老年人口本身及其消费特征是动态变化的，如果我们囿于以往对我国老年人群特质的传统认识，则可能对我国老年消费产生严重的认知滞后，也会干扰我们正确判断人口老龄化对经济增长的影响。有鉴于此，本节尝试借助"中国健康与养老追踪调查"（简称 CHARLS），对我国 60 岁及以上老年人口的消费与收入进行合理测算，从而获得我国老年消费的一系列新特征，在此基础上重新理解老年消费及其对经济发展的影响。

---

①　王涤.老年人消费特征与"银发市场"开发 [J].市场与人口分析，1999(5):24-26.

②　何纪周.我国老年人消费需求和老年消费品市场研究 [J].人口学刊，2004(3):49-52.

③　张岭泉，邬沧萍，段世江.解读农村老年人的"零消费"现象 [J].甘肃社会科学，2008(1):211-214.

④　杜鹏，武超.1994—2004 年中国老年人主要生活来源的变化 [J].人口研究，2006(2):20-24.

（1）新态势一：年龄越高消费越多

我国老年消费随年事增长递增，超高龄老人的人均消费水平为老年人口中最高。据 CHARLS 数据，2011 年我国老年人均消费约 1.18 万元，其中 60～74 岁组人均消费 1.16 万元、75～89 岁组 1.18 万元、90 岁及以上组 2.15 万元。低龄、中龄与高龄初期的老年人口消费水平差异不大，处于在波动中稳步增长的态势，而从 90 岁开始，特别在 95 岁以上的超高龄阶段，老年人均消费急剧增长。90 岁及以上年龄段的人均消费数量几近 60～89 岁年龄段的 2 倍。当社会中处在高龄阶段的老年人口数量增加，老年人均消费会因此提高，老年人口的高龄化会使老年人均消费随之增长。研究发现，不同发展阶段的国家，生命周期消费与收入之间的数量关系有所不同[①]。贫穷国家（我国被归为此类国家）老年人口与劳动力人口之间的人均消费基本持平，接近生命周期终点时的人均消费有所下滑，老年人均消费略微超出生命周期的平均水平。富裕国家老年消费模式与贫穷国家不同，富裕国家老年人均消费远远超越劳动力人口，也超越生命周期的平均水平，并且在高龄阶段表现出越发强劲的消费势头。

可见，"越高龄、消费越高"这一现象在发达富裕国家、老龄化程度深的国家中具有共性。现阶段我国老年消费的整体模式仍未脱离贫穷国家之列，但高龄老人的消费特征意味着我国老年消费模式已开始向发达富裕国家转型。这一转型预示未来我国老年消费随年龄增长而增长的特征将越发明显，高龄阶段将毋庸置疑成为消费水平最高的人生阶段。

（2）新态势二：需求水平呈增长态势

我国老年消费的需求水平呈现跨期增长态势。依据 2008 年和 2012 年 CHARLS 浙江、甘肃两省跟踪调查数据，两省老年人均消费从 2008 年的人均 1.16 万元增至 2012 年的 1.52 万元，四年间增幅约为 31%。这四年间物价水平总体增幅约为 17.5 个百分点[②]，仍然具有显著增幅。这表明老年消费需求本身具有增长性。年龄组的增幅显示，90 岁及以上组和 60～64 岁组的人均消费增幅位居前二。短期内，低龄老人和高龄老人的人均消费上升幅度超过中龄老人。

在老年阶段初期，临近退休的劳动力人口逐渐替代原本的低龄老人，新老低龄老人的替换过程也是新老消费方式的替换过程。新的低龄老人相比原本的低龄老人更容易（或已经）接受新的消费，如电子产品、网络购物、老年旅游、有偿老年服务等。老年消费品供给的增加也更容易拉动新的低龄老人进行消费，当然新的低龄老人更好的经济条件无疑为其更高的消费需求提供了经济保障，而在老年阶段尾部人均消费的显著增幅主要由"高龄老人更高龄"的寿命延长态势所致。超高龄老年人口消费水平在短期的增长主要源于刚性需求的提高，特别在于照料、护理、医疗等因生理退化而增加的刚性消

---

① LEE R, MASON A. Population Aging and the Generational Economy: A Global Perspective[M]. Cheltenham: Edward Elgar Publishers, 2011.

② 根据国家统计年鉴中总体物价水平（以上一年度为 100 进行标准化）的数据进行换算，得出 2012 年的物价水平相当于 2008 年物价水平的 17.5%。

费需求，当然也包括因生命周期最后几年失去同住老伴而增加的分担缺失型消费需求。无论是低龄阶段供给拉动型和收入拉动型消费需求的增加，还是高龄和超高龄阶段刚性消费需求和分担缺失型消费需求的增加，都表明了我国老年消费需求的内在增长趋势。

（3）新态势三：释放财富的非保守型消费

老年阶段各年龄组的人均消费普遍高于人均收入，各年龄阶段均处于不同程度的现期收不抵支状态。2011年我国老年人均收支赤字约为0.52万元，其中90岁以上超高龄老人的收支赤字为最高，接近2万元，这一赤字几近同组人均收入的4倍。超高龄老人巨大的收支赤字由超高龄阶段消费数量的急剧上升和收入水平的下滑所致，前者起了主要作用。生命周期假说有助于理解老年消费超越老年收入的现象。其基本观点是：生命周期中每一时间段的消费是由其整个生命周期总收入水平决定的[①]，个人往往会在年轻时储蓄得多一点，以便当他年老时可以有平稳的消费路径[②]。从生命周期假说的逻辑出发进行思考，老年消费本质上并不保守，老年阶段是生命周期中释放往期储蓄进行消费的人生阶段，利用财富储备来平衡老年阶段的收支。相反，年轻人会因财富储备压力与子女抚养压力而相对保守型消费。这似乎超出了传统的认知，我们总认为老年人口因退出劳动力市场而收入减少、生理衰退而需求下降等因素消费欲望不高、消费行为保守。然而无论是生命周期理论所揭示的理论原理，还是从CHARLS数据中得到的老年消费现实，都在说明：我国老年消费并不受老年收入的制约，过去的财富储备是老年消费的重要经济支撑。

我们不能仅仅关注老年收支赤字的表面含义，认为老年人口现期收支缺口势必会制约老年人口的消费。实际上，老年消费的经济来源要比年轻时期渠道更多也更灵活，再加上财富积累与养育子女的"任务"已基本完成，老年消费的后顾之忧小于年轻人。现阶段老年消费所面临收支状况，并不代表老年消费本身的保守主义，而更多的是供给市场的种种落后与制约所造成的。类似"以房养老"等利用老年人口固定资产收益对老年生活进行改善的做法，尽管在我国目前还没有盛行，但在未来随着老年金融产品的创新与丰富、老年人口金融参与度的加深、养老观念的更新，利用固定资产收益改善老年生活的做法会在未来的中国逐步流行，届时老年人口运用自身财富储备填补老年收支赤字的途径将会更多元化。考虑到农村老人可利用的固定资产较为单薄，固定资产往往无法成为填补老年收支赤字的经济来源，因此加快完善农村老年人口养老金制度、进一步提高农村老年人口养老金水平，以及加快全面建成农村小康社会进程是改善农村老年收支状况的最有效方法。

（4）老年消费新态势的经济寓意

老龄社会对比年轻社会，其消费水平只增不减。现阶段我国老年消费水平已超越生

---

① MODIGLIANI F. Life cycle, Individual Thrift, and the Wealth of Nations[J]. Science, 1986, 234(4777): 704–712.

② ANDO A, MODIGLIANI F. The "life cycle" hypothesis of saving: aggregate implications and tests[J]. The American Economic Review, 1963,53(1):55–84.

命周期的平均值，2011 年我国老年人均消费约 1.18 万元（CHARLS 数据测算结果），城乡居民加权平均的人均消费约 1.03 万元 [①] 并不会降低，反而会增加，老龄社会的消费水平会超越年轻社会。

同时，有关人口老龄化对经济增长的影响在学术界已有较多讨论，尽管观点各有偏重也不完全统一，但倾向于将老龄化视为经济发展的负能量 [②③]，甚至认为是经济高增长的终结因素 [④]。然而从消费的视角看待人口老龄化对经济的影响，利好多于利空。基于对我国老年消费新特征的理解，老年消费本身并不拖累消费水平的增长，甚至是促进消费水平增长的有力武器。步入老年并不意味着人均消费进入下坡道，随着经济发展水平的提高、老龄化与高龄化程度的加深，步入老年意味着人均消费进入健步增长的阶段，消费水平将会随年事增长不断提高，老年消费超越生命周期其他阶段的幅度将会不断扩大。我们有理由以积极的态度看待老龄化对消费、对经济的影响，老年消费甚至可成为未来我国经济增长的新引擎。

（5）老龄社会消费特征，促进老年消费结构的供需平衡

银发经济中的老年消费促进产业发展并倒逼劳动力市场结构的调整，同时有别于年轻社会的消费结构及特征，并需要对部分弱势老年群体进行兜底保障，确保老年消费经济的协调发展。保持老年消费在结构上的供需平衡有助于老龄社会消费市场的健康发展。现阶段我国老年消费结构已显示出一些超越传统认知的态势（从 CHARLS 数据中获得）：如中高龄老年人相比低龄老年人享受型消费（文化娱乐消费、旅游消费和美容消费）的比重更大，2011 年我国老年人均享受型消费比重为 2.8%，而 90 岁以上高龄老年人的享受型消费比重高达 7.6%；又如，我国老年人口交通和通信消费的比重非常可观，2011 年我国老年人均消费中有 18% 的消费开支用于交通和通信，各年龄段人均交通和通信开支比重均高于 14%。未来我国老年消费中享受型消费（乃至奢侈型消费）、文化型消费、养生型消费、照料型消费、跨越年龄界线消费、超前消费的比重将会进一步提高。经济条件的改善、养老负担的减轻、文化素质的提高、涉老消费品与服务品的供给拉动等多方面因素将共同促成未来我国老年消费结构的重大变革。老年消费的结构性变革要求消费市场做出相应的调整，消费市场的供需关系须与老龄社会的消费结构相适应。尽管从消费水平来看，老年消费并不会成为我国消费增长和经济增长的阻碍因素，但消费市场供需关系是否能够与老年消费的结构性变化相同步，决定了老年消费是否能够成为经济增长的新引擎。人口老龄化和高龄化对居民消费结构的影响将会是持续的、颠覆的，我们应就老龄化与高龄化对老年消费结构的潜在影响做好长期的应对准备，主

---

① 我国居民人均消费水平利用城镇居民家庭人均现金消费和农村居民家庭平均每人消费加权而得。数据来自国家统计局统计年鉴：https://data. stats. gov. cn/easyguery. htm?cn=C01。

② 莫龙 . 中国的人口老龄化经济压力及其调控 [J]. 人口研究，2011, 35(6):27–42.

③ 王金营，付秀彬 . 考虑人口年龄结构变动的中国消费函数计量分析—兼论中国人口老龄化对消费的影响 [J]. 人口研究，2006(1):29–36.

④ 董志强 . 老龄化背景下中国经济增长及收入分配格局 [J]. 探索与争鸣，2013(1):71–76.

动形成社会、政府、家庭等主体间的协同合作，逐步消除产业结构与消费结构之间的不匹配。老龄社会的消费结构与年轻社会大有不同，重视老龄社会消费结构的变革是发挥老年消费对消费增长促进效应的关键。

（6）政府、社会与家庭协同合作，缓解老年消费弱势群体困境

老年消费的弱势群体有多种类型，如高龄老人、低收入老人、独居老人、农村老人、老年女性等。老年消费的弱势群体往往因经济能力极为低下、家人陪伴的缺失、身体状况极度退化等因素对消费需求造成严重的制约，我们也把这一情形称为陷入消费困境。在这些老年消费的弱势群体中，高龄阶段的消费困境几乎发生在所有弱势群体身上，高龄老人是最需要政府、社会和家庭帮助的老年群体。老年消费的弱势群体受制约的消费需求集于医疗、护理、照料、家政等。就这些消费需求而言，以需求为导向的帮扶方式相比收入为导向的方式更为直接有效，如提供由政府购买的照料、家政服务，以及来自社会组织和志愿者的医疗、护理服务等。

帮助老年弱势群体走出消费困境，政府与社会的帮扶至关重要，而家庭的支持也不可或缺，重塑家庭的养老支持功能十分必要。家庭是老年消费需求的重要供给者，家庭的支持具有及时性和周全性，大部分弱势老年人口的生活所需都能依托家庭得到改善，如由家庭成员提供的生活照护、经济资助、精神慰藉等。家庭的养老支持对于农村高龄老人更为重要，城市地区高龄老人的日常所需尚可在一定程度上由同一社区的"老伙伴"互助、社工服务、志愿者服务等形式提供，而农村地区这些扶持形式几乎为零。然而农村年轻劳动力迁往城市的同时，也带走了其作为低龄农村老人的父母，无论是出于照料家务还是抚养孙辈的目的。在这一"护小"行为的背后遭冷落的是农村高龄老人。回归家庭成为迫切之需，回归哪个家庭也成为新的命题。在"护小"行为盛行的当下，是否应打破这种观念，提倡低龄老人回归高龄父母家庭，减少老龄社会中陷入消费困境乃至生活困境的高龄老人，值得全社会深思。处理好老龄社会弱势群体的消费问题有助于提升老龄社会的消费活力，也为老年消费这一新引擎增添动力。

3. 老年人力资本

随着生产工具的专业化、劳动分工的精细化、应用场景的智能化，人力资本在经济发展、社会治理中发挥越来越大的作用。亚当·斯密、李斯特、费雪和马歇尔等经济学家较早从资本的视角来考察"人"在社会生产活动中所产生的经济价值；Schultz 开创性将人力资本理论系统化，并且其被当时经济学主流的研究框架所接受，其研究对象从物质资本到兼容人力资本、研究重点从劳动力数量到并蓄劳动力质量。他认为人力资本至少包含三个层面：年龄和身体状况层面、受教育程度和工作技能层面、受知识溢出效应影响的非正式教育传递层面。因此，Schultz 侧重于从个人综合能力的角度来阐释人力资本，即"体现在人身上的技能、知识、健康等因素"。Barker 和 MacFarlane 在此基础上从微观经济学角度进一步分析和拓展了人力资本的研究边界，他们认为"人的知识、时间、技术、健康和寿命"等均属于人力资本范畴。他们不仅关注个体层面的寿命、教育和经验等传统领域，从生命周期视角构建了人力资本投资均衡模型，而且关注家庭层面在生育行为上的经济决策和成本——效用分析，提出了家庭的时间价值和配置等新概

念。他将人力资本的应用场景从个人微观延伸到家庭中观，从更加现实的角度讨论和测量人力资本，对该理论的应用和发展做出了突出的贡献。OECD 对人力资本的定义是"劳动者所拥有的能够创造个人、社会及经济福利的知识、技能、能力和素质"，将人力资本的讨论范畴从家庭中观拓展为社会宏观。

人力资本中的平均预期寿命是体现生命质量的基本指标，它是直接衡量一个国家或地区人口生存水平的量表，也是间接反映该区域社会经济发展水平的指标。根据 2010 年第六次全国人口普查数据，2010 年我国人口平均预期寿命达到 74.83 岁，比 2000 年的 71.40 岁提高 3.43 岁；2010 年世界人口的平均预期寿命为 69.6 岁，其中高收入国家及地区为 79.8 岁，中等收入国家及地区为 69.1 岁。国家卫生健康委员会所发布的《2018 年我国卫生健康事业发展统计公报》和《2019 年我国卫生健康事业发展统计公报》显示，我国居民人均预期寿命由 2017 年的 76.7 岁、2018 年的 77.0 岁提高到 2019 年的 77.3 岁。所以，我们对老龄和老年的认识与定义，不能依旧停留在自然属性和传统观念上，以及被过去的看法和理解所束缚与牵绊，而是应该立足于现实并着眼于未来，在社会变迁和科学预判的基础上，重新审视这两个概念，拓展对这两者的理解、延伸对这两者的界定，这不仅有助于评估老年人口的人力资本水平，而且有利于科学制定应对老龄社会的策略。

随着科技的进步、社会的变迁和年龄的增加，老年群体的健康状况、知识更新都会逐渐地落后于年轻群体，所以人力资本会存在一定的折旧率，在健康寿命和机会成本等多重条件的约束下，人力资本的最优投资窗口期会随着年龄的增长而下降，这给我们的启示是在青年时期要注重人力资本的投资和积累，在中老年时期要通过继续教育进行人力资本的开发和提升，在各年龄段中培养、树立和深化终身教育理念，激发与利用各年龄段的人力资本潜能。从传统的人口数量红利，到人口质量红利，再到人口长寿红利的转变，这既由我国人口数量与结构所决定，也是经济和社会发展的必然。

长期以来，我国城镇老年人口的劳动参与率较低，根据第六次全国人口普查数据，2010 年我国 55～64 岁城镇人口的劳动参与率为 36.00%，而美国是 61.30%、日本是 68.60%，OECD 国家是 57.30%；我国 60～64 岁和 65～69 岁城镇老年人口的劳动参与率分别为 24.30% 和 15.49%，同年龄段条件，美国分别为 55.80% 和 31.56%，日本分别为 62.90% 和 41.44%，OECD 国家分别为 49.12% 和 25.03%。引起老年人口劳动参与率较低的因素较多，如退休年龄低、再就业难度大等，其中，老年人的受教育水平和职业技能难以满足产业的转型升级也是关键原因。因此，老年友好型社会的治理要重视人力资本的培育和积累、注重文化的传承与积淀，从小培养终身教育理念；激发全社会创新思维、弘扬工匠精神、树立正确人才观、建设高质量教育体系；完善户籍改革中的居住证积分制、加快统一城乡劳动力市场、盘活现有的城乡人力资源。

而现阶段，我国对老年人力资本的运用和开发不充分，对老年群体的教育需求情况掌握还不够，其原因不仅包含城乡老年人口间的人力资本和社会资本差别较大，还包括城乡劳动力市场分割，法定退休年龄无弹性，继续教育具有系统性、连续性和高门槛、长周期特征等现实情况。随着我国"十四五"期间"渐进式延迟法定退休年龄"的实施，用人单位与老年群体对人力资本提升的需求必然增加，因此《国家积极应对人口老龄化中长期规划》指出"构建老有所学的终身学习体系，提高我国人力资源整体素质"；《中共中央关于制定国民经济和社会发展第十四个五年规划和二〇三五年远景目标的建议》提出"积极开发老龄人力资源，发展银发经济"。激活与提升老年人口的人力资本至少包含三层含义：首先，作为年长者，提升老年人口人力资本，有利于其身心健康、提高生活质量、紧跟时代步伐、促进社会融合，而且还可以产生积极的代际传递和知识溢出效应，在全社会形成尊重知识、尊重人才的友好环境。其次，作为消费者，提升老年人口人力资本，能够在一定程度上激活内需、拉动消费，助力经济内循环。大量研究表明，受教育年限与消费观念、消费意愿、消费能力有较强的相关性。最后，作为生产者，提升老年人口人力资本，能够夯实与扩大全社会人力资源的规模，提升人力资源整体素质、提高劳动生产率，从而促进社会经济的良性循环及健康发展。

4. 老年人在业状况及就业趋势变化

从人力资源供需方面看，在人力资源市场供大于求的情况下，社会往往更注重开发青年劳动力而轻老年劳动力的开发。当人力资源市场出现求大于供的情况时，则需要对所有劳动力资源进行全面开发。当前中国正处于这一时期，按照之前的测算，2000—2050年，中国劳动力年龄中位数将提高10岁多，2050年将有超过半数的劳动力年龄在45岁以上，劳动力平均年龄亦呈现上升趋势。2015—2035年是中国老龄化进展最快、波动最大的时期，也是未来社会抚养比相对较低、老年人口结构相对年轻的时期，尤其2018—2022年还将出现短暂的"底部老龄化"和"顶部老龄化"同时弱化现象，是应对老龄社会的战略和战术储备的最好的机遇期[①]。《老龄蓝皮书：中国城乡老年人生活状况调查报告（2018）》显示：9000多万60岁及以上老年人仍在业，老年人力资源储量充足。1990年至今，中国老年在业人口数呈上升趋势，2015年的60岁以上老年在业人口比1990年增加了3188.5万人，其中，65岁及以上老年在业人口增加了1395.4万人，增长率为115%。老年在业人口中低龄健康老人占比较高，60~64岁老年人数占比42.8%。

大力发展老年人力资源正逢其时，随着时间的增长，老年群体将积攒较丰富的人力资源，并具有较强的经验和技能的比较优势，对老年劳动力资源的利用是"老有所为""积极老龄化"的充分体现，并能有效促进老年人的社会融合。①产业结构调整为老年人进入人力资源市场提供条件。中国已步入工业化发展相对成熟的时期，第三产业的比重已超过一半。随着第三产业的发展，对劳动力的体力要求逐渐减少，对劳动者智力和社会交往能力的要求在不断提高。②人口预期寿命延长为老年人力资源开发提供可能。据《中国统计年鉴2018》数据：截至2015年中国人口的平均预期寿命为76.34岁，其中男性为73.64岁，女性为79.43岁。2018年6月WHO发布《2018世界卫生统计报告》（World Health Statistics 2018）数据显示：据2016年数据，中国婴儿出生时的健康预期寿命（Healthy Life Expectancy at Birth）为68.7岁，预示着人们健康状况的改善和具

---

① 彭希哲.2018.改革开放40年—彭希哲：人口模式变化下的中国老龄化.https://www.thepaper.cn/newsDetail_forward_2131375[2019-12-19].

备工作能力的生命时间延长。进入生命周期历程后期的老年人代表着生命之流最充分的流动，其工作经验与社会价值是年轻人无法比拟的，因此，劳动年龄的上限理应相应提高，使个体的社会价值和创造能力得到更充分的发挥，既是其重要的权利和自身发展的重要条件，也是社会经济健康运行的客观要求。

5. 推动社会力量参与银发经济发展面临的主要问题

当前我国银发经济的体系架构、服务供给与需求、管理与监督、供方各相关利益团体的组织架构、资源供给、服务提供、服务质量、服务结果等方面发展依然不够成熟。银发经济的发展存在市场有效供给不足、养老产业空间布局失衡、资本缺乏投资动力，养老产业扶持政策不足等问题。

（1）缺乏整体布局和战略规划，对社会资本的引导不足

目前我国对银发经济发展的支持性政策主要集中土地、税收、金融、人员等方面。政府购买服务及相关支持政策对民营机构的支持政策不够细化、可操作性不强、落实不到位，致使效果不明显。一些部门对发展银发经济认识不够，缺乏整体布局和战略规划，对社会资本的引导也不足。

（2）市场有效供给不足，个性需求对接不精准

目前，银发经济消费市场普遍存在供需服务匹配欠佳，养老市场有效供给不足，养老服务个体化照护需求对接不精准，养老服务个性化和专业化不足等问题。一是我国银发经济消费市场提供的产品和服务较为单一，不能精准匹配低龄、中龄、高龄等不同年龄段老年人的差异化需求，对于老年人在文娱、社交、学习培训等方面的产品和服务供给也不足，无法满足老年人个性化、小众化的养老消费发展需求。二是产业发展相对低端粗放，高端产品和服务供给不足；上下游产业衔接较差，消费市场低端恶性竞争较多，同质化问题较为严重。三是市场准入制度尚未健全，产品服务缺乏标准规范、质量良莠不齐，老年金融乱象频发。四是产品和服务之间对接不足，不符合业态融合需要。如，养老地产项目多以"养老＋医疗"的模式进行宣传，但实际硬件设施、人员配备有限，往往不具备医疗诊治能力，不能真正满足医养结合的市场需求。

（3）投入大、利润低，社会资本缺乏投资动力

现阶段我国银发经济产业具有高投资、长周期、低利润的特征，企业、机构容易面临用地难、用工难、融资难、营利难等具体问题，社会资本投资动力不足，无法保持长期投资热情，投资主体多元化的格局尚未形成，金融服务业的扶持力度也不够。以养老机构运营为例，我国养老机构运营补贴面向民办非营利性养老机构，此类机构在利润分红和上市融资等方面存在诸多限制，不利于激发社会力量参与兴办的积极性。

调查显示，大多数养老服务机构运营情况不理想，存在着自身定位不清晰、运营模式不成熟、发展前景不明朗的问题，专业化、规模化、产业化的态势还有待进一步形成。养老产业投资总额较大，而投资回报率太低，发掘细分市场方面也较为乏力。一些具有较强实力的企业和社会力量仍持观望态度，准备等待市场成熟再进入。此外，一些政府相关职能部门对于民办养老产业还存在着一定的认识误区。首先在理念上仍以兜底保障为首要任务，培育市场和社会环境不足。其次是管理主体不适应统筹综合性产业的

需要。再次是生产要素管理上，对社会资本的引导和撬动依然不够。最后，在扶植手段上未能采取综合财政政策有效减轻养老产业的投资开发成本，所以社会资本较难融入到养老产业的发展中去。

（4）养老产业空间布局失衡，资源整合并不充分

养老资源分配与规划存在局限性，老龄产业发展相对较为集中，产业发展区域间失衡。目前而言，城市地区是养老服务业发展较为集中的地区，而农村地区受制于经济社会发展水平的滞后，消费能力和消费习惯尚不足以支撑老龄产业的快速发展。除了老龄产业发展的城乡差异外，老龄产业在东中西部区域间还存在着不平衡。西部地区老龄产业规模和市场化发展程度都要落后于东中部地区；从老龄产业市场发展程度来看，当前老龄产业主要集中于人口老龄化速度较快的东部和城市地区。

以养老机构发展为例，由于大城市土地资源稀缺、租金成本高，养老床位存在着供给数量基本达标但布局结构失衡的问题。近年来，养老机构开始市场化发展，资金决定着养老机构的走向，目前东南沿海地区养老机构数量明显多于西部、城市养老机构数量明显多于农村的局面。同时，现存养老机构主要以生活可以自理的养老院为主，而生活部分自理的护老院和生活完全不能自理的护养院比例较低，导致部分养老院床位空置，而满足高龄失能失智老年人护理服务的床位一床难求。此外，养老机构与医疗资源的整合能力仍然不足，资源支撑、资源共享力度有待加强，机构内医疗资源的嵌入尚不充分，养老机构的医、养、康、护整合能力仍显不足。

6. 着力推动社会力量参与银发经济发展的政策建议

中国银发经济日益受到企业各界的重视，银发经济逐步形成一定的产业规模，但仍存在供需不匹配问题，需求不足与供给不足并存。此外，出于对利益的追逐，银发经济吸引了众多的企业参与投资，但快速发展的银发经济也产生了诸多问题。例如养老机构发展的良莠不齐，一些养老机构使用的设备不符合标准，管理混乱；市场上充斥着众多的劣质商品，老年人无法分辨商品的好坏，其利益经常得不到保障；老年金融乱象频出等现象。借鉴日本、欧盟等发达国家经验，建议一方面完善我国的养老保障体系，满足老年人的基本养老需求。另一方面从社会化和产业化的角度发展银发经济，运用市场机制满足老年人的品质需求；政府应设立相应的管理机构，全面规划制定相关产业政策，通过直接或间接的方式管理和扶持银发经济的发展。

（1）建议系统梳理相关法律法规及政策规定，消除年龄和政策歧视，构建不分年龄的社会市场体系

一是系统梳理现有的法律法规和政策体系，消除年龄和所有制歧视；通过政策或制度创新，加强行业规范，构建不分年龄共同努力为社会经济做贡献的制度体系。二是破解目前金融、保险和旅游康养等行业的年龄歧视，扩大老龄金融保险和旅游市场；重视发挥第三次分配作用，引导企业以慈善捐助等方式成立养老专项基金，建立长期护理保险制度为银发经济营造长期稳定的资金供给，吸引民间资本参与银发经济活动。三是通过掌控价格调控杠杆和灵活运用市场竞争机制，在保持市场活力的原则下，保持公共服务和公共产品的提供，实现资源合理配置，营造一个具有公共性格的银发经济市场。

（2）建议建立全国养老数据平台，加强标准建设，强化监督管理，以科技创新促进银发产业升级

一是建立全国养老数据共享平台，以国家卫健委、中国老龄协会已有的数据库为基础，共享接入民政、人力资源、公安、教育等部门的涉老信息，结合企业大数据，利用信息化和智能技术整合政府和市场的各类资源，加强老年人服务管理。二是顺应我国人口老龄化发展和老年人消费需求变化趋势，利用新基建契机，依靠新技术新应用对银发经济产业进行全方位、全角度、全链条的改造升级，加强老年产品和服务的科技研发及成果的市场转化；重点强化老年智慧健康、康复辅助、老年游戏等领域的技术研发和应用，依托科技创新培育新的产业增长点，推动老年消费市场提质扩容。三是进一步加强老年用品和服务标准体系建设，以高标准促进质量提升；严格行业准入制度，完善相关法律法规和市场准则，规范市场运作；推动培育行业内的龙头企业，推广优质产品和服务；实行严格的质量监管工作机制，建立健全网络监管体系，为老年人创造良好的消费环境。四是利用大数据、信息化技术，建立资源整合、多元协同、供需匹配、数据融合，机构、社区、居家有机衔接的为老服务体系，建立资源整合、多元协同、供需匹配、数据融合的整体性社区为老服务体系，利用物联网等现代科学技术，在社区着力推广建设复合型的综合服务数据和资源配置平台，激发市场活力，形成机构、社区、居家为老服务的有机链，精准对接为老服务的供需双方，提升为老服务的整体质量和广大老年人口群体的获得感。五是引导老年人口消费。以共同富裕战略为契机，以支持家庭能力发展为抓手，引导老年人口的消费观念变化和消费能力提升。

（3）突出规划引领，加强政策扶持社会力量，凸显国情优势

银发经济兼具福利性和市场性，决定了其发展必须基于中国优势，构建中国方案。从上游产业来看，银发经济主要包括硬件、技术、资金和队伍四大基础产业支柱；中游聚焦于实体建设（包括地产、服务、医疗等），下游则是其支撑性产业（如养老服务业、老龄休闲业、养老保险业和老年社会工作等）。政府和国资国企在提供公共服务、改善民生方面具有引领作用，其固有的资源优势决定了其在银发经济的中上游居于主导地位，而社会和企业则更贴近市场，市场竞争会促使其不断提高服务质量，提供多元化的养老服务及产品，将在中下游的轻资产服务中发挥主导作用。应尽快形成"政府—国企主导，社会—企业运作"的银发经济产业发展格局，逐渐形成政府宏观管理、社会力量兴办、企业按照市场化要求自主经营的管理体制和运行机制，实现银发经济产业投资主体多元化、服务形式多样化、服务对象社会化以及服务队伍专业化，并进一步充分发挥企业和社会组织的灵活优势，采用合适的政策工具予以鼓励和支持（如"民办公助""公办民营""民建公助"等模式）。

因此，建议一是结合我国经济社会发展水平和老年人实际需求，以提升老年人自主能力为宗旨，制定发展银发经济的专项规划；确定银发经济发展的战略总目标与阶段性目标，促进银发经济科学有序发展。建议二是探索建立银发经济发展评估指标体系，由国家统计部门完善银发经济发展的统计指标及数据采集工作，对各地银发经济发展实施动态监测，为政府决策和市场发展提供参考。建议三是强化公共福利设施基础建设，完

善相关扶持政策，促进政策制度衔接、增强政策合理，加大财税、土地、人才、技术等方面的政策扶持力度，搭建支持银发经济发展的公共服务平台。建议四是充分发挥政府和国资国企的主导引领作用，通过"公办民营""民办公助""民建公助"等形式，形成政府宏观管理、社会积极参与、企业自主经营的发展模式，鼓励社会资本探索多种业态和经营模式，实现银发经济产业投资主体多元化、服务形式多样化、服务对象社会化、服务队伍专业化；在政府引导下，充分发挥市场对养老资源的配置作用。加强老年疾病预防和健康管理。

（六）打造高质量的老年健康支持体系，完善长期照护体系运行机制

《"健康中国2030"规划纲要》明确提出，要把人民健康摆在优先发展的战略地位。但在日常生活中，关于健康的价值理念、话语体系和行为方式已历时性地形成了一个特殊的逻辑链。认为"健康等于不生病"、要保持健康就必须"以治病为中心"的传统健康观，禁锢了健康领域的社会政策思路。世界卫生组织从身体、精神和社会三方面的"完好状态"来定义健康，健康社会学则以此重塑了现代健康观的系统性和整体性。在实践层面，健康社会学视野下的健康管理应该面向大多数处于健康或亚健康状态的人群，形成健康管理的国家行动，争取实现全人口、全方位、全周期地保障人民健康的美好愿景。

在现实生活和日常工作中，传统健康观根深蒂固。如果离开"疾病"和"医疗"来谈论健康，社会大众甚或专家学者可能会感到无从谈起。正因如此，近年来极力倡导的"大卫生、大健康"，往往推进到"慢病管理"便戛然而止，横亘于面前的是一堵从价值理念到话语体系再到行为方式交织而成的让改革者无从着力的隐形软墙。我们能否冲破传统健康观的思想禁锢，开辟一条与医改、医疗保障和医疗服务并行的路径，建构一套直接与整体健康观相通的概念体系和话语体系，并使之能够付诸实践？研究目标和研究问题确定之后，我们要以健康社会学的视角，建立起一套有别于传统健康观的新的价值理念和话语体系，即前文提及的"整体健康观"。随着医学社会学的研究日渐深入，其涉及面也愈加广泛。沃林斯基认为："现在的社会学常常讨论健康和各种与之相关的问题。"因此，"用'健康'这个词来代替'医学'，以体现社会学把研究兴趣扩展到了整个健康领域"。无论在理论界，还是实际工作中，医学社会学和健康社会学都没能得到充分重视和广泛传播。

1. 健康社会学视角下的健康、医学和疾病

健康、医学和疾病，是我们在日常生活中常见常用的名词。但在健康社会学视角下，这些概念的定义与国人通常的理解差距颇大。在中国较早出版的辞书中，将"健康"解释为"生理机能正常，没有缺陷和疾病"。这亦是迄今大多数国人对于健康的典型认识，如果采用消极视角，分析的范围会狭窄很多，政策分析的关注焦点只是医疗卫生服务的提供。但如果采纳积极视角，医疗卫生政策分析便成为宽广得多的研究领域，它包括了对影响个体及社区健康安泰的所有社会、经济、环境和政治过程的分析。1986年，世卫组织在《渥太华健康促进宪章》（以下简称《渥太华宪章》）中进一步澄清：健

康被视为日常生活的一种资源，而不是生活的目标。健康是一个积极的概念，强调社会资源和个人资源以及身体能力。这个澄清十分重要，是"积极视角"的一个典范。当人们把健康仅仅当作"生活的目标"时，他们可能会因为追求"健康"而在很多方面消极地对待生活以规避健康风险；而当人们把健康当作一种日常生活中的个人资源和社会资源以及个人能力时，健康对于个人和社会的积极意义——身体的、精神的和社会的"完好状态"，方能尽显。只有在此时，健康才会是"幸福"的题中之义。

综上所述，相比"健康等于不生病"和保持健康须"以治病为中心"的消极的传统健康观，现代的整体健康观应将社会、经济、政治、环境等影响因素都综合考虑在内。把健康看作是"强调社会资源和个人资源以及身体能力"的积极的概念，并努力保持个人和群体"身体的、精神的和社会的完好状态"，才是当代中国社会应该去努力实现的真正的"健康"。

米歇尔·福柯认为，医疗活动可分为"物种医学"和"社会空间医学"两类。前者将人体作为研究和观察的对象，医生努力使他们的"临床诊视"变得更加完善，从而使他们能够在一个标准化的参考框架中观察身体功能和功能障碍。后者的关注点则并不在于治愈疾病而在于预防。医生作为顾问，为管理食物、供水和排水等标准的法律和规则的实施献计献策。福柯的分类，有助于我们区分医学和预防医学、临床医学的差别。沃林斯基则分析了现代医学中的四组"二元性"：第一组是医学既依赖于科学，也依赖于巫术。第二组是医学有个体倾向和群体倾向之差别。第三组是将肉体和心灵看成彼此独立还是看成一个整体。第四组是医学的治疗对象究竟是疾病还是完整的人。这四组二元性，反映了现代医学内在的深层次纠结与争拗，也让我们看到现代医学依然存在诸多不完善和不成熟。

如果从终极目标去诠释18世纪起源于西欧的现代医学，正如考克汉姆所言，当今学术界有一个基本共识："医学的角色是预防疾病和早逝，以及照料那些患病和残疾的人"。相比健康而言，"医学的任务不是创造幸福，而是把不幸——疾病和残疾从人们的生活中祛除"。把健康完全交给医学，实际上常常是医疗，显然有失偏颇。其一，起源于18世纪欧洲的现代医学，其能力仍然有限；其二，现代医学不仅包括临床医学，还包括预防医学、医疗服务和公共卫生、健康管理、疾病控制；其三，仅凭医学，无法带来幸福，亦即身体的、精神的、社会的完好状态。

考克汉姆认为疾病的传统认定标准是：患者体验到疾病的主观感受；医生通过检查和／或化验发现，病人的身体功能不正常；患者的症状与某种可识别的临床类型一致。临床类型是诊断者所持有的某种关于疾病的模型或者理论的再现。在诊断过程中，逻辑是基本工具。中国学者归纳了疾病的三个特征：①无论因任何原因作用于人，直接或间接影响个体或群体的生存。②多伴有不舒服的感觉或影响人的精神状态，妨碍人从事社会活动。③需要通过医疗手段进行治疗。符合以上三点即"疾病"。以上强调的都是疾病的生物学或病理学意义。菲利普·亚当和克洛迪娜·赫尔兹里则从另一角度指出：疾病总是会表现为一种具有社会意义的状态。尤其是当健康的身体作为一种社会标签时：身体健康与"正常"，生病与"不正常"，其概念意义几乎成了同义词。塔尔科特·帕森斯对"疾病"的社会意义给出了进一步解释："疾病是一种类型的越轨"；而医学被看成是一种机制，通过这一机制，社会试图控制越轨和保持社会的稳定。对此，考克汉姆解释道：当我们把病人角色与社会处置病人的方式，例如把他们置于医生的控制之下，把他们送入医院再联系起来看的时候，"患病是越轨"这一概念的适用性就很强了。

在当代社会，一个人生病和治病，常常表现为一个连续的社会互动过程，大致可分为三个步骤：即从患者的"主观感受"到用医学手段进行"科学检验"，再到医院和医生"确诊和治疗"。这个过程可能会重复发生，直到患者痊愈或不治身亡。但在这一过程中，个体除了受生理（病理）因素的影响之外，还会受到其他因素，尤其是社会因素的影响。如果把上述社会互动的过程看作"社会控制"，如何"适度"是尤其需要注意的问题。

2. 人类疾病谱转型与整体健康观

以上是从健康社会学的视角对健康、医学和疾病进行梳理，目的是建构一个便于我们进一步讨论的理论框架。以下讨论要回到人类疾病谱的转型。人类疾病谱转型与"神奇的子弹"。人类疾病谱的转型得到世人重视，与健康社会学的"第一个研究领域"——社会流行病学的发展相关。考克汉姆把流行病学家喻为"侦探"，他们致力于寻找与同一个健康问题相关的所有受害者的共同特征，然后认定问题的根源，最终将其消除或控制。社会流行病学起源于对流行病的科学研究。所谓流行病，指的就是急性或烈性传染病。

实际上，对于急性或烈性传染病，医学直到近代都几乎无能为力。18世纪后半期，政府开始直接干预和介入公共卫生，这使改善健康的措施不仅有医学性，也具有社会性。到19世纪后半期，细菌学的诞生引发了真正的医学革命。过去致死的急性或烈性传染病，只需几个小时就可以治愈，一时间，人们普遍认为医学简直无所不能。然而，医学的惊人进步，使医生只关心建立在严格科学实验程序基础上的临床医学，他们努力寻找可以作为"神奇的子弹"的药物，将其注入人体，清除或控制病变，这一途径成为治疗疾病的主要手段。

到20世纪60年代，急性或烈性传染病在世界上大多数国家已被有效控制。但人类的疾病谱也发生变化，慢性病时代悄悄来临。为战胜这些致死的慢性疾病，20世纪以来，医学研究获得大量资助，但研究目标还是放在寻找能治愈慢性病的"神奇的子弹"上，而没有关注从一开始就预防疾病的发生。最终，技术力量掌控了医疗卫生系统，不仅是医护人员，就连社会公众也认为医疗技术是治病救人唯一的解决之道。医院热衷于配备新的医疗设备，医疗卫生开支也随之上涨，这必然推动医疗保障费用无节制的增长。

实际上，人类疾病谱从传染病向慢性病的转型本身就意味着，理性的发展路径要求医学面对"整体人"的健康问题，这远远超越了把细菌或病毒当作唯一病原的认知，这也正是世卫组织在70年前提出整体健康观的时代背景。1992年，世卫组织发布《维多利亚宣言》，提出"合理膳食、适当运动、戒烟限酒和心理平衡"为人类健康四大基石，其中无一直接与医疗服务相关。在此之前发布的一个研究报告中，计算了各种影响健康的因素之占比：遗传因素占15%，社会环境占10%，气候因素占7%，人的行为和生活方式要占到 60%，而医疗服务仅占 8%。需要指出的是，在诸多健康的影响因素中，人的行为和生活方式的比重占据了绝对优势，这也充分说明了健康的社会意义。

一直以来，医学发展史始终存在着被概念化为"医学社会化"和"社会医学化"的两个过程。到了 20 世纪后半期，慢性非传染性疾病成为健康的主要威胁，因此出现了从"完整人"的角度来研究疾病、医学和健康概念的趋势。对此，考克汉姆分析到：当今世界，人们要求医生更加熟练地治疗那些被称为"生活中的问题"的健康问题，即涉及多种疾病原因的功能障碍——这些原因并非都是生物性的。社会和心理因素不仅影响一个人是否患病，还会影响症状的表现、持续时间和强度。现代医学越来越多地被要求发展出能够理解其治疗对象行为特征的洞见。这样一个过程，通常被称为"医学社会化"。医学的社会化涉及健康和疾病的社会层面、医疗卫生的服务人员及其服务对象的社会行为、医疗卫生组织和制度的社会功能、医疗卫生服务的社会类型以及医疗卫生服务体系和其他体系，比如经济体系和政治体系的关系。

与此同时，另一个被称为"社会医学化"的过程也在持续发展，这个过程意味着，社会自身被打上了医学化的特征。考克汉姆指出：医学化指的就是"医疗化"——非医疗问题在不同程度上被定义为"医疗化"的过程，于是医疗行业便对其拥有管辖权，通过医学手段来控制不正常行为就成了医学的任务，社会医学化就此而出现。考克汉姆认为：那些本该由道德（宗教）和法律来控制的行为，越来越多地被看成是疾病，并通过治疗来加以控制，而在当代社会用医学手段来控制不正常行为有可能已经走得太远了。有中国学者评论道："医疗化的背后涉及的是生物医学模式对人们的身体、精神和日常生活的各种'偏离'活动的控制。其基本含义是，随着生物医学模式的扩张以及其他原因，原本不属于医学管辖的领域也被置于医学的管辖之下。"沃林斯基则指出：在通常情况下，我们都是在讨论医学如何造福于病人，病人的家庭和整个社会。但是，有时如果我们没有医学，或许生活得更好。伴随着医学权力和地位的上升，归医学掌管的领域早已超出了医学的专业范围。既然健康不是不生病，那就需要创造一个新的、最终落脚点不是疾病和医疗的价值理念和话语体系。医学社会化显然是一个正向的社会进步和社会发展的大趋势；社会医学化或社会医疗化则不然，其正面影响和负面影响就像一个硬币的两面，同时并存，而在当下中国，其负面影响正趋于扩张态势以致涉及的范围越来越大。在新的话语体系中，如果将医学社会化转变为"健康社会化"，将社会医学化转变为"社会健康化"，是否可以更加有效地促进和扩大其正面影响，而同时限制其负面影响？

为了避免歧义，我们先给"健康社会化"和"社会健康化"下一个操作性的定义。健康社会化是指：健康并非仅仅是指不生病，与健康相关的还涉及各种生理的、心理的和社会的因素。因此，在讨论健康问题时，就个人而言，我们要更多地关注人的行为特征和生活方式；就群体而言，则要关注人与整个社会大系统的互动。这样一个过程，我们可以称之为"健康社会化"。社会健康化是指：当代社会有必要重新将医疗的"结构—功能"控制在医学的专业范围内。社会要摆脱实际上的"医疗化"的桎梏，相关价值理念、话语体系和实践活动都要回归到健康的本意，亦即追求生理的、精神的和社会的完好状态，并将此理念和实践运用于社会的每一个个体和所有人群。这样一个过程，我们可以称之为"社会健康化"。

以上，我们对"健康""医学"和"疾病"进行了超越传统认识的重新理解，并在此基础上提出将已经形成的"医学社会化"和"社会医学化"的过程转变为"健康社会化"和"社会健康化"的过程，由此建构一个用于进一步讨论并最终走向实践的"将以治病为中心转变为以人民健康为中心"的"整体健康观"的理论框架。基于上述为整体健康观走向社会实践做的理论铺垫，我们要进一步从健康社会学的视角，对健康社会化和社会健康化进行社会政策意义上的实践探索。具体而言，我们试图用"健康管理"概念来创新一系列与整体健康观对接的实践活动。尝试在拥有特殊的"举国体制"的中国社会，把在国外通常用来修正个人行为的健康管理升格为全民性的国家行动。

3. 健康社会学视角下的健康管理

健康管理一词，当下已经被广泛使用。但在"以治病为中心"的传统健康观盛行的大背景下，健康管理始终是在围绕"治病"兜圈子，并没有真正去管理"健康"，反倒引发诸多新的误区。

（1）健康管理的认识误区

在当代中国，"健康管理"已经成为相关领域的新闻报道乃至政府文件和学术论文里的热词。但在现实生活中，却又与"以人民健康为中心"脱节。健康管理被解释为"健康体检的延伸与扩展""更加积极主动的疾病筛查与诊治""通过体检早期发现疾病，并做到早期诊断及早期治疗"。显而易见，这种解读仍然没有离开"以治病为中心"的传统路径。追根溯源，健康管理一词来自美国，美国的医疗保险公司通过健康促进奖励计划、浮动费率、健康教育和健康咨询等管理手段，激励客户加强疾病防控，从源头上控制医疗费用。这样的医疗保险服务模式显然已在试图摆脱"以治病为中心"的路径依赖。不过，近年来，健康管理概念的使用已不仅限于美国的医疗保险公司，而且其内涵和外延都有了较大的发展。戴尔·哈恩等人提出了一个新的健康定义："健康是一个人使用与健康的各个维度相联系的内在和外在资源从而充分地参与到对成长和发展有益的活动的能力的反映，最终目标是当他评价自己一生过程的时候觉得幸福。"有别于追求不生病（降低发病率）和活得长（降低死亡率）的传统健康观念，他们提出的健康观念以幸福为基础，并强调他们实际上对发病和死亡并没有兴趣。哈恩等人提出的这个基于个人成长和发展的健康定义，与世卫组织的健康定义以及我们演绎的整体健康观相吻合。就具体操作而言，他们将身体、精神和社会三个层面的具体影响因素各自展开，提出健康概念的外延涉及七个维度：身体（身体的）、智力、情绪、精神（精神的）、社交、职业和环境（社会的）。所谓健康管理，正是同时对以上七个方面进行自我管理。

（2）国家支持下的健康行动

布莱恩·特勒提出：为了保护公共健康、经济和社会秩序的需要，对人体的管理和社会的利益是一致的。特纳也特别提出：可以通过公共卫生和对适当行为方式进行社会教育来控制疾病。因此，他将医学定义为"在国家支持下规范社会行为"的活动。但在实践中，这一得到国家支持的"医学活动"常被理解为针对"疾病"的"医疗活动"，这就使医学的社会控制功能异化为医院或医生的绝对权力。这个问题在中国也较为突出，即使"健康中国2030"的规划方案，似乎也没有完全脱离对"以治病为中心"的路径依赖。为了避免上述误解乃至曲解，能否以整体健康观为基础建立得到国家支持的健康管理显然是关键的一步。为此，我们主张："健康管理向前，医疗服务殿后"。以往与健康相关的概念，诸如体检、预防、疾控等，最终总是会落到"疾病"上。由此导致的常见问题是，个体只要和"医"字沾边，不管其健康状况如何，都会被贴上"病人""患者"的标签。实际上，按照世卫组织的定义，健康的对立面，或者说反义词，与其说是疾病，不如说是"不健康"。影响健康的因素有很多，而疾病只是不健康的一种表现而已。但反过来，有病就是不健康的说法倒是成立。另外，在健康和不健康之间，还有一种亚健康的状态。虽然有专家提出"亚健康"的概念不科学，其理由是亚健康无法定义和度量。但在这里，我们提出的亚健康概念已经跨越了这个障碍。从理论上说，我们假设有绝对健康和绝对不健康两个原点存在，然后用一个线段连接这两点。这个线段此时所表达的是：从绝对健康到绝对不健康实际上是一系列连续的数字集合。我们即时的健康状况，实际就在这个线段的某一点上，并且受这两种"绝对"的状态是理想型分类，在现实生活中并不存在。到生理、心理和社会三个方面因素的影响。在这个线段上，靠着左边或右边两个原点各有一段属于"健康"和"不健康"的人群，位于中间位置的则可以称之为"亚健康"人群。通常，大多数人都处于健康或亚健康状态，我们毋需即刻将其和疾病联系到一起，非要做"有病"和"没病"的二元选择。对于他们，需要的是使之少生病乃至不生病的健康管理。当然，也有一部分人属于"不健康"或"病态"，这部分人则亟须医疗服务。

党的十八大以来，"集中资源办大事"的传统在民生保障领域屡试不爽，成绩斐然。我们是否可以继续发挥这个传统，将源于美国的以修正个人行为和生活方式为目标的健康管理，转化为一种整体性的社会行动。希望能通过一系列社会政策方案，将以健康社会化和社会健康化为目标的健康管理升格为国家支持下的社会行动——具体内容可以包括世卫组织提出的合理膳食（营养干预）、适当运动（运动干预）、戒烟限酒（个人行为和生活方式干预）、心理平衡（心理干预），再加上中医的"治未病"等，并使之渗透并逐渐融入我们的日常生活。如果这一"国家行动方案"能够付诸实施，对世界卫生健康事业不啻是一大贡献。目前全国各地在上述方面都有创新和探索，但从政策制定和实施的角度看，还比较"碎片化"。如何遵循"把以治病为中心转变为以人民健康为中心"的基本理念，以新的"整体健康观"为理论框架，将上述现代医学和传统医学的手段整合到一起，需要医学界、社会学界、经济学界、管理学界等学科的专家学者及相关政策部门的通力合作。

（3）健康社会学视角下的健康测评

对实际工作部门而言，整体健康、健康管理都必须有一个"抓手"。本课题组通过考察、摸索和试验，认为以生物电阻抗检测技术为基础的"人体功能健康测评"也许有可能充当从理论层面走向实践层面的"抓手"。考克汉姆认为："今天，对个人的健康和生理完善的最大威胁，很大程度上来自不健康的生活方式和高危行为。"而反过来说，

"健康的生活方式和避免高危行为则会使一个人更加长寿并提升他的健康潜力"。但正像亚当和赫尔兹里奇所说，要改变个人行为和生活方式，譬如饮食和饮酒、抽烟的习惯却并非易事。因此，国家支持下的健康管理行动尤为重要。实际上，当前我国政府也开始考虑将健康管理前置的问题。但到真正制定政策时，若是要抛弃"以治病为中心"的传统惯习而将健康管理作为重点，似乎一时间还找不到"抓手"。莱斯的说法给我们启发："健康需要有身体的和心理活力的质的评估"。若将"身体的（包括不生病和不衰弱）、精神的和社会的完好状态"作为三个不同层次的话，那么身体的状态是否"完好"应该属于层次较低的物质性（生物性）层面，而不健康——生病和衰弱，也主要是在这个层面发生。同时，精神层面和社会层面的影响，应该也会落在这个层面上。因此，我们可以把人体功能的健康状态，作为一个结果状态来进行考察，亦即通过功能检测评定其属于健康、亚健康还是不健康。然后，再从身体的、精神的和社会的各方面去追究造成这种结果的原因。

因此，要实现整体健康观下的健康管理，在物质性（生物性）层面对个人和人群的健康状况进行评估，可能是较为适合的从理论走向实践的抓手。这就是说：通过评估，将个人或人群划分为健康、亚健康和不健康的三大类，然后再有针对性地分别采取相应的健康管理措施。课题组认为，这个抓手，亦即位于价值理念（整体健康观）和具体操作（健康管理国家行动）之间的健康状况评估，应具备两个条件：其一，在表达上要有利于我们走出传统健康观的旧窠臼而跨进整体健康观的新天地；其二，在实践中要有利于我们从价值理念的转变走向健康管理国家行动的实际操作。但目前常用的健康评估手段，大多不符合上述条件。譬如当前流行的"健康体检"，多数"以治病为中心"。体检的目标，以检查人体器官有病或没病的二元思维为基础。检测数据常常互不相干且量纲不一，很难整体性评估体检对象的健康状况，尤其当被测者健康状况还不到"有病"程度时，但这种情况要占大多数。至于人群健康测评，如《全国健康城市评价指标体系》，其显见的不足是：在评价体系中采用的 5 个一级指标、20 个二级指标和 42 个三级指标中，大多采用与环境、社会、服务、文化相关的条件性指标和享用性指标，而缺少直接描述居民健康状况的结果性指标。条件性和享用性的指标不达标，的确会影响被评估者的身体健康；但这些指标达标，却未必能说明被评估者就一定很健康。

4. 中国失能老年人规模预测

进入 21 世纪以来，中国政府对于老龄事业发展予以高度重视。2011 年首次将社会养老服务体系建设纳入国家专项规划，2013 年国务院专门出台加快发展养老服务业的意见，2015 年又在《中共中央关于制定国民经济和社会发展第十三个五年规划的建议》中提出要"推动医疗卫生和养老服务相结合，探索建立长期护理保险制度"等，2016 年国家启动了长期照护试点，地方（如上海、南通和青岛等地）开展了大量摸索实践并取得了一定成绩，但囿于其初始政策安排所固有的逻辑困境，且随着"医养护结合"进一步深化开始暴露出诸多问题，因此尚未形成全国范围内可推广的经验模式。

"长期照护"本身是一个系统性很强的完整体系，但在政策安排中却被割裂，由此使卫生系统和民政系统的关系协调成为焦点，不少医疗服务机构和老年服务机构也陷入误区而难以自拔，并可能导致养老服务跌入"医改陷阱"。如何建立形式多样、多元整合、城乡统筹的养老服务体系，有序增加老年服务资源的供给，并合理控制公共服务费用的支出，已迫在眉睫。为此，在未来一段时期内，发展和完善老年照护服务体系将是中国老龄事业的核心任务之一，而科学研判长期照护体系的需求则是基础和核心。因此，本节与随后的两节将重点解析我国当前老年长期照护的需求基础，为结合全面小康社会发展要求，提出未来促进老年长期照护体系全面健康发展的若干构想奠基。

国家卫生健康委员会发布的《2018年我国卫生健康事业发展统计公报》显示，2018年我国居民人均预期寿命为77.0岁，比2010年提高了2.1岁。预计到21世纪中叶，我国人均预期寿命将达到80岁左右。这既是我国经济社会发展和公共医疗卫生服务事业取得的巨大成就，同时也带来严峻挑战。随着年龄的增加，衰老和退行性疾病对老年人身体机能的影响将不断增加，部分老年人会丧失生活自理能力，意味着在剩余的生命时间内需要接受家人和社会的照料服务。研究表明，中国老年人余寿的增加伴随着失能时间的延长，老年人口数量的迅速增长和寿命的不断延长将导致老年人照料负担的日益加重[1]。目前家庭主要承担照料失能老年人的功能，但随着家庭结构日益小型化，老年人对家庭照料的依赖将难以维持，家庭养老向社会养老的转变是必然的发展趋势。2016年以来，我国部分地区开始进行长期护理保险制度试点，与之相关的一个核心问题是我国现阶段及较长时期内失能老年人的规模。失能老年人的规模及其发展趋势是评估老年人长期照护服务需求和制定社会养老服务发展规划的重要依据。

关于中国失能老年人的规模，不同学者的预测存在较大差异。如朱铭来和贾清显预测，2050年失能人口规模达3331万人[2]；景跃军等预测2054年失能老年人数量可达4300万人[3]；胡宏伟等的预测显示，2050年将高达2.19亿人[4]。本节将选取《世界人口展望》（2022年）中方案关于中国老年人口的预测数据和"六普"调查中老年失能率作为测算基数。《世界人口展望》2022年报告依据出生率和死亡率预测了中国在2022—2100年老年人口各个年龄段的变动情况（表6）。

---

① 张文娟，杜鹏.中国老年人健康预期寿命变化的地区差异：扩张还是压缩？[J].人口研究，2009(5):68–76.

② 朱铭来，贾清显.我国老年长期护理需求测算及保障模式选择[J].中国卫生政策研究，2009(7):32–38.

③ 景跃军，李涵，李元.我国失能老人数量及其结构的定量预测分析[J].人口学刊，2017(6):81–89.

④ 胡宏伟，李延宇，张澜.中国老年长期护理服务需求评估与预测[J].中国人口科学，2015(3):79–89, 127.

表 6　中方案下中国 2022—2100 年 60 岁及以上人口的变动情况（单位：千人）

年份	60 ~ 64 岁	65 ~ 69 岁	70 ~ 74 岁
2022	69042	75633	54335
2030	112674	88827	63758
2040	86803	104131	99434
2050	114433	93883	78393
2060	76820	89647	105272
2070	79830	72104	71578
2080	76045	83134	75287
2090	47479	49445	72344
2100	47792	45948	45572

年份	75 ~ 79 岁	80 ~ 84 岁	85 ~ 89 岁
2020	31487	19608	10456
2030	55931	30047	13321
2040	72423	43773	28986
2050	87386	73066	41739
2060	81268	60263	52982
2070	79142	84064	52823
2080	64961	58817	53860
2090	76113	63683	46655
2100	45871	62439	57102

年份	90 ~ 94 岁	95 ~ 99 岁	100 岁及以上
2020	3482	618	46
2030	4994	1068	100
2040	9538	1774	198
2050	15319	4702	488
2060	29554	8335	940
2070	26771	11518	2351
2080	41101	13597	2709
2090	30960	15488	5042
2100	36414	15623	4852

资料来源：联合国经济和社会事务部，《世界人口展望》（2022 年）。

生活自理能力（Activities of Daily Living，ADL）是通常被用来评价老年人独立生活能力的常用指标。目前，针对老年人生活自理能力的测量主要有两种方案：一是采用日常生活自理能力量表评估老年人多项日常生活活动的依赖程度；二是采用生活自理能力综合自评方法，如"六普"调查通过直接询问身体健康状况了解被调查者的生活自理能力。

"六普"调查中将老年人生活不能自理的数据作为评估老年人失能率的依据，且包括60岁及以上各个年龄组的失能率（表7）。总体看，老年人的失能率随着年龄的增加而增加，老年人总体失能率为2.9%。与上述三项老年专项调查相比，"六普"调查中的老年失能率接近中度和重度失能率之和。此处将依据联合国中方案的人口预测数据和"六普"调查中老年失能率的数据。

表7 "六普"调查中各年龄组老年人失能率状况

年龄（岁）	60～64	65～69	70～74	75～79	80～84	85～89	90～94	95～99	≥100
失能率	0.9%	1.5%	2.7%	4.3%	8.0%	12.7%	21.0%	26.0%	29.2%

理想状态下，科学的失能老年人口规模预测需要依据未来老年人口的动态数据和老年失能率的动态数据测算，但是目前我国对老年失能的界定标准仍存在较大争议，现阶段对失能老年人数尚缺乏统一的共识。因此，课题组采用"六普"所反映的老年失能数据作为静态的失能率进行分年龄组预测，结果如表8所示。

表8 2020—2100年我国失能老年人口规模及年龄分布状况（单位：万人）

年份	60～69岁	70～79岁	80～89岁	90岁及以上	总体
2020	179.4	238.9	233.6	66.4	718.3
2030	238.9	394.3	337.0	109.3	1079.5
2040	235.8	551.9	592.0	187.0	1566.7
2050	242.9	555.5	913.5	350.6	2062.5
2060	201.6	600.7	963.1	639.9	2405.3
2070	173.8	504.6	1145.6	725.3	2549.3
2080	183.9	448.3	988.7	1020.7	2641.6
2090	157.4	480.8	930.8	933.8	2502.9
2100	144.8	417.1	1031.7	977.4	2571.0

根据"六普"失能率的预测结果，21世纪我国失能老年人口规模先快速增长后缓慢增加，即老年失能人口总体规模不断增多，但增速处于持续下降趋势。2020年我国中/重度失能老年人口数约718.3万，2050年失能老年人口数将达到2062.5万。21世纪中叶之后，我国中/重度失能老年人口规模将维持在2500万以上。分年龄段看，80岁及以上高龄老年人口失能比例较高，高龄化明显。一定程度上而言，人口老龄化并不会导

致长期照护服务需求的快速增加，而老年人口的高龄化则是评估老年长期照护服务需求的重要指标。因此，各地区应重点根据本地高龄老年人口规模做出相应的制度安排和政策设计，提高政府决策的科学性与合理性。

5. 我国老年长照需求的现状与问题

长期以来，我国并未将针对失能老人的长期照护服务与面向一般老年群体的养老服务明确区分，两类服务存在交叉和重叠，致使对失能、失智老人的长期照护服务供给严重不足，因此才会出现国家的投入在增大，政策力度在加强，但政策效果并不显著，护理床位缺少与大量新增床位无人问津并存的结构性失衡问题依然严重。出现这种状况一个重要的原因是失能、失智老人精准识别尚未提上重要议事日程，政策靶向不准。因此，如何准确制定失能老人的分级分类标准以提供较为精准的服务类型、服务内容和服务模式是构建和实施长期照护服务体系的关键性基础。

（1）失能评估在我国各试点城市长期照护中的应用

我国的长期照护服务体系刚刚起步，截至 2020 年年底在全国 28 个城市正式开展长期护理保险的试点。各个试点城市使用的评估工具方法各有特色，课题组根据几个代表城市的运行案例，对其评估工具的差异进行比较。长期照护保险的发展带动了长期照护评估，如青岛早在 2012 年就率先试水长期医疗护理保险制度，是我国最早开始试点的城市，长春、南通和上海等都在人力资源和社会保障部开展正式试点前就开始探索相关工作。上海的长护险经由在徐汇、普陀、金山三区试点的基础上，制定出了非常详细的需求评估标准。

从以上几个城市长护险的评估工具看，存在一些共同的问题：①评估过程仍较为偏重医疗和临床护理，评估工具中借助了不少康复医疗评估指标，因此在各个城市的实际操作过程中，极易将长期护理与医疗服务混淆，如青岛市在区分"家护""巡护""院护"和"专护"时几乎完全用疾病及医疗护理作为区分。②单一量表不足以充分评估老年人失能的综合表现，青岛虽然还关注了失智老人，但实际上医护、失能、失智的评估是比较分散独立的，长春和南通都还没有考虑认知方面的评估，上海率先开始采用多重量表并分配权重，但这样的权重分配方式的合理性还有待更多操作层面的检验反馈。③普遍缺乏对社会参与和外部环境的关注，在 WHO 失能相关的分类方法和不少发达国家的失能评估中，都会特别考虑老年人的外部生活环境与社会维度，如沟通与交流能力、（不当）行为问题或其他社会接触和活动参与的内容。④最后评估结果大都未能与实际提供的服务等级对接。只有上海直接根据疾病状况和自理能力水平确定照护等级，而在其他更多试点城市，实际上都只规定了长护险受益人群的准入门槛，没有对接上相应的护理服务等级。

（2）评估工具未来发展方向

合理有效地评估老年人口的健康状态和健康需求，是社会养老保障体系决策中的重要依据，政策目标是使国家和社会有限的社会保障和服务资源供给与日益增长的老年人需求相匹配，从而使得政策实施的成本—效益—效果更趋于合理。从国家宏观层面而言，使用一套操作性强的评估工具可以准确地评估中国失能老年人口的规模，为国家相应的公共服务资源投入提供可靠的依据，也有利于科学理性地评估老龄化对中国未来社会经济发展的影响，更有效地制定老龄社会应对的战略布局；从中微观视角而言，能准确地估计老年人失能的持续时间和对各种医疗康复护理服务的实际需求，帮助社会和企业开发合适的商业服务模式，引导社会资本和其他资源进入老年长期照护领域，也利于帮助实现老年人合理安排康复照护活动，并组织好家庭资源，形成全社会参与的格局。因此在借鉴国外实践经验后，课题组认为在参考国际通用工具，如 Inter RAI（International Resident Assessment Instruments，国际居民评估工具）、量表（WHO-ICF 框架[①]）的基础上，应充分考虑本国实际国情，创造出符合中国文化和传统特色的理论框架和评估体系。将我国目前普遍使用的评估工具（失能框架）逐渐从单一量表向复合型量表过度，并通过科学论证合理地设置量表各项目的权重，以期更有效地反映老年人的衰弱程度，最后应将评估结果与相应的长期照护服务相衔接，提高量表的现实运用价值。同时在公共服务层面，致力于建设更有利于老年人日常生活的外部环境和社会态度，鼓励老年人积极参与社会活动，保持旺盛的功能水平，实现健康老龄化。

6. 长期照护服务的影响因素

庞大的失能老年人口规模及特殊的社会经济结构对我国长期照护服务提出迫切需求。传统的家庭养老和服务举步维艰，老年人长期照护从单独的家庭照料走向市场和社会成为大势，在医养结合的基础上，长期照护成为一项惠及万家的社会服务也是一种必然趋势。长期照护体系的构建取决于失能老年人口的现状和实际养老模式，传统的家庭照料如何在新老龄社会下"经久不衰"，而社会化长期照护体系如何更好地优化配置有限资源以满足不同失能老年群体的康复护理需求，从而使失能老年人群有更多的获得感，是政策制定者和学界普遍关注的焦点；分析不同失能老年群体选择不同护理模式的影响因素，了解哪一部分老年人群更倾向于选择除家庭之外的社会化正式照护服务，则是相关涉老部门制定合理长效的长期照护政策的重要可循依据之一。因此，本节考察了中国失能老人长期照料服务选择的诸多因素，提出相关老龄服务政策建议，以合理引导老年服务资源的配置、促进老年社会的健康发展。

第一，受教育程度越高的老年人越倾向于选择正式长期照护服务，接受教育能显著地提高失能老人获取正式社会化照料的概率。然而，年龄、性别和婚姻状况等社会人口学要素的影响并不明显。

第二，经济收入对正式长期照料模式的选择具有明显的"U"形效应。在以往的研究中，收入与长期照料服务使用的关系一直没有定论，部分学者的研究结论是收入水平越高，正式长期照料服务的使用概率越高；但也有学者得出了相反的结论。本节的分析显示，相较低收入老年群体，当家庭收入水平处于中等或中等水平以下时，其选择非正式照料的概率较大；而当收入达到一定水平后，选择正式照料服务的概率将大大提高。

---

① 在 2001 年 5 月 22 日第 54 届世界卫生大会上正式发布《国际功能、残疾和健康分类》（International Classification of Function, Disability and Health, 简称 ICF）。这是一种从生物—心理—社会医学角度认识损伤所造成的影响的新模式，不仅考虑了身体功能和结构，还纳入了个体活动和社会参与、环境因素等，为从身体健康状态、个体活动和个体的社会功能上探索提供了理论框架。

收入效应存在较明显的"U"形效应，说明一方面现阶段我国社会化服务的价格仍然超出大部分老年人的实际支付能力，巨大的潜在需求无法真正转化为现实的有效需求；另一方面，随着中国拥有高资产净值的"婴儿潮一代"人口逐渐步入老年，这部分人群对新事物的接受度较高，养老观念较新，对高端养老服务机构的需求也较大。

第三，社区提供不同的服务类型将左右老年人选择不同种类的照料服务。其中，社区提供的生活照料服务将很大程度上决定老人选择正式长期照料的比例，而医疗服务的完善则可能降低老年人对此项服务的使用倾向。这从一个侧面反映了现阶段我国社区在提供一般生活照料服务方面还不能满足失能老人的需求，尽管社区提供此项服务但仍不能阻止老人"被机构化"；而医疗服务则相反，这与近几年我国社区卫生服务站等基层卫生工作的普遍开展有着密切关系。作为集家庭照料和机构照料优势于一体的社区照料，在中国目前的发展仍处于起步阶段（2015 年选择社区照料的失能老人比例为2.5%），未来将是社会化正式照料体系的重要组成部分。

第四，主要照料者意愿越消极的失能老人越倾向于选择社会化养老服务。在中国特定的文化背景下，照料者意愿和长期照料模式的最终选择并不是单纯的因果关系，这印证了"在养老方式的选择上，个人、配偶和子女三方（前三位）起着关键作用，最终要看各方综合平衡的结果"的结论。在崇尚"个人主义"的西方文化里，老年人自己拥有决定用何种方式养老的自主权；而在传统的东方文化里，最终的决策往往是由照料者和被照料者共同决定，甚至在大部分时候，往往是由主要照料者决定。因而，在服务使用的影响因素考量中，照料者的因素绝不可忽略。因此，需要国家以"家庭政策"为出发点，对主要照料者提供必要的如现金补贴和税收豁免等扶持，由社区提供照料者喘息服务、社区日间服务等措施来减轻照料者的现实负担和精神压力，从而达到继续倡导和鼓励家庭照料的目标。

7. 完善长期照护服务供需体系运行机制

老年人的长期照护问题是全面建成小康社会的重要组成部分。其一，"全面"二字是全面小康社会的核心，占总人口 20% 甚至 30% 以上的老年人口能否得到长期照护保障将直接决定着全面小康社会能否较好地实现。其二，在老龄社会中，老年长期照护保障不仅关乎老年人的自身福祉，更关乎代际和谐、家庭发展与社会活力，牵一发而动全身。其三，长期照护保障制度（如资金保障和服务保障）建设是我国经济社会转型发展的重要组成部分，能否处理好两者之间的关系将决定我国的经济发展是否可持续。因此，本节将主要从长期照护评估工具、长期照护影响因素等需求侧角度提出完善长期照护服务体系的对策建议。

（1）对传统长期照护评估工具的新思考

首先，Katz 在 20 世纪 50 年代提出了 ADL 指数（洗澡、穿衣、上厕所、室内活动、控制大小便、吃饭）来衡量老年人的失能状况和失能程度，在国际上得到了广泛的认同并沿用至今，但传统定义已不能完全适用当下社会发展，凸显其历史局限性。ADL 和 IADL 指数主要是基于老年人对自身功能的一种主观判断，也就必然与客观现实存在一定的偏差。作为一种具有普适性的标准，难以涵盖因各国、各地环境气候和生活方式的差异对生活自理能力的判断。我国改革开放以来人们生活水平的迅速提高和生活便利化程度的大幅提升都大大降低了老年人口需要依靠自身体力而实现生活自理的限制，也就是说伴随社会的进步和科技的发展，生活自理能力的生理基础正在发生变化。因此，这种以结果为导向的传统分类方式，并不能完全捕捉到所有真正需要长期照护的人群，忽视了由不同功能缺损导致的失能对日常生活照料需求的差异。

其次，WHO 对健康的定义为"健康不仅仅是消除疾病或虚弱，而是一种身体、精神与社会环境适应的完好状态"。然而，目前人们普遍关注的是老年人的疾病与虚弱，以及因疾病导致的基本生活能力丧失，而这并非科学完整的大健康概念。传统的 ADL 失能框架测量的主要是老年人的日常活动能力，忽视了老年人认知能力和心理健康状况，也没有涉及老年人社会参与能力的变化和影响，对老年人口的心理和社会参与在老年长期照护研究中也处于边缘的地位。其结果是对老年长期照护缺乏科学的整体了解，相关的统计数据存在高估（或低估）长期护理需求的状况，有关政策设计也偏于宽泛而缺乏精准的目标和对策。

最后，本课题组认为，失能老人的概念本身是会引起歧义的。WHO 对健康老龄化的定义中，强调内在能力和功能发挥这两个核心概念，如何帮助老年人口最大限度地发挥其生理和社会功能应当成为我们在研究和设计老年长期照护体系的重要出发点，而不是如传统的长期照护那样只聚焦于为"失能"老人提供照料服务。老年人口本身蕴藏着巨大的人力和社会资本，即使按照 ADL 等传统指标有一项或者几项功能损伤，但一个智能、便捷和无障碍的"年龄友好"的社会环境也可以帮助这些老人发挥未丧失的身体功能的社会价值，而不是将所有存在服务照护需求的老人都纳入被抚养的或成为社会负担的范畴。对老年人口照护需求的评估，以及在此基础上的服务分流也是重要环节。同时建议在个体评估的基础上，增加社区老人生活和社会参与的环境指标。

基于上述分析，针对不同失能类型制订有针对性的、个性化的照护方案无疑对失能老人的康复护理更有帮助。未来研究中，我们认为可以基于 WHO 的 ICF 健康框架，将评估工具从以下几个维度进行重构：感官（视力、听力）、躯体（四肢活动功能）、认知与心理、社会交往能力，已有研究表明其不仅与传统的失能分类标准具有较高一致性，还能挖掘出被传统标准所遗漏的信息，具有较强有效性。此外，一个完整的"大健康"概念应该由以下四个维度构成：没有身体功能损伤（ADL/IADL）、没有认知障碍或心理疾病（抑郁、孤独等）、社会参与功能正常和老年友好型环境的支撑（公共卫生改善、适老化改造）。

（2）以全生命周期视角全面研判长期照护服务的有效需求

从生命周期的视角来看，个体的老化是一个逐步的、因人而异的过程[①]。老年人的智力和机能逐渐衰退最终导致失能，是一个动态演变的过程，而极少在某个时点突然变为失能状态。因此如果用衰弱的视角（Frailty）来看待老年人的失能过程，就能帮助我们

---

① 彭希哲，胡湛. 公共政策视角下的中国人口老龄化 [J]. 中国社会科学，2011(3):121–138，222–333.

更好地了解老年人由于内在机能及外在环境的压力下面临的健康恶化的极大风险。事实上，许多医学研究也表明，老年人的失能不仅是由于退行性疾病（大部分是慢性疾病），更多是来自与疾病本身无关的机体功能自然退化，是基于生物层面循序渐进、终身累积的分子和细胞损伤而导致的功能渐进损伤。

因此如果我们将失能干预前移至机体开始衰弱的阶段，那么及早地增强体育锻炼、补充必要充足的营养、加强社会交往等健康行为都能有效地延缓失能的发生时间和病情程度，并尽可能地维持和发挥老年人"内在能力"，延迟甚至扭转老人个人能力的下降。国内外学者对老年人在早期的社会参与对后期机体功能健康、死亡率、主观幸福感和生活满意度等方面的影响有过不少研究[①]，发达国家在这方面也有大量的实践可供我们借鉴。例如，日本在社区创建了大量廉价的老年运动设施和场所，鼓励年轻的老年人在身体出现问题之前就意识到体育锻炼的重要性，并加强卫生保健和疾病预防知识的普及，以降低疾病特别是与失能相关的退行性慢性疾病的发病率。丹麦政府出台了一项独有的政策——预防性家访（Preventive Home Visits），由政府出资对 65 岁以上的老人进行身体检查并提出相应的预防措施；对 75 岁以上的高龄老人的住所进行安全隐患检查，以减少老人在家中跌倒的发生率（跌倒是老年人失能的最主要原因，50% 的跌倒、坠落伤发生在家中）[②]。这些举措均将"预防为主"的理念深入人心，从而推迟进入甚至避免使用长期照护服务。

如果再将失能后的照护延至存活时间在 6 个月以内的生命临终期，为临终者提供缓解病痛治疗以使其尊严、体面地离开人世，和对临终者家属的死亡教育和心理慰藉，以帮助家属客观、平静地接受亲人离世的临终关怀服务是构筑个体生命周期的最后一道安全网或者说是社会保障体系的最后一道防线的重要制度安排[③]。至此，个体生命周期的安排就相对较为完整，人生各个阶段都得到了最合适的照护和关怀。

（3）鼓励老年人社会参与，有效释放老年人的活力与潜力

老年人在衰老的过程中逐渐丧失部分生理、心理功能，但这并不代表他仅仅需要全方位的护理照料，合理有效的制度安排要能够激发老年人体能依然存在的那部分能力的发挥，这些能力包括老年人的自我调适功能和自我管理能力。因此，社会政策的设计和制定不仅要为老年人提供所需服务，更要为老年人发挥"复原力"提供机会、创造条件，真正创造"以老年人为中心"的政策实施环境，将老年人从被动接受服务变为主动参与设计服务。

老年人自身蕴含的复原力（Resilience）使得老年人在面对健康状况退化、家庭变故等外部风险时，依然能够激发出极强的适应及恢复能力，是"积极适应逆境的动态

---

① 梅陈玉婵，南希·莫罗·豪厄尔，杜鹏．老有所为在全球的发展：实证、实践与实策 [M].北京：北京大学出版社，2012．

② 杜鹏，董亭月．促进健康老龄化：理念变革与政策创新——对世界世生组织《关于老龄化与健康的全球报告》的解读 [J].老龄科学研究，2015(12):3–10.

③ 林艳，党俊武，裴晓梅，等．为什么要在中国构建长期照护服务体系？[J].人口与发展，2009，15(4):52–64.

过程"。老年人群是一个脆弱的群体,在面临失能、失智等健康状况恶化等外部风险时,可以借助内在的乐观积极等性格特征和社会支持支援等外部因素,发挥主观能动性,以更加"自主"的方式调动自身储备的复原力,保持社会功能。值得庆幸的是,这种能力是可以后天培育的。因此,为老年人创造一个有利于老年人获取外部帮助的友好型环境和公共政策支持体系,使老人获得更加完备的公共健康和社会保障服务,鼓励老人维持较好的家庭互助网络和社会资本支持,有效激发老年人自我照顾、自我服务和自我管理的修复能力。

在目前涉及老年人福利的各种社会政策的实施过程中,仍然以"补缺式"或"应急式"的方式为主,而在老年长期照护方面,老年人自身存在的"未挖掘的潜力"不应被忽视。老年人不仅存在健康问题,他们更是有着不同偏好需求的个体,归属于他们的家庭和社区,他们需要通过参与决策来真正承担并发挥自身的责任和贡献。另外,通过积极的自我管理,能使老年人更好地适应老龄化角色,也更有可能激励老年人继续学习自我健康管理的知识和技能、保持足够的社会参与,延缓衰老和失能的进程。"以老年人为中心"的政策实施环境,就是要让老年人保有自我管理的权利和能力,成为健康保健规划和自我管理的参与者,还原老年人的主体性和社会性。

（4）利用大数据技术精准识别有效需求,降低供需失衡带来的运行成本

在积极应对人口老龄化的背景下,加快养老服务体系建设的关键在于养老服务供给和需求的有效匹配,这建立在有效需求的精准识别和服务供给的科学拆解上。老年衰弱群体、老年失能群体和老年认知障碍群体的精准识别可以精准定位有效需求群体,避免过度治疗、过度照护带来的社会成本;与此同时,养老服务供给主体的提供方式可以时间为单位进行拆解和分割,充分整合志愿者、义工、散工等供给资源,利用区块链技术实现养老服务供需双方的最佳匹配,达到降低养老服务总需求和提高养老服务供给总效益的双赢结果。

在未来,我们有足够的理由畅想,区块链在养老供应链领域应用的前景将是巨大的。现有的养老供应食品及医药信息数据在存储、传输、展示等环节中都有被篡改的风险。现有的追溯体系严重依赖政府监管措施,无法对监管者的权力进行有效的约束。区块链的去中心化和不可篡改性,可以保证养老供应链追溯系统中信息的可靠性,可以避免数据被篡改。而且,区块链技术如果和物联网技术结合起来,就可以通过机器实现数据的自动采集,既可以提高效率,又避免了数据的作假和隐瞒。由于区块链技术的开放透明和机器自治,消费者、生产者和政府部门可以完全信任养老供应链追溯系统中的数据,这就大大降低了交易过程中的不确定性,降低了很多隐性成本。

此外,将区块链与人工智能（Artificial Intelligence,AI）养老服务结合,如智养链以区块链技术推动AI、智能硬件在养老领域的发展,并在中国率先铺设各类健康养老驿站,真正将区块链技术率先应用于线下场景,用区块链技术提升中国的养老服务水平,帮助更多的老年人安享晚年。利用专属方式激励老年人提供高度连续的、匿名的、可追溯的、不可逆的、可扩展的医养数据。在区块链智慧养老中,信息服务平台通过对老年人的远程监测,能够获得海量的信息数据,包括对老年人的生活状态、身体机能和心理

状态的监测数据。在老年人的实时响应中利用智能机器人设备 24 小时实时待命语音交互的特点来满足用户的各类紧急和常规交互需求；利用智能监控设备来保障养老驿站的安全和实时掌握用户的健康状态信息。智慧养老平台的养老服务功能主要体现在对老年人服务需求的主动响应上，在对日常监测数据深度挖掘处理和实时监控的基础上，分析老年人养老服务需求而主动为老年人提供各项服务。

随着中国逐渐步入深度老龄化社会，人口高龄化特征越发明显，老年人罹患慢性疾病及失能、失智比例逐年升高，长期照护问题成为老龄社会普遍存在而又亟待解决的养老难题。家庭少子老龄化等模式变迁、老年人的独居化和空巢化等居住模式，以及"未富先老"和"未备先老"等特殊国情，使得长期照护的问题对于现阶段的中国社会而言显得更为复杂和严峻。失去自我照料能力几乎是每一个人不可回避的生命历程，长期照护服务作为提高老年人生命和生活质量的一项社会公共服务已逐渐被公众接纳。学术界对于长期照护的研究也顺应了社会经济发展的诉求，而从需求角度对该体系的进一步深入研究应当成为重要的议题。

（七）推进老年社会参与和老年人力资源开发

21 世纪的老年人具有知识广博、思维敏捷、参与意识强、健康长寿、生活丰富等特征，使之成为推动社会经济可持续发展的重要人力资本之一。挖掘老年人口的"生产力"是应对人口老龄化的积极举措，鼓励和支持老年人参与就业、志愿服务和家庭照料，是对"和谐美满"的晚年生活的重新认识与定义。摒弃传统的仅以休闲娱乐为主的老年生活，尊重老年群体的自主性和自我发展需求，从而可以更充分地挖掘和发挥老年人群体的人力资本与社会资本价值。

从个体发展的微观视角来看，鼓励老年人积极参与社会活动，可以提高老年人的身心健康水平，提升其自养能力和精神文化水平，同时老年人社会参与可以缓解沉重的养老、医疗负担，促进代际和谐与社会融合。世界卫生组织对于健康的定义为"健康不仅仅是没有疾病或虚弱，而是身体、心理和社会适应的完好状态"[1]，也就是健康是在身体上、心理上、社会适应上完全处于良好的状态。从社会发展的宏观视角来看，老年人的社会参与行为通过个人以各种角色的扮演和介入，实现和保持个体与社会的互动，进而实现社会资源的共建共享。在此互动过程中，老年人通过社会参与不仅创造了经济价值，也产生了积极的社会意义。第二次老龄问题世界大会明确提出"使老年人能够通过赚取收入工作和自愿工作，充分和有效地参与其社会的社会、经济和政治生活"[2]。在一个"不分年龄人人共享的社会"中，老年人应该和其他年龄群体一样，享有学习的权利、工作的权利、娱乐休闲的权利等。低龄老年人力资源开发利用是老有所为的体现，

---

[1]　World report on ageing and health. 2015. https://apps. who. int/iris/handle/10665/186463?search-result=true&query=World+report+on+ageing+and+health+2015&scope=&rpp=10&sort_by=score&order=desc[2021-05-28].

[2]　《2002 年老龄问题国际行动战略》. 2002. https://www. un. org/chinese/events/ageing/ecn5-01pcl9.pdf[2020-12-12].

也是老年群体对社会发展的全面参与和发展成果的共享。

近年来，随着社会经济的快速发展和人们生活质量的提升，我国低龄活力老年人继续参与社会的各项活动，如老年志愿者队伍日渐庞大，各类老年兴趣爱好团体快速增加，老年大学招生供不应求，等等。种种迹象表明，我国低龄老年人保有继续参与社会、发挥自身价值的诉求，然而我国现阶段针对老年人社会参与的机会和渠道仍以休闲娱乐、公益慈善领域为主，老年参与的领域和范围较窄，难以满足老年人自身的需求和社会经济可持续发展的需要。那么，我国老年群体目前的社会参与的现状如何？制约我国低龄老年人力资源开发利用的困境有哪些？面对人口老龄化的迅速发展，如何有效开发老年人口红利，以及在理念、政策和制度层面应当做出怎样的调适与回应？

1. 老年社会参与的现状

（1）低龄老年人的在业比例

老年人口在业率是反映老年人力资源利用和供给状况的重要指标。老年在业人口是指从事一定社会劳动并取得劳动报酬或经营收入的老年人口。基于中国老年社会追踪调查（2014 年）的数据分析（表 9），展示我国低龄老年群体的在业状况。由该调查数据可知，2014 年全国有约 20% 的老年人仍从事有报酬的工作或劳动。其中，60～64 岁和 65～69 岁老年人在业比例分别约 1/3 和 1/4，表明低龄老年群体保持着较高的劳动参与。分性别比较可知，低龄老年男性在业比例高于女性，其中 60～64 岁的男性高于女性 13.45 个百分点，65～69 岁的男性高于女性 7.67 个百分点；分城乡来看，农村低龄老年人在业比例远高于城市，其中 60～64 岁的农村低龄老年人在业比例接近一半，城市低龄老年人的在业比例约为 20%，65～69 岁的农村低龄老年在业比例超过 1/3，城市则仅为 10.38%。

表 9　我国分年龄、城乡的低龄老年人口在业比例（2014 年）

年龄组	合计	性别		城乡	
		男性	女性	城市	农村
60～64 岁	31.83%	38.62%	25.17%	18.83%	46.11%
65～69 岁	22.68%	26.48%	18.81%	10.38%	34.67%
70 岁及以上	19.25%	23.33%	15.32%	10.00%	29.67%

资料来源：中国老年社会追踪调查，中国人民大学中国调查与数据中心，2014 年。

总体上看，目前我国老年在业群体以农村低龄老年人为主，一方面，这是由我国养老保障制度城乡差异所导致的，农村老年人养老金水平普遍较低，需要通过从事一定的工作或劳动获取经济收入；另一方面，农村老年人以农业体力劳动为主，活到老干到老是很多农村老年人的观念。在身体状况允许的情况下，他们一般不会放弃干农活或其他相关体力劳动。

（2）低龄老年人的行业构成

现阶段，我国低龄老年人从事工作以第一产业为主。2015 年全国 1% 人口抽样调查数据的结果显示（表10），在业的老年群体中，有80.57%的人在农林牧渔业工作，只有不到两成的老年在业人口从事除农林牧渔业外的其他行业的工作。相比之下，他们相对集中于制造业、批发零售业和建筑业，分别占4.76%、3.88%和3.32%。低龄老年人作为老年在业人口的主体，其行业构成与老年在业总人口的特征保持一致。可以得知，我国低龄老年在业人口绝大多数都在从事农林牧渔业第一产业，农业仍然是我国低龄老年人就业的主要行业。

表10　2015年我国老年在业人口的行业构成

行业	小计	男性	女性
农林牧渔业	80.57%	76.32%	87.46%
制造业	4.76%	5.48%	3.61%
批发零售业	3.88%	4.20%	3.36%
建筑业	3.32%	5.12%	0.46%
其他行业	7.47%	8.88%	5.11%

资料来源：根据2015年全国1%人口抽样调查数据测算。

（3）老年群体社会参与类型

以公益活动参与为例，公益活动指老年人以个人身份或者通过志愿者团体、社区、街道及其他社会组织团体等形式自觉自愿参与的、无偿的服务、劳动或其他援助性活动。2014年中国老年社会追踪调查数据显示（图9），老年人中参加公益活动的比例虽年龄增长呈下降趋势。60～64岁和65～69岁老年人口中分别有22.6%和23.2%表示仍在参加公益活动。与中高龄老年人相比，低龄老年群体身体状况和体能素质较好，公益活动参与率较高且类型更加多元化。约一半的低龄老年人参与过陪同聊天类公益活动，其他参与度较高的活动包括环境卫生保护、照看其他人家的小孩、调解纠纷等。

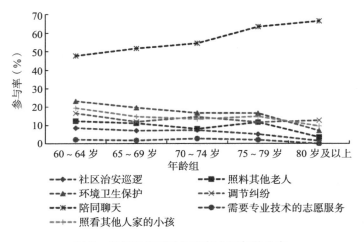

图9　参与公益活动的老年人口年龄分布

资料来源：中国老年社会追踪调查，中国人民大学中国调查与数据中心，2014年。

2. 老年社会参与的困境

（1）传统观念与思维定式制约老年社会参与的多元化

传统文化视老年人为经验和智慧的化身，俗话说，家有一老如有一宝，但在现代社会中老年人的人生经验很难得到后辈的认可。社会大众普遍不相信老年人可以继续发展完善，更加难以对老年人作为人力资源储备中不可或缺的力量达成共识。老年群体被认为与社会主流群体（如青壮年群体）具有根本的差别，被静态地视为需要帮助的、不具有生产力的社会负担人口。

（2）相关政策法律发展滞后

从企业角度看，员工达到退休年龄不再受到《工伤保险条例》的保护，一旦在工作中出现任何意外，企业需要承担较大的风险。对参与再就业的老年人而言，《中华人民共和国劳动合同法》不能保障其合法权利，他们处于相对弱势的地位，不但面临随时被解约的风险，薪酬福利也将被大幅削减。

（3）互联网时代带来新挑战

随着 5G 时代的到来，万物互联格局逐步形成，这将打破人与人之间的空间距离和交往方式，对传统的就业模式也形成冲击。部分老年群体难以适应这种新的生产生活方式，形成"数字鸿沟"。但同时，新科技的开发利用延伸了中老年群体的体力和智力生理极限，为老年人群继续参与社会经济活动创造了崭新的机遇。虽然这一过程已经开始产生了可能的机遇与发展，但人们还没有充分认识。随着未来科技与工作场景的进一步深度融合，人机互动将更趋频繁，这将对老年群体的劳动参与提出更高要求。

（4）老年教育存在认知偏差

老有所为尚未成为老年事业的关注重点，各种为老服务主要聚焦于老年人文体和健康生活的丰富与满足，忽视了老年人的职业进取性和社会参与性。以老年大学为代表的老年教育机构课程设置主要教授传统文化和生活技能，缺乏适应现代科学技术发展的相关课程设计，难以满足老年人对生产性再就业发展的需求。

3. 老年社会参与的影响因素

（1）老年人工作参与的影响因素

老年人参与经济生产活动有较为明显的性别差异。男性老年人从事经济生产活动的概率高于女性老年人，而且在业率的性别差异在目前中国的社会经济背景下具有一定的普遍性。

年龄对于老年人工作的影响依然存在，中低龄老年人的在业率明显高于高龄老年人，说明年龄可能通过健康等因素直接或间接地限制高龄老年人的经济活动参与情况。目前中国的老年人的经济活动参与率主要集中在中低龄老年人中。

老年人享有的社会保障水平和老年优待政策等社会福利由于对老年人晚年经济生活的保障作用从而削弱了老年人参与经济劳动以增加劳动收入的动机；另外，具有良好社会保障水平的老年人一般是城镇居民、企事业单位退休人员，一般他们退休后由于有固定的退休金收入等良好的社会保障水平，因此，继续工作的比例较低。

不同的慢性疾病对于老年人工作的影响机制并不一致。高血压、冠心病等致残障疾病严重降低了老年人继续工作的可能性，因为这一类疾病对老年人的基本日常生活构成了一定的影响，更不用提需要一定体力和脑力的工作活动；但是，关节炎和颈椎腰椎病一般不会引起老年人太大的重视，不会直接影响老年人参与经济活动，反过来说，这是较为常见的由长期伏案工作或从事繁重体力劳动引起的职业病，长期工作的老年人更有可能罹患此类疾病。

婚姻状况对老年人的工作有正向保护作用。这可能是婚姻通过健康状况等其他中间因素对老年人的工作参与发生作用。婚姻状况越是和谐的老年人，身心各方面的健康状况越是良好，这从客观条件上保障了劳动经济活动参与的可能性。

受教育程度越高的老年人继续参与工作的可能性越低，这与前述的"老年人社会保障水平越高，工作的可能性越低"是一致的。因为，受教育程度高的老年人一般拥有较为体面、稳定的工作，退休后享有的社会保障水平也较高。因此，在中国目前的社会观念下他们工作的积极性不高。由此，我们有理由推断目前中国老年人参与经济活动的动机主要为增加家庭收入等最基本的生活保障需求，而从通过工作实现个人价值等更高心理层面的追求动机还较低。这也客观上反映了我国仍然处于"社会主义初级阶段"的现实国情。

失能老年人的工作参与反映出显著的城乡差异。相较于没有失能的老年人，轻度失能和重度失能均会显著减少工作参与，且重度失能的影响更大。相比于农村，失能对于城市老年人工作参与的影响更小，老年人生活在城市减弱了因失能而导致的工作参与减少。我们认为这是由于城市具有良好的医疗卫生条件和便利的就医环境，因此身体功能的限制对于居住在城市的老年人参加工作的影响更小；从另一个角度而言，城市无障碍的设施降低了老年人参与经济活动需要依靠自身体力的限制。中国城乡之间在医疗服务、老年友好型设施构建等方面的差距依然客观存在，一个依托智能科技、便捷和无障碍的社会环境，可以提高老年人发挥残存的应对社会风险、发挥潜在效能的身体功能与心理效用，这也是世界卫生组织广泛倡导的提高老年人"复原力"（Resilience）从而达到积极老龄化的最优目标。

农村老年人的在业率高于城镇老年人。这与我国农村地区无明确的退休年龄机制，很多年事已高的老年人依然在田间从事耕作劳动，为家庭创造经济财富。因此，提高农村地区老年人的收入水平和社会保障水平，通过对农村地区的资源投入倾斜减轻我国目前城乡之间发展不平衡的现状。所在社区有医院等较好的医疗水平和互助组织，都会提高老年人工作的概率。良好的基础设施建设和组织机构（通常这种社区互助组织都是经济互助合作组织）会增加老年人之间的信息分享和沟通，并通过组织机构的力量帮助老年人重返工作岗位。而这些软硬件条件也是老年友好型社区的重要组成部分，通过改善老年人所处的环境提高经济活动参与率，从而实现"积极老龄化"和"成功老龄化"的战略目标。

（2）老年人参与家庭照顾的影响因素

年龄对老年人家庭照顾具有显著的影响。随着年龄的增加，老年人参与家庭照顾活动水平下降。这是因为家庭照顾活动对老年人的体力等方面有所要求，随着年龄的增加，老年人自身健康水平不断下降，照顾家人自然成了"心有余而力不足"的事件；另外，随着家庭成员中孙辈逐渐长大成人、高龄父母相继离世，客观上需要老年人承担"抚幼孝老"的家庭照顾活动的比例也在下降，上述这两方面的因素都会引起老年人家庭照顾活动随着增龄而逐渐减少。

性别对老年人家庭照顾的影响十分强烈，即对于老年人来说，男性和女性参与家庭照顾活动的差异较大。和女性老年人相比，男性老年人参与家庭照顾活动的比例较低。这符合中国"男主外，女主内"的文化传统，女性从年轻时就承担了主要的家庭照顾活动并且延续至老年时期。这提醒我们需要关注老年女性的"累计劣势"，关注老年女性在漫长生命周期中持续积累的各方面劣势，充分考虑老年女性晚年时期在劳动就业、学习培训和志愿活动参与方面的平等参与的机会，充分满足这部分人群各个方面自我发展的诉求，创造一个"不分年龄、不分性别、人人共享"的和谐社会形态。

不同的慢性疾病对于老年人家庭照顾的影响并不一致。高血压、关节炎和颈椎腰椎病对老年人家庭照顾的影响不明显，而冠心病显著降低了老年人参与家庭照顾活动的可能性。其中可能的原因是，高血压、关节炎和颈椎腰椎病作为老年人群中非致命性慢性病症，对家庭照顾活动不构成直接影响；而冠心病对老年人具有致命的威胁，稍有不慎就会出现生命危险，故而患有冠心病的老年人不能长期参与对体力有一定要求的家庭照顾活动。以上结果分析提示我们关注一个现象：中国的老年人只有在身体健康严重影响的情况下才会放弃家庭照顾活动，即便身患其他一般慢性疾病（无直接生命危险）依然在坚持照顾家人。老年家庭照顾者的身体健康状况亟待纳入长期照护体系中，与被照顾者一起成为政策关注与支持的对象。

认知能力强的老年人参与家庭照顾活动的可能性更大，这说明家庭照顾活动不仅对老年人的身体健康状况有要求，同时也要求老年人具备良好的认知能力。认知能力包括观察力、记忆力、想象力和注意力，上述能力出现障碍的老年人是无法照顾家庭其他成员的。这说明，家庭照顾活动其实是一项繁复性和综合性的活动，我们需要更正对这项活动的原有认识，也必须前瞻性地预见到对家庭照顾者进行培训的必要性。

婚姻状况对老年人的家庭照顾参与依然有正向影响作用，即有配偶的老年人参与家庭照顾活动的比例也更大。这和前面论述的原因一致，可能是婚姻通过健康状况对老年人的家庭照顾活动发生作用，即"婚姻的保护作用"，婚姻状况越和谐的老年人健康状况和心理状态越好，从事家庭照顾的主观意识和客观条件都大大提高。社会不仅需要关注老年人的身体健康状况，也需要从鼓励老年人再婚、对老年群体设立婚姻咨询等社区服务方面提高老年群体的整体婚姻状况，从而提高老年人的心理健康水平。

社会隔离状况反映了老年人在对抗外部风险时可以动用的个人资本和社会资本。社会隔离会对老年人家庭照顾参与产生显著的负向影响，社会隔离越严重的老年人参与家庭照顾活动的比例越低。可能的原因是社会隔离严重的老年人长期处在孤立状态，会使自己在心理、情绪和行为等方面产生障碍，不愿意和外界沟通交流，越加的封闭自我，不愿意参与家庭照顾活动；也有可能是因为中国老年人的社会网络更多的是基于血亲关系，因此社会隔离越严重意味着老年人的社会网络越狭窄（如独居或空巢老年人），对家庭成员的照顾的机会更少。

老年人的受教育水平和收入水平对其家庭照顾参与的影响不明显。可能的原因是老年人家庭照顾活动在中国目前的社会经济背景和文化传统下，具有一般性和普遍性，即无论是哪个社会阶层的老年人只要健康状况允许都会义不容辞地承担起照顾家庭成员的责任。家庭照顾行为，虽然在中国普遍存在且绵延千载，但对于这项生产性参与活动的价值认同仍然需要借助更完善的理论体系加以解读和诠释。

轻度失能老年人的家庭照顾活动参与体现出显著的城乡差异。相比于农村，轻度失能对于城市老年人家庭照顾参与的影响更大，老年人生活在城市加剧了因轻度失能而导致的家庭照顾参与率降低的趋势。其中可能的原因是居住在城市地区的老年人群由于受教育水平较高等对自身健康问题的关注较多，出现了轻度健康状况受损即放弃了家庭照顾活动。

重度失能老年人的家庭照顾活动参与不存在显著的城乡差异，健康状况对于家庭照顾活动的影响具有普遍性，与居住地没有明显的关系。

（3）老年人参与志愿活动的影响因素

年龄对老年人志愿活动参与具有显著的影响。中低龄老年人参与志愿活动的概率比高龄老年人高。因为随着年龄的增加，老年人身体每况愈下，身体条件不允许其参与志愿活动。年龄是影响中国老年人生产性参与的重要因素，与生产性参与的类型无关。

认知能力对老年人志愿活动参与具有显著的正向影响，即认知能力越强的老年人参与志愿活动的可能性越大。这可能是因为认知能力包括观察力、记忆力、想象力和注意力，这些能力越强会使老年人越愿意参与志愿活动。这提示我们的公共政策需要对老年人的认知能力给予更多的重视，这是影响老年人生产性参与的重要因素之一。

婚姻状况也同样是影响老年人志愿活动参与的重要因素，婚姻状况良好的老年人参与志愿活动的概率更高。婚姻的作用机制对各个类型的生产性参与活动的影响作用一致。

和家庭照顾模型一致，在随机效应模型和最终模型中，社会隔离会对老年人志愿活动参与具有显著的负向影响，即社会隔离越严重的老年人越不愿意参与志愿活动。其可能的原因是社会隔离严重的老年人长期处在孤立状态，会使自己在心理、情绪和行为等方面产生障碍，更加的封闭自我，畏惧和他人进行沟通交流，从而不愿意参与志愿活动。这说明中国老年人的社会关系网络虽然以亲缘关系为主，但随着家庭规模萎缩和城镇化的加速，正逐步向地缘关系过渡[1]。中国老年人社会网络体系正在呈现新的变化态势[2]，这种新社会环境下产生的新态势值得引起政策制定者的关注。

城市老年人要比农村地区老年人的志愿活动参与率低，即农村老年人的志愿活动参

① 刘燕，纪晓岚.老年人社会参与影响因素的 Logistic 回归分析——基于 311 份个案访谈数据 [J].华东理工大学学报（社会科学版），2014,29(3):98-104.

② 张文娟，刘瑞平.中国老年人社会隔离的影响因素分析 [J].人口研究，2016,40(5):75-91.

与率更高，这与一些已有研究结论一致[1][2]，说明我国老年人的志愿活动具有明显的城乡差异。其可能原因是我国城乡老年人志愿活动参与模式具有较大差异，农村老年人主要参加以邻里互帮互助形式存在的志愿活动，城镇老年人更倾向于参加社区组织的公益活动，而后者对相关组织形式和资源具有较高的要求，具有一定的参与门槛，而农村老年人参加志愿活动则往往建立在熟人社会的基础之上，邻里间的熟悉程度较高，故而参加志愿活动的可及性和便利性更高。

轻度失能老年人的志愿活动参与体现出显著的城乡差异。轻度失能老年人和没有失能的老年人相比，其志愿活动参与水平更低。相比于农村，轻度失能对于城市老年人志愿活动参与的影响更小，老年人生活在城市降低了轻度失能对志愿活动的负面影响。同样，重度失能会显著降低老年人参与志愿活动的可能性，其原因是当老年人出现重度失能症状时，身体状况的恶化会显著降低老年人参与志愿活动的可能性。

4. 厘清关键理念与任务重点：低龄老年人力资源开发需要全盘考虑

（1）在观念转变上处理好老有所乐和老有所为的关系

在世界范围内，延迟退休的政府决策都面临重重阻力；在我国当前大部分人的观念里，含饴弄孙、颐养天年是晚年生活的主要安排，因此在推进低龄老年人参与社会经济工作时应首先形成新的社会风尚、改变老年人的参与理念，需要强调参与社会活动是部分先进老年人主动的选择，而非绝对的义务与责任。

（2）在开发机制上处理好政府引导和市场主导的关系

社会氛围的引导、保障制度的整体设计、人力资源的再培训等都需要政府发挥主要作用，但低龄老年人参与社会经济活动主要通过市场机制来实现，以合理的价格兑现服务价值，调动其参与的积极性。

（3）在政策衔接上处理好短期就业压力和长期劳动力紧张的关系

在全球新型冠状病毒感染疫情的长期不确定背景下，我国面临严峻的就业压力，守住就业底线已经成为政府工作的重中之重；但从长期的人口发展来看，我国必然面对人力资源紧张的困境，为此需要在就业压力巨大的当下未雨绸缪地谋划事关未来发展的低龄老年人力资源开发。

（4）在实施路径上处理好循序渐进和重点突破的关系

当前低龄老年人力资源开发的推进仍然面临许多深层次的问题，需要政府在制度设计时突出整体性、综合性和协调性，为重点领域的关键突破提供保障；同时，应在上海、北京等有条件的大城市积极试点，循序渐进推进积极老龄社会建设。

---

[1] 胡宏伟，郑翩翩，袁水苹. 积极老龄化：构建老年社会参与促进与保障综合体系 [J]. 中国社会工作，2018(17):24-25.

[2] 柴一凡，郭森. 主观年龄对老年人公益活动参与的影响——基于 CLASS2014 年数据分析 [J]. 西北大学学报（哲学社会科学版），2020, 50(3):167-178.

5. 从传统走向现代：更新对低龄老年群体的认知

（1）在全社会形成鼓励低龄老年人社会参与的普遍认识与广泛意识

放眼世界，各个国家均在不遗余力地推迟甚至取消强制性的退休年龄制度。日本政府提出"取消退休年龄制度，创造终生活跃社会"的未来社会模式畅想。老年人力资源参与社会经济活动不仅有利于社会保障制度的长期持续平衡，也有利于老年人口的身心健康，更是老年人口的一项基本权利，是破除年龄歧视的具体体现。政府部门和社会组织应加强宣传教育，通过各种传播媒介在社会上形成不分年龄都能为中华复兴和社会经济发展做出贡献的社会共识，构建老年（年龄）友好型的社会氛围。

（2）推进终生学习理念，提升低龄老年群体适应互联网时代的能力和素质

全社会应逐步确立"活到老，学到老"的终生学习理念，老年大学等老年教育培训机构应更加重视技能型课程的设置，使低龄老年人具备现代社会工作岗位所要求的能力和素养，促使其继续发挥余热。此外，老年教育应将老年人数字经济意识的培养作为老年教育的重要组成部分，着重培养老年群体的人人合作、人机合作能力。政府应发挥主导作用，推动终身学习型社会建设。教育体系应当做适应性的改革，同时鼓励企业和社会组织广泛参与到终生教育特别是老年职业教育中，给予税费减免或补贴优惠，形成校企联合的发展模式。

（3）重新评估家庭照顾活动在老年人经济参与中的社会价值

家务劳动对中国老年人而言具有双重意义，一方面，低龄老年人特别是女性承担着繁重的家务劳动，他们产生了巨大的经济和社会价值，但在目前的国民经济统计中尚未得到反映。另一方面，我国有相当数量的低龄老年人帮助子女教育和照顾下一代，为子女专心工作解除了后顾之忧，子女的劳动成果实际上也包含着他们所创造的价值。未来可考虑以家庭为整体的福利单位，将家庭照顾行为作为制定家庭税收豁免或优惠的主要依据，承认低龄老年人对家庭和社会的贡献。

6. 制度改革与创新：突破现有体制桎梏与障碍

（1）逐步推行灵活的弹性退休制度

延迟退休是应对深度老龄社会劳动力短缺的必然举措，在人工智能、智能制造等新产业革命全面突破和应用的前景尚不明确的条件下，应逐步探索推进弹性退休制度。即在保证退休年龄下限基本不变的前提下，适当提高部分劳动人口退休年龄的上限值，并尊重个人和企事业单位对于退休时间的选择，逐步实现退休年龄弹性化，使低龄老年群体由生产性人口向纯消费性人口转化的时间不断推后。国家应尽早出台退休制度改革的路线图，以形成合理预期和稳步推进。在保证现有养老金可持续运行的基础上，建议将退休年龄与领取养老金的年龄脱钩，逐渐淡化由国家规定退休年龄的制度安排，转变为主要规范不同退休年龄领取养老金的结构比例。弹性退休制可以先从老龄化程度较高的地区、高学历高技能人群开始进行试点。

（2）开展低龄老年人力资源开发顶层设计并制定相应法律法规

制度保障是探索低龄老年群体深度参与社会经济活动的前提。一方面，国家应出台低龄老年人力资源开发利用政策，同时建立低龄老年人才数据库和低龄老年人就业指

导中心，各级政府联合当地企业、社会组织、社区等社会资源建立合作网络，定期发布符合低龄老年群体需求的工作信息。同时，政府有关部门应强化顶层设计，从全局层面考虑老龄化问题，将积极老龄化上升为国家战略；在法律法规层面，相关政府部门应尽快出台促进低龄老年人再就业的法规及条例等；在退休制度方面，逐步改革当前企事业单位的退休制度，为退休返聘人员提供便利。可以借鉴日本制定的《高年龄者雇佣安全法》等法律法规，鼓励各单位提供适合老年人再就业的岗位，针对老年岗位的工作时间实行多人轮班制度、实施弹性管理。也可借鉴韩国开发的"老年人工作岗位事业"，把推动低龄老年人再就业视为一项政府民生工程。

（3）调整老年教育的内容导向，增加工作技能培训

教育培训是转变老年群体认识观念、提高社会经济参与能力的重要方式。一方面，政府部门和社会组织在加强宣传教育的同时，应在老年教育机构和课程内容上进行改革，从以休闲娱乐型为主向适当增加职业技能型内容转变，在全国范围内发展一定规模的老年职业教育，为部分老年群体参与社会经济活动提供机会。另一方面，针对老年群体这类"数字难民"，应将老年人数字经济意识的培养作为老年教育的重要组成部分，着重培养老年群体的人人合作、人机合作能力。在老年教育供给方面，政府在这一过程中应发挥主导作用，同时鼓励企业和社会组织广泛参与到老年职业教育中，对其实施税收减免或补贴政策，形成校企联合的发展模式。

（4）推进公务员退休群体人力资源开发先行先试

公务员退休群体（也被称为"老干部"）是我国特有的干部人事制度下产生的特殊老年群体[1]。与其他老年人相比，这部分人群在经济上基本无后顾之忧、社会保障完善、总体受教育水平较高，被视为"老年精英"群体。我们认为，开发利用这部分老年精英群体需要新的思路。规模巨大的退休公务员群体是低龄老年人中文化程度最高、社会资本和管理能力最强的人口群体，目前这一群体不能参与有偿的社会经济活动，这有利于贯彻落实党和国家反腐败的战略决策，但在一定程度上也限制了这一群体人力资源的开发利用。建议开展专项研究和制度设计，在保证持续稳定地推进反腐倡廉的同时，鼓励这一群体积极参与社会经济活动。2020—2023年是我国老年人口增长较慢的时间窗口，也是构建老年人口人力资源开发利用的制度政策体系的有利时机。广大政府部门、事业单位的退休公务员群体是社会宝贵的资源和财富，他们具备的智力资本和社会资本可以创造与发挥更大的社会价值。在部分个体自发参与社会经济活动的基础上，通过制度设计进一步调动该人群的更多个体参与意愿，破除其参与的制度壁垒，这将会为社会带来更多的活力和财富。

老年人力资源是未来中国社会发展不可忽视的重要人力资本。目前中国的老年人力资源开发和利用尚处于起步阶段，这受制于理念观念和体制机制的桎梏。未来的老龄政策既需要精准聚焦解决老年人特别是活动能力受限的老年人的生活顾虑，也应满足目前

---

① 胡文琦，裴晓梅. 生产性老龄化背景下"老年精英"社会参与的实证研究——以北京市离退休老干部为例 [J]. 老龄科学研究，2014,2(12):36–44.

数量庞大且活力健康的中低龄老年人日益增长的社会参与的诉求。这对于正在迈向小康社会和建设社会主义现代化强国的中国是机遇。相关讨论则应跳出传统的框架约束，形成新时代的老年人力资源开发新理念，为老年人社会参与提供更多元和灵活的途径与渠道。在共同富裕的发展道路上，各个年龄阶段的人群都可以共享社会经济发展的成果。

7. 提升老年人口健康素养，推动健康老龄化实现

进一步落实健康管理国家行动，可能需要在国务院的领导下，相关部委间实现广泛合作，以举国之力自上而下和自下而上互动式、相对而行地贯彻大健康理念，把"以人民健康为中心"的整体健康观融入所有的社会、经济、文化和环境政策，全人口、全方位全周期维护和保障人民健康，当可为实现"两个一百年"奋斗目标和中华民族的伟大复兴提供坚实可靠的健康基础。要尝试转变"健康等于不生病"和保持健康须"以治病为中心"的传统健康观，探索一条"以人民健康为中心"的可行之路，即以健康社会学的基本概念建构一套具有创新意义的以"健康社会化"和"社会健康化"为基本理念和主题词的"整体健康观"的话语体系，并尝试通过提出一个以中国特有的"举国体制"为依托的健康管理的国家行动方案，探索达致"全民健康"美好愿景的可能路径。就人的需要来进行相应的制度安排，必须是"健康管理向前，医疗服务殿后"。需要说明的是，这种安排，并不是不重视医疗服务，而是要把好钢用在刀刃上，让医院和医生能够集中精力真正去治病救人。政府卫生管理部门和医院、医生要从追求医疗服务的数量转变为追求医疗服务的质量，并因此确立医院和医护人员实至名归的"白衣天使"的社会地位、职业声望，并且得到与之相匹配的薪酬和福利。

在作为价值理念和话语体系的整体健康观到作为国家行动的健康管理之间，还需要有一个通道。即通过与整体健康观的话语体系相一致的人体功能健康测评，将个人和人群健康状况的即时数据作为一种历时性的结果状态，从而建立起一个数据库，这样便可以动态性地观察个人和人群的健康状况，为健康管理提供依据，这也就是我们在文中提到的"抓手"。经过较长时间的考察与比较，我们选择了生物电阻抗人体功能检测仪器作为工具。当然，我们目前取得的只是一个相当初步的成果，相关的研究还在继续，需要更多的数据以进一步修正评测的方法和标准；也可能还有更多、更好、更适用的仪器和方法有待我们去发现。就宏观的政策建议而言，要改革健康社会政策的发展方向和路径，离不开建立全国统一的人民健康数据库，需要在全国开展人口健康状况普查。目前以病历、病案为基础建立"健康档案"的思路，受限于其片面性、碎片化特点，因而无法进行综合评价，尤其在统一不同数据的量纲方面，其间障碍恐难逾越。

（八）促进老年群体数字融入及智慧养老的发展

互联网数字时代为社会提供了巨大的便利，但在很多老年人眼中却遥不可及。数字鸿沟不仅拉开了老年群体和互联网数字时代的距离，也将老年群体和年轻群体分隔成两个世界。在积极应对人口老龄化国家战略背景下，如何打破数字鸿沟已成为重要的发展议题。在互联网时代，打破数字鸿沟不仅是老年人的期待，更是横在全社会面前的一道难题。中国的人口结构日趋老化，而中国的互联网数字社会却日新月异，数字化和老龄化同时成为时代的标签。科技进步驱使人们需要提高互联网技术运用等数字能力，以适应数字社会。目前数字社会对国民影响的主要表现形式是智能手机和互联网的使用。智能手机和互联网形态的发展变化带来的是人们生活方式的改变，小到出行、购物，大到看病、办理行政事务，都离不开互联网。

移动支付、线上挂号、网络约车……因此，面对"数字化生活"洪流，老年人也很难置身事外，无法适应将使老年人在老龄社会和数字社会成为双重弱势群体。目前现在的老年群体大多主力军是"40后""50后"，他们这一代人中多数在工作期间没有接触过互联网和智能手机，也因此错过了科技进步带来的红利，如一系列科技新产品和使用习惯，导致这类群体他们无法很难融入互联网数字时代。这类老年群体跟不上数字互联网时代，还因为老年人对新技术、新知识的接受能力弱，而习得过程中又经常受到互联网上虚假及诈骗信息的干扰，老年人对新技术也始终怀有一种畏惧感。另外，老年人对新技术的学习存在一种惰性，供给侧也未能够为老年人提供操作更简单的智能设备。尤其在新型冠状病毒感染疫情暴发后，人们生活中对互联网和智能手机的应用更加频繁，互联网实实在在地渗透到我们生活的每一个领域，但老年群体的生理素质和文化健康水平等众多因素都限制了他们快速有效地融入互联网社会，形成显著的数字鸿沟。

面对如此严峻的老年数字鸿沟形势，《国家积极应对人口老龄化中长期规划》指出：推动积极应对老龄化战略上升为国家战略，并促进养老产业与数字化、智能化发展相融合。在数字化和老龄化的后疫情时代，任一时代的老年群体的老年人在听力、视力、记忆力等生理机能方面、有其年龄特点方面都将持续衰退，而目前大部分智能手机软件都将出于营利考虑专注于有效需求青年和中年群体，在缺乏产品设计不是针上缺乏对老年用户的考虑。但从某一层面来说，"老"与日新月异的科技一样，都在代代更迭。这个群体是流动的，其特性与需求也是变化的，故不能对他们粗暴定性，故数字鸿沟虽长期存在，而智能手机和互联网引起的数字鸿沟将暂时存在。目前还处于传统社会向数字化社会逐渐过渡的时期，一些机构和商家为快速发展，在设计理念和产品功能上一味追新求变，没有兼顾老年用户的习惯。针对目前的数字鸿沟，政策制定对于不同情况的老年人需要区别对待，不必强求其接入数字社会，不要过分强调其面临的"数字困难"，重点是要有保障其权利的不同措施。故在科技产品设计之初，应更多关照老年群体的诉求，特别是对于那些没有身体限制和有实际学习需求的老年人，需要动员多方力量共同开展"数字反哺"行动，提升中老年群体的数字素养和能力。

1. 数字鸿沟的内涵及分类

数字鸿沟作为技术与社会发展过程中的映射，最初，该数字鸿沟的概念被理解为信息通信技术在不同人群中可获得性和使用性的差异，人们可以通过简单地提供信息通信技术接入实现对其的弥合[①]。随着时间推移和互联网社会的快速发展，数字鸿沟概念的内涵和外延都有所扩展，人们的关注焦点逐渐转移到信息主体的能力和技能上。2002年

---

① 　VAN DIJK J A G M. Digital divide research, achievements and shortcomings[J]. Poetics, 2006,34(4–5): 221–235.

以后，为了解释信息主体能力差异，学者对数字鸿沟的研究加入了社会、心理和文化背景[1]，由此形成了第一道数字鸿沟和第二道数字鸿沟的概念，前者指获取信息通信技术的差异，后者指信息通信技术使用方式的差异。随着研究的深入，有学者提出第三道数字鸿沟[2]，是指由互联网使用的有益结果及其使用后引起的不平等现象[3]。

关于数字鸿沟的定义，国内外学者及相关国际组织等都提出了相应概念。其中，OECD提出数字鸿沟是指"不同社会经济层面的个人、家庭、企业和地理区域，在获取信息和通信技术以及在各种活动中利用互联网的机会及其使用方面的差距"[4]。国际电信联盟认为，数字鸿沟能以不同的形式存在，如不同国家之间的数字鸿沟，还可以适用于不同人口特征的群体，如年龄、性别、收入、种族、地区等。有研究认为数字鸿沟不再以数字设备或互联网接入为标志，而是以用户的数字技能为中心，把问题的核心与用户联系在一起[5]。综上可知，随着互联网社会的快速发展，数字鸿沟的内容日益丰富，范围逐渐扩大。

数字鸿沟根据信息主体从分类看，数字鸿沟通常包括国家之间的数字鸿沟（全球数字鸿沟）以及国家内个人与群体之间的数字鸿沟[6]。全球数字鸿沟侧重于各国的不平等，国家间数字鸿沟主要取决于教育水平、社会经济指标或GDP方面的国家财富，以及与特定国家的互联网和宽带相关的基础设施[7]。初期，有学者针对国家内部的数字鸿沟研究了从社会经济和人口学视角下研究了的个人计算机和互联网普及率[8]，且相关研究考虑了性别、年龄、种族、收入、教育和地理等一系列社会因素，发现数字的不平等主要是由收入和受教育水平的差异导致的[9]。21世纪以来，学者开始关注不同群体间数字鸿沟背后的深层次社会、文化和心理原因。例如，利用布迪厄的批判理论探讨资源的不平等分配

① HSIEH J, RAI A, KEIL M. Understanding digital inequality: comparing continued use behavioral models of the socio-economically advantaged and disadvantaged[J]. MIS Quarterly, 2008,32(1): 97–126.

② ROBLES J M, TORRES-ALBERO C, MARCO S D. Spanish e-government and the third digital divide: a sociological view[J]. Journal of US-China Public Administration, 2011,8(4): 401–412.

③ WEI K K, TEO H H, CHAN H C, et al. Conceptualizing and testing a social cognitive model of the digital divide[J]. Information Systems Research, 2011,22(1): 170–187.

④ OECD (2001), "Understanding the Digital Divide", OECD Digital Economy Papers, No. 49, OECD Publishing, Paris, http://dx.doi.org/10.1787/236405667766.

⑤ MARIËN I, PRODNIK J A.Digital inclusion and user (dis)empowerment: a critical perspective[J]. Info, 2014,16(6): 35–47.

⑥ ZHAO F, COLLIER A, DENG H P. A multidimensional and integrative approach to study global digital divide and e-government development[J]. Information Technology & People, 2014,27(1): 38–62.

⑦ CRUZ-JESUS F, OLIVEIRA T, BACAO F. Digital divide across the European Union[J]. Information & Management, 2012,49(6): 278–291.

⑧ MCCONNAUGHEY J W. Falling through the Net II: new data on the digital divide[M]. Washington DC: National Telecommunications and Information Administration, 1998.

⑨ MCCONNAUGHEY J, EVERETTE D, REYNOLDS T, et al. Falling Through the Net: Defining the Digital Divide[M]. Cambridge : The MIT Press, 1999.

如何影响年轻人的数字包容过程[①]。对欧洲国家居民使用互联网的相关研究发现，在跨国层面，年龄和互联网接入是最显著的预测因素，并建议未来增加互联网用户类型之间的数字鸿沟——用户类划分[②]。针对中国农民工的互联网使用的研究发现，由于缺乏动机、知识和社交途径，该群体仍保持最低限度的电子化，需要增强工业和公共资源来应对数字鸿沟的挑战，而社会经济差距仍是阻碍其互联网接入和使用的主要因素[③]。

数字鸿沟是一个复杂的现象，其受到多种因素的影响。在现有数字鸿沟的文献中，研究普遍认为互联网的使用与信息获取和信息通信技术密切相关[④]。其中，教育、收入、性别、年龄及基础设施等是形成数字鸿沟的重要影响因素[⑤][⑥][⑦]，地理因素也在数字鸿沟中发挥重要作用[⑧]。本节将重点从三个不同维度梳理数字鸿沟的影响因素。

（1）经济因素

经济因素是互联网使用的门槛因素。从已有研究文献看，较高的经济成本通常被认为是使用信息通信技术的重要限制因素[⑨]。研究发现，使用受益于先进信息通信技术的人主要是经济上具有优势的主体，并且这类人也是其受益人群，特别是在发展中国家，经济收入是能否接触使用信息通信技术的主要影响因素[⑩]。发展中国家经济因素带来的技术排斥和制度排斥，在于发展中国家现阶段主要任务在于追求经济效率而非追求经济公平，这使得智能技术暂未考虑老年群体的实用性以及相应保障性制度滞后于经济发展。

① NEWMAN L, BROWNE-YUNG K, RAGHAVENDRA P, et al. Applying a critical approach to investigate barriers to digital inclusion and online social networking among young people with disabilities[J]. Information Systems Journal, 2017,27(5): 559–588.

② BRANDTZÆG P B, HEIM J, KARAHASANOVIC A. Understanding the new digital divide—a typology of Internet users in Europe[J]. International Journal of Human-Computer Studies, 2011,69(3): 123–138.

③ YU B Y, NDUMU A, LIU J Q, et al. E-inclusion or digital divide: an integrated model of digital inequality. Proceedings of the 79th ASIS&T Annual Meeting: Creating Knowledge, Enhancing Lives through Information & Technology. Silver Springs: American Society for Information Science, 2016.

④ RIGGINS F J, DEWAN S. The digital divide: current and future research directions[J]. Journal of the Association for Information Systems, 2005,6(12): 298–337.

⑤ QUIBRIA M G, AHMED S N, TSCHANG T, et al. Digital civide: determinants and policies with special reference to Asia[J]. Journal of Asian Economics, 2003,13(6): 811–825.

⑥ HAIGHT M, QUAN-HAASE A, CORBETT B A. Revisiting the digital divide in Canada: the impact of demographic factors on access to the Internet, level of online activity, and social networking site usage[J]. Information Communication and Society, 2014,17(4): 503–519.

⑦ HELSPER E J. Gendered Internet use across generation and life stage[J]. Communication Research, 2010,37(3): 352–374.

⑧ VICENTE M R, LOPEZ A J. Assessing the regional digital divide across the European Union-27[J]. Telecommunications Policy, 2011,35(3): 220–237.

⑨ RIGGINS F J, DEWAN S.The digital divide: current and future research directions[J]. Journal of the Association for Information Systems, 2005,6(12): 298–337.

⑩ HSIEH J, RAI A, KEIL M. Understanding digital inequality: comparing continued use behavioral models of the socio-economically advantaged and disadvantaged[J]. MIS Quarterly, 2008,32(1): 97–126.

然而，随着互联网数字时代的快速发展，收入水平经济收入因素对数字鸿沟的影响将逐渐减弱。例如，有研究发现收入水平对移动宽带接入的影响小于地理区域的影响[①]；还有研究表明，基于个人计算机的互联网的分歧正在转向智能手机的新鸿沟，而经济收入已不再是导致更高水平数字鸿沟的决定性因素[②]。

（2）年龄和性别因素

大量研究文献证实，年龄和性别是导致数字鸿沟的重要因素，但非根本因素之一。老年群体的数字文盲现象是相关文献中的一个公认事实[③]。老年群体在生理和心理层面的限制，会影响其吸收新知识的兴趣和能力，从而导致数字鸿沟的出现[④]。在与年龄相关的数字鸿沟文献中，研究发现最重要的因素是那些出生和成长伴随信息通信技术发展与那些没有伴随信息通信技术发展人群之间的差异，这两个群体通常被称为"数字原住民"和"数字移民"[⑤]。尽管在西方国家，与性别相关的数字鸿沟已大大缩小[⑥]，但不少研究表明，女性使用计算机等智能设备的可能性明显低于男性，尤其是在发展中国家[⑦]。总体上，不同队列和性别的老年群体对于维系社会关系纽带所借助的工具差异，导致老年群体的社交排斥和能力排斥，放大了个体因素的影响。

（3）教育因素

国内外教育程度是导致数字鸿沟的根本因素，集中体现于年轻群体和老年群体的数字能力差异。相关文献表明，受教育水平是互联网技术使用能力和获取的最一致的预测因素[⑧]。研究发现，与受教育程度较低的群体相比，受过高等教育的人接触互联网的机会更多，使用互联网的能力更强，实践经验更丰富[⑨]。我国现阶段老年群体由于受教育程度较低，对于新技术的知识和学习能力相对不足。一方面是老年人自身学习能力不足客观导致的数字能力习得性难，另一方面是老年人科技恐惧感主观导致的心理排斥。

———————

① BOHLIN E, ROHMAN I K. An assessment of mobile broadband access in Indonesia: a demand or supply problem?[J]. Internetworking Indonesia Journal, 2011,3(2): 15–22.

② PUSPITASARI L, ISHII K. Digital divides and mobile Internet in Indonesia: impact of smartphones[J]. Telematics and Informatics, 2016,33(2): 472–483.

③ DEMOUSSIS M, GIANNAKOPOULOS N. Facets of the digital divide in Europe: determination and extent of Internet use[J]. Economics of Innovation and New Technology, 2006,15(3): 235–246.

④ CZAJA S J, LEE C C.The impact of aging on access to technology[J]. Universal Access in the Information Society, 2007,5(4): 341–349.

⑤ PRENSKY M. Digital natives, digital immigrants part 1[J]. On the Horizon, 2001,9(5): 1–6.

⑥ MUMPOREZE N, PRIELER M. Gender digital in Rwanda: a qualitative analysis of socioeconomic factors[J]. Telematics and Informatics, 2017,34(7): 1285–1293.

⑦ WASSERMAN I M, RICHMOND-ABBOTT M. Gender and the Internet: causes of variation in access, level, and scope of use[J]. Social Science Quarterly, 2005,86(1): 252–270.

⑧ CHINN M D, FAIRLIE R W. The determinants of the global digital divide: a cross-country analysis of computer and Internet penetration[J]. Oxford Economic Papers, 2007,59(1): 16–44.

⑨ WILSON K R, WALLIN J S, REISER C. Social stratification and the digital divide[J]. Social Science, Computer Review, 2003,21(2): 133–143.

　　老年群体在经济因素、年龄因素和教育因素中处于劣势地位，因而中国老年群体是数字鸿沟的重灾区。一般而言，导致老年群体数字鸿沟的直接因素包括两方面：接触机会和使用能力。与年轻群体相比，老年群体接触信息基础设施机会不足和数字能力较低，难以适应互联网社会的快速迅速发展。然而，老年群体出现数字鸿沟的境况并非仅由其自身因素决定，而是个体、家庭、社会和科技等诸多因素共同作用的结果。

　　从个体方面来看，老年群体的生理、心理特征及社会经济因素导致老年群体在科技上处于弱势地位。研究发现，性别、年龄和受教育程度对老年人使用电脑、互联网、智能手机有显著影响，其中，受教育程度具有决定性作用[①]。老年人视觉、听觉等身体机能的衰退直接影响其对智能化技术产品的使用。学习和记忆困难则让老年人产生无力感和心理抗拒，进而对智能产品产生恐惧感。而对技术有用性和易用性的感知缺失、对社交媒体的社会文化意义的理解不足及对新媒体的刻板印象，进一步影响老年人对新社交媒体的接纳。此外，面对市场导向的智能科技产品，收入也是老年人使用硬件设备、网络和拓展网络使用环境的重要基础。可支配收入越高的老年群体，其接触网络媒体的概率越大。城乡老年人之间的数字鸿沟在很大程度上与收入水平有关。

　　从家庭方面来看，信息科技方面的家庭反哺、亲友互助和社会支持不足，也会造成老年人难以融入信息社会。研究表明，代际文化反哺、亲友互助以及信息资源和文教投入对老年人的数字素养提升具有关键作用[②]。但是一方面在网络时代，面对新鲜事物，老年人向子代求助，而子女往往缺少足够的时间和耐心来教指导老年父母人操作，另一方面空巢家庭比例上升，已经组建核心家庭的子女更容易忽视老年父母的需求，使得老年人与数字社会脱节。学习和使用互联网面临困难，进而弱化了老年人的数字融入。另外，对老年群体而言，互联网技术的社会普及相对滞后，这也是造成老年群体数字鸿沟的重要因素。在现代网络科技普及过程中，老年人现代科技技能培训相关课程缺失。尽管社区老年大学开设了电脑、网络和智能手机使用等方面的课程，但收费的银发经济仍需等待有效需求队列进入老年期。覆盖面很小，农村地区尤为缺乏。

　　此外，从社会方面来看，现代智能产品设计也基于消费导向，在很大程度上影响老年人对数字产品的接受和使用。目前市场上的智能产品主要面向年轻群体，其产品设计对老年群体不太适用，老年数字友好程度较低。随着互联网社会的快速发展，信息不仅成为一种公共资源，而且也变成一种生产要素、一种具有交换价值和交易价格的商品。市场开始介入信息的获取、传递和交流，信息交流从无偿走向收费，以追求最大效益为宗旨，使得信息富有阶层与信息贫困阶层之间出现了信息差距，造成了数字鸿沟。从这个意义上说，数字鸿沟其实是经济鸿沟的产物。在现代科技飞速发展的背景下，老年人利用信息通信技术来获取健康信息以及增加与远距离家人沟通交流的诉求越发强烈，但

---

　　①　周裕琼，丁海琼．中国家庭三代数字反哺现状及影响因素研究 [J]．国际新闻界，2020，42(3)：6-31.

　　②　徐越，韵卓敏，王婧媛，等．智能化背景下，老年人数字鸿沟的影响因素及其形成过程分析 [J]．智能计算机与应用，2020，10(2)：75-82.

受市场力量主导和注重高精尖技术的现代信息科技并未将老年人设置为电信设备和信息内容的主要目标群体。这种因社会转型引导致的结构张力使得老年人在与现代科技的互动过程中处于明显不利地位[①]。

进入 21 世纪，随着数字鸿沟现象逐渐受到各国政府的重视，数字包容开始得到人们的关注。2000—2001 年，美国、日本等八国领导人发表的《全球信息社会冲绳宪章》提出，世界各国在信息社会发展进程中，都面临消除数字排斥实现数字融合的问题，数字融合日益成为世界各国数字化进程中的重要政策与社会议题。2006 年，欧盟正式引入"数字包容"一词，其内涵是指信息通信技术在各个层面（社会生活、就业、政治参与、健康、娱乐等）促进均衡和促进社会参与的程度，而数字鸿沟则指"那些有权大力参与信息和知识社会与经济的人与那些没有参与的人之间的差距"。研究指出，数字包容和数字鸿沟是对比现象，代表了较为普遍的数字参与[②]。一个社会中的数字鸿沟越小，其就越接近数字包容性社会。当个人和群体被排除在数字社会的各种场景中，这个社会将仍处于数字分裂社会。

数字包容意味着以全面的方式使用数字智能设备，促进就业，提高生活质量、社会参与和社会融合。数字包容的内涵涉及多个方面，包括数字社会包容、数字公民和数字社交融合[③]。根据 Web Junction 的分析，数字包容在数字社会对于经济和劳动力的发展、公民参与、教育、医疗、公共安全显得尤为重要，但数字包容不仅需要通过基础设施和技术创新来提升数字能力与数字融入，更需要弥合由收入、教育、性别及年龄导致的数字能力差异。2010 年，欧盟正式发布欧洲数字议程政策，旨在更好地利用信息和通信技术，以促进创新和经济增长，为所有人提供便捷的互联网接入，以及促进数字素养。从国际研究趋势看，研究指出，关于互联网使用的研究已从描述"数字鸿沟"的静态特征转向分析数字包容的过程[④]。未来，数字鸿沟的研究将更加聚焦数字包容，并以此为研究的出发点和落脚点。总之在数字时代，数字鸿沟的弥合程度越高，数字社会的数字包容程度将越高，数字公民的社会融入程度也将更高。

2. 中老年群体的数字融入现状分析

近年来，相当数量的老年群体已经开始接触使用互联网，但是老年群体数字融入处于起步阶段数字鸿沟问题也逐渐凸显。中国互联网信息中心发布的《中国互联网络发展状况统计报告》显示，2020 年 3 月我国 60 岁及以上老年网民占网民总数 6.7%，与此相比 2019 年年末我国 60 岁及以上人口占比已经达到 18.1%。鉴于数字鸿沟对于不同年

①　杨一帆，潘君豪. 老年数字鸿沟治理的一个分析框架 [J]. 老龄科学研究，2019, 7(10): 58–67.

②　YU B Y, NDUMU A, MON L M, et al. E-inclusion or digital divide: An integrated model of digital inequality[J]. The Journal of Documentation, 2018, 74(3): 552–574.

③　LEE Y, JEON M. KANG J. Strategies and implications for the social integration of the digital age[J]. IT & Society, 2010(20): 1–29.

④　PARSONS C, HICK S. Moving from digital divide to digital inclusion[J]. Currents: New Scholarship in the Human Services, 2008,7(2): 1–16.

龄人群产生的愿意使用和实际使用机会、能力的不平等现象，国务院办公厅印发了《关于切实解决老年人运用智能技术困难的实施方案》，为打造老年数字友好型社会提供了基本的政策指导依据。本节通过使用 2017 年中国综合社会调查（Chinese General Social Survey，CGSS）数据，进一步首先分析我国中老年群体数字使用现状，其次从接入鸿沟、使用鸿沟和认同鸿沟三个方面剖析我国中老年群体从愿意使用到实际使用的障碍，最后分析互联网使用对于中老年群体人际关系和生活的影响。

（1）互联网普及现状

智能设备连接互联网是数字使用的基础，设备是否上网可以较好描述老年人群体的互联网使用现状。按照《中国互联网络发展状况统计报告》，老年人的互联网普及率仅为老年人口的 23.7%，远不及年轻网民 73.0% 的普及率。为了进一步解构分析老年人口互联网普及率分布特征，选取 2017 年 CGSS 中 50～89 岁样本抽查数据。由于样本增加了 50～59 岁中年群体，并删减了 90 岁及以上高龄群体，整体上样本的智能设备上网普及率总体为达到了 31.2%，基本契合《中国互联网络发展状况统计报告》统计的 60 岁及以上普及率指标，说明 CGSS 样本一定程度上可代表总体特征。

从单一分类指标来看互联网普及率分布，其在性别上呈现略微差异，在居住地、教育程度和年龄上呈现显著差异。以性别分类可见，男性中老年人群略高于女性，占比分别为 33.3% 和 29.2%。以居住地分类可见，农村相比于城镇，互联网普及率大幅落后。其中城镇中老年人群互联网的普及率达到了 44.2%，相对应农村中老年人群仅为 12.4%。以受教育程度分类可见，大学及以上学历中老年人群互联网普及率达到了 81.2%，相对应小学及以下学历中老年人群互联网普及率仅为 9.1%。类似地以年龄分类可见，50～59 岁中年人群互联网普及率接近五成，相对应 70 岁及以上人群互联网普及率降至 13.1%。综合来看，随着年龄增加，农村和城镇老年群体人互联网普及率占比大幅下降。50～54 岁组的城镇人群互联网普及率达到了约七成，80～84 岁的城镇人群互联网普及率降到约两成。相对应地，55 岁及以上农村人群的互联网普及率低于两成，65 岁及以上农村人群已经低于一成，而 85～89 岁组的农村人群更是接近于"网盲"。

从分类指标来看将互联网使用频率根据城乡和性别分类，与互联网普及率较为类似，互联网使用频率也呈现出城镇男性、城镇女性、农村男性和农村女性的梯度分布。城镇中老年人群互联网使用频率显著高于农村，50～54 岁组的城镇男性是唯一均值超过了 2 分的组别，但也仅是有时会使用互联网。而 65 岁及以上的农村人群互联网使用频率均值接近 0，相比于互联网普及率，呈现出更为严重的数字鸿沟。而随着年龄推移，城乡差异会逐渐减少，高龄样本均值均普遍低于 1 分，意味着我国大部分城乡高龄老年人不会或很少会使用互联网。

（2）基础软件使用

随着社交网络和移动支付的盛行，以微信为代表的社交 APP 以及以支付宝为代表的移动支付 APP 在功能上高度整合。一方面，这确实为青年群体带来了实用性和便捷性；另一方面，这也增加了中老年群体的操作负担，提高了使用壁垒。《关于切实解决老年人运用智能技术困难的实施方案》虽然强调简化健康码管理、日常就医预约挂号等操作，但仍无法脱离社交和支付平台等基础功能。鉴于基础软件对于老年群体的非友好型界面设计，工业和信息化部推行的"互联网应用适老化及无障碍改造专项行动"优先推动六大类 43 个 APP 更新为适老版、关怀版和无障碍版本，这在一定程度上方便了老年人的安全使用。

2019 年《中国互联网络发展状况统计报告》中统计显示，老年人群使用微信的比例为 26.2%，不到非老年用户的 1/3。而 2017 年 CGSS 抽样数据呈现出了更为严重的支付鸿沟和社交鸿沟。对我国城乡中老年群体支付普及率统计显示，得出以下三个结论：其一，微信支付在中老年人群中的普及率高于支付宝支付，这可能得益于微信背后的社交功能。微信支付在中老年人群的普及率相对支付宝更高。虽然支付宝作为一款更为专业的支付类软件，推出了担保交易、快捷支付、被盗全赔、反向扫码、刷脸支付等系列功能，但是微信支付依托于社交功能，在以小额支付为主的中老年人群中更受欢迎。其二，支付功能软件在中老年群体的整体普及率不高，在 50~89 岁抽样人群中，微信支付的使用率仅为 12.2%，支付宝支付的使用率仅为 8.5%。50~54 岁城镇人群微信支付普及率最高，但也仅达到了近四成。其三，年龄、居住地、教育因素程度对于支付软件普及率有着显著影响。从单项指标来看，农村中老年群体普及率较低，微信支付仅为 3.4%，而支付宝支付普及率仅为 1.8%，相对应城镇中老年群体微信支付普及率为 18.3%，支付宝支付普及率为 13.1%。类似地，小学及以下教育程度的中老年群体微信支付仅占 1.9%，支付宝支付仅占 1.2%，而大学及以上教育程度的中老年群体微信支付普及率为 47.3%，支付宝支付普及率为 37.9%。

除了支付功能的普及率，社交功能的普及率在很大程度上可以衡量老年人对于基本软件的使用水平。通过研究我国 50~89 岁城乡社交软件普及率得出以下三个结论：其一，微信使用在中老年群体中普及率高于 QQ。其二，社交软件在中老年群体的整体普及率较低。相比较微信社交功能相比和支付功能，在城镇 50~59 岁中年群体中，微信社交普及率低于其支付功能的普及率，而其他组别没有出现太大反差。其三，相比城镇中老年人群，农村社交软件普及率更低，普遍低于 5%。而对于 60 岁及以上农村人群，由于同龄人对于网上社交的依赖程度低，这类人群的社交软件普及率接近于零。

（3）互联网用途

进一步细分基础软件的功能使用，在使用互联网的中老年人群中，对于互联网功能需求有较大差异。2017 年 CGSS 抽样统计了使用互联网的中老年群体对于上网内容的选择，总共分成了社交活动、自我展示、网络行动、休闲娱乐、获取信息和商务交易六大类。社交活动指的是通过 Email、QQ、微信、Skype 等与人交流。自我展示指的是将微信朋友圈、QQ 空间、微博等作为自我展示的平台，从而记录分享自己的心情。网络行动指的是通过网络维护自己的权益，或为他人伸张正义。休闲娱乐指的是通过互联网进行游戏、听音乐、看视频等手段进行休闲放松。获取信息指的是通过互联网搜索信息、浏览新闻等。商务交易指的是通过互联网进行网上转账、支付和网购等。进一步将这六种互联网用途按照频率划分为从不使用、很少使用、有时使用、经常使用和非常频繁使用五类，分别将其赋值为 0~4 分。在统计了六项上网内容得分后，得到两个主要结论：

其一，中老年人群上网主要是为了社交活动、获取信息及休闲娱乐，不热衷于网络行动、商务交易和自我展示。其二，城镇中老年人群在各项互联网用途的上网频率较农村中老年人群更为频繁。

（4）中老年群体的数字鸿沟现状

接入鸿沟是第一道数字鸿沟，具体指老年人对于智能设备和互联网的可及性方面的问题偏弱。老年人的可及性包括以下两种：一是主观的意愿可及性，是否由于兴趣和新技术的吸引力而愿意接触智能设备与互联网。二是客观的设备和互联网可及性，是否缺乏网络和设备条件而导致客观上存在数字鸿沟。主观意愿上排斥数字技术不是本章本节讨论的重点，接入鸿沟将重点描述客观的设备和互联网可及性。这类可及性主要体现了信息有产者和无产者对于在互联网可及性与性能上的差距。

使用鸿沟是第二道数字鸿沟，具体指技术界面的友好性和使用者的数字技能方面的问题。使用鸿沟的缩小一方面依赖于网络和设备的适老化改造，另一方面依赖于使用者数字经验的提升。目前主流软件很多时候倾向于满足主流群体，字体小、文字密度大等设计问题忽略了老年群体的信息需要，也降低了互联网对老年人的吸引力。工业和信息化部针对 APP 界面交互复杂、操作不友好等问题，将鼓励更多企业推出界面简单、操作方便的界面模式，实现一键操作、文本输入提示等多种无障碍功能。

老年人生理功能和心理功能的障碍，使得其对互联网产生了恐惧感，从而产生了第三道鸿沟——认同鸿沟。而对社交媒体的刻板理解进一步影响了老年人对社交媒体技术的接纳。认同鸿沟源于经济基础，所谓"仓廪实而知礼节，衣食足而知荣辱"。经济收入是老年群体使用技术的重要基础，而城乡老年人之间的数字鸿沟在很大程度上受收入影响。因此，老年群体收入差距过大是引起认同鸿沟的关键。数字鸿沟本身很难通过改变文化来解决，只有让老年人群达到一定的客观物质条件，才有可能缩减认同鸿沟。并且辅之以家庭知识反哺，通过父辈世界生活场景对数字知识的祛魅，让家庭成为全生命周期积累知识、习得社会性数字能力的主要场域。

（5）互联网中老年群体的数字能力对老年生活的影响

互联网正在潜移默化地改变人们的生活、学习和工作方式。在传统的围炉而聚的时代，老年人在社会关系网络中会处于不同的位置，有些处于中心位置，而有些多数处于边缘位置，占据有利位置的老年人通常能够吸引网络中的其他角色与自己建立和保持联系。而互联网数字社会平台打破了这种社会关系网络，数字能力将是衡量老年群体人际关系的重要维度，也将深度影响老年群体生活。因此本节主要分析使用互联网对于中老年人群群体的人际关系和生活的影响。

对人际关系的影响：中老年群体人群使用对于互联网的使用会提升其自身的人际关系。2017 年 CGSS 抽样统计了使用互联网的中老年群体社会关系亲密度的变化，包括有共同爱好的人、有相同政见的人、有共同宗教信仰的人、家人、朋友、同事六类人群。并且将亲密度划分为更疏远、疏远、没变化、亲密和更亲密，分别将其赋值为 0~4 分。在统计了六类人群得分后，得到两个主要结论：其一，中老年群体人群在使用互联网后与这六类人群亲密度均有所增加，整体均值超过 2 分。其二，互联网的使用显著提升了家人、朋友、同事、有共同爱好的人的亲密度，略微提升了有共同政见的人、有共同宗教信仰的人的亲密度。

对生活的影响：2017 年 CGSS 抽样统计了使用互联网对中老年群体的生活影响，包括上网时间变长、上网时间超时、影响日常生活、影响工作、上网后与人疏远、不上网坐立不安、外出活动减少、视力变差、颈肩疼痛和家人抱怨共 10 项。并且将符合程度划分为非常不符合、比较不符合、一般、比较符合和非常符合，分别将其赋值为 0 ~ 4 分。在统计了 10 项指标后，得到了三个主要结论：其一，有 9 项指标得分均值低于 2 分，表明互联网对于生活的影响偏向正面。虽然中老年群体上网时间变长，但是互联网没有扰乱中老年人群的日常生活和工作。其二，中老年群体在控制上网时间方面比较出色，没有因为上网使得视力变差和颈肩疼痛。其三，中老年人群的互联网使用没有造成人际关系疏远和家人抱怨，表明这类人群的互联网使用一定程度得到了家人的理解和支持，并且通过使用互联网有效增进了与周围人的感情。

3. 技术变迁下智慧养老发展背景

伴随着经济全球化发展，人口老龄化已呈现不可逆的发展趋势，中国也面临老年人口占总人口比例不断提高的态势。2018 年 1 月国家统计局发布老年人口统计的数据，中国目前有 24090 万 60 岁及以上的老年人口，在总人口数中占比 17.3%，并且 65 岁及以上的人口为 15831 万，在总人口数中占比 11.4%。据中国统计局发布的第七次人口普查数据，截至 2020 年 11 月，中国目前有 2.64 亿 60 岁及以上的老年人口，在总人口数中占比 18.7%；65 岁及以上的人口为 1.9 亿人，在总人口数中占比 13.5%。据预测，2050 年中国的老年人口数量将达到 4.3 亿，处于峰值，占总人口的 30% 以上[①]。人口年龄结构的变化必将带来社会结构的变迁。保障中国老龄事业和产业的持续发展将为满足老年人日益增长的美好生活需要提供重要保证，并逐渐弥补老龄事业和产业发展不平衡、不充分的现状。

信息通信技术对各行各业的渗透是必然的且呈现不可逆转的趋势，包括养老领域。智慧养老的发展是社会现代化的重要标志。在思考人口老龄化带来的问题方面，应转变思维，加入信息技术辅助的思维意识，认识与分析信息通信技术在老龄化进程中发挥的作用和运作机理，目前信息通信技术对中国智慧养老产业的渗透和影响还不够深入，一些技术创新尚未具有典型性，养老服务产品的研发和商业模式的探索仍处于初级阶段，老年群体对智慧养老产品的接纳度和对智能社会发展的适应度仍需要时间与过程。因此还需不断加强智慧养老方面的信息通信技术在 "智慧城市" 基础设施建设中的创新渗透，促进养老服务供给体系与信息通信技术的互动融合发展。

中国通信工业协会于 2018 年 7 月 1 日发布《智慧养老云平台应用系统总体技术要求》（T/CA005—2018），将智慧养老定义为基于网络信息化技术，通过互联网、云平台、大数据、移动互联网与养老行业相结合，优化政府管理服务，为用户提供实时、快捷、高效、低成本的，物联化、互联化、智能化的养老服务。腾讯研究院发布的《2018 中国

---

① 彭希哲，胡湛 . 公共政策视角下的中国人口老龄化 [J]. 中国社会科学，2011(3): 121–138.

"互联网 +"指数报告》显示，中国的数字经济正在高速增长，据估计，2016 年全国经济体量为 22.77 万亿元，2017 年则为 26.70 万亿元。数字经济占 GDP 的比例从 30.61%上升至 32.28%[①]。信息通信技术是信息技术与通信技术相融合，并实现人和组织在数字世界中交互的新技术领域。中国的人口老龄化进程与信息技术的飞速发展相同步，这些技术产业发展能够有效保持社会"老而不衰"，在降低老年人自理的生理门槛的同时，促进老年人生产方式和社会角色的转变。认识到信息通信技术可以使具有特殊需要的群体受益，中国政府在国家和地方层面为应对老年人口不断增长的态势，均积极采取措施鼓励基于信息通信技术的创新，以增强老年人独立生活的能力。

智慧养老服务标准体系建设与规范发展主要表现如下：一是制定设备产品标准，实现不同设备之间数据信息的开放共享；二是制定健康指标检测设备和数据服务标准；三是完善服务流程规范和评估评价指标体系[②]。在政府标准制定方面，2013 年 11 月，民政部发布《养老服务业标准化建设规划（2013—2017 年）》，将养老服务信息数据标准规范（养老机构部分）、养老服务信息数据集分类与编码规则、养老服务信息化平台建设规范、养老机构信息化服务指南、养老服务信息数据元标准化规则（系列）、养老服务信息数据模式描述指南、养老服务信息数据集元数据规范、养老服务信息化基础设施建设规范等，列为重点修订项目。这说明国家已开始关注智慧养老发展的基础信息数据搭建方面的标准化建设，为后续的产品标准、智慧养老设备标准、信息化服务的流程规范和评价体系的发展做铺垫。2014 年 10 月，中国首个智能养老技术标准《全国智能化养老实验基地规划建设基本要求》发布，旨在促进"全国智能化养老实验基地"的建设，发挥智能化养老实验基地的示范作用。2015 年 1 月 22 日中国银发经济协会、华龄涉老智能科技产业发展中心发布《全国智能化养老实验基地智能化系统技术导则》，规范智能养老服务标准。

（1）老年人信息技术可及性的政策支持

"可及性"指营造社会成员可以方便、顺畅、平等地参与社会生活的无障碍环境。"无障碍"体现在信息社会中的最重要的特征则为电子信息交流无障碍及电子信息的可及性、易用性。2008 年 7 月，工业和信息化部发布《信息无障碍身体机能差异人群网站设计无障碍技术要求》和《信息无障碍身体机能差异人群网站设计无障碍评级测试方法》，旨在对无障碍上网的网页设计、内容可感知、接口组件可操作等方面提出要求，以便使身体机能差异群体（指由于身体机能丧失或弱化导致常态下无法正常获取和使用信息的群体，包括残障群体、老年群体、身体机能未发展成熟的幼年群体等）均能从信息技术中获益。2020 年 11 月，国务院办公厅制定《关于切实解决老年人运用智能技术困难的实施方案》，进一步推动解决老年人在运用智能技术方面遇到的困难。2021 年 4 月，工信部发布《关于进一步抓好互联网应用适老化及无障碍改造专项行动实施工作的

① 莉莲 . 2018. 中国"互联网 +"指数报告 . http://www.tisi.org/5025[2018-03-07].
② 朱勇 . 2018. 中国智能养老产业发展报告 . http://www.360doc.com/content/18/1207/21/59320440_800085110.shtml[2018-03-07].

通知》，旨在加快推进互联网应用适老化及无障碍改造专项行动，助力老年人、残疾人等重点受益群体平等便捷地获取、使用互联网应用信息。

自 2008 年起，政府为实现残疾人信息交流无障碍发展出台系列文件和法规，但专门针对老年群体的相关文件及法规较少，部分则是将老年群体与残障群体归为一类。尽管老年群体也会出现如行动不便、视听障碍等。但老年群体仍存在与残障群体不一样的特征，如部分老年残疾人除具有残障的特征外，还要面临因年老身体机能不断退化的过程，政府应在适老化改造中给予其更多的关注。

（2）信息通信技术发展在保障老年人生活质量中发挥保障中的作用

据目前技术发展程度，可用于养老领域的智能应用产品主要有以下几种：一是设备类，包括可穿戴（便携式）健康监测设备、自助健康检测设备、智能监护设备、家庭服务机器人等；二是管理与服务系统，包括智能健康管理系统、智能养老应用系统、数据分析应用系统等；三是信息共享平台，统一规范、互联互通的健康养老信息共享平台已成为发展趋势，实现了健康养老信息共享利用和大数据深度挖掘应用[①]。一般来说发达国家满足与保障老年人生活质量方面的需求包括五类：健康、安全、独立、活动和参与。

健康作为人类最根本的需求，其在很大程度上与人的安全、独立、参与和活动方面的需求直接相关。这些需求的实现通常受到老年人自身机体健康状况恶化的挑战。远程医疗（Telemedicine）是以互联网、远程通信技术、计算机多媒体技术为支撑的医疗服务，可不受限于地理空间的差异，对异地患者进行远距离的视频咨询、诊断和治疗。远程医疗可服务于任何群体，其中老年群体可作为其服务的主要对象之一。中国医疗资源分配存在不均的现象，这体现在不同层级的医疗机构和地区间。地区间经济发展不平衡导致年轻劳动力人口由中西部向东南沿海省份流动，内陆省份由于年轻劳动人口的迁出和老年流动人口的反迁，导致老龄化进一步加剧。同理，中国农村老龄化的态势也较城市更为严峻[②]。医疗资源的分配则呈现城市优于农村的现状，导致居住在农村或偏远地区的老年患者需进城才能获得更好的治疗。目前中国大多数养老院医疗资源比较缺乏，无法真正实现医养结合，这与入住养老院的老年人身体机能较差的特点不相匹配，较难实现医疗、康复服务的充足供给。且老年医学相关专业人数较少，远程医疗的发展则可成为连接医院与养老院的纽带。

面向老年群体的远程医疗领域主要体现在两点：一是老年人家庭、社区康复护理的远程看护；二是老年人疾病管理，尤其是慢性疾病的管理，高龄老年人往往存在一体多病，需多重用药等问题，远程医疗可实现较广泛、高频的病情评估与管理，可并实现不同医院间多科室或多部门的共同参与及诊断。目前 5G 网络的发展给远程医疗的实现与发展提供了有力的保障，部分国内医院开始创建 5G 智慧医疗中心，这进一步促进了医

① 朱勇 . 2018. 中国智能养老产业发展报告 . http://www.360doc.com/content/18/1207/21/593204 40_800085110.shtml[2018-03-07].

② 彭希哲 . 2018. 改革开放 40 年—彭希哲：人口模式变化下的中国老龄化 . http://baijiahao.baidu. com/s?id=1601311531537561426&wfr=spider&for=pc[2018-05-25].

疗生态系统的变革。

4. 技术赋能进程中的养老服务供给模式动态演进

信息通信技术的发展为养老服务的有效供给提供了新的契机，随着智慧养老相关的政策密集出台，养老服务供给模式也呈现动态演进过程。基于 2010 年、2016 年、2018 年中国家庭追踪调查（China Family Panel Studies，CFPS）互联网及手机使用情况的数据分析得出：随时间推移，不同世代对互联网的使用频率已发生较大转变，其接受度也有很大提升。因此，以信息通信技术为基础的人工智能、大数据、物联网等介入养老服务供给具有一定的可行性。

中国老年人的家庭照料资源较短缺，80% 以上完全自理老年人的照料者首选是自己，不完全能自理的老年人仅有一半以上由其他家庭成员照料，更严峻的是，近 20% 的完全失能的老年人缺乏照料[①]。同时，市场经济条件下子女支持父母的观念也发生转变，家庭照料功能不断弱化，致使老年人家庭照料风险日益提升。在当前中国社会，家庭照料功能弱化与因照料劳动力紧缺导致的社会照料功能不足的问题并存；同时，技术创新带来新的契机，智能辅助技术的创新与发展将有效弥补这一缺口，为养老服务供给实现技术赋能，促进养老服务供给模式的转变升级。技术赋能背景下养老服务供给模式的发展主要体现为借助信息通信技术的发展来提升养老服务供给的效能。2019 年 4 月 16 日国务院办公厅发布的《国务院办公厅关于推进养老服务发展的意见》（国办发〔2019〕5 号）指出要"促进人工智能、物联网、云计算、大数据等新一代信息技术和智能硬件等产品在养老服务领域深度应用"。2019 年 9 月 20 日，民政部印发《民政部关于进一步扩大养老服务供给促进养老服务消费的实施意见》，指出要加快互联网与养老服务的深度融合，打造多层次智慧养老服务体系，创造养老服务的新业态、新模式。从政策层面看，现有的政策环境十分有利于智慧养老的发展。养老服务供给涉及老年群体最关心、最现实的切身利益，养老服务保质保量的供给是满足当前老年群体日益增长的美好生活需要的实现路径。在当前社会经济发展和技术发展双向作用下，养老服务智能辅助技术将得到进一步推广、发展和应用，其在养老服务中的地位也将从"可选"变为"首选"，最后成为"必选"。

2012 年中国开始推行"智慧城市"建设，不断促进城市智能网络技术的发展与完善，并逐步实现城市各项服务功能的技术化与信息化，5G、物联网技术的发展助力智能健康养老终端的低功耗、微型化智能传感技术以及室内外高精度定位技术的研发与应用[②]。随着数字时代的到来，一方面，老年群体内部自身的迭代与变化，促使其对互联网的接纳度和使用度在上升；另一方面，基于智能辅助技术的研发与应用，可促进养老服务供给内容的调整、数量与质量的提升，人们将有能力充分收集、储存、传递以及处理数据和信息，基于大数据对老年群体进行精准画像，可提供更具个性化及人性化的养老

---

① 国家卫生计生委家庭司 . 中国家庭发展报告 [M]. 北京：中国人口出版社，2016.

② 中投产业研究院 . 2018—2023 年中国智慧养老产业市场前景及投资机会研究报告 [R]. 深圳：深圳市中投顾问股份有限公司，2018.

服务，进一步提升养老服务供给的精准化。在内因与外因共同作用下，致使养老服务供给模式呈现动态演进态势。

5. 智慧养老技术发展与养老服务供给模式的互动融合

根据 2019 年 7 月 28 日国家统计局公布的数据，2018 年全国"三新"经济增加值为 145.4 万亿元，占 GDP 的比重为 16.1%，呈持续增长态势。新技术的发展将进一步催生养老服务新产品，塑造养老服务供给新结构。智能技术的运用，可在一定程度上弥补养老服务人才的缺口，提升服务质量，并加大养老服务个性化定制的可能性，促进传统养老服务供给模式的演变与创新。

（1）技术赋能背景下养老服务供给方式的变化

传统的养老服务基本依靠的是人力供给，采取的是"人盯人"的方式，需要配备的服务护理人员必须与服务的老年群体数量相近或略少，若护理人员人数供给不足，则极易出现护理人员超负荷工作，导致其工作效率下降或服务质量下降。当下人工智能、物联网、机器人、可穿戴设备等新技术与养老产业结合越来越紧密，以数字化为特征的智慧养老将快速普及，未来的养老服务供给不应仅局限于人力资源，而应通过借助现代互联网技术与云科技，向更加智能化和广泛化发展，以构建养老服务供需平衡生态模式。同时，将大数据、云计算、人工智能等运用到养老服务平台上，不仅可以实现老年人才资源的优化配置，还可以迅速提高养老服务供给的效率。因此，智能养老技术的发展，可发挥对护理人员的辅助功能，帮助护理人员减轻负担或提高效率，养老服务供给的方式也从仅靠人力逐步转变为人机结合。

（2）技术赋能背景下养老服务供给内容的变化

前文分析得出，随着时间向后推移，现有群体对互联网的接纳度不断提升；同时，出生年份越靠后的世代，其对互联网的接纳度也呈现逐渐上升的趋势。这将促使以信息通信技术为载体的养老服务供给的接纳度不断提升，老年群体对于新技术的使用逐渐从不熟悉到必不可少。另外，技术的发展将导致一些原本属于养老服务内容范畴的事项被逐渐替代，养老服务供给的内容发生改变。当下自动化技术的发展，可逐渐弥补老年人在某些活动方面的障碍。比如，通过智能技术，上街购物可通过线上购物替代；外出活动可通过佩带智能可穿戴设备确保老年人定位精准防走失；家务维持可尽量使用基于物联网的一体化智能家居，如洗衣服可使用联网的智能化洗衣机；使用电话的能力可以通过智能语音实现自动控制电话拨打、语音通话等；智能设备可自动识别老年人的用药品类和用药量，避免老年人因视力模糊或意识不清导致的用药失误等。

（3）技术赋能背景下养老服务供给精准度的变化

传统养老服务供给由于人员紧缺，往往优先考虑标准化、统一化的服务以提升服务效率，致使个性化的养老服务难以实现。当下，基于智能养老服务平台的设计、运用与发展，可以对老年人服务需求进行精准记录与反馈，并为其定制个性化养老服务供给，减少沟通方面的人力物力成本。同时，信息通信技术的应用促进养老服务供给的内容也将由原来的统一化、标准化向多元化、定制化方向发展。2020 年 12 月国家卫生健康委员会办公厅发布《关于进一步推进"互联网＋护理服务"试点工作的通知》，指出要规范有序开展"互联网＋护理服务"试点工作，将"互联网＋护理服务"与家庭医生签约、家庭病床、延续性护理等服务有机结合，为群众提供个性化、差异化的护理服务。

6. 促进中老年群体数字融入及智慧养老发展

（1）政府主导作用的有效发挥

首先，政府应将贯彻技术创新作为积极应对人口老龄化的第一动力和战略支撑思想，加强顶层设计和政策引领，将老年友好科技发展纳入老年事业与科技事业的发展规划中。一是进一步加大老年友好科技的研发投入。二是进一步优化老年友好科技创新环境。三是进一步改善老年友好科技应用政策环境，根据老年友好科技及其产品的最新进展及时修改调整相关政策规定。

其次，构建政府主导、多方参与的老年数字鸿沟社会支持体系，提升老年人数字素养，逐步缩小老年群体和年轻群体之间的数字鸿沟。一是增加投入，重点加强薄弱地区数字信息基础设施建设，将数字信息服务纳入免费提供的基本公共服务中。二是将城乡网吧改造和家庭网络数字化改造作为城乡数字信息基础设施建设的重点，不断提升信息化和数字化服务能力，让各种数字化服务便捷地接入每个社区、每个家庭、每位老年人，形成智慧家居、智慧社区。

再次，大力倡导并建立终身教育体系，为老年人能够继续进行各类学习提供设施和机会，使他们能够及时跟上信息化社会的发展步伐。以落后地区为重点，依托老年学校和社会组织等，开设激发老年人学习兴趣、复合老年人学习特点的课程，为老年人提供互联网和数字信息科技教育，帮助其提高信息化应用能力。

从次，政府需切实采取措施保障老年人网络信息安全，增强对数字弱势老年群体的包容性。建议加强网络信息安全意识宣传，普及网络完全知识，提供基本防护策略，并完善网络信息安全法案，为保护老年群体的个人信息安全提供法律保障。同时，在医疗、金融等领域，要重视对数字信息弱势老年群体的数字包容，维护老年群体使用现金等传统支付方式的权利。

最后，政府应优化公共服务，兼顾传统和新兴生活方式，为老年群体留出专门服务通道。在信息化快速发展的当下，应融合不同群体的需求，传统和新兴的生活方式应该在一段时期内并存。特别是公共服务部门，应该给老年人留出线下服务的窗口，线下客服、人工电话、纸质填表等老年人所熟悉的传统方式还应适时保留。此外，公共服务部门可以尝试将服务再细化。比如，针对不同场景录制相应的使用教程视频，教老年人学会办理对应的线上业务，缓解老年人不知从何做起的焦虑，也减轻线下窗口的办事压力。

（2）老年个体积极参加学习和培训

老年群体长者应积极转变观念，发挥主观能动性，认真学习各种信息技术和知识，加快融入数字社会。不可否认，老年群体的知识技能基础和更新速度难以适应日新月异的互联网与智能技术。为此，老年人应克服守旧思想、更新观念，主动了解和学习互联网及相关智能产品的使用技能，克服对于互联网的焦虑情绪。

建立终身学习的理念。尤其对于那些没有身体限制和有实际学习需求的老年人，更多还是应该靠老年人的家人进行教学指导，进行获得"数字反哺"。但对于"数字反哺"

来说，不仅需要教学者有耐心和时间，还需要老年人有较强的学习意愿。老年人应发扬不怕难的精神，不断学习紧跟数字社会发展的步伐。并且老年人应该树立一种观念，即网络信息甄别能力的提升恰恰需要依赖老年人自身数字能力的提升。

（3）社会和家庭提供协助

帮助老年人更好融入数字化社会，家庭环节的努力必不可少。年轻人一方面应多用"技术"反哺老年人，让老年人对学习使用智能手机更有信心；另一方面也要创造机会鼓励和陪伴老年人应用数字化产品，以更多耐心陪伴他们学习必要的数字生活技能。动员社会和家庭的力量，通过教育反哺和同辈学习等方式，提升老年人利用信息化工具的能力。

在社区层面，社区作为连接老年个体和政府的中坚力量，大力解决老年人不会用的问题。社区层面应积极组织多种形式的培训讲座、现场课堂等，为老年人学习新技术、新产品提供渠道。同时，社区层面应建立稳定的老年志愿服务体系，发挥老年协会等基层社会组织的公益力量，形成一支有质量的培训队伍。并且社区层面需要借助媒体力量，活用养老顾问和专用老年频道，多给老年群体做心理疏导，引导其主动转变观念，敢于接受新事物。

在家庭层面，家人特别是子女的教育反哺能够为老年父母提供最直接有效的支持，子女可以通过与老年父母面对面的沟通和互动来向他们传授新媒体的使用经验。此外，建议拓展青年志愿服务内容，将提升老年人学习和运用智能手机、互联网等现代信息科技知识与能力作为志愿服务的重要内容。

（4）实施住房适老化改造

除为老年人提供旧宅适老化改造外，逐步推广电子适老化改造，并鼓励养老院进行信息技术改造；远程监测预警，使用基于物联网的预防跌倒和紧急援助等安全系统，保障老年人尤其是独居、空巢老年人的人身安全，防止意外事故的发生；促进服务机器人的发展，借力智能技术发展人工智能私人助理。适应智能医疗保健系统。促进远程医疗的开发与应用，提升医疗资料的可获得性；在为老年人开发低成本的护理机器人和智能护理辅具方面，以及在其销售、租赁方面给予一定的补贴。降低老龄化带来的负面效应，提升自理能力。发展与推广新型老年人友好交通系统和积极做好老龄化城市的智能城市规划；通过移动网络和 GPS 建立安全、高保障的远程监测，防止老年人走丢；提升养老金保障体系的信息技术含量，以用户友好的方式为老年人提供生活保障。通过远程参与终身教育项目，鼓励老年人积极学习教授电子参与课程的知识与内容；在电子政务建设与升级过程中，充分考虑老年群体，增强老年人的体验感，使老年人在使用时感到简便和舒适；促进老年人就业，建立新的促进老年人就业的系统和平台，如专为老年人设立的远程工作模式或一周工作三天的弹性工作机制；依托电子信息技术进一步扩大老年人的社交网络，并构建社区志愿服务文化氛围，鼓励老年群体积极参与。

（5）智慧养老的需求与开发

中国智慧养老产业作为新兴业态，其培育和发展仍面临诸多挑战。目前这些技术创新不仅没有发展成为能被广泛运用的典型，且其中很少有创新能够取得商业成功，大部分的产品仍处于研发和推广阶段。智慧养老产业的发展仍处于市场开拓初期阶段，大多数项目正在探索更清晰的商业模式和盈利模式，其产品和服务往往存在不可持续或不可复制的局限性，推广难度较大。目前进入智慧养老行业需制定长期的发展战略，发展智慧养老产业对企业的规模和资本都有一定的要求，以便能够承担智慧养老的产品研发和市场风险，并需具备较强的市场开拓和资源整合能力。这意味着小微企业与小资本进入智慧养老市场将步履维艰，在一定程度上减弱市场的灵活度和产品服务的多样化。

同时，智慧养老发展的难点往往伴随着社会变革的进程，社会中普遍存在对智慧养老的肯定但不确定的态度，由于市场刚刚兴起且引导不足，社会大众对智慧养老概念模糊。老年人自身对智慧养老的接纳度也成为行业发展中至关重要的一环，许多老年人存在技术接纳的障碍，老年人采用智能技术是一个复杂的问题，将技术运用到达实质性的扩展阶段不仅仅是技术问题，更多的是一个社会发展过程，这在很大程度被经典的技术接受模型所忽略。中国智慧养老发展仍处于探寻老年人真正需求的层面，需深入实际不断了解和试探老年人的智慧养老消费习惯与需求，以精准供给智慧养老服务和智慧养老产品。一是完善市场供给，引导企业充分考虑老年人需求，开发更多优质适老化数字产品。市场主体应下功夫开展老年人数字产品和服务需求的收集、分析与挖掘，深入研究老年群体的身体和心理变化规律，研发适老化数字产品，精准优化产品和服务质量。二是加强老年友好型的数字产品的页面设计，新增老年版视图，使页面内容更加符合老年人的视力特征；创建"容错型"互联网交互机制，减缓老年人对于网络参与的焦虑和恐惧心理。三是加强老年人专属智能重点产品的开发设计，满足老年人的个性化需求，如帮助出行的智能轮椅、生活层面的智能家居、精神层面的社交机器人等；为老年人设计专属使用说明书，便于老年人更好地理解操作。

人口老龄化是一个世界性议题，它是人口再生产模式从传统型向现代型转变的必然结果，也是当今社会经济发展和社会现代化的一个重要趋势，并已成为中国社会的常态。作为一个正处于"百年未有之大变局"的人口大国，中国如何完成对于人口老龄化的"善治"将成为检验我们国家治理体系和治理能力现代化的"试金石"。中央已决定实施积极应对人口老龄化国家战略，这一重大任务具有长期性、全局性的特征，在深入研究和充分实践的基础上凝练出积极应对人口老龄化的"中国方案"不会也不可能一蹴而就。但与此同时，我们也应深知"背驰于道者，其去弥远"的道理。只有立足于历史与现实，即不盲目乐观也不盲从他人，在科学识别自身优势的同时不忘短板，明确中国老龄社会治理的真正逻辑和有效抓手，并在此基础上不断探索、勇于创新，才能走出一条积极应对人口老龄化的中国特色之路。

老年人社会参与政策评估报告

谢立黎　张航空　赵　晰　李　龙　王　飞　杨　璐　徐晓慧①

总报告：老年人社会参与政策评估报告

一、研究背景

我国老年人社会参与政策经历了从无到有，从特定老年群体到全体老年人，从有限参与到全面参与的变化。特别是党的十八大以来，以习近平同志为核心的党中央高度重视积极应对人口老龄化工作。为了有效应对人口老龄化、实现社会治理现代化、满足老年人高质量生活需求，老龄事业逐渐被纳入统筹推进"五位一体"的总体布局中，老龄政策在经济、政治、文化、社会和生态文明建设各领域有诸多发展变化，积极应对人口老龄化上升为国家战略。其中，对老年社会参与相关政策的重视程度也上升到前所未有的新高度。从2019年中共中央、国务院印发的《国家积极应对人口老龄化中长期规划》，到2021年党的十三届全国人大四次会议通过的《中华人民共和国国民经济和社会发展第十四个五年规划和2035年远景目标纲要》，再到《中共中央、国务院关于加强新时代老龄工作的意见》，维护老年人在各领域的社会参与权利，鼓励老年人积极参与社会都被作为加强新时代老龄工作，实施积极应对人口老龄化国家战略的重要战略之一。

然而，当前我国老年人社会参与仍存在高意愿、低参与的矛盾现象。随着健康预期寿命不断增加、老年人口素质逐渐提高，健康对老年人社会参与的影响在持续下降，制度性因素逐渐成为阻碍我国老年人社会参与发展的主要因素。我国老年社会参与政策在顶层设计、专项政策制定、政策衔接配合等方面还存在诸多不足，导致老年群体和其他年龄群体之间、老年群体内部之间存在制度不包容、不公平等问题，这些问题阻碍了我国老年社会参与的进一步发展。为此，《中共中央、国务院关于加强新时代老龄工作的意见》中明确提出要"全面清理阻碍老年人继续发挥作用的不合理规定"。

①　谢立黎，中国人民大学老年学研究所副教授；张航空，中国人民大学老年学研究所副教授；赵晰，中国人民大学社会与人口学院讲师；李龙，中国人民大学老年学研究所副教授；王飞，中国人民大学社会与人口学院博士研究生；杨璐，中国人民大学社会与人口学院硕士研究生；徐晓慧，中国人民大学社会与人口学院硕士研究生。

　　在上述背景下，本研究将以完善我国现有老年社会参与政策体系为主要目的，以继续发挥老年人积极作用，满足老年人美好生活需要为导向，立足就业、志愿服务和老年人力资源开发三个重要老年社会参与领域，对我国老年社会参与政策进行全面评估，以期为清除阻碍老年人继续发挥作用的制度障碍提出对策建议，为优化老年社会参与政策提供方向和依据，进一步完善新时代老龄工作。

二、政策分析框架

　　我国当前老年人社会参与面临若干制度性障碍，本报告着重从两种路径对现有政策进行评估，一是考察现有就业、志愿服务、人力资源开发相关政策的年龄包容性，即现有面向总人群的政策中是否对老年人参与存在限制；二是考察老龄政策的公平性，即老龄政策中有关经济参与、志愿参与、老年教育等相关内容对不同老年亚群体是否存在差异。实现老年人充分的社会参与，首先需要确保其有平等参与的权利，其次是有多元畅通的参与途径，最后在参与过程中的相关权益还需要有所保障，这样才可能有助于提高老年人的参与意愿，并将其转为实际的参与行为。因此，本报告将围绕参与权利、参与途径和权益保障三个维度，对上述两种路径中涉及政策的不足和政策执行中可能存在的问题进行梳理和分析（图10）。

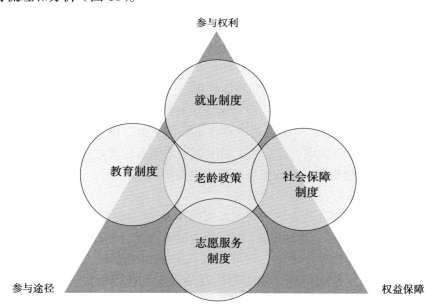

图10　老年人社会参与政策评估框架

三、老年人社会参与面临的制度性障碍

（一）老年人就业面临的制度性障碍

我国老年人就业由于涉及退休年龄、基本养老保险待遇享受、就业形态等多个因素，形式较为多样，各有特征，面临的问题也各不相同。中央和地方政策文件在论及时使用多个概念，如"退休再就业""退休返聘""延迟退休"等。

总体而言老年人就业类型主要可以概括为两大类：狭义的延迟退休①和退休后再就业。现有制度背景下，要实现这两种形式的就业面临的主要问题有以下几点：

1. 老年人的就业权利缺乏制度保障，劳动关系界定模糊

（1）就业制度设计理念缺乏弹性

我国长久以来形成的"教育—工作—退休"的"三段式"生命周期单向发展理念深入就业制度的设计之中，青年期接受教育，成年期进入劳动力市场工作，老年期则退休颐养天年的理念和习惯为社会普遍接受。这种观念使得就业制度的设计缺乏弹性，这在根本上限制了老年人的就业参与权利。这种理念也限制了企业对老年人力资源的主动利用和老年人自身发挥主体能动性。

（2）缺乏禁止就业年龄歧视的制度

我国尚未针对就业的年龄歧视问题制定相关法律。无论是《中华人民共和国劳动法》，还是《中华人民共和国就业促进法》，都只明确规定了"劳动者就业，不因民族、种族、性别、宗教信仰不同而受歧视"，没有对消除年龄相关的歧视进行规定。但国际经验显示，年龄歧视只有通过立法与相应的惩罚机制相结合才能发挥效用。

（3）对退休人员再就业的法律地位规定模糊

目前我国对于退休人员再就业的法律地位没有明确的规定，大致可以归为"劳务关系说"和"社会保险标准说"，但二者都存在不合理之处，使得老年人无法与用人建立劳动关系，只能建立劳务关系，这实质上是限制了老年人的就业权利。

2. 老年人就业途径受限，职业信息获取渠道有限

（1）现有就业政策存在一定年龄限制

目前，我国关于老年人就业的政策主要面向高层次、高技能人才，一般老年人就业途径较为有限。尽管如此，党政领导干部、专业技术人才等群体就业时也面临一系列限制条件。例如，针对党政领导干部，政策限制了其在社会组织、企业兼职时不能领取薪酬、奖金等报酬，社会组织兼职任期不得超过两届，任职年龄不得超过70岁。很多工程师执业资格考核认定办法中也要求年龄在70周岁（含）以下，且对学历、业务工作年限等有较高要求。又如《特种作业人员安全技术培训考核管理规定》要求，特种作业人员应年满18周岁，且不超过国家法定退休年龄。但有一些特殊工种，如焊接工要求

---

① 即劳动者在原单位继续就业，保留原有劳动关系，直到退休年龄和领取基本养老保险年龄达到新的标准再退休。

持证上岗，但焊工证超过 60 岁便不能再办理，这类特殊工种重视技术经验，年轻人大多达不到要求，雇佣者反而需要偷偷雇佣大龄焊工，造成该群体就业权益得不到保障。

（2）老年劳动力需求侧存在制度空白

老年人就业政策的执行涉及老年劳动力的供给与需求两方，而我国现有政策大多从供给侧角度倡导和鼓励老年人就业，或从提高退休年龄角度发力放宽准入门槛，但缺乏从需求侧角度提高用人单位开发和提供就业岗位的能力和意愿。国际经验表明，企业配合是确保老年人就业政策有效落地的重要基础，没有"坑"，再多"萝卜"也无处可放。但我国各地老年人才市场建设水平存在较大差距，缺乏用人单位雇佣老年人的具体奖惩措施，导致用人单位顾虑多、热情低，难以形成健康有序发展的老年人才市场。

（3）老年人职业信息获取渠道有限

根据《中国劳动统计年鉴》2021 年的数据，我国 80% 以上的老年人都是通过委托亲戚朋友介绍寻找工作，而通过招聘网站或广告、就业服务机构、招聘会等正式渠道寻找工作的比例仅为 5% 左右。尽管我国已经上线"中国老年人才网"，并专门开辟了"求职招聘"板块，但招聘信息远远满足不了全国老年人的就业需求，而且能通过招聘网站寻找工作的老年人是有限的，还有大量老年人缺乏线下渠道获得就业信息。

3. 老年人就业权益保障不足，社会保障制度亟待调整

（1）社会保障制度对就业的推拉作用不突出

国际经验显示，社会保障制度设计对老年人就业存在重要的推拉作用，既可以通过扩大保障范围推动老年人积极就业，也可以通过提高缴费年限或领取养老金年限拉动老年人就业。但按照《中华人民共和国社会保险法》的规定，工伤保险与失业保险虽未明确规定参保年龄上限，但是享受条件与养老保险存在互斥现象。因此，已经领取养老金的老年人再就业时，面临失业和工伤带来经济收入受损的风险将不利于老年人积极就业。此外，我国现有养老保险、医疗保险缴费年限都低于日本、韩国等国家。

（2）老年人就业的劳动权益保障不足

我国现行司法解释认为退休再就业人员与用人单位为劳务关系，使其无法受到劳动法保护，容易在同工同酬、最低工资、休息休假、劳动安全等方面受到与适龄劳动者有差别的不公平对待。在无须专业知识技术、可替代性较强的劳动密集型产业和工作领域，相较需要签订劳动合同的适龄劳动者，用人单位可能出于用人成本考虑更多选择退休再就业人员，容易导致其工资达不到国家最低工资标准，或与适龄劳动者相比无法获得同工同酬、休息休假等待遇。在出现用工纠纷时，"劳务关系"也不利于退休再就业人员使用劳动法律维护自己的合法权益，而且一方当事人不存在必须承担另一方当事人社会保险的义务。

（二）老年人参与志愿服务面临的制度性障碍

1. 老年人提供志愿服务的主体角色体现不突出，参与权利缺乏充分肯定

（1）志愿服务领域法律法规对老年群体的重视程度不足

尽管在《中华人民共和国慈善法》《志愿服务条例》等法律法规中没有对志愿者的

年龄进行限定，但是文件中往往会专门强调培养青少年的志愿服务意识和能力，而对于有着较大参与潜能的老年群体并没有提及。只有在《中华人民共和国老年人权益保障法》中明确提出要鼓励老年人在自愿和量力的情况下，参与志愿服务、兴办社会公益事业。

（2）"为老志愿服务"政策多于"老年志愿服务"政策

现有涉及老年人的志愿服务政策法规中，老年群体更多是作为志愿服务的被服务对象而不是服务的提供者。例如，在最新的《"十四五"国家老龄事业发展和养老服务体系规划》中，为老志愿服务是重点发展内容，关于为老志愿服务有较为详细的组织协调和服务内容方面的阐述。而对于老年人参与的志愿服务，则是笼统地提出要"积极开展'银龄行动'，支持老年人参与文明实践、公益慈善、志愿服务、科教文卫等事业"，对于老年人志愿服务的组织基础、服务内容和协调机制并没有说明。

2. 老年志愿服务制度体系建设不完善，参与途径和权益保障受限制

（1）主管单位不明晰

通过与青年志愿服务体系的对比发现，我国老年志愿服务体系的建设还存在很多不足之处。首先，从主管单位来看，《志愿服务条例》中第五条特别指出，"工会、共产主义青年团、妇女联合会等有关人民团体和群众团体应当在各自的工作范围内做好相应的志愿服务工作"，以此加强志愿服务的管理。而对于老年志愿服务，则缺乏相应的主管单位进行统筹、协调和管理，这也导致无法集中资源和力量积极推动老年志愿服务发展。

（2）组织管理机制不健全

与青年志愿服务不同，我国老年志愿服务既缺乏自上而下的管理基础，也没有自下而上的组织创新。现有的各地各级老年协会并不能统筹协调老年志愿服务，造成老年志愿服务专业化程度低、可持续性较差，而社会组织的参与不足也使得我国老年志愿服务行政化色彩较重，缺乏项目管理、服务内容等方面的创新。

（3）参与途径有限

与美国建立的寄养祖父母计划（Foster Grandparent Program）、老年同伴计划（Senior Companion Program）和退休和老年人志愿者计划（Retired and Senior Volunteer Program）等面向全体老年人的联邦老年志愿服务计划不同，我国全国性的老年志愿服务品牌项目较少，现有的"银龄行动"项目主要面向离退休的知识分子和专业技术人员，参与群体和范围有限。2020 年 CLASS 调查 ① 了社区老年人中没有参加志愿活动的原因，20.86% 的老年人不知道怎么参加到志愿活动中，20.59% 表示不知道社区在开展志愿活动，17.52% 的老年人认为没有人组织活动。还有 20.65% 的老年人对目前组织的活动不感兴趣。

（4）项目设计缺乏弹性

CLASS2020 数据显示，超过四成的老年人因为与家庭照料、工作或其他活动时间冲

---

① 中国老年社会追踪调查（China Longitudinal Aging Social Survey，以下简称 CLASS）是由中国人民大学老年学研究所设计，中国人民大学中国调查与数据中心实施的一项全国性、连续性的大型社会调查项目。

突不能参与志愿服务。而我国许多志愿服务在时间设计上缺乏弹性，例如要求老年人在时间上必须保证每周或者每月参加次数，每次需要半天甚至一天，导致部分老年人即使有意愿参与也很难保证出勤时间。

（5）缺乏专业力量指导和培训

我国老年志愿服务尚未建立系统化、规范化志愿者培训机制。近两成老年人因为觉得自己没有一技之长而不愿意参与志愿服务，加之老年人对新知识的学习和运用较为困难，所以大多数老年志愿者缺乏专业技能。这制约了老年志愿服务的专业化、多领域发展，限制了老年志愿服务的发展空间。

（6）参与权益保障制度待完善

老年群体年龄较大、体质相对较弱，为避免参与志愿活动时出现意外，志愿活动组织理应给予基本的权益保障，但目前对如何开展和完善老年志愿服务工作尚未制定完善的法规政策。

表 11　青年与老年志愿服务体系的对比

	青年志愿服务	老年志愿服务
主管单位	中国共青团	主管单位不明确，各级老龄协会、民政部门、精神文明建设办公室都有管辖
组织要素	各级青年志愿者协会、行业青年志愿者协会、青年志愿服务中心、青年志愿服务站、志愿服务队	地方老年协会、老年志愿服务队等。尚未形成统一的老年志愿组织
项目要素	拥有志愿服务"项目库"，例如"扶贫接力志愿服务""西部计划志愿服务""研究生支教志愿服务""阳关助残志愿服务""关爱行动志愿服务"等	"银龄行动"等品牌化项目较少
培训要素	有较为完善的、分层分类的培训教育系统和师资队伍	侧重于短期的岗前培训，缺乏志愿者素质和专业技能培训
资源保障	资金来源较稳定，包括会员会费、社会捐赠、政府资助、在核准的业务范围内开展活动或服务的收入、利息和其他合法收入等	主要依靠政府和慈善组织资助，资金支持不稳定

资料来源：作者自行收集整理。

（三）老年人力资源开发面临的制度性阻碍

1. 人力资源开发门槛高，老年人参与权利受限

（1）老年人参与学历门槛较高

尽管我国从 2014 年开始全面取消了普通高考、硕士学位研究生考试的年龄限制，但高考、研究生考试、成人继续教育等均设置了明确的学历或学力限制，老年人一般至少需要高中学历或具备同等学力才有机会参加学历教育深造。但从我国现有老年人受教育程度来看，符合这一条件的老年群体数量很有限。

（2）从业资格获取存在障碍

在我国，除特殊职业要求等原因设置了明确的报考年龄限制，常规类别的职业资格报考条件大多并不存在年龄上限，仅对资格证书注册和使用有严格的时间期限，为老年人获取从业资格证书提供了可能。但与此同时，这类职业资格考试对报考者的学历水平做出了严格规定，限制了部分有能力但低学历的老年人参与其中，难以达到持证上岗的要求。以教师从业资格为例，我国的教师资格证考试对报考者的学历要求在中专及其以上，学历要求随报考等级有所调整。

2. 老年人力资源开发机制尚未形成，老年人参与途径受限

（1）以人力资源开发为导向的老年教育资源匮乏

我国老年学历教育处于发展的初级阶段，有资格、能力承办老年学历教育的老年教育机构较少。而现有的老年学历教育开设的课程大多为音乐演奏、摄影摄像等课程，于老年人力资源开发的增益并不明显。同时，现有开放大学的老年学历教育对老年学员的准入资格规定并不一致，忽视了一部分有能力但未达到准入标准的老年学员的需求[①]。

（2）学分银行认证机制尚未形成统一标准

我国的终身教育学分银行建设因缺乏国家层面的整体设计和统筹安排，尚未形成统一的认证标准，呈现出零散、自发、局部和区域特征[②]，导致学分银行认证的公信力、权威性、流通性有所下降。同时，我国大多数省域学分银行缺乏对老年群体的需求调研、对老年群体的学习需求普遍缺少关注等[③]。以广东省学分银行相关规定为例，相较其他年龄群体，广东省老年人的学习成果只能归入"其他类—培训业绩"中，学分认定仍需要到线下认证和审核，所获得仅为荣誉学分，一定程度上限制了学分银行在开发老年人力资源中的作用发挥。

（3）终身职业技能培训设计缺乏老年视角

2018年，国务院发布《关于推行终身职业技能培训制度的意见》，要求"针对城乡全体劳动者，推进基本职业技能培训服务普惠性、均等化"。但在具体的政策层面，老年就业群体往往被包含在农民工、农村转移就业劳动者、就业困难人群等群体中，针对老年职业技能培训的内容、形式、补贴待遇等也并无细致规定。针对大龄员工的职业技能培训体系尚未形成，导致老年人继续就业的人力资本无法得到提升。

（4）老年人才信息库建设存在不足

尽管我国从2005年开始就意识到老年人才信息库建设的重要性和必要性，在多个文件中鼓励各地建立老年人才信息库，但这项政策落地缺乏具体的保障机制，导致各地老年人才信息库建设进程和水平不一，建成者寥寥无几且多集中于省域以下层面，致使

---

① 叶和旭，刘彩梅，高林，等. 老年大学学员学历教育参与意愿及相关因素分析 [J]. 中国职业技术教育，2022(13):50–57+74.

② 齐亚丽. 我国学分银行建设的现状、困境及对策建议 [J]. 教育与职业，2019(6):78–83.

③ 梁海兰，赵聪，李焱. 省域职业教育学分银行建设的成效、问题及对策 [J]. 教育与职业，2021(2):19–26.

我国老年人才资源和市场需求之间缺乏有效的衔接渠道，难以为我国老年人力资源开发提供更多助力。

（四）政策执行中存在的问题

1. 就业政策执行中存在的问题

（1）提前退休现象频现

虽然我国法定退休年龄相比 OECD 国家来说已经较低．但在实践过程中依旧有大量企业或机关事业单位的职工在尚未到达法定退休年龄就提前退休，造成人力资本浪费的同时也为养老保险体系带来巨大负担[1]。

（2）延迟退休管理不规范

延迟退休在实施过程中出现一些负面问题。例如，湖南省在实施中小学高级职称女教师延迟退休政策后，伴生一些负面效果，导致延迟退休高级职称女教师在编不在岗、在岗不教书、享受待遇与工作量倒挂等问题，以及中小学职称评聘矛盾加剧的问题。而由于延迟退休政策为国家层面政策，省级管理单位并无调整权限，导致相关问题在省级层面无法解决。

（3）老年女性就业权利何权益保障问题更加突出

根据消除妇女歧视委员会对中国提交的第 7 和第 8 次合并报告的反馈，基于性别的男女工资差距依然存在，劳动力市场仍然存在横向和纵向的职业性别隔离现象，女性集中在低收入的就业部门和岗位；男女的退休年龄依然存在差别，女性退休年龄比男性早 5 ~ 10 年，退休年龄上的这种差别使妇女退休以后的生活更容易陷入贫困[2]。根据 2021 年中国劳动统计年鉴显示，我国 60 ~ 64 岁在业女性中，属于雇主和雇员的比例为 21.6%，男性的这一比例为 39.8%；65 岁及以上的在业女性中这一比例为 12.8%，男性的这一比例为 21.7%。根据《中国劳动统计年鉴》，2019 年我国 60 ~ 64 岁老年就业人口中，自营劳动者和家庭帮工合计占 68%，女性老年人这一比例（78.5%）高于男性老年人（60.7%），这也从侧面反映了我国老年女性中非正规就业的比例较高。

（4）大龄农民工面临就业难的问题

大龄农民工兼有"农民""工人""老人"多重身份，能够对其进行兼顾的保障机制尚未完善。该群体主要面临养老保险关系转移接续导致的养老保障不足问题和就业市场年龄限制导致的劳动权益受损问题较为突出。

---

① 汪伟，王文鹏．预期寿命、人力资本与提前退休行为 [J]．经济研究，2021, 56(09): 90–106.

② United Nations Human Right Treaty Bodies. UN Treaty Body Database [EB/OL]. [2021-05-17]. https://tbinternet.ohchr.org/_layouts/15/treatybodyexternal/Download.aspx?symbolno=CEDAW/C/CHN/CO/7-8&Lang=En.

2. 老年志愿服务政策执行中存在的问题

（1）"五老"作用没有得到充分发挥

当前"五老"队伍[①]在关心下一代的实际工作中存在一些问题，特别是在政策实施和组织协调方面。首先，在政策的组织协调过程中，组织管理较为松散，很多街道乡镇关工委都有组织名义上的"五老"队伍，但在基层，很多和村（社区）老年协会都是同块牌子、同套班子，许多老同志在一些社会组织中挂着不同的职务，使得很多基层群众对关工委组织的"五老"认知度不高，和老年协会混为一谈。其次，在政策实际实施方面，其所开展的在教育形式上不够创新、灵活，教育引导能力存在很大差距，没有形成强大的效应，对于青少年的吸引力不足。

（2）离退休干部参与社会团体服务积极性不高

中共中央办公厅、国务院办公厅印发的《关于进一步加强和改进离退休干部工作的意见》提出要鼓励退休专业技术人才依托高等学校、科研院所、干部院校、各类智库、科技园区、专家服务基地、农民合作组织等开展人才培养、科研创新、技术推广和志愿服务。然而，实际推行中又受到其他政策限制，如《关于规范退（离）休领导干部在社会团体兼职问题的通知》中明确规定，退（离）休领导干部在社会团体兼任职务（包括领导职务和名誉职务、常务理事、理事等），须按干部管理权限审批或备案后方可兼职，且兼职的任职年龄界限为70周岁。实施过程中，许多离退休领导干部为了"避嫌"，或是碍于"程序烦琐"，参与志愿团体和志愿服务的积极性不高。

（3）老年志愿服务形式大于内容

《"十三五"国家老龄事业发展和养老体系建设规划》中明确提出要推行老年志愿服务记录制度，鼓励老年人参加志愿服务，到2020年老年志愿者注册人数达到老年人口总数的12%。但这类纲领性规划文件对政策落地的指导性不强，导致地方对于老年志愿服务的重视程度不足，各地的纲领性文件和规划也大多是照搬国家层面的文件，并没有更详细和切实可行的行动措施。对于老年志愿服务的相关指标的完成和项目的落实存在形式化的问题，例如老年志愿者注册人数只是为了完成考核指标，农村互助养老和时间银行等项目真正持续开展得较少，未实际出发挥作用。

3. 现行政策实施中存在的问题

（1）老年教育资源不平衡、不充分

《中国老年教育发展报告（2019—2020）》[②]显示，我国老年教育发展存在发展不平

[①] 中国关工委《关于印发〈关于进一步发挥五老队伍在加强青少年思想道德建设中的作用的意见〉》的通知，老干部、老战士、老专家、老教师、老模范在加强青少年思想道德建设，助力贫困地区脱贫攻坚，维护青少年合法权益，关爱保护农村留守儿童和困境儿童等方面发挥了积极作用，青少年思想道德建设工作取得了显著成效。2022年2月，中共中央办公厅、国务院办公厅印发《关于加强新时代关心下一代工作委员会工作的意见》。

[②] 中国老龄科学研究中心：中国老年大学协会发布《中国老年教育发展报告（2019—2020）》，http://www.crca.cn/index.php/13-agednews/468-2019-2020.html。

衡、不充分的问题，区域、城乡发展水平存在较大差距。2019 年我国西北和东北地区的老年学员数量在全国老年学员中的占比仅 4.3% 和 3.9%，远远低于华东地区的 53.6%。同时，与城市相比，我国农村老年教育资源匮乏，后续发展动力不足。掣肘于我国人口老龄化水平"城乡倒置"和城乡二元体制的现实，老年教育的城乡差距将会被进一步放大，严重影响我国老年教育发展的公平性、普惠性。从老年教育内部来看，众多老年大学（学校）同时存在"一座难求"和"老面孔"现象，导致老年人参与老年教育的机会并不平等，使得我国老年人应对劳动力市场变化的能力不足，难以长期保持老年人自身的竞争力。

（2）老年教育课程尚未聚焦老年人力资源开发

当前我国老年教育在实际开设中，课程内容主要集中于书画摄影、器乐演奏等兴趣娱乐层面，缺乏再就业指导、技能教育及提升等实用类课程，教育的生产性、发展性功能尚未得到完全体现，与老年人渴望通过老年教育实现人生价值的强烈需求不符[1]，进而难以对老年人力资源开发提供更多有效支持。

（3）非学历教育作用发挥不突出

高职院校开办的非学历教育虽能更突出职业培训的特色，但其教育成果认定面临认定理念适应性低、认定主体构成单一、认定方式灵活性差、认定结果流动性弱等挑战，难以拓宽技能型人才成长通道[2]，且往往面向特定群体（如教师、干部、退伍军人等），在老年人力资源开发中的作用发挥不突出。

（4）老年就业服务稀缺

尽管我国的就业服务并未对年龄作出明确限定，但是在实际工作中尚未将老年人作为核心服务对象之一。例如，尽管有些省份在文件中明确指出支持老年人才创业，但在实际的政策落地过程中，相较高校毕业生等青年群体，老年人依然是创业支持的边缘群体，创业培训、风险管控、优惠激励等后续创业政策的系统性规划和指导意见并不明确，未能给老年人创业提供清晰且适宜的有力支撑。此外，在职业培训、职业介绍等环节也缺乏专门针对老年人特点设置的专场。

四、完善我国老年人社会参与政策的对策建议

（一）完善老年人参与的顶层设计，保障老年人社会参与权利

1. 国家相关部门完善老年人参与的政策和法律体系
- 加快推进禁止年龄歧视立法。
- 出台《老年人就业保障法》，或对《中华人民共和国劳动法》和《就业促进法》

---

① 韩伟，郭晗，郑新 . 老年教育需求动机研究——针对老年大学层面 [J]. 人口与发展，2018(5)：122-128.

② 祁占勇，刘丹 . 高职院校非学历教育成果认定的现实挑战及因应策略 [J]. 教育科学，2022(2)：45-52.

进行修改，建对老年人的劳动关系、劳动待遇、社会保障等做出明确的规定，特别是对老年人再就业的劳动关系和劳务关系衡量、参保问题做出规范且细致的回应。

- 尽快出台延迟退休实施政策，积极构建相应的社会环境，形成积极的劳动力市场环境和劳动就业政策体系。
- 完善社会保障制度，适当提高缴费年限，提高对弱势老年群体的保障水平。
- 针对老年志愿服务进行专项立法，加大政策引导和制度规范的建设，明确老年志愿服务体系的牵头单位，建立全国性老年志愿服务组织网络和管理机制。

2. 营造老年人积极参与的社会舆论环境

- 加大对老年人经济及社会参与价值的正面报道，树立"老有所为"的正向榜样，扭转社会公众和舆论对老年人衰弱及缺乏贡献的刻板印象。
- 针对就业年龄歧视、性别歧视等现象进行曝光、批评。
- 加大对积极吸纳老年人就业单位优秀经验的宣传报道，形成积极开发老年人力资源的良性劳动力市场风气。

（二）提升老年人社会参与的能力和水平，丰富老年人社会参与途径

1. 完善老年人力资源开发制度

- 积极健全完善终身职业技能培训体系，拓宽就业促进和扶持政策的适用范围，加大对老年就业群体的职业技能培训，确保老年人有获得二次教育的机会，支持老年人通过就业或创业实现经济参与。
- 鼓励高校等探索适宜老年人的继续教育模式，推进继续教育资源向老年人倾斜，提升老年教育质量，鼓励老年人才参与老年教育建设。
- 积极开发老年人力资源信息库，根据老年人的知识技能、特长等进行分类登记，利用互联网技术及时收集和匹配相关的老年人工作需求信息与工作岗位的供应信息，实现区域人力资源共享，提升老年再就业效率。
- 建立专门针对老年人的职业介绍机构或者在现有职业介绍机构中增加服务老年人的专门分支，定期为老年人举办人才交流会。
- 加强对老年人创业项目推介、政策咨询、经营指导等服务，尤其是保障农村老年人拥有平等的机会接触到贷款、信贷、营销设施和技术。
- 利用专业社工机构、各级老年大学建立志愿者教学基地，根据老年志愿组织和志愿者急需专业知识技能，开设培训课程。

2. 重视企业和社会组织的配合

- 鼓励企业和用人单位积极配合，为招聘老年人的企业提供税收减免、就业补助等激励措施，并及时推广其建设经验。
- 创建年龄友好的就业环境，在岗位安排等方面考虑员工能力而非员工年龄。
- 尊重年长员工的劳动和价值，给予其平等和友好的评价及反馈。
- 完善企业管理制度，有针对性地开展面向年长员工的职业技能培训，鼓励员工终身学习。

3. 创新老年人志愿服务参与途径

- 设立老年志愿服务专项基金，激发社会参与主体的创新活力，不断地在实践中丰富我国老年志愿者服务的形式。
- 增加老年志愿服务项目的灵活性，帮助老年人克服因时间冲突等问题而不能参与志愿服务的困难。
- 增强老年志愿服务组织的自主性和创新性，避免行政任务式的项目设置，提高老年志愿服务的质量。
- 探索老有所养与老有所为相结合的志愿项目，鼓励老年人自我管理、互助服务，丰富老年人的养老生活。
- 基层党组织、村民和居民委员会配合，通过赋能老年人组织、志愿者组织和残障者组织，探索老年人社区志愿服务参与的专业性和可持续发展。
- 拓展线上社会参与渠道，丰富老年人社会参与形式。

（三）加强老年人社会参与制度建设，保障老年人社会参与权益

1. 保障老年人就业参与的合法权益

- 促进老年人就业制度与社会保障制度协同发展，适当拓展工伤保险、失业保险参保范围。
- 确保老年员工在同工同酬、最低工资、休息休假、劳动安全等方面的权益受到保障，重视重点解决好老年灵活就业人员、农民工的社保转移问题，提高其社会保障水平。

2. 保障老年人参与志愿服务的权益

- 注意增强老年志愿者的人身保险购买范围和保障金额，使老年志愿者在保证人身安全的前提下，无后顾之忧地参与到志愿服务中。
- 建立老年志愿者激励机制，可采取非直接的经济激励等措施，如对老年志愿者提供免费的景区游览、健康体检、娱乐教育等服务。
- 与内容因地制宜改造或修建综合性活动场所，为老年人参与和老年社会组织开展社区活动提供必要的场地、设施和经费保障。

3. 加强政策实施的监管和评估

- 加大对存在年龄歧视、拖欠老年人劳动报酬等侵害老年劳动者合法权益的企业进行依法严厉打击，并追回此前所享受的税收减免、财政支持等优惠。
- 建立志愿服务评估机制，开展参与服务主体的自我评估、服务对象的评估和对志愿组织的评估，主要可以围绕志愿服务的经费使用、民主决策、项目内容设置、服务效果、志愿者权益保障等方面的进行监督评估。

4. 关注有特殊需求的老年人

- 保障残障老年人和有其他特殊需求的老年人的社会参与。
- 加强无障碍建设，健全行动辅具、行动协助和决策辅助等服务供应机制，补强残障老年主体社会参与的能力。

- 开发和推广更多适合残障老年人身心条件的参与形式，使其能够容纳和满足残障老年人的特殊需求。
- 消除对于老年女性的年龄、身体和性别多重歧视，为老年女性提供更多社会参与机会。

（四）加强数据收集、分析和利用，动态评估和清理阻碍老年人社会参与的制度性障碍

- 统计部门和相关机构加大对于老年人就业、志愿服务等社会参与的数据收集和分析力度，特别是加强分性别、分年龄、分地区和分行业的收集和分析，为进一步开发老年人力资源制定方案和行动提供数据支持。
- 加强对促进老年就业的相关法律、政策的研究，逐步建立和完善配套的法律、政策体系，为老年人的经济和社会参与创建友好、支持性制度环境。
- 对老年人参与正式雇佣和非正式雇佣状态、薪资与社会保障状况、就业形式偏好等数据进行及时追踪统计。
- 追踪公众、劳动者和用人单位对延迟退休、弹性退休制度、灵活就业等观念的认识和态度，为理论研究与政策实施提供及时可靠的实证资料，及时调整政策实施力度与方向。

专题报告一：我国老年人就业政策评估

在人口老龄化加速发展和生育率持续降低的背景下，劳动年龄人口规模减少将成为我国经济可持续发展面临的重大挑战之一。根据国家统计局公布的第七次人口普查数据，与 2010 年相比，我国 15～59 岁人口比重下降 6.79 个百分点，劳动年龄人口逐年缓慢减少。与此同时，我国低龄老人数量庞大，加之老年群体人口素质随着队列更替不断提升，延迟退休年龄、促进老年人就业成为实施积极应对人口老龄化国家战略的重要策略之一。但相对于其他发达国家，我国在促进老年人就业方面还处于起步阶段，很多制度设计还亟待完善。本专题报告将对老年人就业相关政策的进行全面梳理和评估，厘清阻碍老年人就业的制度障碍，明确未来政策完善方向。

一、我国老年人就业的现状

（一）我国老年人就业的特征分析

1. 我国老年人总体就业率呈下滑趋势

对比 2000 年、2010 年和 2020 年三次人口普查数据，我国老年人口就业率呈现出下降趋势（图 11）。2020 年我国 60 岁及以上老年人口就业率为 22.64%，65 岁以上老年人就业率为 17.99%。其中，我国 60 岁及以上老年人就业率在十年间快速下滑，65 岁以上就业率下滑速度有所减缓。另外，七普呈现的两大年龄段的就业率差距较二十年前明显缩小。

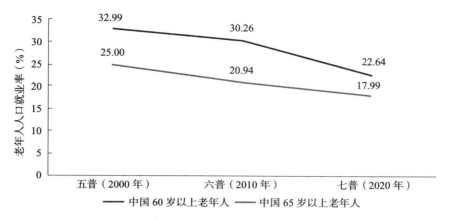

图 11　历次人口普查期间中国老年人就业率变化

数据来源：根据第五次人口普查数据、第六次人口普查数据、第七次人口普查数据计算而来，http://www.stats.gov.cn/tjsj/pcsj/rkpc/7rp/zk/indexch.htm。

　　根据我国历年《中国劳动统计年鉴》，通过全国各年龄段就业人数计算得出 2008–2020 年我国老年就业人口占就业总人口的比例（图 12）。数据显示，该比例在十年来总体波动上升，2015—2019 年涨势稳健；中国 65 岁及以上老年就业人口占比远低于中国 60 岁及以上老年就业人口占比；65 岁以上老年就业人口占比增长较快，速率明显高于 60 岁以上老年人口占比。2020 该数据显著下滑，可能受到新型冠状病毒感染疫情的影响。

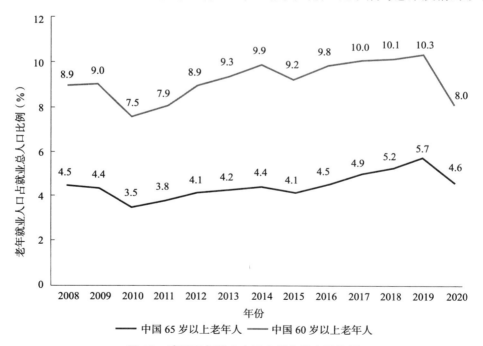

图 12　我国老年就业人口占就业总人口比例

资料来源：中国劳动统计年鉴 2021，http://hfggh22a7519b7d4741d3sffb65wfnov9x65c9.fhab.libproxy.ruc.edu.cn/yearbook/Single/N2022020102。

2. 我国低龄老年人就业率整体偏低

老龄化是诸多国家共同面临的问题，其中日本、韩国同为东亚国家，历史文化与我国有一定相似性。英国、德国属于欧洲发达国家中老年人就业促进政策较为完备的国家。包括由 38 个市场经济国家组成的政府间国际经济组织经合组织（OECD），在平均水平上具有一定代表性。本节从地域、发展程度这两大维度，选取包括中国在内的六个国家和地区，利用 OECD 数据库对其老年人就业率进行对比研究（图 13）。

我国中低龄老年人的就业率整体偏低，特别是低龄老年人就业率与其他国家或地区差距较大。日本与韩国各个年龄段的老年人就业率都明显高于其他国家。中国在 65～69 岁组的就业率与 OECD 国家平均水平基本持平，但是 60～64 岁组的就业率却明显低于其他国家和 OECD 国际平均水平。这与各国的退休年龄有一定关系，中国的退休年龄为男性 60 周岁，女干部 55 周岁，女工人 50 周岁；日本将公务员退休年龄延长至 70 岁；韩国法定退休年龄为 60 岁，但实际退休年龄平均为 72.3 岁，在 OECD 成员国中排名第一；德国法定退休年龄为 65 岁；英国致力于到 2028 年将退休年龄提升到 67 岁。相比之下，我国退休年龄是最低的。

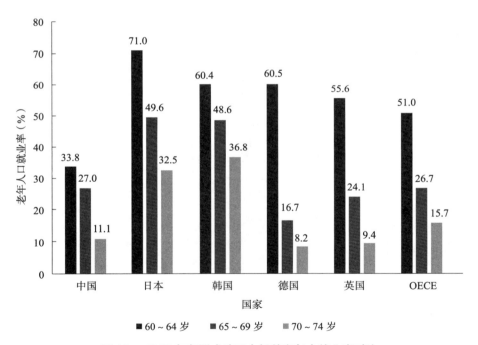

图 13　2020 年各国或地区中低龄老年人就业率对比

资料来源：OECD，Stat:LFS by sex and age–indicators:Employment–population ratios，https://stats.oecd.org/#。

3. 我国老年人就业集中在第一产业

中国老年人在各行业间就业人数悬殊（图 14）。就业人口规模排名前三的行业包含了"农、林、牧、渔业""建筑业"和"制造业"。与 2015 年全国人口 1% 抽样调查数据相比，参与建筑业的老年人数超过制造业和批发零售业，从第四位上升为第二位。但从规模来看，我国老年人就业仍然主要集中在第一产业。60 岁及以上老年人在"农、林、牧、渔业"中就业人口为 382 万，与排名第二位的"建筑业"（41 万）相比，就业人数是其 9.3 倍。从老年就业人口占该行业就业人口总数的比例来看，"农、林、牧、渔业"的比例最高，为 28.32%，其次为"水利、环境和公共设施管理业"（18.37%），其余行业中老年就业人口所占比例都在该行业就业人口的 5% 左右或以下。

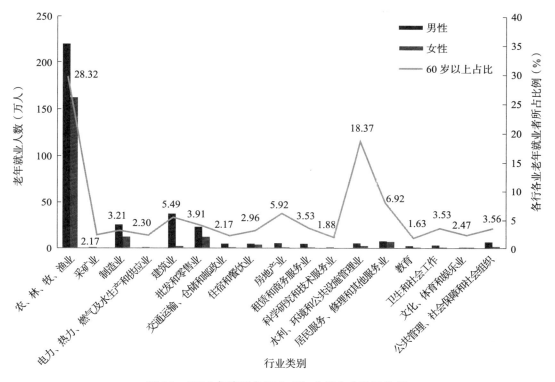

图 14　2020 年我国各行业老年人就业人数及比例

资料来源：根据 2020 年第七次人口普查汇总数据计算而来，http://www.stats.gov.cn/tjsj/pcsj/rkpc/7rp/zk/indexch.htm。

注：由于信息传输业，金融业，以及国际组织中 60 岁及以上老年人就业人数都不足万人，故在此未呈现。

4. 我国老年人就业形态以非正式雇佣为主

根据就业单位的类型来看，我国老年人的就业形态以非正式雇佣为主（表 12）。超过八成的老年人参与劳动的主要渠道是经营家庭承包地（57.29%）和灵活就业（24.62%），这可能主要是因为参与农业劳动并无退休制度的限制，而城市的强制退休规定使得大部分城市老年人退休后只能通过灵活就业的方式重返就业岗位。

表 12　2020 年 60 岁及以上劳动人口单位类型（单位：%）

性别	企业、事业、机关或社会团体等法人单位	个体经营户	经营农村家庭承包地（家庭农林牧渔生产经营活动）	自由职业 / 灵活就业
男性	12.47	8.40	52.26	26.87
女性	6.78	6.63	65.75	20.84
合计	10.35	7.74	57.29	24.62

资料来源：2020 年数据根据第七次人口普查汇总数据计算而来，http://www.stats.gov.cn/tjsj/pcsj/rkpc/7rp/zk/indexch.htm。

5. 我国老年人就业存在显著城乡差异

我国老年人就业率城乡之间差异巨大，总体呈现乡（32.98%）、镇（19.53%）、市（7.11%）递减的特点。值得注意，从就业行业大类来看（图 15），农林牧副渔是最主要的老年人就业行业，老年就业人数达三百多万人，远高于其他地区或行业。除去农业之后，城市就业老年人口数略高于镇级，而城镇数据都低于乡级数据。

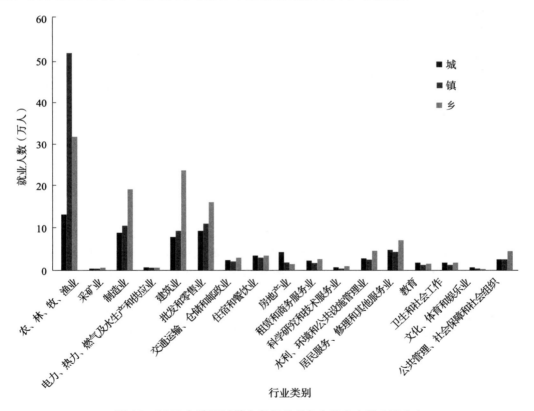

图 15　2020 年我国城镇乡各行业老年人就业人数（万人）

资料来源：2020 年数据根据第七次人口普查汇总数据计算而来，http://www.stats.gov.cn/tjsj/pcsj/rkpc/7rp/zk/indexch.htm。

　　以农林牧副渔、采矿业、制造业、建筑业、居民服务等为代表的行业符合城到乡递增的规律。而在信息传输、金融业、文体等行业则恰恰相反，老年人就业率呈现从城到乡递减的趋势。且科学研究和技术服务等部分行业数据中，镇级老年人就业率处于最低位。总结可得我国老年人就业率整体城乡差距较大，但城乡具体差异与具体行业有关，总的来说城市老年人就业集中与资金集中型现代行业，乡镇老年人就业集中于劳动力与资源集中型行业。

　　就业的单位类型也存在显著的城乡差异（表 13），城市老年人主要在企业、事业、机关或社会团体等法人单位就业和自由职业／灵活就业，镇老年人主要经营农村家庭承包地（家庭农林牧渔生产经营活动）和从事自由职业／灵活就业，乡村地区老年人主要是经营农村家庭承包地（家庭农林牧渔生产经营活动）。

　　进一步分年龄组来看，年龄对于老年人劳动单位有明显影响。低龄城市老年人就业集中在自由职业／灵活就业；低龄乡镇老年人就业集中在经营农村家庭承包地（家庭农林牧渔生产经营活动）。随着年龄的升高，老年劳动人口的单位类型向着企事业、机关或社会团体等法人单位聚拢。到 80 岁及以上高龄老年人组，在城镇乡三级中，企事业、机关或社会团体等法人单位都占大部分甚至绝大部分。

表 13　2020 年 60 岁及以上城乡老年劳动人口单位类型（单位：%）

		企业、事业、机关或社会团体等法人单位	个体经营户	经营农村家庭承包地（家庭农林牧渔生产经营活动）	自由职业／灵活就业
总体	城	33.67	17.61	15.67	33.05
	镇	14.49	12.42	42.37	30.72
	村	5.60	4.99	67.67	21.74
60～64 岁	城	22.41	14.31	20.58	42.70
	镇	9.41	8.61	53.67	28.31
	村	2.98	2.26	75.85	18.91
65～69 岁	城	25.27	15.99	21.28	37.46
	镇	10.52	10.13	47.86	31.49
	村	4.42	4.21	69.92	21.45
70～74 岁	城	30.64	20.74	14.92	33.70
	镇	14.79	14.94	38.76	31.51
	村	7.02	6.49	63.59	22.90
75～79 岁	城	47.54	18.84	7.17	26.45
	镇	28.42	18.42	24.75	28.41
	村	13.75	9.76	52.98	23.51

		企业、事业、机关或社会团体等法人单位	个体经营户	经营农村家庭承包地（家庭农林牧渔生产经营活动）	自由职业/灵活就业
80岁及以上	城	81.43	7.97	0.89	9.71
	镇	75.60	10.97	2.43	11.00
	村	44.56	12.88	24.76	17.80

资料来源：2020年数据根据第七次人口普查汇总数据计算而来，http://www.stats.gov.cn/tjsj/pcsj/rkpc/7rp/zk/indexch.htm。

6. 我国老年人就业存在显著性别差异

2020年，我国男性老年人就业率为29.29%，比女性老年人（16.44%）高出12.85个百分点。从就业行业来看，男性集中在农林牧副渔业以及建筑业等，女性集中在农林牧副渔业以及制造业、批发零售业（图14）。

从就业单位类型来看，男性老年人在企业、事业、机关或社会团体等法人单位就业以及自由职业/灵活就业的比例更高，女性老人经营农村家庭承包地（家庭农林牧渔生产经营活动）的比例更高（表12）。

7. 受教育程度越高的老年人就业比例越低

按照文盲、小学、初中、高中和大专以上学历划分，统计我国2020年60岁及以上不同受教育程度老年人口就业状况（表14）。除去文盲群体，我国老年人的受教育水平与受教育程度呈负相关，即受教育程度越高参与劳动的比例越低。小学学历中上周工作的老年人口占比比大专及以上学历上周工作的老年人口数占比高出20.22个百分点。高素质老年人力资源尚待开发。

表14　2020年60岁及以上不同受教育程度老年人口就业状况（单位：%）

受教育程度	是，上周工作	在职休假、学习培训、临时停工	未做任何工作
文盲	14.45	0.66	84.89
小学	25.13	1.05	73.82
初中	23.88	1.17	74.95
高中	14.09	0.84	85.07
大专及以上	4.91	0.58	94.51

资料来源：2020年数据根据第七次人口普查汇总数据计算而来，http://www.stats.gov.cn/tjsj/pcsj/rkpc/7rp/zk/indexch.htm。

8. 健康状况不再是阻碍老年人就业的主要因素

从七普数据可见（表15），我国绝大多数老年人未做任何工作，从这一角度看，健康程度对老年人是否选择就业的影响不大，健康状况不再是阻碍老年人就业的主要因素。

表 15 2020 年 60 岁及以上不同健康状况老年人口就业状况（单位：%）

	是，上周工作	在职休假、学习培训、临时停工	未做任何工作
健康	28.10	1.20	70.70
基本健康	17.18	0.92	81.90
不健康，但生活能自理	5.52	0.37	94.11
生活不能自理	0.78	0.10	99.12

资料来源：2020 年数据根据第七次人口普查汇总数据计算而来，http://www.stats.gov.cn/tjsj/pcsj/rkpc/7rp/zk/indexch.htm。

聚焦在业老年人口发现，健康或基本健康的老年人上周工作的比例显著高于不健康，但生活能自理及生活不能自理的老年人。相对应，未做任何工作的比例随健康状况的下降而上升。可见，健康状况依然对老年人能否顺利工作存在重要影响。

综上两点，可以明确，健康状况不再是影响老年人选择是否就业的主要因素，但健康状况依然影响老年人的工作能力。

9. 近八成在业老年人平均每周工作时间超过 40 小时

根据中国劳动统计年鉴数据显示（图 16），我国在业人员平均每周工作时间总计超过 40 小时，特别集中在 40 小时与 48 小时以上，即平均每天工作 5 小时或 6 小时以上，且数据变化陡峭。低龄老年人工作时间分布与总体相似，区别在于低龄老年人其他工时统计数据分布较均匀。65 岁及以上中高龄老年人大部分每周工作 20 ~ 40 小时，48 小时以上次之。随着年龄的增大，40 小时以下时长占比逐渐增加，而高时长占比逐步下降。结合我国法定退休年龄，老年人退休后平均每周工作时间有所下降，工作强度有所缓和。

10. 老年人寻找工作方式单一

我国老年人寻找工作的方式较为单一，主要为通过熟人关系（图 17）。通常寻找工作的方式包括实习招考、亲朋介绍、查询广告等。总体来看，2021 年我国劳动力就业途径较丰富，除亲朋介绍外，招聘网站或广告以及实习招考、准备自营等方式都发挥了重要作用。对比而言，老年人寻找工作方式较单一，绝大部分依靠亲戚朋友介绍，其次是直接联系雇主或单位，而通过查询招聘网站或广告获得工作的比例大大降低。考虑到网站广告的载体涉及数字设备。老年人就业途径单一，公开求职方式有所欠缺，互联网时代适老设施不完善。

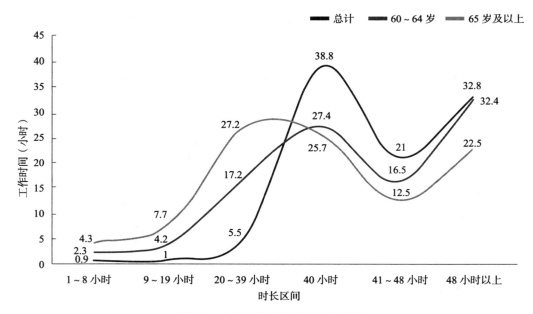

图 16 在业人员平均每周工作时间

数据来源：中国劳动统计年鉴 2021，http://hfggh22a7519b7d4741d3sffb65wfnov9x65c9.fhab.libproxy.ruc.edu.cn/yearbook/Single/N2022020102。

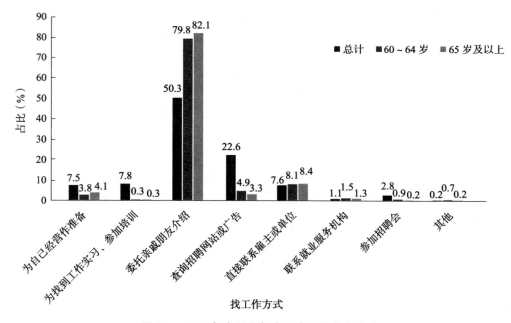

图 17 2020 年中国老年人寻找工作方式构成

数据来源：中国劳动统计年鉴 2021，http://hfggh22a7519b7d4741d3sffb65wfnov9x65c9.fhab.libproxy.ruc.edu.cn/yearbook/Single/N2022020102。

（二）我国老年人就业现状体现出的问题

老年人就业现状的数据主要体现出三方面问题，即就业权利问题、就业途径问题和权益保障问题。就业权利方面，老年人总体就业水平偏低，且在城乡和不同性别之间差距显著，表明老年人的就业权利受到制度限制，其潜力并未被充分开发出来。就业途径方面，老年人就业行业集中，就业类型以非正式雇佣为主，寻找工作渠道单一，主要依靠熟人关系，表明其就业途径通畅度较低。权益保障方面，非正式雇佣的就业形态使得老年人的合法劳动权益难以得到保障，且大多数老年人每周平均工作时间较长。

1. 老年人就业权利受到制度限制

从上述数据分析可以发现，我国老年人就业率整体偏低。尽管从三次人口普查数据来看，60 及以上和 65 及以上老年就业人口均呈上涨趋势，但老年人就业率却呈下降趋势，说明老年就业人口增加速度远低于老年人口增加速度。尤其是与其他发达国家对比，我国老年人口，尤其是低龄老年人口数量庞大，但就业率却远低于别国。在我国老年人受教育水平、健康状况不断向好，健康状况不再是阻碍老年人就业的主要因素的背景下，老年人就业率的滞后发展可能在于制度限制，未能得到相应的就业机会和通畅的就业渠道。

不仅如此，我国老年人就业还存在显著的城乡差异和性别差异，这也与我国的就业制度设计密切相关。我国现行强制退休政策在不同社会群体间尚未统一，且配套政策不完善，导致女性老年人、城市事业单位老年人在强制退休后较难再就业或在参与劳动。农村三分之一以上的老年人依旧在劳动就业，城市就业老年人则不足十分之一。尽管农村老年人就业率高和生存需求有关，但至少从健康角度表明开发老年人力资源是可行的。女性劳动者退休年龄普遍早于男性 5~10 年，使得很多老年女性人力资源也存在被浪费的可能性。

老年人的劳动参与率与城乡、受教育程度呈现倒挂关系，即超九成的城市老年人未做任何工作，受教育程度越高而参与劳动的比例越低。这固然与城镇地区以及受教育程度更高的老年人普遍从事非农生产活动，从而有强制退休制度、社会保障水平较高有关，但也从侧面说明了这部分蕴含丰富潜力的老年人力资源尚待开发。这些老年人由于强制退休制度和劳动力市场的年龄歧视有可能难以享受公平的就业机会。在未工作老年人群体内部，健康和基本健康的占绝大多数，受教育程度为大专及以上的老年人规模不小，低龄老人占比较高，城镇未工作老年人受教育程度比农村未工作老年人更高。这些状况都说明老年人群体内部还有丰富的人力资源和人才资源尚待开发。并且，随着老年人群体队列更替，新进入老年期的队列将会有更高的受教育程度，更好的健康状况，老年人力资源开发前景广阔。

2. 老年人就业多元化受到制度限制

各行业中，老年人就业主要集中在农业、建筑业等劳动密集型产业，且就业形态以非正式雇佣为主，主要就业渠道是经营家庭承包地和灵活就业。这表明老年人就业途径和类型较为单一，其就业受到强制退休制度的影响较大，难以在其他行业以及建立正式雇佣关系的领域获得工作机会。

老年人寻找工作主要通过熟人关系这一单一渠道，信息较为受限。在就业老年人中，一半以上通过委托亲戚朋友介绍寻找工作机会，仅有不到四分之一老年人通过查询招聘网站或广告寻找，极少老年人通过参加招聘会或联系就业服务机构这种正规渠道寻找工作。

3. 老年人就业权益缺乏制度保障

老年人就业集中在农业、建筑业等劳动密集型产业，容易遭受工伤和疾病侵袭。与此同时，老年人就业形态以非正式雇佣为主，主要就业渠道是经营家庭承包地和灵活就业，意味着或未与雇主建立正式劳动关系，在劳动保障权益受到侵害时难以使用法律武器维权，或没有工伤保险、失业保险、养老保险的保障。此外，老年人超时工作现象突出。数据显示近四成老年人每周平均工作 40 小时以上，超过适龄劳动力每天 8 小时工作时间，存在超时工作现象。

二、我国老年人就业政策

（一）我国老年人就业形式与概念廓清

我国老年人就业由于涉及退休年龄、基本养老保险待遇享受、继续就业去向等多个因素，形式较为多样，各有特征，面临的问题也各不相同（图 18）。中央和地方政策文件在论及时使用多个概念，如"退休再就业""退休返聘""延迟退休"等。为了便于梳理政策和进一步推进相关研究，需要对相关概念内涵和外延进行廓清。

学术研究或各地政策实践中采用"退休再就业人员"或"超龄劳动者 / 人员"来表示超过法定退休年龄后继续参加劳动就业的群体，二者含义基本相同，指已经超过法定退休年龄但仍具备相应劳动能力、自愿回到工作岗位并通过劳动获取报酬的人员（赵诗琪，2020）。因此，"退休再就业"是个外延较大的概念，是对各类超过退休年龄人员就业行为的一种统称。"延迟退休"概念近年来受到较多讨论，但使用中存在广义与狭义之别。中央倡导"延迟退休"的核心文件，如《中共中央关于全面深化改革若干重大问题的决定》和《中华人民共和国国民经济和社会发展第十四个五年规划和 2035 年远景目标纲要》，都是在广义层面使用该词，即通过弹性实施、分类推进的方式，在总体上实现整个社会法定退休年龄的推迟。实践中的"延迟退休"则在狭义上使用该词，即劳动者在原单位继续就业，保留原有劳动关系，直到退休年龄和领取基本养老保险年龄达到新的标准再退休。

结合实践情况，课题组认为老年人就业的实质类型主要包括两大类：退休后再就业和狭义的延迟退休。图 18 展示的是在现有退休年龄基础上，如果提高退休年龄，可能出现的几种情况。

一是达到现有法定退休年龄，并且缴满 15 年养老保险已开始享受基本养老保险待遇之后再就业，根据就业的形态又可以分为正规就业（如返聘）和灵活就业[1]。

二是达到现有法定退休年龄，已缴满但尚未领取养老保险待遇，若选择继续工作达到新退休年龄时开始领取养老保险，则属于狭义的"延迟退休"；若选择达到新退休年龄之前开始领取养老保险，则前半段属于狭义的"延迟退休"，后半段则属于退休再就业。

三是达到现有法定退休年龄，未已缴满 15 年养老保险年限，则需要继续工作参与缴费。若选择继续工作达到新退休年龄时开始领取养老保险，则属于狭义的"延迟退休"；若选择在缴满年限后，达到新退休年龄之前开始领取养老保险，则前半段属于狭义的"延迟退休"，后半段则属于退休再就业。

四是从未缴纳过基本养老保险，终身以灵活就业或者务农的形式参与。

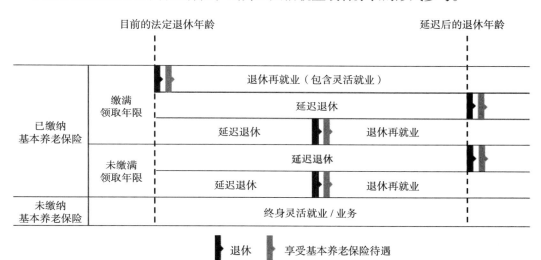

图 18　延迟退休年龄背景下我国老年人的就业类型

资料来源：作者自行绘制。

（二）国家层面老年人就业相关政策

根据上述老年人就业形式分类及涉及的相关因素，对于我国在国家层面上与老年人就业的相关政策，本部分从总体鼓励政策、劳动就业政策、社会保险政策三个方面进行汇总梳理。其中，劳动就业政策包括退休政策、延迟退休政策、退休返聘政策和用工关系界定政策。社会保险政策包括养老保险政策、工伤保险政策、失业保险政策和医疗

---

[1]　灵活就业是相对正规就业而言的一种就业形式，主要包括：自营劳动者：包括自我雇佣者（自谋职业）和以个人身份从事职业活动的自由职业者等；家庭帮工：即那些帮助家庭成员从事生产经营活动的人员；其他灵活就业人员。主要是指非全时工、季节工、劳务承包工、劳务派遣工、家庭小时工等一般劳动者。

保险政策。在涉及全体老年人的政策之外，本文进一步梳理若干特殊老年群体的就业政策，包括公职人员、灵活就业人员、农民工和女性劳动者。

1. 总体鼓励政策

我国对老年人参与经济活动一直持有肯定和保护态度。1996年《中华人民共和国老年人权益保障法》首次颁布时，就表示国家和社会应当重视老年人的知识技能，保障老年人参与经济，鼓励老年人在自愿和量力情况下依法从事经营和生产活动，并依法保护老年人参加劳动的合法收入。

随着人口老龄化进程不断加速、人均预期寿命上升、劳动年龄人口结构性老化以及老年人健康状况优化和受教育水平提升，鼓励老年人继续发挥作用和开发老年人力资源逐渐受到重视。2019年11月国务院发布《国家积极应对人口老龄化中长期规划》[①]，提出"改善人口老龄化背景下的劳动力有效供给"，国家发展改革委负责人对此答记者问时，说明相关举措之一是"创造老有所为的就业环境，充分调动大龄劳动者和老年人参与就业创业的积极性，推进有意愿和有能力的大龄劳动者和老年人在农村就业创业。"[②]

2021年，中央连发两个文件鼓励老年人继续发挥作用。11月《中共中央 国务院关于加强新时代老龄工作的意见》[③]首次在具体领域提出鼓励政策，提出"在学校、医院等单位和社区家政服务、公共场所服务管理等行业，探索适合老年人灵活就业的模式"。12月《国务院关于印发"十四五"国家老龄事业发展和养老服务体系规划的通知》[④]表示"健全相关法律法规和政策，保障老年人劳动就业权益和创业权益"。此外，两个文件都提出要加强老年人就业服务，"鼓励各地建立老年人才信息库，为有劳动意愿的老年人提供职业介绍、职业技能培训和创新创业指导服务"。

2. 劳动就业政策

（1）退休政策

我国目前实行强制退休制度，且退休年龄普遍较低。虽然我国人均预期寿命和受教育年限呈现出快速增长的趋势，但我国法定退休年龄基本上沿用20世纪50年代的老标准：男性统一60岁、女工人50岁、女职员和女干部55岁。

同时，大量企业或机关事业单位的职工在尚未到达法定退休年龄就提前退休，造成人力资本浪费的同时也为养老保险体系带来巨大负担（杨良初等，2021；汪伟、王文鹏，2021）。从世界范围来看，我国退休年龄属于较低水平（王天宇等，2016）。

---

① 中华人民共和国中央人民政府，中共中央 国务院印发《国家积极应对人口老龄化中长期规划》，http://www.gov.cn/zhengce/2019-11/21/content_5454347.htm。

② 中华人民共和国中央人民政府，坚持以人民为中心，积极应对人口老龄化——国家发展改革委负责人就《国家积极应对人口老龄化中长期规划》答记者问，http://www.gov.cn/zhengce/2019-11/22/content_5454389.htm。

③ 中华人民共和国中央人民政府，《中共中央 国务院关于加强新时代老龄工作的意见》，http://www.gov.cn/zhengce/2021-11/24/content_5653181.htm。

④ 中华人民共和国中央人民政府，《国务院关于印发"十四五"国家老龄事业发展和养老服务体系规划的通知》，http://www.gov.cn/zhengce/content/2022-02/21/content_5674844.htm。

（2）延迟退休政策

近几年"延迟退休"开始得到广泛关注和讨论，2013年《中共中央关于全面深化改革若干重大问题的决定》首次提出"研究制定渐进式延迟退休年龄政策"[①]，成为劳动就业领域改革的一次全新尝试。此后，随着人口老龄化进程快速演进，我国开始逐渐重视延迟退休，相关表述越来越详细。2021年3月制定的《中华人民共和国国民经济和社会发展第十四个五年规划和2035年远景目标纲要》[②]和同年12月《国务院关于印发"十四五"国家老龄事业发展和养老服务体系规划的通知》，分别倡导按照单位按需聘请、个人自愿劳动原则，鼓励专业技术人才合理延长工作年限；按照小步调整、弹性实施、分类推进、统筹兼顾等原则，渐进式延迟法定退休年龄。

我国对特殊行业或岗位的退休年龄进行了单独规定，允许其在延迟退休。例如，副教授、副研究员及相当职称的高级专家，可延长退休年龄至不超过65岁；教授、研究院及相当职称的高级专家，可延长退休年龄至不超过70岁；杰出高级专家可暂缓离休退休；对于教育、卫生、科学技术领域中的讲师、主治医师、工程师、农艺师、助理研究员以及中小学教师，男性可延长至65岁，女性可延长至60岁退休；女性高级专家、县（处）级女干部可到60岁退（离）休（具体规定见政策清单）。

"延迟退休"实践早在20世纪90年代就已在我国出现，最先体现在改革开放以来对老干部离退休制度的建立和完善上，着重发挥老干部传帮带的重要作用（中共中央文献编辑委员会，1994）。此后主要集中在高层次、高技能人才。2021年自然资源部办公厅印发《关于进一步落实科技创新有关政策的若干措施》[③]，提出"急需紧缺高层次科技创新人才可适当延迟退休"，并说明"高层次"人才是指"在部主责主业中急需的以及技术力量薄弱领域需要的、在业务上起把关作用或在学科中起带头作用，退休后将对工作带来较大影响的"一类工作人员，并明确表示延迟退休应当征得本人同意，并应结合驻地养老保险政策稳慎开展。

（3）退休返聘政策

由于在教育和医疗领域，劳动者的从业经验较体力更为重要，因此我国退休返聘政策主要针对这两个领域的从业者。

教育领域的退休返聘政策涉及小学、高中、高等教育各个阶段。教育部早在1999年便发布文件《关于积极推进高中阶段教育事业发展的若干意见》[④]，规定高中可以根据

---

① 中华人民共和国中央人民政府，《中共中央关于全面深化改革若干重大问题的决定》，http://www.gov.cn/jrzg/2013-11/16/content_2528860.htm。

② 中华人民共和国中央人民政府，《中华人民共和国国民经济和社会发展第十四个五年规划和2035年远景目标纲要》，http://www.gov.cn/xinwen/2021-03/13/content_5592681.htm。

③ 中华人民共和国中央人民政府，自然资源部办公厅印发《关于进一步落实科技创新有关政策的若干措施》的通知（自然资办发〔2021〕69号），http://www.gov.cn/zhengce/zhengceku/2021-12/14/content_5660702.htm。

④ 中华人民共和国教育部，《关于积极推进高中阶段教育事业发展的若干意见》，http://www.moe.gov.cn/srcsite/A26/s7054/199908/t19990812_166063.html。

教学需要返聘退休教师或以合同制的形式从社会招聘教师。2012 年共青团中央等部门印发《少先队总辅导员设置管理办法（试行）》，规定可聘请退休少先队工作者、教育工作者。针对高等院校，教育部印发若干文件[①]，规定职业院校德育工作、高校思想政治理论课教学工作、高校教育教学工作等可返聘已经退休的优秀教师。此外，2018 年 1 月《中共中央 国务院关于全面深化新时代教师队伍建设改革的意见》[②]提出要"实施银龄讲学计划，鼓励支持乐于奉献、身体健康的退休优秀教师到乡村和基层学校支教讲学"。在教育部随后发布的《银龄讲学计划实施方案》[③]中，进一步详细规定"从 2018 年起，面向社会公开招募一批优秀退休校长、教研员、特级教师、高级教师等到农村义务教育学校讲学，发挥优秀退休教师引领示范作用"。

医疗卫生领域，2019 年《中华人民共和国基本医疗卫生与健康促进法》[④]获得通过，规定国家采取退休返聘等措施，加强基层和艰苦边远地区医疗卫生队伍建设。2022 年，国家卫健委等 11 部门联合发布《关于进一步推进医养结合发展的指导意见》[⑤]，支持医务人员特别是退休返聘且临床经验丰富的护士到提供医养结合服务的医疗卫生机构执业，以及到提供医养结合服务的养老服务机构开展服务。

（4）用工关系的界定政策

对于退休再就业人员与用人单位之间的关系，学界主要有五种观点，包括"劳动关系说""劳务关系说""社会保险标准说""非法用工说"和"特殊劳动关系说"。劳动关系说认为用人单位与退休再就业人员之间的用工关系属于劳动关系，和用人单位与适龄劳动者的关系一致。劳务关系说认为退休再就业只能视作劳务关系，无法适用劳动法的规定。社会保险标准说认为退休再就业人员与用人单位之间属于劳动关系还是劳务关系取决于该人员是否已经享受养老保险待遇，若已享受则属于劳务关系，未享受则属于劳动关系。非法用工说认为退休人员已超法定退休年龄，失去了与适龄劳动者同等的劳动能力，并与童工一样均属于限制劳动行为能力人的范畴，不是构成劳动法律关系的适格

---

① 中华人民共和国教育部，《教育部办公厅关于进一步加强职业院校关心下一代工作委员会建设的若干意见》（教职成厅〔2013〕5 号），http://www.moe.gov.cn/srcsite/A07/moe_950/201312/t20131231_161982.html。

中华人民共和国教育部，教育部关于印发《新时代高校思想政治理论课教学工作基本要求》的通知（教社科〔2018〕2 号），http://www.moe.gov.cn/srcsite/A13/moe_772/201804/t20180424_334099.html。

中华人民共和国教育部，《教育部关于推进新时代普通高等学校学历继续教育改革的实施意见》（教职成〔2022〕2 号），http://www.moe.gov.cn/srcsite/A07/moe_743/202208/t20220816_653132.html。

② 中华人民共和国中央人民政府，《中共中央 国务院关于全面深化新时代教师队伍建设改革的意见》，http://www.gov.cn/zhengce/2018-01/31/content_5262659.htm。

③ 中华人民共和国教育部，教育部 财政部关于印发《银龄讲学计划实施方案》的通知，http://www.moe.gov.cn/srcsite/A10/s7151/201807/t20180719_343448.html。

④ 中华人民共和国中央人民政府，[新华网]（受权发布）《中华人民共和国基本医疗卫生与健康促进法》，http://www.nhc.gov.cn/fzs/fzxqjxfv/202007/1e269b788b994b838a71d24caeff8238.shtml。

⑤ 中华人民共和国中央人民政府，《关于进一步推进医养结合发展的指导意见》（国卫老龄发〔2022〕25 号），http://www.gov.cn/zhengce/zhengceku/2022-07/22/content_5702161.htm。

主体。特殊劳动关系说认为由于退休再就业人员与适龄劳动者在年龄、劳动能力、社会保险待遇方面不同，因此其与用人单位之间属于劳动关系范畴，但为不同于普通劳动关系的特殊劳动关系，应当参照执行劳动法有关工作时间、劳动保护、最低工资等劳动标准的规定。

当前国家层面对退休再就业人员与用人单位关系的规定都可视为采纳"社会保险标准说"，即将基本养老保险待遇的享有作为劳动关系终止、采取劳务关系的标准，若未享受基本养老待遇则依旧可与用人单位确立劳动关系。《中华人民共和国劳动法》[①] 并未对劳动者的年龄上限做出规定，可视为对超龄劳动者或退休再就业人员具有同等保护效力，但未明确反对年龄歧视。其中规定"劳动者享有平等就业和选择职业的权利、接受职业技能培训的权利"等，规定"国家采取各种各种措施，促进劳动就业，发展职业教育，完善社会保险"。但是在规定"劳动者就业，不因民族、种族、性别、宗教信仰不同而受歧视"时，并未明确提及年龄因素。《中华人民共和国劳动合同法》[②] 第四十四条第二项规定"劳动者开始依法享受基本养老保险待遇的，劳动合同终止"。全国人大常委会法制工作委员会行政法室（2007）对此条解读为"按照现行有关基本养老保险的规定和实际做法，劳动者达到法定退休年龄是依法享受基本养老保险的前提。同时，不以年龄达致作为劳动权利行使的终止标准是国际通例。因此本条并没有以退休为劳动合同终止的情形之一。如果劳动者达到了退休年龄但并没有依法享受基本养老保险待遇的，除国家另有规定的外，其劳动合同并不终止。"在此基础上，2010 年 9 月施行的《最高人民法院关于审理劳动争议案件适用法律若干问题的解释（三）》[③]（以下简称为《解释三》）中第七条规定"用人单位与其招用的已经依法享受养老保险待遇或领取退休金的人员发生用工争议，向人民法院提起诉讼的，人民法院应当按劳务关系处理。"目前这一司法解释已经废止，《最高人民法院关于审理劳动争议案件适用法律问题的解释（一）》（法释〔2020〕26 号）[④] 没有再作同样的规定，但在司法实践中仍普遍坚持劳务关系说（邱心语、徐刚，2021）。

3. 社会保险政策

社会保险制度坚持广覆盖、保基本、多层次、可持续的方针，老年人作为劳动者延迟退休或再就业与社会保险密不可分，我国养老保险、工伤保险、失业保险和医疗保险政策的沿革与现行情况如下。

[①] 中华人民共和国中央人民政府，《中华人民共和国劳动法》，http://www.gov.cn/banshi/2005-08/31/content_74649.htm。

[②] 中华人民共和国中央人民政府，《中华人民共和国劳动合同法》（主席令第六十五号），http://www.gov.cn/zhengce/2007-06/29/content_2602202.htm。

[③] 中华人民共和国最高人民法院，《最高人民法院关于审理劳动争议案件适用法律若干问题的解释（三）》，https://www.court.gov.cn/fabu-xiangqing-1549.html。

[④] 中华人民共和国最高人民法院，《最高人民法院关于审理劳动争议案件适用法律问题的解释（一）》（法释〔2020〕26 号），https://www.court.gov.cn/fabu-xiangqing-282121.html。

（1）养老保险政策

机关事业单位工作人员养老保险政策。2015年以前，我国对机关事业单位工作人员和企业职工分别实行两套养老保险制度，分别遵循1978年国务院颁布的《国务院关于安置老弱病残干部的暂行办法》和《国务院关于工人退休、退职的暂行办法》，使得基本养老保险制度在城镇逐渐形成一个双元结构或称双规制度，即企业职工基本养老保险制度是实行统账结合、雇员与雇主双方共同缴费的现代保险制度，而机关和事业单位则始终以财政供养的传统退休制度为主。2015年《国务院关于机关事业单位工作人员养老保险制度改革的决定》[①]正式发布，其实施细则与已经运行20多年的城镇企业职工养老保险制度基本一致，标志着我国养老金制度从"双轨制"走向"大一统"，完成养老金并轨（郑秉文，2015）。

企业职工社会养老保险政策。我国养老保险制度自新中国成立后开始建立，经过一系列改革，1997年《国务院关于建立统一的企业职工基本养老保险制度的决定》[②]标志着最终构建起了社会统筹与个人账户相结合的基本养老保险制度框架。随着人口老龄化、就业方式多样化和城市化的发展，企业职工基本养老保险制度出现个人账户没有做实、计发办法不尽合理、覆盖范围不够广泛等不适应的问题。对此，2005年国务院发布《国务院关于完善企业职工基本养老保险制度的决定》[③]，规定确保基本养老金按时足额发放，以非公有制企业、城镇个体工商户和灵活就业人员参保工作为重点，扩大基本养老保险覆盖范围；逐步做实个人账户，并改革基本养老金计发办法，个人账户规模统一由本人缴费工资的11%调整为8%，全部由个人缴费形成，单位缴费不再划入个人账户；累计缴费满15年人员，退休后按月发给基本养老金，由基础养老金和个人账户养老金组成，缴费年限累计不满15年人员，不发给基础养老金，个人账户储存额一次性支付给本人，终止基本养老保险关系。2010年国家通过《中华人民共和国社会保险法》[④]，将中国的养老保险政策提到了国家法律的高度，增加了其权威性和约束力。

企业职工基本养老保险关系的转移接续。随着城市化进程加速和人口流动规模进一步扩大，为了促进人力资源合理配置和有序流动，保证参保人员在城镇就业时基本养老保险关系的顺畅转移接续，2009年12月人力资源社会保障部和财政部联合发布《城镇

---

① 中华人民共和国中央人民政府，《国务院关于机关事业单位工作人员养老保险制度改革的决定》（国发〔2015〕2号），http://www.gov.cn/xinwen/2015-01/14/content_2804092.htm。

② 北大法宝，《国务院关于建立统一的企业职工基本养老保险制度的决定》，http://gffga6ae4bfbcde7b499csbwbbckkkqcou6xpx.ffhi.libproxy.ruc.edu.cn/chl/433eff734b7f7672bdfb.html?keyword=国务院关于建立统一的企业职工基本养老保险制度的决定&way=listView。

③ 中华人民共和国中央人民政府，《国务院关于完善企业职工基本养老保险制度的决定》（国发〔2005〕38号），http://www.gov.cn/zhengce/content/2008-03/28/content_7376.htm。

④ 中华人民共和国中央人民政府，《中华人民共和国社会保险法》，http://www.gov.cn/guoqing/2021-10/29/content_5647616.htm。

企业职工基本养老保险关系转移接续暂行办法》①，规定参保人员跨省流动就业的，基本养老保险关系应随同转移到新参保地。参保人员达到领取条件的，其在各地的参保缴费年限合并计算，个人账户储存额累计本息计算，全部转移；统筹基金（单位缴费）按个人缴费基数的 12% 进行转移。2010 年 9 月，人力资源社会保障部《关于印发城镇企业职工基本养老保险关系转移接续若干具体问题意见的通知》②进一步详细规定了统筹基金和个人账户转移金额计算方法、临时基本养老保险缴费账户以及参保缴费年限等一系列问题。2013 年，《人力资源社会保障部办公厅关于职工基本养老保险关系转移接续有关问题的函》③就关于跨省流动就业参保人员延长缴费问题进行了新规定，即参保人员达到法定退休年龄时累计缴费不足 15 年的，根据基本养老保险关系是否在户籍地确定继续缴费地。如未在企业继续就业参保，则可以申请在继续缴费地参照当地灵活就业人员缴费标准延长缴费，具体延长缴费办法由各地制定。

城乡居民基本养老保险制度。当前的城乡居民养老保险制度为过去新型农村社会养老保险（简称"新农保"）和城镇居民社会养老保险〔简称"城居保"）合并而成。2009 年，国务院决定开展新型农村社会养老保险试点工作④，2011 年，国务院决定开展城镇居民社会养老保险试点工作⑤，均以"保基本、广覆盖、有弹性、可持续"为原则，逐步解决农村居民和城镇无养老保障居民的老有所养问题。2014 年 2 月，国务院将新农保和城居保两项制度合并，出台《国务院关于建立统一的城乡居民基本养老保险制度的意见》（国发〔2014〕8 号）⑥，在全国范围内建立制度名称、政策标准、经办服务、信息系统四统一的城乡居民养老保险制度。参保范围是年满 16 周岁（不含在校学生），非国家机关和事业单位工作人员及不属于职工基本养老保险制度覆盖范围的城乡居民。基金由个人缴费、集体补助、政府补贴构成。其中，个人缴费、地方政府补贴、集体补助及其他渠道的资助全部计入个人账户，中央财政全额支付基础养老金。领取条件为年满 60 周岁，累计缴费满 15 年。

---

① 中华人民共和国中央人民政府，《国务院办公厅关于转发人力资源社会保障部财政部城镇企业职工基本养老保险关系转移接续暂行办法的通知》（国办发〔2009〕66 号），http://www.gov.cn/zhengce/content/2009-12/29/content_8104.htm。

② 中华人民共和国人力资源和社会保障部，《关于印发城镇企业职工基本养老保险关系转移接续若干具体问题意见的通知》（人社部发〔2010〕70 号），http://www.mohrss.gov.cn/xxgk2020/fdzdgknr/zcfg/gfxwj/shbx/201610/t20161017_257399.html。

③ 中华人民共和国人力资源和社会保障部，《人力资源社会保障部办公厅关于职工基本养老保险关系转移接续有关问题的函》（人社厅函〔2013〕250 号），http://www.mohrss.gov.cn/xxgk2020/fdzdgknr/zcfg/gfxwj/shbx/201501/t20150121_149738.html。

④ 中华人民共和国中央人民政府，《国务院关于开展新型农村社会养老保险试点的指导意见》，http://www.gov.cn/zhengce/content/2009-09/04/content_7280.htm。

⑤ 中华人民共和国中央人民政府，《国务院关于开展城镇居民社会养老保险试点的指导意见》，http://www.gov.cn/zhengce/content/2011-06/13/content_7241.htm。

⑥ 中华人民共和国中央人民政府，《国务院关于建立统一的城乡居民基本养老保险制度的意见》（国发〔2014〕8 号），http://www.gov.cn/zwgk/2014-02/26/content_2621907.htm。

　　城镇职工基本养老保险与城乡居民基本养老保险的转移接续。2014 年 2 月，人力资源社会保障部和财政部印发了《城乡养老保险制度衔接暂行办法》（以下简称《暂行办法》）①，适用于参加城镇职工基本养老保险、城乡居民基本养老保险两种制度需要办理衔接手续的人员，有利于健全和完善统筹城乡社会保障体系、促进劳动力的合理流动、保障城乡参保人员特别是广大农民工的养老保险权益。《暂行办法》规定，参加城镇职工养老保险和城乡居民养老保险人员，达到城镇职工养老保险法定退休年龄后，城镇职工养老保险缴费年限满 15 年（含延长缴费至 15 年）的，可以申请从城乡居民养老保险转入城镇职工养老保险，按照城镇职工养老保险办法计发相应待遇；城镇职工养老保险缴费年限不足 15 年的，可以申请从城镇职工养老保险转入城乡居民养老保险，待达到城乡居民养老保险规定的领取条件时，按照城乡居民养老保险办法计发相应待遇。缴费年限计算方面，参保人员从城镇职工养老保险转入城乡居民养老保险的，前者个人账户全部储存额并入后者账户，前者缴费年限合并计算为后者年限。但是参保人员从城乡居民养老保险转入城镇职工养老保险的，个人账户全部储存额可以并入，但缴费年限则不合并计算或折算。

　　养老保险制度的改革探索。在养老保险政策与养老金储备政策不断完善的趋势下，为了进一步配合延迟退休的政策布局，我国在养老保险政策领域做出了积极尝试。2012 年《社会保障"十二五"规划纲要》②首次提出"研究弹性延迟领取养老金年龄的政策"。但目前未有进一步讨论和实施计划。2022 年 4 月，国务院最新出台《关于推动个人养老金发展的意见》③，规定在中国境内参加城镇职工基本养老保险或城乡居民基本养老保险的劳动者可参加个人养老金制度，完全由参加者个人缴费，实行个人账户制度和完全积累制，达到一定条件即可领取，但并未规定最低缴费年限。

　　（2）工伤保险政策

　　《中华人民共和国社会保险法》中工伤保险未明确规定参保年龄上限，但是享受条件也与养老保险存在互斥现象，但由于存在工伤保险可能比养老保险更高的现象，因此进行了补足规定。《中华人民共和国社会保险法》第四章"工伤保险"第四十条，以及《工伤保险条例》第三十五条规定，"工伤职工符合领取基本养老金条件的，停发伤残津贴，享受基本养老保险待遇。基本养老保险待遇低于伤残津贴的，从工伤保险基金中补足差额。"

　　超龄就业人员享受工伤保险待遇以用人单位为其缴纳工伤保险为前提，并在认定时需出具与用人单位存在劳动关系的证明材料。此外，从 2014 年起，我国已针对建筑业

---

　　①　中华人民共和国中央人民政府，两部门通知印发《城乡养老保险制度衔接暂行办法》，http://www.gov.cn/xinwen/2014-06/13/content_2700118.htm。

　　②　中华人民共和国国务院新闻办公室，《社会保障"十二五"规划纲要》，http://www.scio.gov.cn/m/xwfbh/xwbfbh/wqfbh/2014/20140226/xgzc30525/Document/1364670/1364670.htm。

　　③　中华人民共和国中央人民政府，国务院办公厅《关于推动个人养老金发展的意见》（国办发〔2022〕7 号），http://www.gov.cn/zhengce/zhengceku/2022-04/21/content_5686402.htm。

的特点对其用工实行"按项目参保"政策。

2016年3月,《人力资源社会保障部关于执行〈工伤保险条例〉若干问题的意见（二）》①规定,"达到或超过法定退休年龄,但未办理退休手续或者未依法享受城镇职工基本养老保险待遇,继续在原用人单位工作期间受到事故伤害或患职业病的,用人单位依法承担工伤保险责任。用人单位招用已经达到、超过法定退休年龄或已经领取城镇职工基本养老保险待遇的人员,在用工期间因工作原因受到事故伤害或患职业病的,如招用单位已按项目参保等方式为其缴纳工伤保险费的,应适用《工伤保险条例》。"此条规定虽然在一定程度上保障了退休再就业人员的工伤保险权益,但前提是用人单位为其缴纳了工伤保险费用。《工伤保险条例》第十八条规定提出工伤认定申请应当提交与用人单位存在劳动关系（包括事实劳动关系）的证明材料。

2014年12月,人社部等四部门联合发布《关于进一步做好建筑业工伤保险工作的意见》②,针对建筑业工伤风险较高和农民工集中的特点,实行"按项目参保",即"建筑施工企业对相对固定的职工,应按用人单位参加工伤保险;对不能按用人单位参保、建筑项目使用的建筑业职工特别是农民工,按项目参加工伤保险"。

（3）失业保险政策

按照《中华人民共和国社会保险法》③的规定,失业保险未明确规定参保年龄上限,但是享受条件与养老保险存在互斥现象。如2010年通过的《中华人民共和国社会保险法》第五章"失业保险"规定,失业人员如享受基本养老保险待遇,则停止领取失业保险金,并同时停止享受其他失业保险待遇。《失业保险条例》④也进行了相同的规定。

（4）医疗保险政策

按照《中华人民共和国社会保险法》第二十三条的规定,职工应当参加职工基本医疗保险,由用人单位和职工按照国家规定共同缴纳基本医疗保险费。无雇工的个体工商户、未在用人单位参加职工基本医疗保险的非全日制就业人员以及其他灵活就业人员可以参加职工基本医疗保险,由个人按照国家规定缴纳基本医疗保险费。个人跨统筹地区就业的,其基本医疗保险关系随本人转移,缴费年限累计计算。根据现行的城镇职工医疗保险条例,缴纳基本医疗保险费的年限,男性应满30年、女性满25年。2021年,国家医保局办公室和财政部办公厅联合发布《基本医疗保险关系转移接续暂行办法》⑤,规

---

① 中华人民共和国人力资源和社会保障部,《人力资源社会保障部关于执行〈工伤保险条例〉若干问题的意见（二）》,http://www.mohrss.gov.cn/gsbxs/zhengcewenjian/201603/t20160331_236984.html。

② 中华人民共和国人力资源和社会保障部,《关于进一步做好建筑业工伤保险工作的意见》,http://www.mohrss.gov.cn/xxgk2020/fdzdgknr/zcfg/gfxwj/shbx/201501/t20150105_148141.html。

③ 中华人民共和国中央人民政府,《中华人民共和国社会保险法》,http://www.gov.cn/guoqing/2021-10/29/content_5647616.htm。

④ 中华人民共和国中央人民政府,《失业保险条例》,http://www.gov.cn/zhengce/2020-12/26/content_5574281.htm。

⑤ 中华人民共和国中央人民政府,《基本医疗保险关系转移接续暂行办法》,http://www.gov.cn/zhengce/zhengceku/2021-11/28/content_5653856.htm。

定对于职工基本医疗保险参保人员和城乡居民基本医疗保险参保人员因跨统筹地区就业、户籍或常住地变动的，职工医保和居民医保之间可申请转移接续。2022 年 7 月，国家医保局和财政部发布《关于进一步做好基本医疗保险跨省异地就医直接结算工作的通知》，提出目标任务为"2025 年底前，跨省异地就医直接结算制度体系和经办管理服务体系更加健全，全国统一的医保信息平台支撑作用持续强化，国家异地就医结算能力显著提升"[①]。

4. 特殊群体就业及保险政策

（1）公职人员

原法院、检察院以及诸多岗位的公职人员作为离退休老年人中的特殊群体，其退休后再就业的开始时间、就业领域、任职期限都面临若干限制条件。

《中华人民共和国公务员法》[②]规定："公务员辞去公职或退休的，原系领导成员、县处级以上领导职务的公务员在离职三年内，其他公务员在离职两年内，不得到与原工作业务相关的企业或其他营利性组织任职，不得从事与原工作业务直接相关的营利活动。"2018 年修订的《中国共产党纪律处分条例》[③]规定，"党员领导干部离职或退离休后违反有关规定接受原任职务管辖的地区和业务范围内的企业和中介机构的聘任或者个人从事与原任职务管辖业务相关的营利活动，情节较轻的给予警告或严重警告处分，情节较重的给予撤销党内职务，处分情节严重的给予留党察看处分。"2013 年，中央组织部印发的《关于进一步规范党政领导干部在企业兼职（任职）问题的意见》[④]，明确党政领导干部辞去公职或退离休后，三年内不得到本人原任职管辖的地区和业务范围内的企业兼职任职，也不得从事与原职务管辖业务相关的营利活动，拟到本人原任职务管辖的地区和业务范围外的企业兼职任职的，必须按规定经原所在单位党委（党组）批准；辞去公职或退离休后三年后到企业任职兼职的，必须按规定经原所在单位党委（党组）批准并向相应的组织（人事）部门备案。在法院检察院体系中，《关于进一步规范法院、检察院离任人员从事律师职业的意见》[⑤]规定"各级人民法院、人民检察院离任人员在离任后二年内，不得以律师身份担任诉讼代理人或者辩护人"。

针对获得兼职资格的党政人员，《关于进一步规范党政领导干部在企业兼职任职问

---

① 国家医疗保障局，国家医保局和财政部《关于进一步做好基本医疗保险跨省异地就医直接结算工作的通知》，http://www.nhsa.gov.cn/art/2022/7/26/art_104_8629.html。

② 中华人民共和国中央人民政府，《中华人民共和国公务员法》，http://www.gov.cn/flfg/2005-06/21/content_8249.htm。

③ 中华人民共和国中央人民政府，中共中央印发《中国共产党纪律处分条例》，http://www.gov.cn/zhengce/2018-08/26/content_5316783.htm。

④ 中华人民共和国中央人民政府，中组部进一步规范党政领导干部在企业兼职任职，http://www.gov.cn/jrzg/2013-10/31/content_2518437.htm。

⑤ 中华人民共和国最高人民法院，最高人民法院 最高人民检察院 司法部印发《关于进一步规范法院、检察院离任人员从事律师职业的意见》的通知，https://www.court.gov.cn/fabu-xiangqing-329931.html。

题的意见》规定"任期制职务连任不得超过两届，兼职的任职年龄界限为70周岁"。类似情况，《中共中央组织部关于规范退（离）休领导干部在社会兼职问题的通知》[1]中明确规定符合条件且经批准后，退（离休）领导干部可兼任一个社会团体职务，且不得超过两届、任职年龄界限为70周岁。

（2）灵活就业人员

国务院文件对"灵活就业人员"的含义作出了一定说明。国务院办公厅于2020年发布《国务院办公厅关于支持多渠道灵活就业的意见》（国办发〔2020〕27号）[2]，规定灵活就业人员包括个体经营、非全日制、新就业形态等从业人员。并通过鼓励个人经营发展、增加非全日制就业机会和支持发展新就业形态，拓宽灵活就业发展渠道；通过加强审批管理、取消部分消费和提供低成本场地支持，优化自主创业环境；通过推动新职业发布和应用、开展针对性培训、优化人力资源服务、维护劳动保障权益和加大对困难灵活就业人员对帮扶力度，加大对灵活就业的保障支持。

灵活就业人员目前能够以个人身份参加企业职工基本养老保险。2005年国务院发布《国务院关于完善企业职工基本养老保险制度的决定》，规定确保基本养老金按时足额发放，以非公有制企业、城镇个体工商户和灵活就业人员参保工作为重点，扩大基本养老保险覆盖范围。其中，城镇个体工商户和灵活就业人员的"缴费基数为当地上年度在岗职工平均工资，缴费比例为20%，其中8%计入个人账户。退休后按企业职工基本养老金计发办法计发基本养老金。"《中华人民共和国社会保险法》规定无雇工的个体工商户、未在用人单位参加基本养老保险的非全日制从业人员以及其他灵活就业人员可以参加基本养老保险，由个人缴纳基本养老保险费，分别记入基本养老保险统筹基金和个人账户。达到法定退休年龄时累计缴费满十五年的，按月领取基本养老金。不足十五年的，可以缴费至满十五年，按月领取基本养老金；也可以转入新型农村社会养老保险或者城镇居民社会养老保险，按照国务院规定享受相应的养老保险待遇。根据2020年的新政策，灵活就业人员参加企业职工基本养老保险的省内城乡户籍限制已经取消，在部分省份，省外户籍的灵活就业人员可以在本省就业地参保[3]。关于中断缴费问题，《人力资源社会保障部、财政部关于进一步加强企业职工基本养老保险基金收支管理的通知》（人社部发〔2016〕132号）规定，对城镇个体工商户和灵活就业人员不得以事后追补缴费方式增加缴费年限。

灵活就业人员参加医疗保险的户籍限制将在十四五期间逐渐放开。2021年9月15日国务院常务会议审议通过"十四五"全民医疗保障规划，其中一项改革方向为分类优

---

① 新乡学院党委组织部，《中共中央组织部关于规范退（离）休领导干部在社会团体兼职问题的通知》，https://zzb.xxu.edu.cn/info/1007/1401.htm。

② 中华人民共和国中央人民政府，《国务院办公厅关于支持多渠道灵活就业的意见》（国办发〔2020〕27号），http://www.gov.cn/zhengce/content/2020-07/31/content_5531613.htm。

③ 中华人民共和国中央人民政府，《进城务工人员如何缴纳养老保险？》，http://www.gov.cn/xinwen/2020-11/20/content_5563064.htm。

化医保帮扶政策，落实全民参保计划，推进职工和城乡居民在常住地、就业地参保，放开灵活就业人员参保户籍限制[①]。

灵活就业人员的劳动与保险权益逐渐受到重视。2021 年 7 月 7 日，国务院原总理李克强主持召开国务院常务会议，确定加强新就业形态劳动者权益保障的若干政策措施，促进灵活就业、增加就业岗位和群众收入。一是推动建立多种形式、有利于保障劳动者权益的劳动关系；二是企业应当按时足额支付劳动报酬，不得制定损害劳动者安全健康的考核指标，不得违法限制劳动者在多平台就业；三是以出行、外卖、即时配送等行业为重点，开展灵活就业人员职业伤害保障试点；四是建立适合新就业形态的职业技能培训模式，符合条件的按规定给予补贴；五是放开灵活就业人员在就业地参加基本养老、基本医疗保险的户籍限制。

（3）农民工

"农民工"也称"进城务工人员"，根据国务院 2006 年发布的《国务院关于解决农民工问题的若干意见》[②]和 2019 年发布的《保障农民工工资支付条例》[③]，"农民工"的含义为"户籍仍在农村，流入城镇从事非农产业，为用人单位提供劳动的群体"。

农民工的社会保障问题一直受到国家重视，原则上农民工应当与用人单位签订劳动合同并参加企业职工基本养老保险。2006 年《国务院关于解决农民工问题的若干意见》规定要"抓紧研究低费率、广覆盖、可转移、相衔接"的农民工养老保险办法。2009 年人力资源和社会保障部发布了《农民工参加基本养老保险办法》，对农民工参加基本养老保险做出了具体规定。表明在城镇就业并与用人单位建立劳动关系的农民工，应当参加基本养老保险。缴费比例方面，由用人单位和农民工个人共同缴费，但针对农民工收入较低的特点，降低了缴费比例。用人单位缴费比例为工资总额的 12%，个人缴费比例为 4% ~ 8% 并全部计入个人账户，可根据本人的收入情况选择。

农民工就业的高流动性和户籍特征，使得其养老保险关系在不同统筹地之间、在城乡之间的转移接续成为非常重要的问题。2009 年 12 月人力资源社会保障部和财政部联合发布的《城镇企业职工基本养老保险关系转移接续暂行办法》明确规定适用于农民工。并在第九条专门针对农民工进行了说明，即农民工中断就业或返乡没有继续缴费的，由原参保地社保经办机构保留其基本养老保险关系，保存其全部参保缴费记录及个人账户，个人账户储存额继续按规定计息。农民工返回城镇就业并继续参保缴费的，均按前述规定累计计算缴费年限，合并计算其个人账户储存额，符合待遇领取条件的，与城镇职工同样享受基本养老保险待遇；农民工不再返回城镇就业的，根据农民工的实

---

①　中华人民共和国中央人民政府，《国常会通过十四五医保规划，放开灵活就业人员参保户籍限制》，http://www.gov.cn/zhengce/2021-09/16/content_5637884.htm。

②　中华人民共和国中央人民政府，《国务院关于解决农民工问题的若干意见》（国发〔2006〕5 号），http://www.gov.cn/zhengce/content/2008-03/28/content_6668.htm。

③　中华人民共和国中央人民政府，《保障农民工工资支付条例》，http://www.gov.cn/zhengce/ 2020-12/27/content_5573799.htm。

际情况，或在其达到规定领取条件即缴费满 15 年时，享受城镇职工基本养老保险待遇，或转入新型农村社会养老保险。

此后，2014 年人力资源社会保障部和财政部印发的《城乡养老保险制度衔接暂行办法》也适用于农民工。农民工可以将在不同地方缴纳的城镇职工基本养老保险和城乡居民基本养老保险的缴费年限和个人账户储存额按照规定进行转移与合并。即，在农民工达到法定退休年龄时，若其城镇职工养老保险缴费年限满 15 年（含延长缴费至 15 年）的，可以申请从城乡居民养老保险转入城镇职工养老保险，按照城镇职工养老保险办法计发相应待遇；城镇职工养老保险缴费年限不足 15 年的，可以申请从城镇职工养老保险转入城乡居民养老保险，待达到城乡居民养老保险规定的领取条件时，按照城乡居民养老保险办法计发相应待遇。缴费年限计算方面，参保人员从城镇职工养老保险转入城乡居民养老保险的，前者个人账户全部储存额并入后者账户，前者缴费年限合并计算为后者年限。但是参保人员从城乡居民养老保险转入城镇职工养老保险的，个人账户全部储存额可以并入，但缴费年限则不合并计算或折算。

（4）女性劳动者

女性退休年龄与男性相比普遍较低。当前我国女工人法定退休年龄为 50 岁，女职员与国家机关中女性工作人员退休年龄为 55 岁。女性高级专家，教育、卫生、科学技术领域中的讲师、主治医师、工程师、农艺师、助理研究员以及中小学教师，党政机关、群众团体的县（处）级女干部，可延迟至 60 岁退休[①]。与男性退休年龄对比可知，女性工人或职员退休年龄较男性低 5~10 岁，即使对于高级专家、干部群体，女性退休年龄依旧较男性更低。这说明女性劳动力人力资源一定程度上存在被浪费的情况。

国家通过核心法律、特定领域法律文件对女性在各个领域的劳动就业和社会保障权益专门进行了规定。《中华人民共和国妇女权益保障法》[②]是保障我国女性合法权益的核心法律，规定妇女享有与男性平等的劳动权利和社会保障权利，各单位在录用职工时，除不适合妇女的工种或岗位外，不得以性别为由拒绝录用妇女或提高录用标准，实行男女同工同酬，在晋职、晋级、执行退休制度方面，坚持男女平等原则，不得歧视妇女。2012 年，国务院发布《女职工劳动保护特别规定》[③]，对女职工禁忌从事的劳动范围、平等的劳动关系权利、孕期和产假内权益以及违反处罚措施进行了规定。

1994 年时劳动部就发布了《企业职工生育保险试行办法》，使生育保险工作取得了积极进展。2004 年，劳动和社会保障部办公厅发布《关于进一步加强生育保险工作的指

---

① 根据《劳动保险条例》《国务院关于工人、职员退休处理的暂行规定实施细则》《国务院关于高级专家离休退休若干问题的暂行规定》《国务院关于延长部分骨干教师、医生、科技人员退休年龄的通知》《关于高级专家退（离）休有关问题的通知》《关于县（处）级女干部退（离）休年龄问题的通知》总结得出。

② 中华全国妇女联合会，《中华人民共和国妇女权益保障法（修正）》，https://www.women.org.cn/col/col57/index.html。

③ 中华全国妇女联合会，《女职工劳动保护特别规定》，https://www.women.org.cn/art/2012/4/28/art_59_11948.html。

导意见》①，提出高度重视生育保险工作，协同推进生育保险与医疗保险工作，切实保障生育职工的医疗需求和基本生活待遇。2010 年，《中华人民共和国社会保险法》正式通过，生育保险正式被写入法律中，并规定生育保险费用由用人单位缴纳，职工享受生育医疗费用和生育津贴。

对于农村女性和女性农民工，也有相关保护政策。2002 年颁布的《中华人民共和国农村土地承包法》②重视农村土地承包中的男女平等权利，并对妇女离婚或丧偶时的承包地处理进行了特别说明规定。2006 年发布的《国务院关于解决农民工问题的若干意见》特别对女性农民工做出规定，"用人单位要依法保护女工的特殊权益，不得以性别为由拒绝录用女工或提供女工录用标准，不得安排女工从事禁忌劳动范围工作，不得在女工孕期、产期、哺乳期降低其基本工资或单方面解除劳动合同。"

全国妇联针对促进妇女劳动就业开展了一些重点工作。主要包括三八红旗手评选和小额贷款工作。为了表彰生产建设过程中涌现的妇女先进人物，鼓励妇女的创业热情，全国妇联自 1960 年起开展了三八红旗手和三八红旗集体的评选活动，成为授予优秀女性的至高荣誉。表彰活动旨在树立具有自尊、自信、自立、自强时代精神，政治坚定、品德高尚、爱岗敬业、开拓创新、勇创一流的优秀女性和女性群体典型。据统计，1960—2012 年，全国妇联共表彰了 34029 名全国三八红旗手。2009 年，为帮助妇女解决在创业就业中遇到的资金瓶颈问题，全国妇联积极推动财政部等共同制定下发了《关于完善小额担保贷款财政贴息政策 推动妇女创业就业工作的通知》③，开展妇女小额担保贷款财政贴息工作，帮助城乡妇女解决创业启动资金难问题。规定对符合条件的城乡妇女，小额担保贷款经办金融机构可向其发放最高额度为 8 万元的个人小额担保贷款，对合伙经营和组织起来就业的妇女，最高额度可提高至 10 万元。

（三）当前老年人就业的制度性障碍

对当前国家层面与老年人就业相关的所有政策从参与权利、参与途径和权益保障三大方面进行了总结。

参与权利指确保老年人有权利参与到各类经济活动中的相关政策，其中总体鼓励政策和延迟退休政策正向拓展了老年人参与就业的权利，鼓励老年人就业和创业，允许若干行业和岗位工作人员延迟退休，并在全社会范围内探索渐进式延迟退休年龄的政策，这些政策使得老年人能够有更多机会和更广阔的权利参与到经济市场中。而用工关系的界定政策则规定退休再就业人员与用人单位无法建立劳动关系，针对女性的退休年龄政策

---

① 中华全国妇女联合会，《关于进一步加强生育保险工作的指导意见》，https://www.women.org.cn/art/2004/9/8/art_59_11959.html。

② 中华全国妇女联合会，《中华人民共和国农村土地承包法》，https://www.women.org.cn/col/col737/index.html。

③ 中华全国妇女联合会，《关于完善小额担保贷款财政贴息政策 推动妇女创业就业工作的通知》（财金〔2009〕72 号），https://www.women.org.cn/art/2009/7/27/art_147_69539.html。

导致女性劳动者普遍比男性早退休 5~10 年，则限制了相关劳动者的经济活动参与权利。

参与途径指确保老年人有通畅的就业渠道，能够通过多元化的途径、多样的就业形势参与到经济活动中。其中，总体鼓励政策和退休返聘政策拓宽了老年人的再就业渠道，为其在教育、医疗、社区家政服务、公共场所服务管理等行业和岗位提供了工作机会，并倡导老年人创业。而针对特殊群体的若干政策则限制了其就业途径。

权益保障指确保老年人在成功再就业后的各项权益能够得到保障，各项社会保障制度能够紧密配套，不会遭遇年龄歧视问题，同工同酬问题能够得到保障等。

我国当前老年人就业依旧面临若干制度性障碍。参与权利方面，表现在就业制度设计理念缺乏弹性，退休年龄滞后于人口经济发展进程，对退休人员再就业的法律地位规定模糊；参与途径方面，主要是老年人再就业途径狭窄，以及再就业多元主体责任配合政策不足；权益保障方面，则体现在社会保障制度与延迟退休衔接不畅，以及老年人就业的劳动权益保障不足。

1. 参与权利

（1）就业制度设计理念缺乏弹性

我国长久以来形成的"教育—工作—退休"的"三段式"生命周期单向发展理念深入就业制度的设计之中，青年期接受教育，成年期进入劳动力市场工作，老年期则退休颐养天年的理念和习惯为社会普遍接受。这种观念使得就业制度的设计缺乏弹性，即使个体有工作需求和意愿，制度设计的结果在个体超过退休年龄之后也不会再为其提供工作机会，这在根本上限制了老年人的就业参与权利。这种理念也限制了老年人自身发挥主体能动性继续就业，也会整个社会对于继续就业的老年人持异样眼光，对老年人力资源的挖掘产生负面影响。

（2）退休年龄标准滞后于人口经济发展进程

我国实行强制退休制度，法定退休年龄基本上沿用 20 世纪 50 年代的标准，即男性 60 岁、女工人 50 岁、女干部 55 岁，远低于平均预期寿命。从国际横向比较来看，中国的法定退休年龄规定大幅低于 OECD 国家平均水平，且提前退休现象突出。与 OECD 国家的退休年龄规定相比，我国女性劳动者退休年龄明显偏低，男女退休年龄差距也明显偏高（金刚等，2022；封进、胡岩，2008）。梳理上述现行政策可知，我国针对"高级人才"的延迟退休支持政策出台较早、较为成熟，而大面积覆盖的延退政策尚未正式出台。因此在延迟退休方面，针对特殊群体的退休政策以及延退的配套政策依然存在较大缺漏，阻碍了老年人口就业率提升以及劳动参与的可及性、可行性。

（3）对退休人员再就业的法律地位规定模糊

目前我国对于退休人员再就业的法律地位没有明确的规定，大致可以归为"劳务关系说"和"社会保险标准说"，但二者都存在不合理之处，使得老年人无法与用人建立劳动关系，只能建立劳务关系，这限制了老年人的就业权利，也使其合法权益难以得到有效保障。与此同时，我国尚未针对雇佣时容易出现的年龄歧视问题制定相关法律。《中华人民共和国劳动法》中也并未提及劳动者就业不因年龄不同而受歧视的相关内容，但国际经验显示，年龄歧视需要立法与相应的惩罚机制才能发挥有效的制止作用。

2. 参与途径

（1）老年人再就业途径狭窄

政策层面，虽然我国对老年人参与经济活动持有肯定和保护态度，但是延迟退休和退休返聘政策主要面向高层次、高技能人才，在教育、医疗领域较为多见，老年人在其他领域的工作机会则较少，再就业途径较为狭窄，不利于发挥广大低龄老年人的再就业热情和人力资源潜力。

公职人员、农民工等特殊群体在退休再就业时也面临一系列限制条件。针对党政领导干部，政策限制了再就业任期职务不得超过两届，任职年龄不得超过70岁，在已经度过脱敏期的情况下，此类限制阻碍了老年人尤其是高素质老年人继续发光发热的道路。对于大龄农民工的年龄限制存在不合理之处，农民工工作中有一些特殊工种，如焊接工要求持证上岗，但焊工证超60岁便不能再办理，但是类似焊工的特殊工种重视技术经验，年轻农民工大多达不到要求，雇佣者反而需要偷偷雇佣大龄农民工，对该群体就业不利。

（2）再就业多元主体责任配合政策不足

我国现行国家政策对于老年人就业的责任主体划分较为单一，主要仅从放宽老年人就业的准入政策发力，而缺乏对于企业雇佣的规范规制、老年人就业渠道的开拓，以及老年人就业意愿的调动等政策。促进老年人再就业涉及老年人主体、企业、职业介绍平台等等多元主体责任，仅从放宽准入政策发力难以起到有效的促进效果。

企业雇佣的规范规制方面，我国尚未针对雇佣时容易出现的年龄歧视问题和同工同酬问题制定相关法律。美国、日本在20世纪就针对老年人就业过程中的权益保障出台了法律，如美国的《雇佣中的年龄歧视法》，日本的《雇佣对策法》，英国2006年颁布《雇佣平等（年龄）规则》，都旨在禁止劳动力市场上的年龄歧视。相比之下，我国则缺乏相关权利保障机制。《中华人民共和国劳动法》中也并未提及劳动者就业不因年龄不同而受歧视的相关内容。劳动力市场的年龄歧视是阻碍老年人就业的重要因素，社会普遍存在对老年人力资源的排斥和对老年人生产性价值的认知偏差。如认为延迟退休对年轻一代有"就业挤压效应"或称"抢饭碗"论，破坏已有的就业环境（Ford，2006；Martins et al.，2009）。社会整体对老年群体存在健康状况差、受教育程度低、生产效率低等刻板印象，将老年人视为需要社会"供养"的群体（杨菊华、史冬梅，2021）。这些歧视思想限制了市场为老年人提供更多工作机会。年龄歧视需要立法与相应的惩罚机制才能发挥有效的制止作用。

（3）老年人就业渠道不畅

关于就业信息的老年人力资源平台或人才信息库较少，老年人缺乏就业机会信息获取渠道。老年人能够通过正规人才市场和中介公司获得的就业岗位少之又少，企业由于顾及老年劳动者健康和安全问题，不愿承担风险，因而很少愿意提供工作机会。老年人更多通过亲戚朋友介绍获得再就业机会，但是碍于情面不会签订相关雇佣协议，容易为日后劳动纠纷埋下隐患。没有机构专门针对退休人群特点搭建便捷的平台，老年人本身获取信息的渠道也有限，造成供需双方互相找不到的双盲状态。老年人受限于数字鸿沟或数字技能缺乏，如果所有招聘信息都通过网站发布，可能难以完全适应并及时获取。

为贯彻落实中共中央、国务院在 2021 年 11 月发布的《关于加强新时代老龄工作的意见》，中国老龄协会老年人才信息中心主办成立"中国老年人才网"[①]，研究、宣传、开发、服务老年人才，为全国老年人才、涉老组织、为老服务机构及用人单位提供老年人才的专业、权威、实用信息服务。该网站专门开辟"求职招聘"板块，全国各地已有不少劳动者发布求职信息，年龄以 50～60 岁者居多，60 岁以上求职者较少。而招聘信息远少于求职信息，全国多数地方并无招聘信息。我国针对老年人的人力资源平台建设还处于起步和探索阶段。

3. 权益保障

（1）社会保障制度与延迟退休衔接不畅

与退休再就业的用工关系界定模糊相关的另一个问题是社会保障制度的衔接问题。当前的工伤保险制度对老年劳动者不利。按照《中华人民共和国社会保险法》的规定，工伤保险与失业保险未明确规定参保年龄上限，但是享受条件与养老保险存在互斥现象。如工伤保险第四十条规定，工伤职工符合领取基本养老金条件的，停发伤残津贴，享受基本养老保险待遇。基本养老保险待遇低于伤残津贴的，从工伤保险基金中补足差额。"同时，对于退休后再就业的职工是否享受工伤保险福利也没有作出明确规定。容易导致用人单位不为再就业老年人缴纳工伤保险费的现象，使得发生工伤事故时再就业老年劳动力只能按照民法请求民事赔偿，这加大了求偿难度。

失业保险则规定，失业人员如享受基本养老保险待遇，则停止领取失业保险金，并同时停止享受其他失业保险待遇。当前失业保险未明确规定参保年龄上限，但如果养老保险领取年龄推迟，失业保险参保年龄也应当适当延迟。

（2）老年人就业的劳动权益保障不足

我国现行司法解释认为退休再就业人员与用人单位为劳务关系，使其无法受到劳动法保护，容易在同工同酬、最低工资、休息休假、劳动安全等方面受到与适龄劳动者有差别的不公平对待。在无须专业知识技术、可替代性较强的劳动密集型产业和工作领域，相较需要签订劳动合同的适龄劳动者，用人单位可能出于用人成本考虑更多选择退休再就业人员，容易导致其工资达不到国家最低工资标准，或与适龄劳动者相比无法获得同工同酬、休息休假等待遇。在出现用工纠纷时，"劳务关系"也不利于退休再就业人员使用劳动法律维护自己的合法权益。

（四）政策实施中存在的问题

1. 提前退休问题

虽然我国法定退休年龄相比 OECD 国家来说已经较低，但在实践过程中依旧有大量企业或机关事业单位的职工在尚未到达法定退休年龄就提前退休，造成人力资本浪费的同时也为养老保险体系带来巨大负担（杨良初等，2021；汪伟、王文鹏，2021）。

---

① 中国老年人才网，https://www.zglnrc.org.cn/#/home。

延迟退休在实施过程中出现一些负面问题。例如，湖南省在实施中小学高级职称女教师延迟退休政策后，伴生一些负面效果，导致延迟退休高级职称女教师在编不在岗、在岗不教书，享受待遇与工作量倒挂等问题，以及中小学职称评聘矛盾加剧的问题。而由于延迟退休政策为国家层面政策，省级管理单位并无调整权限，导致相关问题在省级层面无法解决。

2. 老年女性的就业不公平、就业权益保障问题更加突出

男女退休年龄差距较大，女性比男性普遍早 5 ~ 10 年退休。男女工人和干部身份的差别，也造成女性工人更早被动退休，这容易造成老年女性人力资源的浪费。基本养老保险待遇享受规定需缴满 15 年才有资格领取和享受，但女性工人法定退休年龄为 50 岁，且女性劳动力更容易因为生育和家庭照料压力离开劳动力市场，从而中断缴费，是其因缴费年限不足而无法申领养老金的情况相比男性更为多见，妨碍老年女性的利益。

虽然国家发布多项法律和规定对女性劳动力的就业和社会保障权益进行保护，但目前劳动领域普遍存在性别歧视。《2013—2015 年：中国性别平等与妇女发展报告》指出，中国男女性别工资差距较大，歧视是重要影响因素之一。

老年女性的隐形经济参与价值需要重新被认识。老年女性通过有酬的社会劳动和无酬的照料、家务劳动以及社区参与等多种方式，成为社会、社区、家庭的宝贵财富和积极应对人口老龄化的重要资源，但是她们的价值和贡献被大大低估，需要重新被认识。

3. 大龄农民工面临就业难的问题

大龄农民工兼有"农民""工人""老人"多重身份，能够对其进行兼顾的保障机制尚未完善。该群体主要面临养老保险关系转移接续导致的养老保障不足问题和就业市场年龄限制导致的劳动权益受损问题。

首先，农民工在养老保险的缴纳和转移接续方面面临困境，容易造成辛苦工作一生后养老保障难以落实的问题。城镇职工养老保险由于缴费标准较高，使农民工和企业感到难以承受，加之农民工多为非正规就业，如建筑行业、低端服务业，为员工缴纳社保的企业比例低。因此进城务工农民或在户籍地参加保障水平较低的城乡居民基本养老保险，或不参加任何保险，而甚少参加城镇企业职工基本养老保险。此外，农民工的单位、行业、城市间流动率高，由于大城市容易吸引农民工但是落户门槛高，使得农民工进入老年期后普遍选择返乡养老。但是农民工若参与城镇职工养老保险，回老家时需办理社保异地转移，其中单位缴费的统筹基金只按 12% 的总和转移①，相当大的比例留在了城市，这打击了农民工参保积极性，或使得许多参保的农民工在离开一个就业城市时往往选择退保（程胜利，2012）。

其次，建筑业对农民工的年龄限制对其劳动权益带来一定负面影响。一方面，大龄农民工有强烈的打工意愿，另一方面用工单位也因难以找到青壮年农民工而对其有"无

---

① 中华人民共和国中央人民政府，《国务院办公厅关于转发人力资源社会保障部财政部城镇企业职工基本养老保险关系转移接续暂行办法的通知》，http://www.gov.cn/zhengce/content/2009-12/29/content_8104.htm。

奈刚需"。为了"规避"监管，日结工、短工成为大龄农民工的"共同选择"，因为此类工作能够即时获得报酬，被认为更有保障。但是在非正规就业形式下，大龄农民工的劳动权益保障十分脆弱，存在多为口头缔约，工资、时长、环境等难以保障的问题。实践中双方绝少签劳动合同，不能构成劳动关系，用人单位不能为其缴纳社会保险。虽在权益受侵犯时，工人能以劳务关系提起诉讼，但往往因维权意识不强、成本高等原因接受私了。同时，大龄农民工也面临雇主或企业未为其缴纳工伤保险而造成职业伤害无法妥善解决问题。对于大龄农民工的年龄限制存在不合理之处，农民工工作中有一些特殊工种，如焊接工要求持证上岗，但焊工证超 60 岁便不能再办理，但是类似焊工的特殊工种重视技术经验，年轻农民工大多达不到要求，雇佣者反而需要偷偷雇佣大龄农民工，对该群体就业不利。

三、国内外经验总结

（一）地方层面老年人就业政策及实践探索

1. 总体鼓励政策

为促进老年人口就业政策顺利推动，各地市纷纷落实营造积极老龄观等社会氛围工作，加强价值宣传，消除年龄歧视。重庆市"强化老年人再就业的宣传和引导，通过与各类媒体合作，扩大老年人再就业影响力，形成老有所为与全民创业相结合的良好氛围。"浙江省"将积极老龄观融入国民教育、精神文明创建、文化产品创作生产全过程，搭建展示老年人知识技能、工作成就、优良品行的平台。"由此帮助全社会意识到老年人的能力、贡献等。

在氛围营造的基础之上，各省市在拓展就业渠道和加强老年人就业服务方面做出了多样的尝试。根据国家《"十四五"国家老龄事业发展和养老服务体系规划》，北京市、上海市、江苏省、浙江省、江西省、山东省、广东省、重庆市、四川省、陕西省、内蒙古自治区、青海省、甘肃省和宁夏回族自治区都在各省层面的"十四五"时期老龄事业发展规划中，将积极开发老年人力资源作为主要任务之一。主要内容涵盖渐进式延迟法定退休年龄，建立老年人才信息库，开发适合老年人的工作岗位机会，鼓励部分领域人才延长工作年限，支持老年人自主创业，为老年人提供职业指导、终身职业技能培训和职业介绍等服务，保障老年人在劳动过程中的各项合法权益，推动老年人在农村就业创业。其中，江西省、黑龙江省、湖南省、四川省、内蒙古自治区部分城市在其老龄事业"十四五"规划中也提及了相关内容。

2. 劳动就业政策与实践

（1）延迟退休政策与实践

根据国务院《关于印发"十四五"国家老龄事业发展和养老服务体系规划的通知》，各省均已在 2021 年 8 月左右完成征集意见工作，山东和江苏两省已率先开展延迟退休试点工作。北京市政府早在 2017 年 5 月就发布了《关于印发降低实体经济企业成本实施方案的通知》，表示配合国家做好实施渐进式延迟退休年龄的相关工作。山东省人力资源和社会保障厅在 2020 年 1 月就已发布《关于进一步规范企事业单位高级专家延长退休年龄有关问题的通知》，规定企事业单位中在相应岗位从事专业技术工作的副高级及以上高级专家确因工作需要、身体能够坚持正常工作且具备六项条件之一的，可以申请延退，延退期限一般为一至三年。高级专家经批准继续延退的，原则上不超过六十五周岁退休[①]。2022 年 1 月，江苏省人社厅印发《企业职工基本养老保险实施办法的通知》，明确提到，经本人申请、用人单位同意，参保人员可推迟退休，推迟退休时间最短不少于一年[②]。两省试点工作办法体现出对高等人才人力资源的重视和对本人意愿的尊重。

　　地方关于延迟退休的实践案例也集中在高层次、高技能人才和老干部群体。上海市自 1983 年《国务院关于高级专家离休退休若干问题的暂行规定》发布以来，就开始按照国家规定执行"高级专家可延长离退休年龄至 65 岁或 70 岁"的政策，并对企业高技能人才延长退休年龄做了一些探索。2008 年，为缓解企业高技能人才短缺的矛盾，上海市出台了《关于本市企业高级技师延迟办理申领基本养老金手续的实施意见》（沪人社养发〔2008〕4 号），明确企业高级技师也可按规定延迟退休，原则上女性不超过 60 周岁，男性不超过 65 周岁。延迟期间，企业和本人继续缴纳社会保险费，享受相应的社保待遇[③]。

　　（2）退休返聘政策与实践

　　各地方在医疗领域的退休返聘政策与实践较为丰富，主要涉及乡村医生、基层卫生技术人员和退休医师返聘"银龄计划"。例如，安徽省宣城市、内蒙古自治区、湖北省、湖南省石门县等都鼓励返聘退休医生加强乡村医生队伍建设[④]；福建省、甘肃省肃南县、浙江省安昌县等则鼓励返聘退休卫生技术人员，补充基层的医疗卫生力量，优化基层医

---

　　①　山东省人力资源和社会保障厅，山东省人力资源和社会保障厅《关于进一步规范企事业单位高级专家延长退休年龄有关问题的通知》，http://hrss.shandong.gov.cn/articles/ch00378/202001/07ab7976-6858-41d4-be67-6d06c91e39e9.shtml。

　　②　央视网，延迟退休真要来了，这两省已试点，https://mp.weixin.qq.com/s/3oSHLLoaDVt5fmQYHEMCug。

　　③　上海市人力资源和社会保障局，对市十五届人大五次会议第 110 号代表建议的答复，http://rsj.sh.gov.cn/trdgzbldfqk_17404/20210810/t0035_1401526.html。

　　④　中华人民共和国国家卫生健康委员会，国务院深化医药卫生体制改革领导小组简报（第 123 期）安徽省宣城市坚持补短板、强弱项、堵漏洞全面提升医疗卫生服务能力，http://www.nhc.gov.cn/cms-search/xxgk/getManuscriptXxgk.htm?id=88d4922bdb8848ab9f81e1d12274f063。

　　中华人民共和国国家卫生健康委员会，内蒙古自治区提高乡村医生养老待遇，http://www.nhc.gov.cn/wjw/dfxw/201511/86cfdcf231624fd9b0d994e406a49d6d.shtml。

　　湖北省卫生健康委员会，关于印发《湖北省乡村医生执业注册管理实施办法》的通知，https://wjw.hubei.gov.cn/zfxxgk/zc/gfwj/202010/t20201029_2983743.shtml。

　　中华人民共和国国家卫生健康委员会，[人口报] 石门县："一村一室一医"方便群众看病，http://www.nhc.gov.cn/jkfpwlz/fpdfjy/201912/7d24f1c0e45f45dda99fb2c0f9b09ad5.shtml。

疗卫生队伍结构①。此外，贵州省实施退休医师返聘"银龄计划"，积极引进东部地区退休高层次医疗卫生人才到贵州医疗卫生机构开展工作，推动省内退休专家到基层工作②。宁夏回族自治区早期在《关于进一步加强乡村医生队伍建设的若干意见》中允许"对到达年龄但在基本医疗方面确有一技之长的乡村医生，办理退岗手续后，双方自愿的前提下由村卫生室负责人签订返聘使用协议。"③

2018年以来，我国在教育领域的退休返聘政策也逐渐丰富，各省市在中央领导小组积极推进"银龄讲学计划"，鼓励优秀的退休校长、教师到农村和欠发达地区讲学。四川省、河北省、辽宁省、江苏省、福建省等省市在深化普通高等学校考试招生的综合改革实施方案中，提出可以通过购买服务、返聘优秀退休教师等政策加强教师队伍建设，助力走班教学开展。此外江苏省还出带了有关科技体制改革的若干政策，其中包括对参与科研项目的退休返聘人员费用的相关规定。江苏省海安市出台《海安市关于超过法定退休年龄人员返聘使用的实施办法》，创新性提出超龄返聘财政补贴政策，市财政设立不少于1000万元的专项资金，补贴企业继续聘用退休人员支付的从业伤害保险费用的50%，以鼓励企业使用超龄退休人员。

（3）用工关系界定政策

目前我国的法律法规并未对超龄劳动者的劳动关系进行明确的界定，学界和司法机关对超龄劳动者用工关系仍存在一定程度上的争议，各省市的司法实践对此问题也认定不一。

如，湖北省和厦门市在司法实践中采用"劳务关系说"，即用人单位招聘超过法定退休年龄的人员，即使其尚未开始享受基本养老保险待遇，也只能建立劳务关系。湖北省人社厅在2009年发布的《关于审理劳动争议案件若干问题处理意见》中规定：对于用人单位招聘的劳动者属于超过退休年龄且未享受基本养老保险待遇的，他们之间产生争议的，该争议不作为劳动争议处理。厦门人社局出台《企业使用超龄人员政策规范指引》④（简称《指引》），表明"超龄人员"指达到或超过法定退休年龄人员，即男性60周岁、女干部55周岁、女工人50周岁，或虽未满上述年龄，但已领取基本养老保险待遇的人员。《指引》规定对于超龄人员，劳动合同终止，用人单位可在自愿协商一致情况下与之签订劳务协议，发生用工争议按劳务关系处理。

上海市的政策走在全国前面，采用"特殊劳动关系说"。2003年4月，上海市劳动

---

① 福建省人力资源和社会保障厅，关于充实基层卫生力量稳定医护人员队伍九条措施，http://rst.fujian.gov.cn/zw/zfxxgk/zfxxgkml/zyywgz/zynljs/202104/t20210430_5588512.htm。

② 中华人民共和国国家卫生健康委员会，关于政协十三届全国委员会第二次会议第0696号（医疗体育类080号）提案答复的函，http://www.nhc.gov.cn/wjw/tia/202009/148b82e190b0476790f1d3a4bfa419e6.shtml。

③ 宁夏回族自治区人民政府办公厅，《关于进一步加强乡村医生队伍建设的若干意见》，http://www.gov.cn/zhengce/2016-03/23/content_5056817.htm。

④ 厦门市人力资源和社会保障局，市人社局发布《企业使用超龄人员政策规范指引》，http://hrss.xm.gov.cn/xxgk/gzdt/sjdt/201910/t20191021_2372187.htm。

和社会保障局发布《关于特殊劳动关系有关问题的通知》①，该文件迄今为止依旧有效，规定用人单位使用退休人员的形成特殊劳动关系，指现行劳动法律调整的标准劳动关系和民事法律调整的民事劳务关系以外的一种用工关系。双方当事人应当参照执行工作时间规定、劳动保护规定、最低工资规定三项劳动标准，并可以协商约定有关的劳动权利义务。2010 年 9 月，上海市人社局发布《关于本市企业各类人才柔性延迟办理申领基本养老金手续的试行意见》②，规定对于参加该市城镇养老保险的企业中具有专业技术职务资格人员，具有技师、高级技师证书的技能人员和企业需要的其他人员，到达法定退休年龄并符合在本市领取基本养老金条件的，可申请延迟申领基本养老金。按照该《意见》，相关人员延迟申领基本养老金期间与用人单位的关系即为上述的"特殊劳动关系"。该意见规定，"劳动者到达退休年龄时，劳动合同依法终止，企业与延迟办理申领基本养老金手续条件的人员可协商签订相关工作协议。在延迟申领基本养老金期间，企业应当参照与工作直接相关的劳动标准（工作时间、劳动保护、最低工资规定）保障延迟申领基本养老金人员的基本权益，双方还可以通过协商在工作协议中约定其他有关的劳动权利义务。工作协议解除、终止时，劳动者申领基本养老金的条件即时成立。"

3. 社会保险政策

（1）养老保险政策

上海市在探索基本养老保险改革的方面也走在全国前列。据新华社报道，2010 年 10 月 1 日起，上海开始实施柔性延迟办理申领基本养老金手续，延迟年龄男性不超过 65 岁，女性不超过 60 岁。试行意见将企业各类人才均纳入了柔性延迟申领养老金的实施范围，即参加本市城镇养老保险的企业中具有专业技术职务资格人员，具有技师、高级技师证书的技能人员和企业需要的其他人员均可柔性延迟退休③。该政策试图在现有体制下解决养老金领取与再就业的冲突。但排除非人力因素例如寿命等，在被保人缴费相同的情况下，部分被保人少领养老金，即打破养老金理论上的全额或定额，是否有失公平尚需斟酌。

（2）工伤保险政策

个别地方已经开始探索为退休再就业人员单独缴纳工伤保险，但在年龄、基本养老保险享受方面有一定限定条件，通常为男性不超过 65 岁，女性不超过 60 岁，且未享受机关事业单位或城镇职工基本养老保险待遇，且规定工伤保险独立于劳动关系，即不视为确立劳动关系的依据。

2018 年浙江省人社厅等 3 部门联合发布《关于试行职业技工等学校学生在实习期间

---

① 上海市人力资源和社会保障局，上海市劳动和社会保障局《关于特殊劳动关系有关问题的通知》，http://rsj.sh.gov.cn/ttsldgx_17305/20200617/t0035_1390560.html。

② 上海市人力资源和社会保障局，上海市人力资源和社会保障局《关于本市企业各类人才柔性延迟办理申领基本养老金手续的试行意见》，http://rsj.sh.gov.cn/tylbx_17283/20200617/t0035_1389714.html。

③ 中央政府门户网站，上海出台试行意见：企业人才可柔性延迟退休年龄，http://www.gov.cn/jrzg/2010-09/27/content_1711024.htm。

和已超过法定退休年龄人员在继续就业期间参加工伤保险工作的指导意见》（浙人社发〔2018〕85号）[①]，规定纳入试行参保的超龄就业人员暂限于未享受机关事业单位或城镇职工基本养老保险待遇人员，且男性不超过65周岁，女性不超过60周岁，各地应为要求参加试行参保人员开辟工伤保险单险种参保途径，并增设"实习生和超龄人员工伤"征收品目。按规定参保者由工伤保险基金按规定支付待遇，由用人单位承担工伤保险责任，属于试行参保范围但未参保者则不适用《工伤保险条例》《浙江省工伤保险条例》等法规。已参保人员与用人单位发生相关争议，按处理劳动争议的有关规定处理。为贯彻落实此《指导意见》，宁波市规定相应超龄就业人员可以单独参加工伤保险。

厦门市《指引》规定若双方建立劳务关系，则受到职业伤害时不属于劳动法调整范围，而是应当通过民事诉讼程序解决，企业已为其缴纳工伤保险费则适用《工伤保险条例》。此条规定与《人力资源社会保障部关于执行〈工伤保险条例〉若干问题的意见（二）》相似，也是以用人单位为退休再就业人员缴纳工伤保险为前提。江苏省高邮市人社局在2019年与中国人寿保险有限公司商议，参照工伤保险做法，以增设险种的方式，通过用人单位向中国人寿保险高邮支公司投保，以分散用人单位聘用超龄人员的用工风险。后期江苏省发布《江苏省超过法定退休年龄人员和实习生参加工商保险办法的通知》将超龄人员纳入了工伤保险范畴。

安徽省阜阳市制定超龄人员在继续就业期间参加工伤保险工作实施方案，并与2020年1月1日起施行。方案明确规定超龄人员为超过法定退休年龄未享受机关事业单位或者城镇职工基本养老保险待遇的人员，且男性不超过65周岁，女性不超过60周岁。超龄就业人员在继续就业期间参加工伤保险，按属地管理原则，由用人单位在统筹地社会保险经办机构为其缴纳工伤保险费，并承担和履行《工伤保险条例》和《安徽省实施〈工伤保险条例〉办法》。相比国家层面和厦门市规定，阜阳市规定更加严格，强制要求用人单位为退休再就业者缴纳工伤保险。

2021年9月，四川省人社厅等7部门联合印发《超龄等从业人员参加工伤保险暂行办法》（川人社发〔2021〕18号），规定超龄人员为已经达到或超过法定退休年龄但在65周岁及以下，且未享受职工基本养老保险待遇的从业人员，由用工单位为其参加工伤保险并缴纳工伤保险费，同时规定"从业单位可不支付工伤保险基金支付范围之外的涉及劳动关系的相关费用"，即与浙江省规定相似，超龄人员可单独参与工伤保险。

天津市人社局等在借鉴浙江省经验的基础上，于2022年3月联合发布《天津市实习生和超龄从业人员参加工伤保险办法（试行）》（津人社规字〔2022〕8号）（简称《办法》），规定该市各类用人单位自愿为超龄从业人员在从业期间按单险种参加工伤保险，适用该《办法》，并明确规定超龄人员为已经达到或超过法定退休年龄但不超过65周岁，且未享受机关事业单位或企业职工养老保险待遇的从业人员。若超龄人员办理退休

---

① 浙江省人力资源和社会保障厅，浙江省人力资源和社会保障厅等3部门《关于试行职业技工等学校学生在实习期间和已超过法定退休年龄人员在继续就业期间参加工伤保险工作的指导意见》，http://rlsbt.zj.gov.cn/art/2018/7/31/art_1229506773_312429.html。

手续或年满 65 周岁，则工伤保险停保。若享受伤残津贴期间开始享受基本养老保险待遇，则停发伤残津贴，其基本养老保险待遇低于伤残津贴，则由工伤保险基金补足差额；享受城乡居民基本养老保险待遇的，工伤保险基金在其基础上补差发放伤残津贴。此外，该《办法》专门规定，用人单位为超龄人员单险种参加工伤保险的，不作为确认双方劳动关系的依据。

（3）医疗保险政策

在医疗保险政策方面，各省市的政策主要与国家同步，推动基本医疗保险跨省异地就医直接结算，落实长期护理保险试点。国家医保局、财政部在 2022 年发布了《关于进一步做好基本医疗保险跨省异地就医直接结算工作的通知》，山东省、河北省等省市结合实际情况提出了本省的优化目标，河北省医保局、财政厅印发《关于进一步优化基本医疗保险跨省异地就医直接结算服务有关事宜的通知》（冀医保规〔2022〕6 号）[①]，同步整合规范了《河北省基本医疗保险跨省异地就医直接结算实施细则》。从跨省异地就医直接结算备案管理、提高跨省异地就医直接结算待遇水平、完善异地就医直接结算管理服务、强化跨省异地就医资金管理、提升医保信息化标准化支撑力度及加强跨省异地就医结算基金监管六个方面优化了相关政策，确保河北省参保人员享受更加便捷高效的异地就医直接结算服务。

（4）失业保险

广东省与 2022 年 1 月 1 日起开始实施《广东省灵活就业人员参加失业保险办法（试行）》，有效期 2 年。作为试点城市之一，在广州就业的灵活就业人员可自愿参加失业保险，并按规定享受相应的失业保险待遇。按照目前的最低工资标准，广州的灵活就业人员每月需缴纳的失业保险费低至 23 元，如日后失业，符合领取条件的话就可以领到每月 2070 元的失业保险金。

4. 配套支持政策

（1）加强老年人就业服务

加强老年人就业服务方面，多个省市已经开始着手建立老年人才信息库和人才市场，为老年人提供劳务中介服务。青海省提出"依托已有的平台建设老年人才信息库"。陕西省强调建立国家信息库，促进区域信息交互。重庆市"免费为老年人才登记入库"。上海与浙江在搭建信息库的基础上，开展劳务中介服务与老年人才市场，明确老年人就业途径。重庆市进一步"定期为老年人才交流提供场所，提供就业供求信息"。北京开展"针对不同层次、不同类型、不同年龄段劳动就业需求和特点，加强就业信息收集与发布，推进全方位就业服务，向老年人提供政策咨询、职业指导、信息介绍等公共就业服务。"2015 年 1 月，依托山东省泰安市干部休养所成立的泰山老年人才服务中心正式揭牌运行，充分挖掘离退休干部人才资源，引导广大离退休干部人才发挥更多正能量，并专门开发设计了"泰山老年人才信息管理系统"，并有不少人明确表示了继续发挥作

---

① 河北省医疗保障局，《关于进一步优化基本医疗保险跨省异地就医直接结算服务等有关事宜的通知》政策解读，http://ylbzj.hebei.gov.cn/content/2234。

用的意向和与用人单位正式签约^①。

（2）开发适合老年人实际需求与能力的岗位

部分省市根据老年人的实际需求与个人能力，针对性安排时间灵活的的当地岗位。浙江省"鼓励机关、企事业单位和社会组织开发适合老年人的工作岗位，鼓励用人单位为老年人制定弹性工作制度，加大就业灵活性。"广东省"将老年劳动者纳入现行就业促进政策服务体系，公共管理和社会服务、城市综合治理、市民生活服务等岗位积极面向老年人开放。支持老年人利用局部时间灵活就业、自主就业创业，依法保障其就业权利。"上海市"结合美丽乡村示范村、乡村振兴示范村建设及后期管护，优先安排当地老年农民'灵活就业'"。各地作出积极尝试以明确老年人就业渠道，综合各自优秀可行的措施可为中央政策或其余省市提供借鉴。一方面公共服务平台可依托现有平台，建设各部门、地区间可共享的数据库，免费为老年人登记入库，并借此平台为老年人提供分类信息与交流场所。另一方面，开放开设符合老年人实际需求的岗位并是必要的，其中与基层社会治理相结合值得尝试。

5. 特殊群体就业政策

近年来上海、天津、广东深圳、江苏泰州等以安全为由先后出台建筑业超龄农民工清退令。上海建筑施工领域用工的改变起源于 2019 年，上海市住建委、市人社局和市总工会共同发文，明确规定禁止 18 周岁以下、60 周岁以上男性及 50 周岁以上女性三类人员进入施工现场从事建筑施工作业，同时进一步规定，禁止 55 周岁以上男性、45 周岁以上女性工人进入施工现场从事井下、高空、高温、特别繁重体力劳动或其他影响身体健康以及危险性、风险性高的特殊工作。天津规定，因特殊情况确需安排或使用超龄建筑工人的，施工单位应当对超龄人员健康证明（有效期为 1 年）进行核验，并根据项目具体情况合理安排工作岗位。湖北黄冈则进一步将进入工地的工作人员细分为三类，在各地规定的基础上，新增了"禁止注册建造师、注册监理工程师年龄超过 65 周岁的进入项目现场从事施工管理"和"项目副总、技术总工等主要技术类岗位参照注册类管理人员，原则上年龄超过 65 周岁后不建议参与施工现场技术管理"。近期，重庆还拟试点取消建筑业惯用的劳务分包用工模式，要求承包企业采用自有工人施工^②，工地灵活用工也受到一定影响。

（二）日本促进老年人就业政策分析

作为人口老龄化的先行国家之一，人口年龄结构的失衡对日本劳动力持续供应影响深远，如何在人口年龄结构高度老化的状况下保证经济、社会的平稳运行，一直是每届日本政府考虑的重中之重。自二战以来，日本不断完善相关法律政策，为老年人就业提

---

① 环球网，泰安市成立山东省第一家"老年人才服务中心"，https://china.huanqiu.com/article/9CaKrnJH3N4。

② 财新周刊，"超龄"农民工老何所依？，https://weekly.caixin.com/m/2022-05-13/101884565.html。

供法律支持，同时积极倡导无龄化社会，反对年龄歧视，提倡性别平等，用多种形式保障老人获得公平就业的机会。通过长时间的发展，日本在积极开发利用老年劳动力方面已经积累了许多经验，同为东亚国家，日本相关政策对我国的政策制定有重要的启示和借鉴意义。

1. 日本促进老年人就业政策体系

为了应对日趋严重的少子老龄化现象导致的劳动力数量缩减、养老金不足等问题，日本政府着力构建促进老年人就业的政策体系，从内容上看主要涉及三个方面（图19）：意愿激发、权利保障和能力支撑。就业意愿激发主要是通过养老金制度改革来实现，体现在不断推迟养老金领取年龄，促使老年人外出就业；老年人继续就业权利保障是为了确保老年人有公平的就业机会，主要包括实施延迟退休制度、禁止年龄歧视、鼓励老年人创业、提供失业保险、拓展和丰富继续就业形式等；终身学习和职业能力开发为老年人继续就业提供能力支撑，主要侧重提升老年人继续参与劳动力市场的能力。三者之间紧密配合、互相促进，构成了日本促进老年人就业的政策体系。本文聚焦老年人就业制度及政策，因此重点关注日本政策中意愿激发与权利保障两大部分。

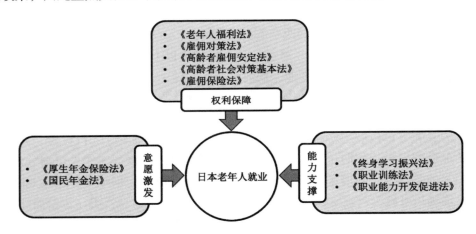

图 19　日本促进老年人就业政策体系示意图

资料来源：作者自行总结绘制。

2. 日本政策改革历程

日本促进老年人就业的政策体系形成并非一蹴而就，而是经过近80年的改革历程。本文以日本老龄化进程节点为主线，结合经济社会发展背景、劳动力供给、养老金压力、全民健康改善等因素，将其促进老年人就业的政策改革分为了四个阶段，分别为政策萌芽阶段、政策形成阶段、初步改革阶段和深化改革阶段。图20总结了各个阶段主要政策的改革历程。

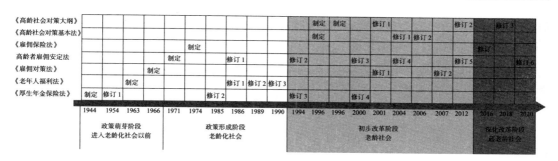

图 20　日本促进老年人就业主要政策改革历程

资料来源：作者自行绘制。

（1）政策萌芽阶段（1944—1966 年）

政策萌芽阶段，日本政府扩大劳动保险覆盖面，推迟养老金领取年龄；制定《老年人福利法》，倡导个人可延迟至 60 岁退休，并针对年龄歧视问题进行了立法工作。

日本于 1944 年将厚生年金参保对象扩大到女性劳动者，明确男女领取年龄均为 55 岁；从 1957 年开始，每四年延迟 1 岁，将男性领取年龄逐步从 55 岁最终推迟至 60 岁[①]，由此来鼓励男性工作更长时间。由于日本国民年龄全额领取年龄晚于法定退休年龄，为了避免退休后的收入空白，日本政府 1963 年颁布了被誉为"老年人宪章"的《老年人福利法》，倡导应按照老年人的意愿和能力，为其提供从事工作以及参与社会活动的机会；老年劳动者可以根据个人意愿适当调整退休年龄，将 50～55 岁的退休年龄延长至 60 岁。为应对实践中的年龄歧视问题，日本于 1966 年制定《雇佣对策法》，其中第四条主要针对就业年龄歧视问题进行了规定[②]。

（2）政策形成阶段（1971—1990 年）

该阶段日本正式进入老龄化社会，总和生育率进一步下跌，养老金可持续性问题加重，内外双重压力使得日本政府开始积极探索建立促进老年人就业与再就业的相关制度。对此，日本政府进一步推迟养老金领取年龄；制定关于老年人就业的核心法律《高龄者雇佣安定法》，鼓励企业延迟退休年龄至 60 岁，逐渐形成了以推迟养老金领取年龄、延迟退休年龄和发展终身教育与职业能力体系为三大核心内容的促进老年人就业政策体系雏形。

1971 年，日本政府制定《中老年人就业促进法》，旨在通过实施继续雇佣制度，为有工作意愿的中老年人提供就业机会。同时继续推进年金制度的改革，从 1987 年开始

---

① 厚生劳动省，第 4 回社会保障审议会年金部会资料 1 "支给开始年龄について"，https://www. mhlw.go.jp/stf/shingi/2r9852000001r5uy-att/2r9852000001r5zf.pdf。

② 厚生劳动省，劳働施策の総合的な推進並びに労働者の雇用の安定及び職業生活の充実等に関する法律，https://www.mhlw.go.jp/web/t_doc?dataId=75008000&dataType=0&pageNo=1。

将女性领取厚生养老金的年龄每 3 年推迟一岁，最终从 55 岁推迟到 60 岁[①]。而年金制度的改革又加速推动日本政府促进老年人就业与再就业。次年，日本政府将《中老年人就业促进法》更名为《高龄者雇佣安定法》（简称《安定法》），鼓励企业实行 60 岁退休制度[②]。

（3）初步改革阶段（1994—2012 年）

该阶段日本顶部老龄化和底部老龄化并行，总和生育率达到历史最低点，2005 年首次出现人口负增长，进入老龄社会阶段，年金支出对财政的压力日益增大。为弥补劳动力短缺，日本政府在该阶段的改革措施越来越积极主动，包括积极转变社会观念，塑造积极的老年人形象，进一步提高退休和厚生年金领取年龄到 65 岁，提高对企业实施继续雇佣老年人政策的强制性，鼓励创业等多元化的就业途径，为老年人继续就业创造更好的社会环境。

针对厚生年金制度的改革主要是分阶段、分性别地将厚生年金的"定额部分"和"报酬部分"养老金的领取年龄分别从 60 岁延迟至 65 岁。《安定法》则配合年金制度的调整，逐步将退休年龄从 60 岁提高到 65 岁。在 1994 年的修订中明确规定企业有义务雇佣劳动者至 60 岁，在 2000 年的修订后提出企业有义务将劳动者的退休年龄提升至 65 岁并为其提供 65 岁后继续雇佣的机会。2004 年和 2012 年的修订核心内容是要求企业从 2006 年开始都要以分梯次逐步递增方式将退休年龄提高至 65 岁，并为企业提供了三种选择。对于不听劝告和警示的企业，则有相应的整改和惩罚规定，为老年人的稳定就业增加了一道法律保障。至此，日本政府完成了第二次延迟退休年龄的政策改革，进一步将退休年龄提高到了 65 岁。

为了消除职场中的年龄歧视，日本政府对《雇佣对策法》进行了两次修订，在法律层面"禁止企业设置年龄限制"。为了从根本上改善老年人就业的环境，日本于 1995 年出台了《高龄社会对策基本法》和国家条令《高龄社会对策大纲》，在 1994—2012 年间都经过多次修订，越来越强调积极的老年人形象，不断拓展老年人就业的外延，注重通过财政补贴和奖励等鼓励和调动企业的积极性，不断完善终身能力发展体系。

（4）深化改革阶段（2016—2020 年）

本阶段日本正式进入超老龄社会，社保支出达到历史最高水平，但是来源紧缩，同时劳动力供给面临强大挑战。因此，日本注重大力解决雇佣不平等问题，推动实现无龄化社会，即完全消除年龄对就业的限制。具体体现在三个方面：其一，在 2018 年公布新的《高龄社会对策大纲》，并对《安定法》进行再一次修订，倡导将养老金领取年龄与退休年龄从 65 岁延迟至 70 岁，并致力于建立一个无龄化（Age-Free）的社会，使所

[①]　厚生労働省，第 4 回社会保障審議会年金部会資料 1 "支給開始年齢について"，https://www.mhlw.go.jp/stf/shingi/2r9852000001r5uy-att/2r9852000001r5zf.pdf。

[②]　厚生労働省，高年齢者等の雇用の安定等に関する法律，https://www.mhlw.go.jp/web/t_doc?dataId=75049000&dataType=0&pageNo=1。

有年龄段的人都可以根据自己的意愿和能力发挥积极作用①。其二，提高非正式雇佣的待遇平等性，扩大厚生养老金对非正式雇佣人员的覆盖范围，扩大雇佣保险的加入年龄范围，完善老年人就业保障制度，减轻了企业负担。其三，加强对老年人再就业的支持。为了满足老年人多样化的工作需求，为其提供临时和短期就业机会，日本还建立了银发人力资源中心（Silver Human Resources Center）和公共就业保障办公室（Hello Work）。

3. 日本经验启示

（1）紧密结合人口变化形势，前瞻性布局

日本无论是制定新政策还是修订已有政策，其时间和目标都符合人口年龄结构的变化趋势及特点。对比中日两国老年人就业相关法律与政策可见，中国当前有关老年人就业的制度建设相当于日本政策建立阶段的初期，但是我国人口老龄化程度已经相当于日本初步改革阶段水平，而且中国从进入老龄社会到进入超老龄社会的时间预计也会比日本更短，这意味我们需要在更短时间内完成制度的建立和调整。加之中国区域和城乡差异大、老年人口体量大，面临的问题会更加复杂。因此，我们在借鉴日本经验的同时，必须要注意结合中国的现实情况。

（2）注重顶层设计先行，建立完善的法律体系

除了《雇佣对策法》和《雇佣保险法》等基本法律保障，日本政府还专门颁布了针对老年人的《老年人福利法》《高龄者雇佣安定法》《高龄社会对策基本法》等，完善的顶层设计确保了老年人的就业权利和合法权益，明确了用人单位的义务，为推行延迟退休和发展多样化就业方式指明了基本方向，提供了制度保障。随着人口老龄化进程快速演进，我国近几年中央层面陆续发布了一系列重要文件，为健全终身学习和终身职业技能培训体系，延迟法定退休年龄，探索老年人灵活就业模式，积极开发老龄人力资源提供了方向指导。然而，目前我国尚未出台类似《高龄者雇佣安定法》的老年人就业核心法律，延迟退休政策的具体方案也仍尚未真正落地，同时缺乏禁止年龄歧视、职业技能培训等配套法律制度。

（3）注重社会保障制度和就业制度的紧密配合

日本经验表明，延迟退休与社会保障制度协同发展，一"推"一"拉"能够更加稳步促进老年人就业。开发老年人力资源不能仅靠延迟退休年龄单项政策，还应注意其他相关政策的辅助配套，尤其是在提高个人延迟退休的意愿方面，需要社会保障制度优先做出调整。日本养老金制度隶属于社会保障体系，而保障老年人就业权利的核心法律《高龄者雇佣安定法》则隶属于劳动法体系，日本政府巧妙地将二者的改革相互衔接。日本延迟厚生年金领取年龄政策的开始时间均早于延迟退休年龄政策的开始时间，可以在一定程度上增强老年人的就业意识和意愿。为了避免老年人找工作期间陷入收入"空档期"，政府修正了《雇用保险法》，降低了参保年龄限制，使得60岁及以上老年人可以继续加入雇佣保险，解决了老年人失业期间的生活保障问题。此外，日本的养老金

---

① 日本内阁府，高龄社会对策大纲（平成30年2月16日内阁决定），https://www8.cao.go.jp/kourei/measure/taikou/h29/hon-index.html。

支付结算体系遵循"迟退多得，早退少得"的原则，将退休年龄和工作年限作为养老金水平高低的依据，除因身体健康或其他重要原因外，劳动者提前退休每年养老金会削减6%；若劳动者在正式退休年龄之后退休，每推迟退休一年，养老金会增加8%。70岁以上的老年人放弃退休继续参加工作，可以不用缴纳养老保险，同时继续领取标准退休金以及其他政策优待。

（4）政策改革采用渐进方式

"小步慢走"延长退休年龄的方式给企业提供了缓冲期，多种实施途径的选择提高了企业配合的灵活度，降低了政策变化对企业带来的冲击。从政府建议到企业试行再到法律强制，政策的强制性不断提高，但整个过程循序渐进，有效降低了企业的抵抗情绪，使其心理上不断适应并最终接受。

（5）注重发挥企业的积极作用

开发老年人力资源必须伴随着更具包容性的劳动力市场，为当前以及未来的老年员工创造更充分的就业机会、更良好的就业环境，这样才能使延迟退休与继续工作之间得到有效结合。如何鼓励企业留用和雇佣老年员工是促进老年人就业的关键举措。从日本经验来看，一是通过立法和财税手段进行引导，解决就业年龄歧视问题，取消企业强制退休制度；二是企业内部进行调整和改革，创建适合全年龄的工作条件和组织环境。为了鼓励企业继续雇佣老年员工，日本政府设立了多种奖励金和补助金。包括：对继续雇佣老年人的企业发放"促进继续雇佣援助金"；针对中小企业设立的"提高退休年龄奖励金"，鼓励企业将雇佣年龄延迟至70岁；对改善老年人工作环境的企业发放"老年人雇佣环境改善奖励金"；设立"确保老年人雇佣奖励金"，对将老年人的有期限合同改为无期限的企业给予奖励或资助等（OECD，2018；张季风等，2019）。

四、完善我国老年人就业政策的建议

（一）承认与保障老年人的合法就业参与权利

1. 积极老龄观教育深入开展，突破固有理念

突破"三段式"生命周期单向发展理念和对老年人的年龄歧视，将积极老龄观和健康老龄化理念融入经济社会发展全过程，是政策、社会、市场为老年人提供工作机会和经济活动参与权利的基础，只有彻底转变理念，老年人参与劳动力市场的权利才会得到接受与支持。

尽管我国已经在全国范围开展人口老龄化国情教育，但是教育的对象主要局限于机关事业单位和基层党委组织。要有效推进延迟退休和促进老年人就业政策落地，必须取得企业配合和社会认同，这就需要在企业层面和社会层面开展全面、深入的人口老龄化国情教育，使整个社会认识到老年人群体并非皆为衰弱、贫困和保守者，用健康老龄化、积极老龄化、老有所为等积极老龄观取代过去的"包袱论"、"无用论"等消极老龄观，认识到老年人的人力资源价值。尤其要重视消除劳动力市场对老年人的年龄歧视，

保障老年人继续参与劳动力市场的合理权利。通过宣传教育，扭转"老年人就业会挤占年轻人工作机会"这类消极论调，构建年龄友好的就业环境与社会环境。改变过去"教育—工作—退休"的"三段式"生命周期单向发展理念，构建终身教育体系，倡导"学习—就业—再学习—再就业"的多样化生活方式和职业生涯。发挥老年人的主体能动性，提升老年人参与就业的自我效能感。

2. 劳动立法尽快确定退休再就业人员的劳动关系

劳动关系表现形式具有多样性，超龄劳动者自身有其特殊之处，在经济基础层面，超龄劳动者形成的是非常态劳动关系，上层建筑层面，超龄劳动者形成的是非标准劳动法律关系（姚岚秋，2009）。因此，学界较为支持"特殊劳动关系说"，认为该说针对退休人员在年龄要件和社会保险待遇等方面有别于适龄劳动者的现实而做出选择，较为合理地揭示了退休再就业的本质属性，一方面以法律强制力保障劳动者的基本权益，另一方面也为当事人双方留出适当自治空间。利用法律确立退休再就业人员与用人单位的特殊劳动关系，能够有效消除就业过程中的年龄歧视问题，为其建立公平的就业环境，激发其工作热情。

"特殊劳动关系说"跳出了劳动关系与劳务关系非此即彼的思维框架，即考虑到退休再就业人员与用人单位之间的隶属和管理关系而对前者的弱势地位进行倾斜性保护，又对各群体间利益的平衡性进行兼顾考虑。可以对其具体规定进行探究，在总结试点经验后进行推广。除立法保障退休人员的平等就业权，还应当根据退休人员的健康状况、劳动能力等区别于适龄劳动者的特殊状况做出特殊的法律规定，如设立灵活的工时制度供其自由选择等。立法对特殊劳动关系包含的工作协议确立与解除、劳动报酬、工作时间、劳动保护、休息休假、养老保险、工伤保险、失业保险等内容专门进行规定。

3. 建立弹性退休制度

弹性退休是延迟退休方案的重点配套机制，为劳动者在一定程度上提供了提前与延后退休的自由选择空间（Jacques，2018）。强制性的退休制度适用于计划经济时代，已经不适用于市场经济时代。我国有必要将强制退休制度转变为弹性退休制度，作为延迟退休改革的重要配套机制，提供在正常退休年龄之外提前退休和延后退休的选项，并设定相应的养老金水平扣除和奖励水平。允许劳动者和用人单位通过协商自由选择和决定劳动关系的建立与结束，最大程度地发挥劳动者的人力资源价值，满足用人单位的需求。这也可以在一定程度上激励个人选择延后退休，并降低提前退休对养老保险基金的收支压力。此外，面向从事高危和艰苦工作、特殊职业以及部分女性提供分类退休的制度选项，作为一种特殊的弹性退休机制（金刚等，2022）。

在延迟退休年龄时，可以适度缩小男女退休年龄的差距。中老年女性在中国传统家庭的隔代抚育中扮演着重要的角色，女性延迟退休政策会影响到家庭内隔代照料资源供给的减少，从而对中青年劳动力就业产生不利影响（王桥，2020）。因此，我国延迟退休政策需要充分考虑中国国情，兼顾不同劳动群体的利益，可以将提高女性退休年龄作为延迟退休的启动措施，但未必以男女同龄退休为改革目标，而是缩小但保留适度的男女退休年龄差距（金刚等，2022）。

（二）拓展老年人参与劳动力市场的多样化途径

1. 为老年人开发灵活多样的就业形式

我国的现实情况和日本的经验表明，短时灵活的就业方式更加符合老年人就业的需求。可以引入短时、兼职工作等符合老年人需求的、灵活多样的工作形式，探索总结适合大龄劳动力或老年人的灵活就业行业或岗位，规范"日结工"市场，在完善社会保障机制的基础之上，为扩大老年人就业机会创造条件，提供途径。重视我国老年人在隔代照料、家务劳动中发挥的巨大作用，开发低龄老年女性在托育服务中的人力资源和经验优势。

2. 提升企业积极性和配合度

企业和社会组织作为为老年人就业和再就业提供就业岗位的重要主体，只有得到企业和社会组织的认可和配合，才能在政策落地过程中发挥其主动性和创造性。企业的积极性和配合度需要从奖惩两方面（胡萝卜加大棒）提升，正面可采取税收、奖励等激励措施，同时加以人口老龄化国情教育，并使企业认识到高龄劳动力在吃苦耐劳、本分踏实、工作经验和人脉关系丰富方面具有独特优势。可以在全国范围内开展促进老年人就业大赛，吸引企业和社会组织广泛参与为促进老年人就业提供创造性解决方案，鼓励企业和社会组织内部加强年龄友好工作环境的建设与改造，营造积极的工作氛围和企业文化，并结合大众媒体宣传将比赛品牌化以发挥标杆引领作用。还可借鉴日本高龄者继续雇佣补贴金政策，适时对继续雇佣 60 岁及以上员工的企业给予减税奖励、贷款优惠或资金补贴。反面则可通过法律强制规定推迟退休年龄。可逐步从激励向强制要求转变，并适当辅助以惩罚措施。

（三）保障老年人就业参与的合法权益

1. 促进老年人就业制度与社会保障制度协同发展

完善养老保险制度，改善非正式雇佣人员的保障状况，为老年人继续就业和再就业提供权利保障和经济保障将提高就业的吸引力，形成拉力。完善劳动力市场禁止年龄、性别歧视立法工作，保障老年人（尤其是女性老年人）的就业权利。将退休再就业人员与用人单位建立的特殊劳动关系写入劳动法进行明确规定，以保障老年人再就业期间能够同样能够享受社会保障并获得合理的报酬。

修订现有《工伤保险条例》中工伤保险待遇享受与基本养老保险互斥的内容，将老年劳动者纳入工伤保险范围，明确企业为退休再就业劳动者缴纳工伤保险的义务。总结地方在为退休再就业人员单独缴纳工伤保险方面探索的经验，将其与基本养老保险待遇享受脱钩，即不论退休再就业人员是否已经开始享受基本养老保险，用人单位都应当为其单独缴纳工伤保险。因为基本养老保险是该人员在达到法定退休年龄之前劳动就业积累的成果，而工伤保险则是对其再就业时的应有保护，二者享受不应冲突。适当拓宽工伤保险的参保年龄限制，当前地方政策多数限定为男性不超过 65 岁，女性不超过 60 岁，但是我国低龄老年人数量庞大，健康状况较好，参与劳动力市场的可能性较大，当前年龄限制可能难以满足低龄老年人就业参保的现实需求。地方政策规定不能将单独为退休再就业人员缴纳工伤保险视为建立劳动关系的依据，从退休再就业人员用工关系的特征分析基础上来看，可将为其单独缴纳工伤保险包含进特殊劳动关系中。

2. 重视特殊群体的劳动权益保障问题

尊重劳动密集型工作市场的客观规律，有效引导、发挥市场主体的能动性，减少行业"一刀切"的农民工就业年龄限制政策，从而缓解行业市场的供需矛盾（薛蒙蒙，2022）。重视解决灵活就业人员、农民工的社保转移问题，将社保的社会统筹部分金额与缴纳地解绑，与企业与个人缴纳的费用一起均纳入社保权益转移接续范围，实现"钱随人走"，以提高灵活就业群体的社会保障水平。应完善优化制度设计并注重转移接续管理，在提高城镇接纳程度等同时适度调节制度退休年龄，持续提高统筹层次，尤其关注返乡大龄农民工的养老待遇问题（杨健、侯婧一，2021）。支持农民工返乡创业，利用返乡农民工的职业技能优势助力新农村建设，《国务院关于解决农民工问题的若干意见》已经指明"返乡创业的农民工，能够带回资金、技术和市场经济观念，直接促进社会主义新农村建设"。注重就业权益公平，包括灵活就业人员的保障，纳入社会性别视角，切实保障女性老年群体的合法权益，维护和完善老年女性劳动力的就业环境等。

3. 定期开展政策评估

相关政府部门应当按照政策的阶段性目标提前制定好整体政策推进时间表，确保促进老年人参与经济社会建设工作有序推进、规范推进，各方利益得到合理保障、合法保障。在政策实行的各个阶段，可以推动企业在内部开展老年人继续就业和再就业态度与行为摸底调查，掌握企业管理层和人力资源部门对老年员工的态度和歧视行为，追踪其有关促进老年人就业的行为改善。对老年人参与正式雇佣和非正式雇佣状态、薪资与社会保障状况、就业形式偏好等数据进行及时追踪统计，追踪公众、劳动者和用人单位对延迟退休、弹性退休制度、灵活就业等观念的认识和态度，为理论研究与政策实施提供及时可靠的实证资料，及时调整政策实施力度与方向。

参考文献

[1] 程胜利 . 社会政策概论 [M]. 济南：山东人民出版社 . 2012：11–12.

[2] 封进，胡岩 . 中国城镇劳动力提前退休行为的研究 [J]. 中国人口科学，2008（04）：88–94+96.

[3] 贾静晗 . 大龄农民工被"清退"之后 [J]. 方圆，2022，（08）：40–43.

[4] 金刚，宋经翔，张霁雯 . 延迟退休政策的国际实践与中国选择 [J]. 北京航空航天大学学报（社会科学版），2023，36（02）：78–89.

[5] 邱心语，徐刚 . 退休返聘的法律性质与权益保护 [J]. 中国社会保障，2021（08）：56–57.

[6] 全国人大常委会法制工作委员会行政法室 . 中华人民共和国劳动合同法解读 [M]. 北京：中国法制出版社，2007：148.

[7] 汪伟，王文鹏 . 预期寿命、人力资本与提前退休行为 [J]. 经济研究，2021，56（09）：90–106.

[8] 王桥 . 延迟退休的中国方案：社会保障与劳动力市场之双重视角 [J]. 湘潭大学学报（哲学社会科学版），2020，44（3）：52–55.

[9] 王天宇，邱牧远，杨澄宇. 延迟退休、就业与福利 [J]. 世界经济，2016，39（08）：69-93.

[10] 杨菊华，史冬梅. 积极老龄化背景下老年人生产性资源开发利用研究 [J]. 中国特色社会主义研究，2021（05）：85-95.

[11] 杨良初，李桂平，卢娜娜. 延迟退休政策：国际经验与中国道路 [J]. 地方财政研究，2021（10）：72-79.

[12] 姚岚秋. 论超龄劳动关系——超龄劳动者再就业法律关系辨析 [J]. 中国劳动关系学院学报，2009，23（04）：30-34.

[13] 赵诗琪. 退休再就业人员劳动权益保障问题研究 [D]. 沈阳：辽宁大学，2020.

[14] 郑秉文. 机关事业单位养老金并轨改革：从"碎片化"到"大一统" [J]. 中国人口科学，2015（01）：2-14+126.

[15] 中共中央文献编辑委员会. 邓小平文选：第 2 卷 [M]. 北京：人民出版社，1994：327.

[16] FORD M W. The Unemployment Effects of Proposed Changes in Social Security's "Normal Retirement Age" [J]. Business Economics, 2006, 41（2）: 38-46.

[17] MARTIN, G., DYMOCK, D., Billett, S., & Johnson, G. In the name of meritocracy: Managers' perceptions of policies and practices for training older workers[J]. Ageing and Society, 2014, 34(6): 992-1018.

[18] JACQUES W. Assessing the Association between Late Career Working Time Reduction and Retirement Plans. A Cross-National Comparison Using the 2012 Labour Force Survey ad hoc Module [J]. Social Policy and Society，2018，18（3）：393-410.

[19] OECD (2018), Working Better with Age: Japan, Ageing and Employment Policies, OECD Publishing, Paris. https://dx.doi.org/10.1787/9789264201996-en.

专题报告二：我国老年人力资源开发政策评估

我国人口老龄化水平正向深度老龄化快速迈进，老年人口规模日益壮大，带来老年抚养比显著上升、劳动力供给下降和劳动力结构老化等问题，导致我国传统的人口红利逐步减弱，经济发展将面临生产力下降、劳动参与率下滑和经济增长放缓等问题（邵彤，2020）。同时，我国的法定退休年龄仍以 1951 年颁布的《中华人民共和国劳动保险条例》为依据，不仅低于世界其他国家的法定退休年龄，也与我国平均预期寿命逐年上升的现实状况不符，导致越来越多的仍具有较高劳动能力的老年人过早退出劳动力市场。因此，在此背景下探讨我国老年人力资源开发，对于发挥老年人社会价值、减轻劳动人口负担、推动经济可持续发展等具有重要的意义。

人力资源一般是指一定范围内人口总体中所有具有生产力和竞争力的人口之和，包括质量（体质、劳动技能、职业道德）和数量（储量和存量两方面内容）（彭青云，2018）。作为人力资源的重要组成部分，老年人力资源具有知识资本、网络关系资本、投入成本较低等优势（王树新、杨彦，2005），可为我国经济社会可持续发展创造。原新（2000）认为老年人力资源包含：仍从事有报酬的生产与社会劳动的老年人口、从事一切有益于社会和家庭活动的老年人口，以及从事无报酬、半劳动或辅助劳动的老年人口。张戌凡（2011）在其基础上增加了尚未从事任何经济社会活动但有意愿参与其中的老年人口，强调潜在的老年人力资源开发的重要性。王淑红等（2012）将老年人力资源定义为具有一定劳动能力的老年人在劳动生产过程中可以直接投入的体力、脑力和心力的总和。也有学者将老年人力资源定义为有劳动意愿和劳动能力的老年人口（余洪，2012）。

人力资源开发则是指在一定社会条件下，通过科学而有效的措施，使得人力资源潜能加以充分开掘和发挥，并服务于社会和社会某领域的发展，从而使人力转化为人才，使低层次人才转化为高层次人才的过程（叶忠海，2020）。2011 年，国务院发布《中国老龄事业发展“十二五”规划》。该文件中明确指出扩大老年人社会参与，从“适当方式参与经济发展和社会公益活动”两方面强调为老年人力资源开发提供支持。

综合以上定义，本部分主要关注老年人参与生产性活动的能力，将老年人力资源定义为“具有劳动意愿和劳动能力的 60 岁及以上老年人口中，从事生产性活动所具备的体力、心力和脑力之和”。对老年人力资源开发的分析则从两个角度展开：①通过培训或老年教育的方式赋予老年人此前并不具备的技能和知识，并对已经具备相关技能或基础的老年人进行技能升级，以适应当下的社会生产方式变化；②充分发挥老年人原有和累积的资源和优势，做到人尽其才。通过以上两种途径促进老年人的社会参与，为老年人赋权增能，充分适应发展变化的产业结构和职业要求，进而积极回应我国积极应对人口老龄化的国家战略，达到人尽其才、才尽其用、事得其人、人事相宜的目标（高琳，2021）。

一、老年人力资源利用现状

（一）老年人力资源的整体现状

1. 低龄老年人是主体

我国 2.64 亿 60 岁及以上的老年人中，低龄老年热占比超过一半。其中，60～64 岁组的老年人占比为 27.79%，65～69 岁组为 28.03%。考虑到低龄老年人大多处于良好的健康状态，具备较强的劳动能力，若能加以合理利用，将有效缓解人口老龄化带来的负面影响。进一步结合性别分布来看，60～64 岁和 65～69 岁的低龄老年人性别分布较为均衡，在不考虑其他因素的情况下，为推进男女同龄退休和创造性别平等的老年劳动力市场奠定了基础（表 16）。

表 16　分性别、年龄的老年人口比例分布（%）

性别	60～64 岁	65～69 岁	70 岁及以上
男	50.24	49.10	46.45
女	49.76	50.90	53.55
总计	100.00	100.00	100.00

资料来源：根据《中国人口普查年鉴 2020》相关数据计算而来，下同。

2. 老年人总体健康状况良好

良好的健康状态和受教育程度是开发老年人力资源的重要前提（叶忠海，2020）。我国经济和社会的发展进步，极大地改善了医疗卫生技术和生活水平，人们的平均预期寿命不断延长。七普数据显示，我国平均预期寿命已提高到77.93岁，给老年人力资源开发提供了时间保障。

从健康状况上看，七普数据显示，我国老年人的健康状况随着增龄呈现下降趋势，但低龄老年人的总体健康状况仍处于较高水平，我国60～64岁的老年人中70.29%处于健康状态，65～69岁的老年人中这一比例为60.83%。从性别分布来看，我国低龄老年男性和老年女性均具有较为良好的健康状态，不能自理的老年人比例相对较低，为我国老年人力资源开发在老年劳动力的健康维持和医疗支持提供了重要的缓冲时间，也为实现积极应对人口老龄化确定了基调（表17）。

表17　分年龄、性别的老年人健康状况分布（%）

年龄	健康		基本健康		不健康但能自理		不健康且不能自理	
	男	女	男	女	男	女	男	女
60～64岁	71.99	68.58	22.11	25.97	5.03	4.73	0.87	0.72
65～69岁	63.15	58.60	28.42	33.00	7.19	7.32	1.24	1.08
70岁及以上	43.52	37.62	37.99	40.67	14.88	17.13	3.61	4.58

3. 老年人受教育程度得到大幅改善

在受教育程度方面，我国老年人的总体受教育水平随着队列更替和教育事业发展稳步提升。根据我国2000年以来的人口普查及1%人口抽样数据，我国60岁及以上老年人中，受教育程度为大专及以上水平的比例已从2000年的2.05%上升为2020年的3.98%，即20年间我国老年人口中高等教育接受者比例近乎增长了一倍。基本不识字的比例下降了35.38%，小学、初中、高中学历的老年人比例有了明显提高（表18）。有学者指出，我国老年人口已经实现了从八成不识字到八成受过教育的历史性转变，老年人受教育程度的大幅改善将会在其社会参与方面开启更多领域（杜鹏、李龙，2022）。

表18　老年人口受教育程度分布

年份	受教育程度					合计
	基本不识字	小学	初中	高中	大专及以上	
2000年	47.54	36.82	9.46	4.12	2.05	100.00
2005年	42.35	37.85	12.16	4.75	2.89	100.00
2010年	22.50	49.72	18.70	5.83	3.26	100.00
2015年	22.36	46.12	21.31	7.01	3.20	100.00

续表

年份	受教育程度					合计
	基本不识字	小学	初中	高中	大专及以上	
2020 年	12.16	46.48	27.46	9.92	3.98	100.00

资料来源：根据 2000 年以来的人口普查及 1% 人口抽样调查数据推算。

从性别分布来看，我国老年男性和老年女性的受教育程度仍存在一定差异，但两性在教育层面的不平等已经显著改善。表 19 中数据显示，2000 年我国 60 岁及以上的老年人中，七成老年男性的受教育程度为小学及以上，而老年女性中却有 65.73% 的人处于基本不识字水平，绝大多数老年女性受教育程度较低的问题较为突出。2020 年，我国仅有 5.99% 的老年男性基本不识字，17.90% 的老年女性基本不识字，且大专及以上的老年男性和老年女性的比例均有一定提升，其中，老年女性受教育程度在大专及以上的比例为 2.65%，约为 2000 年的 3 倍。20 年间，我国老年女性的受教育水平有了重大突破，与老年男性间的受教育差距在逐渐缩小。结合女性的生存优势来看，老年女性受教育状况的改善不仅为我国开发老年人力资源奠定了基础，也为充分尊重老年女性的工作权利、实现两性同龄退休提供了良好的支持，提高了人力资源的储量。

表 19 分性别的老年人口受教育程度分布

受教育程度	2000 年		2005 年		2010 年		2015 年		2020 年	
	男	女	男	女	男	女	男	女	男	女
基本不识字	28.43	65.73	24.31	59.62	11.96	32.62	12.26	31.90	5.99	17.90
小学	47.26	26.89	46.84	29.25	50.74	48.75	46.99	45.31	43.31	49.45
初中	14.79	4.39	17.73	6.83	24.77	12.86	27.20	15.76	33.16	22.16
高中	6.22	2.13	6.71	2.86	7.79	3.94	9.05	5.08	12.14	7.84
大专及以上	3.30	0.86	4.40	1.44	4.74	1.83	4.51	1.96	5.40	2.65
合计	100.00	100.00	100.00	100.00	100.00	100.00	100.00	100.00	100.00	100.00

资料来源：根据 2000 年以来的人口普查及 1% 人口抽样调查数据推算。

分年龄来看，我国老年人的受教育程度随着增龄呈现一定的下降趋势，但是在 60 ~ 64 岁的低龄老年人中，近六成的老年人受教育程度在初中及以上，大专及以上的老年人占比为 4.85%，基本不识字占比仅 5.54%。65 ~ 69 岁的低龄老年人中，初中及以上占 43.86%，大专及以上占比 3.74%。70 岁及以上的老年人中，超八成的老年人学历在小学及以上（表 20）。结合各年龄段老年人在老年总人口中所占比例来看，低龄老年人绝对数量大、受教育程度相对较高，更乐于和易于接受新知识和新技术，其在劳动力市场中的竞争优势也更为优越，为我国开发老年人力资源形塑了重要优势。

表 20 　分年龄的老年人口受教育程度分布

年龄	基本不识字	小学	初中	高中	大专及以上	合计
60～64 岁	5.54	36.82	36.03	16.75	4.86	100.00
65～69 岁	8.68	47.46	31.21	8.91	3.74	100.00
70 岁及以上	18.52	51.95	19.70	6.25	3.58	100.00

资料来源：根据 2020 年人口普查数据推算。

（二）潜在老年人力资源分析

1. 未工作老年人的健康状况

对比不同劳动参与状况下的老年人健康状态可以发现，仍在继续工作的老年人群中，处于基本健康状况及以上的老年人占据绝大比例，处于健康状况的老年人比例为 71.27%。处于在职休假、学习培训、临时停工状态的老年人中，近三分之二是身体健康的老年人，表明当前我国老年劳动力健康状况较好。值得注意的是，在未做任何工作的老年人中，健康老年人和处于基本健康状态的老年人比例分别为 49.96% 和 34.52%。真正生活不能自理的比例不到 3%，这意味着我国蕴含着丰富的潜在老年人力资源（表 21）。

表 21 　2020 年 60 岁及以上不同劳动参与状况老年人口的健康状况（%）

劳动参与状况	健康	基本健康	不健康，但生活能自理	生活不能自理	合计
是，上周工作	71.27	26.00	2.65	0.08	100.00
在职休假、学习培训、临时停工	65.79	30.12	3.85	0.24	100.00
未做任何工作	49.96	34.52	12.57	2.95	100.00

2. 未工作老年人的受教育状况

表 22 中数据反映，当前我国未工作的老年人中，大多数老年人的受教育水平为高中及以下，其中小学学历的老年人占比最高，为 44.71%，31.72% 为工作的老年人为初中学历。考虑到当前我国老年人接受教育的历史背景，构建全民终身教育体系、大力发展老年教育势在必行。

从性别角度看，未工作的老年人中，老年女性整体受教育程度偏低，但在大专等以上受教育程度中，老年女性未参与工作的比例大大低于老年男性。结合历史因素来看，虽然此差异可能与我国当前的老年女性中受过教育尤其是高等教育的比例低于老年男性有关，但一定程度上也可表明我国老年女性的再劳动意愿较高。

表 22　2020 年分性别 60 岁及以上未工作老年人口的受教育程度（％）

性别	文盲	小学及以下	初中	高中	大学专科或本科	硕士及以上	合计
男	5.75	40.34	31.72	14.23	7.81	0.15	100.00
女	17.62	48.15	21.98	8.97	3.25	0.03	100.00
总	12.39	44.71	26.27	11.29	5.26	0.08	100.00

　　未工作的城市老年人中，超过三成的比例受教育程度为高中及其以上，进一步说明我国城市老年人潜在资源十分丰裕。而在乡镇和农村中，受教育程度较低的老年人比例明显高出城市老年人。乡镇中 47.89% 未工作的老年人受教育程度为小学学历，农村中老年人中这一比例为 58.44%，约为城市老年人的 2 倍（表 23）。这就意味着未来在积极开发老年人力资源时，应注意城乡老年人人口素质的差异，一方面因地制宜开发符合城乡老年人能力水平的就业岗位，另一方面也需要为乡镇老年人提供更多教育和培训资源，不断提高其老年人力资源质量，让更多的银发人才积极参与到推进我国乡村振兴进程中来。

表 23　2020 年分城乡 60 岁及以上未工作老年人口的受教育程度（％）

城乡	文盲	小学	初中	高中	大学专科或本科	硕士及以上	合计
城	5.82	29.75	33.81	19.69	10.74	0.19	100.00
镇	12.21	47.89	26.54	9.75	3.59	0.02	100.00
村	19.24	58.44	18.39	3.44	0.49	0.00	100.00

3. 低龄老年人就业情况

　　进一步分析 60 ~ 69 岁组低龄老年人的劳动参与状况可以发现，有近 70% 的低龄老年人未参与任何工作。其中，低龄老年女性未参与任何工作比例接近 80%，比低龄老年男性高出近 17 个百分点。低龄老年人是我国老年人力资源开发的重点对象，低龄女性老年人可能因为承担家庭照料（如隔代抚育等）的责任而无法参与到劳动就业中。从城乡分布来看，城市低龄老年人的劳动参与率最低，乡镇低龄老年人的劳动参与率为 27.48%。而在农村中，这一比例上升为 45.58%（表 24）。

表 24　2020 年分性别、城乡低龄老年人口劳动参与状况（％）

劳动参与状况	总体	性别		城乡		
		男	女	城	镇	村
是，上周工作	29.63	37.51	21.86	10.51	27.48	45.58

劳动参与状况	总体	性别		城乡		
		男	女	城	镇	村
在职休假、学习培训、临时停工	1.32	1.64	1.01	0.47	1.33	1.98
未做任何工作	69.05	60.85	77.13	89.02	71.19	52.44
合计	100.00	100.00	100.00	100.00	100.00	100.00

表 25 中数据显示，仍处于劳动状态的低龄老年人的工作单位类型存在显著的性别和城乡二元差异。分性别来看，仍在参与劳动的低龄老年人中，低龄老年女性从事农业生产的比例为 63.75%，这一比例显著高于低龄老年男性（47.97%），但在其他方面尤其是在企事业单位工作和灵活就业的比例低于低龄老年男性。除去我国传统家庭分工的作用，这一差异也在一定程度上说明我国低龄老年女性的劳动参与机会少于低龄老年男性，该群体人力资源的存量和重要性存在被低估和忽视的风险。分城乡来看，仍在继续工作的城镇低龄老年人中，超三分之一（35.18%）在企事业单位工作，其次为自由职业（33.40%）、个体经营（18.02%）、经营农村家庭承包地（13.40%）。乡镇低龄老年人和农村低龄老年人经营农村家庭承包地的比例最高，分别为 39.05% 和 65.17%，这与我国城乡发展差异密切相关。值得注意的是，即使在农村，低龄老年人中从事自由职业的比例超五分之一。可见无论城乡，灵活就业均是低龄老年人较为主要的劳动参与方式。

表 25　2020 年分性别、城乡低龄老年劳动人口单位类型（%）

单位类型	性别		城乡		
	男	女	城	镇	村
企业、事业、机关或社会团体等法人单位	14.05	7.81	35.18	15.66	6.41
个体经营户	9.19	7.48	18.02	13.37	5.54
经营农村家庭承包地（家庭农林牧渔生产经营活动）	47.97	63.75	13.40	39.05	65.17
自由职业/灵活就业	28.79	20.96	33.40	31.92	22.88
合计	100.00	100.00	100.00	100.00	100.00

低龄老年人中，无论是否工作，健康老年人的比例均是最高的。仍在工作的老年人中，处于健康状况的比例为 74.73%。在未工作的低龄老年人里，九成以上的老年人身体状况处于基本健康及以上水平。充分反映我国老年人整体健康状况良好，为我国积极开发老年人力资源奠定了坚实基础（表 26）。

表26 2020年不同健康状况低龄老年人口劳动参与状况（%）

劳动参与状况	健康	基本健康	不健康，但能自理	生活不能自理	合计
是，上周工作	74.73	23.19	2.02	0.06	100.00
在职休假、学习培训、临时停工	69.34	27.67	2.83	0.16	100.00
未做任何工作	61.79	28.97	7.88	1.36	100.00

表27中数据显示，2020年我国低龄老年人不论健康水平如何，其继续劳动的方式主要是从事农业生产和灵活就业。以健康老年人为例，身体健康的低龄老年人中，经营农村承包地的老年人占比50.67%，灵活就业的比例为26.68%。考虑到低龄老年人作为我国老年人力资源开发的主要组成部分，需要进一步促进我国老年人人力资本提升，以满足我国劳动市场和产业优化转型的需求。

表27 2020年不同健康状况低龄老年人口单位类型（%）

单位类型	健康	基本健康	不健康，但能	生活不能自理
企业、事业、机关或社会团体等法人单位	13.35	7.15	4.68	13.33
个体经营户	9.30	6.28	7.52	6.67
经营农村家庭承包地（家庭农林牧渔生产经营活动）	50.67	62.68	68.30	56.67
自由职业/灵活就业	26.68	23.89	19.50	23.33
合计	100.00	100.00	100.00	100.00

总体而言，我国现有老年人力资源利用率较低，老年人才尚未实现"人尽其才"。有大量潜在老年人力资源等待开发利用，尤其需要关注老年人力资源开发中的性别和城乡差异。此外，老年人力资源开发的另一重点是提高对老年人力资源的认识，加强老年教育和专业技能培训（姚远，2004）。因此，接下来的部分，将着重对现有老年人力资源开发的相关制度安排进行分析。

二、老年人力资源开发政策分析

（一）老年人力资源开发相关政策的梳理

1.政策变迁特点

（1）开发人群：从精英式走向普适化

1982年，中组部发布《关于妥善安排退出现职的老干部的意见》，指出"妥善安排退出现职的老干部，在健康状况允许的条件下，继续发挥他们的作用"，并就退职和离休老干部的去向和待遇做出了详细规定。同年我国颁布的《中共中央关于建立老干部退休制度的决定》充分认可了老干部的价值，并鼓励其根据自身状况参与到参谋咨询、调查研究、著述当中。1984 年，全国老龄工作会议将我国老龄工作目标归纳为"老有所养、老有所医、老有所乐、老有所学、老有所为"（吴玉韶，2021）。其中，"老有所为"首次被明确提出并被确立为我国老龄工作的核心目标之一（杜鹏、王菲，2011）。

1996 年，《中华人民共和国老年人权益保障法》颁布，该法律单设"参与社会发展"一章，鼓励老年人在自愿和量力的情况下根据社会需要和可能进行社会参与。该部法律的制定标志着"老有所为"由精英式转向普适化，社会参与成为全体老年人共同的权利（杜鹏、王菲，2011）。2001 年，国务院发布《中国老龄事业发展"十五"计划纲要（2001—2005 年）》，鼓励老年人继续参与社会发展，对城镇和农村老年人的人力资源开发内容做了较为详细的指导。

2011 年，国务院发布《关于印发中国老龄事业发展"十二五"规划的通知》，明确提出"注重开发老年人力资源"，在充分发挥离退休技术人员等老年人的积极价值之外，还要求加强老年教育工作建设，探索老年教育发展新模式。2021 年，《中华人民共和国国民经济和社会发展第十四个五年规划和 2035 年远景目标纲要》发布，文件指出"健全统一规范的人力资源市场体系"，破除劳动力和人才在城乡、区域和不同所有制单位间的流动和人事档案管理的障碍，充分彰显了我国以人为本的老年人力资源开发理念。

（2）开发领域：从政治参与到经济社会发展

由于我国老年人力资源开发始于老干部，因此资源开发范围一开始主要局限在政治领域。进入老龄化社会之后，中央对老年人价值的认知不断加深，老年人发挥余热的领域也进一步扩大。2000 年，《中共中央　国务院关于加强老龄工作的决定》指出，重视发挥老年人的作用，引导老年人参与教育、科研、维护治安、社区服务等社会公益活动。

2006 年，全国老龄委发布《中国老龄事业发展"十一五"规划》，鼓励和支持老年人继续参与经济社会发展，指出"积极开发老年人才市场，建立国家人才信息数据库和老年人才信息中心"，并对老年人才参与职业技能考试、技能鉴定等做了一系列规划。2011 年，国务院发布《关于印发国家人口发展"十二五"规划的通知》，要求充分开发老年人力资源，鼓励老年人参与经济社会活动，并对有就业要求和培训愿望的劳动者参加职业技能培训给予培训费补贴。

2016 年印发的《中华人民共和国国民经济和社会发展第十三个五年规划纲要》和 2017 年印发的《国家人口发展规划（2016—2030 年）》均强调了增强大龄劳动力就业能力在老年人力资源开发中的重要性，前者指出"加强老年人力资源开发，增强大龄劳动力就业能力"，后者则进一步提出"支持大龄劳动力就业创业、加强大龄劳动力职业培训"，以提升其就业技能和市场竞争力，避免其过早退出劳动力市场。2019 年《健康中国行动（2019—2030 年）》将"鼓励专业技术领域人才延长工作年限、各地制定老年人力资源开发利用专项规划"作为行动目标之一，鼓励老年人为社会做出更多贡献。

2021 年，《中共中央、国务院关于加强新时代老龄工作的意见》发布，指出全面清理阻碍老年人继续发挥作用的不合理规定，探索适合老年人灵活就业的模式并为有劳动意愿的老年人提供职业介绍、职业技能培训和创新创业指导服务。2022 年 8 月 24 日，我国正式上线老年人才网，标志着我国老年人人才信息库和老年人才信息服务平台启动建设，将为老年人再就业扩宽渠道、搭建平台、奠定基础①。可见，促进老年人参与经济社会发展逐渐成为我国老年人力资源开发和利用的主要领域。

（3）开发策略：从利用人才资源到培育人才资源

1990 年，中央组织部发布了《关于进一步加强老干部工作的通知》，倡导有组织有领导地发挥老干部的作用。2005 年，中共中央办公厅、国务院颁布的《关于进一步发挥离退休专业技术人员作用的意见》明确提出通过多种形式支持老专家们进一步发挥所能，要求政府部门、人才市场应积极主动为离退休专业技术人员提供服务。此时，我国老年人力资源开发策略仍以利用老年人尤其是老年精英的才能为主，其他层面的老年人力资源开发手段和途径并不明显。

2011 年，国务院发布《关于印发国家人口发展"十二五"规划的通知》，明确指出"继续发展老年教育""提高老年人口的素质和技能"，以积极应对人口老龄化。2017 年，国务院印发《"十三五"国家老龄事业发展和养老体系建设规划》，鼓励各有关方面建立老年人才信息库，支持老年人创业，帮助老年人解决接受岗位技能培训的障碍。2018 年，国务院印发了《关于推行终身职业技能培训制度的政策建议》，明确指出建立并推行覆盖城乡全体劳动者、贯穿劳动者学习工作终身、适应就业创业和人才成长需要以及经济发展需求的终身职业技能培训制度，在完善从劳动预备到劳动者职业生涯终结的终身职业技能培训政策的基础上，大力推进创业创新培训，加强重点产业领域的高技能人才的能力提升。2021 年，人力资源社会保障部联合其他部门共同印发《"十四五"职业技能培训规划》，提出到 2025 年我国终身职业技能培训制度建设应更加完善，制度贯穿劳动者学习工作终身、覆盖劳动者职业生涯全程。

我国老年教育也逐渐列入老年人力资源开发的相关内容，其在推进我国老年人力资源开发、实现积极应对人口老龄化过程中的地位和作用日益突出。早在 2001 年，我国就开始鼓励社会各界兴办老年教育事业。2016 年，国务院印发《老年教育发展规划（2016—2020 年）》，老年教育被视为我国积极应对老龄化、大力发展老龄事业和产业的迫切任务。2021 年，《"十四五"国家老龄事业发展和养老服务体系规划》发布，在要求扩大老年教育资源供给的同时，要求在全国城乡社区普遍开展老年人运用智能技术教育培训，引导老年人了解新技术，以长效解决"数字鸿沟问题"，提升老年人的社会适应能力。

2. 现行政策分析

我国现行的老年人力资源开发政策主要从开发培育老年人才和扩大老年人就业机会两个角度共同发力挖掘长寿红利。2019 年，中共中央、国务院印发了《国家积极应对人口老龄化中长期规划》，提出从全面提升人力资源素质和推进人力资源开发利用两方面

---

① 中国老年人才网：新时代老龄人力资源开发研讨会暨中国老年人才网上线新闻发布会在京举行，https://www.zglnrc.org.cn/#/headline/detail?id=ff80808182aa5f6d0182cf283a25032f。

改善我国劳动力有效供给[①]。在全面提升人力资源素质方面，通过完善国民教育体系、构建老有所学的终身学习体系等措施，提升包括老年人在内的人力资源整体素质。而在推进人力资源开发利用方面，则进一步强调完善人力资源市场改革、改革户籍等制度以加大就业灵活性、创造老有所为的就业环境等，充分调动大龄劳动者和老年人参与就业创业的积极性，以实施更高质量和更加充分的就业。该文件老年人力资源开发指明了具体路径，一方面是通过老年教育和职业技能培训开发培育老年人力资源，另一方面则是通过完善老年就业服务提高老年人就业意愿。

老年人教育方面，2016 年，国务院发布《老年教育发展规划（2016—2020 年）》，该文件从推动老年教育法规制度建设、加强老年教育队伍建设、完善经费投入等五方面入手，力求明晰老年人教育需求、建立老年教育专业师资队伍、拓宽老年教育经费渠道，减少老年教育发展的阻碍。2021 年，《中共中央 国务院关于加强新时代老龄工作的意见》中对老年教育发展的牵头单位、老年教育专业人才培养、教材编写等均做出进一步要求或强调，助力老年教育蓬勃发展。

我国不断推进终身学习社会的建设。2021 年，国务院印发的《"十四五"就业促进规划》再次强调"完善终身学习体系"，促进继续教育高质量发展，规范发展非学历继续教育，并健全终身教育学习成果转换与认证制度，推进终身教育与技能人才培养协同发展。老年教育建设方面，《中共中央、国务院关于加强新时代老龄工作的意见》和《"十四五"国家老龄事业发展和养老服务体系规划》中均强调扩大老年教育资源供给，如鼓励高校等举办的老年大学面向社会办学、依托国家开放大学筹建国家老年大学、搭建全国教育资源共享和公共服务平台等。《"十四五"国家老龄事业发展和养老服务体系规划》还提出促进社区老年教育的发展、鼓励在线老年教育发展，不断扩展老年教育参与途径。

职业技能培训方面，首先，我国不断扩展职业培训资源供给。2018 年，国务院印发《关于推行终身职业技能培训制度的意见》，提出政府补贴培训、企业培训、社会化培训为主要供给，依托多方力量，支持弹性学习，大力推进劳动者就业创业技能培训，健全终身职业技能培训制度。2021 年，人力资源社会保障部等联合发布《"十四五"职业技能培训规划》，变更政府补贴供给为有益补充，明确职业技能培训以企业自主培训、市场化培训为主要供给，使得职业技能培训更好地契合劳动力市场需求。

其次，为完善终身职业技能培训制度，提升劳动者参与职业技能培训的热情，规定向符合条件的参训人员给予补贴，并在积极探索通过社会保障卡缴纳职业技能培训费和领取补贴的方式。同时，为了鼓励企业等社会主体积极向劳动者提供职业技能培训，特向符合规定的企业提供培训经费税前扣除、就业补助资金等优惠政策。

再次，围绕农民工等就业创业重点群体，广泛实施相关专项行动。2020 年，人力资

---

① 中国政府网：坚持以人民为中心，积极应对人口老龄化——国家发展改革委负责人就《国家积极应对人口老龄化中长期规划》答记者问，http://www.gov.cn/zhengce/2019-11/22/content_5454389.htm。

源保障部印发《农民工稳就业职业技能培训计划》，对输出地和输入地关于农民工职业技能培训方向、发展目标进行了更为细致的指导。同年，人力资源社会保障部组织开展"马兰花计划"，为具有创业意愿和培训需求的劳动者群体提供满足群体个性化特点和需求的培训课程和相关后续服务。《"十四五"职业技能培训规划》中也进一步要求实施农村转移拉动力等职业技能提升计划、妇女专项职业技能培训，并对职业技能培训提出具体任务指标。

最后，我国不断加强职业技能培训服务能力建设，健全职业技能培训公共服务体系，大力推广"互联网＋职业培训"模式，探索"互联网＋""智能＋"培训新形态，开展多种形式的职业技能培训，提升劳动者参与培训的便捷度与可及性。此外，为了进一步推进培育的人力资源顺利走向就业市场，当前政策要求大力推行社会化职业技能等级认定，研究探索职业技能等级证书和学历证书间的成果认定、积累与转换机制。

在老年人就业服务方面，我国正进一步完善技能人才职业发展通道，2021年发布的《中华人民共和国国民经济和社会发展第十四个五年规划和2035年远景目标纲要》中指出"健全统一规范的人力资源市场体系，破除劳动力和人才在城乡、区域和不同所有制单位间的流动障碍"。

我国也在大力完善相关就业平台，努力探索适合老年人的工作模式。2021年发布的《"十四五"就业促进规划》就对灵活就业人员和新就业形态劳动者的就业服务与支持予以一定说明，鼓励增加灵活就业机会。《中共中央、国务院关于加强新时代老龄工作的意见》要求"在学校、医院等单位和社区家政服务、公共场所服务管理等行业探索老年人灵活就业的模式"，增进老年人就业机会。2022年，老年人才网上线，我国老年人才信息服务平台建设正式启动，将进一步推进老年人力资源的开发利用。

（二）现有政策中的制度性阻碍

1. 教育制度中存在的问题

（1）普通学历教育准入门槛较高

我国正规高等教育体系中，除少数特殊专业之外，各高校开设的专业大多没有年龄限制。我国于2001年取消了普通高考的年龄限制。2014年，教育部下发《全国硕士学位研究生招生工作管理规定》，取消了报考者"不超过40岁"的年龄限制。但是二者均设置了明确的学历或学力限制，即有意愿进入高等教育学历教育深造的老年人至少需要高中学历或具备同等学力。结合2020年人口普查结果来看，我国60岁及以上的老年人中仅9.92%拥有高中学历，3.98%拥有大专及以上学历。可见，大部分老年人并不具备相应的准入条件。

尽管成人继续教育相对门槛较低，并不存在年龄限制，但是继续教育中设置的学历教育仍有学历限制。如成人高考要求报考高起本或高起专的考生应具备高中毕业文化程度或同等学力，报考专升本的考生需获得教育部审定核准的相关学历证书，同样将大部分老年人排除在外。

（2）老年学历教育体系构建不完善

老年学历教育的初衷在于向老年人提供满足老年人高层次的学习需求，并为其重新进入社会就业、服务社会等创造条件（徐四海，2017）。2011年，上海开放大学和上海老年大学合作开办上海开放大学老年教育学院，率先在全国开展老年学历教育，老年学员经过三年左右的学习并通过考试后即可获得上海电视大学颁发的国家承认的大学专科毕业证书[①]。目前我国老年学历教育主要包含以上海、江苏为例的开放教育模式和以北京为例的荣誉学历教育模式（叶和旭等，2022）。以国家开放大学所设立的荣誉学历教育书法专业为例，该专业设置了课程证书、专业证书、荣誉学历证书及师资证书四级证书体系，老年学员完成不同阶段的学习之后可获得相应的证书[②]。

然而，我国老年学历教育处于发展的初级阶段，有资格、能力承办老年学历教育的老年教育机构较少。而现有的老年学历教育具有明显的学历补偿性，开设的课程大多为音乐演奏、摄影摄像等课程，于老年人力资源开发的增益并不明显。同时，现有开放大学的老年学历教育对老年学员的准入资格规定并不一致（叶和旭等，2022），忽视了一部分有能力但未达到准入标准的老年学员的需求。

（3）学分银行认证机制尚未形成统一标准

我国的终身教育学分银行建设因缺乏国家层面的整体设计和统筹安排，尚未形成统一的认证标准，呈现出零散、自发、局部和区域特征（齐亚丽，2019），导致学分银行认证的公信力、权威性、流通性有所下降。同时，由于学分银行还承担着其他年龄群体的学分认证、转化任务，老年人的相关需求存在被忽视的风险。目前，我国大多数省域学分银行缺乏对老年群体的需求调研、对老年群体的学习需求普遍缺少关注等（梁海兰等，2021）。以广东省学分银行相关规定为例，相较其他年龄群体，广东省老年人的学习成果只能归入"其他类—培训业绩"中，学分认定仍需要到线下认证和审核，所获得仅为荣誉学分，一定程度上限制了学分银行在开发老年人力资源中的作用发挥。

2.职业技能培训制度中存在的问题

（1）从业资格获取存在障碍

在我国，除特殊职业要求等原因设置了明确的报考年龄限制，常规类别的职业资格报考条件大多并不存在年龄上限，仅对资格证书注册和使用有严格的时间期限，为老年人获取从业资格证书提供了可能。但与此同时，这类职业资格考试对报考者的学历水平做出了严格规定，限制了部分有能力但低学历的老年人参与其中，难以达到持证上岗的要求。以教师从业资格为例，我国的教师资格证考试对报考者的学历要求在中专及其以上，学历要求随报考等级有所调整。但是，即使我国老年人的平均受教育水平随着队列更替和经济社会发展有了较大改善，绝大多数老年人仍不具备从业资格报考的学历水平

---

　　① 中国经济网：上海开放大学开办老年人学历教育 圆老人"大学梦"，http://district.ce.cn/newarea/roll/2014/08/27/t20140827_3432848.shtml。

　　② 国家开放大学：老年荣誉大学简介，https://lndx.edu.cn/Pages/AcademicEducation/Message/2019/09/27/ce6a8378-569e-43c9-aeb2-80fd61b4e796.html。

和同等学力考试资格，进而难以进入相关行业。

（2）终身职业技能培训设计缺乏老年视角

2018 年，国务院发布《关于推行终身职业技能培训制度的意见》，要求"针对城乡全体劳动者，推进基本职业技能培训服务普惠性、均等化"。当前的老龄政策也鼓励为有劳动意愿的老年人提供技能培训等。但在具体的政策层面，老年就业群体往往被囊括在农民工、农村转移就业劳动者、就业困难人群等群体中，针对老年职业技能培训的内容、形式、补贴待遇等也并无细致规定。加上老年人才信息库仍在建设之中，老年人区别于其他年龄群体的职业技能培训内容、培训方式要求、培训时间安排等需求并不明确，进而导致现有的职业技能培训机制缺乏符合劳动力结构变化和老年人就业培训需求的动态发展的系统性调试。老年职业技能培训的系统体系难以形成，可能导致老年职业技能培训发展动力不足，进而难以产生成效。

3. 老年人就业服务制度中存在的问题

（1）老年人才信息库建设存在不足

老年人才信息库的建成事关我国明确老年人才储备、推进老龄人才对接与交流，以及精准为老年人才提供职业介绍、技能培训、创新创业指导服务等老龄工作的开展。2005 年发布的《关于进一步发挥离退休专业技术人员作用的意见》中提到政府需设立离退休专家信息数据库和专业技术人员信息网络，主动为离退休专业技术人员发挥作用做好服务。2006 年，全国老龄委发布的《中国老龄事业发展"十一五"规划》中明确提出"各地要把老年人才的开发和利用纳入人才市场建设的总体规划""建立国家老年人才信息数据库和老年人才信息中心"。2021 年印发的《"十四五"国家老龄事业发展和养老服务体系规划》也再次强调"加强老年人就业服务""鼓励各地建立老年人才信息库""建设高层次老年人才智库"。可见，我国很早就意识到老年人才信息库建设的重要性和必要性。然而，我国虽早已发文鼓励各地建立老年人才信息库，但这项政策缺乏必要且清晰的激励手段，不具备规范性和强制性，缺乏老年人才识别机制、分类入库标准、老年人才信息库质量评估等标准。导致各地老年人才信息库建设进程和水平不一，建成者寥寥且多集中于省域以下层面，致使我国老年人才资源和市场需求之间缺乏有效的衔接渠道，难以为我国老年人力资源开发提供更多助力。

（2）老年人力资源市场机制尚不完善

老年人力资源开发工作，需要积极探索拓展老年就业市场，促进老年人职业培训资源整合和成果转化（李光、郭雅诗，2020）。但老年人力资源市场的开发涉及大量的公共服务，政府需要从市场规范、制度建设、法律保障、平台搭建等方面进行顶层设计，确保老年人力资源市场的顺利开发（倪清等，2015）。2019 年，人社部发布《人力资源社会保障部关于进一步规范人力资源市场秩序的意见》，力求多方面切实保障劳动者和用人单位的合法权益，维护公平竞争、规范有序的人力市场秩序。然而，由于我国老年人力资源分布存在显著的人群、地区等差异，加上我国经济社会发展的不平衡，各地老年人力资源市场建设水平存在较大差距，使得老年人再就业的机会获得并不平等，极易滋生年龄歧视、就业歧视，难以形成有序发展的老年人力资源市场。此外，我国尚未完善老年人就业相关法律和社会保险体系，当前政策也仅是要求企业应与不符合建立劳动关系的劳动者依法订立书面协议，老年人再就业难以享受工伤保险等待遇，致使雇主和老年员工之间的雇佣关系仍存在争议，企业等雇佣老年劳动力存在较大的健康和法律风险，同时缺乏用人单位雇佣老年人的具体奖惩措施，导致用人单位的雇佣热情锐减，对老年人力资源的认可度低，老年人就业过程中也面临相关权益被侵害的风险，进一步增加了老年人力资源市场的建设难度。

（三）现行政策实施中存在的问题

1. 老年教育资源不平衡、不充分

根据中国老年大学协会组织编写的《中国老年教育发展报告（2019—2020）》①，我国老年教育发展存在发展不平衡、不充分的问题，区域、城乡发展水平存在较大差距。根据中国老年大学协会的数据，2019 年我国西北和东北地区的老年学员数量在全国老年学员中的占比仅 4.3% 和 3.9%，远远低于华东地区的 53.6%。同时，与城市相比，我国农村老年教育资源匮乏，后续发展动力不足。掣肘于我国人口老龄化水平"城乡倒置"和城乡二元体制的现实，老年教育的城乡差距将会被进一步放大，严重影响我国老年教育发展的公平性、普惠性。从老年教育内部来看，众多老年大学（学校）同时存在"一座难求"和"老面孔"现象，导致老年人参与老年教育的机会并不平等，使得我国老年人应对劳动力市场变化的能力不足，难以长期保持老年人自身的竞争力。

2. 老年教育尚未聚焦老年人力资源开发

当前我国老年教育在实际开设中，课程内容主要集中于书画摄影、器乐演奏等兴趣娱乐层面，缺乏再就业指导、技能教育及提升等实用类课程，教育的生产性、发展性功能尚未得到完全体现，与老年人渴望通过老年教育实现人生价值的强烈需求不符（韩伟等，2018），进而难以对老年人力资源开发提供更多有效支持。

3. 非学历教育作用发挥不突出

非学历教育是高校、民办教育机构等面向社会举办的，以提高受教育者专业素质、职业技能等为目的的各项培训、进修、辅导等教育活动，具有学习期限短、形式灵活、学习内容实用性强、不授予毕业证书等文凭等特征，对于提高人力资本开发利用率及其结构优化、构建我国终身教育体系、形成学习型社会具有重要意义（黄娥、李乾，2019；孙秀玲、孟繁军，2014）。但由于非学历教育的办学主体种类繁杂，各办学主体的办学任务、办学实力等存在较大差异，导致非学历教育建设质量良莠不齐。普通高校因主要承担发展学历教育的任务，对非学历教育的重视度不足，在教育资源分配、师资队伍建设等方面对非学历教育有所忽视（侯春来，2017），使得非学历教育难以发挥满足人民群众多样化学习需求、推动学习型社会建设的使命。高职院校开办的非学历教育虽能更突出职业培训的特色，但其教育成果认定面临认定理念适应性低、认定主体构成

---

① 中国老龄科学研究中心：中国老年大学协会发布《中国老年教育发展报告（2019—2020）》，http://www.crca.cn/index.php/13-agednews/468-2019-2020.html。

单一、认定方式灵活性差、认定结果流动性弱等挑战，难以拓宽技能型人才成长通道（祁占勇、刘丹，2022），且往往面向特定群体（如教师、干部、退伍军人等），在老年人力资源开发中的作用发挥不突出。

4. 老年就业服务稀缺

尽管我国的就业服务并未对年龄作出明确限定，但是在实际工作中尚未将老年人作为核心服务对象之一。例如，尽管有些省份在文件中明确指出支持老年人才创业，但在实际的政策落地过程中，相较高校毕业生等青年群体，老年人依然是创业支持的边缘群体，创业培训、风险管控、优惠激励等后续创业政策的系统性规划和指导意见并不明确，未能给老年人创业提供清晰且适宜的有力支撑。此外，在职业培训、职业介绍等环节也缺乏专门针对老年人特点设置的专场。

三、国内外经验总结

（一）我国老年人力资源开发的地方经验总结

我国各省市积极回应中央层面的政策安排，并根据自身发展水平和现实需求，因地制宜地形成了自身的老年人力资源开发政策。

1. 上海：老年友好城市

根据 WHO 的定义，老年友好城市应该提供包容、可接近的城市环境；可以促进积极老龄化，给老年人创造足够机会以促进健康、公众参与和社会安全。上海市自 2009 年启动老年友好城市建设，旨在消除老年人参与家庭、社区和社会生活障碍，为老年人创造良好的城市环境。2013 年，上海发布了《老年友好城市建设导则（试行）》，提出进一步优化老年教育布局和人群覆盖面，构建可以整合各级各类优质老年教育资源、覆盖各类老年群体的老年教育网络，并重视老年社会参与的设施、组织和氛围建设，为老年人提供继续奉献社会的机会。该文件在"社会参与和奉献"章节提出建立老年人才数据库和老年人技术特长档案、根据相关规定为老年人的社会参与提供安全防护和必要的权利保障。2020 年，上海市政府发布《上海市人民政府关于进一步做好问就业促发展工作的实施意见》，提出面向各类群体广泛开展职业技能培训，推进线上培训，并按规定给予就业培训补贴和生活费补贴。2021 年《上海市老龄事业发展"十四五"规划》发布后，相关部门表示将积极搭建老年人才市场，充分为老年人力资源开发提供支持。

从老年教育建设上看，上海的老年教育建设质量居于全国前列。2021 年发布的《上海市老龄事业发展"十四五"规划》中明确提出"鼓励老年人主动参与学历教育、职业培训和各类兴趣爱好活动"，不断消除老有所为的相关障碍。目前，上海已构建起面向 50 岁及以上人群的全媒体终身教育平台"金色学堂"。作为全国首个中老年专属学习平台，"金色学堂"为学员规划了智慧生活、文化娱乐、健康科普三大节目带，老年人可通过有线电视、互联网、线下用户社区等获取教育资源[①]。

2. 江苏省：零工市场

江苏省于 2022 年初发布《江苏省就业促进条例》，首次提出县级以上地方政府应当制定鼓励老年人再就业的政策措施，并提供就业服务、就业培训等支持。为进一步向包含老年人在内的灵活就业群体提供便利，该文件要求"县级以上地方人民政府和有关部门应当为劳动者自主创业、自谋职业、灵活就业提供服务"、"支持多渠道灵活就业和新就业形态发展、建立促进多渠道灵活就业机制"。在此要求下，江苏省人力资源社会保障厅提出于 2022 年建设 17 个省级规范化零工市场的目标，同时印发了《江苏省规范化零工市场基础设施和服务功能建设标准（试行）》。该文件对零工市场的基础设施、服务功能做了明确规定，力求为灵活务工人员和用工主体提供优质服务。

苏州市劳动就业管理服务中心在遵循以上政策文件要求的基础上，依托原有的人力资源市场成立了全省首个挂牌的公共零工市场。2022 年 8 月 16 日，苏州市综合性零工市场正式投入使用并举办了首场招聘会，为用人单位和求职者搭建供需对接的平台。作为政府提供的正规渠道，零工市场除向灵活就业人群提供职业介绍、政策咨询等服务外，还为其提供职业技能培训和仲裁调解等咨询服务，不仅拓展了老年群体的就业支持网络，也提升了灵活就业承载力。

3. 浙江省嘉善县："全国离退休人才网"

全国离退休人才网是由位于浙江嘉善县的民营企业——一网通信息科技有限公司专为离退休人才提供再就业服务的网站，成立之初就获得了浙江省嘉善县地方政府的高度重视。该网站于 2009 年正式投入运营，免费为老年人才登记入库，为有相关需求的企业和离退休人才提供信息和交流平台，此外还向网站会员提供相关信息资讯服务，内容主要包括典型案例、时事热点、老有所为、老有所乐和政策法规，进一步向离退休老年人提供便利。在全国老龄办老年人才信息中心支持下，全国离退休人才网不断推进地区级工作的建设，逐渐发展为国内目前唯一的全国性离退休人才交流平台。

多年来，嘉善县地方政府为全国离退休人才网的建设提供了多项投资资助、科技经费资助以及各项税费优惠等支持。其次，嘉善县相关政府部门还积极与全国离退休人才网展开合作，推动"社区老年人才发现计划"的实施与推广[②]，助力社区老龄人才资源的开发。

4. 海南省："银发精英"汇聚计划

2018 年，海南省发布《百万人才进海南行动计划（2018—2025 年）》。该文件在放开人才落户限制的同时，针对老年人力资源开发提出了实施"银发精英"汇聚计划，鼓励用人单位以退休返聘等方式，吸引 70 岁以下大师级人才、65 岁以下杰出人才和领军人才入驻海南省，并会按照老年人才层次和相关标准为老年人提供免租金的人才公寓，全职工作期满一定年限分期赠予产权。

[①]　上海学习型社会建设平台："金色学堂"今起登陆电视频道！全国首个中老年专属学习平台干货满满，http://shlc.shlll.net/Notice/NoticeInfo.aspx?Z=2&A=19936。

[②]　养老网：嘉善县"社区老年人才发现计划"试点县，https://www.yanglao.com.cn/article/4091.html。

5. 四川：纠正"一刀切"农民工清退令

2022 年 9 月，四川省住房和城乡建设厅与人力资源和社会保障厅发布通知，在住房和城乡建设部与人力资源社会保障部修改后的《关于建筑工人实名制管理办法（试行）》基础上，要求各地尊重超龄农民工就业需求和企业用工需要，切实维护好超龄农民工就业权益，纠正"一刀切"清退令，并要求已经实行"清退令"的地方尽快调整政策执行方式，指导企业根据超龄农民工的身体状况合理安排作业岗位。在此之外，四川省要求企业落实安全生产主体责任，通过强化建筑工人安全防护技能培训与职业病防范、落实建筑工人（尤其是超龄农民工）健康体检等措施，确保建筑工人身体状况与岗位要求相匹配。

（二）国外的经验总结

1. 完善相关法律制度

大多数发达国家在开发老年人力资源时均采取立法先行策略，为本国的老年人力资源开发提供有力的法律保障，营造认可和鼓励老年人再就业的良好社会氛围。以日本为例，1963 年，日本政府修订了《老年福利法》，明确规定具有劳动能力和意愿的老年人应当得到工作机会。除基本的法律外，日本政府后续还制定并不断修订《老年人就业稳定法》《平等就业机会法》《高龄社会对策大纲》《老龄社会战略基本法》等一系列法律，以解决老年人再就业过程中面临的年龄歧视等各项障碍。同时，通过对社会保障政策的调整，如老年人养老金的领取年龄、降低参保限制等，提升了老年人再就业的意愿。

值得注意的是，日本针对老年人就业的专门法《老年人就业稳定法》具有"审时度势"的渐进性和阶段性（胡澎，2020），有助于降低企业和民众的抗拒心理，确保推进老年人再就业权利平稳实现。该法于 1986 年制定，在初次发布之时就明确"企业在设定退休年龄时不可低于 60 岁"。在后续的修改中，日本政府顺应本国的人口老龄化进程，不断调整延迟退休年龄和企业的覆盖范围，致力将企业的"努力义务"转化为强制义务。2004 年修订的版本中明确规定所有的企业都有义务雇佣老年人至 60 岁。2013 年实施的版本为了实现全体老年人延迟退休至 65 岁的制度，采取了扩大继续雇佣老年人的企业范围的措施，同时明确规定了没有履行责任的企业的惩罚力度，政府可以将违反制度的企业名称公布于社会，公共职业介绍所不再受理该企业招聘员工手续（丁英顺，2016）。2021 年施行的最新版本中，除规定企业有确保 65 岁以下员工就业的义务之外，还将企业的"努力义务"扩展到 70 岁老年人群体，规定企业应努力为满足 65~70 岁的老年员工的再就业意愿创造机会。

2. 发挥高校在发展老年学历教育中的作用

我国目前的老年教育发展水平尚不能满足老年人需求，社会资源尚未完全调动，课程设计也未能充分与老年人力资源开发联动。有鉴于此，我国可参考其他国家的老年教育发展经验，大力推进老年教育发展，为保障老年人的受教育权益和本国老年人力资源开发事业提供强有力的支持。

针对我国学历继续教育的学历准入门槛问题，可参考日本立教大学的老年教育模式。日本立教大学专门为高龄老年人设计了 1 学年制的本科学习教育（孙平、董编，

2021），不仅有助于打破老年人因基础受教育水平较低而难以正常进入高等教育体系的困境，同时也使得老年学历教育更好地契合老年人的身体状况和实际需求。立教大学的老年教育设计中，老年人需要通过由随笔和面试组成的入学考试才能入学，随笔为自选主题。同时，立教大学制定了明确的选课和毕业标准。在课程设计上，立教大学也充分考虑了老年人的学习需求，共设置了老龄化社会的教养课程、全学科同时科目课程、交际设计与商务课程等，由责任教师进行教授，帮助老年人再次融入社会发挥余热。

此外，我国也可借鉴德国高校发展老年教育的经验。德国高校通常不对老年人进入老年大学设置高中学历限制，并在专为老年人开放形成的老年大学中构建起正规学习、旁听学习和长者学习三种模式，充分满足不同老年人的需求。在课程设置上，老年人可以参与高校的正规课程或是学校专为老年人制定的"长者学习"项目课程。其中，"长者学习"项目课程特别设计了服务社会做准备的老年学员设计的系统性教育课程，该类课程具有职业培训特性，老年学员完成课程后可获得结业证书（俞可，2017）。

3. 将老年教育与老年人力资源开发结合发展

在老年教育方面，针对我国老年教育参与主体不足、发展方向尚未聚焦老年人力资源开发等问题，澳大利亚的第三年龄大学（以下简称 U3A）遵循英国模式，自下而上地构建起独特的"自治互助"发展模式，为我国发展老年教育和促进老年人力资源开发相结合提供了另一种思路。澳大利亚的 U3A 是老年人自身发起的社会变革，发展初期几乎并未建立与政府、资助机构、专业教育者等的联系（欧阳忠明、葛晓彤，2019）。在此意义上，澳大利亚的老年教育并非只是老年人力资源开发的途径之一，同时也是老年人力资源开发的重要成果。U3A 的组织经营管理采取老年会员自治和志愿者辅助的方式，主要以会员费为运营经费来源，自立自足。师资结构上，U3A 并未设置苛刻的教师准入门槛，不注重学历、教龄、资格证书等硬件条件，而是鼓励有兴趣、特长和教育热情的人加入，极大地缩减了办学成本（欧阳忠明、葛晓彤，2019）。此外，U3A 还强调成为会员后的组织参与感。会员可以参加一年一届的会员大会，拥有投票权利，还可以申请成为课程老师参与教学或作为志愿者处理行政事务等。在此基础上，U3A 充分利用老年会员本身的技能和能力，老年人力资源开发意义显著。法国在高等学院中附设第三龄大学，课程内容既包括陶冶情操的文化课，又包括关于工作新技能的课程。

随着远程教育的兴起，澳大利亚的远程老年教育也获得了发展机遇。1998 年，澳大利亚成立了世界上第一所虚拟第三年龄大学（以下 U3A Online），为无法参加当地线下第三年龄大学的老年人提供远程老年教育课程（张波，2017）。U3A Online 无须遵循线下 U3A 的办学流程，老年学员可以随时根据自身时间安排相关课程，因此老年学员的学习自主权得到充分满足。开放的办学模式也使得 U3A Online 得以与其他的 U3A 等机构展开合作，进行资源共享，使得老年教育成果得以为更多老年人共享，拓宽了老年人力资源开发和质量提升的人群范围。

4. 加强对老年员工的职业培训和职业发展规划

针对如何为老年员工提供指导服务和调整培训，OECD 国家的做法可以归纳为几下几点（OECD，2019）：第一，加强非标准工作形式工人接受工作培训的机会，加强老年员工在工作中的参与和表达，反映不同年龄员工的经验和学习需要；第二，增加对职业中期技能发展的投资，并通过调整教学和学习方法及内容以满足老年工人的需要，提高培训的吸引力及其潜在回报。在工作技能方面，尤其是随着工作性质的变革，一些老年员工陷入所需技能中断的困境，对此许多国家都采取加强职业培训和继续教育的做法。韩国政府发起的高龄人员短期培训和高龄人员"新开始"两个项目：前者以55岁为年龄准入，对这些老年人进行包括履行职务所需的最低限度的业务技能培训、素质教育及安全管理教育等在内的短期免费培训，并在结业以后推荐工作岗位；后者则为老年人提供企业现场进修机会，提高老年人的就业能力（OECD，2018）。英国设立工作经历开发项目、雇主培训指导项目、王子创业项目等，目标在于帮助老年员工掌握工作技能、提高工作效率。德国政府推行"50+"老年人职业发展计划，包括短期计划、中期计划和长期计划三个灵活的部分，老年人可以根据自身的实际情况来选择相应的培训计划，通过参加培训来获得所需要的职业知识和技能特长，培训机构还可以为成员提供职业资格证书或职业转变的机会（OECD，2019）。

5. 积极为有工作意愿的老年人提供职业介绍

实现老年人力资源开发，需要构建完善的平台及其服务体系，以及时实现信息互通、资源共享，助力企业等的人才需求和老年人的就业等需求实现对接。日本依托1975年建立的"高龄事业团"在全国设立银发人才中心（SHRC），为仍有劳动就业意愿的老年人提供就业培训和工作机会。具体来看，银发人才中心作为一个由当地社区建立的非营利性组织，会与企业、社会组织、家庭和老年人等进行谈判并签订合同，在此过程中确认各方的诉求。随后工作人员会根据掌握的信息与符合条件的老年会员相匹配，提供相应的教育和培训方案帮助老年人获得就业机会（同春芬、丁芬，2019）。美国则建立起一个全国性的劳动力发展系统，为劳动者提供财政援助等支持与服务，同时开展了多种形式的老年人就业促进项目，如高级社区服务就业计划（SCSEP）、成年人胜任力国际评估（以下简称PLAAC）等项目。与其他常规类就业培训项目不同的是，PLAAC是对老年提供职业技能鉴定和对老年人培训项目进行效果评估，并根据培训结果给老年人安排与其能力对等的工作岗位（孙平、彭青云，2016）。

6. 建立激励机制鼓励老年人就业

实现老年人力资源的成功开发需要在充分尊重老年人意愿的基础上采取一定的激励措施，以提升老年人继续工作的动力。为此，德国在不同时期采取了向老年人提供临时工作、建立工资补贴制度、减少失业保险费、实施"50岁以上再就业计划"等措施（高琳，2021），同时，德国放开职业培训补贴年龄限制和职业资格认证，同时实施职业培训计划，尽可能减少老年人重返劳动力市场的阻力。除向老年人提供职业培训外，日本还对60~64岁的低龄老年人实施了老年人可持续就业资助制度，若其再就业时领取的工资低于退休前工资85%，可获得相当于新工作工资的25%的就业补助金。

在老年人创业方面，大多数发达国家会向创业的老年人发放补助金，并积极为其营造良好的社会支持环境。在日本，创业的老年人可获得最高金额为200万日元的"创业辅助金"。欧盟还致力于提升老年人创业能力，"最佳老年人计划"应运而生。该计划除对老企业家提供商业规划支持，更在于增加老年人的知识基础和创业素养。同时，欧盟还会开展研讨会整合老年创业的优秀经验。2015年欧盟组织了两次欧洲研讨会，并将研讨会的结果以"老年创业精神最佳实践手册"呈现，为老年人创业的所有利益方建立起一个最佳实践框架，并通过识别老年创业者的特定特征，帮助老年人摆脱既定印象，从而在不同的职位角色中实现自身潜能。OECD自2012年起与EC展开"包容性创业"联合方案，审查包含老年人在内的在创业活动中居弱势地位或不具备创业代表性人群所面临的商业创造和自我雇佣层面的障碍（李华晶等，2019）。

综合国际经验可以发现，各国政府在推进老年人力资源开发过程中首先立法先行，及时推进本国的退休年龄和养老金制度改革，稳健地推迟了老年人退休年龄，鼓励老年人重新走向社会。同时为老年人进入劳动力市场提供完善的权益保障、扫清年龄歧视等障碍。在老年人力资源开发过程中，各国在推进充分利用现有老年劳动力的基础上，还十分重视老年人职业技能培养、知识素养提升等，有效地扩展了本国的老年人力资源。而在具体推进老年教育、老年就业等政策进程时，政府不仅针对老年人就业进行了积极探索，制定了老年人专属的就业补贴、创业资助金制度、就业促进计划，还充分认可并注重发挥企业、高校、社区在老年人力资源开发上的重要作用，为老年人提供完备的就业机会获取、职业技能培训、老年教育等的参与渠道。并且引入了有关企业的奖惩机制，确保实现老年人力资源的有效开发和合理流动。

四、完善我国老年人力资源开发政策的思考与建议

促进我国老年人力资源开发，首先需要承认并促进社会大众认可老年人的劳动价值。其次，在充分掌握老年人需求的基础上进一步丰富老年人力资源开发路径，扩大老年人参与老年教育、职业技能培训、创业教育等。最后，落实各项老年人参与权益的保障措施，为老年人提供有效便捷的利益表达途径，提升老年人力资源开发成效。

（一）加强顶层制度体系设计，建立老年人力资源开发的社会基础

1. 健全相关法律，奠定开发基调

尽快出台《老年人就业保障法》，或对《中华人民共和国劳动法》和《中华人民共和国就业促进法》进行修改，对老年人的劳动关系、劳动待遇、社会保障等做出明确的规定，特别是对老年人再就业的劳动关系和劳务关系衡量、参保问题做出规范且细致的回应，保障参与老年人力资源开发各主体的合法权益，减少老年就业的相关风险和年龄歧视，赋予老年人作为劳动者的平等待遇，充分体现老年人就业的必要性和价值。

2. 展开宣传教育，增进社会认同

通过报刊、电视、互联网等载体，大力展开积极老龄观教育，扭转社会中的"老而无用""老年人挤占社会资源"等消极论调和刻板印象，提升老年人"老有所为"的思想认知，树立老年榜样，增进老年人社会参与信心。引导其他社会成员充分认识到老年人的重要价值和老年人力资源开发的重要意义，构建具有年龄友好性质的就业环境和社

会氛围。

（二）加强教育培训体系建设，丰富老年人力资源的培育方式

1. 明确各方需求，做好开发准备

建立老年人力资源开发及需求动态监测分析体系，通过与高校、研究机构展开合作等方式，明确当前我国老年人的人群特征、就业及职业技能培训需求、教育需求，明确企业用工需求与标准，深入了解我国老年人力资源现状和发展趋势。系统推进老年人才库及交流平台建设，为老年人和企业、社区社会组织等老年人力资源开发主体提供需求传递、对接、沟通的有效渠道，系统提升老年再就业的精确度。

2. 突出老年视角，健全开发渠道

首先，推进我国老年教育事业深度发展，要求企业、高校、教育机构等根据自身特征开发老年再就业相关的课程内容。关注老年教育发展不平衡不充分的问题，大力发展线上老年教育平台及服务，进一步优化老年教育发展城乡、区域布局，促进老年教育资源优化配置，提升老年教育发展的有效性和公平性，满足和保障低技能、低学历等老年人学习需求，鼓励老年学员之间通过线上交流等途径展开互助，分享所学，进一步缩小我国老年人受教育程度的性别、年龄等差距。同时，大力挖掘老年教育资源，提升老年教育质量，鼓励老年人才参与老年教育建设。建立健全老年教育师资培训、认证制度，鼓励相关高校开设老年教育学等专业及研究，积极培育老年教育从业人才。

终身教育方面，推进继续教育资源向老年人倾斜，适当调整老年人的学历准入标准，推进课程内容、上课方式与老年人特征相适配。鼓励高校等探索适宜老年人的继续教育模式，构建符合老年人学习需求和习惯的继续教育学制，培育老年人才。

职业技能培训方面，积极健全完善终身职业技能培训体系。大力推进民办培训机构和线上培训平台规范发展，推动不同层级、不同水平的老年职业技能培训课程的开发。推进打通各类职业技能培训主体间的资源流通壁垒工作和推进职业技能培训实名制建设相结合，保障老年人可根据需求和实际情况选择培训地点、培训方式、培训内容。

3. 健全认证机制，突出培育价值

在职业资格认证中，结合老年群体特征和再就业情况探索更具有年龄友好性质的职业资格认证机制，规范老年人进入相关岗位的流程，在确保职业资格证书的公信力和权威性的基础上为老年人力资源开发提供助力。进一步完善学分银行制度，促进各层级、区域间学分银行的经验共享与协同合作，成立专门机构，以推进完善老年教育学习成果、老年职业技能培训成果自身乃至二者间统一且权威的认定、转换标准生成。

（三）加强职业介绍体系发展，拓宽老年人力资源开发的渠道

1. 优化平台建设，改善相关服务

在优化老年人力资源开发培育渠道之外，我国还需进一步优化老年人再就业的社会承接机制，拓展老年人再就业途径，提升老年再就业热情，即需政府、企业等协力合作，为老年人提供完善的就业信息服务平台、提升老年人创业抗风险能力、维护老年人

劳动权益等。

首先，积极开发老年人力资源信息库，根据老年人的知识技能、特长等进行分类登记，利用互联网技术及时收集和匹配相关的老年人工作需求信息与工作岗位的供应信息，实现区域人力资源共享。加强企业与服务老年群体的职业介绍机构的联系和老年人力资源信息库的使用，开放与老年人技能和经验相匹配，同时符合企业需求的岗位。

其次，应建立专门针对老年人的职业介绍机构或者在现有职业介绍机构中增加服务老年人的专门分支，根据老年人的健康、兴趣、特长推荐适合其工作的岗位，定期为老年人举办人才交流会，解决寻找工作的途径单一的问题。由政府设立专门部门，在当前人力资源市场的基础上建立老年人再就业服务线上平台和线下渠道并展开相关服务。线上平台的建设可通过与就业网站、互联网公司等展开合作，经由 APP、微信公众号等渠道向老年人及时推送就业培训、岗位招聘等信息。线下平台需充分结合老年人的健康状况与实际需求，开发老年人就业服务窗口、工作热线，并组织开展周期性的招聘专场。鼓励有条件的地方建设专业的老年再就业信息平台或零工市场，促进老年人多渠道就业。推动岗位进基层进社区，确保有就业意愿但就业困难的老年人也能平等获得就业机会。推动老年人才有序流动，促进老年人力资源优化配置，避免造成老年人才资源分布不平衡，导致老年人力资源开发成效锐减。

在老年创业层面，推进老年创业园区／基地、老年创业信息服务与交流平台建设，促进信息共享，帮助老年创业者拓展人脉。与专业的信息咨询公司联合，加强对老年人创业项目推介、政策咨询、经营指导等服务，减少相关障碍。

2. 健全激励机制，提升参与动力

建立健全老年就业创业激励制度，提升因老年人再就业可能导致的生活来源不足、家庭矛盾激化等问题的关注度。完善老年创业的税收优惠、金融服务、市场扶持等政策，建立老年创业专项基金。鼓励有条件的地方开展老年创业大赛，激发老年创业创新热情。

健全企业奖惩和激励制度。对积极回应政策诉求，推行职业技能培训服务、开发适合老年人的工作岗位、探索老年人灵活就业模式／弹性工作制的企业采取税收减免、就业补助等激励措施，并及时推广其建设经验。明确对老年再就业存在不当作为的企业的惩戒标准，加大对存在年龄歧视、拖欠老年人劳动报酬等侵害老年劳动者合法权益的企业进行依法严厉打击，并追回此前所享受的税收减免、财政支持等优惠。

3. 敦促政策落实，完善政策支持

相关部门还须从保障老年人健康、落实经费投入、推动项目试点与经验推广等方面开展工作增强老年人积极参与再就业和企业等雇佣老年劳动力的底气，提升老年人力资源开发的持续性和可行性。同时，我国需明确各级政府及其相关部门在老年人力资源开发中的责任和义务，并建立完善的考核指标和制度，以规避政府缺位、越位问题。

参考文献

[1] 邵彤，我国老年人力资源开发状况分析 [C]. 北京：社会科学文献出版社，2020：83-92.

[2] 彭青云.老年人力资源开发及其影响因素研究 [D].北京：中国人民大学，2018.

[3] 王树新，杨彦.老年人力资源开发的策略构想 [J].人口研究，2005（3）：63-69.

[4] 原新.21世纪我国老年人口规模与老年人力资源开发 [J].南方人口，2000（1）：36-39+55.

[5] 张戌凡.老年人力资源开发的结构动因、困境及消解路径 [J].南京师大学报（社会科学版），2011（6）：35-41.

[6] 王淑红，曾朝霞，马佳意，赵琛徽.老年人力资源开发管理现状的调查研究——基于组织内部管理视角 [J].中国人力资源开发，2012（11）：77-80.

[7] 余洪.老年人力资源开发与对策研究 [J].现代商业，2012（9）：258+257.

[8] 叶忠海.老年人力资源开发的若干基本问题 [J].职教论坛，2020（5）：110-113.

[9] 高琳.老年人力资源开发研究 [M].大连：东北财经大学出版社有限责任公司，2021.

[10] 杜鹏，李龙.中国老年人口受教育程度发展趋势前瞻 [J].人口与发展，2022（1）：59-67.

[11] 程杰，李冉.中国退休人口劳动参与率为何如此之低？——兼论中老年人力资源开发的挑战与方向 [J].北京师范大学学报（社会科学版），2022（2）：143-155.

[12] 王雪辉，宋靓珺，彭希哲.退而不休：我国低龄老年人力资源特征及其开发利用的政策应对 [J].老龄科学研究，2019（12）：35-47.

[13] 姚远.从财富论到资源论：对老年人力资源问题的再认识 [J].学海，2004（1）：127-130.

[14] 吴玉韶.从老龄不是问题到老龄国家战略——新中国老龄事业发展的回顾与启示 [J].中国社会工作，2021（20）：13-17.

[15] 杜鹏，王菲."老有所为"在中国的发展：政策变迁和框架构建 [J].人口与发展，2011（6）：34-38.

[16] 熊斌.试论我国老年人才资源的开发利用 [J].人口与经济，2002（S1）：23-25.

[17] 李光，郭雅诗.老年人力资源职业培训研究——以生产性老龄化为视角 [J].中国成人教育，2020（22）：15-18.

[18] 倪清，孙丽丽，王成城，杜鹏程.我国老年人力资源市场开发研究——基于组织身份差异的分析 [J].中国人力资源开发，2015（19）：72-79.

[19] 齐亚丽.我国学分银行建设的现状、困境及对策建议 [J].教育与职业，2019（6）：78-83.

[20] 梁海兰，赵聪，李焱.省域职业教育学分银行建设的成效、问题及对策 [J].教育与职业，2021（2）：19-26.

[21] 徐四海.互联网+江苏老年学历教育创新研究 [J].终身教育研究，2017（6）：62-67.

[22] 叶和旭，刘彩梅，高林，等.老年大学学员学历教育参与意愿及相关因素分析 [J].中国职业技术教育，2022（13）：50-57+74.

[23] 李华晶.以老年人为创业主体的银色创业研究评析与启示 [J].管理学报，2019（3）：465-474.

[24] 黄娥，李乾.非学历教育课程建设标准研究 [J].成人教育，2019，（5）：21-25.

[25] 孙秀玲，孟繁军.我国现阶段非学历教育的模式和途径研究 [J].中国成人教育，2014（24）：18-20.

[26] 侯春来.高校学历教育与非学历教育统筹发展路径探析 [J].教育评论，2017（9）：45-47.

[27] 祁占勇，刘丹.高职院校非学历教育成果认定的现实挑战及因应策略 [J].教育科学，2022（2）：

45-52.

[28] 韩伟，郭晗，郑新 . 老年教育需求动机研究——针对老年大学层面 [J]. 人口与发展，2018（5）：122-128.

[29] 胡澎 . 日本老年雇佣制度的经验与启示 [J]. 人民论坛，2020（9）：129-131.

[30] 丁英顺 . 日本延迟退休年龄的基本经验及其启示 [J]. 当代世界，2016（7）：71-74.

[31] 孙平，董编 . 日本高校举办老年教育的经验及启示 [J]. 天津电大学报，2021，25（01）：20-24+39.

[32] 俞可 . 德国老年教育：从缺失到多元 [J]. 世界教育信息，2017（4）：42-49+64.

[33] 欧阳忠明，葛晓彤 . 澳大利亚第三年龄大学发展的个案研究 [J]. 中国职业技术教育，2019（3）：60-68.

[34] 同春芬，丁芬 . 国外典型国家老年人再就业实践经验及启示 [J]. 老龄科学研究，2019（4）：69-80.

[35] 孙平，彭青云 . 人口老龄化背景下美德老年人力资源开发经验及启示 [J]. 中国人力资源开发，2016（21）：81-84.

[36] 傅蕾，吴思孝 . 日本老年人力资源开发的经验及启示 [J]. 中国劳动关系学院学报，2022（2）：85-94.

[37] 邢鸥，张建 . 人口老龄化背景下日本健康产业发展现状、政策及启示 [J]. 中国卫生经济，2020（3）：94-96.

[38] 李华晶，朱萌，侯闪闪 . 欧盟与 OECD 老年创业政策及其对我国的启示 [J]. 中国人力资源开发，2019（4）：109-119+129.

[39] 宋强，祁岩 . 日本老年人力资源开发实践及启示 [J]. 中国人力资源开发，2013（19）：83-87.

[40] OECD .2018. Working Better with Age: Korea, Ageing and Employment Policies. OECD Publishing. Paris.https://dx.doi.org/10.1787/9789264208261-en.

[41] OECD .2019. Ageing and Employment Policies: Working Better with Age. OECD Publishing. Paris.

专题报告三：我国老年志愿服务政策评估

老年人参与志愿者活动是在我国积极应对人口老龄化国家战略下，老年人社会参与的重要形式之一，在我国人口老龄化持续加剧和社会志愿服务蓬勃发展的背景下，老年人凭借其在经验、资源、闲暇等各方面的优势，参与志愿服务的能力和意愿均有显著提高，并日渐成为一支潜在的志愿服务主力军。在老年人参与志愿服务的各项环节中，政策制度是保障老年人顺利参与志愿服务的基本前提，要实现老年志愿服务的长效发展，就要推动落实和完善相关政策，使其具备可持续发展的力量。目前我国老年人参与志愿服务仍面临着诸多制度上的阻碍，因此，评估我国老年志愿服务政策的现状及其存在的问题，并在此基础上提出完善老年志愿服务政策的建议，有利于从制度上打破老年志愿服务的发展限制，推动完善老年志愿服务体系，形成老年人参与志愿者活动的长效机制，推动老年志愿活动的科学化和规范化发展，促进全体老年人参与到志愿服务活动中来。

一、老年人参与志愿服务的现状与问题

（一）老年人参与志愿服务的现状

广义上讲，志愿服务是利他行为的一种形式，目的是为他人、团体、机构、某项事业或者整个社会提供帮助而不求物质回报。有学者进一步将志愿服务区分为正式和非正式两种类型：正式志愿服务（Formal Volunteering）是指个人为了帮助他人，有计划地贡献自己的时间和精力而提供的服务，这类活动往往由正式的机构组织开展；非正式志愿服务（Informal Volunteering）是指个人不经由组织，自行为朋友、邻居等提供帮助的活动，一般是通过个人的社会网络提供服务。

本报告中，对老年人参与正式志愿活动的考察主要基于中国老年社会追踪调查（China Longitudinal Aging Social Survey，以下简称 CLASS）问卷中，受访者在接受调查前三个月内参加社区治安巡逻、环境卫生保护和需要专业技术的志愿服务（如义诊）的情况。若被访者回答至少参与其中任何一项活动则定义为"参与"，否则为"没有参与"。非正式志愿活动则根据"在过去三个月内，您是否参加过照料其他老人 / 小孩（如帮助购物、起居照料等）/ 调解纠纷 / 陪同聊天 / 关心教育下一代（不包括自己的孙子女）？"进行操作化。与志愿参与类似，若被访者回答至少参与其中任何一项活动则定义为"参与"，否则为"没有参与"。

表 28 展示了老年人参与志愿活动的现状。整体而言，全国有 28.38% 的老年人参与了正式或者非正式的志愿活动，其中参与正式志愿活动的比例为 20.21%，为他人提供过非正式的助人活动的比例为 22.21%，参加正式志愿活动的老年人比提供非正式帮助的老年人多。

表 28　老年人参与志愿活动的情况（%）

	全国	城市	农村	男性	女性
正式志愿活动	20.21	26.51	15.59	20.41	20.02
非正式助人活动	22.21	23.48	21.28	21.83	22.60
合计	28.38	32.75	25.18	28.38	28.39

资料来源：中国老年社会追综调查(CLASS)2020 年调查数据。

城市老年人参与志愿活动的比例明显高于农村地区。32.75% 的城市老年人在过去三个月中参与到各种类型的志愿活动中，而农村的该比例为 25.18%，比城市地区低 8 个百分点。城乡差异主要体现在正式志愿活动的参与率上，参加正式志愿活动的城市老年人比例为 26.51%，比农村高出 10.92 个百分比，而两地区在非正式的助人活动参与率方面只相差 2.2 个百分点。与男性老年人相比，女性老年人参加志愿活动的比例略低。无论是参与非正式助人活动还是正式志愿活动，男性老年人的参与率均高于女性老年人，但是差异并不大。

分年龄来看，低龄老年人参加志愿活动更积极（表 29）。60～64 岁组的老年人中，有 35.93% 参加过正式或者非正式的助人活动，该比例随着年龄组的提高而下降，到 80 岁及以上的高龄组下降至 14.51%，相比低龄老年人组下降了 21.42 个百分点。这一趋势在正式志愿活动同样基本存在，例如 60～64 岁的低龄老年人参加正式志愿活动的比例为 27.99%，但在 80 岁及以上的高龄组中降为 10.43%。

表 29　分年龄老年人参与志愿活动的情况（%）

	60～64 岁	65～69 岁	70～74 岁	75～79 岁	80 岁及以上
正式志愿活动	27.99	24.63	18.98	15.82	10.43
非正式助人活动	27.21	25.92	22.71	18.71	12.22
合计	35.93	33.96	28.61	22.92	14.51

资料来源：中国老年社会追综调查 (CLASS)2020 年调查数据。

从受教育水平来看（表 30），随着学历的提高，老年人参与志愿活动的比例呈不断上升的分布趋势。从总体来看，不识字的老年人参与志愿活动的比例为 19.5%，从私塾/扫盲班/小学的受教育水平开始，参加志愿服务的比例不断攀升，在大专及以上组达到最高值 42.9%。不同受教育程度的老年人参与正式志愿活动和非正式助人活动的比例和总体的情况相似，都是随着学历水平的不断提高，参与比例不断增加。但是，相比于非正式助人活动，在正式志愿活动中，不同学历水平的老年人的参与比例差距更大。进一步地发现，高中/中专以下学历的老年人，其参与非正式助人活动的比例要高于正式志愿活动，而在高中/中专以上学历的老年人中，参与正式志愿活动的比例则明显高于参与非正式助人活动的比例，特别是大专及以上学历的老年人，参加正式志愿活动的比例高于参与非正式助人活动 7.24 个百分点。

表 30　分受教育程度老年人参与志愿活动的情况（%）

受教育程度	正式志愿活动	非正式助人活动	合计
不识字	12.74	16.00	19.50
私塾/扫盲班/小学	18.96	22.56	27.95
初中	25.51	26.13	34.39
高中/中专	30.01	27.33	36.98
大专及以上	35.94	28.70	42.90

资料来源：中国老年社会追综调查 (CLASS)2020 年调查数据。

对比 2014 年、2018 年、2020 年的数据可发现，尽管相比 2018 年，2020 年出现不同程度的降低，但我国老年人参与志愿或社区社会活动的比例整体呈上升趋势，在正式和非正式的志愿活动中均如此，且正式志愿活动比例提高得比非正式助人活动多。正式志愿活动参与率由2014年的5.34%上升至2020年的20.21%，提高了14.87个百分点；非正式助人活动的参与率从2014年14.84%上升至2020年的22.21%，提高了7.37个百分点（表31）。

表31　2014–2020年老年人参与志愿活动的变化情况（%）

年份	正式志愿活动	非正式助人活动	合计
2014	5.34	14.84	18.11
2018	21.83	20.56	35.92
2020	20.21	22.21	28.38

资料来源：中国老年社会追综调查(CLASS)2014、2018、2020年调查数据。

（二）老年人参与志愿服务存在的问题

1. 老年志愿服务的制度化和组织化水平较低

我国老年人参与的志愿服务更多是集中在非正式助人活动中，而这一方面是由于在老年志愿服务的法律制度并不完善，另一方面是由于老年志愿组织的不完善。

在政策制度方面，近年来尽管社会大力提倡志愿者服务，相关政府部门、行业组织也不断提出发展志愿服务的要求，但从总体上看，缺乏志愿者服务的制度体系建设规划，尤其是缺乏老年志愿服务的制度规范引导，各种政策措施不能相互衔接，使老年志愿服务发展的政策、管理服务制度呈现碎片化的状态。老年志愿者的招募、管理、服务方式和服务内容，以及服务的评价体系等不系统、不健全，这导致老年志愿服务的规范化和正式化不足，老年人缺乏参与正式志愿服务的渠道和机会。老年人往往只能被动地"等候通知"，参与社区、街道等有限的正式志愿活动，这种现象导致了老年志愿服务参与意愿和行为存在一定程度的脱节。

在志愿组织方面，因为我国志愿服务组织，特别是老年志愿服务组织数量不足，而现有的各类志愿服务组织又没有很好地统筹协调，导致我国老年志愿服务的组织化水平较低，老年人参与正式志愿服务的平台和机会有限，现有的正式志愿服务的活动形式和内容也较为单一。通过对比2014年和2018年CLASS数据发现，虽然老年人因为不知道怎么参加志愿服务活动、不知道上述志愿活动和没有人组织志愿活动这三个因素导致的不参与志愿服务的比例有所下降，但其下降比例很小，说明这些阻碍因素并没有得到根本改善。CLASS2020数据显示，仍然有高达20.86%的老年人不知道怎么参加志愿服务活动，还有20.59%不知道有上述志愿活动，有17.52%的老年人由于没有人组织志愿服务活动而不参与其中。

上述两个方面的问题，特别是组织化水平低的问题在农村更加严重，因此农村老年人参与志愿服务，特别是正式志愿服务活动的比例远低于城市老年人。当然，这一定程度上是由我国农村老年人的公民意识不足、缺乏公共性观念、对志愿服务活动的认知不足造成的。但更大程度上是由客观条件所决定的，相比于城市地区的老年人，我国农村老年人参与志愿服务，特别是正式志愿服务的途径更加有限，志愿服务组织和活动的稀缺性使老年人即使有意愿参与志愿服务，也没有机会参与其中。现有的农村志愿服务几乎完全是在行政力量的逐步推动下发展起来的。受制于政策推动的影响，农村志愿服务多以上级要求开展的大型活动、节假日活动为主，而非主要针对居民的客观需求，很难持续有效地开展。

2. 现有志愿服务活动内容不能满足老年人日益增长的参与需求

通过 CLASS 调查发现，现有志愿活动很大程度上并不能满足老年人的需求，而这一需求缺口越来越大，对比 CLASS2014 年、2018 年和 2020 年数据发现，老年人选择这一因素的比例越来越高，2014 年有高达 13.43% 的老年人由于对目前的活动不感兴趣而选择不参与志愿服务，而到了 2020 年这一比例上升至 20.65%。特别是城市老年人中，选择这一因素的比例更高，比例上升幅度更大，从 2014 年的 9.91% 升至 2020 年的 24.12%，说明城市老年人参与志愿服务的需求越来越多样化，而当前开展的大部分老年志愿服务都属于常规性的志愿服务，例如社区治安巡逻、卫生清洁等活动，服务的内容和形式较为单一。但随着老年人群的自身素质不断提高、所掌握的知识技能更加丰富多元、参与志愿服务的需求更加差异化，老年志愿活动的供需开始出现不匹配，特别是一些身体素质较好、有专业知识和技能的老年人，现有的志愿服务并不能满足其发挥自身价值的需求，例如数据显示，由于身体原因不能参与志愿服务的老年人比例大幅降低，2014 年总体上有 33.29% 的老年人受制于身体健康而不参与志愿活动，而到了 2020 年，这一比例下降至 20.05%，这一定程度上从侧面反映了老年人的身体素质改善，参与志愿服务的需求不断增多。

3. 现有志愿服务项目设计缺乏弹性

现有的志愿服务对老年人的能力要求并不算特别高，一般只要身体健康允许都可以参加。但是一方面，许多志愿服务在时间设计上缺乏弹性，例如要求老年人在时间上必须保证每周或者每月参加次数，而对于家庭中有需要照顾的人或者空闲时间较少的老年人而言，即使有意愿参与也很难保证出勤时间，特别是随着我国生育政策调整等因素，老年人可能会承担更多的家庭照料工作。根据 CLASS2020 调查显示，有 14.59% 的老年人由于要做家务；有 10.88% 的老年人要参加其他休闲娱乐活动，较 2014 年的上涨 8.99个百分比；有 9.93% 的老年人要照料他人，较 2014 年的这一比例上涨 3.74 个百分比；还有 5.47% 的老年人要工作，选择放弃参加志愿服务。因此，相当比例的老年人由于与其他活动的时间冲突而不能参与志愿服务。

4. 老年志愿服务缺少规范性培训

限制老年人参与志愿服务的一个重要因素是老年人专业技能的缺乏，有很大一部分的老年人由于觉得自己没有一技之长，所以不去参加志愿服务，2014 年只有 1.77% 的老年人认为自己缺乏专业技能，所以不去参加志愿活动，而这一比例到 2020 年迅速增长到 19.1%，这也说明了志愿服务的专业技能要求不断提高，越来越多的老年人觉得自己的现有技能无法满足志愿活动需要。特别是，由于老年人存在新知识的学习和运用较为困难的现实，所以大多数老年志愿者缺乏专业技能；此外，一些专业领域的服务被市场经营占领，因此，从参与的活动内容来看，目前老年志愿者参与的志愿服务主要集中在文体活动、治安宣传等传统活动领域，而一些相对专业的服务项目，如法律援助、医疗卫生、社区矫正等则涉及较少。与其他志愿者活动服务领域相比，老年人参与志愿者活动的范围被限制在一个相对狭小的范围，没有得到充分拓展（表32、表33）。

表32　我国老年人不参加志愿活动的原因

没参加原因	总体		
	2014 年	2018 年	2020 年
健康条件不允许	33.29	19.5	20.05
要工作	4.37	7.05	5.47
要照料他人	6.14	9.7	9.93
要参加其他休闲娱乐活动	1.89	10.65	10.88
觉得自己没有一技之长	1.77	16.27	19.1
不知道怎么参加	21.91	20.51	20.86
对目前的活动不感兴趣	13.43	18.54	20.65
经济条件不允许	4.2	11.25	10.79
要做家务	–	10.03	14.59
没人组织	–	18.18	17.52
不知道有这些活动	–	25.1	20.59

表33　我国老年人不参加志愿活动农村与城市对比数据（%）

没参加原因	农村			城市		
	2014 年	2018 年	2020 年	2014 年	2018 年	2020 年
健康条件不允许	32.75	19.74	19.8	34.1	19.17	20.39
要工作 .	3.68	7.61	6.34	5.41	6.3	4.27
要照料他人	8.12	8.98	7.13	3.18	10.67	13.76
要参加其他休闲娱乐活动	2.75	9.01	7.75	0.59	12.84	15.17
觉得自己没有一技之长	1.71	14.71	17.5	1.86	18.36	21.29
不知道怎么参加	20.42	20.32	19.49	24.16	20.76	22.74
对目前的活动不感兴趣	15.78	18.76	18.12	9.91	18.24	24.12
经济条件不允许	2.75	11.84	10.03	6.38	10.45	11.84
要做家务	–	11.51	12.79	–	8.03	17.06

没参加原因	农村			城市		
	2014 年	2018 年	2020 年	2014 年	2018 年	2020 年
没人组织	－	17.99	17.09	－	18.44	18.11
不知道有这些活动	－	28.61	21.61	－	20.42	19.19

资料来源：中国老年社会追踪调查 (CLASS)2014、2018、2020 年调查数据。

二、现有老年志愿服务政策分析

（一）老年人参与志愿服务相关政策梳理

自 2008 年起，国家出台了相应的志愿服务政策，促进志愿服务的制度化。2008 年，由国家民政部起草的《中华人民共和国慈善事业促进法》，对于志愿服务者及其组织者的权利和义务、志愿服务记录及激励机制等都进行了较详细的规定。同年，中央文明委发布《关于深入开展志愿服务活动的意见》，推动了我国文化志愿服务的规范性发展，其中特别是强调了加大学校教育和社会教育的力度，增强青少年的志愿服务意识、推动青年志愿服务实践，而老年群体则更多是作为被服务的重点对象，参与到志愿服务中。

2016 年，中共中央宣传部等八部委印发《关于支持和发展志愿服务组织的意见》，提出要创新志愿服务方式方法。支持志愿服务组织发挥优势、各展所长，积极推进党员志愿服务、青年志愿服务、老年志愿服务、学生志愿服务、巾帼志愿服务等有序开展。老年志愿服务作为一种服务创新方式与青年志愿服务等形式一同出现在这一政策中。2017 年国务院出台《志愿服务条例》依法维护和保障志愿者和志愿服务对象的权益，促进我国志愿服务制度化。其中第五条特别指出，"工会、共产主义青年团、妇女联合会等有关人民团体和群众团体应当在各自的工作范围内做好相应的志愿服务工作"，以此加强志愿服务的组织化，而对于老年志愿服务则缺乏相应的组织进行协调和管理。此外，条例中第二十九条明确促进志愿服务的重要措施之一是"学校、家庭和社会应当培养青少年的志愿服务意识和能力"，而对于有着较大社会参与潜能的老年群体并没有相应的志愿服务促进措施。

1. 老年志愿服务体系与青年志愿服务体系的比较

志愿服务是一个涉及多面的体系，需要精神文化、组织机制、行为规范、社会支持等多种因素结合（谭建光、朱莉玲，2008）。志愿服务体系所包含的核心要素主要有，志愿服务理念、志愿服务制度、志愿服务组织、志愿服务行动、志愿服务资源等（廖爱军，2009；谭建光，2015）。下面主要从主管单位、志愿组织、志愿服务项目、专业支持和资源保障五个要素对青年志愿服务和老年志愿服务进行总结对比（表 34）。

（1）青年志愿服务体系建设

中国青年志愿服务事业一直按照"党政支持，共青团承办，社会化运作"的模式开展工作。我国青年志愿服务的组织机构即中国青年志愿者协会，隶属于中国共产主义青年团中央委员会，其活动被纳入共青团系统，主要领导人一般也由共青团的部门领导人兼任。2001 年 3 月，团中央实施注册志愿者制度。2002 年，共青团中央、中国青年志愿者协会颁布了《中国青少年志愿者注册管理办法（试行）》，标志着我国青年志愿服务初步进入法制化、规范化的轨道。

主管单位：我国的青年志愿服务的主管单位是中国共青团，青年志愿活动由共青团系统自上而下牵头推动。负责开展青年志愿活动的组织是中国青年志愿者协会，它从属于中国共产主义青年团中央委员会，1994 年 12 月 5 日，团中央成立了中国青年志愿者协会，随后各级青年志愿者协会也逐步建立起来。可以说青年志愿者协会是在共青团的领导下开展工作的一个特殊部门。青年志愿者服务的特点主要体现在"组织动员力量强"，适合于服务国家政策支持的大型项目和党政中心工作的推行（徐柳，2008）。它依据国家的发展战略和共青团的使命，从"培养青年"和"服务社会"两个角度开展志愿服务，是以志愿服务为手段，以培养跨世纪合格人才为目标的一个社会组织机构。1998年年底，团中央青年志愿者行动指导中心（团中央青年志愿者工作部）正式成立，负责规划、协调和指导全国青年志愿者工作。依托各级共青团组织，建立起全国、省、市、县四级青年志愿者协会，部分地区延伸到社区、农村，建立镇（街）青年志愿服务中心和社区（农村）青年志愿服务站。

志愿组织：青年志愿组织网络包括全国的中国青年志愿者协会、省级青年志愿者协会、全国性行业青年志愿者协会、地市级青年志愿者协会、县级青年志愿者协会、镇街青年志愿服务中心、社区农村青年志愿服务站、各类志愿服务队等。青年志愿者协会作为统筹协调的社团，协助制定政策和制度，指导服务团队，建立发展网络；青年志愿者行动指导中心作为协调机构，负责策划和组织服务的落实，提供各类志愿者团队的专业提升和资源保障等；青年志愿服务站点承担志愿者交流合作、设计服务、联系和凝聚群众的功能；青年志愿者队伍直接面对群众，开展志愿服务（广东省团校志愿服务研究中心课题组、谭建光，2021）。伴随着青年志愿服务的迅速发展，目前已经形成由全国协会（中国青年志愿者协会）、31 个省级协会、全国 90% 以上地（市、州、盟）级协会、80%以上的县（区、市）级协会以及 1968 所高校的青年志愿者协会组成的青年志愿服务体系。

服务项目：在志愿服务中引入"项目运作"、推广"项目管理"，共青团中央、中国青年志愿者协会运用"项目管理"方式，逐步开展并创造了众多品牌项目。如"扶贫接力志愿服务""西部计划志愿服务""研究生支教志愿服务""阳关助残志愿服务""关爱行动志愿服务""援外志愿服务""暖冬行动志愿服务""保护母亲河志愿服务"等，受到社会的广泛响应 产生了非常好的社会效果。此外，从 2014 年开始启动了"中国志愿服务交流会暨青年志愿服务项目大赛"，已经形成拥有 3000 多个优秀志愿服务项目的"项目库"。通过项目化和品牌化的运作，青年志愿服务活动的持续性和延伸性不断加强。

专业支持：一是形成青年志愿服务培训教育的知识系统。从志愿服务理念、青年志愿者素质到志愿组织能力要求等，逐渐建立起规范的培训版本和要求。二是形成青年志愿服务师资队伍。从志愿服务培训专家团、讲师团，到涉及各行业、各领域的志愿服务培训专门人才等。三是建立分层分类培训的系统。为了适应社区、农村、学校、企业等青年志愿者素质培养的不同需求，设置了"送课到社区""送课下乡""网络共享课""课程视频库"等培训类型（广东省团校志愿服务研究中心课题组、谭建光，2021）。

资源保障：一是安全保障，为青年志愿者购买保险（人身意外伤害保险、大病医疗保险、交通意外保险和财产保险等）。二是资金保障，《中国青年志愿者协会章程》明确指出，协会经费来源为会员会费、社会捐赠、政府资助、在核准的业务范围内开展活动或服务的收入、利息和其他合法收入。在这几种经费来源中，会员会费、社会捐赠和政府资助占据主要地位。会员会费是指志愿者在注册成为中国青年志愿者协会时所需缴纳的入会费用以及每年一次要按时缴纳的会员费用。在中国青年志愿服务的资金募集中，社会捐赠这部分的资金主要来源于组织募捐。"通过各级共青团组织、党组织、工会组织和妇联组织等的动员和号召作用，以单位为载体的组织募捐，是与中国青年志愿服务的组织和运作特点密切联系的募捐方式，其效果也十分明显。"政府资助是指政府拨款和相关政策的资助，这也在中国青年志愿者协会的资金来源中占据了很大的比例。"近年来，拓展志愿服务经费来源、加强对志愿服务的资金扶持成为政府日益关注的问题。不少地方政府已经采取了一些行之有效的举措，比如将志愿组织基本运行经费纳入财政预算，拨款设立志愿服务专项资金；吸纳社会力量的支持，邀请各界知名人士牵头募集资金；号召企业进行捐助，动员市民参与认捐等。"

（2）老年志愿服务体系建设

主管单位：在我国主管老龄工作的部门是全国老龄工作委员会办公室和针对老龄事业发展的中国老龄协会，二者"一套人马，两个牌子"，发挥着行政部门的功能。在地方政府层面也建立有专门为老年人服务的老龄工作办公室等行政部门，与老龄工作行政部门相对应，由上至下在各省级、市级、区级、街道以及社区等地方老年协会也在逐步兴起建立。但关于老年志愿服务，特别是各省的老年志愿体系各不相同，大多数没有和其他志愿服务区别开。各志愿团体主要在社会组织管理局进行登记，由当地民政部门或精神文明建设办公室进行管辖指导，并没有统一的监管单位和独立的行政机构能统筹推进地方老年志愿服务，并且对相关政策的履行存在形式化现象。

志愿组织：不同于青年人群等依附于学校和企业等单位组织的管理，多数老年人在退休后"去单位化"，转入社区管理范畴，而我国农村老年人更是处于分散、孤立的松散组织状态。我国各级地方老年协会组织已经逐步兴起建立，但为什么目前的老年协会并不能承担老年志愿服务的组织协调？需要注意的是，与中央层面不同，地方上的老年协会和行政系统内的老龄工作办公室是两个性质不同、人员不同的组织，其发展仍然存在诸多问题，一方面，地方上的老年协会作为老年人自我管理、自我教育、自我服务的老年群众组织，存在覆盖率不高、区域发展不平衡、经费设施不足、作用发挥不够充分等问题，所以许多老年人并不是老年协会的成员。另一方面，老年协会的定位并不清晰，其自主性并不像网络化的社会组织那么高，不同层级的协会组织是按照不同层级的老龄办等行政部门逐级对应建立起来的，但又不像行政部门之间那么正式、强制，一定程度上存在"政会不分"的问题。

服务项目：目前我国老年志愿服务具有推广性的典型代表较少。比较成功的典范，例如 2003 年全国老龄委下发《关于印发〈组织开展老年知识分子援助西部大开发行动试点方案〉的通知》，即"银龄行动"，倡导并组织以东部地区为主的全国大中城市离退休老年知识分子以各种形式向西部地区开展智力援助行动，内容包括农业、文化、教育、科技等各领域。

专业支持：当前老年志愿者的教育与培训并不完善，没有系统化、规范化的老年志愿者的培训机制。由于许多老年志愿活动并不是长期固定的，所以老年志愿者更多的是接受针对不同项目的短期岗前培训，甚至许多志愿活动并不设置培训环节，老年志愿者更多地依赖从事相关的志愿服务，导致老年志愿服务的专业性欠缺。此外，对于老年志愿者长期的素质培训更是匮乏，包括志愿精神、服务理念、志愿者的沟通能力、协作能力、组织能力和管理能力等，导致老年人对于所从事志愿活动的权利和义务并不明晰，在服务过程中也不能很好地实现个人成长。

资源保障：老年志愿服务的资金来源主要是依靠政府资助和慈善组织的支持。以我国的"银龄行动"为例，除了全国老龄办的资金支持外，中国银龄基金也为组织开展活动提供资助，该基金由中国老龄事业发展基金会统一监管，资金来源于政府资助和社会各界。

表 34　青年与老年志愿服务体系的对比

	青年志愿服务	老年志愿服务
主管单位	中国共青团	主管单位不明确，各级老龄协会、民政部门、精神文明建设办公室都有管辖
组织要素	各级青年志愿者协会、行业青年志愿者协会、青年志愿服务中心、青年志愿服务站、志愿服务队	地方老年协会、老年志愿服务队等。尚未形成统一的老年志愿组织
项目要素	拥有志愿服务"项目库"，例如"扶贫接力志愿服务""西部计划志愿服务""研究生支教志愿服务""阳关助残志愿服务""关爱行动志愿服务"等	"银龄行动"等品牌化项目较少
培训要素	有较为完善的，分层分类的培训教育系统和师资队伍	侧重于短期的岗前培训，缺乏志愿者素质和专业技能培训
资源保障	资金来源较稳定，包括会员会费、社会捐赠、政府资助、在核准的业务范围内开展活动或服务的收入、利息和其他合法收入等	主要依靠政府和慈善组织资助，资金支持不稳定

2. 老年志愿服务的群体内部差异

老干部：我国的政策最早是鼓励老干部群体的"老有所为"。1958 年中央颁布最早的一项涉及老年干部的社会参与的决定，即《关于安排一部分老干部担任某种荣誉职务的决定》，1978 年国务院分别颁发《国务院关于安置老弱病残干部的暂行办法》。1980 年中央提出干部"四化"方针后，一大批老干部逐渐退居二线，这客观上促进了他们参与社会。为响应此种大环境，从 1980 年开始，中央相继发布《国务院关于老干部离职休养的暂行规定》《关于妥善安排军队退出现役干部的通知》《关于军队干部退休的暂行规定》以及《关于军队干部离职休养的暂行规定》。1982 年，中共中央组织部出台了《关于发挥中央、国家机关离休老干部的作用的意见》，该意见中出现了离退休老干部公益参与的相关规定，如协助基层组织兴办社会福利事业，教育青少年等，这一时期的老年志愿服务政策的对象仅局限于离退休干部，同时对于老年人可参与的志愿服务内容较为单一。2022 年中共中央办公厅、国务院办公厅发布《关于进一步加强和改进离退休干部工作的意见》，鼓励离退休老干部通过传承党的优良作风、弘扬优秀传统文化、培育和传承优良家风、关心教育青少年、开展法制宣传、化解矛盾纠纷、参与社区建设等方式传播正能量。

老年知识分子、专业技术人员：中国老龄问题全国委员会于 1983 年印发的《关于老龄工作情况与今后活动计划要点》（通知）将老年社会参与群体的范围从老干部扩展到所有具有科学知识、技术专长和领导经验的老年人。1983 年，《关于高级专家离休退休若干问题的暂行规定》和《关于延长部分骨干教师、医生、科技人员退休年龄的通知》将老年人社会参与主体的范围进一步扩大到老年专家、科技人员、教师、医生、工人等广泛群体，参与事项也得以扩大。进入 21 世纪后，老年志愿服务的内容和规模不断丰富和扩大。2003 年全国老龄工作委员会颁发了《组织开展老年知识分子援助西部大开发行动试点方案》，决定在全国组织开展老年知识分子援助西部大开发行动，即"银龄行动"，倡导并组织以东部地区为主的全国大中城市离退休老年知识分子以各种形式向西部地区开展智力援助行动，内容包括农业、文化、教育、科技等各领域，在近二十年来已覆盖全国多地，其参加人数之多，影响之大，成为我国老年人参与的成功案例。2005 年，《关于进一步发挥离退休专业技术人员作用的意见》提出，在加快推进社会主义现代化的新时期，鼓励离退休专业技术人员为全面建设小康社会贡献经验、才智和力量。2019 年中国关心下一代工作委员会印发《关于进一步发挥五老队伍在加强青少年思想道德建设中的作用的意见》提出让老干部、老战士、老专家、老教师、老模范在加强青少年思想道德建设工作中继续发挥余热。

城市社区老年人：志愿服务是城市社区中普通老年群体参与基层社会治理的重要方式，2005 年，民政部联合全国老龄工作委员会办公室等其他 8 个部门共同发布了《关于进一步做好新形势下社区志愿服务工作的意见》。其中专门提到要充分发挥老年人的特长和优势，鼓励和动员社区党员、身体健康的离退休人员、有一技之长的居民，积极参加社区志愿服务活动。这进一步促进了老年志愿服务参与到社区治理，使得老年志愿服务的可以深入基层老人，以更加丰富和灵活的形式展开。时间银行也是城市社区中老年人参与志愿服务的新形式，2019 年《国务院办公厅关于推进养老服务发展的意见》明确提出了加快建立志愿服务记录制度，积极探索时间银行等做法。各地方也在积极鼓励开展时间银行，推出一系列时间银行实施方案，例如 2019 年 7 月，南京市政府印发《南京市养老服务时间银行实施方案（试行）》、2020年青岛市制定《青岛市养老服务时间银行实施方案（试行）》、2021年北京市印发《北京市养老服务时间银行实施方案（试行）》，明确时间银行建设的重点任务和工作安排。

农村老年人：为了鼓励农村老年人参与志愿服务，促进农村互助养老。2013年《国务院关于加快发展养老服务业的若干意见》提出，充分发挥村民自治功能和老年协会作用，组织开展邻里互助、志愿服务，解决周围老年人实际生活困难。2017年2月，国务院印发《"十三五"国家老龄事业发展和养老体系建设规划》提出，通过邻里互助、亲友相助、志愿服务等模式和举办农村幸福院、养老大院等方式，大力发展农村互助养老服务。2017年12月，民政部等9部门发布《关于加强农村留守老年人关爱服务工作的意见》提出，要发挥为老组织和设施在农村留守老年人关爱服务中的独特作用。支持乡镇、村建立老年协会或其他老年人组织，鼓励留守老年人入会互助养老。鼓励和引导农村老年协会积极参与和组织留守老年人关爱服务，开展老年人喜闻乐见的文体娱乐、教育培训、知识讲座等活动，提供权益维护、互助养老等服务。2021年6月，民政部、国家发展改革委员会联合印发《"十四五"民政事业发展规划》，指出要大力发展农村养老服务。构建乡镇牵头，村委会、老年人协会、低龄健康老年人、农村留守妇女、村干部、党员、志愿者等广泛参与的农村互助养老服务格局。2022年2月，国务院印发《"十四五"国家老龄事业发展和养老服务体系规划》提出，加快补齐农村养老服务短板，以村级邻里互助点、农村幸福院等为依托，构建农村互助式养老服务网络。支持乡镇级特困人员供养服务设施（敬老院）增加养老服务指导功能，将专业养老服务延伸至村级邻里互助点、农村幸福院和居家老年人。

（二）现有政策中的制度性阻碍

1.志愿服务体系对老年志愿者的不重视问题

自2008年起，国家出台了相应的志愿服务政策，促进志愿服务的制度化。2008年，由国家民政部起草的《中华人民共和国慈善事业促进法》，对于志愿服务者及其组织者的权利和义务、志愿服务记录及激励机制等都进行了较详细的规定。同年，中央文明委发布《关于深入开展志愿服务活动的意见》，推动了我国文化志愿服务的规范性发展，其中特别是强调了加大学校教育和社会教育的力度，增强青少年的志愿服务意识、推动青年志愿服务实践，而老年群体则更多是作为被服务的重点对象，参与到志愿服务中。

2016年，中共中央宣传部等八部委印发《关于支持和发展志愿服务组织的意见》，提出要创新志愿服务方式方法。支持志愿服务组织发挥优势、各展所长，积极推进党员志愿服务、青年志愿服务、老年志愿服务、学生志愿服务、巾帼志愿服务等有序开展。老年志愿服务作为一种服务创新方式与青年志愿服务等形式一同出现在这一政策中。2017年国务院出台《志愿服务条例》依法维护和保障志愿者和志愿服务对象的权益，促进我国志愿服务制度化，条例中第二十九条明确促进志愿服务的重要措施之一是"学校、家庭和社会应当培养青少年的志愿服务意识和能力"，而对于有着较大社会参与潜能的老年群体并没有相应的志愿服务促进措施。

在现有的有关公益事业与志愿服务的政策法规中，老年群体的角色更多是作为重点的被服务对象，例如在最新的《"十四五"国家老龄事业发展和养老服务体系规划》中，为老志愿服务是重点发展内容，关于为老志愿服务有较为详细的组织协调和服务内容方面的阐述。而对于老年人参与的志愿服务，则是笼统地提出要"积极开展'银龄行动'，支持老年人参与文明实践、公益慈善、志愿服务、科教文卫等事业"，对于老年人志愿服务的组织基础、服务内容和协调机制并没有说明。特别是，老年人志愿服务立法滞后，权益保障不完善。老年群体年龄较大、体质相对较弱，为避免参与志愿活动时出现意外，志愿活动组织理应给予基本的权益保障，但目前对如何开展和完善老年志愿服务工作尚未制定完善的法规。

2. 老年志愿服务体系不完善

通过与青年志愿服务体系的对比发现，我国老年志愿服务体系的建设还存在很多不足之处。首先，从主管单位来看，《志愿服务条例》中第五条特别指出，"工会、共产主义青年团、妇女联合会等有关人民团体和群众团体应当在各自的工作范围内做好相应的志愿服务工作"，以此加强志愿服务的管理。而对于老年志愿服务，则缺乏相应的主管单位进行协调和管理，各志愿团体主要在社会组织管理局进行登记，由当地民政部门或精神文明建设办公室进行管辖指导，并没有统一的监管单位和独立的行政机构统筹推进地方老年志愿服务。因此，由于牵头单位不明确，多头管理、职责定位不明晰，各部门在老年社会参与这一政策实施过程中"政策打架"与"监管空白"的现象并存，并且在相关政策的履行方面存在形式化的现象。这也导致老年志愿服务并不能得到有效的统筹协调，不能够集中资源和力量，推动广大老年群体投身于志愿服务当中。

在组织要素方面，老年志愿服务发展缺乏自上而下的组织基础，并没有建立起全国统一的各级老年志愿者协会，现有的各地各级老年协会也并不能统筹协调老年志愿服务。在组织管理方面没有健全的机制，造成老年志愿服务活动处于低效运行的状态，一些志愿活动成为一次性、缺乏持续性的活动。而且，社会组织的参与力量不足，导致我国老年志愿服务面临专业化程度低、社会服务能力差、缺乏明确的目标等问题。特别是，由于目前志愿服务社会组织和团体必须要经过政府部门审批设立，所以组织管理上也呈现"领导与被领导"的官僚化特征。因此，多数老年志愿服务组织严重依赖政府的政策和资源供给，在管理和安排上也听令于政府，自主发挥作用能力有限、创新性不足，管理效率低下。

在品牌项目方面，目前我国老年志愿服务具有推广性的典型代表较少，多数志愿服务项目缺乏长期性和稳定性。而诸如"银龄行动"这样形成品牌化的志愿服务项目，其主要参与者是离退休的知识分子和专业技术人员等，参与群体和范围有限。对于大多数的普通老年人，全国性的老年志愿服务项目较少，普惠型的项目主要集中在社区层面，且服务内容多以文体活动、治安宣传等简单的体力劳动为主，涉及专业技术层面的志愿服务较少。

在专业培训方面，当前老年志愿者的教育与培训并不完善，没有系统化、规范化的老年志愿者的培训机制。老年志愿服务缺乏专业力量指导和培训，加之老年人对新知识的学习和运用较为困难，所以大多数老年志愿者缺乏专业技能。这制约了老年志愿服务的专业化、多领域发展，限制了老年志愿服务的发展空间。

在资源保障方面，我国目前的老年志愿服务组织大多是依托于社区等开展老年志愿服务活动，在实践的过程中缺乏相对应的人身保险和法律保障，由于老年群体身心状况的特殊性，老年志愿者更可能担心自己在志愿服务中自己的安全和权益会得不到有效保障，最终导致老年志愿者的积极性和志愿服务水平无法提高。另外，在资金保障方面，很多老年志愿服务组织长期以来缺乏稳定的资金来源渠道，影响了老年志愿服务的持续性和稳定性。相比其他志愿项目，老年志愿服务在社会资本动员上较为乏力，少有团体和个人以发展老年人志愿为目的对项目进行投资或设立专项基金，因此从事老年志愿服务的组织在申请社会资本投入时也是举步维艰。

（三）政策执行中存在的问题

1. 已有政策的落实情况及问题

对现有老年志愿服务相关政策执行情况的评估主要从以下几个环节展开：前期的宣传和准备、政策的实施和协调、政策落实的监管。

《中华人民共和国老年人权益保障法》中明确提出有关老年人参与社会发展的内容基本以志愿者活动为主，这在一定程度上反映了老年人参与志愿者活动的法律地位和重要性。首先，我国对于《中华人民共和国老年人权益保障法》这一老年人权益保障的基本法律进行了大量宣传普法，但在宣传和准备过程中，对于老年人参与社会发展权利的宣传和普法力度相对不足，更多侧重于例如老年人的家庭赡养与扶养、社会保障和社会服务等方面权益的宣传，使得许多老年人对于自身社会参与权利的认识和了解不足。其次，现实的法律制度落实过程中，政府及相关部门的缺位使得老年人参与志愿者活动缺乏充分的保障。一方面，缺乏对老年志愿者活动的统筹规划和具体指导。目前，许多老年志愿服务只是临时性的，在活动前临时招募一些老年人作为志愿者，老年人作为志愿者，既没有编号和证书，也没有任何的服务记录。由于志愿者活动管理的随意性，极易导致老年志愿者参与热情降低。另一方面，缺乏对老年志愿者活动的经费支持。由于志愿者组织是非营利性的，很多人存在"志愿服务完全是民间自愿，不需要对其给予支持"的认知误区，政府财政也较少给予经费支持，现实中，由于志愿者活动的经费主要来源于基层居委会，因此在经费问题不能有效落实的情况下，老年志愿者活动就难以实现（夏辛萍，2015）。最后，对于老年人进行社会参与权利落实情况的监控也存在不足，许多地方依托社区或老年协会等组织，设立了老年志愿服务组织或志愿服务队，但是只是"形式化"的存在，并没有实际组织开展相关志愿活动，存在组织松散和管理不善等问题。

中国关工委《关于印发〈关于进一步发挥五老队伍在加强青少年思想道德建设中的作用的意见〉》的通知，老干部、老战士、老专家、老教师、老模范在加强青少年思想道德建设，助力贫困地区脱贫攻坚，维护青少年合法权益，关爱保护农村留守儿童和困境儿童等方面发挥了积极作用，青少年思想道德建设工作取得了显著成效。2022年2

月，中共中央办公厅、国务院办公厅印发《关于加强新时代关心下一代工作委员会工作的意见》，各省市深入贯彻落实意见，提出具体措施，例如，山东省颁布了《贯彻落实〈关于加强新时代关心下一代工作委员会工作的意见〉的若干措施》，充分发挥"五老"在教育引导和关爱保护青少年方面的优势作用，在培育和践行社会主义核心价值观，加强爱国思想道德教育、弘扬传统文化、加强科技素养和法治教育等诸多方面发挥老年群体的余热。

但是，当前在"五老"队伍在关心下一代的实际工作中也存在一些问题，特别是在政策实施和组织协调方面。首先，在政策的组织协调过程中，组织管理较为松散，很多街道乡镇关工委都有组织名义上的"五老"队伍，但在基层，很多和村（社区）老年协会都是同块牌子、同套班子，许多老同志在一些社会组织中挂着不同的职务，使得很多基层群众对关工委组织的"五老"认知度不高，和老年协会混为一谈。其次，在政策实际实施方面，其所开展的在教育形式上不够创新、灵活，教育引导能力存在很大差距，没有形成强大的效应，对于青少年的吸引力不足。在网络上关工委工作"五老"参与力度不强，为青少年提供网上优质服务的能力不足。最后，在评选先进集体和先进个人时，采取各省市分配固定名额、等额推荐，这种做法虽然保证了区域公平，但忽视了老年志愿服务发展水平的差异；工作满5年为硬性条件，对于一些退休不久，但业绩突出的老干部而言，缺乏公平性。

中共中央办公厅、国务院办公厅印发《关于进一步加强和改进离退休干部工作的意见》）（2016年1月），提出要鼓励退休专业技术人才依托高等学校、科研院所、干部院校、各类智库、科技园区、专家服务基地、农民合作组织等开展人才培养、科研创新、技术推广和志愿服务。"自愿量力"原则在社会上广泛宣传，存在对老干部群体的偏见，认为退休后的志愿服务是"政治任务"，是在"做秀"。在政策实际推进前期的准备过程中却没有充分考虑已有的规定，由于我国对于离退休干部在企业和社会团体兼职（任职）有较为严格的规定，例如在《关于规范退（离）休领导干部在社会团体兼职问题的通知》中明确规定，退（离）休领导干部在社会团体兼任职务（包括领导职务和名誉职务、常务理事、理事等），须按干部管理权限审批或备案后方可兼职），而且兼职的任职年龄界限为70周岁。因此政策实际实施过程可能出现问题，许多离退休领导干部为了"避嫌"，或是碍于"程序烦琐"，参与志愿团体和志愿服务的积极性不高。志愿服务管理条例缺乏细则制度，较为宽泛，对于老干部志愿服务缺乏规范化和法制化的管理，存在无规无序、信任度低的风险。

《关于加强新时代离退休干部党的建设工作的意见》（2022年5月）提出发挥离退休干部党组织的引领作用，积极发展爱心团队，强化心理疏导，探索"时间银行"等互助式养老志愿服务做法。但在政策准备中，其中关于离退休干部继续发挥作用，参与志愿服务的相关论述较为笼统，也没有明确相关的负责部门和工作要求，政策在实际落地、落实和落细的过程中可能会产生问题。

同时，在上述关于鼓励离退休发挥作用的政策文件中，都强调"自觉自愿、量力而行"的原则，但是在下级部门实际执行政策过程中，出于"稳定为主"等考虑，过分解读了这一原则，可能在各项资源支持上不够积极主动，使得老年志愿服务活动深入发展受限。

在过去的二十多年里，我国出台了若干老龄事业的规划性纲领文件，其中明确了老年社会参与的重要形式之一就是老年志愿服务，从 2001 年的《中国老龄事业发展"十五"计划纲要》到 2022 年《"十四五"国家老龄事业发展和养老服务体系规划》，老年志愿服务的内容和形式不断丰富，涵盖了基层民主监督、社会治安、公益慈善、移风易俗、民事调解、文教卫生等多种活动。老年志愿服务也更加规范化和具体化，如 2017 年《"十三五"国家老龄事业发展和养老体系建设规划》中更是明确提出要推行老年志愿服务记录制度，鼓励老年人参加志愿服务，到 2020 年老年志愿者注册人数达到老年人口总数的 12%。但是，这些纲领性的政策规划在前期的准备相对不足，对于老年志愿服务的相关规定较为笼统，更多是倡议性和引导性的说法。因此一方面，在政策实际落地到各地时，地方对于老年志愿服务的重视程度不足，各地的纲领性文件和规划也大多是照搬国家层面的文件，并没有更详细和切实可行的行动措施，同时也缺乏相应的组织专门协调相关活动。另一方面，由于政策缺乏后期的监控，对于老年志愿服务的相关指标的完成和项目的落实存在形式化的问题，例如老年志愿者注册人数只是为了完成考核指标、农村互助养老和时间银行等项目并未实际发挥作用，或是真正开展的服务很少，质量难以保证。

2. 已有项目的实施情况及问题

（1）银龄行动

"银龄行动"始于 2003 年，2003 年全国老龄工作委员会（以下简称"全国老龄委"）颁发了《组织开展老年知识分子援助西部大开发行动试点方案》，其目的是充分发挥老年知识分子的聪明才智，让其在实现老有所为的同时，为西部地区和本地欠发达地区提供志愿服务。经过二十多年的发展"银龄行动"已成为至今为止国内规模最大、影响最广泛的"老有所为"志愿者公益项目。

截至 2013 年，该项目已经覆盖全国 31 个省（自治区、直辖市），援助内容涵盖医疗卫生、工业、农业、教育、科技等 25 个大项 78 个小项，开展活动（包括大型学术讲座、知识讲座、业务培训）达 1280 余次，讲座参与人数 3 万余人。"银龄行动"取得了巨大的成功。根据全国老龄工作委员会办公室提供的数据，"银龄行动"自项目初期至 2013 年年底，累计参加的老年志愿者达 500 万人次，受益群众达 3 亿多人次，创造经济价值 80 多亿元，其社会效益更是不可估量。自全国老龄委启动"银龄行动"以来，各地积极响应号召，连续多年组织老专家、老教授、老科技工作者、老医疗工作者深入西部地区、贫困地区。从内容上看，"银龄行动"已由医疗卫生专项援助到文化、教育、农业等经济社会各领域全方位援助，内容不断扩展。从形式上看，由试点援助到常态援助，从省际援助到省内援助，从城乡援助到城市互助，从知识技能支持到资金项目帮助，从有形援助到网络援助，形式不断创新。

但是，从政策的前期制定和准备来看，这一政策所针对的群体具有有限性，并且其所开展和适用的地域和领域相对有限，因此决定了其推广性和取得的效果也有其局限性。从政策实施来看，当前银龄行动的实践主要聚焦于宣传环节，在基层实践中，没有形成政策合力，容易出现项目同质化，多以临时活动、短期项目为主，配套措施不够完善，活动往往更重视前期地招募宣传，缺乏广泛的覆盖和持久的深入，对于后期的协调和监控缺乏科学系统指导。特别是，受传统观念影响，离退休干部的公益志愿活动常被视为自娱自乐，老同志虽然经常调研、咨询、座谈，但其提出的意见建议真正被地方采纳的不多，其实质是对老同志发挥作用的不理解、不重视、不认可。离退休干部群体内部也存在分化，部分人"老不应为""老不敢为"的担忧客观存在，影响了"老有所为"的广度和深度，阻碍了"银龄行动"各项目的落实落地（陈娟等，2022）。

（2）时间银行

时间银行是目前在我国城市社区中老年人参与志愿服务实践的典型代表，我国从中央到地方也推出了一系列政策来推动这一老年志愿服务项目的推广发展。时间银行一般表现为低龄老人为高龄老人提供志愿服务，积累服务时间或积分，在未来自己需要服务时，以此换取相应的服务时间（景军、赵芮，2015）。结合时间银行的创办形式和发展特征，时间银行实质上是一个建立在善意与制度基础之上的跨时间、无边界的资源转换平台，参与者通过将自身创造的劳动价值以时间为单位量化，不断形成自我养老的资源积累（李海舰等，2020）。目前，国内"时间银行"机构约有146家（不包含港澳台），实现了31个省（直辖市、自治区）的全覆盖（袁志刚等，2019）。

虽然时间银行在近年来取得了很大成效，既发挥了老年人的价值，又满足了部分老年人的服务需求，但这种新型养老模式在开展过程中也暴露出了一些问题。其中，最为关键的是时间银行的制度保障问题和市场效率问题，而这很大程度上是由于在政策的前期准备中，没有考虑时间银行的统一规划问题，这导致时间银行在各地的操作方式、认定标准都参差不齐。例如，当前时间银行的运作多是以社区为单位，仅限于社区或街道规模的发展，未能在国家层面或省域内形成统一的联合网络，无法实现用户服务时间的通存通兑，因而其发展受到严重限制（李海舰等，2020）。同时，在项目实施过程中，目前时间银行在记录志愿服务时只注重了服务的时长，而没有考虑服务的劳务强度和难易程度。除了服务时长，劳务强度、技术水平等也决定了不同服务的价值含量存在差别（谭樱芳，2015）。现今时间银行虽然个别实现了信息化动作，但多数仍然人工操作，由于社区的记录多为笔纸记录，缺乏信息化的管理，容易使得服务记录遗失缺漏；当社区的管理人员在退休或者迁出之后，也容易出现时间银行管理缺失、队伍不齐的情况。（陈功、黄国桂，2017）。

（3）农村互助养老

自我国出台了前述的鼓励农村发展互助养老的相关政策后，各地开展了各种互助养老实践。目前，农村地区互助养老模式，大致可以分为两类，一类是集中供养式的互助养老，典型代表有河北肥乡互助幸福院。强调"集体建院、集中居住、自我保障、互助服务"，该模式主要是由政府主导，其对政府的依赖性较强，自我管理水平和能力有限。还有苏北地区"老年人关爱之家"模式，该模式最初由村老年人协会和社区精英发起，依靠县、镇两级老龄办予以支持和帮扶，利用村内闲置房屋、校舍建设"老年关爱之家"，同样具有"集体建院、集中居住、互助服务"的特征，其主要目的是解决空巢老人的养老问题（陈际华、黄健元，2018）。此外，吉林省的农村居家养老服务大院也是这一类的典型代表，通过整合农村闲置房屋，为老人提供日间照料室和活动室等活动设施，主要依靠村里的党员干部、老年协会和志愿者提供志愿服务，这一模式采取以下两种方式来为老人提供服务：一是"服务送上门"方式，主要针对高龄、失能或半失能老人；二是"老人走出门"方式，鼓励身体健康的老人在养老服务大院里接受日间照料、餐饮提供、健康保健等服务（周娟、张玲玲，2016）。

另一类是社区居家式的互助养老，如浙江安吉县依托农村老年协会建立的"银龄互助服务社"，这一模式主要通过政府、村集体、农业合作社和社会组织等出资，建立并运营养老服务中心，为老年人提供日间照料和上门照料等服务（刘妮娜，2017）这一模式更适合在经济较为发达，村集体经济实力较强的地区开展，在欠发达的农村地区开展较为困难。此外，陕西榆林地区的"农村邻里互助养老服务小组"也属于这一类模式创新，由村两委领导，村级老年协会组织实施，主要由就近、熟悉的邻里组成志愿者，经过岗前培训并签订聘用合同后为受助者提供服务。这一模式属于居家互助养老，主要是志愿者定期上门为受助者提供生活照料和看护照料等（王德泽，2014）。

但是，农村互助养老在实践中存在诸多问题，首先有些老人并未听说过互助养老，即使知道互助养老，也不明白为什么要推行互助养老。家庭、社会养老单方面地强调"老有所养"，却忽视了"老有所为""老有所乐"，互助养老模式的广泛推行需要有效的社会宣传（杨静慧，2020）。其次是资金保障，许多农村幸福院的资金来源主要还是依靠政府补助，存在资金困难、缺乏可持续发展的动力的问题，生活设施普遍闲置。

在组织运行机制上，过度依赖老年精英的参与，互助养老组织凝聚力不强、运行不畅，老年服务生产供给困难。在老人互助机制上，积分制度尚不完善，老年人之间的互助处于较低水平互助，可持续性和制度化程度不高（王辉、刘芝钰，2022）。在服务内容上，村中的老年人受制于专业知识和自身健康等因素的影响，提供的生活照料、休闲娱乐、生产活动等服务存在专业化程度较低的困境。专业化服务需要社工机构或养老服务机构提供，村委会和社区作为责任主体无法提供专业化的养老服务（高灵芝，2015）。同时，缺乏有效的监督和考核机制，服务质量也难以保证，也缺乏专业的第三方评估机制，不利于老年人志愿服务的广泛和持续发展。

三、国内外经验总结

（一）地方层面老年志愿服务政策与实践的地方经验

在我国老年志愿服务的政策与实践中，老干部和离退休专家是主要的参与群体，各地区相互借鉴和学习成熟的老年志愿服务模式。四川省打通养老服务难以覆盖的"最后一公里"，浙江省宁波市在综合评估和保障激励机制方面有所创新。江苏省明确规定了老年志愿服务重点领域和服务模式，广东省江门市将基层行政服务中心纳入老干部志愿者的服务场域。北京市号召退休医学专家支援农村医疗卫生服务建设，海南省善用优质的人力资源"候鸟老人"，首创候鸟人才工作站。

1. 四川省

2019 年 6 月《关于组建全省老年志愿服务队伍的通知》，依托各地老年大学和老年协会，成立老年志愿服务队伍，鼓励低龄老人发挥余热，为高龄老人服务。

在省、市、县、乡各层级全覆盖组建老年志愿服务队伍，举行了全省老年志愿服务队成立授旗仪式。截至目前，全国志愿服务信息系统内，我省注册老年志愿服务队伍573 支，目前全省共有 60 岁以上实名注册志愿者 57.8 万名，共计开展为老志愿服务项目 2000 余个。

老年志愿者服务活动的范围包括参与基层民主监督、社会治理、公益慈善、移风易俗、民事调解、文教卫生等。截至 2020 年，注册的老年志愿者已有 55 万余人，覆盖了21 个市州 110 多个县，为高龄和困境老人提供常态化的服务，打通养老服务难以覆盖的"最后一公里"，更好地打造养老服务体系的终端网络。各地还组织志愿者参加老年人常见突发疾病应急处置培训、文明劝导服务活动、互助养老新模式·空巢老人困难老人关爱服务等一系列志愿活动。

2. 浙江省

近年来，浙江省宁波市组建了"银巢养老""健康家园"等多个社会工作组织，政府、学者、服务人群等对此给予了充分肯定。其中"银巢养老"以针对不同老年群体展开的志愿服务项目为切入点，积极践行"积极养老、自主养老、以老养老"目标，让老年群体在老年期从"被服务者"转变成"价值创造者"，变"被动"为"主动"，积极将传统养老模式与新兴服务业相结合，满足了不同阶层老年群体对文化娱乐、人际交往、学习的需求，具有推广价值。

"银巢养老"自主开发有《老年人精神能力评估系统 1.0》《老年人精神能力评估系统 2.0》，使评估精准度进一步提高。从老年群体曾经从事的职业、年龄、兴趣爱好、知识技能等多层面进行评估分析，帮助选择适合的老年期活动方向和内容。同时结合老年群体身体健康状况、参与活动的倾向与实际能力、个人意愿等方面，确定可以作为老年志愿团队的成员，并积极招募乐意参加其他活动的老年。为顺利开展志愿服务项目，"银巢养老"构建"持证式"上岗服务体系双轨制，为"不因年老而老"的相关项目顺利开展保驾护航。使用信息化平台记录志愿者参与志愿服务活动的市场，并借用银行模式，将志愿服务时长转换为积分，志愿者可凭此志愿积分享受银行授信额度更高、利息更低以及落户、体检、景区免费等福利（唐小茜等，2022）。

3. 江苏省

为进一步促进和规范老干部志愿服务，提高老干部发挥作用的组织化程度，2021年 8 月 23 日江苏省出台了《江苏省老干部志愿服务促进办法（试行）》（以下简称《办法》）。

《办法》指出，在全省建立由各级老干部工作部门统筹规划，老干部志愿服务管理机构协调对接，老干部志愿服务团队各展所长的老干部志愿服务工作体系。在全省层面成立江苏老干部志愿服务联盟，各设区市、县（市、区）和省直单位可设置老干部志愿服务总队、支队、大队等机构，作为联盟成员单位，负责老干部志愿服务工作的统筹指导、协调对接及老干部志愿者、志愿服务团队的登记注册、注销等管理工作。江苏老干部志愿服务联盟办公室设在省委老干部局作用发挥指导处，负责全省老干部志愿服务相关日常工作。

《办法》强调，老干部志愿服务活动要围绕党委政府中心工作，坚持"两在两同"建新功，聚焦群众所思所盼，结合老干部所能所愿，重点在理论政策宣讲、红色基因传承、助力改革发展、基层社会治理、社区服务管理、精神文明建设、经验技术传授、医疗法律服务、困难群体帮扶、时代新人培育、生态环境保护等方面提供志愿服务。要立足江苏老干部专业技术人才资源优势，组织引导有专业特长的老干部开展科研创新、技术服务、人才培养、业务咨询、科普宣传等志愿服务活动，助力江苏经济社会发展。

4. 广东省

2018年，广东省江门市行政服务中心与市老干部大学携手合作，由市老干部大学义工分队安排学员每天轮流到大厅开展志愿服务。志愿者来自江门市老干部大学各个班级，有退休的公务员、医生、老师、企业职工、私营企业主等，分为5个小组，保障每个工作日至少有3名志愿者，为前来办理业务的市民提供咨询引导、自助服务帮办、秩序维护等服务。

截至目前，累计参与服务的老年志愿者共4200人次，每日接待办事群众2000余次，累计义工服务时长超725日、超3000人次。老年志愿者有效解决了大厅指引导办服务力量不足的问题，其亲和力强，具有丰富的社会经验与人际交往经验，有时还能起到缓解矛盾的作用，成为提升大厅体验感和满意度的关键。

5. 北京市

北京市卫生健康委员会2022年7月发布了《关于做好2022年度退休医学专家支援生态涵养区基层医疗卫生服务工作的通知》，响应了关于全面推进乡村振兴和加快补齐农村医疗卫生服务短板的总体要求，自2022年起，通过开展"退休医学专家支援生态涵养区基层医疗卫生服务"项目，引导城市优质医疗资源下沉农村地区，组织城区大医院退休医学专家赴生态涵养区乡镇社区卫生服务中心开展医疗卫生服务，提升偏远山区基层医疗卫生服务能力和居民就医获得感。

6. 海南省

海南得天独厚的气候环境吸引着越来越多内地候鸟老人前来旅居养老，据《海南统计年鉴—2019》数据显示，2018年海南省冬季候鸟人口规模达到132.23万。其中，60岁以上的候鸟老人占绝大多数，冬季在海南居住的老年人比例和分布密度较高。这些候鸟老人中有很多专家学者、企业家、艺术家、医生、领导干部等各行各业的精英人才。

2019年4月，中共海南省委人才发展局颁布《海南省候鸟人才工作站管理实施办法（试行）》，明确规定了候鸟人才工作站的基本职能：一是积极宣传候鸟人才政策，配合办理相关业务；二是摸清区域内候鸟人才底数，搭建候鸟人才与用人单位合作交流平台，促进供需对接；三是定期开展各类文体共建、学术交流、科普讲座、科学研究、艺术创作等活动，积极发挥候鸟人才作用；四是组织候鸟人才中的党员亮身份，参加所在地党组织生活，发挥先锋模范作用。候鸟人才工作站的建立及运行标志着候鸟人才工作模式的正式确立。候鸟人才大多为 60 岁以上的老年人，如陵水清水湾候鸟人才工作站登记的 369 名候鸟人才中，平均年龄在 60 岁以上；"新琼海人"候鸟人才工作站登记的 446 名候鸟人才中，60 岁以上的比例占 77.4%。候鸟人才工作站模式的非预期后果，事实上已成为我国开发老年人力资源的探索模式（陈恩、张小雪，2021）。

7. 时间银行的地方经验

前文介绍了我国时间银行发展模式及政策执行中的问题，下面以上海、南京、宁波、青岛和广州为代表，介绍时间银行的具体实践。

上海：早在 20 世纪 90 年代末，上海就开始尝试推进时间银行制度。上海"老年生活护理互助会"就是典型代表，互助会实行会员制度，主要开展提升老年人的保健意识和能力、为老人提供生活护理、开展心理保健等知识技能的培训活动。上海"老年生活护理互助会"建立了"劳务储蓄"和"货币互助"两种机制，其中"劳务储蓄"就是将会员的志愿服务时间记录，待本人需要时可以申请享受与储存的护理劳务总量相当的服务时间。自 2019 年开始，上海市市民政局先后在虹口、长宁、徐汇、普陀、杨浦等五区启动两批"养老服务时间银行"项目试点，并于 2021 年颁布《上海市养老服务"时间银行"项目工作指引》，推动时间银行进一步推广和规范化。通过统一项目名称、统一管理平台、统一网络标识、统一兑换规则等制度设计，鼓励和支持社会成员为老年人提供非专业性的养老服务。而提供服务的志愿者主要以身体健康且有服务意愿的低龄老年人为主，服务时间以时间币的形式在个人账户记录存储，时间币可用来兑换服务、转赠或捐赠他人，不可兑换实物。

南京：2019 年 7 月，南京市政府印发《南京市养老服务时间银行实施方案（试行）》，同年 12 月在全市 12 个区 24 个街道 247 个社区启动首批养老服务时间银行试点工作。通过采取政府主导、制度引领、通存通兑、信息智能、典型引领等措施，南京在市级层面建成了统一的养老服务时间银行，鼓励年轻人照顾老年人、低龄老年人照顾高龄老年人。并且，为"时间银行"引入区块链、人工智能技术，南京开发出了一套"养老服务时间银行信息系统"。志愿者和服务对象可以在该平台以下单和接单方式实现自动匹配、对接服务。服务完成后，志愿者的服务时间自动计入系统，为日后的时间兑换做准备。

宁波：2020 年，浙江省宁波市海曙区和中国银行联合启动了养老服务"时间银行"项目试点工作。服务的主要模式是低龄老年人（60 周岁以上、70 周岁以下，女性可适当放宽至 50 周岁）为高龄老年人提供非专业性的养老服务（以家政类、非专业性且风险可控的生活照料、精神慰藉等服务内容为主），按照一定的规则记录服务提供者的服务时间，储入其"时间银行"个人账户。服务提供者依照《宁波市志愿服务条例》等法律法规要求，通过认证并经培训后提供服务，一般由居家养老服务中心审核并组织开展服务。

青岛：2020 年 4 月，青岛市试行"养老服务时间银行"，在市南区、西海岸新区、城阳区开展首批试点。2020 年 4 月，《青岛市养老服务时间银行实施细则》颁布，明确了时间银行管理机构和服务站点相关标准及管理制度；志愿者、服务对象的审核、注册、退出等相关标准规范，明确重点服务对象为空巢独居老年人、存有"时间币"的60岁以上老年人；时间银行志愿者提供服务的流程、标准以及服务项目种类；时间银行服务安全管理规定等。同时为了加强信息化服务与管理，大力研发手机终端软件，并通过统一的信息平台进行服务需求管理与分配，采用区块链技术运转与管理"时间币"。

广州：2019年8月，广州市志愿者协会建立公益时间银行，在全国首先提出了"慈善＋社工＋志愿服务"融合发展的路径，在全市132条街道建立了201个社工服务站，由专业社工在社区常态化地收集需求和提供社区服务。这是在政府指导下，由社会组织、企业、社工站和志愿者等社会力量共同搭建的社会化运作的综合性志愿服务支撑平台，该平台围绕基本民生保障、基层社会治理、基本社会服务等重点领域和老年人、困境儿童、残疾人等重点群体持续广泛开展志愿服务。公益时间银行集志愿服务发布，志愿服务时数记录，志愿服务积分存储，积分捐赠和兑换等功能于一体。特别是引导广大市民通过参与志愿服务积累"爱心时间"来服务未来的自己，鼓励低龄健康老年人投身志愿服务行业，实现"初老服务老老"的互助养老模式，对广州市养老服务形成有效补充。据统计，广州公益"时间银行"2021年累计开展5789场助老扶老志愿服务活动，占服务活动总数的30%，50岁以上注册志愿者约占总注册志愿者人数的11%。此外，广州公益"时间银行"平台统一为在该平台上注册的全部志愿者免费提供意外保险服务，为老年志愿服务的开展提供了保障。

（二）国际经验总结

1. 日本经验

（1）开放的参与机会

传统上，志愿服务和其他社区活动是在当地联系或关系网络中进行的，但日本的老年志愿服务打破地域和关系网络的界限。例如，日本大阪志愿者协会（The Osaka Volunteer Association）在1995年就向全体公民开放了志愿者项目，而不是只向当地居民开放，这一志愿者协会是全国性的。大阪志愿者协会以协调1995年阪神淡路大地震后的志愿者活动而闻名全国，共有21000名志愿者参与了800多个志愿者活动。除了协调志愿者活动外，协会还会围绕特定问题甚至个人意愿举办"hiroba"（非正式聚会）。这些创建的志愿者团体专注于问题，而不仅仅是关系网络。

（2）非直接的经济激励措施

日本政府就给予老年志愿者充分的资金支持，有偿志愿服务对低收入老年人特别有吸引力，因为它可以作为获得一些收入的手段，比就业更灵活和实用。千叶县稻城市的照顾者支持项目（Kaigo Shien Volunteer Seido）就是将经济补偿激励与长期护理相结合的一个很好的例子。在该计划中，60岁以上的老年志愿者每周为需要长期护理的老年人提供长达两个小时的帮助，服务的项目包括组织院舍娱乐活动、照顾老人用餐、帮助老人外出活动、参与社区公益活动、陪老人聊天、院舍管理等。老年志愿者的志愿工作可以通过从公共长期护理保险费中扣除高达5000日元（或约63美元）的方式获得补偿。与我国"时间银行"政策不同的是，这种优惠券不需要在志愿机构记账，在社保部门和保险公司即可以直接兑现，该志愿项目不仅帮助改善了志愿者和服务对象的身心健康状况，也减少长期照护开销约 110 万日元，降低了 5% 的照护需求（姜楠等，2016）。

（3）通畅的信息渠道

在日本，有关志愿服务的信息可以通过社会福利委员会等机构轻松获得，这些机构被授权存在于所有都道府县和非营利机构（NPO）中。社会福利局的职责之一是促进和协调当地的志愿服务。老年人可以到当地的社会福利委员会或使用他们的网站注册成为潜在的志愿者，网站将根据他们的兴趣进行匹配。例如，2004 年日本三鹰市成立了非盈利机构—"梦教育支持网络"或"梦想教育支持网络"，利用当地学校招募老年人担任志愿教师。居住在三鹰市公立学校附近的老年人可以自愿作为"社区教师"教授课程，作为"学习顾问"帮助需要更多帮助的学生，或者作为"kirameki 志愿者"参与课后活动。年长的志愿者在学校被招募、注册和培训，获得学校资源和教师、学生和家长的意见。

2. 美国经验

（1）注重顶层设计与部门间合作，构建以政府为主体的老年志愿服务体系

美国联邦政府在中央层面由国家与社区服务机构统筹全国的老年志愿服务计划。联邦政府直属机构国家与社区服务机构管理的三大全国性志愿服务计划之一就是老年团，也是唯一按年龄划分的志愿服务计划。该计划下面包括三项具体的老年志愿服务计划：寄养祖父母计划，老年同伴计划和退休和老年人志愿者计划。这三项计划包含了 1300 个具体的志愿服务计划，上千家公立机构和非营利组织参与，每年吸收近 25 万美国老年志愿者提供服务。不仅如此，美国劳工部、农业部、环境保护署等多个政府部门都有自己的老年志愿服务计划。该类计划都有法律作为保障，而且计划在具体实施过程中注重不同机构之间的合作。例如，联邦老龄管理局和国际与社区服务机构合作建立了国家老年人参与资源中心，该中心由全国老龄问题地区组织协会进行管理，并与国家创新老龄化中心、国家 Osher 终身学习研究所等多家全国性机构建立合作，在代际共融、艺术参与、终身学习等领域广泛开展各类老年志愿服务。

（2）鼓励多元社会主体参与，丰富老年志愿服务的内容和形式

美国老年志愿服务体系的搭建与创新充分发挥了市场主体的活力。美国志愿服务项目大多数都是政府提供资金支持，社会组织积极申报，通过公办私营的方式提高社会主体的积极性。以美国最大的非营利组织美国退休人员协会（AARP）为例，经过数十年的发展，其已经成为覆盖全国，有着 16 万志愿者的服务机构。在法律援助、老年科学研究、商品与服务传递以及协助报税等广泛的社会领域提供服务，为老年人参与志愿服务提供了广阔的发展平台。此外，在美国政府的积极投入和志愿传统的影响下，众多基金会和个人发起针对老年志愿服务的募捐和注资，为社会组织的项目申报和持续发展提供财政保障。社会资本的进入增添了老年志愿服务的灵活性和多样性，成为老年志愿项目的重要支柱和活力之源。美国老年志愿服务项目无论从活动的形式，还是服务的内容都非常丰富多样。例如，服务的内容包括课后课程辅导、美化公园、收集和共享有关免费税收准备服务的信息、耙树叶，清理人行道，跑腿或更换邻居的灯泡、技术技能的顾

问咨询等。志愿服务的形式也是多种多样的，有一对一的外语辅导、有团体的实践活动，也有日常的家庭事务活动；既涉及专业技术，也涉及基本生活技能；既有无偿的服务，也有有偿的与就业相结合的临时工作。

（3）志愿服务设计以老年人需求和能力特点为中心

老年志愿者是志愿服务活动提供的主体，因此必须充分考虑老年人自身的因素，结合老年人的自身需求、能力特点以及精神追求等设计符合其需求的志愿服务项目。美国的老年志愿服务项目结合不同地区老年人的知识结构、技术技能以及兴趣爱好，通过申请考核的方式为有需求的老年人提供符合其个性特点的志愿服务活动。以 Pro Bono 顾问计划为例，老年人作为顾问，在线发起申请，然后由机构找到与老年顾问技能和兴趣想匹配的项目建立连接。寄养祖父母计划、退休和老年志愿服务计划等都会为经济贫困的老年志愿者提供补助，不仅在一定程度上减缓了贫困带来的生活压力，还让老年人更加有尊严的生活。

（4）在老年志愿服务中引入新科技和新概念

在社会经济迅速发展的当下，设计老年人志愿项目需要充分考虑科学技术因素和志愿项目的结合。美国的老年志愿服务项目通过引入相关技术，在志愿内容、志愿对接、志愿培训方面提高老年人参与志愿服务的效率，降低志愿参与门槛。通过推动志愿服务信息化，提供基于网络的老年志愿项目；增强管理平台和检索平台建设，实现志愿项目在网络上的实时更新、人员招募和追踪评价。同时，新概念在美国老年志愿服务中有较广泛的实现，例如，古斯托老化概念应用于研讨会，推动老年志愿服务在认知领域的实现；家庭照料者补助计划为长期居家的护理者提供补助，拓展志愿者概念的外延，充分肯定家庭照料者的付出，保障他们的利益。

（三）经验启示

1. 逐步构建中央与地方统一的专门老年服务体系

我国已经开始进行老龄工作机构改革，明确各部委的职能重点和工作领域，注重各部门的组织协调，有效避免了职能不清、推诿塞责、政出多头等问题。在 2018 年 3 月，根据中共中央《深化党和国家机构改革方案》，中国老龄协会由国家卫生健康委员会代管。而此种设置模式与美国类似，美国联邦政府在健康与公共事业部（Department of Health and Human Services）设立有联邦老龄局（AOA）。

因此可以进一步地补齐老年志愿服务体系的空缺，借助我国大部制改革的时代背景，逐渐的搭建具有中国特色的老年志愿服务体系网络。在中国老龄协会下面设置专门负责老年人志愿服务的机构或者设置中国老年志愿者协会，并且在县级以上的地方政府部门设置相应的对接机构，形成全国政府部门统一的老年专门服务体系，发展覆盖全部老年人群的国家老年志愿服务计划，并对老年志愿服务项目进行专业基金式管理，鼓励社会组织积极申请，专款专用。同时充分利用互联网搭建起来的电子政务体系，建立全国统一的老年志愿服务系统，实现志愿服务项目申请、申报、审核、落地、监管和评估的一体化。

2. 吸引多元社会组织参与到老年志愿服务体系中来

目前，我国老年志愿服务的社会组织参与力量不足，政府应该制定相应的老年志愿服务优惠政策，吸引社会资本参与到老年人志愿服务项目的创新运作进程中。可探索政府与社会资本合作的 PPP 模式，由社会资本承担老年志愿服务项目名的设计、运营、维护等工作，并通过"使用者付费"及"政府付费"获得合理投资回报，从而激发社会资本的活力，实现公共利益的最大化。

3. 搭建老年志愿服务平台、丰富老年志愿服务内容

日本老年人可以通过当地的社会福利委员会或使用他们的网站等平台进行志愿服务匹配，美国国家老年人参与资源中心、美国退休人员协会（AARP）等也为老年人提供了参与志愿服务的机会和资源。而在我国还没有类似的统一的平台实现老年人参与志愿服务的需求收集，提供参与志愿服务的机会和渠道，实现相应的需求匹配。因此，这启示我国需要建立专门的老年志愿服务平台或机构，一方面，链接各类志愿服务资源，扩大老年人参与志愿服务的选择范围，丰富其服务内容和机会，另一方面，建立老年人志愿服务人力资源信息库，实现需求对接，让有参与意愿的老年人可以有渠道参与其感兴趣的志愿服务。

4. 面向全体老年人，鼓励更多老年人参与志愿服务

我国老年志愿服务存在"精英化"问题，不能很好地吸引广大老年人参与其中。从政策来看，已有的很多政策都是鼓励离退休干部、知识分子等"老年精英"积极发挥余热，继续创造价值。从实践来看，许多比较有影响力的活动，例如"银龄行动""五老队伍"等，都是在这一部分群体中开展。因此，我们需要借鉴日本和美国的经验，建立开放的志愿服务参与体系，打破年龄、地域和职业等界限，大力发展面向全体老年人的志愿服务，推出更多的包容性的政策和丰富多样的活动，扩大政策和实践在人群和地域的覆盖范围，让每个老年人都有机会参加志愿活动，每一位老人都能找到发挥其价值的机会。

5. 为参与志愿服务的老人提供多样的激励措施

我国对于老年人参与志愿服务的激励措施不足，更多的激励是对于老年人精神上、荣誉方面的激励等，老年人参与志愿服务更多是处于自身对于助人活动的热情，因此对于许多老年人参与志愿服务积极性的刺激不足。所以我们可以借鉴日本经验，加强老年志愿服务的物质激励，采取非直接的经济激励措施，可以学习日本，将经济补偿激励与长期护理等保险费用见面挂钩，或者将志愿服务与税收优惠相联系，鼓励更多老年人投身志愿服务活动中。

四、完善我国老年志愿服务政策的建议

（一）保障老年人参与志愿服务的权利

1. 制定老年志愿服务的专项政策，加强老年人参与权利的保障

当前我国并没有关于老年人社会参与的专项政策，而老年志愿服务更是只作为老年社会参与相关政策的一个部分被提及，并且大多数为一些倡导式的提法，论述较为笼统，操作性并不强。应制定老年志愿服务专项政策，出台统一的老年志愿服务政策法规。紧密结合老年志愿者的特殊性，有针对性地设立相关规定，对老年志愿服务相关主体的法律地位、权利义务与责任范围，老年志愿服务组织、老年志愿服务内容、老年志愿服务的监督管理等环节进行详细规定和指导，保障老年人参与志愿服务的权利，加强老年志愿服务的管理规范性和稳定性，改变目前政府对老年志愿服务"重行政干涉、轻依法管理"的局面。

2. 增强志愿服务政策的可操作性，推动老年人参与权利的落实

老年人参与志愿服务权利的实际落实需要政策的具体化，增强其可操作性，推动实际工作开展。针对我国目前有关老年志愿服务的相关政策和规划中存在的表述笼统、操作性不强等实际问题，需要进一步增强政策文本的可操作性，落实政策法规和目标规划等的工作计划和实施细则，明确相应的管理部门，并对政策执行的过程进行监督。例如，对于老年志愿服务的组织孵化机制、活动组织、管理监督、效果评估等明确执行细则，政策执行部门和监管部门。特别是，要求各地在实际执行老年志愿服务的相关政策时，不能照搬上级政策文件，需要根据实际情况，制定具体的、切实可行的政策执行目标和行动方案，以及政策实际效果的监管和评估标准。

3. 明确老年志愿服务的牵头单位，加强老年志愿工作的管理

老年志愿服务工作的开展需要有牵头单位进行管理协调，明确志愿服务开展过程中各部门和机构的责任，将老年人参与志愿服务中每一个环节的权利保障落实到每一个责任主体上，避免职能不清、推诿塞责、政出多头等问题。由负责老年志愿服务的牵头机构协调，加强各部门和机构之间的协调配合，各部门之间打破行政壁垒，共同推进老年志愿服务开展。例如，可以由全国老龄办牵头，民政部、精神文明办和关工委等部门或机构配合其工作，在中国老龄协会下设置专门负责老年人志愿服务的机构或者设置中国老年志愿者协会，专门负责老年志愿服务组织管理，并且在县级以上的地方政府部门设置相应的对接机构，形成全国政府部门统一的老年专门服务体系。建立以社区为基本单位的全国性老年志愿服务管理网络及机制，将社区老年人志愿服务开展情况列为基层部门工作评估的参考指标，为老年人参与志愿服务集合资源，提高协调性和持续性。

4. 加强老年志愿服务的组织建设，促进老年志愿服务的规范化

目前，我国老年人参与志愿服务面临着组织化和规范化不足的问题，因此亟须通过构建志愿者组织体系，加强老年志愿服务的组织保障，让一些单独的、零散的个体自发行为逐步向组织化、规范化方向发展。特别是，通过各种服务方式灵活、专业性强的社

会组织将老年志愿者组织起来，凝聚老年志愿服务资源，开展有针对性的活动，引导老年志愿服务深入、持久地进行下去。但是，目前我国对于志愿服务组织的发展是以约束为主的，双重管理体制为组织的登记注册设定了较高的门槛，组织活动的经费、范围、内容受到限制，且组织运行缺少系统的保障、支持和激励政策。这些政策阻碍导致志愿服务在人员招募、资金筹集、资源对接、活动开展、社会认同等方面遇到多重阻碍。因此，需要打破现有的政策阻碍，进一步放宽对于老年志愿服务组织的登记注册限制，例如放宽注册经费限制，对老年志愿服务的社会组织给予政策支持，给予社会组织更多的自主性，减少行政干预和命令。积极开展老年志愿服务的社会组织建设，支持和引导它们朝着专业化、规范化和自主开展服务的方向发展，培育出大批有活力、能力强的社会组织来协调规范老年志愿服务。

5. 加强政策实施的监管和评估，保障老年志愿服务的质量

政策实际的后期监督和评估，是切实有效地落实老年人参与志愿服务权利的重要保证。当前我国老年志愿服务并没有开展有效的监管和评估，这导致许多地方开展的志愿活动质量低下，甚至是"形式化"的活动来应付上级的检查工作，结果无论是志愿服务实际取得的效益，还是老年人参与活动的满意度都不尽人意。所以，今后我国老年志愿服务政策的实施需要加强监管力度，特别是要建立相应的评估制度和细则，对于所开展的志愿服务项目进行严格评估。在监督机制上，确定老年志愿服务及其组织的监督机构和具体部门，明晰监督的责任、内容、方式、手段、时间等具体事宜，同时将评估结果与责任部门和志愿服务组织的奖惩直接挂钩。在评估机制方面，包括参与服务主体的自我评估、服务对象的评估和对志愿组织的评估，主要可以围绕志愿服务的经费使用、民主决策、项目内容设置、服务效果、志愿者权益保障等方面的进行监督评估。

（二）拓展老年人参与志愿服务的途径

1. 搭建网络信息平台，拓展老年人参与志愿服务的渠道

老年人参与志愿者活动的平台应该是一个能够满足不同层次老年人实现参与的综合性平台，既能满足一般老年人又能满足有特殊专长的老年精英的社会参与需求。所以，应尽快搭建志愿服务供需信息协调平台，为老年人参与志愿者活动提供信息，使老年人可以根据自己的时间、能力和爱好找到适合的志愿服务项目。老年人也可以通过平台了解服务时长、服务项目、服务对象的评价、表彰情况等内容，增强老年人的参与感和获得感。通过建立网络化平台，建立信息索引、供需匹配、反馈监督机制等，更好地构建智能化的志愿服务运行机制。一方面，可以更好地使有专业技能的老年人通过信息匹配平台，找到自己服务的对象，并且使有服务需求的人群通过数据库检索符合自己需求的老年志愿者，实现精准的供需对接，减少不必要的流程。另一方面，通过发展线上参与项目，为行动不便、交通不便、时间有限的老年人提供更加灵活便捷的参与方式，提高参与的平等性。

2. 开展多样化的活动形式，丰富老年人志愿服务项目和内容

我国由于志愿服务时间发展较短，涉及老年志愿服务的社会主体创新活力不足，因

此我国现存的老年志愿服务的内容与形式是较为单一与匮乏的，基本都是一些程序性的工作，比如道路指引、打扫卫生等，因此涉及的项目还是较为单调，导致老年人参与的积极性不高。因此有必要进行调查的实践调研，探索老年人喜闻乐见的老年志愿者活动形式，同时适当借鉴国外志愿者的形式与内容，并结合我国国情进行本土化，因为老年志愿者具有与年轻志愿者不同的特征，所以老年志愿服务组织不仅要开展符合社会需要的公益活动，还需根据老年人的系列特征开发适合他们的志愿活动。同时投入一定的专项资金，激发社会参与主体的创新活力，不断地在实践中丰富我国老年志愿者服务的形式与内容。

3. 合理设计志愿服务项目，增强志愿服务的灵活性和创新性

首先，增加老年志愿服务的弹性，考虑老年人的身体状况和时间安排，在志愿服务项目的时间、时长和形式等方面增加灵活性，克服老年人因时间冲突等问题而不能参与志愿服务的困难。

其次，杜绝形式化的服务项目，避免行政任务式的项目设置，增强老年志愿服务组织的自主性和创新性，提高老年志愿服务的质量。注重丰富服务项目的实质内容，在项目内容的设置上，类型应尽量可能的多样化。除了参与较多的文艺娱乐活动类，还应逐渐扩展到如讲座、咨询等专业服务的类型，这不仅可以开发出适合老年人身心健康的活动，还能不断吸纳更多的老年志愿者加入其中，不断壮大老年志愿服务组织的规模。并且老年志愿服务项目的设计应尽量层级化，因为每个老年志愿者的个体特征、自身发展都存在着一定的差异，所以在设计老年志愿服务项目时应尽可能地让老年志愿者找到适合自己的志愿服务项目。

（三）保障老年人参与志愿服务的权益

1. 加强老年志愿服务的安全保障

首先，老年志愿服务要以保障老年人的人身安全为前提，因此应该注意增强老年志愿者的人身保险购买范围和保障金额，使老年志愿者在保证人身安全的前提下，无后顾之忧地参与到志愿服务中。设置安全监护机制，保障老年参与者的参与安全，维护其合法权益。设立畅通的司法和申诉机制，为在参与志愿服务过程中权益遭受侵害的老年人提供法律援助。

2. 加强老年志愿服务的资金保障

老年志愿者组织的正常运转需要一定的经费保障，而经费短缺成为制约其发展的主要因素。应该充分认识到，老年志愿者活动不仅是志愿服务活动的组成部分，还应是老年人社会保障事业的组成部分。一方面，政府应将老年志愿服务事业纳入国民经济和社会发展规划，制定鼓励政策并提供必要的资金扶持和便利；另一方面，政府和各级各类组织应当从发展老年人社会保障事业的角度重点扶持老年志愿者活动，并给予更多的经费支持和帮助。加大政府对老年志愿服务项目的购买力度，完善政府购买服务指导目录并开展相关采购，逐步扩大在老年志愿服务行业的采购领域和采购规模。除了依靠政府的政策、经费支持，老年志愿者活动更多地要依靠社会力量。因此，可以成立老年志愿服务基金，扩大老年志愿者活动的资金支持渠道，还可以通过制定税收优惠等政策，鼓励企业等力量进行慈善捐赠。

3. 加强老年志愿服务的专业保障

专业技术人员支持是老年志愿服务发展的有力保障。大发展非政府组织和专业社会工作队伍，鼓励社工介入，根据老年志愿者的特征及需求制定全方位培训计划，并且培训内容应该更加的系统化和专业化，要有针对性地设置培训内容及制定培训目标。一方面，加强老年志愿者的志愿服务精神，大志愿精神的学习宣讲，定期举办授课、培训、讲座、研讨等；另一方面，强化专业技能培训，首先，在组织内部积极推广传帮带模式，通过经验丰富的老志愿者培养新加入的志愿者，传承志愿服务技能和经验。在实际开展活动中，通过新老志愿者的搭配使用模式，尽快提升团队整体专业化水平。其次，建立专业化的培训机制，针对不同志愿活动确定对应专业培训课程，制定老年志愿者标准化岗位培训体系。研究利用专业社工机构、各级老年大学建立志愿者教学基地，根据老年志愿组织和志愿者急需专业知识技能，开设培训课程。最后，还应该加强对于组织管理者的培训，不仅要根据实际情况进行志愿项目的确定还应根据内外部环境的变化适时的调整和改进志愿服务项目，从而推动组织的长远发展。

4. 建立老年志愿服务的激励机制

在激励机制方面，应制定一套适合老年人的激励体系，因为老年人参与志愿服务活动有与其他志愿主体相比所没有的深远意义和宝贵价值。一方面，加强老年志愿者的精神激励和认同。可以做好评选表彰，对于表现突出的老年志愿者，区分全国、省、市、区、业务系统等，设立不同层级、相对固定的精神、荣誉等专项奖励方式，授予对应荣誉称号，颁发等级证书、举行表彰大会。发挥媒体力量，社会大众媒体要加大对于老年志愿服务、优秀老年志愿者先进事迹的宣传报道，组织开展优秀事迹报告会、向优秀典型学习、探望慰问等活动，树立模范典型，加大社会对于老干部志愿服务的认同。另一方面，采取非直接的经济激励等措施，利用长护险费用的扣除等方式激励老年人参与志愿服务。还可以对老年志愿者提供免费的景区游览、健康体检、娱乐教育等服务，让老年志愿者切身享受到社会民众回报的福利照顾。

参考文献

[1] 谭建光，朱莉玲. 中国社会志愿服务体系分析 [J]. 中国青年政治学院学报，2008（03）：19-25.

[2] 廖爱军. 大学生志愿服务的作用与志愿体系构建的思考 [J]. 思想政治教育研究，2009，25（05）：116-118.

[3] 谭建光. 中国特色的志愿服务理论体系分析 [J]. 青年探索，2015（01）：29-35.

[4] 徐柳. 我国志愿者组织发展的现状、问题与对策 [J]. 学术研究，2008（05）：67-72+159.

[5] 广东省团校志愿服务研究中心课题组，谭建光. 中国青年志愿服务体系的构建及其价值 [J]. 广东青年研究，2021，35（03）：115-124.

[6] 夏辛萍. 积极老龄化视野下老年志愿者活动问题 [J]. 中国老年学杂志，2015，35（10）：2862-2864.

[7] 陈娟，朱江，廖宇 . "银龄行动" 助力民族地区乡村振兴的生成逻辑及实证研究 [J]. 民族学刊，2022,13（05）：30-38+134.

[8] 景军，赵芮 . 互助养老：来自 "爱心时间银行" 的启示 [J]. 思想战线，2015，41（04）：72-77.

[9] 李海舰，李文杰，李然 . 中国未来养老模式研究——基于时间银行的拓展路径 [J]. 管理世界，2020，36（03）：76-90.

[10] 袁志刚，陈功，高和荣，桂世勋，陈友华，陈体标，徐大丰，孙秀林 . 时间银行：新型互助养老何以可能与何以可为 [J]. 探索与争鸣，2019（08）：4-36+197.

[11] 谭樱芳 . 时间银行应用于社区养老服务的 "忧" 与 "思" [J]. 人力资源管理，2015（10）：4-5.

[12] 陈功，黄国桂 . 时间银行的本土化发展、实践与创新——兼论积极应对中国人口老龄化之新思路 [J]. 北京大学学报（哲学社会科学版），2017，54（06）：111-120.

[13] 陈际华，黄健元 . 农村空巢老人互助养老：社会资本的缺失与补偿——基于苏北 S 县 "老年关爱之家" 的经验分析 [J]. 学海，2018（06）：147-152.

[14] 周娟，张玲玲 . 幸福院是中国农村养老模式好的选择吗？——基于陕西省榆林市 R 区实地调查的分析 [J]. 中国农村观察，2016（05）：51-64+95-96.

[15] 刘妮娜 . 互助与合作：中国农村互助型社会养老模式研究 [J]. 人口研究，2017，41（04）：72-81.

[16] 王德泽 . 探索农村养老服务的新途径——关于榆林市开展邻里互助养老服务工作的调查报告 [J]. 决策咨询，2014（05）：62-65.

[17] 杨静慧 . 农村老人互助养老意愿及政策启示——基于江苏的实证研究 [J]. 兰州学刊，2020（04）：188-198.

[18] 王辉，刘芝钰 . 我国农村互助养老的政策支持研究——基于政策文本的扎根分析 [J]. 社会保障研究，2022（06）：38-51.

[19] 高灵芝 . 农村社区养老服务设施定位和运营问题及对策 [J]. 东岳论丛，2015，36（12）：159-163.

[20] 姜楠，陈华娟，梅陈玉婵 . 老年志愿服务：基于全球视角的政策建议 [J]. 社会建设研究，2016（01）：3-22.

[21] 唐小茜，董晓欣，庞文 . 不因年老而老：老年社会工作本土化实践研究——基于积极老龄化理论视角 [J]. 黑龙江生态工程职业学院学报，2022，35（03）：57-60+92.

[22] 陈恩，张小雪 . 老年人力资源开发的模式探索——以海南候鸟人才工作站为中心的分析 [J]. 新东方，2021（02）：12-17.

资本市场服务养老服务业研究

原　新　陈　璐　李　治　万志宏　王道平　刘志晓①

第一部分　绪论

　　当前，人口老龄化已经成为我国未来长期面临的人口和经济社会发展的重大议题。按照人口发展规律，我国向着全面建成社会主义现代化强国的第二个百年奋斗目标迈进的周期，恰恰是人口老龄化加速发展阶段，也是老龄社会不断深化的阶段，当基本实现社会主义现代化时，我国将同步进入重度老龄社会，本世纪中叶建成社会主义现代化强国时，我国也将成为全球老龄化程度最严重的国家之一。为有效应对人口老龄化带来的冲击与挑战，党和国家密集出台了一系列法律、政策、战略、规划等重大部署，涉及养老服务业、劳动力供给、科技创新、文化产品服务、金融支持、优化生育政策等方方面面，而养老服务业的快速发展是积极应对人口老龄化的重要措施和直接举措。课题研究在相关背景分析和文献梳理的基础上，阐述了我国养老服务业发展瓶颈和存在的问题，深度分析其内在原因，遵循资本市场规律，借鉴国际先进经验，从投资和融资两个方面探索我国资本市场服务养老业发展的可行模式，最后从政府、资本市场、养老企业、消费者四个角度分别提出对策建议，为推动我国养老服务业快速健康发展提供理论支撑。

一、研究背景

（一）人口老龄化的持续深化为养老服务业带来崭新机遇

　　截至 2022 年年底，我国 60 岁及以上老年人口数量达到 2.80 亿人，占总人口的比重为 19.8%，将马上进入中度老龄化社会。据联合国预测，到 2050 年老年人口数量将增加至 4.79 亿人，届时老年人口占比高达 35.1%，步入重度老龄社会。人口老龄化是现代经济社会发展的客观趋势，是全球性的不可逆转的人口现象，也是我国现代化强国建设进程中必须面对的现实问题。党的十八大以来，以习近平同志为核心的党中央高度重视

---

　　①　原新，南开大学经济学院教授；陈璐，南开大学金融学院教授；李治，南开大学经济学院副教授；万志宏，南开大学经济学院副教授；王道平，南开大学金融学院副教授；刘志晓，中共山东省委党校讲师。

人口老龄化问题，指出"有效应对我国人口老龄化，事关国家发展全局，事关亿万百姓福祉。要立足当前、着眼长远，加强顶层设计，完善生育、就业、养老等重大政策和制度，做到及时应对、科学应对、综合应对"，并且针对我国人口老龄化特点和趋势，制定、实施了一系列政策举措，积极应对人口老龄化纵深发展带来的问题与挑战，深度挖掘人口老龄化给国家发展带来的活力和机遇，努力满足老年人日益增长的物质文化需求，推动养老服务业全面协调可持续发展。

在我国社会形态由老龄化社会向深度老龄社会再向重度老龄社会转变的进程中，家庭结构发生了重大变化，小型化、少子化特征明显，传统的家庭养老功能不断弱化，老年人健康理念、养老意识正在由传统转向现代，老年人不断增长的多元化养老服务需求必然由家庭逐步向外拓展，需要社会养老服务的支持，入住养老服务机构或者接受养老服务机构提供的外援服务成为不少老年人的首要选择，同时也对养老服务的品质、效率、便利性、均等化等提出更高要求，倒逼养老服务业增加投入和创新力度，需要资本市场的大力支持。

（二）"三支柱"养老保险体系基本建立

20世纪八九十年代，中国开始尝试养老保险制度的社会统筹，由县市级逐步向省级推进，探索适合中国国情的现代社会保障制度。1991年国务院出台《关于企业职工养老保险制度改革的决定》，正式开启了我国养老保险改革，经过30余年的探索与发展，基本确立了三支柱养老保险体系发展的基本框架和整体布局。

1. 第一支柱：基本养老保险

城镇职工基本养老保险、机关事业单位养老保险、城乡居民基本养老保险共同构成了我国"三支柱"养老保险体系的第一支柱，具有保基本和兜底保障功能。1995年，国务院印发《关于深化企业职工养老保险制度改革的通知》，明确了社会统筹与个人账户相结合的养老保险制度；1997年国务院出台《关于建立统一的企业职工基本养老保险制度的决定》，要求统一社会统筹账户和个人账户的缴费比例，城镇企业职工养老保险改革不断深化；之后，国务院先后印发《事业单位工作人员养老保险制度改革试点方案》《关于开展新型农村社会养老保险试点的指导意见》《关于开展城镇居民社会养老保险试点的指导意见》《关于机关事业单位工作人员养老保险制度改革的决定》《关于建立统一的城乡居民基本养老保险制度的意见》等，逐步建立起覆盖全民的基本养老保险制度，目前我国基本养老保险参加人数达到10.29亿人，并实施养老保险全国统筹，增强了制度内的公平性与可持续，降低了制度外的财政风险。

2. 第二支柱：企业年金和职业年金

企业年金和职业年金作为基本养老保险的重要补充，是我国"三支柱"养老保险体系的第二支柱。2004年《企业年金试行办法》的出台标志着企业年金建设正式开启，2013年财政部、人力资源和社会保障部、国家税务总局联合印发《关于企业年金职业年金个人所得税有关问题的通知》确定了企业年金缴费环节、投资收益环节、领取环节的税务处理和税收递延优惠规定，提高了企业的积极性；2015年《机关事业单位职业年金办法》明确了机关事业单位职业年金的发展要求，2016 年《职业年金基金管理暂行办法》提出了职业年金委托管理规范化事宜，2018 年正式实施《企业年金办法》，为企业年金的规范化发展提供了制度依据。截至 2021 年年末，全国有 11.75 万户企业建立企业年金，参加职工 2875 万人，企业年金和职业年金基金投资运营规模分别达到 2.61 万亿元、1.79 万亿元，充分说明我国企业年金和职业年金制度覆盖面不断扩大，基金已达规模优势，建立了稳定的市场化投资运营机制，为企业年金和职业年金长期可持续发展奠定了基础。

3. 第三支柱：个人储蓄性养老保险和商业养老保险

第三支柱养老保险的目标是提高退休后的生活水平，依靠基本养老保险为主要养老来源，商业养老保险为补充养老保障，目前主要有个人税收递延型商业养老保险、个人养老金等，具体表现为：一是个人税收递延型商业养老保险试点稳步推进。2018 年 4 月，财政部等五部委联合印发《关于开展个人税收递延型商业养老保险试点的通知》，明确了试点范围、税收优惠、账户管理、系统建设等，首批试点地区为上海市、福建省（含厦门市）和苏州工业园区。对试点地区个人通过个人商业养老资金账户购买符合规定的商业养老保险产品的支出，允许在一定标准内税前扣除；计入个人商业养老资金账户的投资收益，暂不征收个人所得税；个人领取商业养老金时征收个人所得税，其中 25% 部分予以免税，其余 75% 部分按照 10% 的税率计算缴纳个人所得税。二是推动个人养老金发展。个人养老金与城镇职工基本养老保险、城乡居民基本养老保险、企业（职业）年金相衔接，能够实现养老保险补充功能，为个人增加补充养老的渠道。与前者相比，个人养老金制度实行个人账户制度，属于政府政策支持、个人自愿参加、市场化运营的补充养老保险制度。2022 年 4 月国务院办公厅发布了《关于推动个人养老金发展的意见》，提出"符合银保监会规定的银行理财、储蓄存款、商业养老保险等运作安全、成熟稳定、标的规范、侧重长期保值的满足不同投资者偏好的金融产品可纳入个人养老金投资范围，享受国家规定的税收优惠政策。"个人养老金缴费可以用于购买符合规定的银行理财、储蓄存款、商业养老保险、公募基金等金融产品。其中，保险业作为养老保险体系的重要参与者，个人养老金"多种产品"的供给者，能够发挥商业保险开发设计，开发更多运作安全、成熟稳定、标的规范、侧重长期保值的银行保险产品。个人养老金制度的实施适应了我国社会主要矛盾的变化，是满足人民群众多层次、多样化养老保险需求的必然要求，进一步提高退休后的生活水平，让老年生活更有保障、更有质量。既在一定程度上分担政府"第一支柱"养老金供给压力，还推动"第三支柱"养老保障体系发展，丰富了居民养老供给的主体，促进保险业和养老产业融合发展。

（三）多层次养老服务体系不断健全

近年来，我国的社会养老服务体系建设取得了长足发展，养老机构数量不断增加，服务规模不断扩大，老年人的精神文化生活日益丰富，已经初步形成了居家养老、社区养老、机构养老并举的养老模式。社会养老服务体系建设规划（2011—2015 年）明确了社会养老服务体系的内涵和功能定位，指出社会养老服务体系建设是应对人口老龄化的一项长期战略任务，是坚持政府主导、鼓励社会参与、不断完善管理制度、丰富服务内容、健全服务标准、满足人民群众日益增长的养老服务需求的持续发展过程。习近平总书记在中共中央政治局就我国人口老龄化形式和对策举行第三十二次集体学习时强调："构建居家为基础、社区为依托、医养相结合的养老服务体系，更好满足老年人养老服务需求。"《中共中央关于国民经济和社会发展第十四个五年规划和二〇三五年远景目标的建议》，进一步提出"推动养老事业和养老产业协同发展，健全基本养老服务体系，发展普惠型养老服务和互助性养老，支持家庭承担养老功能，培育养老新业态，构建居家社区机构相协调、医养康养相结合的养老服务体系，健全养老服务综合监管制度。"再次明确了我国多层次养老服务体系建设方向和发展目标。

经过不断探索与发展，我国养老服务市场呈现居家、社区、机构"三足鼎立"的局面（刘志晓、齐立云、刘畅，2018），其中：居家养老服务网络在城市基本实现了全覆盖，农村居家养老服务也在不断扩展；居家养老是老年人在家庭成员的供养照料下在家庭范围内度过晚年的模式，具有与中国传统孝道文化相契合、额外支出少等特点，能让老年人舒适自如，是老年人首选的养老模式，在我国目前养老模式中占主导地位。社区养老综合居家养老和机构养老的优势，既保持了居于家庭的环境又利用了第三方机构的力量，以社区为依托提供的养老服务约占 7%；随着社会和家庭结构的变化，我国家庭的养老功能逐渐削弱，同时社会养老吸纳能力又远远不足，社区养老服务成为老年人养老的重要方式和依托。机构养老是以社会机构为养老处所，依靠国家、老年人自身或亲人资助，由养老机构提供养老照料服务的模式，是为老年人提供长期照护服务的重要支撑，主要有疗养院、养老院、托老所、老年护理院、敬老院等，这些养老机构同时具有专业化、社会化和市场化的特征；按照性质和功能不同可以区分公办公营、公办民营和民办民营 3 种，进一步可以区分为民政福利性质和商业性质的养老机构。前者主要包括面向"三无"老人等特殊群体开设的民政敬老福利院，后者主要指各种经济组织开设的商业性养老服务机构，例如养老服务企业、老年公寓、高端养老地产项目等。

当前，我国已建立起三支柱养老保险体系和多层次养老服务体系，为积极应对老龄社会挑战奠定了基础。随着老龄化的加剧和长寿时代的到来，高龄、失能失智失孤人口数量不断增加，预计 2030 年、2050 年我国 80 岁及以上的高龄老年人分别达到 4610 万人、11720 万人，老年人将面临护理、照料等一系列难题，尤其是老年独居家庭、失能老人家庭、农村留守家庭不断增多，健康和养老保障不足加剧了老年人经济和心理上的压力，极易引发老年人精神障碍、抑郁甚至自杀等一系列社会问题及其衍生问题（原新、刘志晓，2020），对传统的养老保险产品和养老服务模式带来新的挑战，这就要求养老服务业不断适应新形势，加大资金投入力度和发展模式创新，资本市场介入是推动养老服务业发展和解决问题的关键，也是当前必须重视和亟待研究的重要课题。

二、研究综述

（一）养老服务业概念界定

养老服务业是集广泛性、复杂性、特殊性、交叉性于一体的综合性业务，既不是纯粹的产业，也不是纯粹的事业，更不是单一的行业，而是兼有事业、产业、行业多种属性的混合业态。其特征主要表现为：养老服务业市场竞争主体以老年人需求为主要考量因素从事经济活动；子市场构成了满足老年人各种需求的产业链；公益福利性和市场性并存，市场化程度和行业平均利润水平较低；朝阳行业特征明显，社会资本吸引能力较弱，产业发展尚不成熟，消费市场和发展潜力巨大，等等。

目前，学术界对养老服务业的概念界定尚未形成一致意见，有学者指出老龄服务业是一个面向公民老年期、以提供生活性老龄服务产品为主的生产部门和企业的集合体，它是老龄社会条件下一种新的业态，是老龄产业的重要组成部分，也是未来中国第三产业快速发展的新的增长点（王莉莉、杨晓奇，2015）；也有学者认为老龄服务产业是为老年人口提供日常生活支持、医疗保健、照料护理、精神慰藉等活动的产业总称，由老年消费市场需求带动而形成的以养老照料护理为主、包括医疗保健、老年文化、旅游休闲等多个产业在内的新兴产业集群（杨立雄，2017）；还有学者认为我国养老服务业既有养老服务产业市场性的性质，也有养老服务事业福利性的性质，所以养老服务业应包含养老服务产业和养老服务事业（秦莉，2022）。2011 年 12 月，国务院办公厅出台的《社会养老服务体系建设规划（2011—2015 年）》提出了社会养老服务体系的内涵，指出社会养老服务体系是与经济社会发展水平相适应，以满足老年人养老服务需求、提升老年人生活质量为目标，面向所有老年人，提供生活照料、康复护理、精神慰藉、紧急救援和社会参与等设施、组织、人才和技术要素形成的网络，以及配套的服务标准、运行机制和监管制度。2013 年 9 月，国务院印发《关于加快发展养老服务业的若干意见》，首次将养老服务业作为一个专门术语，提出了"全面建成以居家为基础、社区为依托、机构为支撑的，功能完善、规模适度、覆盖城乡的养老服务体系"的发展目标，包括：老年人生活照料、医疗护理、精神慰藉、紧急救援等养老服务体系更加健全，以老年生活照料、老年产品用品、老年健康服务、老年体育健身、老年文化娱乐、老年金融服务、老年旅游等为主的养老服务业全面发展，形成一批养老服务产业集群，养老服务业增加值在服务业中的比重显著提升等，为养老服务业健康有序发展提供了制度保障。2014 年 11 月，《商务部关于推动养老服务产业发展的指导意见》指出：积极应对人口老龄化，加快发展养老服务业，不断满足老年人持续增长的养老服务需求，是全面建成小康社会的一项紧迫任务。商务部门在养老服务产业化发展中有义不容辞的责任，要在健全家政服务体系建设的基础上，加快推动居家养老、社区养老和集中养老的发展，探索以市场化方式发展养老服务产业的新途径、新模式。2016 年 12 月，国务院办公厅印发了《关于全面放开养老服务市场提升养老服务质量的若干意见》，指出养老服务业既是涉及亿万群众福祉的民生事业，也是具有巨大发展潜力的朝阳产业，充分说明了养老服务业的公益性和市场性。2020 年国家统计局发布了《养老产业统计分类（2020）》，指出养老产业，是以保障和改善老年人生活、健康、安全以及参与社会发展，实现老有所养、老有所医、老有所为、老有所学、老有所乐、老有所安等为目的，为社会公众提供各种养老及相关产品（货物和服务）的生产活动集合，包括专门为养老或老年人提供产品的活动，以及适合老年人的养老用品和相关产品制造活动。

综合现有学术研究和政府政策导向，本研究认为养老服务是为满足居民进入老年期后在生理、心理以及其他方面产生的特殊需求而提供的一系列服务，主要包括：生活照料、健康支撑、体育健身、精神慰藉、文化娱乐、休闲旅游、法律服务、代订代购、网络购物、老年供餐、日间照料、服务缴费、老年金融（包括针对老年人、养老资金、养老企业和组织的三类服务）等。养老服务业则是指为提供上述服务的部门和企业的集合体。需要说明的是，发展养老服务业要树立"全龄—全域—全周期"理念，即要从全人群、经济社会发展各领域、全生命周期视角出发有效提供养老服务。

（二）国外研究现状

国外学者针对金融支持养老服务业发展问题做了大量的研究，为本研究的开展提供了重要的理论支撑。国外学者普遍认为资本市场作为金融市场的重要组成部分，对养老服务业高质量发展的促进作用巨大。当前，资本市场与养老服务业联动融合发展一直是社会各界关注的重点问题，资本作为产业建设的核心要素，对养老服务业高质量发展起到关键支撑作用已成为共识，由于养老产业的公益性，导致其具有金融弱质性特征，很难吸引资本市场资金的青睐，如何促使资本市场和养老服务市场产生良性互动逐渐成为世界各国普遍面临的难题。David Shulman & Ruth Galanter（1976）认为政府出资修建养老院并以政府购买合同的方式转让给企业具体运营，更容易获得资本市场资金的进入，提高养老服务业发展效率。Rajan & Zingales（1998）认为行业的成长越依赖于外部资金，金融市场就越容易起到增进效用。Rajan & Zingales（2009）认为金融系统的优化对关联产业的发展有利，金融业通过资金支持各种产业的发展，进而促进区域经济增进速率。Wurgler（2010）指出金融市场影响各种产业的资金配置效率，相对成熟的金融市场更加倾向于流向成长潜力高的产业。Harry Moody（2005）认为政府投资及风险投资等投资渠道的拓展，对老龄服务业和养老服务企业可持续发展具有重要的意义。Stephen H. Conwill（2013）认为保险业以其充足的资金为养老服务业发展解决融资问题发挥了积极作用。

（三）国内研究现状

国内学者也对金融支持养老服务相关产业发展进行了系列相关理论及实证研究，曹啸和吴军 (2002) 认为金融是通过金融资产的扩张推动产业经济增进空间。刘世锦（2005）认为金融的深化改革必须以产业发展为核心，以金融改革推动产业成长与升级。周清（2011）基于公共产品理论和福利多元主义理论视角，结合我国养老市场机制不完善、非营利组织发展不成熟等客观现实，认为应该将市场、企业和非营利组织等纳入养老服务体系，鼓励以更新政策调整定位、加大财政投入力度、完善税收优惠等方式鼓励民办养老机构发展，对于金融机构向养老机构发放优惠贷款、贴息贷款取得的利息收入免征营业税、企业所得税。李丹（2012）将养老保险基金投入养老服务企业发展建设视为规避养老金应通货膨胀而缩水和缓解养老企业资金短缺问题的有效路径。周玉（2013）指出资金问题是制约当前养老服务体系建设的重要瓶颈之一，在老龄化趋势日益加深的背景下，政府主导的财政投入模式压力倍增，需要发挥场外股权市场作用，降低养老服务企业上市融资的门槛，建立养老服务企业成长初期融资服务机制，为其向更高层次的资本市场上发展奠定基础。倪江威（2013）认为政府应该引导民间资本注入养老业，充分发挥民间资本的灵活、"鲶鱼"效应，打通养老服务企业内外部融资渠道，提升资本保值增值能力和养老服务业发展能力。刘丹（2017）认为通过推进民间资本与金融创新积极投入大力发展养老服务业，不仅能不断满足人民群众日益增长的养老需求，而且还能调整经济结构、增加就业岗位、促进经济稳定增长。黄玲、段丁强（2018）指出融资困境阻碍了养老服务业的优化升级，认为资本市场对不同养老业务模式具有不同的认可程度，相关参与方应根据市场需求及时调整融资策略，选择最佳融资渠道，促进养老服务业的健康快速发展。周芬棉（2022）认为制定出台个人养老金投资公募基金配套规则制度，有助于加快资本市场深化改革各项措施落地，推进资本市场服务养老服务业高质量发展。

（四）研究述评

以上文献梳理不难发现，现有研究主要聚焦于金融支持大类和宏观政策支持层面，对于资本市场如何主动服务养老服务业，资本市场服务养老服务业的具体路径还缺少系统化探讨。随着人口老龄化的纵深发展和少子社会的逐步形成，越来越多的老年人主动入住到机构养老中，以降低子女照料压力、规避居家和社区养老难以解决的系列问题。然而，我国不同性质的养老机构发展轨道和业务范围等均具有很强的异质性，受到主管部门和资本市场的非一致对待，为消费者选择养老机构带来一些困惑，也不利于资本市场更好地服务养老服务业高质量发展。由此，党中央国务院强化了顶层设计中对资本市场服务养老服务业的相关要求，2013年《关于加快发展养老服务业的若干意见》提出了完善投融资政策的具体举措，要求"金融机构要加快金融产品和服务方式创新，拓宽信贷抵押担保物范围，积极支持养老服务业的信贷需求。积极利用财政贴息、小额贷款等方式，加大对养老服务业的有效信贷投入加强养老服务机构信用体系建设，增强对信贷资金和民间资本的吸引力。逐步放宽限制，鼓励和支持保险资金投资养老服务领域。开展老年人住房反向抵押养老保险试点。鼓励养老机构投保责任保险，保险公司承保责任保险。地方政府发行债券应统筹考虑养老服务需求，积极支持养老服务设施建设及无障碍改造。"2019年国务院办公厅《关于推进养老服务发展的意见》，明确了公办养老机构及公建民营养老机构兜底保障作用、养老机构规模化连锁化发展的支持路径，对符合授信条件但暂时遇到经营困难的民办养老机构资金支持、营利性养老机构融资方式、企业上市融资、从事养老服务行业并符合条件的个人和小微企业给予贷款支持、发行企业债券等作出了具体规定。2022年4月，国务院办公厅发布了《关于推动个人养老金发展的意见》，明确了个人养老金的制度模式、收费水平、税收优惠以及投资与领取事宜。同年8月，中国银保监会出台了《关于规范和促进商业养老金融业务发展的通知》，对银行保险机构促进商业养老金融业务发展做出了明确要求，标志着资本市场服务养老服务业开启了新篇章。遵循养老服务业自身特征和资本行为规律，推动资本市场主动服务养老服务业，党中央国务院从政策制度层面搭建了顶层设计的"四梁八柱"，如何进一步优化政策举措以及推进政策措施的落地落实，扎扎实实推进资本市场服务养老服务业，是当下和未来相当长的时期内必须面对和解决的现实问题。

三、研究目的及意义

我国人口发展正在经历百年未有巨大变化，人口老龄化已经成为我国未来长期面临的人口和经济社会发展的重大议题。按照人口发展规律，我国向着全面建成社会主义现代化强国的第二个百年奋斗目标迈进的周期，恰恰是人口老龄化加速发展阶段，也是老龄社会不断深化的阶段，当基本实现社会主义现代化国家时，我国将同步进入重度老龄社会，21世纪中叶实现社会主义现代化强国时，我国也将成为全球老龄化程度最严重的国家之一。为有效应对人口老龄化带来的冲击与挑战，党和国家密集出台了一系列法律、政策、战略、规划等重大部署，涉及养老服务业、劳动力供给、科技创新、文化产品服务、金融支持、优化生育政策等方方面面，而养老服务业的快速发展是积极应对人口老龄化的重要措施和直接举措。目前我国已经搭建了以基本养老保险、企业年金和职业年金、个人储蓄性养老保险为主的"三支柱"养老保险体系基本框架，同时构筑了多层次养老服务体系，为积极应对人口年龄结构整体变化和发展主体结构重大变化对经济社会发展的长周期、全方位、系统性影响奠定了坚实的基础。然而，相对于快速进程的人口老龄化和不断加剧的老龄社会，我国养老服务业的发展还相对滞后，当前的发展状况与广大人民群众养老服务现实需求和对美好老年生活的追求之间还存在较大差距，尚未形成良好的规模效应和盈利效应，也很难吸引金融资源进入，难以形成政府、社会、家庭和个人积极应对人口老龄化和老龄社会的合力。基于此，本研究以探索我国资本市场支持养老服务业的实现路径为核心，从政府、资本市场、养老服务企业或组织、消费者四个角度分别提出解决方案和政策建议，为推动我国养老服务业快速、健康、可持续发展提供解决思路。

本课题的研究意义主要表现在两个层面：一方面，在人口老龄化趋势不断加深、老年人养老服务需求日趋强烈的背景下，多角度探索我国资本市场服务养老服务业的实现路径，为推动我国养老服务业快速健康发展提供解决方案和政策建议，有利于加速推进资本市场理论、老年金融理论、养老理论、老年社会工作等相关理论的延伸、拓展与融合，对解决当前养老服务业发展实际问题具有重要的理论指导意义。另一方面，资本市场具有强大的资源配置能力，可以引导资源向最有效率的行业和企业集中，经过竞争和淘汰，没有核心竞争力、效率低下的企业将被淘汰出局，优质企业将在资本的支持下获得跨越式发展，从而实现优胜劣汰，全行业得到整体提升。因此，研究资本市场如何更好地服务养老服务业具有非常重要的现实意义。

四、研究内容、思路与方法

（一）课题研究的主要内容

本课题主要围绕我国养老服务业发展战略、政府扶持养老服务业发展的模式设计、资本市场服务养老服务业发展的解决方案等方面展开研究（图21）。

1. 我国养老服务业发展战略部署

打铁还需自身硬，只有养老服务业主动解决困扰自身发展的主要问题，逐步增强市场竞争力，不断提升盈利水平，形成"盈利—研发—提升—再盈利"的良性循环，才有可能吸引金融资本大量进入养老领域。本课题首先从理论角度确定养老服务业的内涵和外延，通过文献综述、调研访谈等方法，深入探究我国养老服务业目前存在的主要问题。借鉴日本、美国、欧洲等发达国家和地区相对成熟的经验做法，找出我国养老服务业发展的差距，提出有针对性的解决方案。

2. 政府扶持养老服务业发展的模式设计

在我国银发经济、养老服务业发展的初期，还需要政府的大力扶持与精心呵护，这也是任何一个新兴产业发展壮大的必经之路。课题研究深入研究政府在资本市场推动养老服务业发展的过程中应该怎样起到引导和促进作用，进而就"政府支持养老服务业发展"提出一系列政策建议。

3. 资本市场服务养老服务业发展的解决方案

课题研究专门针对资本市场在我国养老服务业发展的支持方式进行深入探索，在养老服务企业发行债券、上市融资、资产证券化融资等方面提出相应建议，为推动资本市场介入、服务养老服务业的发展方面提出解决思路，进而为养老服务业发展壮大之后，私募股权基金、并购基金等金融资源的进入创造良好的金融环境。

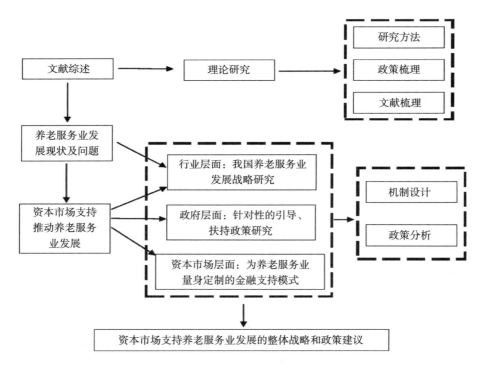

图21　研究的技术路径

（二）研究的基本思路和方法

课题研究在相关背景分析和文献梳理的基础上，梳理了我国养老服务业发展瓶颈和存在的问题，深度分析其内在原因，遵循资本市场规律，从政府、资本市场、养老企业或组织、消费者四个角度分别提出对策建议，为推动我国养老服务业快速健康发展提供理论支撑。

本课题是一项多学科交叉的综合性课题，研究过程中注重定性研究与定量研究、理论研究与政策研究、静态分析与动态分析相结合，进行多学科多视角的综合研究，为全面认识资本市场服务养老服务业路径选择以及解决由此带来的一系列问题提供多学科的理论分析、系统的政策建议和综合的方法保障。一是定性分析。通过查阅文献，检索和收集国内外学者关于资本市场服务养老服务业相关理论、政策文件、经典案例等方面的文献资料，在广泛阅读并对文献进行分类整理的基础上提出研究视角，对国内养老服务业政策梳理归类，对国内养老服务业发展现状、资本市场服务养老服务业现状进行整理分析，挖掘存在的问题。二是访谈调研。在养老服务相关理论框架下，采用半结构化深度访谈的方法，选取国内经济较为发达地区的代表性养老服务企业、金融机构和相关政府部门进行调研访谈，了解资本市场服务养老服务业目前存在的问题点，提炼出资本市场服务养老服务业的关键点。三是对比研究。通过将我国资本市场、养老服务业与日本、美国、德国等发达国家进行对比分析，找准突破口，结合我国国情，并借鉴国外经验，制定合理、可行的实现路径。

（三）主要观点和创新点

课题研究围绕着资本市场服务养老服务业的关键点和核心点，借鉴发达国家先进经验，提炼出适合我国国情的资本市场支持路径，主要观点有：第一，灵活运用政策工具推动资本市场服务养老服务业发展。在目前养老服务业还处于发展初期的情况下，需要财政政策的大力支持。政府政策倾斜和引导是一个重要选项，针对性政策的成功运用将极大地推动这个行业的发展。另外，财政补贴、税收减免等财政支持政策也非常重要。第二，合理运用金融工具搭建"资本"与"养老"共赢局面。资本市场在服务养老服务业发展中扮演着重要角色，充分把握资本市场和养老服务业并行发展规律，尝试在养老服务企业发债、上市融资、资产证券化融资等方面出台针对性的扶持政策，待整个行业的盈利能力显著提升后，再施加私募股权基金、并购基金等资本支持方式，有条不紊地推进资本市场深度融入养老服务业发展，既可以实现资本市场在养老服务市场"分得一杯羹"，也能促使养老服务业发展再上台阶，构筑"资本"与"养老"共赢局面。第三，以国际经验本土化推动资本市场服务养老服务业发展。多数发达国家已经经历了由轻度老龄社会向中度老龄社会的转变过程，在资本市场服务养老服务业领域进行了大量探索，积累了丰富的经验。我国养老服务业目前的盈利能力不强，短期内很难出现优秀企业大量涌现的局面，资本市场跟进不及时、服务不充分是制约养老服务业快速发展的最主要因素。亟须借鉴日本、美国、欧洲等国家相对成熟的发展经验，结合中国国情，借助资本市场力量，提升养老服务企业的核心竞争力，切实提高企业的盈利能力，推动养老服务业快速、健康、可持续发展。

课题研究的创新点主要表现在：第一，借鉴国际先进经验并进行本土化转变，对我国养老服务业的发展战略提出更具针对性的对策建议。第二，针对养老服务企业资产证券化、发行债券、不动产信托投资基金等融资方式提出可以落地的操作框架。第三，提出"养老服务业政府引导基金"的对策建议，并提出与之相配套的政府扶持方式。

第二部分　我国资本市场支持养老服务业相关政策与评价

党中央、国务院历来重视养老服务，改革开放以来，特别是党的十八大和十九大以来，密集出台了加快发展养老服务业、全面放开养老服务市场、推进养老服务发展等一系列政策措施，养老服务业发展势头迅猛，发展成效显著。党的二十大报告再次强调"实施积极应对人口老龄化国家战略"，为养老服务业纵深发展提供了根本遵循，也对养老服务业高质量发展提出了更高的要求。然而，养老服务业当前的发展状况与 2.6 亿老年人养老服务现实需求和对美好老年生活的追求之间还存在较大差距，有效供给不足、服务质量不高、发展不平衡不充分等问题依然存在，尚未形成良好的规模效应和盈利效应。为促进养老服务业健康有序高质量发展，满足人民群众日益增长的养老服务需求，党和国家从顶层设计层面出台了一系列政策措施推动资本市场服务养老服务业，不断完善投融资政策，改革和创新金融服务供给，不断加大金融支持力度，同时广泛动员社会资本参与，促进社会养老服务体系建设。但就目前养老服务业自身发展现状来看，很难吸引金融资源主动介入和中长期的资金供给，亟须结合资本市场发展规律，找出当前制约资本市场服务养老服务业的根本症结所在，促进资本市场资源主动流向养老服务业，激发养老服务业市场活力。

一、养老服务业发展状况

（一）我国养老服务发展史梳理

1949 年新中国建立之后，养老服务经历了一个曲折发展的过程，归纳起来可分为四个阶段：

1. 第一阶段（1949—1977 年）：孕育发展阶段

基本情况：以机构收养为主要手段，在城市以社会救济为主要方式，在农村以"五保"老人为对象的起步时期。新中国成立后在百废待兴的背景下，除了城市救济和农村"五保"对象的刚性需求外，养老服务还没有成为政府工作的主要内容，也没有设立专门的主管部门，没有专门针对这一领域的政策出台，基于计划经济的背景，主要解决部分困境老年人社会照护问题，对于入住养老机构的五保、孤寡对象以及优抚对象等，由政府开办的福利性养老机构提供生活照护型粗放式养老服务。此时的养老服务还不是一个独立的概念和服务形式，包含在社会福利范围之内。

标志性事件：一是改造建立了最早一批城市养老机构。在城乡分治的二元社会结构下，城市服务设施是生产教养院，后更名为养老院、敬老院，1953 年有 923 个，收养孤老对象 10 万人。二是农村养老机构异军突起。农村服务设施是敬老院，1956 年中国第一个敬老院在黑龙江省拜泉县兴华乡诞生。到 1958 年年底，全国农村共办起 15 万所敬老院，收养五保对象 300 万人。三是优抚对象养老机构开始建立。为了收养无亲属照顾的烈属老人，1958 年创建了烈属养老院 (后更名为光荣院)，接收对象包括孤老伤残军人、孤老复员军人等。

2. 第二阶段（1978—1999 年）：探索发展阶段

基本情况：以机构建设为重心，以公建公营为主要方式，并开始探索社会化的初步发展时期。1978 年重建民政部后，包含养老服务在内的民政相关业务得到了充实和完善。养老服务在这一时期逐渐开始了规范化、体系化建设。基于市场经济的背景，在完善政府为主的福利性服务的同时，探索解决社会养老问题，与养老服务相关联的老龄工作机构、老年法规、养老机构和管理规章首次出现。老年人福利服务和养老机构提供的服务开始了新发展。

标志性事件：一是建立了老龄工作机构。我国政府开始关注人口的老龄化问题，1982 年成立全国老龄工作委员会，初步形成了从中央到地方的老龄工作网络。二是制定了第一部老年法。1996 年，我国制定了历史上第一部《中华人民共和国老年人权益保障法》，该法明确规定"老年人养老主要依靠家庭"。三是发布了第一批养老服务规章。1998 年，国务院办公厅转发《关于加快实现社会福利社会化的意见》；民政部等制定了《社会福利机构管理暂行办法》《老年人社会福利机构基本规范》《老年人建筑设计规范》《农村敬老院管理暂行办法》等一系列有利于养老服务机构发展和规范管理的制度，促进了养老服务项目由单一的生活保障向集居住、医疗、护理、康复、娱乐等转变，养老服务质量逐步提升。四是拓展了养老服务范围。以社会福利机构改革为突破口，服务对象从传统的"三无"老人逐步向有需求的社会老人开放。

3. 第三阶段（2000—2011 年）：体系化发展阶段

基本情况：1999 年我国步入老龄化社会，2000 年我国 65 岁以上老年人口达到 7%。仅仅依靠政府难以满足老年人的养老服务需求已成为显在的问题。因此加快养老服务体系建设的必要性与紧迫性初步显现，在这一背景下养老服务体系建设进入了快速发展阶段，其特点主要体现在以下几个方面：一是政策体系的不断完善；二是社会化的快速发展；三是居家社区进入养老服务体系建设的视野。为了应对人口老龄化，党和政府采取了一系列积极应对的措施。养老服务、养老服务业及社会养老服务体系建设成为关键词，养老服务从内涵、内容到政策法规、技术标准、人员等均有长足发展。

标志性事件：一是重视老龄工作和顶层设计。2000 年，中共中央、国务院制定了《关于加强老龄工作的决定》，提出了要"建立以家庭养老为基础、社区服务为依托、社会养老为补充的养老机制"，这是我国第一次提出要建立一个包含家庭、社区、社会在内的养老机制。二是开始重视居家养老服务。对于机构之外的社会老人，通过社区服务提供的集中居住、生活照料等服务，逐步向居家服务延伸，得到社会认同。2000 年，国务院转发了民政部等 11 个部门《关于加快实现社会福利社会化的意见》，明确了"在供养方式上坚持以居家为基础"。2008 年，全国老龄办、发改委等 10 部门发布了《关于全面推进居家养老服务工作的意见》。三是提出建立养老服务体系。2006 年，第二次全国老龄工作会议首次提出建立"以居家养老为基础、社区服务为依托、机构养老为补充"的中国特色养老服务体系；2008 年，全国民政工作会议修改为"以居家为基础、社区为依托、机构为补充"，得到普遍认可。

4. 第四阶段（2012 年至今）：快速发展新时代

基本情况：由重机构建设向重服务转变，由重机构向重居家与社区转变，着力结构调整的新的转型时期。经过前面几个阶段的建设，养老服务体系建设取得了长足的进展，但同时也出现了一些问题。其中最主要的是养老机构床位空置率居高不下，同时绝大多数居家养老的老年人，尤其是失能失智老年人却没有得到有效的政策支持。这是养老服务体系建设重心由重机构建设向重服务转变，由重机构向重社区与居家转变，同时注重医疗、康复等需求的最根本原因。2012 年，以习近平同志为核心的新一届党中央，高度关注养老服务和老龄工作，积极应对人口老龄化，中国养老服务进入新时代。社会养老服务体系、积极科学及时应对人口老龄化、老龄事业与老年产业成为关键词。

标志性事件：一是党中央重视养老服务工作。党的十七届五中全会提出"优先发展社会养老服务"，党的十八届三中全会提出"积极应对人口老龄化，加快建立社会养老服务体系和发展老年服务产业"，党的十九大提出"积极应对人口老龄化，构建养老、孝老、敬老政策体系和社会环境，推进医养结合，加快老龄事业和产业发展"。2016 年习近平总书记四次就老龄和养老服务工作进行批示、专题会议研究，逐步形成了习近平新时代中国特色社会主义思想重要组成部分的人民思想、民生观和老龄观。二是开展养老服务体系建设工作。2011 年，《社会养老服务体系建设规划（2011—2015 年）》，首次提出社会养老服务体系内涵和定位、指导思想和基本原则、目标和任务、保障措施等。2017 年，《"十三五"国家老龄事业发展和养老体系建设规划》将原"社会养老服务体系建设应以居家为基础、社区为依托、机构为支撑"修改为"以居家为基础、社区为依托、机构为补充、医养相结合"，实现从"三位一体"到"四位一体"的转型。三是高度重视政策法规建设工作。以《中华人民共和国老年人权益保障法》（2013 年主席令第 72 号第二次修订、2018 年主席令第 24 号第三次修订）、《国务院关于加快发展养老服务业的若干意见》（国发〔2013〕35 号）、《国务院办公厅关于全面放开养老服务市场提升养老服务质量的若干意见》（国办发〔2016〕91 号），《国务院办公厅关于制定和实施老年人照顾服务项目的意见》（国办发〔2017〕52 号）、民政部、国家发展改革委员会等 13 部门《关于加快推进养老服务业放管服改革的通知》（民发〔2017〕25 号）和《国务院办公厅关于推进养老服务发展的意见》（国办发〔2019〕5 号）为主体的近 100 部法律、法规、规章、政策、规范性文件相继发布。地方政府也发布与养老服务有关的地方法规规章、政策文件 300 余部。四是重视标准化和质量建设工作。党的十八大以来，我国十分重视标准化和质量建设工作，2014 年，民政部、国家标委会等 5 部门发布《关于加强养老服务标准化工作的指导意见》，将养老服务标准化建设工作提到议事日程。2016 年，民政部、工商总局印发《养老机构服务合同》（示范文本）。除了养老设施建设、养老机构基本规范、社区老年人日间照料中心、老年人能力评估、养老机构老年人健康档案技术规范、老年机构社会工作服务指南等国家、行业标准之外，还发布《养老机构服务质量基本规范》《养老机构等级划分与评定》，有效助推了 2017 年开始的如火如荼的养老院服务质量建设专项行动。

（二）资本市场服务养老服务业政策评价

在中央和地方政府的大力扶持下，我国养老服务业的发展迎来迅猛期。如图 22，从 2015—2021 年，我国 2015—2021 年养老机构数和养老机构床位数均呈现逐年递增趋势，截至 2021 年年末，全国共有各类养老机构和设施 35.8 万个，养老床位合计 815.9 万张。其中：有注册登记的养老机构 4.0 万个，床位 503.6 万张；社区养老服务机构和设施 31.8 万个，床位 312.3 万张。大量养老服务机构的成立，势必为我国养老服务业的蓬勃发展提供帮助。

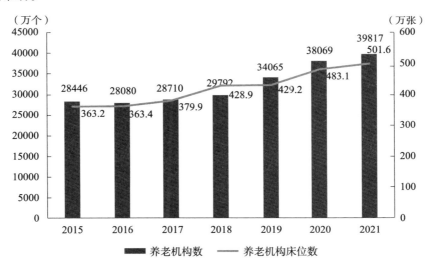

图 22　2015—2021 年民政服务机构床位数及增长趋势

数据来源：中华人民共和国民政部。

2012 年以后，我国养老服务业发展不断实现突破，针对养老所需的专门性产品增多，极大满足了老年群体需要。以第三产业为重点的服务业得到空前发展，各种新兴业态和新型产品不断出现。此外，社区养老服务模式进一步拓展，专业化养老机构不断增多，医养结合、心理陪护、临终关怀等服务得以提供，有效化解了养老需求无法满足的矛盾。

与养老服务机构和床位快速增长相对应的，是养老服务业规模的不断扩张，如图 23 所示，2014 年至今，养老服务业规模持续扩张。2019 年中国养老产业规模为

7.62 万亿元，同比增长 14.7%；2020 年中国养老产业规模约为 8.76 万亿元，同比增长 15.1%。反映了我国养老服务产业产值的不断增长，养老服务相关产业迎来了快速发展的机遇期。在人口老龄化背景下，养老服务业无论产值还是规模，都迎来了新一轮的爆发。

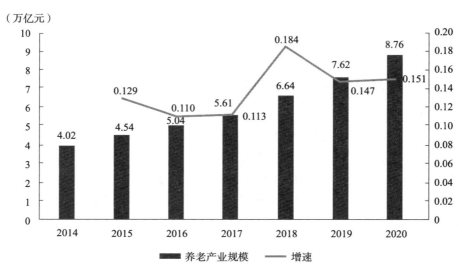

图 23　我国养老服务产业规模变化情况（2014—2020 年）

数据来源：公开资料整理。

（三）面临的问题与挑战

虽然我国养老服务业近年来发展迅速，但仍存在以下问题。

1. 结构失衡

从需求端看，养老服务业需求巨大，并呈现多样化特征。首先，养老需求数量和质量大幅提升。我国老龄人口基数庞大，增长速度快，老年群体对社会养老服务需求不断上升。随着我国社会经济发展与居民生活水平不断提高，老年人对养老服务需求的层次和品质也在发生变化，主要表现在养老服务项目逐渐增多、服务层次不断提高、服务内容逐渐细化，不仅涉及经济供养和生活照料等基本的生存型养老服务需求，而且涉及体育健身、文化娱乐等发展型和享受型养老服务需求。特别是对于一些有较高收入的老年群体而言，对养老服务的内容和品质十分在意，追求更为人性化、更加优质的养老服务。其次，家庭养老亟须其他养老模式补充。长期的计划生育政策，中国家庭形成了典型的 4-2-1 家庭架构：4 位父母，1 对夫妻，1 个孩子，421 家庭结构也让子女的生活压力陡增，一对夫妻既要抚养子女，又要赡养老人，负担沉重。最后，传统的家庭观念逐渐淡薄，年轻一代越来越重视自我价值的实现，往往忽视了对老年人生活的照顾和精神的慰藉。种种问题之下，传统的家庭养老越来越难以维持，需要其他养老模式来补充，为养老服务业的发展提供空间。

从供给端看，养老服务供需错位，供给质量较低。首先，供给总量严重不足。我国老年照护体系的发展现状还相当薄弱，养老服务机构的数量远远不能满足老龄化急剧发展所产生的需求。其次，供给产品单一。当前，我国养老服务业发展仍处于起步阶段，养老服务内容单一，服务层次较低，大多停留在基本的经济供养和生活照料上，属于家庭"保姆"照料，老年人迫切需求的医疗护理、精神慰藉、文化娱乐、紧急救援、法律援助等中高端服务发展比较缓慢，不能满足老年人的需求。此外，"物质养老受重视，精神养老难实施"的现象普遍存在，政府购买养老服务中精神慰藉服务严重不足。最后，供给和需求错位严重。高龄老人因为部分生活能力的丧失以及生理机能的退化，健康状况逐步下降，因而其对护理服务需求也更为迫切。但当前我国社区和养老机构的主要功能限于基本养老，大多只能提供最基本的生活照料服务，能为养老需求最强烈的失能、半失能老人提供的服务较为薄弱。

2. 服务人员不足

日益庞大的失能、半失能老年人人群，呼唤着更多的专业护工和医疗康复人才，但社会养老领域专业护工人才与医疗康复人才严重短缺，社会养老服务面临着专业人才短缺的严峻挑战。根据我国民政部发布的《2021年民政事业发展统计公报》显示，截至2021年年底，我国全国60周岁及以上老年人口26736万人，占总人口的18.9%，其中65周岁及以上老年人口20056万人，占总人口的14.2%。按照国际上通行的专业护理人员和老年人口1：3的配比标准，即使以65岁以上的老年人口基数计算，我国需要养老服务的专业护工和养老服务的专业医疗康复人员6000多万人。但目前我国拥有的各类养老护工人员和养老服务医疗康复人员不足100万人，而且拥有职业资格的只有数万人。据我国卫健委统计数据，截至2021年年底我国护士队伍也才超过500万，只有501.8万人。我国目前不仅在数量和规模上专业养老护工人员和养老医疗康复人员奇缺，而且在养老队伍的专业质量、稳定性和专业技能上都存在诸多严重问题。从队伍的专业质量上看，绝大多数养老护工没有接受专业的养老护工和养老医疗康复培训，由于养老人员的工资和社会福利待遇低，养老人员大多为来自偏远落后农村地区招募而来的进城务工人员或城市下岗人员。从队伍的稳定性上来看，由于养老服务人员的职业声望较低、工作待遇不高，养老护工队伍的流动性较强。从养老队伍的专业技能上看，绝大多数人员仅仅具备老年人的生活照料这一低端的技能，而缺乏医疗康复、营养保健、高级护理、社会工作、心理咨询等中高端的技能，从而无法满足当代老年人对养老服务的多样化、高端化的需求。尽管早在2002年，民政部和社会保障部就联合颁布了《养老护理员国家职业标准（试行）》，2011年进一步修订为《养老护理员国家职业标准》，2014年1月，民政部等5部门又联合印发《关于加强养老服务标准化工作的指导意见》，但从目前的情况来看，我国社会养老领域专业护工人才与医疗康复人才严重短缺的局面依然没有改变。

3. 总体效益低

首先，全国养老机构的床位利用率并不乐观，养老资源出现一定程度的错配。从民政部数据看，农村和城市的养老机构的床位利用率从2011年后在波动后出现下降。农村养老机构的床位利用率从2011年的79.5%下降至2015年的65%，城市的床位利用率由 2011 年的 61.5% 下降至 2015 年的 51.2%。截至 2021 年年底，我国机构内床位 530.5 万张，年末抚养人员 238.1 万人，2021 年年底床位利用率进一步下降至 44.9%。其中，一方面原因是因为全国范围内新建养老机构增长迅速，造成床位利用率降低，为日后老人的机构养老需求提供了一定的缓冲空间；另一方面，我们在现实中看到的是不少养老机构人满为患，老人得不到应有的尊重和照护，因此养老资源的错配仍然较为严重。具体而言，目前中国社会化养老机构供给总体格局呈现两头大、中间小的"哑铃形"资源错配问题。处两端的豪华福利型养老机构和设施简陋的救助型养老机构较多，而真正符合大多数老年人、针对失能半失能老年人的刚性需求，也就是既能够满足基本生活照料又具有医养结合康复护理功能的中档养老机构所占份额较低，导致总体效益的低下。其次，养老服务有需求，但要把客户的消费意愿转化为支付能力，中间还存在缺口。在支付问题上，普通老年群体通常保留传统的生活习惯，能省则省，这给养老服务收入实现带来困难。养老服务具备一定的公共产品属性，要达到收支平衡，必须获得政府支持政策的撬动。目前服务对象即社区老龄人口普遍存在支付意愿不强问题，需要政府的介入，包括提供资金补贴支持等方式，以解决民生视角扶持社区养老开展。

4. 老龄事业和养老服务发展不平衡、不充分

针对养老事业发展的不平衡、不充分问题，党的十九大报告指出，新时代我国社会主要矛盾是人民日益增长的美好生活需要和不平衡不充分发展之间的矛盾。这个矛盾同样适用于养老事业。不平衡，一是区域不平衡。一些经济发展好、财政相对充裕的地方，养老做得就好一些。经济发展相对落后地区养老事业往往比较落后，养老服务水平比较低。二是社区之间不平衡。同一个城市不同的区，或者同一个区的不同社区，养老服务水平（饮食、医疗等）都有很大差异。三是群体之间不平衡。因个人理念和爱好因素等导致对养老概念的理解不同，但更重要的还是周边基本养老服务水平差异对其产生影响。产生以上不平衡的原因各异，但主要还是经济发展水平不同导致的。养老事业发展不充分，是下一步要着手解决的问题。首先要解决供给不足问题。目前，许多地方的养老服务体系，为了"有"而建，而不是为了真正解决问题，导致养老服务能力不足。同时，有些地方存在养老资源配置不合理问题，结果就是错位、缺位并存。

（四）原因分析

1. 政策落实不到位

此前我国政策主体不够清晰，养老服务业相关政策不健全，社会养老保障制度也存在一定设计缺陷。具体而言，首先，政府对应履行的基本公共服务职能的认识不到位，职能部门对养老事业缺少统筹规划和顶层制度设计，职责不清晰，导致养老服务业发展迟缓。其次，尽管我国针对养老服务业的政策出台较多，但这些政策文件大多数处于原则性规定层面，缺乏具体的与之匹配的实施政策。而政策中给予的优惠政策在实施过程中又面临着落实难的现实问题，不利于养老服务业的规范化建设和快速发展。再次，社会养老保障制度存在设计缺陷。主要表现为养老金负担沉重、社会基本养老保险体系不健全、覆盖面狭窄。最后，公益性老龄服务设施落后、服务网络建设滞后。我国城市规

划建设主要集中在规模性住宅建设、道路以及公共基础设施等方面，对于养老设施的关注较少，导致现阶段养老设施建设速度远赶不上人口老龄化速度。但随着 2019 年以来《关于推进养老服务发展的建议》等一系列政策的推出，我国养老服务领域重点、难点、堵点问题开始精准化推进。

2. 资金保障不到位

养老体系特别是养老服务业发展，金融是关键因素。葛和平、张笑寒（2022）研究发现普惠金融的发展能够明显推动我国养老服务产业的进步，且其产生的影响是持续性的，对不同地区的支持存在着合理范围的差异。

2015 年 2 月民政部、发改委等 10 部门联合发布《鼓励民间资本参与养老服务业发展政策意见》指出，要积极引入社会资本参与养老机构建设运营，更好更快地推动养老服务业发展。2017 年 8 月，财政部、民政部和人力资源社会保障部联合发布《关于运用政府和社会资本合作模式支持养老服务业发展的实施意见》，强调要充分发挥社会资本力量，通过政府和社会资本合作模式（以下简称 PPP 模式）推进养老服务领域供给侧结构性改革。2019 年 4 月国务院办公厅出台《关于推进养老服务发展的意见》，进一步鼓励社会资本支持特困人员供养服务设施建设，促进养老服务产业高质量发展。然而现实中，养老服务业 PPP 项目发展并不乐观，陷入申报率和落地率"双低"的局面。据财政部政府和社会资本合作中心数据显示，截至 2020 年 5 月底，我国养老服务业的 PPP 入库管理项目占比仅为 7%，其中真正落地执行的项目不到 61%（许莲凤，2021）。

在政策与市场的双重驱动下，PPP 模式得到了快速发展。但民间资本参与养老服务市场的积极性仍然不高。这是因为：一方面，养老服务投资风险高，资本回收期长且回报率低。养老服务项目具有福利性与营利性的双重属性，老年人整体支付能力较弱，服务设施和项目的收费价格相对较低，资金回笼周期长，资本回报率低；另一方面，PPP 养老项目仍处在探索阶段，可借鉴的成功案例经验有限。相对于交通运输等硬件设施项目，养老服务项目以软性服务为主，价格弹性大，收费机制复杂，形态更加多样化，绩效评价难度大，PPP 养老项目的设计难度大，没有成熟经验可以借鉴。因此虽然目前的 PPP 养老项目入库数为 104，但实际很多仍处于准备阶段（15 个）和采购阶段（25 个），即在执行阶段的仅有 64 个项目，占 61.54%，绝大多数采用新建，对现有养老资源整合力度不够。且在建项目大多走中高端路线，如老年公寓、养护基地、养老社区等，低收入老年人难以负担。同时目前中国有关 PPP 模式多以政策法规出台，缺乏全局性和稳定性，行业标准不完善、信息化程度低的问题突出（向运华、王晓慧，2019）。此外，我国现在 PPP 项目的融资环境并不宽松，特别是社会资本中的民营企业大多会面临诸如融资限制条件多、审批金额有限等融资困难。目前，养老服务 PPP 项目融资模式大多由社会资本自筹加依靠政府担保向银行贷款融资。此种融资模式形式过于单一，缺乏可选择性导致项目公司负债比率过高。大多数养老服务 PPP 前期融资成本较高，不利于投资利益实现，影响后期项目绩效考核等；另一方面，政府担保的融资模式无形中加重了政府债务责任，容易引发"敲竹杠"风险，随着养老服务 PPP 模式的不断推进，政府潜在风险持续加大，不利于开发性养老服务 PPP 项目发展（王东、房盼，2021）。综上，当前政策段持续发力的背景下，金融业融资支持是 PPP 项目落地执行和有效运作的核心，也是实现养老服务业可持续发展的内在要求和规律使然。

3. 政府角色失当

城市养老服务是一项由政府推动和组织的社会福利性事业，从一提出，就深深印上政府的烙印，也是政府无可推卸的责任。但通过养老服务业现状的分析，发现政府同时包揽管理者和执行者角色，存在角色失当的问题。首先，政府作为城市养老服务的宏观管理部门，理应制定各项法规政策和规章制度对养老服务业的准入标准、服务内容和审查监督等内容做出具体而有针对性的指导，确定城市养老服务业的整体发展规划和分步实施计划，但从各层级城市地方政府的工作内容看，城市养老服务的监管、准入、收费等相关政策的缺失已经成为养老服务事业缓慢发展的重要阻碍因素，也是导致城市养老服务管理混乱、服务质量和水平出现两极分化的关键影响因素。其次，政府本应通过各种可操作性的政策动员社会力量拓宽养老资金来源渠道，加快养老服务社会化、产业化发展，而现实是政府承担大量本应由家庭和社会所做的大量具体性工作，一方面出现管得过死和管得过松，微观搞不活、宏观又放不开的矛盾局面，另一方面容易强化公众对政府的养老依赖，导致政府责任日益扩大，不堪重负，从而进一步制约城市养老服务业的健康、有序发展。

4. 老年人消费能力不足

从老年人自身角度看，一方面受居家养老的传统观念影响，另一方面受经济能力限制，自费购买所需养老服务的观念和意识还没有形成，老年人更热衷于免费的服务体验而自费购买服务意愿较低，这也反映出当前的养老服务供给尚不能与老年人的需求相匹配。相对于养老服务供给量，老年人对医疗护理服务尤其是医养结合养老机构的需求呈扩大态势。能够拥有医疗资源、提供医疗服务的养老机构收费普遍较高。

二、资本市场服务养老服务业相关政策与评价

（一）金融支持养老服务业发展的相关政策

1. 养老保险体系建设稳步推进

我国关于建立多层次社保体系的政策一直在持续推进，政府机构多次发文提倡养老保险发展。自国务院 2014 年 8 月发布《关于加快发展现代保险服务业的若干意见》后，我国养老保险逐渐进入探索期，2018 年试点个人税延性商业养老保险，2021 年试点专属商业养老保险，同时 2021 年 9 月中国保险业协会发布《商业补充养老保障体系建设（第三支柱养老保险）研究报告》，提出以账产制为基础的第三支柱养老保险制度具有现实意义。未来，以账户制为基础，各类金融机构提供养老保障产品，税收优惠激励或为第三支柱养老保障体系形态，养老保险在政策以及行业发展的推动下，或进一步加速发展。在城乡居民养老保险困难群体帮扶政策的支持下，自 2019 年 9 月以来，全国建档立卡贫困人员参保率长期稳定在 99.99%；2020 年年底超过 3014 万贫困老年人按月领取

基本养老保险待遇，其中建档立卡贫困老人 1735 万人。2022 年 11 月，中国银保监会发布《商业银行和理财公司个人养老金业务管理暂行办法》，进一步规范了商业银行和理财公司个人养老金业务，助力多层次社会保障体系健康发展。

2. 组织实施与配套保障得以强化

自"35 号文"（即《国务院关于加快发展养老服务业的若干意见》）施行以来，通过金融工具支持养老服务业发展走上了快车道。从"35 号文"开始，我国养老服务业渐次形成了以信贷工具、财政贴息、保险投资、地方债券等工具为内容的金融工具体系（表 35），金融工具运用的广度和深度显著加强。例如，中央各部委连续出台了"48 号文""65 号文""5 号文""52 号文"，尽管属于过渡性文本，也依然在"35 号文"基础上进行了扩展。将金融工具当作养老服务业的一部分，能够积极、有序引导银行、保险公司、证券公司等机构开放诸如理财、信贷、保险和证券等养老产品。虽然"48 号文"未进一步充实养老服务业金融政策"工具箱"内容，但最大亮点在其"试点内容"部分，提出了鼓励各地选用养老服务业引导基金。"65 号文"的规定更为详细，除了细化多重信贷与债券工具外，还创新了 PPP 信贷、股权投资、夹层投资、股东借款、风险投资基金等工具，不仅全面阐释了金融工具支持养老服务业发展的重大意义，还对金融工具进行了周密部署和安排。"5 号文"在保留"35 号文"抵押贷款、货币信贷基础上，创设了证券、利率调整、融资附加费等工具。"52 号文"紧跟"65 号文"，运用金融工具更为灵活多样。

表 35 中央层面养老服务发展中的主要金融工具

时间（年）	政策文本	工具出处	工具类型
2013	"35 号文"	完善融资政策	信贷、抵押贷款、财政贴息、小额贷款、保险投资、地方债券
2014	"48 号文"	试点内容	产业引导基金
2016	"65 号文"	信贷产品和服务；多元化融资渠道	多重信贷、再贷款、再贴现、证券、多重债务、PPP 信贷、股权投资、夹层投资、股东贷款、风险投资基金、私募股权基金
2019	"5 号文"	推动解决养老服务机构融资问题	货币信贷、减少融资附件费、抵押贷款、抵押融资、证券、利率
2020	"52 号文"	引导金融机构提升服务质效	投资基金、私募股权基金、应收账款质押贷款、收费权质押贷款、循环贷款、年审制贷款、分期还本付息、企业债券、项目收益债券、可续期债券

相较于中央政策，地方为落实"35 号文"以及"5 号文"，密集出台了相应的配套政策，将支持养老服务业发展的政策具体化。从表 36 可见，各地形成了独具地方特色的养老服务业金融工具。可以看出，为了应对不断丰富的养老服务业业态，地方政府极大地丰富了金融政策"工具箱"的类型与内容。

表 36　　10 省份养老服务发展中的主要金融工具

省份	金融政策工具
陕西：陕政办发〔2017〕76 号	基金、企业债券、动产、知识产权、股权等抵押质押贷款
贵州：黔府办发〔2018〕17 号	基金、企业债券、（应收款、动产、知识产权、股权）抵（质）押贷款
江苏：苏政发〔2019〕85 号	续贷、担保服务、可续期债券
上海：沪府规〔2019〕26 号	产业引导基金、专项信贷、融资担保基金、信托、融资租赁、证券、债券和证券、股权众等
广东：粤府办〔2019〕23 号	土地、设施抵押贷款、养老慈善信托
天津：津政办发〔2019〕38 号	创新金融产品和服务、信贷、质押担保、理财、保险
山东：鲁政办发〔2019〕31 号	降低担保门槛、灵活放款方式、闭环运作、利率优惠
黑龙江：黑政办规〔2020〕8 号	贷款、证券、债券
辽宁：辽政办发〔2020〕11 号	抵押融资、反向抵押保险
四川：川办发〔2020〕9 号	抵押贷款，应收账款质押贷款、确定贷款利率、贷款期限、灵活还款方式，证券融资、债券、风险补偿金、担保基金，财政贴息

（二）资本市场服务养老服务业政策评价

1. 积极作用

养老服务业相关政策的陆续出台对促进养老服务业发展发挥了积极作用。具体如下：

（1）养老服务相关的多层次金融组织体系持续完善

在政策引导下，大量融资租赁及信托公司逐步开展养老领域金融业务。现如今，融资租赁已经在我国民营养老机构中得到初步应用，当前金融租赁公司对养老产业提供融资租赁服务的有山水融资租赁股份有限公司、安徽国元租赁股份有限公司、苏银金融租赁股份有限公司、江西金融租赁股份有限公司、浙江浙银金融租赁股份有限公司、昆仑金融租赁有限责任公司、中国金融租赁有限公司、太平石化金融租赁有限责任公司等。经过多年的实践，一些信托公司在养老领域也有所斩获。有信托公司专门设立家族信托或养老金事业部，对转型创新业务给予考核倾斜和资源扶持；还有些信托公司已经打造出自己的养老信托品牌和产品（胡萍，2022）。其中，中航信托在养老信托领域率先取得进展，其推出的"鲲瓴养老信托"截至 2022 年 7 月已先后设立了近 200 单，总规模达 30 亿元。

2016 年 3 月颁布的《关于金融支持养老服务业加快发展的指导意见》、2018 年颁布的《关于推进养老服务业诚信体系建设的指导意见》等多项政策中均提到鼓励金融机构创新与融资担保机构合作模式，引导征信机构、信用评级机构面向养老服务业开展征信服务。在政策的指引下，服务养老的金融中介体系得到了完善和发展。例如 2018 年 9 月，北京市朝阳区在全市率先开展养老服务业诚信体系建设，与专业机构合作建立区级养老服务业信用管理制度，搭建养老机构和从业人员信用管理平台，探索"信用养老"的朝阳模式。全区 61 家养老机构约 3000 名养老服务从业人员信息均录入该养老服务业信用管理平台，并通过大数据应用，形成了相应的诚信评价报告，实现了对区内养老机构和从业人员诚信评价管理的全覆盖。

（2）符合养老服务业特点的信贷产品和服务不断改进

根据 2022 年 6 月银保监会发布的《关于银行业保险业加强新市民金融服务有关情况的通报》，建设银行、中国银行、交通银行持续加大对养老服务业的信贷支持，合理满足养老服务机构的融资需求。目前，中国银行养老产业客户数 1974 户，养老产业授信余额 85.57 亿元。建设银行、交通银行支持养老产业贷款余额分别达 32 亿元、24 亿元。中国人寿广东分公司积极参与长期护理险项目试点，为广州 383 万参保人提供长期护理经办服务，实现参保人医保待遇和长护待遇无缝衔接。中国人寿、新华人寿、泰康人寿、人民人寿等积极推动新市民专属商业养老保险在广西试点，目前已承保新市民专属商业养老保险 105 件，保费收入 87.33 万元。

（3）养老金投资迅猛发展

目前，我国以三大支柱为支撑的养老金金融体系已基本构建。截至 2020 年年底，我国各类养老基金累计已超 10 万亿规模，多支柱养老金体系快速发展。其中，全国社保基金总额达 2.92 万亿元，同比增长 11.2%；年金基金规模突破 3 万亿元大关；个人养老金方面，共有 23 家保险公司参与试点个人税收递延型商业养老保险，全市场已运作养老金产品规模 1.52 万亿元，同比增长 67.3%，养老目标基金规模达 590 亿元，相比往年取得了较好发展。在经济发展放缓、市场利率下降及新冠肺炎疫情大背景下，2020 年我国各类投资运营的养老金取得较好收益，多项基金投资收益率创历史新高。

（4）有利于养老服务业发展的多元化融资渠道得以拓宽

《关于金融支持养老服务业加快发展的指导意见》、《国务院办公厅关于推进养老服务发展的实施意见》等均强调拓宽养老服务业融资渠道。在政策鼓励下，大量养老服务企业上市融资。截至 2022 年 3 月，A 股约有 102 家养老概念上市公司，涉及医药生物、信息技术、轻工制造等多个行业。其中，主板养老概念上市公司共 55 只，中小养老概念上市公司共 24 只，创业板养老概念上市公司共 22 只，科创版养老概念上市公司共 1 只。

在债券市场上，政策支持养老企业发行公司信用类债券，并支持有条件的金融机构通过发行专项债券等方式募集资金用于支持养老服务企业发展。例如，2020 年，国家发展改革委同意湖南省攸州投资发展集团有限公司发行不超过 6.2 亿元养老产业专项债券，所筹资金 5 亿元用于攸州阳光养老产业建设项目，1.2 亿元用于补充营运资金。

资本市场还通过并购重组实现养老服务业的产业集聚与良性发展。据和君康养的不完全统计，2020 年养老服务业内大型并购投资案件近 10 起，涉及金额达数亿元，是继 2016 年并购潮之后，一级市场重新开始活跃的一年。同时，银行业开始关注健康养老企业融资难问题，通过延长贷款年限、增加担保等方式来扩展养老产业债券融资市场。但是，由于我国养老产业发展起步较晚，一些养老产业的细分行业还处于初级发展阶段，商业模式尚不成熟，加之养老产业本身存在投资风险大、盈利水平低等问题，导致其在融资可得性和融资成本方面受到较大制约。养老产的融资难、融资贵问题尚未得到有效解决。

2. 落实难点

根据调研情况反映，政策贯彻落实上还存在着一些难点，集中表现在统筹协调难度较大、人员经费捉襟见肘、养老保险缺口严重以及金融政策与产业政策匹配错位等四个方面。

（1）统筹协调难度较大

养老服务业发展涉及民政、工商、国土、发改、住建、规划、卫生、环保等多个职能主管部门，具体操作难度大。目前养老各主管部门的联动性不强，分工过于条块化，协作程度不高。主管部门频繁出台鼓励支持养老服务业发展的利好政策，但政策之间的壁垒尚未完全打破，融合度、协调性不够。在具体执行中，基层相关部门只能按照各自原有政策实施，导致部分新政策无法有效落实。

（2）人员经费捉襟见肘

目前，财政资金对养老服务业的支持力度主要集中在养老服务设施建设上，对设施运营补贴的力度十分有限。此外，基层政府专门从事养老工作的公务员编制严重不足，影响养老服务业发展和上级政策及时有效落实。

（3）养老保险缺口严重

社会养老保险作为一项兜底的保障措施，按照当前的征缴和支出水平，以及欠费、统筹、管理等方面的问题，很多省份已经出现严重的资金缺口，历年的累计结余大部分已被消耗。目前出现缺口的省份，主要是依靠中央财政支持。考虑到养老保险基金相对缺乏投资运营渠道，保值升值空间较小，养老保险基金收不抵支风险较大。

（4）金融政策与产业政策匹配错位

"35号文"自施行以来通过金融工具支持养老服务业发展走上了快车道，但事实上该政策实施效果并未达到预期，有学者实证研究发现金融工具与产业业态匹配存在错位现象，"一揽子"金融工具难以精准支持养老服务业各业态发展（封铁英、南妍，2021）。例如，养老产业链的研发、生产和销售环节对金融工具诉求不同，但"35号文"并未体现不同环节工具的差异性。另外，"5号文"在抵押担保、财政贴息和小额贷款等信贷工具前使用了"加快""扩宽""积极支持""加大"等主观性较强的前缀，并没有明确支持的具体内容和力度，使得信贷工具支持养老服务业发展落地困难。而保险投资、地方债券等工具的使用本身会受到金融监管的诸多限制（杨复位、温涛，2022）。

第三部分　资本市场服务养老服务业的路径与方式分析

随着三支柱养老体系的确立，原本聚焦于政策性养老金运营管理的"养老金金融"外延进一步拓宽，其与养老服务金融之间的界限逐步模糊，考虑到两者均是从财富管理的角度，满足居民在生命周期特别是年老阶段生存的需求，本研究统一概括为"养老储蓄和投资"相关的金融活动，最终服务于养老企业发展需求；与之相对应的养老金融则聚焦于"养老产品和服务的供给侧"。本课题将以金融从供给和需求两侧服务于养老服务业的发展为切入点，探讨资本市场对养老服务业的促进方式。

一、资本市场与养老服务业发展的关系

无论是作为养老服务业重要组成部分的"养老金融服务"——居民财富积累和管理、三支柱养老金的投资和保值增值，还是涉及养老服务业其他各子行业供给能力的提升，都离不开资本市场中长期资金配置和良性价格引导机制的作用，资本市场对于推动养老金融发展、应对人口老龄化挑战具有非常重要的作用。

（一）居民视角：资本市场为养老金积累和财富管理提供广阔空间

养老金金融，指的是为储备养老资产进行的一系列金融活动，我国学界早期研究主要强调政策性和制度性养老金的管理，即基本养老保险、企业年金和职业年金的管理，随着我国三支柱养老体系的制度的确立，个人养老金的重要作用日趋凸显。第一支柱为基本养老保险，资金规模最大覆盖面最广。2020 年年末参保人数合计约 10.0 亿人，积累资金 8.73 万亿元（含社保基金），在三支柱养老金中占比 71.1%。第二支柱包括企业年金和职业年金，发展较快但增长空间有限。2021 年年末企业年金参与职工人数占城镇就业人口约 6%，2020 年年末积累资金 2.25 万亿元，在三支柱养老金中占比 18.3%。职业年金覆盖率较高，但提升空间有限，2020 年年末投资资产规模约 1.29 万亿元，在三支柱养老金中占比 10.5%。第三支柱包括一系列个人商业养老金融产品，主要有商业养老年金保险、税延养老年金保险、养老保障管理产品、养老目标基金、养老理财等。目前多数产品周期较短，养老属性不突出；且仅有税延养老年金保险纳入税优范围，规模较小，基本处于缺位状态（图 24）。

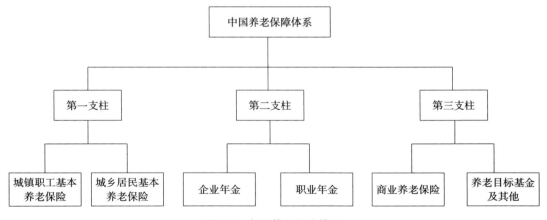

图 24　中国养老保险体系

资本市场支持养老服务的一端，是为养老金投资提供广阔的市场空间，使养老金实现保值增值。我国第三支柱养老金空间巨大，拥有大规模长线资金和海量客户，将为包括保险、银行、基金、证券在内的金融机构带来巨大的发展机遇，将成为财富管理行业重要的增量市场。

（二）金融机构视角：资本市场将极大推动金融机构的养老业务发展

从机构视角看，各类金融机构充分发挥自身特色，提供养老、适老服务。不同金融机构存在一定的差异性，如何充分利用资本市场力量，提供更加完善的养老金融服务，是金融机构在激烈竞争背景下迫切需要解决的问题。养老服务金融，指的是围绕老年人的消费需求进行的金融服务活动，目标是满足老年人群各方面的金融消费需求，包括保障性金融服务、投资类金融服务、融资类金融服务和便利消费型的金融服务。养老金融服务的供给主体是各类金融机构，以保险公司、商业银行、公募基金和信托公司为代表，主要产品包括各种商业养老保险、养老理财和养老信托产品、住房反向抵押贷款等。

保险公司提供的产品主要包括传统商业养老保险、税延型养老保险和专属保险产品如长期护理险，其中传统商业养老保险发展时间较长，整体已经相对成熟；长期护理险则直接面向老年人，解决其长期护理的资金困境。养老保险产品的突出优势在于风险水平低，具备更高安全性，但持有期更长、流动性较差。国际上保险公司通常利用其在"医护康养"领域内的长期积累，推出"保险＋医养（康养）"等综合性产品，形成独特的竞争优势。

商业银行主要提供养老储蓄产品、养老财产信托、理财产品等。商业银行最大的优势是长期作为支付结算机构，具备丰富的客户资源和信用优势，更易获得客户信任感。从产品来看，储蓄类产品的吸引力逐步下降，但针对老年人消费、信贷等便利性金融产品需求较大，另外商业银行还可根据客户需求定制相关信托理财计划，提供养老财产信托、养老消费信托等。

公募基金和投资类机构主要为客户提供投资和顾问管理，例如养老目标基金产品，为职业年金等定制投资产品，提供持续的服务。投资类金融机构往往具备更丰富的投资经验，并且一般公募基金的投资门槛较低，有助于对大众提供普遍服务。

资本市场能为以保险机构为首的养老金融服务企业，提供中长期稳定融资，并为其养老金融产品的安全性、稳定性和收益性提供保障，刺激养老金融的供给，为社会提供全生命周期的养老金融服务。

（三）养老服务业发展视角：资本市场将极大推动产业供给侧发展

从我国养老服务业发展来看，存在较多挑战，突出表现在养老设施的供给不足，养老服务和产品的多样化和适老化不足，根源之一是养老服务业的微利性质对金融资本吸引力不足。

从需求端看，我国传统养老观念的制约使得潜在需求特别是社区养老和机构养老等需求当前未能充分释放，而随着年龄继续增长，老年人失能失智等状况发生概率增大，治病康复和安养的刚性需求未来将进一步增加；另一方面，老年人退休后往往收入下降甚至无收入，基本养老保障覆盖较低，造成有支付能力的消费需求和养老不足，难以形成规模效应，导致现有产品和服务价格偏高、质量偏低，从而在需求侧制约了养老服务业长期发展。

在供给端，养老的细分服务业供给存在差异。老年康养产品（医药、健康护理用品）等具有生产周期短、客户使用期限长、用户粘性大等特点，市场规模足够大能够为企业提供盈利空间；然而养老设施特别是养老地产、养老社区等则具有投资大，建设周期长，回本较缓慢，后期持续运营成本高等特点，注重于短期盈利性质的产业资本和金融资金普遍缺乏投资动力，较为依赖政府政策从金融、财政、土地等各方面进行支持。目前，除保险、信托、养老医疗等拥有稳定的中长期资金来源的机构布局养老服务业外，金融对养老服务业的支持总体薄弱，养老企业主要依赖银行资金和自有资金投资，未能充分发挥资本市场配置资源和管理风险的作用。养老服务业投资的严重不足导致供给不足，未来潜在需求的持续释放则意味着将存在较大的供给缺口，利用金融工具产品、充分发挥资本市场的中长期资源配置功能，为供需两端搭建融资投资桥梁，使两者相互促进协调发展，是金融支持养老服务业发展应有之义。

资本市场支持养老服务业的另一端，是为养老服务业投资运营提供资金支持，通过市场化渠道和机制，动员社会资金、优化资源配置、提供风险管理手段和方法，助力养老企业从初创、成长到成熟的全生命周期的健康成长。在此过程中，迫切需要政府通过各种政策性手段，对养老服务业发展进行扶植和引导，逐步实现自身的发展壮大。

不仅如此，养老金投资和养老服务业融资具有较好的匹配度。居民长期储蓄和养老金的存续时间往往较长，对安全性和保值增值的要求较高，而养老服务业中的一些产品特别是养老社区、康复医疗等机构，在运营良好的情况下能提供稳定、可测的现金流，与养老资金投资风险偏好契合，是养老资金投资的较好对象。发达国家如美国、日本等国家均通过 Reits（不动产信托）等多种金融工具，对接资金供求，在资本市场上实现储蓄向投资的转换。

综上，资本市场主要从社会和居民养老金积累和资产配置、支持金融机构发展以及支持养老服务企业供给侧三个方面，从资金资源、信息和风险配置三个渠道促进养老服务业的全面发展。

二、资本市场服务养老服务业：投资视角

资本市场服务养老服务业，主要从养老服务的"供给"和"需求"两端发力，借助养老金金融、养老服务金融、养老产业金融三种方式，发挥资源配置和引导作用，促进养老服务业的长远健康发展。从国际经验来看，养老服务业的发展离不开具有一定深度和广度的资本市场的支持。一方面，资本市场为公共和私人的养老金投资、养老金储蓄和规划提供了广阔的运作空间，与此同时为养老金融服务机构提供了资金配置、融资和

管理风险的工具和渠道，两者均有助于提升居民养老服务的需求。另一方面，资本市场为养老服务业融资投资、产业集聚提供了渠道和工具，便利了相关企业和机构的资金配置、流动性管理和风险管理，助力于提升养老服务供给规模和质量。

（一）资本市场与养老金金融——养老金投资

国际上通常将企业年金、职业年金等归入到私人养老金范畴，同社会基本养老金（公共养老金）进行区分。各国资本市场为公共和私人养老金投资、养老金储蓄和规划提供了广阔的运作空间。

1. 全球养老金体系和养老金投资概况

当前全球养老金体系的主要模式是三支柱养老金体系。世界银行 1994 年发布《防止老龄危机——保护老年人及促进增长的政策》，主张一国的老年保障计划应具有储蓄、再分配和保险功能，各国应建立多层次的养老金筹资和管理体制：第一支柱是公共养老金计划、第二支柱职业养老计划和第三支柱个人储蓄计划（表 37）。目前，各国普遍建立了较为完善的三支柱养老金体系，并在法律法规、财政税收等方面提供了针对性的政策，以保证资金安全和流动性（表 38）。

表 37　世界银行三支柱养老金分类

	第一支柱	第二支柱	第三支柱
形式	公共养老金	职业养老金	个人养老金
性质	强制性	强制性	自愿性
目标	最基本生活的保障	提高保障待遇	提供更高水平待遇
形式	待遇确定型现收现付制	完全积累	缴费确定型完全积累
责任主体	政府	单位和个人	个人

资料来源：根据世界银行官方网站相关资料整理而得。

表 38　代表性国家的养老金体系

洲际	国别	第一支柱	第二支柱	第三支柱
欧洲	荷兰	基本国家养老金（AOW）	职业养老金：行业养老金为主，企业年金，特定职业养老金	寿险年金、银行年金
	英国	国家基本养老金计划、国家补充养老金计划、新国家养老金	强制性职业年金计划	补充商业养老保险
	挪威	强制性的全民保险计划	强制性职业养老金计划	个人自愿购买的商业养老保险计划

洲际	国别	第一支柱	第二支柱	第三支柱
北美洲	美国	美国社会保障信托基金（OASDI），由养老遗嘱信托基金、残联保险信托基金组成	政府建立公共部门养老金计划、企业建立的私人养老金计划，以401（K）计划为代表	自愿建立的个人退休账户计划（IRAs）和寿险公司年金
大洋洲	澳大利亚	基本养老金（Age Pension）。另有澳大利亚未来基金作为储备养老金以及应对未来可能出现的养老金支付缺口	雇主强制缴费的超级年金（Superannuation Guarantee）	自愿型超级年金（Voluntary Superannuation）
亚洲	韩国	国民养老金（NPS），特殊职业养老金，另有零支柱基本养老金计划（BOAPS）以保障低收入家庭收入	退休津贴制度、企业年金、个人退休养老金	个人养老金计划（Private Fension Scheme,PPS）
	日本	国民基础养老保险，即国民年金制度	厚生年金、共济年金、分别以私营公司职员和公务员、私营学校教员为对象	个人或企业选择加入的非强制性养老保险，如国民年金基金，个人确定缴费年金制度等

资料来源：SZW（荷兰社会事务与就业部），DNB(荷兰中央银行)，SVB（荷兰社会保险银行），Social Security Agency(英国社保局)，NBIM（挪威央行投资管理公司），Torbjorn Roe Isaksen（挪威劳动与社会事务部），ICI（美国投资公司协会），the United Sstates ocial Security Administration(美国社会保障局)，Department of Social Services(澳大利亚社会服务部)，MOHW（韩国保健福祉部），MHLW（日本厚生劳动省）。兴业证券经济与金融研究院整理。

全球范围看，养老金规模日趋庞大，主要集中于美国、英国、澳大利亚等发达国家。私人养老金（第二、第三支柱）的规模远超公共养老金，OECD 统计显示，2021年全球 38 个 OECD 国家和 30 个非 OECD 国家的私人养老金资产规模总计达到 38.5 万亿美元，其中 OECD 国家规模为 37.7 万亿美元，美国规模最大，共计持有 22.6 万亿美元资产，超过其他国家总和，其次是英国（3.6 万亿美元）、澳大利亚（2.3 万亿美元）、荷兰（2.0 万亿美元）、加拿大（1.7 万亿美元）、日本（1.5 万亿美元）、瑞士（1.2 万亿美元）（图 25）。

在人口老龄化不断加速和各国普遍重视养老金制度建设的背景下，OECD 国家的养老金资产占 GDP 比重从 2010 年的 64% 上升到 2020 年的 100%，其中 9 个国家比重超过 100%，名列前茅是丹麦（229%）、荷兰（213%）、冰岛（207%），加拿大和美国的比重也超过 150%（图 26）。

公共养老金和私人养老金主要通过共同基金在二级市场上进行投资，投资标的是中长期债券、股票等金融资产；此外股权投资、另类投资等也是养老金的投资品种。超过九成样本国家将 50% 以上的养老金资产投资于债券和股票等资本市场工具，罗马尼亚（98.6%）、智利（97.8%）和多米尼加共和国（97.2%）等则几乎全部投资于资本市场。

在其余类别的资产中，现金和存款的投资占比较少，其他投资一般包括贷款、土地及建筑、共同基金、保险合约、对冲基金、私募股权投资和机构化产品等，这类资产的配置同样很低。

从养老金资产的配置的演变情况看，全球主要国家私人养老金资产配置于债券的比例从 2010 年的 52.1% 降到 2020 年的 44%，下降了 8 个百分点，而投资于股票的养老金资产比例则从 21% 上升到了 27.1%，平均上升了 6 个百分点。投资于对冲基金、私募股权投资等高风险资产的养老金绝对值在过去十年中增加了 3 万亿美元，虽然整体的配置比例变化并不明显，但这体现了养老金运营机构对较高收益的追求。2010—2020 年间，25 个 OECD 国家投资于其他资产的比例从 13.6% 上升到了 15.6%，可能给整体资产组合带来更多风险（图 27）。

OECD countries	Pension funds			All vehicles	Selected other jurisdictions	Pension funds			All vehicles
	% change (1)	in USD million	% of GDP	% of GDP		% change (1)	in USD million	% of GDP	% of GDP
Australia	18.0	2,272,767	146.2	148.8	Albania	27.1	43	0.2	0.2
Austria	8.0	30,553	6.7	..	Armenia	30.7	1,006	6.9	..
Belgium	8.0	52,644	9.2	36.6	Brazil	0.5	186,447	12.0	25.0
Canada	..	1,712,806	90.1	167.2	Bulgaria	12.7	11,360	14.8	14.8
Chile	-4.5	167,556	60.3	..	Croatia	11.7	21,485	33.1	33.1
Colombia	8.3	86,828	29.5	29.5	Egypt	8.0	6,245	1.5	1.5
Costa Rica	20.1	24,874	40.0	40.0	Georgia	69.6	646	3.3	3.3
Czech Republic	6.0	26,173	9.4	9.4	Ghana	27.2	4,748	6.3	6.3
Denmark	-8.0	190,403	50.0	210.8	Guyana	19.6	463	6.1	6.1
Estonia	-15.5	5,076	14.6	16.8	Hong Kong (China)	4.9	198,039	54.0	54.0
Finland	15.3	173,962	60.7	..	India	27.4	94,098	3.0	..
France	16.6	77,247	2.7	11.1	Indonesia	3.6	22,215	1.9	..
Germany	0.4	313,807	7.8	..	Jamaica	7.9	4,721	31.7	31.7
Greece	11.9	2,083	1.0	..	Kazakhstan	4.6	31,291	16.6	16.6
Hungary	5.6	6,166	3.6	5.2	Kenya	10.6	13,677	12.9	12.9
Iceland	17.9	51,683	208.4	219.1	Kosovo	18.3	2,676	30.9	30.9
Ireland	15.1	164,227	34.4	..	Macau (China)	9.1	4,914	16.5	16.5
Israel	16.1	360,569	72.1	..	Maldives	11.9	1,130	22.3	22.3
Italy	6.4	194,592	9.7	12.6	Namibia	17.6	11,819	103.0	115.9
Japan	2.3	1,483,416	31.3	..	Nigeria	9.1	32,644	7.6	7.6
Korea	15.3	249,115	14.4	32.3	North Macedonia	21.3	1,999	15.0	15.0
Latvia	19.7	827	2.2	20.5	Pakistan	11.4	224	0.1	..
Lithuania	31.5	6,944	11.1	11.1	Peru	-19.1	33,436	15.3	15.3
Luxembourg	5.0	2,193	2.6	..	Romania	18.5	21,168	7.8	7.8
Mexico	11.2	254,373	20.0	..	Serbia	4.3	473	0.8	0.8
Netherlands	7.4	2,042,637	209.5	..	Suriname	1.7	324	12.1	..
New Zealand	19.0	90,144	37.3	37.3	Thailand	6.4	40,366	8.3	..
Norway	7.0	51,109	10.9	..	Uganda	15.8	5,325	12.4	..
Poland	26.2	46,485	7.2	..	Uruguay	14.1	17,351	30.0	30.0
Portugal	4.7	27,324	11.4	..	Zimbabwe	285.8	2,015	7.6	..
Slovak Republic	16.9	17,469	15.9	15.9	Total (2)	1.7	772,349	8.3	
Slovenia	20.6	4,211	7.1	7.8					
Spain	7.5	142,940	10.5	14.2					
Sweden	..	23,777	4.0	101.8					
Switzerland	..	1,164,503	143.1	..					
Turkey	41.2	18,430	3.3	..					
United Kingdom	4.3	3,572,623	117.0	..					
United States	11.6	22,599,191	98.3	170.0					
OECD Total (2)	8.2	37,711,728	66.9						

Notes: ".." means not available. (1) The column "% change" shows the nominal change of pension fund assets in national currency compared to the amount in December 2020, except for Australia (June 2020). (2) The total % change is calculated as the change of total assets in the considered area in US dollar between end-2020 and end-2021. Total pension fund assets as a % of GDP are calculated as the ratio between the sum of all pension fund assets and the sum of all the GDPs (in US dollar) of the reporting jurisdictions in the area considered. See the accompanying Excel file for jurisdiction-specific details.
Source: OECD Global Pension Statistics; Bank of Japan; Korean Ministry of Employment and Labour.

图 25　2021 年年底各国私人养老金资产规模

图表来源：OECD（2022）。

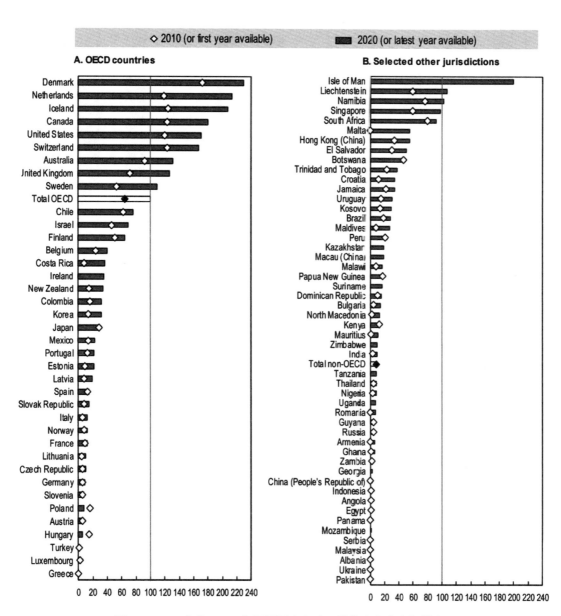

图 26　2010 年和 2020 年不同国家和地区的养老金资产规模占比

图表来源：OECD（2022）。

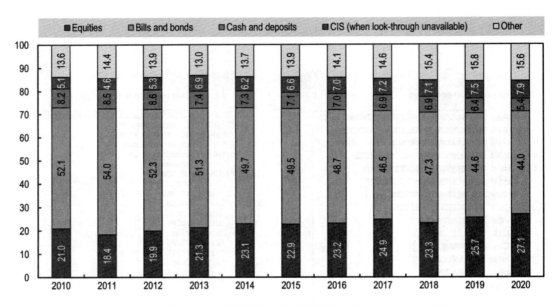

图 27　25 个 OECD 国家养老金资产配置情况（2010—2020 年）

图表来源：OECD（2022）。

整体来看，在人口老龄化的背景下，各国养老金运营在获取长期稳定的、跑赢通胀的收益率的压力日益增加，而近年来全球低利率环境更使以往较为依赖中长期债券投资的养老基金收益率出现下降，尤其是确定给付的 DB 型养老金可能面临未来较大的资金缺口和利率风险。各国养老金运营机构不得不提高资产组合中在上市公司股票、私募股权或其他高风险资产上的配置比重，也逐步加大海外资产（特别是债券）的投资比重，以尽可能维持稳定的收益，并分散风险。

2. 美国的养老金体系和养老金投资

美国养老金体系发展已有百年历史，其现行的多支柱体系是经过不断积累和立法调整形成的。1935 年美国推出《社会保障法》建立政府强制性社会保障计划和雇主养老计划制度，1974 年《雇员退休收入保障法》奠定了现行三支柱的制度基础，随后又不断根据经济和社会形势进行修正。

经过多年的发展，美国已经拥有全球最大的养老金体系。截至 2021 年年末，美国养老金的总规模为 39.4 万亿美元，位列全球第一，占 GDP 比例为 169%。其中第一支柱 8 万亿美元，占比 20%；第二支柱 14.8 万亿美元，占比 38%；第三支柱 16.5 万亿美元，占比 42%。第二、第三支柱私人养老金占比达到 80%，私人养老金占绝对比重。

美国的第一支柱养老金即联邦社保基金，其资金来源为社会保障税，雇员及雇主均需缴纳，税率均为 6.2%，旨在提供最基础的退休金，由美国社会保障署设立的社会保障基金进行管理，主要交给独立信托基金 OASI 基金和 DI 基金运作，根据《联邦社会保障法案》的要求，联邦社保基金只能投资于美国政府对于本金和利息都予以担保的债券，整体收益率较低，但风险可控，收益稳定。

美国的第二支柱养老金是职业养老计划，包括公共部门（联邦雇员、州和地方政府雇员、教育与非赢利部门）和私人部门的职业养老金，由雇主和雇员共同缴纳，一般交于金融机构进行管理。在待遇确定型 DB 计划中，雇主缴纳资金并选择专业的管理机构（银行、券商、基金公司等）进行管理，金融机构决定投资，个人不参与投资过程。在确定缴费型 DC 计划中，资金进入员工个人账户，雇主和雇员按一定比例缴费，雇主提供投资机构名录和清单供雇员选择，雇员自行决定账户投资并承担风险。DC 计划相对比较灵活，可随员工转换工作而转移资金，近年来日益受到员工欢迎，1974—2020 年，DC 计划在第二支柱中占比从 20% 提升至 48%。

美国的第三支柱养老金是个人养老金账户，以个人退休金计划（IRA）为代表。IRA 是美国联邦政府提供税收优惠、自愿参与的个人养老金计划，账户属于个人，缴纳资金、储蓄和投资品种基本不受限制。IRA 分为个人和企业雇主两个发起主体，具体类型包括传统型（Traditional）、罗斯型（Roth）以及雇主发起型（Employer-Sponsored），具体区别见表 39。截至 2021 年年末，IRAs 计划的资金总规模为 13.91 万亿美元，传统型 IRA 为 11.80 万亿美元，占比约 85%，Roth 型 IRAs 为 1.33 万亿美元，占比约 10%，剩下 5% 为雇主发起型的账户计划。

政府对参与 IRA 计划的个人提供税收优惠：对普通 IRA 实施递延纳税，即缴费（向账户注入资金）不计入个人所得税基数，到提款时才根据税法征收个人所得税；对 Roth IRAs 账户资金，缴费时不免所得税，但对投资收益（包括投资分红、利息等）免税。IRA 账户具有可转移性，即对于不同雇主提供的养老金计划，雇员在跳槽或退休时可以将它们"存放"到自己的 IRA 账户上。

表 39　美国个人养老账户 IRA 类型对比

	传统 IRA 计划	Roth IRA 计划	SEP IRA 计划	SIMPLE IRA 计划
提供者	参保人本人	参保人本人	企业主或自雇佣者	小企业主
对参保人的限制	能够负担保费缴纳	有一定的收入限制	雇主参加，雇员必须参加，并且雇员必须年满 21 周岁；之前 5 年内为该雇主工作 3 年；每个保税年度从雇主处获得的报酬高于 500 美元	只有雇主拥有不超过 100 名雇员的情况下才能建立 SIMPLE IRA 计划，参保人还要保证其缴纳保费不少于限额
对领取的限制	参保人大于 59.5 岁或丧失劳动能力	参保人大于 59.5 岁或丧失劳动能力	参保人大于 59.5 岁或丧失劳动能力	参保人大于 59.5 岁或丧失劳动能力
税收优惠	缴费和账户投资收益免税，但是领取的养老金需要缴税	缴费需要缴税，但账户投资收益和领取的养老金免税	缴费和账户投资收益免税，但是领取的养老金需要缴税	缴费和账户投资收益免税，但是领取的养老金需要缴税

续表

	传统 IRA 计划	Roth IRA 计划	SEP IRA 计划	SIMPLE IRA 计划
提供者	参保人本人	参保人本人	企业主或自雇佣者	小企业主
退出机制	退出必须在 70.5 岁之后，并且还要缴纳最低保费的 50% 作为罚金	无	无	退出必须在 59.5 岁之后，但会被处以罚金

资料来源：美社会保障署（SSA），HTI。

截至 2021 年年末，36.7% 的美国家庭持有 IRA，资金总规模约为 13.91 万亿美元，占全部养老金市场的 1/3。从资产配置看，IRA 经历了从银行储蓄和保险产品向资本市场工具——共同基金和股票产品大规模转移的历程（图 28）。在 1980 年，IRA 计划刚刚建立初期，资产中 83% 投资于银行储蓄，8% 投资于商业保险，投资于股票和共同基金的占比仅为 4%。伴随着美国的金融发展特别是资本市场的快速发展，投向共同基金和股票账户（其他资产）的 IRA 资产占比迅速上升。截至 2021 年底，IRA 计划 13.91 万亿美元资产中，仅有 5% 的资产为银行储蓄，商业保险产品占比仅为 4%，而投资于共同基金资产达到 6.21 万亿，占比上升至 45%，此外通过证券公司的经纪账户投资其他证券资产达到 6.46 万亿，占比达 46%。

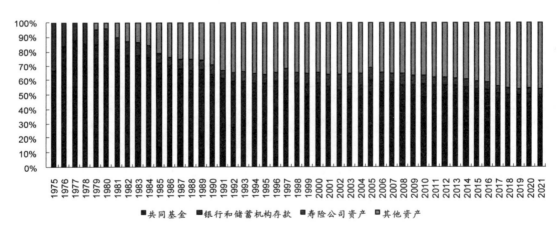

■共同基金　■银行和储蓄机构存款　■寿险公司资产　■其他资产

图 28　美国 IRA 资产配置情况

资料来源：wind, HT1。

经过几十年的发展变迁，私人养老金已经成为美国资本市场上最大的机构投资者。1990—2020 年，养老金投资的共同基金规模从 2080 亿美元提升至 11 万亿美元，年均复合增速 14%，占全市场共同基金比重从 20% 提升至 47%，私人养老金和资本市场相互促进，共同壮大。一方面，成熟的资本市场实现了私人养老金的保值增值，满足居民的家庭资产积累、消费和养老需求；另一方面，私人养老金为资本市场提供了长期稳定的资金来源，促进资本市场投资者结构和投资理念的变化，刺激了金融工具创新，提高了金融机构的服务质量，开启了金融机构资产管理的新时代。

3. 日本养老金体系和养老金投资

日本的养老体系较为成熟，第一支柱规模最大，第二、第三支柱发展迅速。日本养老金第一支柱由国民年金和厚生年金构成，二者均具有强制性。第二支柱是企业职业年金计划，包括 DB 和 DC 两类，第三支柱是个人养老金账户，主要包括 2001 年开始实施的 iDeCo（个人缴费确定型养老金）和 2014 年制定的 NISA（日本个人免税储蓄账户）。

日本的第一支柱养老金中，国民年金（National Pension）规定所有 20 周岁至 60 周岁的国民均需每月缴纳，金额可作为社会保险费项目在个人所得税前全额扣除；厚生年金（Employee's Pension Insurance）适用对象为所有公务员和企业雇员，每人每月按照工资的一定比例缴纳，由雇员所在单位和雇员本人各自负担 50%，享受企业和个人所得税前全额扣除。国民年金和厚生年金均由 GPIF（日本政府养老投资基金）管理，该基金目前是全球第二大养老基金，规模约 1.5 万亿美元，仅次于美国的社保基金，投资占比最大的为债券（约 46%）和股票（45%），其余短期资产不超过 10%。

日本的第二支柱养老金是以企业为责任主体的企业年金（Corporate Pension），包括缴费确定型 DB 和给付确定型 DC 两类，均可享受有一定限额的税收递延优惠。

日本的第三支柱养老金由两部分组成，分别是个人定额缴费养老（iDeCo）计划和个人储蓄账户（NISA）计划。iDeCo 是私人养老金计划，以国家养老基金联合会为主体实施，参加该计划的前提条件是已经参加并按时缴纳了日本第一支柱国家养老金的保险费用。该计划涵盖范围非常广，不仅包括企业雇员，还包括自雇人员、学生及家庭主妇等，并根据工作性质规定了最高缴费额度。缴纳 iDeCo 计划可享受个人所得税和居民税的减免，并且对其产生的投资收益免税。2020 年，日本 iDeco 账户总资产约 15.7 万亿日元，2011—2020 年均增长率为 11%（图 29）。

NISA 是日本居民向金融机构申请的个人储蓄账户，分为初级 NISA、常规 NISA 和小额累积 NISA，初级个人账户是 NISA 在 2016 年开始新增的针对 19 岁以下人群的小规模（年度限额 80 万日元）免税储蓄账户，股息、股票转让收益、投资信托等均可免税；2018 年推出的小额累积 NISA，则专门支持小额的长期和多元化投资。在账户内的缴费，可在 5 年内免除所得税和资本利得税，通过该账户投资产生的收益可免除全部资本利得税（该部分税率约为 20%）。NISA 的可投资产范围较广，包括股票、债券、基金、REITS 等产品，以股票和基金为主。2020 年 NISA 总资产规模接近 22 万亿日元，其中投资于基金的金额约占 57%，股票占比约 40%（图 30）。

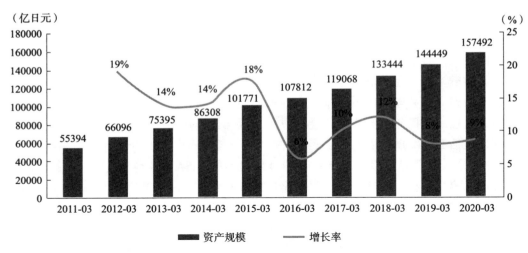

图29　日本 iDeCo 资产规模

资源来源：iDeCo 官网，HT1。

图30　日本 NISA 资产规模

资源来源：日本金融厅，HT1。

4. 英国养老金体系和养老金投资

英国是世界上最早建立养老保障制度的国家之一。1908年，英国议会正式批准《养老金法案》，为部分年老贫民提供较为有效的养老保障；1925年英国颁布了《孤寡老人交费养老金法》，第一次在英国历史上建立起交费养老金制度；1946年《国民保险法》和1959年新《国民保险法》等出台建立起国家、雇主两种性质养老金制度；以后历经《1995养老金法案》《2008养老金法案》，并于2012年进行了改革。

目前，英国的三支柱体系是第一支柱国家基本养老兜底，第二支柱为主、第三支柱私人养老金为补充的体系。2021年英国养老金资产规模达3.56万亿美元，主要依靠第二支柱，人均养老金资产规模约为5.31万美元。

第一支柱是实行现收现付制的国家基本养老保险，主要包括国家基本养老金和最低收入保障两部分，为强制性缴费，以劳动所得为依据进行征收，专门用来支付基本养老收益。具体内容包括：基本政府养老金、养老信用额度、其他广泛性统一保障收益。

第二支柱是职业养老金，已成为英国社会保障体系重要支柱，是大部分退休人员的主要收入来源。它分为缴费确定型（DC）和收益确定型（DB）两种类别。按照《养老金法案（2008）》，从 2012 年 10 月开始雇主有法律义务把满足一定条件的雇员加入一个职业养老金计划中，实施"自动加入"机制。其中，DB 计划区分为雇主（企业）支付的 DB 计划与政府支付的公职人员 DB 计划。DC 计划分为国家职业储蓄信托计划（National Employment Savings Trust，简称 NEST）和普通 DC 计划。前者是英国政府于 2012 年建立的国家层面职业养老金计划，用于提供简单、收费低廉且高质量的职业养老金管理服务；普通 DC 计划则由一般金融机构作为受托人提供的职业养老金计划，实施市场化运作。截至 2020 年底，英国职业养老金计划的总资产规模为 2.9 万亿英镑，其中绝大部分资产归属于 DB 型计划。

第三支柱为私人养老保障计划，是所有个人自愿加入的养老金计划。英国在 2012 年通过国家职业储蓄信托的同时，引入了全国统一的账户管理平台，个人通过个人储蓄账户（Individual Savings Ae count，ISA）参与个人养老金计划。养老账户资金主要通过雇主及雇员个人的自主缴纳，个人对私人养老金计划的缴纳能够在一定程度上获得税收豁免或折让等优惠措施。就企业来说，来自雇主一方的缴纳被允许从企业利润中先行扣除，从而能够减少相关企业的所得税纳税义务。

ISA 主要由商业银行、资产管理公司和在线投资平台提供，投资者开设账户后可自由选择投资产品，通常分为现金存款 ISA 和证券投资 ISA 两类，每人在同一个财政年度只能拥有一个现金存款 ISA 和一个证券投资 ISA，后者可以投资股票、开放式基金、信托、债券、ETF 等。目前，ISA 中选择投资公募基金并长期持有的人相对较多。ISA 实行 TEE 模式的税收优惠政策，在储蓄环节征税，投资收益和领取环节免税，享受税收优惠的上限为每年 15240 英镑。

英国还成立了专门监管机构养老金监管局（TPR），负责养老金保护基金（The Pension Protection Fund）的征收和管理，如果 DB 型养老金计划的企业破产，其雇员的养老金支付将由（PPF）支付；私人养老金中职业年金主要由 TPR 监管，目标是保证职业年金良好运作，保证参与养老金计划的雇员的利益；金融行为监管局（FCA）负责个人养老金以及合同型的 DC 型职业养老金的监管，其主要监管对象是提供养老金产品的金融机构，目标是保护购买养老金产品者的消费者权益。

养老金基金在英国投资管理行业中占有半壁江山，占投资管理行业总规模的 50%。由于大量养老金为确定 DB 型，面临预期寿命风险（长寿风险）和通货膨胀风险，基金运营机构普遍采用"负债驱动"的投资策略，即根据未来给付规模安排投资，通常大量投资于中长期的高等级固定收益债券（国债），并通过利率衍生品管理利率风险和通货膨胀风险。根据英国养老金监管机构 2019 年进行的调查，英国前 600 家养老基金总资产约为 7000 亿英镑，有 62% 的养老金通过利率掉期进行杠杆投资，利率到期投资规模占所有高杠杆投资的 43%，允许的最大杠杆水平为 7 倍，超过 90% 的养老基金需保证至少 2% 的回报率给客户，而超过 30% 的养老基金则需要保证 4% 以上的回报率。DB 确定给付型的养老金使英国养老金系统在面对利率上升冲击时更为脆弱。

5. 德国养老金体系和养老金投资

传统的德国养老保险制度包含三个支柱：法定养老保险（第一支柱），企业年金保险（第二支柱）和个人养老保险（第三支柱），2004 年德国政府对养老体系重新进行定义，由传统的"三支柱模式"转变为"三层次模式"，主要依据对被保人养老生活保障的程度及可享受的政府福利进行定义。第一层次为保障被保险人终身基本养老的保险，属于法定的、强制性的基本保险，包括法定养老保险以及吕库普（Rürup）养老金，该层次享受政府税收优惠，为居民提供稳定的养老生活保障；第二层是补充养老保障，享受政府税收优惠和直接补贴优惠，包含企业养老金以及里斯特（Riester）养老金（里斯特养老金是可享受国家补贴和税收优惠的个人储蓄性养老金计划，吕库普养老金是 2005 年推出的可享受高比例税收优惠的个人自愿投保的商业养老金计划，覆盖未享受法定养老保险和里斯特养老金的自雇人员，两种个人养老金均可享受税收递延优惠）；第三层次为其他补充性个人自愿养老保障（商业养老保险），不能享受政府补贴，最大优点在于其灵活性高，保险公司可对被保人提供量身定制的养老产品。

从养老金投资来看，德国的私人养老金投资具有多样化，可供投资人选择的机构不仅限于保险公司，还有基金、银行、住房互助储金信贷社，可投资资产除保险合同外，还包括银行储蓄、投资基金或者住宅投资等，但超过半数以上的投资品种仍是商业保险计划。例如，里斯特养老金中约 65% 是商业保险，20% 是住宅合同，11% 是基金投资，仅 4% 是银行储蓄。

6. 启示与借鉴

目前，世界主要发达国家和新兴市场国家基本均建立了三支柱养老金体系，各国高度重视养老金体系的建设，包括相关立法，并从税收等政策予以支持。另一方面，鉴于养老金覆盖面广，社会影响大，养老金的安全性、长期收益性和流动性等问题事关社会稳定，各国政府均对养老金投资从投资机构准入、投资品种和方向等进行了规定。

养老金体系的制度建设：首先，立法先行，为养老金体系奠定基础。例如，美国的 1935《联邦社会保障法》确立了基本三支柱制度框架，1974 年《雇员退休收入保障法》，标志着私人养老金计划的制度化；《1978 年国内税收法》建立了美国 401(K) 计划，在税收优惠方面为雇主和雇员的企业养老金缴费提供税前扣除，对雇员提供年金税费递延优惠，造就了私人养老金计划的蓬勃发展；2006 年由《养老金新保护法》对 1974 年和 1978 年两个法律做了重大修改，明确了私人养老金计划受托人或投资管理人的投资权限，允许在参加计划的雇员资产投资组合中引入生命周期概念基金，2019 年通过《安全退休储蓄法案》，对美国退休储蓄账户制度进行了自 2006 年以来的最大幅度改革，包括改变缴费年龄上限和增加提前取款条件等，养老金的立法与时俱进，不断完善。日本的养老金制度也是由 1950 年代的《厚生年金保险法》《国民年金法》建立了的全面覆盖的养老体系，并根据实际情况不断出台相应法律和细则，如《定额供款养老金法》奠定了日本 iDeco 个人定额缴费型养老金计划的基础，并且根据养老需求，逐步鼓励更广人群进行个人储蓄积累，2016 年新增针对未成年人的小规模 NISA，针对小额储蓄者推出小额累积 NISA 等。其次是税收层面，对养老金缴纳、投资和领取等各阶段实施税收优惠等鼓励性措施。以美国为例，DC 计划的 401（K）产品在缴纳和投资过程中可以享受免税的政策，DB 计划全部一般缴款免税，传统的 IRAEET 模式，缴纳和投资过程中免税领取时纳税，罗斯 IRA 纳税额为税后金额，领取时无须纳税。日本的第一支柱中雇主缴费部分计入企业费用进行税前扣除，个人缴费部分可抵扣个税，进行税前扣除，DC 产品采用 EET 税收优惠模式，即在养老保险业务购买阶段、资金运用阶段免税，在养老金领取阶段征税。iDeCo 产品的当期缴费可抵扣个税，NISA 中税收优惠的力度则更大，前五年直接对投资收益免税（表 40）。

表 40　发达国家养老保险的税收优惠政策

国家	政策内容
美国	主要采用传统 IRA 和罗斯 IRA 两种个人养老计划： ①罗斯 IRA 采取 TEE 模式，即投保人可在缴纳个税后交保费，但在领取与投资运营环节不再收取税费，适合非正规就业者； ②传统 IRA 采取 EET 征税模式，即投保人在投资、缴费两个阶段不征税，而在领取保证金时期缴纳税费，这一模式更适合小企业正规就业人员。
澳大利亚	①投保人选择不同的项目在缴纳养老保险保费时享受不同的免税政策，分别为免税额 15% 或者不免税； ②对养老金账户收益征税，但有 7.5% 的税率减免，若投保人选择在领取养老金时缴税则税率减免为 16.5%； ③允许雇主在为职工购买养老保险时延迟缴税，但有额度限制。
德国	主要采用李斯特养老金与吕库普养老金两种个人养老计划，原则上，这两种养老金计划对所有人开放： ①李斯特养老金计划。该计划是为普通大众阶层，尤其是多子女家庭设立，并为他们提供国家资助的个人储蓄性养老方案； ②吕库普养老金计划。此项计划执行资本积累式财务模式 (EET)，主要为自由职业者、高收入人群及自雇人士等群体设置。虽然此项计划缴费无法从政府获取一定程度的补贴，但大部分缴费额度可以作为特殊费用在税前扣除，所以整体计划更具有灵活性。
芬兰	允许职工缴费与雇主为员工购买时延迟缴税，税延额度为 5 万先令与投保人工资 12% 的较低值；对职工年收入 18% 以内部分不征税
匈牙利	职工缴费与雇主为员工买保险均享受递延缴税，递延额度分别为收入的 30%、雇员最低收入的 115%
加拿大	采用 RRSP 计划（即注册退休储蓄计划），意指企业或者个人若参与计划，均可延迟缴税，且递延缴税额度选择职工收入的 18% 与 135000 加元的较小值

资料来源：霍艾湘等《个税递延型商业养老保险：实践困境与优化建议》，HT1。

重视养老金投资的监管，特别是公共养老金投资的监管：一是从机制设计上看，各国高度重视养老金的监管。一些国家有独立的养老金监督机构，如英国设置了养老金监管局，瑞典的养老保险基金管理局；一些国家把养老金和保险等金融监管合并，例如荷兰、波兰等；还有一些国家虽然没有独立的养老金监管机构，但均在金融或证券监管相关部门内设了养老监管。二是对公共养老金，强调安全性，对投资品种限制较多。例如，美国的《联邦社会保障法案》中明确要求联邦社保基金只能投资于美国政府对于本金和利息都予以担保的债券。日本更是为公共养老资产的投资设置严格的法规：投资国内债券时只能投资日元计价债券；积极投资时，必须对债券评级、票息、到期日、流动性等条款和条件进行充分的研究，要进行合理的分散化，非政府债券须有 BBB 及以上的评级，无评级的债券的，发行人或者担保人必须履行相同的评级要求；政策还要求雇主必须按照未来 DB 计划整体的负债情况进行资产累积和投资管理以匹配未来雇员退休时的资金支出。三是对私人养老金特别是第三账户的个人储蓄养老账户，给予更多的选择空间与选择权，充分体现了"个人自愿养老"这一宗旨。例如美国的法规允许合格的 IRA 计划和雇主发起式养老计划之间可以通过资金转存实现资产转换，同时保留税收优惠的权利；日本 iDeCo 参与者可从经核准的金融机构名单中选择一家服务提供商对个人账户进行管理，iDeCo 下的投资选择权完全归属于计划参与者个人，充分体现了"个人自愿养老"这一宗旨。

养老金通常采用市场化投资运营，公共和私人养老金存在差异：公共养老金投资主要采取委托专业投资者为主、直接投资为辅的方式，充分考虑安全性和流动性；在投资策略上，主流公共养老金通常采用被动投资（指数投资）为主的方式，跟踪权益资产和债券类资产的指数进行投资。例如，全球最大的主权财富基金 GPFG（挪威政府养老金全球基金）主要跟踪富时罗素指数（权益投资部分）和彭博巴克莱债券指数（债券部分），并通过再平衡策略保持 70% 的权益资产配比。阿联酋的阿布扎比投资局，45% 的资产为被动投资，采取指数复制策略。日本的 GPIF 也采用被动投资策略，对于大规模的养老金而言，被动投资能够及时、大规模地执行其所需的资产配置，同时将交易成本降至最低。

在私人养老金的投资运营方面，很大程度上取决于养老金的性质（DB 或 DC）、金融机构投资策略等，不同类型养老金和金融机构在运作方面存在显著差异。总体来说，第二支柱的职业养老金（雇主养老金）往往通过大型公募基金、信托机构等进行管理，主要资产配置多倾向于股票类资产，其次是债券，为了保证流动性还持有部分存款产品；而个人养老金账户则投资较为灵活，没有太大限制。

养老金日益强调环境（Environmental）、社会（Social）和公司治理（Governance）投资（以下简称 ESG），ESG 是衡量上市公司是否具备足够社会责任感的重要标准。养老金的资金特性与 ESG 投资理念高度契合，一是养老资金的久期较长，规模较大，ESG 投资的特征符合其长期属性的要求；二是养老金的投资运营，对投资资产的风控要求较高，ESG 投资符合养老金投资的要求；三是养老金资金带有明显的公共属性，投资行为应符合主流价值取向，避免产生重大的社会环境负面影响，ESG 投资的负面筛选可以有效规避此类不当的行为。

从国际经验看，各国公共养老基金和私人养老金普遍重视 ESG 投资。例如加拿大养老金计划是加拿大最大的投资管理机构，其投资中 ESG 评估整合到所有层级的投资决策，而且积极发布责任投资报告，重点关注气候变化对经济造成的破坏，积极投资于可再生能源的股权投资；日本政府养老基金是全球最大的公共养老金投资公募机构，在其投资指引中明确提出 ESG 原则，并建立了多部门协作的 ESG 投资流程；荷兰退休基金资产管理集团，作为荷兰最大的养老金资产管理公司，也在投资中将环境、社会和公司治理的因素融入投资流程和资产类别选择中间。总之，全球范围内规模庞大的公共养老金和私人养老金给资本市场带来了源源不断的资金流入，也助推了金融产品创新。

（二）资本市场与养老服务金融

1. 建立养老储蓄个人账户

在养老第三支柱的发展过程中，美国、英国和日本分别形成了各具特色的个人退休账户 IRA、个人储蓄账户 ISA 和个人储蓄账户 NISA，同时具备储蓄与投资功能。

美国 1974 年推出个人退休账户 IRA 制度，允许个人在银行、基金公司、保险公司等金融机构自由选择开设账户，存入账户中的钱以每年 1500 美元为上限享受延迟纳税优惠，从而鼓励民众储蓄。2015—2020 年间，美国 IRA 账户资产总量从 7.5 万亿美元增长到 12.2 万亿美元，IRA 账户覆盖美国超过 8000 万个家庭，资产占美国养老金市场资产总量的比重超过 1/3。美国的 IRA 账户享有税收优惠政策及十分灵活的制度设计，服务商不设二次准入，而且个人开户不设置地域限制、IRA 账户中的资金投资权利下放到个人，投资平台完全互通开放。

英国的个人储蓄账户 ISA 作为一种储蓄兼投资账户，同样具备免税的优势，可以细分为现金账户、终身储蓄账户和股票基金账户。其中，现金账户的开设要求必须是满 16 周岁的英国居民，其他类型账户要求满 18 周岁。存入 ISA 账户中的钱以每年 20000 欧元为上限享受免税优惠，持有人可以自主决定其向子账户的额度分配。

日本的个人储蓄账户 NISA 是针对投资相关金融产品和工具的免税账户，以促进储蓄与投资。其涵盖年龄段广泛，包括初级 NISA 账户、普通 NISA 账户和小额累计投资免税计划 NSTA。其中，初级 ISA 账户对未成年人每年设定 80 万日元的免税投资限额，针对投资信托等可享受免税待遇。普通 NISA 账户对成年日本居民每年设定 120 万日元免税额度，在 5 年内可以免所得税。

2. 提供养老信托服务

养老信托由于具备特殊的财产保护以及破产隔离功能，成为养老资产保值增值的重要途径，主要包括养老金信托（见养老金金融部分）、养老财产信托和遗嘱信托。

财产管理信托——指金融机构接受社会成员委托，对其交付的个人现金资产和商业养老保险、房产、股权等非现金资产进行专业化管理，实现养老财富积累的信托业务。在发达国家如英国大部分的社会和职业养老金运作是通过信托方式进行的，在美国"401（K）雇员养老金计划"中，养老资产运用信托机制进行管理的比例接近一半。此外，金融机构还可面向家庭或个人提供个性化量身定制的信托服务，根据客户的理财目标、家庭具体状况如人口、收入、健康、人均寿命、通货膨胀等情况，设计提供综合金融服务，提供投资、顾问等服务。

养老慈善信托——金融机构或非政府组织在公益慈善事业中发挥独特的作用，服务于贫困孤寡老人养老、助老等公益福利事业的信托业务。慈善资产通常会用于资助敬老、爱老、扶老相关的公益慈善事业等。

遗嘱信托——遗嘱人在生前设定信托计划，委托专门的机构对其资产进行管理，在其死亡后才生效，可以很好地解决财产传承方面的问题，减少因遗产产生的纷争，避免巨额遗产税，保障后代的生活和养老等。美国、欧洲各国的此类服务都比较发达。

3. 提供投资类养老金融产品与服务

投资类养老金融产品和服务，是指金融机构向家庭或个人的养老储蓄提供的投资服务，通常由信托公司、公募基金、私募基金、银行等金融机构管理，其中一些金融机构特别是信托公司往往面向家庭或个人提供个性化量身定制的信托服务（见上一条财产管理信托），而公募基金则提供标准化的投资产品，代表性的是公募养老目标基金。美国的养老目标基金近年来增长迅速。2019 年巅峰时期目标日期基金资产规模约 2.3 万亿美元，最近两年在疫情冲击下，基金资产规模有所缩水。截至 2021 年第三季度末为止，目标日期基金在美国整个金融市场上的资产量达到 1.741 万亿美元，其中 1.154 万亿（占比 66%）属于各类不同缴费确定性 DC 型养老金计划，3180 亿美元来自 IRA 投资美元（占比 18%）。目标风险基金虽然规模较小，但增长迅速，截至 2021 年第三季度末，第三支柱 IRA 资产中有 1140 亿美元投资于目标风险基金；第二支柱 DC 型计划养老金资产中，有 7300 亿美元投资于目标风险基金。目前，美国作为养老目标基金发展最成功的案例，吸引英国、日本等多个推行 DC 型养老金制度的国家及地区学习效仿。

4. 开发融资类养老金融产品

融资类养老金融产品主要帮助老年人依靠其他非金融资产获取资金进行养老，以弥补养老储蓄不足的问题，代表性产品为住房反向抵押贷款。

美国的住房反向抵押贷款产品市场化程度高，面向不同收入群体，主要有三类：房产价值转换抵押贷款（HECM）面向 62 周岁及以上并拥有房产的老人提供服务，由联邦住房与城市开发部设计推出、联邦住房管理局（FHA）授权担保、并由得到授权的金融机构如保险公司进行承办，贷款金额受限于基准金额和限制因子，领取方式灵活；住房持有者贷款的运行与其类似，由企业销售并担保，不需要要联邦住房管理局担保且贷款金额不设限；纯私人性质的财务自由贷款，由私营企业提供，根据需求量身定制。

日本 1981 年推出名为"长期生活志愿资金贷款制度"的反向住房抵押贷款，由地方自治体、信托银行等提供。依据实施主体，细分为三种模式，一种是偏社会福利性质的政府主导模式，受众广泛；第二种是以高价值房产为融资担保，具体由国土交通省和厚生劳动省联合实施的富贵型模式；第三种是偏内部性的私营型模式，多以本机构内部房产进行融资担保。

新加坡采用的是政府主导型住房反向抵押贷款。新加坡的以房养老模式按照现金收入来源主要分成 3 种，分别是通过房屋租金、置换差价、房屋抵押收入进行养老。在这个过程中，政府始终保持主导地位，通过相关法律制定、税收优惠以及专业机构组建等方式扩大反向贷款规模。

（三）总结借鉴

养老服务金融的发展，是金融机构和市场在政府养老金制度体系下，充分发挥金融机构自身创新性和能动性的产物，其发展离不开金融市场和金融发展的程度，也离不开居民养老意识的提升，金融服务养老发展水平与其经济发展水平高度相关。由于各国国情不同，基本养老制度和体系不同，养老传统和观念不同，法律环境不同（比如信托法律），因而在政府承担养老"兜底"责任的基础上，金融服务为养老服务业提供了广阔的空间，丰富了养老资金来源与配置的多元化。从典型国家的金融服务养老来看，中国可以从居民和国家层面结合实际参考借鉴，实现个人账户养老金制度的可持续发展，充分发挥金融服务养老的作用，高度重视金融服务养老管理，不断进行金融服务养老产品的创新，制定和实施有利于金融服务养老可持续发展的政策。

我国当前的三支柱养老金体系存在过度依赖第一支柱、私人养老金即第二、第三支柱亟须发展壮大的问题。借鉴国际经验，结合中国目前资本市场发展现状与服务养老服务产业的现实，从养老金的制度建设、资本市场的配套政策、对养老金投资和养老金融服务的监管、鼓励和引导养老金投资发展等方面，提出如下对策建议：

1. 夯实养老金制度建设，健全三支柱养老体系

一是进一步完善三支柱养老保险体系。我国的养老金体系已经初步成型，《中华人民共和国社会保险法》确定了社会统筹、企业和个人缴费的方式；2022年《国务院办公厅关于推动个人养老金发展的意见》发布，个人养老金实行个人账户制度，缴费完全由参加人个人承担，实行完全积累。然而，有关个人养老金的相关法律法规还不完善，对养老金个人账户的使用、投资范围、税收政策等均未确定，建议尽快出台相关法律法规，明确确定缴费型养老金DC模式和个人养老金储蓄账户的缴纳、投资和提取等环节的监管和税收政策，完善三支柱养老保险体系。2022年11月4日，人力资源和社会保障部、财政部、国家税务总局、银保监会、证监会联合印发的《个人养老金实施办法》，明确个人养老金是第三支柱中有制度安排的部分，是政府给予政策支持、个人自愿参加、市场化运营的补充养老保险制度，并规定了在中国境内参加城镇职工基本养老保险或者城乡居民基本养老保险的劳动者都可以参加个人养老金制度，个人养老金实行个人账户制度，由参加人通过国家社会保险公共服务平台，在个人养老金信息管理服务平台开立，用于记载参加人全流程信息，作为参加个人养老金制度、享受税收优惠政策的基础。在开立了个人养老金账户以后，还需在符合规定的商业银行指定或开立个人养老金资金账户，这两个账户具有唯一性，且互相对应。《实施办法》明确，参加人每年缴纳个人养老金额度上限为12000元，并且在缴存环节、投资环节和提取环节均有税收减免的优惠。实施办法正式确立了我国个人养老金制度，有助于进一步推动养老金投资和相关财富管理的发展。二是多种渠道鼓励发展个人养老金。根据OECD国家的经验，养老金制度建设通常与经济社会发展相适应，其中人口年龄结构是影响养老金制度改革的最重要的因素，一般具有如下规律：在进入老龄化社会初期（65岁以上人口占比7%），应

大力发展社会养老金，实现全覆盖；老龄化社会中期（65 岁以上人口占比 14%），调整养老金结构，发展雇主养老金，启动个人养老金；超级老龄化社会期间（65 岁以上人口占比 20%），大力发展个人养老金。目前中国已接近老龄化社会中期，应该大力发展个人养老金。建立覆盖面广的个人养老金账户。个人养老金采用账户制，并且具有可转换性，即职业年金和个人养老账户之间的资金在满足一定条件下可以提取、根据就业转换工作而调整，即账随人走，对于不同年龄、不同收入的缴纳人群，实施差别税收政策，鼓励不同收入阶层的人群进行养老储蓄和投资。增大私人养老金税收优惠。税收优惠形式可以所得税递延和专项扣除为主：在缴纳和运营阶段免税，在领取阶段根据个人情况免税；其次，在企业年金中设置鼓励企业参与的政策，如企业负担的部分可计入营业成本在企业所得税前扣除。在代际间帮扶方面，增大对老年人的赡养行为的个人所得税抵扣额度，提高个人养老金缴纳的积极性。目前，考虑到中国个税缴纳人群基数较小，个税减免政策的覆盖面可能不足，可借鉴美国 IRA 的经验，在提高缴费上限的同时，按不同收入、第二支柱的参与程度和家庭成员情况等进行差异化的税优安排，尽可能兼顾公平。三是加强养老金监管，扩大养老金的投资范围，规范养老金的资产配置。养老金所面临的最大风险是长期通胀风险，配置权益类等高收益资产是长期投资的必要选项。在投资方向上，建议对第一支柱和第二支柱养老金投资，进行指引和规定，引导和鼓励企业年金、职业年金和个人养老账户资金投资养老等产业项目或国家基础设施项目，在拓宽投资渠道的同时，为养老产业发展提供资金支持，连接实体经济与资本市场，促进养老产业发展壮大。拓展养老金投资的范围，例如允许养老金投资公募 REITS 和私募股权，提高养老金的股权投资上限，并在风险可控的条件下加大海外投资比重，增强资金运作的稳定性。对个人养老金账户，要尊重投资者的个人意愿，设置多样化的金融产品。从国际经验看，各国个人养老金账户能够选择的投资产品种类非常多，近年来均加大对权益资产的配置，以获取更高收益。我国养老理财产品的主要配置方向还是储蓄存款等低风险资产，原因在于大众的风险偏好较低，且权益市场周期波动更频繁且剧烈、市场机制仍不成熟，因而从养老金的稳定增值角度和安全性角度，应该在引导个人养老金投资主要投资于固定收益债券市场的同时，加大权益资产力度，特别是有关养老产业的上市公司或私募股权，实现为养老产业输血，同时也分享壮大的养老产业的收益。此外，可以针对客户开发不同风险—收益的具体金融产品，如银行储蓄类产品、养老理财产品中的低风险产品、养老目标基金中的低风险特征的目标风险基金、以及具备刚兑属性的保险产品等。中长期来看，应该加强投资者教育，大力普及储蓄养老、金融养老观念，增强投资者对投资品种的理解和认识。四是制定和实施有利于金融服务养老可持续发展的政策。居民生命周期内养老资产的配置在不同阶段需要不同的政策保障，政府需要普及相关养老知识，提高居民养老意识，打造储蓄养老、投资养老的社会氛围。对于年轻人，应该鼓励其进行养老储蓄或养老长期投资，对于家有长者需要赡养的家庭，除了个人所得税减免之外，还应对其投资于养老账户内的资金实施减税或免税政策，根据其投资于长期资产的年限，对所得收益实行差别化税率，降低个人养老账户资产的遗产税收等方式，从多途径更好地保障居民的养老权益。

2. 对市场主体提供养老金融服务的指导和规范

一是鼓励金融机构不断进行产品和服务创新。在鼓励和引导金融机构方面，引导金融机构明确市场定位，银行、证券、保险、基金等各机构结合自身的竞争优势，立足于目标群体推出适当产品。例如保险公司大力发展投保型养老金融产品，银行、基金和信托公司等需要提升财富管理和投顾服务能力。公募基金配合个人养老金政策，积极研发不同类型、不同风格的投资产品，为不同年龄段的投资者提供更加多元化的选择。提升行业投顾服务能力，注重账户的使用体验，在过往用户服务数据的积累基础上，构建覆盖生命周期的养老金资产管理生态链，为投资者提供更加科学合理专业的养老投资解决方案。二是指导和规范金融机构加大金融宣传教育，普及养老观念。加大投资者保护力度，特别是针对老年人的投资者保护力度和宣传教育力度，加强市场主体的投资者适当性教育，降低金融风险。引导金融机构大力宣传养老金融相关服务，通过短视频、在线课堂等媒介开展线上养老投资者教育，向投资者普及养老金融知识，帮助他们树立自主养老意识，以及长期投资、价值投资的养老投资观念；加强市场机构的投资者适当性管理，针对不同资金规模、投资需求、风险偏好的投资者提供符合风险等级的服务；发挥政府部门、行业协会以及金融机构的各自优势，教育引导国民进行长期养老规划，形成长期投资理念，提升养老金融知识水平，增强资产配置、风险管理、权益维护等能力。最后，政府要积极打击进行虚假养老宣传和打着养老服务旗号的诈骗行为，为养老服务金融发展营造良好的社会环境。三是加强养老金投资和管理机构的 ESG 意识。养老金积极参与 ESG 投资，能够培育资本市场责任投资的投资主体和长期投资意识，发挥长期机构投资者在价值投资市场上的引领作用，此外基本养老金作为公共基金，在进行投资时可以更好地引领我国对可持续发展问题的重视和实践。持续推动 ESG 的制度框架建设，优化 ESG 政策环境，加强治理体系建设和信息披露立法的实践，强化市场监管；不断完善 ESG 信息披露制度。强调进行养老金投资和养老金账户管理的机构逐渐由自愿披露转为强制披露，要求运营公共养老金和企业年金、职业年金的机构进行 ESG 投资披露，并对其进行评估；构建配套的激励机制，对具有较高信息披露程度的企业，建议酌情提供一定的融资便利；通过规章指引等方式推动 ESG 投资的落地，要求养老金投资管理机构必须具有公示明确的 ESG 投资理念和目标，根据监管需要，剔除某些存在重大投资风险的公司，实行企业黑名单制度，ESG 风险一票否决；设立相关的组织架构，建立专门的投资管理部门统领投资决策；构建 ESG 的投资机制，鼓励养老金管理机构结合数据积累和国内现实，形成严格的 ESG 内部评价标准，跟踪上市公司的财务信息和 ESG 信息，鼓励养老金机构，积极参与公司治理。

三、资本市场服务养老服务业：融资视角

（一）资产证券化（ABS）支持养老服务业发展模式设计

1. 养老服务业进行资产证券化融资概述

（1）支持证券化是养老服务企业可行的融资方式

2022 年 7 月 25 日，苏州市政府办公室关于印发苏州市康养产业高质量发展行动计划（2022—2025 年）的通知，通知中指出：拓宽投融资渠道，支持市场主体发行康养产业专项债券，鼓励符合条件的企业利用公司债券融资支持康养产业发展。根据国家政策导向，支持康养企业依法合规运用资产证券化等融资方式，形成新增投资和盘活存量的双驱格局。

发起人将持有的各种流动性较差的资产，如将来的稳定收益权、住房抵押贷款等，分类整理为一批资产组合，出售给特定的交易组织（特殊目的载体），即金融资产的买方（主要是投资银行）。再由特定的交易组织以买下的金融资产为担保发行证券支持资产，用于收回购买资金，这一系列过程就称为资产证券化（ABS）。本质上讲，资产证券化是发起人的一种债券融资方式。

2013 年 3 月发布的《证券公司资产证券化业务管理规定》将资产证券化界定为，以特定基础资产或者资产组合所产生的现金流偿付为支持，并以结构化方式进行信用增级来发行证券的业务活动。管理规定同时对特殊目的载体（Special Purpose Vehicle，以下简称 SPV）也进行了定义，即券商为实施资产证券化专设的专项资产管理计划，并经由中国证监会认可的特殊目的载体。相比传统融资渠道，资产证券化特征如下：

第一，基础资产的所有权完全转移。发起人通过出售基础资产，将其全部风险和收益转移至 SPV，且在合同所约定的期限内，SPV 拥有对其决策控制权，发行人或债券人均无权干涉。即 SPV 作为独立的第三方管理基础资产，发行人对已出售的基础资产不再有任何的追索权利。

第二，资产证券化具有对流动性风险的管理功能。资产池的基础资产一般不会随时出售变现，而是根据合同或预先约定的具有可预见性的未来现金流入。在资产证券化过程中，资产发起人以发行资产支持证券的方式，将流动性较弱的资产转化为流动性强的资产，从而改善资产的流动性。

第三，资产证券化融资成本低。资产证券化业务环节多，除了向投资人到期偿付本息外，还要向托管机构支付委托管理费，向资产管理机构支付基础资产池的管理费以及向承销商支付的承销费、专项管理费等。然而，资产证券化的整体融资成本仍要小于常规融资方式，这是因为资产证券化采用了更成熟的交易架构、信用增级方式，改善了证券的发行条件；不存在折价发行的情况，而是以更低的利率发售给投资人，资产支持证券能以溢价或平价发行，发行的利率要远低于普通债券的利率。另外，资产证券化各项费用占交易规模的总额占比低。

第四，资产证券化是具有结构性融资特征的工具。资产证券化的关键核心在于如何

设计、建立一个严谨有效的运作结构。通过这种结构，把资产池的现金流入同原始权益人的资信能力形成分离，从而实现了破产隔离。该结构能让原始权益人可以通过出售资产来融资，且不会影响资产负债表上的负债增加。这一运作结构可让原始权益人获得第三方金融机构的信用担保，通过增信来改进证券的发行条件。

第五，资产证券化是属于表外的融资方式。按照美国会计准则《转让和经营金融资产及债务清理会计处理》的界定，由于基础资产真实出售给 SPV，原始权益人对该资产不再具有任何的控制权。原始权益人在资产负债表移除相应的资产，并确认损益。这就从法律层面上对资产证券化适用表外资产处理方式得以明确。通过资产证券化，原始权益人能够提高资本充足率，降低资产负债率，并且进一步扩大资产规模。因此，资产证券化这种表外融资方式可以被用来改变原始权益人的资产负债结构和降低财务风险。

养老服务业中能够正常运营的企业，其将来的现金流是稳定、可预期的，这是进行资产证券化融资的基础资产。将这些稳定的现金流打包成为一个基础资产组合，在此基础上发行 ABS 进行债权融资，是我国养老服务产业的一个可行的融资途径。

（2）养老服务产业的现金流来源

我国正在加速进入老龄化社会，养老服务业是一个巨大的市场，是一片几乎没有开发的蓝海，这为我国养老服务产业提供了广阔的盈利空间。养老服务产业的盈利来源有以下几种：

专业服务模式。选择这种模式的一般是专业养老服务的企业，它可根据自身管理能力选择适当的养老市场服务规模和服务方式，服务范围可以涵盖老年人护理、照料、精神安慰、老年用品、生活服务、文化教育、娱乐休闲、旅游服务等，服务层次可以覆盖家庭、社区、机构等，老年人可以根据自身需要灵活选择专业服务类型。专业服务获得的利润包括各层次、各种类养老服务获得的报酬。

特许经营模式。从事特许经营的一般是养老服务大型品牌企业，具备强大的管理服务输出能力。在这种模式下，大型养老服务企业可以对其他经营主体的养老项目进行托管，可以对其他经营主体或养老经营项目进行连锁经营，还可以整合养老资源，与其上下游产业链组成战略联盟，具有较强的可复制性和成本控制能力。特许经营获得的利润包括自身经营管理收入部分、允许其他企业加入收取的加盟费以及资金管理回报收入等。

除了上述两种单一的模式之外，很多养老服务企业还综合运用几种模式，根据养老场地、养老项目、养老规模、养老市场和自身实力灵活组合服务模式进行养老服务，以获得综合效益。

（3）养老服务企业资产证券化融资要解决的问题

与其他企业进行资产证券化融资类似，养老服务企业资产证券化融资首先要解决以下几个主要问题：

稳定的现金流。资产证券化依赖于底层资产的现金流入，影响证券资产风险最关键的因素是基础资产可否带来稳定且可预期的现金收入，若底层基础资产可以产生持续稳定的现金流，则资产支持证券发行产品的还本付息就有保证；反之，则无法保证其偿付能力。只有确保基础资产池的现金流是稳定且可预期的情况下，以其为基础的资产支持证券才能明确发行价值，评级机构才能以此对证券进行评级。在中国加速进入老龄化的背景下，我国养老服务产业具有良好的盈利前景。因此，养老服务产业进行资产证券化融资具有稳定的基础资产现金流。

资产重组。资产重组是发起人为达到证券发行的条件，以一定的方法，对被选取为证券化的资产进行重新配置和再组合的过程。资产重组的中心理念是通过资产的配置、组合来使资产收益实现重新分割。资产重组的重中之重在于基础资产池的选择，入池资产的不同，会直接关系到资产的现金流、风险及收益，被证券化的基础资产要满足以下要求：基础资产可产生稳定、预期的现金流；原始权益人持有该资产的期间，该资产信誉良好；资产具同质性高、具有标准化合约；资产抵押物的变现几率高；基础资产的违约率和损失率低；基础资产的数据易于获取；基础资产债务人的地域分布广泛。通常情况下，一项资产证券化业务要求基础资产重点满足其中几项要求即可。

风险隔离。风险隔离就是将基础资产的风险与原始权益人的其他风险彻底隔离开。也就是从证券风险规避的出发，对资产证券化进行考察，目标在于降低证券投资人的购买风险。风险隔离也是资产证券化运作的一个重要条件。风险隔离促进了资产运营的有效性：通过风险隔离，把原始权益人不愿和不能承担的风险转移给有能力且愿意承担的人。在资产证券化运作中，将基础资产真实出售给 SPV，风险也同步转移至 SPV。这样，即便该资产的原始权益人在经营活动中发生了一些问题，但相关债权人无权对基础资产进行清算和处理，从而保障了证券投资人的利益；另外，证券的投资人仅承担证券本身的风险，无须承担基础资产原始权益人的风险。

信用增级。信用增级是以信用增级方式，来提升资产证券发行的信用级别，从而增加金融产品的市场价值，降低发行成本。信用增级的作用在于可以弥补发行人的资产证券化产品和投资人所需要的条件之间的差距。要想得到资本市场投资人的青睐，并降低发行成本，就必须对资产支持证券在发行前采取增信措施，提升发行的信用级别，并在会计制度、监管规定等方面，使资产证券化产品达到相应要求。其次，信用增级后的证券，其信用将比基础资产的原信用等级更高，增强了证券的安全性和流动性，降低了发行成本。若未进行信用增级，投资人可能需要承受一定流动性的风险，这会打击投资积极性，使基础资产池的现金流入无法达到设定的目标金额。发行者也需要对此进行风险补偿，从而提高了证券的发行成本。

2. 养老服务业资产证券化融资面临的制约因素

我国的资本市场还处于爬坡阶段，发展尚不成熟。养老服务产业资产证券化的实施环境尚待完善。

（1）信用评级缺乏竞争性

在信用评级市场上，随着基础资产的类型不断增加和产品结构的逐渐丰富，资产证券化参与的主体类型也越来越多样化。随着市场不断扩容，相应地，资产证券化的参与各方和相关监管机构对信息披露制度、信用评级的需求也随之增加。然而，与对产品信用评级信息的巨大市场需求形成鲜明对照的是，目前我国的信用评级缺乏市场竞争性。

我国评级行业市场竞争力不足，2020全年，信用评级机构承接的项目数量为7037单，但国内评级机构经证监会备案批准的仅只有12家（表41），中诚信国际、联合评级、大公国际三大评级机构依旧占据和垄断着市场份额。由于存在多头监管的行业机制，评级市场准入的行政门槛普遍较高，致使信用评级市场的寡头垄断格局很难纯靠市场化手段加以解决。这不仅加剧了信用评级市场的反向选择与道德风险，而且还削弱了信用评级企业提升信用信息品质、积累信誉资本的积极性。

（2）税收体系存在缺陷

税收问题直接影响资产证券化参与机构的整体融资成本，并影响其融资的效率和活力。若未能妥善处理此问题，所得税负担将加重，则会压缩发起人的获利空间，从而丧失与其他筹资模式相比的成本效益，进而削弱对投资人的吸引力。资产证券化过程中所涉及的税种主要包括所得税、印花税以及营业税和利息预扣税。在资产转让、证券发行以及收益偿付各关键环节均有可能出现。

表41　历年信用评级机构承接项目和证监会批准的评级机构数量

年份（年）	信用评级机构承接项目数量（单位：单）	证监会批准信用评级机构数量（单位：家）
2012	299	6
2013	1379	6
2014	6270	7
2015	6894	7
2016	—	7
2017	—	9
2018	—	11
2019	5469	11
2020	7037	12

为了尽量减少融资成本和费用的增加，税收中立与合理避税是税务机关应当遵守的最根本的准则，尤其要防止"双重征税"。然而，在实践中，由于未完全纳入税收制度，资产证券化过程容易导致税收的重复。具体来说，发起人需纳税，但在出售资产时产生的亏损却很难确定；对于专项SPV而言，发行证券的收入，权益偿付的环节收到债务人支付的现金，需要支付所得税；对于投资人而言，证券收益需要交纳所得税。如果养老服务业的资产证券化产品在二级市场进行交易，则交易中所涉的交易税费会对证券二级市场的发展产生不利的作用，在一定程度上会制约流通。

（3）多头监管的行业现状

目前资产证券化市场仍未建立统一的监管体系，交易商协会负责主管资产支持票据，央行和银保监会负责主管信贷资产证券化，证监会负责主管企业资产证券化。分业监管的问题突出，在产品创设、发行、审批、交易过程中，还会涉及到财税、国土等部门，这将导致交易结构更加复杂、监管效率下降、监管成本提高。同时，由于监管资源分散，将导致实施不到位以及漏洞等问题产生。就养老服务企业的资产证券化产品来说，单 SPV 产品，券商要受证监会监管，而双 SPV 产品，由于设立了通道 SPV，引入信托公司，受证监会和银保监会的双重监管。不但政策风险大，对于机构方来说，双重监管也是资源的浪费。

此外，养老服务企业的资产证券化是一种特殊的资产证券化，行为监管与主体监管是独立分开的，行为监管由证监会和银保监会实施，主体受民政、卫建等部门监管。所以，养老服务企业资产证券化实施的全流程既受到相关金融监管机构的管理又要受到民政、卫建等部部门的引导。

3. 养老服务业资产证券化融资模式设计

（1）基础资产的选择

①养老服务企业的经营现金流。养老服务企业的经营现金流是资产证券化最重要的基础资产。养老服务企业的盈利模式主要有专业服务模式、特许经营模式、工农业产品销售模式等多种，这是养老服务企业赖以生存和发展的根基。目前，养老服务产业在我国是新兴产业，是早上八九点钟的太阳，具有广阔的发展前景，有持续盈利、稳定盈利的保障。而这种持续、稳定、可预期的现金流正是资产证券化融资的坚实基础。②其他可证券化资产。在资产证券化过程中，可被选取作为基础资产有实物资产和非实物资产，其中实物资产指的是固定资产相关的设施使用收入、房屋收入。非实物资产则指金融资产和非金融资产，主要包括诸如住房抵押贷款类的金融资产，以无形资产和应收款等形式存在的非金融资产。这些都可以作为资产证券化的基础资产。③存量资产。土地、房屋等建筑物都是优质的存量资产，如果产权明确，直接归属养老服务企业所有，企业能出具建筑物相关的不动产所有权证、土地使用证等法律证明文件，且不存在抵押、质押等担保负债的情况，证明存量资产是合法、真实的，则是非常适合的资产证券化基础资产，满足入池基础资产的条件。通过将存量资产抵押给银行的方式，养老服务企业可取得抵押贷款。而抵押贷款的相应债权又可以作为资产池的基础资产，再由 SPV 向银行购入抵押债权并发行证券，以此来实现存量资产的资产证券化。④无形资产。无形资产、知识产权资产证券化，是以知识产权的收益权作为基础资产的证券化融资，但对其证券化相对更复杂，对其进行前期的权利状况调查以及对其资产质量的评估等准备工作甚为关键。主要包括权利的有效性、受保护的期限长短、内容范围、权利归属问题等，并且需要分析相应现金流的历史记录、产业生态环境、被许可人经营状况，市场风险调研等，以此来对未来收益情况进行全方位预测。在组建该类型的资产池时，并不是简单地组合叠加，而是在经过综合调查分析、资产合理地搭配组合后，挑选出同类的优质资产。

（2）养老服务业资产证券化 SPV 专项运作模式

SPV 是为了资产证券化而搭建的载体和通道，其核心功能就是通过销售和持有证券化资产、发行资产化证券、委托专业机构管理资产和处理证券化资产。原始权益人若将基础资产直接转让给投资人，其运作方式、资产规模必将受限，而 SPV 的最大优势在于突破了这一缺陷，能对基础资产进行风险隔离，再以资产信用而非发起人的信用为基础，进行权益出售或债权融资。

SPV 没有对注册资本的需求，可以是一个法人实体或是一个空壳公司，不用常设的工作人员或者办公场所，其职能是将资产证券化运作的事宜事先安排、分派给外部的专业机构。不过，SPV 须确保其独立性和破产隔离功能，设立 SPV 时，一般为非相关的机构。SPV 按照既定的法律条文和相关协议来独立运作，从而不会因利益冲突而对某一方有所偏袒。SPV 的资产与负债基本相等，其剩余价值基本几乎可以忽略不计。

①养老服务企业选择 SPV 的标准。养老服务企业在选择 SPV 时应考量三个要素，是否与实现制度相耦合、是否真正实现破产隔离、是否节约交易成本。首先，是否真正实现破产隔离。养老服务企业具有市场化性质，具备自主经营、自负盈亏的特性。但是目前我国养老服务产业的发展程度尚浅，还没有形成大规模的盈利能力，因而很难获得银行大额度的贷款。在选择 SPV 时更要考虑所选的 SPV 是否真正实现破产隔离。只有充分发挥破产隔离的功能，才能切实有效地保护投资人的利益，从而提升产品的信用等级，促进产品顺利发行。其次，是否实现制度耦合。资产证券化模式的有效性取决于与其他金融制度的协调、匹配及耦合程度，且我国立法滞后又决定了 SPV 的选择应尽量不与现行法律的相冲突。所以，实现制度耦合是实施资产证券化的先决条件。最后，是否降低交易成本。高额的交易成本会使得养老服务企业对资产证券化融资望而却步，即便暂时发行成功，后续的到期兑付也存在很大偿付风险。交易成本的高低是影响养老服务企业资产证券化实施的另一关键因素。

②养老服务企业 SPV 的选择形式。SPV 作为一个特殊目的机构，是为了实现预期的财务目标而设立的，是整个资产证券化交易结构的核心和中枢，决定了整个过程的成败。对于 SPV 的组建，通常而言有两种方式，一种是内部设立，一种是外部设立，即由发起人自行设立或者由第三方设立。如果由发起人专门设立子公司充当 SPV 来给自有资产进行证券化，那么这种关联公司的结构能否有效形成风险隔离难以让人信服，并且发起人极可能利用 SPV 的运作获取收益，从而损害到投资人的利益。此外，养老服务企业信用和声誉度本来就比一般企业低，若证券化过程中由养老服务企业自行设立 SPV，其产品信用评级将会大大受到影响，导致产品难以受到资本投资市场的青睐。

根据目前国内外的实践经验，SPV 通常由第三方的专项计划管理机构即券商来设立，主要以信托 SPV、公司 SPV 这两种形式呈现。因为信托财产具有的独立性设计以及独有的破产隔离作用，加之我国现有的法律和金融环境，无论从形式上还是制度上，信托 SPV 均不存在任何争议，是适合作为特殊目的机构的。实际上，我国证监会允许企业资产证券化选用的"证券公司和基金子公司资产支持专项计划 SPV"本质上就是由资产管理公司设立子公司 SPV 的一种衍生形式。

③专项计划单 SPV 模式运作模式（图 31）。在资产证券化的专项交易结构中，由券商设立的资产支持专项计划作为 SPV，并由该券商即承销机构担任专项管理人，进行全流程的协调和运作。养老服务企业资产证券化单 SPV 的交易过程。首先，选取能够持续产生稳定现金流的资产作为基础资产，并将其真实出售给专项管理人设立的养老服务企

业支持专项计划 SPV，使该部分资产从整体资产剥离，在原始权益人和基础资产间产生隔离效果；其次，专项计划的资产服务机构可以是养老服务企业自身或者独立的第三方外部机构，由其对专项计划的资产池进行管理，再经由信用增级、信用评级，使基础资产的信用评级满足资产证券化发行的条件；最后，用投资人处募集的资金购买专项计划 SPV 发行的资产支持证券，资金通过专项计划 SPV 后，最终达到原始权益人处。

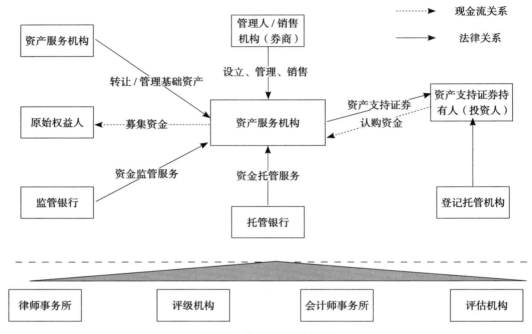

图 31　单 SPV 运作模式

　　④信托与专项计划双 SPV 运作模式。双 SPV 模式的资产支持证券可划分为两种形式："信托与专项计划"和"基金与专项计划"。"信托与专项计划"的结构是资本市场中较为常见的融资方式，借款人将原有业务的收益权质押至信托公司，以此获得相应资金贷款。而信托受益权的持有人又作为发起人，通过将受益权转化成信托债权，以此作为基础资产来发行资产支持证券。该运作模式亦符合底层基础资产的特定化要求，对养老服务企业而言，也同样适用以"信托与专项计划"模式进行资产证券化融资。对于大部分特定化的基础资产类型，使用专项计划的单 SPV 模式就可满足运行的客观要求，但因为基础资产无法特定化或所有权归属有瑕疵等缺陷问题，会设立两个 SPV，即信托计划的通道 SPV 和专项计划的发行 SPV。通道 SPV 对基础资产的转让、破产进行隔离，以保障发行 SPV 顺利运作。

　　资产支持型的双 SPV 模式的基本交易结构如图 32 所示，首先，将养老服务企业将来的经营收益进行信托收益权形式的法律界定，将信托计划作为通道 SPV。养老服务企业把将来的经营收益的收益权质押给信托公司后获得相应信托贷款，养老服务企业将底层资产所产生的持续稳定现金流作为到期兑付本息的来源；其次，通道 SPV 获得信托受益权，该权利能按期产生稳定且可预期的现金流，符合基础资产的选取要求；最后，以专项计划管理人设立的养老服务企业资产支持专项计划作为发行 SPV，正式向投资人发行资产支持证券以募集资金，同时将资金转至通道 SPV。以此来购买通道 SPV 所持有基础资产，即发行 SPV 接受通道 SPV 的信托受益权。

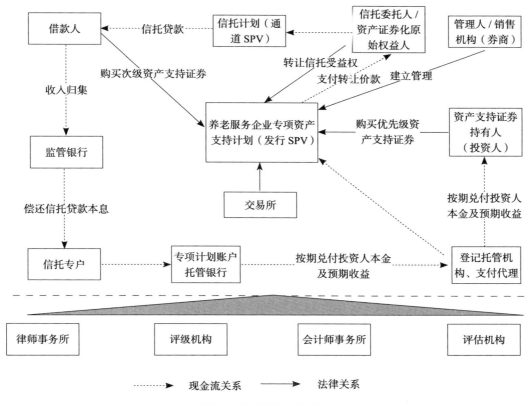

图 32　双 SPV 运作模式

通过上述的运作方式，两个 SPV 主体的相互配合，从而使具有不确定的收益权转换为特定的信托受益权，也符合证券化资产特定化、确定性的客观条件，保障了底层资产的安全，提升了交易机构安全系数。另外，采用双 SPV 结构运作模式可以适度地拉长证券化产品的期限，扩容资产池的基础资产规模，整体提升了产品的发行规模。但是，采用双 SPV 交易结构来实施资产证券化会使整体的融资费用有所上浮。最终选用单 SPV 或者双 SPV，应全面衡量养老服务企业整体的经营情况，充分考虑资产证券化的整体运作流程，既要对原始权益人负责，也要对投资人负责。

⑤养老服务企业资产证券化的资产转移。通过将基础资产从养老服务企业转移到 SPV，来达到风险隔离的目的，从而让 SPV 能够自由和独立行使对转让的基础资产的管理权。精简证券化的资产管理，更加专注对资产收益流的把控，即所谓的形成真实出售。对于发起人而言，将基本财产转移到 SPV 的形式主要有三种，分别是让与、从属参与、更新。让与是指不需原始权益人变更、终止原合同，仅须按照特定的法律手续，将

基础资产的债权转让至 SPV，并将转让事实以书面的形式告知债务人。待 SPV 获得债权后，SPV 会成为新债权人，让与人就此退出债权人身份。让与转移是切实可行且当前普遍采用的一种基础资产转移方式。以养老服务企业作为原始权益人和发起人为例，其具体运作方式是养老服务企业先同专项计划的管理人签订买卖协议，就未来一定期限的经营收益为基础资产，并商定支付对价；SPV 管理人最终将对应的资金交付至指定的账户，养老服务企业按约向 SPV 转让基础资产（图 33）。

让与的方式不仅可以满足资产证券化风险隔离的核心要求，而且一定程度上精简了办理手续。

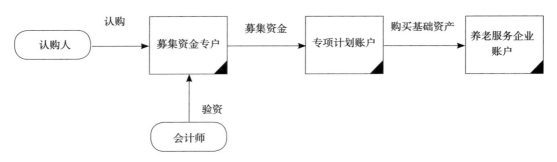

图 33 基础资产转让资金划转

相较让与转移资产的方式，从属参与本质是一种原始权益人和 SPV 达成的内部资产转让协议，并未将基础资产对 SPV 进行转移，实际上是资产负债表的表内证券化融资。仍以养老服务企业作为原始权益人和发起人、未来一定期限内的经营收益作为基础资产为例，其具体操作实施方式是：SPV 向投资人发行证券，再将募集所得的资金转贷给养老服务企业，养老服务企业则用特定资产设立担保权益。自此，投资人对 SPV 的贷款、SPV 对养老服务企业的贷款都具有追索权利，而养老服务企业依然享有未来经营收益的所有权。通过从属参与转移基础资产会让 SPV、基础资产以及养老服务企业间的风险隔离无法真正实现。更新是一种更严格的资产转移方式，具体指基础资产的债务人、发起人和 SPV 三方共同商定，同意消除债务人和发起人之间的基础资产相关合同关系，并用债务人与 SPV 之间的新合同来替代原有合同的权利和义务。简而言之，通过新设的内容相同的合同终止原有合同，发起人原先的权利、义务、收益和相关风险由 SPV 全盘承接。发起人同资产原债务人间的债权、债务关系彻底终止，再经由 SPV 和原债务人进行谈判再重新签订合同。

⑥养老服务企业资产证券化的信用增级。在资产证券化过程中，信用增级是至关重要的一个环节。简单来说，就是信用评级的提升，如果发起人的信用评级，无法获得投资人在资产的安全性、收益性等方面的认同，则就需要以信用增级的方式使产品来满足发行的条件。而增信方式也能成功地绕开发起人的信用评级，转而让投资人将注意力集中于担保方及信用评级所产生的正面效应上，以此来弥补发起人信用评级缺陷，促使专项计划实施得以顺利落地。

在资产证券化过程中，信用增级是非常必要的。证券化产品的发行必须经由评级机构对待发售的入池资产进行信用等级评估，而该资产能否产生充足的现金流以及支持到期的偿付能力，是信用评级的核心。信用增级可以进一步背书该资产的现金支付能力，增强投资人的信心，赋予该证券投资的价值。运用增信设计的专业机制和流程，还能将发起人与投资人有机地联系起来，有助于资产证券化项目的顺利落地、产品的顺利发行，其必要性如下：减少发行费用。资产证券化产品也同金融市场上其他金融产品一样，适用于风险与收益是成正比例关系的投资原则，信用等级越低，风险越高，投资人对收益回报的要求越高；信用等级越高，风险越低，投资人对证券产品的信心越充足，对于收益的回报要求相对降低。在养老服务企业资产证券化融资过程中，利用信用增级，发行人能保障投资人提供基本的证券收益，在扣除相关发行、交易费用后，则养老服务企业能分配更多的剩余净收益，更能有效弥补资产现金流量的短缺。简而言之，提升证券的信用级别，与融资费用的高低直接关联，信用级别越高，发行利率越低，风险越低，融资费用也就越低，产品的最终发行成功率也就越高。有益于发起人进行风险识别。信用评级机构采用了科学、系统化的测量方法和认证手段，对预先设定的现金流和专项计划中的潜在风险进行全面的把控，并形成标准予以表达。因此，就发行人而言，可对资产证券化运作形成更加精准的全方位理解，以此为基础来构架的专项运作和待发售证券更具信服力，也能更易得到投资人的青睐。对投资人进行风险揭示。依据专业评级机构的信用评级报告，可对证券产品进行一个完整、客观、科学的信息呈现，有效揭示资产证券化专项计划具体的信用风险和运作风险。从而在前期甄选时，针对性减少投资人工作量，提高投资人筛选目标产品的精确度，更有助于投资人做出的投资决策。增信措施还能降低交易门槛。利用巧妙的增信设计，使养老服务企业的优质资产与或有风险、其他资产相分离，从而将自身的优质资产用于融资，这种有效利用自身优质资源的方式，可以从根本上提高资产证券化的发行成功率。

养老服务企业的资产证券化产品应当采用多种方式相结合的信用增级方式，从制度和条款上为风险管理提供保障。增信方式可以从内部、外部两个方面来展开，内部增信主要从专项计划的资产池的结构设计、专项计划自身的运作机制为基础来实现的，包括优先级、次级分层结构设计、现金流转付机制、偿付加速机制、差额支付设置等；外部增信主要涵盖了第三方机构提供的信用担保、差额支付承诺、回购承诺等（表42）。

A. 内部增信方式：优先、次级分层结构设计。这已经是被广泛采用、较为成熟的增信方式。将资产支持证券划分为优先级、次级证券两档，在利息收益、损失补偿等方面，优先级证券均优先于次级证券，相当于间接地以次级证券来弥补优先级证券的亏损，从而保障了优先级证券的相对安全。假设养老服务企业的资产证券化所需的专项计划规模是5亿元，其中优先档为4亿元，次级档为1亿元，则优先档就得到了资产池总额的20%作为额外信用支持。此外，按照投资人需求或现金流情况，可对优先档进行细分类，其中信用支持最大的是最高级别的证券。按整体的偿付顺序来看，依次是税费支出、优先级证券的利息、储备金及相关费用支出、优先级证券本金、次级证券本金和利息。若将优先级证券进一步分层，可按支付各期优先级利息、各期优先级本金、次级证券本金和利息的顺序进行偿付。所以，优先、次级分层结构设计，是通过风险差异化的特性让产品信用获得较高评级的增信方式。超额现金流覆盖，是指设计资产证券化产品时，入池的基础资产未来各期产生的现金流要不得低于其所需的发行费用、各期兑付给投资人本息的总额，从现金流的角度保障了投资人偿付本息的安全性。超额现金流覆盖的信用增级方式，目的在于从技术角度上，确保设定的未来现金流的安全性，避免现金流的不确定风险，尤其是在发起人出现重大风险时，保证能及时收回足够的现金流，从而保障证券化产品的履约能力。经由专业的资产评估机构对专项资产的未来各期现金流进行不同场景的压力情况测试，未来各期预期的现金流数额应对当期到期兑付本息金额实现 1 倍以上的覆盖。并且，选以相应倍数的应付本息之和作为每期专项计划账户必备的金额。在专项计划产品的存续期间，本息兑付日前，专项计划账户结余不得低于当期兑付的必备金额。超额抵押，即在资产支持证券发行时，如果基础资产的评估价值高于证券发行的成本和发行费用，基础资产的价值超额部分，应对风险进行相应的补偿，从而使信用发生增级。如预计基础资产池关于未来一定期限内经营收益收入评估是 10 亿，而发行了 9 亿元规模的证券，则 1 亿元超额的部分作为储备现金担保来为风险作补偿。这种方式会提高整体融资成本，一定程度上缺乏资金利用效率，养老服务企业须充分衡量自身的经营情况和资产证券化运作情况，以确定能否通过该方式来实现信用增级。超额利差，入池资产的利息流入比向投资人兑付的利息和资产证券化运作过程中各类相关税费的总和大。以超额利差来增信应设立与之相应的利差账户，当出现了超额利差时，将其对应的现金差额划存至该账户中；当发生违约事件时，也可利用该账户中的资金来补偿投资人的损失。超额利差增信的效果与资产池现金流入的利率水平直接相关。信用触发机制，指的是当出现威胁资产证券化专项运作的风险时，即刻反应并采取补救措施。这就要求预先制定一定的条件和标准，用于框架、规范行为，特别是当原始权益人的经济主体信用状况下降、产品的履约能力急速恶化时。根据条款约定的不同，信用触发机制可细分为"现金流转付机制""提前终止机制""违约事件""加速清偿机制"等，这些触发机制的作用是当发生信用违约时，给予优先级投资人有利保护。在判定触发机制有效与否时，需对触发事件的约定条件进行分析，以确定能否达到提前预警和有效保护的目的。

就目前已发行的资产证券化产品而言，内部增信措施中，最有效、且被广泛使用是优先、次级证券分层设计、超额现金流覆盖以及根据专项计划运营情况预先设定的信用触发机制。

B. 外部增信方式。第三方担保。他方担保是一种最常见、传统的信用增级措施，对专项计划的担保通常都是由除发行人以外的第三方来实施的，但其增信效用完完全全取决于第三方担保机构自身的实力和意愿，因此易于衡量其担保的效用。实施担保的主体可以由担保公司、企业以及具有相应资质的金融机构担任。差额补足承诺，通常是指原始权益人发出承诺函，并承诺在每期的收益分配日前确认，若专项计划账户留存的结余资金低于到期兑付的本息金额，不能及时足额偿付投资人本息的情况发生时，则原始权益人需在分配日前将兑付资金的缺口补足，并提前将相应的差额存至专项计划的账户中。回售、赎回承诺。这也是一种被普遍采用的外部增信方式，当回售、赎回的节点触发时，原始权益人须购入与专项计划相关的资产，来释放投资人的资金锁定。至于被回购的标的资产，可以是对资产池中某一单一基础资产进行特定回购，或者整体回购资产池的全部资产，回购资产的选择上具有一定的灵活性。购买次级产品，即发起人或者其他相关方购买次级证券，以在一定程度上给予优先级证券投资人信用担保。在专项计划的运作过程中，通常不会将发起人或者其他相关方支持购买次级证券作为主要信用增级的方式来进行展示。购买次级产品这一增信设计，一般会和产品优先、次级分层结构设计同步进行，该增信措施也可以被有效应用于养老服务企业的资产证券化业务。基础资产抵押。具体是指原始权益人或者其他相关权利方以基础资产的部分权益做相应的质押担保，一旦发生信用违约，并且其他外部的增信措施无法保障投资人的相应权益时，则专项计划管理人可按照事先框定的条款，来行使这部分基础资产的处置权，以此收益来弥补投资人的亏损。金融产品担保，即资产证券化产品也可以通过额外的金融产品担保来提升自身的信用等级。例如，资产池保险，即原始权益人按信用评级的结果，对资产池的信用风险金额进行适当补充，从 5% ~ 15% 不等，而保险公司会以风险金额的差异来相应投保。此外，还有银行信用证，即通过提前缴存一定比例的保证金，来保障信用证的受益方——投资人的权益不受损。由于用金融产品担保的成本相对高，目前在我国资产证券化市场尚未进行大规模的运用，但亦不失为养老服务企业实施资产证券化过程中外部增信方式的一种创新。

表 42　养老服务企业资产证券化可采用的信用增级的方式

内部增信	外部增信
优先/次级分层结构设计	第三方担保
超额现金流覆盖	差额补足承诺
超额抵押	回购承诺
超额利差	购买次级产品
	基础资产抵押
信用触发机制（现金流转付机制、提前终止机制约事件、加速清偿机制等）	金融产品担保（资产池的风险保险、信用证）

4. 基于 PPP 模式的资产证券化

《"十三五"国家老龄事业发展和养老体系建设规划》明确支持社会力量举办养老机构，为养老机构 PPP 项目提供契机。

利用 PPP 项目做 ABS 很有发展前途。资产证券化不限定资金用途，有利于吸引养老设施投资人，特别是民间中小投资人参与养老产业发展，有利于养老产业的发展并提高养老产业的资产管理水平，同时，依托资产证券化可以实现金融业、金融市场以及其他服务产业、服务实体经济得到良性发展。因此在养老产业中，应该更多地推广应用资产证券化。例如"中联前海开源—保利地产租赁住房一号资产支持专项计划"资产包中，健康养老物业也包括在内，这是我国第一次有健康养老用途的资产进行资产证券化，具有很好的市场示范效应（图34）。

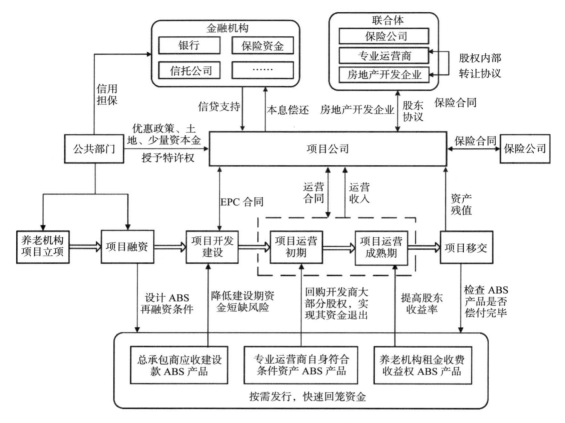

图 34　基于 PPP 的资产证券化

（二）养老服务企业债务融资模式设计

1. 信用债是解决养老服务业资金需求的重要途径

（1）信用债支持养老服务业发展

近年来，我国养老债业务发展较快，为解决我国在老龄化社会趋势中存在的养老服务产品供给不足、市场发育不健全、城乡区域发展不平衡等问题发挥了较大的作用。养老债已成为加快培育和发展我国养老产业、解决我国养老产业融资难题的有效途径和动力。

2022 年 9 月 1 日，国务院新闻办公室就《养老托育服务业纾困扶持若干政策措施》有关情况举行国务院政策例行吹风会。民政部养老服务司负责人李永新在吹风会上表示，此次出台的纾困扶持政策，重点从养老服务机构最关心、行业最亟须的房租、税收、保险、金融、防疫五个方面，提出了有针对性的帮扶措施。其中，在金融支持方面。明确开展普惠养老专项再贷款试点并扩大试点范围；引导金融机构对养老服务中小微企业和个体工商户实行贷款延期还本付息；鼓励地方给予贷款贴息支持；鼓励政府性融资担保机构提供融资增信支持；鼓励保险机构视情延长养老服务机构保单到期日或延期收取保费；支持养老企业发行公司信用类债券，拓宽融资渠道。

（2）我国信用债市场发展概述

近几年我国信用债市场快速发展，信用债发行主体类型逐渐多样化、债券品种逐渐丰富。目前，我国债券市场处于多头监管状态，而各个主管机关对于不同主体发行债券的政策偏好有所差异。目前各主管机关所管辖的主要信用债品种的政策要点如表 43 所示。

表 43　我国信用债的主要种类和监管政策

对比项目		公司债券		企业债券	非金融企业债务融资工具		
	私募发行公司债	公开发行公司债（可进一步分为大公募、小公募）		短融、中票等公开发行品种	私募中票（PPN）	DFI/TDFI	
主管机关		证监会、交易所		发改委	交易商协会		
发债核心要求	债项级别要求	无	强制要求评级，大公募债项需达AAA	强制要求评级	无	无	无
	发行规模要求	私募公司债余额不超过净资产的40%（窗口指导）	已取消发行规模不超过净资产40%的要求，具体细则制定中	已取消发行规模不超过净资产40%的要求，具体细则制定中	待偿还金额不得超过净资产的40%	无	无
	净利润要求	无	近三年平均归属于母公司的净利润不少于债券一年利息的1倍	近三年平均净利润不少于债券一年利息的1倍	无	无	无
审核方式及效率	审核方式	发行后向证券业协会备案	交易所审核、证监会注册	中债登公司和交易商协会审核，报发改委注册	交易商协会注册		
	审核周期	发行后5个工作日备案	上报材料后2～3个月内	上报材料后3～4个月	3～4个月	2～3个月	1～2个月

（3）信用债市场本身有"发债主体多元化"的内在需求

近几年，随着房地产市场的发展，我国的信用债也出现了"城投化"的趋势。数据统计表明，信用债市场存量发债主体数量从 2014 年一季度的 2919 家增至 2021 年末的 4764 家，增幅超过 60%，同时信用债市场存量债券余额在 2021 年末达到 24.79 万亿元，为 2014 年一季度时的近 3 倍。但同期，城投发债企业的数量由 2014 年一季度的 1000 余家大幅增加至 2021 年末的超过 3000 家，增长近 3 倍，而非城投主体数量则从近 1900 家减少到 1700 余家，城投主体占信用债发债主体数量的比例由 35% 增长至 64%，城投债的金额占比也由 29% 增长至 52%。城投债占比的持续上升有两方面的原因。一方面，长期以来城投企业承担着地方政府融资平台的角色，在地方经济的发展压力和政绩考核诉求驱动下，地方政府有可能为了追求经济短期内快速增长的目标而堆高城投债。另一方面，由于近几年宏观经济增速放缓以及违约案例增多，投资人面对频繁发生违约的行业更加谨慎，城投债由于尚未打破刚兑且收益率相对较高因而被视为比产业债更好的投资选择。

这种现象的产生既受到宏观经济和行业景气度周期变化的影响，又有不同行业融资政策阶段性改变的作用，以及高收益债市场不成熟和外部信用评级预警能力不足的原因。发债主体的同质化导致不同债券之间的风险表现关联度高，会带来新的市场风险。例如虽然城投企业尚未发生实质性债券违约，但投资者因此"抱团"城投债，却加剧了信用债市场"城投化"的趋势。一旦个别城投债券发生信用事件或违约，将会导致该区域的城投债甚至整个城投债市场的剧烈波动。此外，当下基建、地产、多元金融、资源性行业等在信用债市场融资占比较高，而一般的生产、服务类行业占比较低，这种行业融资规模差异对拓宽实体经济直接融资渠道也有所不利。

因此，提升发债主体属性的多元化程度，增强债券市场服务实体经济的能力和资源配置效率，就成为了目前我国信用债市场的主要发展方向。目前国内债券投资机构的主流思路还是防范信用风险，尽量避免所投债券违约以及估值大幅波动。针对目前信用债市场普遍不认可民营及中小企业的情况，资本市场也在创新债券融资渠道及债券品种工具，并采用信用保护工具等手段提升此类企业的市场认可度，意图扭转投资机构"一刀切"的刻板理念，从而提高低等级企业发债比重，丰富发行人的主体类型。同时，也在强化专业机构投资者力量，积极培育多元风险偏好的投资者群体，特别是投研实力和风险承担能力更强、能够承受长久期的高收益债投资者，从需求端完善市场建设。

由此可见，我国信用债市场本身也在寻求转型和突破，这为我国养老服务业借助于信用债融资带来了广阔的前景。

2. 信用债支持养老服务业的最佳方式——养老专项债

（1）专项企业债概述

专项企业债是信用债的一种。专项企业债——即发改委口径的专项债券——是指由平台公司、企业为拉动重点领域投资和消费需求增长而进行的特许融资，其允许发行的领域有四个：战略性新兴产业、养老产业、城市地下综合管廊建设、城市停车场建设。专项企业债由国家发改委监管，其发行、审核流程均与企业债一样，该类债券的偿还收入来自融资项目本身的收益，与政府预算无关。

如前所述，专项企业债属于企业债的一种，所以企业债所具备的特点该种融资模式都具有，此外还具有以下优点：

第一，发行审核效率高。

第二，放宽企业债券现行审核政策和条件，城投类企业可不受发债指标限制。

第三，政策支持鼓励以预算内资金、地方政府专项债券补贴项目，缓释风险。

第四，鼓励积极开展可续期债、项目收益债等债券品种创新。

第五，对于养老产业、战略性新兴产业、双创孵化、配电网建设改造、绿色类专项债券，允许企业使用不超过 50% 的募集资金用于偿还银行贷款和补充营运资金。

（2）专项企业债发行条件

发行主体要求：专项企业债是符合国家发改委"四个专项指引"条件发行的企业债券，依据国家发改委文件中提出的可以对"四类产业"项目投资的企业给予发行主体上降低发行主体要求的规定。因此发行专项企业债的企业首先需要符合企业债发行主体的要求，其次还必须是投资于养老服务业的企业，且发行专项企业债募集到的资金只能投入养老服务业建设运营。专项企业债发行主体通过债券进行项目投资，再以项目收入为偿债来源，以此解决项目发起人资产或实力不足导致的融资难的问题，同时以项目收入为偿债来源，也进一步加强了债务本息偿付的能力。募投项目要求：专项企业债是国家发改委连发《战略性新兴产业专项债券发行指导》等四个专项债券的发行指引衍生出来的融资手段，该种融资模式的政策性极强，在募投项目上的要求是：只限于养老服务业、战略性新兴产业、城市停车场和城市地下综合管廊建设。因此，专项企业债只能用于募投养老服务业、战略性新兴产业、城市停车场、城市地下综合管廊这四类产业中的项目。期限及还本付息安排：专项企业债券的存续期不得超过募投项目运营周期，还本付息资金安排必须与募投项目收益相匹配。发行主体应综合考虑募投项目的融资期限需求、市场上流通的债券期限、投资动态回收期等因素，合理确定募投项目专项企业债券的存续期，并根据预测的项目收益情况和现金流情况制定还本付息安排。账户设置：专项企业债发行主体需在银行设置独立于日常经营账户的债券募集资金使用专户、项目收入归集专户、偿债资金专户，其中，募集资金使用专户专门用于债券募集资金的接收、存储及划转，不得用于其他用途，从而确保发行主体将募集资金全部投向募投项目。项目收入归集专户则用于接收募投项目运营期间所有收入，该项账户上的资金必须接受监管银行的监督，并定期将该账户资金向偿债资金专户划转，作为专项企业债券偿债准备金。项目收入归集专户和偿债资金专户能够确保项目收入优先用于债券还本付息，为专项企业债的还本付息提供有效支持。评级要求：申请发行专项企业债的企业的债项评级应达到 AA 及以上。

（3）养老专项债

养老服务业专项债券的发行主体是养老服务企业，包括养老机构、养老运营商，募集的资金主要用于建设养老服务设施设备，支持专门为老年人提供生活照料、康复护理等服务的营利性和非营利性养老企业发行养老服务业专项债券。为贯彻《国务院关于加快发展养老服务业的若干意见》（国发（2013）35 号）精神，加大企业债券融资方式对养老产业的支持力度，引导和鼓励社会投入养老产业，制定《养老产业专项债券发行指引》（发改办财金（2015）817 号）。

发行要求：支持专门为老年人提供生活照料、康复护理等服务的营利性或非营利性养老项目发行养老产业专项债券，用于建设养老服务设施设备和提供养老服务。发债企业可使用债券资金改造其他社会机构的养老设施，或收购政府拥有的学校、医院、疗养机构等闲置公用设施并改造为养老服务设施。对于专项用于养老产业项目的发债申请，在相关手续齐备、偿债保障措施完善的基础上，加快、简化审核类债券审核程序，提高审核效率。在偿债保障措施较为完善的基础上，企业申请发行养老产业专项债券，可适当放宽企业债券现行审核政策及《关于全面加强企业债券风险防范的若干意见》中规定的部分准入条件。优化养老产业专项债券品种方案设计：一是根据养老产业投资回收期较长的特点，支持发债企业发行 10 年期及以上的长期限企业债券或可续期债券。二是支持发债企业利用债券资金优化债务结构，在偿债保障措施较为完善的情况下，允许企业使用不超过 50% 的募集资金用于偿还银行贷款和补充营运资金。支持发债企业按照自然资源部《养老服务设施用地指导意见》有关规定，以出让或租赁建设用地使用权为债券设定抵押。发债企业以出让方式获得的养老服务设施用地，可以计入发债企业资产：对于政府通过 PPP、补助投资、贷款贴息、运营补贴、购买服务等方式，支持企业举办养老服务机构、开展养老服务的，在计算相关发债指标时，可计入发债企业主营业务收入。支持企业设立产业投资基金支持养老产业发展，支持企业发行企业债券扩大养老产业投资基金资本规模。积极开展债券品种创新，对于具有稳定偿债资金来源的养老产业项目，可按照"融资—投资建设—回收资金"封闭运行的模式，开展项目收益债券试点。

准入条件：发行养老产业专项债券的城投类企业不受发债指标限制，城投类企业不受"单次发债规模，原则上不超过所属地方政府上年本级公共财政预算收入"的限制。发行债券所募集的资金可用于房地产开发项目中配套建设的养老服务设施项目。募集资金占养老产业项目总投资比例由不超过 60% 放宽至不超过 70%。地产开发项目审批部门根据房地产开发项目可行性研究报告内容出具专项意见核定。营利性和非营利性都可以发行养老专项债。

总之，从《养老产业专项债券发行指引》可以看出，我国企业发行养老专项债在审批程序、发债规模、资金使用、发债主体、项目收益等多个方面享受优惠政策。

3. 养老专项债在我国的发展概况

据 WIND 数据显示，截至 2021 年底，我国已发行的养老专项债共 69 只。从发行主体来看，有 68 只养老专项债由城投平台发行，且主要集中在湖南、湖北、贵州、安徽、江西等省份中政府财力相对薄弱的市县。从发行规模来看，整体发行规模在 2 亿～19 亿元之间，共计 558 亿元。从发行期限来看，普遍为 7～10 年期债券，未出现超过 10 年期的债券发行。资金用途集中在健康养老产业项目建设和补充营运资金方面（图 35）。

这些养老专项债有以下主要特点：

募集资金的用途：根据发改委制定的《养老产业专项债券发行指引》规定，募集资金占养老产业项目总投资比例由不超过 60% 放宽至不超过 70%。根据实际发债情况来看，大多数养老专项债 50%~60% 的募集资金用于募投项目建设。除此之外，需在募集说明书中详细说明募投项目的批文情况、项目建设的必要性、项目的投资与收益情况等。

增信措施：2015—2021 年实际发行的养老专项债中，共计 29 支债券无增信，18 支债券利用抵押担保进行增信，22 支债券利用不可撤销连带责任担保进行增信，其中担保人均为地方国有企业。

发行期限：目前所发行养老专项债均为 10 年期或 7 年期。

总体来讲，从 2015 年至今，养老服务机构发行的养老专项债数量较少，融资金额不多，而且主要是盈利性的养老服务公司参与其中。这反映了养老服务业对养老专项债的使用还不到位，政府部门在其中所起的推动、扶持作用也很有限。

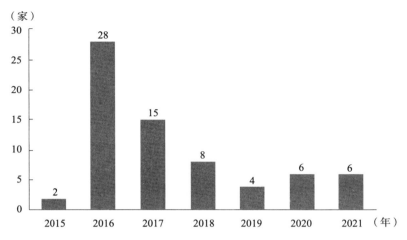

图 35　2015—2021 年我国养老专项债发行数量

4. 养老专项债的优势

养老服务业采用专项企业债的方式融资，具有很明显的优势。

（1）可降低融资成本

随着市场资金面总体充裕、优质债券相对稀缺的情况进一步显现，债券市场主体 AA、债项 AAA 的发行利率稳中有降，具体情况如下。

从历史经验来看，5 年期 AAA 级企业债融资成本低于同等信用评级、发行期限相同的中票成本，其融资成本与政策性金融债券的融资成本几乎相同。由此可见，企业债相比于同类债券融资工具具有成本优势。专项企业债作为企业债的一种，同样具备了企业债所具备的各方优势，尤其对前期投入较大、盈利能力较弱、有一定公益性的养老产业更具吸引力（图 36）。

（2）政府支持政策相对健全

2016 年 3 月 21 日人民银行、民政部、银监会、证监会、保监会五部门联合印发的《关于金融支持养老服务业加快发展的指导意见》指出：支持养老服务业通过债券市场融资，对运作比较成熟、未来现金流稳定的养老服务项目，可以项目资产的未来现金流、收益权等为基础，探索发行项目收益票据、资产支持证券等产品。这一政策的出台标志着政府支持养老产业通过债券市场融资，进一步促进了养老服务业加快发展，创新了金融产品和服务，也为养老服务企业及项目提供了中长期、低成本资金支持，对完善养老保险体系建设具有积极作用。2015 年 4 月国家发改委印发的《养老产业专项债券发行指引》，更是为养老产业发行专项企业债提供了更为便利的条件。专项企业债因其项目收益可作为还本付息来源，发行期限能够覆盖项目投资回收期，达到了融资规模大但成本较低的目标，因此该种融资模式可作为我国养老产业融资的一个重要模式。

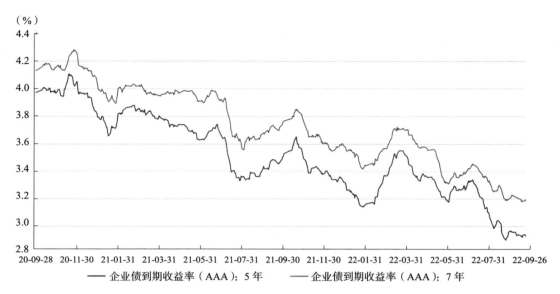

图 36　近两年 5 年期 /7 年期 AAA 企业债到期收益率

数据来源：Wind。

（3）融资风险相对较小

根据专项企业债定义可知，其属于债权的一种，也是企业债的一种，其发行报批程序比中期票据、PPP 模式、银行贷款等融资模式，经过审核的单位、经过的手续更多，要求更严；且发行企业不仅规模需达到国家规定的要求，企业经济效益良好，发行企业债券前连续三年盈利，企业需具有偿债能力，养老产业更是被纳入专项债发行范围，给予发行专项债的权利。因此，可以将发行专项企业债所募得资金理解为不仅符合国家产业政策，更符合国家重点支持的产业，故其融资风险相对较小。

5. 养老专项债融资模式设计

（1）养老专项债发行流程

养老专项债的发行工作主要包括项目立项、尽职调查与申报材料制作、申报国家发改委审批、债券承销与交易四大环节（图 37）。

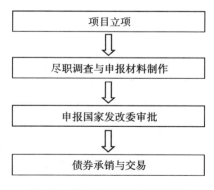

图 37　养老专项债发行流程图

项目立项：发行人首先选择主承销商，债券主承销商一般须通过公开招标方式中标后确认。主承销商对养老专项债发行方——养老服务企业进行初步尽职调查，判断其发行养老专项债券是否可行，并结合募投项目的融资需求和项目收益，设计最优的发行方案。随后主承销商召开立项会议，成立债券发行项目组，协调联络各中介机构，制定债券发行工作安排。根据新的证券法，企业债发行规模不受净资产 40% 的限制，但在具体细则出来前，仍然按照该比例执行。具体的发行规模需综合考虑资金用途和需求、企业的偿债能力以及现金流状况等多种因素。

尽职调查与申报材料制作：主承销商确定工作时间，各中介机构按照各自负责的内容对养老专项债发行方的组织结构、管理和业务情况、募投项目情况、财务情况和偿债保障情况等方面进行尽职调查，如：审计机构对其财务情况进行分析，律师对其组织结构、人员安排、内部规章等的合法性进行把关，评级机构重点对其偿债能力进行分析。全面分析之后，由评级机构出具评级报告，律师出具法律意见书，审计机构出具审计报告。主承销商负责检查、核对上述文件，撰写募集说明书、发行推荐书等材料制作，内部审核后将上述资料装订成册。

申报国家发改委审批：发行养老专项债时，募投项目需要各项批文齐备。主承销商要向国家发改委报送全套申报材料，并抄送省、市发改委。国家发改委对上报的债券发行申报文件进行审核，提出反馈意见。相关主体在接到反馈意见后应进行针对性的修改，并附上修改说明进行二次提交。国家发改委对反馈文件无异议后核准本次债券发行，下达核准文件至地方发改委，由地方发改委转发至养老专项债发行方，允许其根据市场情况择机发行债券。

债券承销与交易：发行方拿到核准发债的批文后，根据实际资金需求以及利率市场情况择机发行本次债券。债券发行采用簿记建档、集中配售的方式，在银行间债券市场面向符合规定的具有风险识别和承担能力的机构投资者非公开发行。簿记建档是指发行人与主承销商确定本期债券的簿记建档利差区间，投资者直接向簿记管理人发出申购订单，簿记管理人负责记录申购订单，最终由发行人与主承销商根据申购情况确定本期债券最终发行利率的过程，是国际上通行的债券销售形式。债券发行结束后，投资者可按照国家有关法规进行债券的转让，债券的转让仅限于在机构投资者范围内。

（2）中介机构的选择

养老专项债发行涉及的中介机构包括：主承销商、会计师事务所、资产评估机构、信用评级公司、监管银行。

主承销商：专项债的主承销商为具有债券承销资质的证券公司，其主要承担尽职调查报告的撰写、与其他中介机构的协调、与承销商的沟通、债券交易、销售、与投资者关系等职能，可以说主承销商的作用贯穿债券发行的全过程，对本次债券能够发行成功起到了主导的作用，是一个决定因素。因此发行方在挑选主承销商时，要综合各方因素进行考虑，在各主承销商报价相似的时候，择优选择以往业绩较好、行业排名靠前、同行口碑较好的主承销商，在成本允许的情况下，选择更优质的承销商。

会计师事务所：会计师事务所的选择应基本满足具备证券从业资格的会计师事务

所，在债券发行的过程中，会计师是第一个开始工作的，由于后期的资料都要以会计师对发行方的财务状况、经营成果以及现金流全面审计后出具的审计报告为依据，因此，会计师的选择是关键。在选择中，因选择对发行方经营状况、财务状况相对熟悉的会计师事务所，且该机构还需满足具有丰富企业债券审计经验的会计师事务所。

资产评估机构：对报告期内涉及资产注入或资产抵押情况的发行人，需要请资产评估机构对注入或抵押的资产进行价值评估。资产评估机构要求具有证券从业资质或A级土地评估资质，建议最好选择公司坐落在当地，且对当地情况较为熟悉的资产评估公司。

信用评级公司：信用评级公司在债券发行中主要工作是展开尽职调查、出具企业信用评级报告、跟踪债券评级等，在选择评级公司时，首先要考虑能够给本次债券债项信用等级M及以上的公司，在此之上再考虑收费相当、且市场公信力和投资者认可度较高的评级公司。

监管银行：监管银行的主要职责是保管、存放、监督募集资金，具体来说就是保管、存放好项目募集到的资金，并保证发行方通过专项企业债募集到的资金运用到该项目的建设上，而不是被挪用，此外确保募投项目的收入全部优先用于偿还债券本息。鉴于此，要求监管银行必须为内资银行。建议从国有五大行中选择。

6. 增信——政府支持养老服务业发债融资的抓手

（1）增信的意义

信用增级，指运用各种有效措施和金融工具确保债权人能够按时获得债务本息，以提高资产证券化交易的质量和安全性，降低金融产品原始信用因素中的不确定成分，从而获得更高级的信用评级的一种行为手段。在资产支持证券的信用等级评定中，级别越高的证券的信用保证越高，相对的收益越安全；另外安全的收益给市场投资者信心，提高了债券的流动性，进一步提高了交易债券的变现能力。

信用增级的过程中，融资人通过结构化安排债券的现金流进行内部增级，或以相关的其他资产作为抵押质押担保，或从外部寻找担保合伙。可以使用单一增信措施，也可以综合多种措施提高债券的还本付息能力，增强信用级别，降低融资成本。从宏观上，增信措施可以调动市场上优质资产，进行组合利用，向市场传递资产优质程度的信号，这对形成金融市场所必需的良好的信用体系是很有意义的，同时也有利于市场效率的提高。

最重要的是，"增信"环节是政府支持养老服务业发债融资的重要抓手。对于资本市场的投资者而言，购买债券的唯一关注点就是——发行方能否按时还本付息。而目前我国的养老服务企业普遍盈利能力弱，很多还是非营利机构，具有准公共用品的性质，因此，在资本市场上并不受追捧，如果没有政府的支持，很难保证养老专项债能够成功发行。因此，政府对发行主体的扶持就至关重要。增信是政府扶持养老服务企业最直接、最有力的方式。为进一步确保顺利通过发改委审核、提高发行成功率并降低综合融资成本，政府可以通过各种增信手段，例如协调第三方担保机构提供担保等，将债项评级提升至 AAA 或者 AA+，保证养老专项债得以顺利发行，这本身就是政府扶持养老服务业的最佳表现。

（2）政府可以使用的增信手段

增信措施可以分为内部增信和外部增信两类：内部增信措施包括债券的优先级和劣后级的分层、超额抵押、设置追索权和回购条款与成立担保投资基金；外部增信措施包括抵质押担保、第三方担保（母公司担保、关联方担保、专业担保机构等）、流动性支持、差额补偿承诺以及信用风险缓释工具等。在这些方面，政府都可以采取措施，切实提升养老服务企业的信用评级。

连带责任担保：为了给养老服务企业实现增信，政府部门可以提供连带责任担保。一般的，发行债券的连带责任担保可以通过专业担保机构进行。专业担保机构主要分为三大类：全国性担保公司、地方性担保公司以及民营担保公司，通常费率较高，可达1%及以上，担保效力较好。若债务人丧失兑付本息的能力，担保人承担连带责任担保义务，代偿本息。为了帮助养老服务企业顺利发债，政府可以支付部分或者全部担保费用。在有条件的地方，民政部门甚至可以参股或者控股一家担保公司，专门为养老服务企业提供优惠、便利的担保服务。

政府购买服务、减税、补贴：为了增强养老服务企业的盈利能力，有关政府部门可以通过签订长期购买合同的方式，对企业进行扶持。同时，政府也可以采用减税或者补贴等手段，支持养老服务企业的生产运营，增强其盈利能力。这本身也是对养老专项债发行方的一种增信支持。

借助于金融衍生产品增信：目前，金融市场上有一些常用的信用风险管理工具，实际上是一些金融衍生产品。这些信用风险管理工具主要由金融机构创设，在标的实体债券发行时，为投资者就标的债务提供信用保护，以起到提升投资者信心、促进发行、改善融资效率的作用。养老服务企业普遍信用资质较弱且信息披露质量不佳，投资者在购买养老专项债时往往多有顾虑。这些信用风险管理工具将民企债券的信用风险进行转移，如发生债券违约，创设机构将代为还款，等同于针对标的债务买了一份"保险"。目前，承销机构创设信用保护工具的主要方向有两个：银行间市场债券和交易所市场债券。前者主要是信用风险缓释凭证（CRMW）、信用风险缓释合约（CRMA）、信用联结票据（CLN）和信用违约互换（CDS），后者主要是信用保护合约和信用保护凭证。

政府有关部门可以通过赠送或者折价出售这些信用风险管理工具给债券投资者的方式，为养老服务企业发行债券增信。

引入结构化分层设计：结构化分层设计是一种内部信用增级方式，在债券发行中已经有了比较丰富的运用。其原理是将债券分为多个层级出售给不同的投资者，利用次级的债券为较优先级的债券进行增信。优先级的债券相比次级债券能够更优先获得债券本息的偿付，次级的债券则需要比优先级的债券承担更多的违约风险。经过结构化分层后的优先级债券具有明显的信用优势，信用等级提升，实现了利用次级债券为优先级债券进行信用增级的目的。投资者评估自己的风险收益偏好，并依此选择适合自己的债券等级进行投资。在养老专项债中也可以尝试引入这种结构化分层设计，可以对不同类型的收入或不同时间周期的收入设置结构化分级，分类为优先级、次级（有需要也可以再加入中间级进一步分散风险）。具体的操作为：将养老专项债券分为优先级和次级，划分好各级别的比例和债券违约后的赔偿顺序；优先级由广大投资者购买，次级则由政府有关部门兜底购买，以实现次级为优先级增信，实现整体债券的信用提升。

（三）养老地产与不动产信托投资基金（REITs）

1. 养老地产 REITs 的概念与必要性

（1）REITs 概念

不动产信托投资基金（ Real Estate Investment Trusts，以下简称 REITs）是一种权益性直接融资工具。发行者通过发行收益凭证（信托基金份额）向投资者募集资金，成立信托基金，交由专门投资机构进行不动产投资经营管理，投资者按约定获得标的资产产生的收益（如出租、运营收益等）分红，且该份额可进入资本市场流通。REITs 覆盖的基础资产类型覆盖广泛，只要是能够产生稳定收益的资产，无论是办公楼、商场、酒店、公寓等不动产物业，还是高速公路、通信设施等基础设施，或学校、医院等公共设施以及林场等自然资源，都可通过 REITs 方式为融资和投资者双方提供资金和风险配置。

（2）养老地产 REITs

在美国、日本、新加坡等国和中国香港地区，REITs 与养老地产/养老社区相结合，已经成为养老设施建设和运营企业主要的融资方式，同时也为包括养老金在内的中长期机构投资者提供了良好的投资工具，借助资本市场实现了投融资的顺利承接和转换，极大地促进了养老服务的发展。

基本框架：养老地产 REITs，本质上是借助证券化手段，将养老地产转化为可投资、更具流动性的金融工具，从而加大房地产企业的融资便利度，促进投资。典型的养老地产 REITs 框架涉及养老地产的开发商、运营商（资产管理公司）、REITs 基金管理公司、投资者和基金托管机构等，见图 38。其中，REITs 基金管理公司向投资者发行收益凭证融资，由此获得资金用于向房地产开发建设单位收购特定的养老地产（养老设施）项

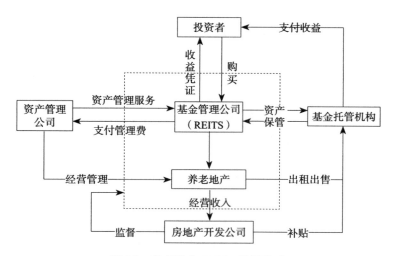

图 38　养老地产 REITs 运行模式

目，并将养老地产（设施）交由资产管理公司运营维护，所得收益扣除管理费后，按照约定向投资人进行分红。基金托管机构负责托管相应资产，监督资金运作，确保其独立运作和安全性。

养老地产 REITs 的优点：第一，为建设开发企业盘活资产，回笼资金，降低风险。养老地产建设周期长，占用资金规模大，如果自持物业进行管理则叠加了资金回款慢、风险高的特点，依靠银行信贷很难获得期限匹配的资金融通。养老地产 REITs 的优势在于其权益性特征，面向广阔的资本市场直接融资，为开发商提供项目退出机制，能迅速回笼资金，极大缓解依赖信贷的问题；份额可转让，则保证了出资人能通过资本市场获得流动性，从而降低了流动性风险。借助证券化手段，将房地产转化为可投资的金融工具，增加了房地产企业的融资便利度，便于扩大投资，促进供给。第二，为投资者提供稳定可靠的投资工具。REITs 关联的基础资产通常交由专业的管理公司进行管理，享受专业化效率提升，能够产生较为稳定的现金流，相应的 REITs 份额具有收益稳定、投资门槛低、流动性高、风险小等特点，拓宽了投资者的投资渠道；房地产物业往往能够稳定增值，相应的 REIT 收益能够有效对抗通货膨胀风险；一些国家对养老地产的优惠政策和对特定 REITs 提供税收优惠，因而养老地产 REITs 受到广大个人投资者和以养老金、保险资金等为代表的中长期机构投资者的欢迎。

（3）中国发展养老地产 REITs 的必要性

随着人口老龄化问题的加剧，我国养老设施和养老社区建设不足问题凸显，背后主要原因是养老设施、养老社区建设投入高、周期长、回报慢，传统的银行信贷或债务融资方式难以满足融资需要，且中国目前对房地产债务融资具有较为严格的政策限制。养老地产 REITs 作为一种市场化的权益融资方式，将拓宽养老产业的融资渠道，增加养老地产和设施供给，同时有助于分散风险，降低房地产企业的杠杆率和相应的债务风险。

①拓宽企业融资渠道，助推养老房地产供给侧改革。发展 REITs 可以拓展养老地产的融资渠道，缓解资金供求失衡矛盾，为养老地产的持续化盈利提供支撑。养老地产在前期的建设过程中需要大量资金，融资企业难以实现资金供需平衡，而项目本身所具有的融资周期长、投资回报率低等特点，使得养老地产行业的融资难度加大。传统的银行信贷和债务融资方式容易提高企业债务杠杆，放大经营风险，而社会资本进行股权投资的门槛往往较高，且缺乏专业经验、不具备中长期投资的耐心。REITs 融资模式可以将闲散的社会资本汇集起来，让市场中的中小投资者能够参与到养老地产的投资中；通过机制设计，可将房地产建设与养老社区（养老院）的运营管理分离，充分发挥专业养老机构运营管理的优势；最为关键的是，REITs 融资能够帮助企业回笼资金，有助于降低企业债务杠杆和财务风险。

②盘活存量房地产资源，提升养老设施和养老社区的总量供给。发展养老地产 REITs 还可以盘活存量地产，例如将大量闲置的社区服务用地、公共事业用地、公益用地、烂尾楼盘、办公楼、公用设施用地、园林地域、城市酒店及度假村、企事业单位的培训和休养度假设施等，通过 REITs 融资，筹集资金进行适老化改造，可以有效解决资源闲置，极大地提升经济效益和社会效益。

③为个人投资者和机构投资者提供中长期的投资工具和渠道，促进资本市场的发展和完善。从投资者角度而言，REITs信托单位份额与股票、债券等其他金融产品相比，具有收益稳定、风险适中等特点，公募REITs产品往往具有较强的流动性，且投资门槛相比传统的信托产品或者其他房地产投资工具而言较低，能为普通投资者参与房地产市场投资提供工具和途径。REITs的融资机制较为灵活，可吸纳社会资本、产业资本，相应配套的法律法规、信息披露机制、服务中介等的发展，也将促进我国直接融资的发展，繁荣资本市场。

综上，通过发展养老地产REITs，不仅可使广大投资者广泛参与到养老地产投资中，实现资金保值增值，更能够为养老产业发展提供稳定长期的资金来源，降低房地产行业的财务杠杆，实现产业和资金的连接，促进养老产业长期健康有序发展。

2. 养老地产REITs的国际发展现状

目前受制于法律法规和政策限制，我国的房地产REITs还处于发展初期，严格意义的养老地产REITs仍处于探索阶段，因此，本文将借鉴美国养老地产REITs发展经验，结合我国2020年试点的基础设施领域不动产投资信托基金(REITs)，基于我国养老地产现状与特点，探索养老地产REITs的发展思路。

（1）国际发展现状

①美国养老地产融资方式及特点。美国养老地产的融资方式主要有三种，分别为社区性养老融资模式、私募基金和房地产信托投资基金（REITs）模式。社区性养老融资模式以政府为主要投资人，利用政府补贴、捐赠资金及其他非营利性组织为低收入人群提供养老服务，融资范围存在很大的局限性；私募基金以大财团为主要投资人，强调收益性，关注养老地产的增值空间；房地产信托投资基金（REITs）模式则以广大中小投资者为主要投资人，强调养老地产收益的持续性、稳定性。

根据MSCL公司和CEMB公司的统计分析，在美国1998—2014年投资于养老地产的12类资产中，权益型REITs具有最高的投资收益率，且费用率在12类资产中处于较低水平。综合考量REITs的收益及成本，充分证明了其融资模式具有高收益、低成本的特点。另外，据CBRE的相关统计数据，美国养老地产企业引入REITs融资模式后，产业利润率呈现出稳定增长态势。

②美国养老地产REITs的运营方式。美国地产REITs的运营方式主要有两类，即净出租和委托经营。

净出租模式：REITS把养老物业或医疗物业租赁给运营商，每年收取固定租金，所有直接运营费用、社区维护费用、保险费等均由租赁方承担，故风险很低，收益相对适中。大部分美国REITS公司均采用净出租方式运营，为养老地产提供大规模、低成本、长周期的资金来源。

委托经营模式：REITS把养老物业或医疗物业租赁给运营商，运营商每年收取一定比例的经营管理费用，不承担经营风险；养老REITS公司自负盈亏，获取租金以及经营剩余价值，承担大部分风险。在经营业绩较好的情况下，养老REITS公司的剩余收益将大大提升。

在养老地产投资/开发/运营的不同阶段，分别由投资商/开发商/运营商进行角色分工，各个阶段分工合作，专业互补，实现了开发利润、租金收益、资产升值、经营管理收益的分离。

开发商通过建造适老性物业获取一定比例的开发利润；养老 REITs 通过长期持有资产获取稳定的租金收益和资产升值收益，承担财务风险；养老运营商采用轻资产模式，赚取管理费（委托经营模式）或剩余收益分配（净租赁模式）。美国保险公司一般与多家养老机构合作，当客户入住与保险公司合作的养老社区时，险企可为客户报销其护理费用等。部分养老保险公司会选择买断养老机构，向会员收取会费，获取保险客源。

（2）美国养老地产 REIT 的案例

目前美国养老地产 REITs 中规模较大的 Ventas（VTR.N）于 1983 年成立，是全美第二大养老/医疗类 REITs 公司，运营物业包括 240 处养老社区、135 处医疗办公楼（MOB）、40 家医院物业、187 处专业护理院物业。其中，全资拥有的物业资产 538 处，通过与运营方成立的合资公司控股 6 处医疗办公楼，通过与第三方投资人合资组建的私募基金平台控制着 58 处医疗办公楼（Ventas 在这些基金中的份额在 5%~20% 之间）。物业组合中 2/3 的养老社区采用租赁模式，1/3 采用委托经营模式（其他医疗办公物业均采用租赁模式），如全美第二大养老社区运营商 Sunrise 就托管了其中 79 处养老社区（托管期 30 年，平均托管费为年收入的 6%）。

（3）养老地产 REITs 发展的经验总结

一是制度较为完善，且标准能够量化。根据美国法律制度的规定，养老地产 REITs 融资是一种市场化行为，应遵循《公司法》《证券法》等法规，这些规制的标准能够量化，对 REITs 企业的运作有具体的规定办法。另外，根据 Triple-Net 租赁法案和 RIDEA 法案等相关法则，在特定期限内此类企业享有一定的税收减免政策，并在土地取得、设备维护及地产保险等方面享有优惠，这些政策有效保证了养老地产 REITs 融资模式的稳定持续发展。二是美国养老地产 REITs 准入制度严格。在股权配置方面，养老地产 REITs 融资企业持有单一投资人的证券不得超过自身价值的 5%，且持有单一投资人的流通在外、具有投票权的证券价值不得超过 10%；在收入方面，养老地产 REITs 融资企业在养老社区出租、养老地产出售及税收节支等方面的收入原则上应不低于该企业净利润额的 75%；在利润分配方面，养老地产 REITs 融资企业将应纳税收入 90% 的利润分配给投资者，该比例高于一般 REITs 企业的 5%。三是具有较强的流动性。养老地产的固定资产形式，决定了其流动性较差，而 REITs 模式则通过发行收益凭证的方式，投资者可以在金融市场中进行报价、转让、交易等，将市场中的不动产转化为动产。另外，养老地产投资具有投资周期长和资金需求量大的特点，加剧了养老地产投资者的压力，而一旦资金被大量占用，就会面临资金周转困境。美国养老地产 REITs 融资方式则将中小投资者纳入其中，降低了投资门槛，交易方式也更加灵活，有效拓展了养老地产企业的融资渠道。四是政策法律环境较为完善。美国养老地产 REITs 融资模式具有政府政策支持及相关税收、法律保护。从政府政策层面而言，美国推行养老金政策，即全国范围内的所有退休老人，包括政府雇员、退伍军人及一般工人等只要在工作期间缴纳社会保障税，就可以到退休后领取到养老金及相应补助金。养老计划既保证了退休人员的收入，又完善了美国的养老服务体系。为满足养老地产 REITs 融资需求，政府规定养老地产企业必须将 REITs 的 95% 以上的投资收益定期分配给投资者，并对该种分红方式在税收方面予以减免。此外，政府对养老地产 REITs 融资企业的交易时限、发行规模等方面取消限制，体现了 REITs 融资的政策可行性。从相关税收及法律层面而言，REITs 融资模式的规制通过非专项立法的形式实现，规定养老地产企业 REITs 融资的设立方式、运营机制和管理模式等，这就实现了对养老地产企业 REITs 融资的量化，既能够满足企业的资金需求，又能为投资者进入养老地产行业提供路径。另外，美国政府制定了《综合预算方案》和《税收改革法案》等，以减税降费的方式对养老地产企业进行扶持，并促进其融资方式的稳定性。五是资本市场发展相对成熟，市场环境比较平稳。市场环境主要从风险和投资参与度两个方面进行衡量。首先，传统的融资方式无法满足养老地产产业的资金需求，社会养老服务缺失与错位，REITs 融资模式应运而生。REITs 融资模式不仅实现了金融工具的创新，也极大拓展了养老地产的融资渠道。当然，REITs 融资模式在缓解养老地产企业资金压力的同时，也会带来相应的风险。因此，政府通过银行、资产管理公司等专营机构和监管单位对养老地产企业 REITs 融资中的风险进行全面评估，根据评估结果对存在于投资者、管理者、经营者之间的不对等信息进行调整，实现对该模式的全面有效监督。其次，随着养老地产行业的发展和 REITs 融资模式的逐渐成熟，投资者对养老地产 REITs 融资模式越来越关注。中小投资者投资参与度提升，产品价格提高和质量改善，且市场认可度也显著提升。另外，美国积极培育既有金融理论、税收法律知识，又参与到 REITs 融资实践的复合型人才培养，对养老地产 REITs 的发展起到很大的推动作用。

3. 我国发展养老地产 REITs 的可行性

（1）发展养老地产 REITs 的基础

我国的 REITs 发展起步较晚，目前专门的法律法规还未出台，但信托业务具备了条件基础。一方面，相应政策法规已经出台，提供了基本的制度保障。另一方面，已有房地产 REITs 和基础设施 REITs 上市。2002 年，国内开始启动房地产信托业务，第一只真正意义上的 REITs 在 2005 年于香港上市。2017 年碧桂园等长租公寓 REITs 上市。2020 年 4 月 30 日，中国证监会联合国家发改委下发《关于推进基础设施领域不动产投资信托基金 (REITs) 试点相关工作的通知》（证监发〔2020〕40 号），同时发布《公开募集基础设施证券投资基金指引 (试行)(征求意见稿)》，标志着我国境内基础设施领域公募 REITs 试点正式启动。2021 年 6 月首批试点项目落地以来，目前共批准 19 只公募 REITs 产品上市，资产范围涵盖收费公路、产业园区、污水处理、仓储物流、清洁能源和保障性租赁住房等多种类型，已上市项目募集资金 580多亿元，总市值 650 亿元，回收资金带动新项目总投资额近 3000 亿元，市场认可度较高，运行总体平稳，初步形成了一定规模效应和示范效应，探索走出了一条既遵循成熟市场规律，又符合中国国情的 REITs 发展之路。2022 年首批 3 只保障性租赁住房 REITs 在沪深证券交易所同步上市交易，标志着中国 REITs 市场建设又迈出重要一步，未来

REITs 的常态化发行将提速。

（2）制约因素

与国外成熟市场相比，我国当前的法律和税收制度不健全、融资服务环境不完善、信息披露不透明及缺乏专业的人才支持，影响养老地产 REITs 发展。①针对性的法律法规尚需出台和完善。养老地产 REITs 融资模式需要以相对健全的法律法规为支撑。目前为止，我国还未出台针对 REITs 融资的法律规制，更没有对养老地产 REITs 融资进行系统规范，当前只能以《公司法》《证券法》等相关规制为基础，对养老地产 REITs 融资模式作出法律意义上的延伸和解释，其规范性不强。实践中，发行的基础设施 RETIs，基金管理公司并无所有权，而只是作为 SPV（专门管理机构）存在，企业要同时缴纳企业所得税和个人所得税，这无疑会加重 REITs 企业的融资成本，也会减少投资者的收益，使养老地产 REITs 融资模式受阻。建议通过详细的法律条款，并将其融资方式、期限及范围等加以细化，实现养老地产产业 REITs 融资的合法性和规范性。②财税政策支撑不足。为鼓励地产 REITs，各国普遍从税收上进行优惠减免，并制定相应的财政税收制度支持，如投资养老地产 REITs 者减免个人投资所得税等，我国目前并无专门税收减免规定，REITs 资产管理公司要同时缴纳企业所得税，个人投资 REITs 份额时需要缴纳个人所得税，这无疑会加重 REITs 企业的融资成本，也会减少投资者的收益，降低投资者的积极性。③信息披露不完善。养老地产 REITs 融资企业在交易过程中，必须完全披露相关财务信息，便于投资者对 REITs 的监督和控制。我国当前对 REITs 融资企业的主要财务信息披露方是监管机构，且披露内容缺乏统一性，披露方式也不够科学、合理，影响了投资者对 REITs 融资企业的知情权，信息不对等仍然存在，使相关投资者的利益受损，难以促进 REITs 融资的持续性发展。④缺乏专业的人才支持。养老地产企业进行 REITs 融资需要既具备养老地产经营与管理相关经验，又懂得金融方面知识的复合型人才。我国养老地产发展还处于起步阶段，管理人员的专业知识不强，缺乏复合型人才，影响了 REITs 融资模式发展。⑤房地产政策的制约（未来可望放松）。

（3）养老地产 REITs 的风险及其防范

项目风险：项目运营本身的风险，即养老地产的盈利性和可持续性。除了客观法律法规环境等限制外，项目自身运营风险需要从养老地产开发商、运营商、资产管理公司各方入手，涉及土地、建筑、运营等方面的科学评估，项目成本 – 收益测算、REITs 定价等微观运营方面。从机制设计角度来讲，RETIs 的三方模式能够有效实施监管和风险隔离，因此影响投资者投资 REITs 的主要风险是项目自身运营可持续性的风险。产业风险：来自政策、市场供求和养老服务业长期发展的风险。宏观风险：大规模发展养老地产 REITs 带来的金融风险，比如货币政策和通货膨胀背景下 RETIs。从发达国家的实际运作来看，权益性 REITs 的大规模发展，有助于降低房地产行业的金融杠杆。

4. 我国养老地产 REITs 的基本设想

（1）公募发行养老地产 REITs 为主，私募为辅

①运营模式设计。养老地产企业进行 REITs 融资的基本思路是：房地产开发企业制定养老地产项目的建设规划，并作出进行外部融资的决策；基金管理公司根据该项目的

融资诉求，向政府相关部门申请养老地产 REITs，取得外部资本金，同时基金管理公司选择具备建造资质的开发商进行项目建设；存续期结束后由基金管理公司进行回购，回购后其注销养老地产 REITs 并将该项目移交给第三方资产管理公司；项目的经营期内，资产管理公司进行养老地产的出租、出售等取得的经营性收入，都作为 REITs 的收益来源，而与该项目相配套的医院、商场等非直接性养老地产单元，其收入则归房地产开发企业所有。

②具体运作中的关键要素。组织形式选择方面：与公司型 REITs 相比，契约型 REITs 具有比较优势。根据《公司法》《证券法》等相关法律制度规定，禁止以融资为目的而设立空壳公司；从股东收益层面来说，公司型 REITs 作为企业整体需要缴纳企业所得税，另外，当股东取得投资收益时，又需要作为部分缴纳个人所得税，双重征税既增加了养老地产企业的融资成本，又使得投资者的利益减少；从管理层面来说，契约型 REITs 能够有效减少投资者和管理者之间的信息不对称，并基于契约合同对管理者的经营行为进行约束，使投资者了解 REITs 在公司的运营情况，从而保障投资者利益。运作形式选择方面：养老地产 REITs 采用存续期间封闭运作方式，投资者不能以基金收益凭证为依据，要求投资返还，而只能在公开的市场中进行交易。其原因主要有以下几点：首先，养老地产项目资金需求量大、投资周期长，从项目建造到取得经营收入是一个长期的过程，而在这期间 REITs 融资公司资金持有量少，难以对基金收益凭证进行回购；其次，REITs 以养老地产为投资对象，其投资对象具有目的性，且养老地产企业进行 REITs 融资的范围、数量等在基金发行之前均已确定；最后，REITs 封闭期的确定，需要根据证券市场上一般封闭基金的存续年限 (15 年)，并结合养老地产项目的出租、销售的特点，综合考虑 REITs 的封闭期为 10 年。封闭期后，由基金管理公司负责将投资者持有的基金收益凭证回购并注销，随之契约合同自动解除。

发行途径的选择方面：公募是养老地产企业进行 REITs 融资的合理方式。一方面，随着经济发展和生活水平的改善，我国城乡居民可支配收入逐渐增多，投资意愿更为强烈，面向众多中小投资者的投资产品有限，所以以公募方式发行养老地产 REITs 更能够调动广大中小投资者的投资积极性和创造性，满足主体长期投资的需要；另一方面，社保基金、保险基金的流动性不强，即国家对这部分基金的投资使用进行了严格的限制，加之考虑风险损失因素，可供投资的方向并不多，但是社保基金、保险基金等需要具备一定的保值升值功能，而养老地产 REITs 可以满足这部分基金的长期投资需求，在该类机构的认可度和参与度较高。

收益分配方面：养老地产 REITs 的收入来源主要分为两部分；一是养老地产项目自身的出租、销售等取得的收入；二是与养老地产项目相配套的物业、商场、医院等取得的运营收入。与养老地产项目相配套的设施及服务一旦出售，不能作为整体收入一次性取得，而应在运营期间按照租金加以确认。REITs 封闭期后，基金管理公司进行基金收益凭证回购，回购资金主要来自于养老地产项目出租、销售所得和与项目配套设施相关的补贴。投资者所获收益基本等于养老地产 REITs 的运营收入扣减成本、税费后的净值。

（2）以新建养老地产项目试点，并逐步推广到养老地产改建项目

①新建养老地产项目的 RETIs。引入房地产投资信托基金 REITs；基金管理公司向投资者募集资金，可以针对养老金、保险金和住房公积金等合格的金融机构（私募）或面向广大合格个人和中小机构投资者公开发行（公募）；房地产开发商投资开发养老地产，政府对开发商以及 REITs 给予土地、税收方面的优惠政策；开发商将养老地产的所有权交由基金管理公司，由资产管理公司后期运营养老地产；后期运营带来额收益交由基金托管公司保管，机构提取一定的资产保管费和服务费后按期支付投资者的相关收益；投资者可以将受益凭证在证券市场上交易转让。②存量房地产改造为养老社区的 RETIs 项目。引入房地产投资信托基金 REITs；基金管理公司向投资者募集资金，可以针对养老金、保险金和住房公积金等合格的金融机构（私募）或面向广大合格个人和中小机构投资者公开发行（公募）；专业的开发商投资对现有房地产进行改造，政府对开发商以及 REITs 给予土地、税收方面的优惠政策；开发商将改建后的养老地产的所有权出售给 RETIs 基金管理公司，由资产管理公司后期运营养老地产；后期运营带来额收益交由基金托管公司保管，机构提取一定的资产保管费和服务费后按期支付投资者的相关收益；投资者可以将受益凭证在证券市场上交易。

5. 推动养老地产 REITs 的总结

（1）加强和完善相关法律法规建设

虽然我国现有的《信托法》《证券投资基金法》《信托投资公司资金信托管理暂行办法》等一系列相关的法律文件可以参考，但完全对应公募 REITs 的法律法规还没有出台。因此，应该在借鉴国外 REITs 发展经验基础上，参照近年来运行的基础设施建设 RETIs 中的经验教训，尽快出台相关的法律法规、政策指引。

（2）完善 REITs 的运行、交易规则及监管机制

针对 REITs 运营和交易可能产生的风险，需要加强监管。一方面政府应加强对参与 REITs 相关养老地产项目的开发、运营、改造等环节的企业的审核，设立严格的准入门槛，排除信用较低、运营状况较差的企业；对运营之中的 REITs 养老地产项目，严格控制项目风险和规模，避免大规模违约的发生。另一方面，对于公募 REITs 份额的交易，考虑公募 REITs 的市场交易规则与现有的法律法规之间的适配性，有关部门应尽快出台相关交易细则，明确各部门的监管职责，确保信息公开的透明度和真实性，保护投资者的权益。同时，可以考虑实施优惠的税收政策以吸引更多的投资者。

从资金来源看，建议允许第一支柱基本养老保险资金购买养老（REITs）公募产品，允许第三支柱个人养老金投资于 REITs 产品，拓展养老地产供给者的资金来源；允许 QFII（合格的海外机构投资者）投资于 RETIs 公募产品，可以设置持有上限比例。

从信息披露监管来看，为了减少逆向选择和道德风险，政府和上市监管自律机构（如交易所）应该出台相关信息披露指引，尽可能及时准确地披露包括房地产信息、金融证券信息、国家政策信息以及相关法律法规等，使得投资者能够尽量了解市场，做出正确的投资决策；要求企业和基金管理公司披露相关 REITs 基础资产状况、运营收益与风险、现金流情况等，便利投资者进行合理决策。

（3）给予财政、税收和土地政策的相应优惠

给予投资者在分红、股权转让所得收益方面税收优惠，例如降低所得税和营业税的税率等，提高其实际收益率，增加投资吸引力；政府作为土地的供应者，对于养老社区用地，应给予一定的优惠政策，比如通过划拨或者协议的方式供给养老地产的土地，可以降低房地产开发企业前期的运营成本，同时也降低了养老地产的开发成本，消费者进入养老地产的门槛也同时降低了。

（4）加强专业人才和复合人才培养

养老地产 REITs 一端连接产业，需要精通养老社区建设和运营的专业人才和团队；另一端对接资本市场，需要精通资本市场特别是基金业务、熟悉相关法律法规和运作规律的专业管理人员，涉及资产评估、律师、会计师等众多服务型人才队伍的建设。

由于公募 REITs 在我国刚刚起步，相关金融机构、专业院校等应该加强这部分专业知识的教育，保证后备专业人才的供应，提高管理者的专业素质。同时，随着互联网和信息技术的快速发展，养老模式将更加向智慧化发展，未来需要借助互联网发展养老地产项目，将大数据和定位技术引入养老地产项目，通过数据分析促进资源的整合利用、提高照护效率、促进服务质量，这也要求加强金融科技等领域复合型人才的培养。

第四部分　对策建议

本课题以"资本市场服务养老服务业发展"为主题，结合养老服务业自身特点和资本市场发展规律，通过梳理国外资本市场服务养老服务业发展的成功经验，提出了适合我国资本市场服务养老服务业发展的资产证券化、信用债务融资、不动产信托投资基金等模式设计，为资本市场服务养老服务业实践提供理论依据和重要参考。需要注意到的是，一项设计模式的成功运用离不开政策、经济、社会等一整套社会支持体系的强力支撑，资本市场服务养老服务业也不例外，需要政府、金融机构、养老服务企业、消费者个人的共同努力。

一、政府层面

（一）搭建资本市场服务养老服务业的多层次金融组织体系

一是制定资本市场服务养老服务业的中长期规划。养老服务业规划对于引领和促进养老服务业发展具有重要意义。目前，我国缺乏养老服务业发展的短期和中长期专项规划，仅仅在老龄事业五年规划中对老龄产业发展作了少量阐述，但这远远不能满足养老服务业发展的需要。目前需要加快制定金融政策支持养老服务业的五年规划和中长期规划，尝试开展养老服务企业资产证券化、信用债务融资、不动产信托投资基金等模式试点，以便各区域金融机构、企业及时调整反应，作出符合政策规划的金融创新产品和服

务工作安排，形成多方协同合力促进养老服务业发展。

二是密切跟进完善相关税收、财政和金融政策及配套措施。不断完善税收政策。对于提供养老服务和产品的营利性企业，可在其经营的前五年免征企业所得税，对其自用房产、土地、车船免征房产税、城镇土地使用税、车船使用税；对于将个人分红和利润再投入老龄产业的，对其给予一定程度的税收减免；对于营利性养老机构在运营阶段所产生的研发费用，在计算应纳税所得额时加以扣除；对于养老机构运营过程中实际使用的设备，可考虑加速折旧等。不断完善财政政策。在中央和省级层面设立"养老服务业政府引导基金"，并将其纳入财政预算，通过政策引导和小规模资金撬动，鼓励社会资本积极参与，推动养老服务业高质量发展；加大对民间资本参与养老服务业发展的财政补贴力度，补贴对象和补贴标准不以养老产品和服务提供主体的性质和类别为依据，而是以提供产品和服务的内容和服务对象的类别为依据；加大对经济困难的高龄、空巢、失能等老年人群的补贴力度，增加这类人群的有效需求。不断完善金融政策。充分发挥政府信用担保的作用，由政府推动设立小额贷款融资平台，为养老服务业相关企业提供融资；将养老服务业信贷担保作为各地政府扶持中小企业发展信贷担保计划和扶持青年创业就业担保计划的重要组成部分。

（二）完善我国资本市场服务养老服务的产业政策

一是突出养老服务业政策的权威性和可操作性。目前来看，促进养老服务业发展的税收优惠政策政出多门，法律监督主体不明确，各地制定的养老服务业税收优惠政策并没有完全对接国家规定，有的对优惠税种作了扩大解释，有的对优惠方式作了缩小解释，这导致了税收优惠政策执行过程中的随意性（杨复卫，2020）。因此，需要提高税收政策的立法层级，强化相关财税政策的法律性和权威性，为财税政策的实施提供制度基础和法律保障（高雅，2021）。

二是建立部门统筹协调制度。在制定政策时，各部门往往从本部门角度出发，在政策的口径、覆盖范围上有时并不一致，导致政策在执行过程中很难落实。在制定政策的过程中，应该明确政策执行的牵头部门，加强对政策落实的统筹协调，减少政出多门带来的推诿扯皮现象。

（三）强化过程监督，培养养老金投资和管理机构的 ESG 意识

一是持续推动 ESG 的制度框架建设。优化 ESG 政策环境，加强治理体系建设和信息披露立法的实践，强化市场监管，不断完善 ESG 信息披露制度。强调进行养老金投资和养老金账户管理的机构逐渐由自愿披露转为强制披露，要求运营公共养老金和企业年金、职业年金的机构进行 ESG 投资披露，并对其进行评估；养老金积极参与 ESG 投资，能够培育资本市场责任投资的投资主体和长期投资意识，发挥长期机构投资者在价值投资市场上的引领作用。

二是构建配套的激励机制。对具有较高信息披露程度的企业，建议酌情提供一定的融资便利；通过规章指引等方式推动 ESG 投资的落地，要求养老金投资管理机构必须具

有公示明确的 ESG 投资理念和目标，根据监管需要，剔除某些存在重大投资风险的公司，实行企业黑名单制度，ESG 风险一票否决；设立相关的组织架构，建立专门的投资管理部门统领投资决策；构建 ESG 的投资机制，鼓励养老金管理机构结合数据积累和国内现实，形成严格的 ESG 内部评价标准，跟踪上市公司的财务信息和 ESG 信息，鼓励养老金机构，积极参与公司治理。

二、资本市场层面

（一）优化资本市场服务养老服务业机制

我国资本市场支持养老服务，应继续完善我国养老服务业机制。虽然政策一直在试图破解养老服务业的融资痛点，但养老机构融资难、担保难问题仍然存在。养老机构作为特殊的服务机构，通过资产抵押、信用评级获得融资通常难度较大，且养老机构投资回报周期较长，需要长期限、低成本资金支持，优化投融资机制从资本市场方面解决问题的关键。

一是加强资本市场的产品和服务创新力度。银行、证券、保险、基金等各类金融机构要明确市场定位，结合自身的竞争优势，立足于目标群体推出适老金融产品，避免养老金融乱象的发生。比如保险公司加快推广专属养老保险试点范围，大力发展投保型养老金融产品；银行、基金和信托公司等切实提升财富管理和投顾服务能力，根据养老服务企业的不同发展阶段开发相应的金融产品，更针对性地帮助养老服务企业解决资金难题；公募基金配合个人养老金政策，积极研发不同类型、不同风格的投资产品，为不同年龄段的投资者提供更加多元化的选择，同时注重用户的使用体验，在过往用户服务数据积累的基础上，构建覆盖生命周期的养老服务"企业 + 个人"的资产管理生态链，为投资者提供更加科学合理专业的企业发展和养老投资解决方案。

二是多措并举做好金融风险防控。在为养老机构提供融资服务时，需要把控好相关风险。比如，通过制定专业化投融资服务政策，建立健全以政府出资或者以国家政策为主的有关融资担保机构等降低风险；探索在商业银行建立养老服务事业部制，在符合条件的金融机构组建服务于养老的专业团队、特色支行等，按照当地养老服务业的实际情况直接与养老服务企业对接，以便于为养老服务业提出更加具有针对性的金融服务方案；规范并简化养老服务业的审批流程，对养老服务业也可以进行信用评级，或设立行业准入条件，有效支持养老服务业发展。

（二）积极探索资本市场服务养老服务业新模式

一是注重资本市场服务养老服务业范围的拓展。从国际经验看，各国养老服务企业和个人能够选择的投资产品种类非常多，近年来均加大对权益资产的配置，以获取更高收益。我国权益市场周期波动更频繁且剧烈、市场机制仍不成熟，在风险可控的情况下，各类金融机构应逐步拓展养老服务贷款抵押品范围，通过产业链金融创新为养老机构上下游企业提供有针对性的信贷融资支持，特别是养老服务业相关的上市公司或私募股权，实现为养老服务业输血，探索银行与保险、产业等部门进行协同配合，加大权益资产配置力度，创新发展模式。

二是探索融资租赁在服务养老服务业领域的创新应用。当前融资租赁模式在民营养老机构设施升级上的应用虽已取得了初步成效，但发展规模相较于其他领域还十分欠缺。数字技术深度应用背景下，金融机构需结合行业定位和数字化科技化发展路径，在服务养老服务业蓝海中寻求主动权。比如融资租赁公司拉长业务服务链条，全方位服务养老机构，为服务养老服务业发展和产业链资源共享创造便利和条件；比如信托公司发挥自身优势，主动创新，积极探索以养老服务信托为主的养老信托业务，并不断拓展业务外延，为客户提供多样化、个性化的养老信托产品和服务等。

（三）积极承担金融宣传教育社会责任

一是加大金融宣传教育，普及养老金融观念。加强市场机构的投资者适当性管理，针对不同资金规模、投资需求、风险偏好的投资者提供符合风险等级的服务。加强老年人的投资者保护力度和宣传教育力度，指导和规范市场主体的老年投资者适当性教育，降低金融风险。通过短视频、在线课堂等媒介开展线上养老投资者教育，向投资者普及养老金融知识，帮助他们树立自主养老意识，以及长期投资、价值投资的养老投资观念。

二是教育引导国民进行长期养老规划。发挥各金融机构的优势，教育引导国民进行长期养老规划，形成长期投资理念，提升养老金融知识水平，增强资产配置、风险管理、权益维护等能力。同时，积极配合政府积极打击进行虚假养老宣传和打着养老服务旗号的诈骗行为，为养老服务金融发展营造良好的社会环境。

三、养老服务企业层面

（一）依靠政策扶持红利吸引优质资本

一是在养老服务业推广并运用好 PPP 模式。我国养老服务市场巨大，养老服务企业要紧紧抓住政府大力扶持的战略机遇期，充分吃透政策法规和优惠政策，运用 PPP 等合作模式，吸引优质社会资本，保持社会资本方资金优势与养老服务企业人才优势良好互动，打造完整的"资本＋人才"的养老服务链。

二是谋求跨领域合作，构建多种形式的"资本＋养老"模式。资本市场在服务养老服务业发展中扮演着重要角色，充分把握资本市场和养老服务业并行发展规律，尝试在养老服务企业发债、上市融资、资产证券化融资等方面出台针对性的扶持政策，待整个行业的盈利能力显著提升后，再施加私募股权基金、并购基金等资本支持方式，有条不紊地推进资本市场深度融入养老服务业发展，既可以实现资本市场在养老服务市场"分得一杯羹"，也能促使养老服务业发展再上台阶，构筑"资本"与"养老"共赢局面。

养老企业要借助金融监管机构、民政部门等管理部门联动之机，加强养老企业与监管部门和金融机构等之间的互动，保证各项工作高效落实，引入适当比例的民间资本，激发民间投资的内生动力，实现资源共享、协同发展、互利共赢。

（二）依靠企业创新能力吸引外部资本

一是构建养老服务领域大企业＋中小企业联融发展新生态。大型养老服务企业充分发挥自身融资循环、产业循环、市场循环方面的龙头引领作用，打破传统的纵向发展壁垒，设定产业发展基金，专门投资和服务于上下游中小企业，充分发挥大中小企业各自比较优势和竞争活力，推动要素资源整合和高效利用，实现产业链创新链协同发展，以大中小企业联融发展模式吸引资本市场主动介入，共享养老服务市场红利。

二是打造养老服务标杆，以品牌力量吸引外部资本。资本市场具有天然的逐利性，依靠品牌的力量吸引资本市场介入养老服务业是企业吸引外部资本的重要路径。随着现代老年人对养老服务要求的提高，数字化智能化转型成了养老服务业发展的方向之一。深度应用数字技术有利于降低生产要素成本，提高养老服务企业运营效率，有利于降低企业的边际投入，养老服务企业要抓住数字化改革机遇，加快数字化变革，增强企业创新的主观能动性，打造养老服务标杆，塑造养老服务数字化品牌，吸引资本市场主动介入。

四、消费者层面

（一）主动学习金融知识，提高自身金融素养

一是激发消费者学习金融知识的主观能动性。从正面引导消费者金融知识学习，掌握参与金融实践活动的必备技巧和金融工具的正确使用方法，促进金融素养的提升。大力宣传社会保险、个人养老金、商业健康保险、住房反向抵押贷款知识、理财产品、基金投资、利率变动、通货膨胀等金融保险知识，积极推广互联网金融、大数据、人工智能、区块链等新型金融媒介，提高消费者的接受度和认可度，认清金融的本质和积极参与金融活动的必要性。

二是注重经典金融诈骗案例的反面警示教育。多学习典型金融诈骗案例，深度梳理和揭示诈骗者的惯用伎俩，合理引导消费者有效树立心理防范意识，理性参与金融市场，拒绝高利诱惑，规避金融陷阱，做好风险防范措施。同时注重城乡、区域性保险发展的协调性、普惠性、创新性，提供多元化保险教育平台，形成城镇与农村、东部与西部、中心区与边缘地带消费者金融素养协同提升的良好格局。

（二）积极参与金融实践，获取金融发展福祉

一是提前做好养老规划，通过金融手段实现财富的保值增值。健康和幸福的长寿是人们普遍追求的长寿，科学合理运用金融手段进行财富积累是应对长寿的重要路径。一方面，重视对知识和技能的投资，抓住数字金融发展机遇，丰富视野，及时更新、提升专业知识和实践技能，学习个人理财和自我管理技能；另一方面，制订储蓄计划，做好

财务规划，逐步积累一些能产生正向和稳定现金流的金融资产组合。

二是养成良好的理财习惯，加强自律管理。养老金融是人民群众老有所依、老有所养的重要经济依托，消费者要紧跟数字时代步伐，从党和国家发展大局中把握金融参与的方向，稳扎稳打地获取数字金融发展福祉，切忌盲目投资，切忌贪图"高回报"的"短平快"投资，以良好的心态参与金融实践活动，避免陷入养老产品与服务销售陷阱。

五、研究展望

本课题研究围绕着资本市场服务养老服务业发展的主题，主要基于现阶段我国养老服务业发展瓶颈和存在的问题，深入剖析内在原因，遵循资本市场自身发展特点和规律，从投资和融资两个视角探索我国资本市场服务养老业发展的可行模式和对国际经验的总结借鉴，提出资本市场服务养老服务业的资产证券化、基于 PPP 模式的资产证券化、企业债、养老地产与不动产信托投资基金等模式的实施和优化路径，最后从政府、资本市场、养老企业、消费者四个角度分别提出促进资本市场服务养老服务业发展模式有效运行的对策建议，为政府政策制定、金融机构深度拓展养老服务业相关领域、养老服务业自身高质量发展等提供借鉴和参考。限于课题组成员的时间和精力，兼顾本课题研究所聚焦的主题，研究过程中可能会存在没有覆盖到或者研究不够透彻的地方，需要未来研究者进一步思考和深入拓展，比如资本市场服务养老服务企业所面临的税收问题、不具备企业性质的养老服务机构如何获得资本市场的支持问题、资本市场服务养老服务业发展相关模式的风险控制问题、养老服务业政府引导基金的建立与运行问题、以及融资租赁深度服务养老服务业的模式等，都是未来非常有前景的研究方向。

参考文献

[1] 王莉莉，杨晓奇 . 我国老龄服务业发展现状、问题及趋势分析 [J]. 老龄科学研究，2015，3（07）：6-17.

[2] 杨立雄 . 中国老龄服务产业发展研究 [J]. 新疆师范大学学报（哲学社会科学版），2017，38（02）：69-76+2.

[3] 刘志晓，齐立云，刘畅 . 我国养老服务供给机制多元化探索——基于不同养老模式的分析 [J]. 未来与发展，2018（10）：1-4.

[4] 原新，刘志晓 . 中国老年人储蓄对家庭消费的影响——基于 CHARLS 面板数据的分析 [J]. 人口与经济，2020（02）：26-36.

[5] David Shulman and Ruth Galanter. Reorganizing The Nursing Home Industry: A Proposal. The Milbank Memorial Fund Quarterly[J]. Health and Society, 1976: 129–143.

[6] Rajan, R.G. Zingales Luigi. Fiacial Dependence and Growth[J]. American Economic Review, 1998.

[7] Rajan, R.G. Zingales Luigi. Financial dependence and growth[J]. American Economic Review, 2009(88): 1421–1460.

[8] Wurgler. Financial markets and growth[J]. An Overview, 2010 (37):613–622.

[9] Moody HR. From successful aging to conscious aging[J]. Successful aging through the life span: International issues in health, 2005: 55–68.

[10] Stephen H. Conwill. Conceptualizing Group Dynamics From Our Clients' Perspective: Development of the Conceptualization of Group Dynamics Inventory[J]. The Journal for Specialists in Group Work, 2013,38(02): 146–168.

[11] 曹啸，吴军．我国金融发展与经济增长关系的格兰杰检验和特征分析 [J]. 财贸经济，2002（05）：10–13.

[12] 刘世锦．要为产业升级和发展创造有利的金融环境 [J]. 上海金融，2005（04）：20–22.

[13] 周清．促进民办养老机构发展的财税政策研究 [J]. 税务与经济，2011（03）：100–104.

[14] 李丹．对我国养老基金投资养老产业的探讨 [J]. 东方企业文化，2012（14）：190+192.

[15] 周玉．浅析场外股权交易市场与养老服务业的发展 [J]. 中国商贸，2013（34）：154–155.

[16] 倪江崴．广州市民间资本进入养老服务产业的可行性分析 [J]. 金融时代，2013（2）：56–58

[17] 刘丹．我国养老服务业金融创新发展研究 [J]. 改革与战略，2017，33（10）：185–187+198.

[18] 黄玲，段丁强．养老产业上市公司融资模式的比较分析 [J]. 河北金融，2018（06）：14–17+25

[19] 周芬棉．开启资本市场服务养老事业新篇章 [N]. 法治日报，2022–04–29（006）.

[20] 葛和平，张笑寒．普惠金融支持养老服务产业的模式研究 [J]. 会计之友，2022（01）：32–37.

[21] 王东，房盼．我国养老服务 PPP 项目高质量发展的多元化驱动路径 [J]. 昆明理工大学学报（社会科学版），2021，21（01）：9–19.

[22] 向运华，王晓慧．新中国 70 年养老服务体系建设、评估与展望 [J]. 广西财经学院学报，2019，32（06）：9–21.

[23] 许莲凤．养老服务业 PPP 项目运行机制构建——基于股权合作的视角 [J]. 东南学术，2021（01）：192–201.

[24] 叶韵婷，欧幼冰，胡凯钊．我国基本养老服务政策实践探析 [J]. 社会福利（理论版），2021（07）：37–44.

[25] 林宝．党的十八大以来我国养老服务政策新进展 [J]. 中共中央党校（国家行政学院）学报，2021，25（01）：91–99.

[26] 杨晓奇．我国老龄产业政策的现状、问题及其完善建议 [J]. 老龄科学研究，2022，10（08）：1–13.

[27] 胡萍．信托公司探索综合养老信托服务 [N]. 金融时报，2022–07–18（008）.

[28] 杨复卫，温涛．养老产业发展中金融政策工具的优化选用与配置方案 [J]. 安徽大学学报（哲学社会科学版），2022，46（02）：148–156.

[29] 韩振燕，姚光耀，刘唯一．融资租赁：民营养老机构设施升级的路径选择 [J]. 河海大学学报（哲学社会科学版），2021，23（03）：97–104+108.

[30] 封铁英，南妍．养老产业政策体系及其协调性——基于政策文本的量化分析 [J]. 北京行政学院学报，2021（01）：76–85.

[31] 高梦倩，万东华，杨朔．PPP 模式在我国医疗和养老行业中的应用研究 [J]. 现代医药卫生，2022，38（16）：2868–2871.

[32] 李倩. 美国养老地产信托投资基金融资模式借鉴 [J]. 财会通讯，2021（02）：172-176.

[33]OECD (2022) Pension Markets in Focus，https://www.oecd.org/daf/fin/private-pensions/Pension-Markets-in-Focus-Preliminary-2021-Data-on-Pension-Funds.pdf

[34] 郭金龙，李红梅. 养老金融产品国际比较研究 [J]. 价格理论与实践，2022（01）：61-67.

[35] 江世银. 国外典型国家金融服务养老实践及其启示 [J]. 四川轻化工大学学报（社会科学版），2021，36（03）：16-31.

[36] 青楚涵. IIGF 时评 | 德国多层次养老保障的典型经验与启示，2021（2022-10-23）.

[37] 吴孝芹. 养老金融产品创新国际比较——以美国、德国和新加坡为例 [J]. 现代管理科学，2019（03）.

[38] 杨秀玲，邸达. 国外养老金融业发展的经验及借鉴 [J]. 经济研究参考，2014（52）：30-34.

[39] 张细松，牟芳华. 国外养老金融实践对中国商业保险的借鉴 [J]. 保险理论与实践，2017（08）：32-47.

[40] 中国农业银行安徽省分行课题组，汪晓健，冯静生，宋士坤. 养老产业发展与金融服务策略研究 [J]. 农银学刊，2018（04）：32-37.

[41] 董克用，孙博，张栋. 从养老金到养老金融：中国特色的概念体系与逻辑框架 [J]. 公共管理与政策评论.2021（06）：15-23.

[42] 何小欢，张健明. 基于三支柱的养老金融产品适老化设计 [J]. 中国物价，2021（03）：64-66.

[43] 熊鹭. 养老金融国际比较与借鉴 [J]. 中国金融，2021（05）：84-86.

[44] 张中锦. 养老金融：理论溯源、分析框架与发展战略 [J]. 现代经济探讨，2020（05）：36-42.

[45] 娄飞鹏. 我国养老金三支柱体系建设的历程、问题与建议 [J]. 金融发展研究，2020（02）：69-74.

[46] 陆岷峰. 关于金融供给侧结构性改革与养老金融制度设计研究 [J]. 农村金融研究，2020（02）：72-78.

[47] 赵周华，张春璐. 老龄化与养老普惠金融：国际经验、中国实践及对策建议 [J]. 征信，2020（01）：71-77.

[48] 宋凤轩，张泽华. 日本第三支柱养老金资产运营管理评价及借鉴 [J]. 社会保障研究，2019（06）：85-94.

[49] 娄飞鹏. 养老金融发展的理论与实践问题 [J]. 西南金融，2019（07）：51-57.

[50] 李文，李宏纲，刘军峰. ESG 投资在养老金投资中的国际借鉴 [M]// 董克用，姚余栋，等. 中国养老金融发展报告（2020）. 北京：社会科学文献出版社，2020.

[51] 朱小艳. 养老地产 REITs 融资：制约因素与推进路径 [J]. 湖南人文科技学院学报，2017（03）：48-51.

[52] 刘桦，陈瑞华，张楠. 中外养老地产企业融资状况比较分析 [J]. 财会通讯，2019（05）：17-20.

[53] 孟明毅. 不动产信托投资基金的美国经验借鉴 [J]. 经济与管理评论，2020（01）：124-136.

[54] 周旭明. 养老地产信托基金（REITs）的发展思路与建议 [J]. 中国房地产，2021（27）：15-21.

[55] 高雅. 我国养老产业财税政策探析 [J]. 合作经济与科技，2021，（15）：166-168.

[56] 秦莉. 促进我国养老服务发展的财税政策研究 [D]. 哈尔滨：哈尔滨师范大学，2022.

附　录

党的十八大以来我国资本市场支持养老服务的政策支持梳理

1. 2013 年 9 月 国务院关于加快发展养老服务业的若干意见

（1）政策背景

近年来，我国养老服务业快速发展，以居家为基础、社区为依托、机构为支撑的养老服务体系初步建立，老年消费市场初步形成，老龄事业发展取得显著成就。但总体上看，养老服务和产品供给不足、市场发育不健全、城乡区域发展不平衡等问题还十分突出。当前，我国已经进入人口老龄化快速发展阶段，2012 年底我国 60 周岁以上老年人口已达 1.94 亿，2013 年，我国 60 岁及以上人口突破 2 亿大关，达到 2.02 亿，占全国总人口的 14.3%，迎来了第一个老年人口增长高峰，人口结构已经进入老龄化快速发展阶段。积极应对人口老龄化，加快发展养老服务业，不断满足老年人持续增长的养老服务需求，是全面建成小康社会的一项紧迫任务。

（2）政策目标

到 2020 年，全面建成以居家为基础、社区为依托、机构为支撑的，功能完善、规模适度、覆盖城乡的养老服务体系。养老服务产品更加丰富，市场机制不断完善，养老服务业持续健康发展。

①服务体系更加健全。生活照料、医疗护理、精神慰藉、紧急救援等养老服务覆盖所有居家老年人。符合标准的日间照料中心、老年人活动中心等服务设施覆盖所有城市社区，90% 以上的乡镇和 60% 以上的农村社区建立包括养老服务在内的社区综合服务设施和站点。全国社会养老床位数达到每千名老年人 35 ~ 40 张，服务能力大幅增强。

②产业规模显著扩大。以老年生活照料、老年产品用品、老年健康服务、老年体育健身、老年文化娱乐、老年金融服务、老年旅游等为主的养老服务业全面发展，养老服务业增加值在服务业中的比重显著提升，全国机构养老、居家社区生活照料和护理等服务提供 1000 万个以上就业岗位。涌现一批带动力强的龙头企业和大批富有创新活力的中小企业，形成一批养老服务产业集群，培育一批知名品牌。

③发展环境更加优化。养老服务业政策法规体系建立健全，行业标准科学规范，监管机制更加完善，服务质量明显提高。全社会积极应对人口老龄化意识显著增强，支持和参与养老服务的氛围更加浓厚，养老志愿服务广泛开展，敬老、养老、助老的优良传统得到进一步弘扬。

（3）主要任务

①大力加强养老机构建设。支持社会力量举办养老机构。各地要根据城乡规划布局要求，统筹考虑建设各类养老机构。在资本金、场地、人员等方面，进一步降低社会力

量举办养老机构的门槛，简化手续、规范程序、公开信息，行政许可和登记机关要核定其经营和活动范围，为社会力量举办养老机构提供便捷服务。鼓励境外资本投资养老服务业。鼓励个人举办家庭化、小型化的养老机构，社会力量举办规模化、连锁化的养老机构。鼓励民间资本对企业厂房、商业设施及其他可利用的社会资源进行整合和改造，用于养老服务。

开展公办养老机构改制试点。有条件的地方可以积极稳妥地把专门面向社会提供经营性服务的公办养老机构转制成为企业，完善法人治理结构。政府投资兴办的养老床位应逐步通过公建民营等方式管理运营，积极鼓励民间资本通过委托管理等方式，运营公有产权的养老服务设施。要开展服务项目和设施安全标准化建设，不断提高服务水平。

②切实加强农村养老服务。拓宽资金渠道。各地要进一步落实《中华人民共和国老年人权益保障法》有关农村可以将未承包的集体所有的部分土地、山林、水面、滩涂等作为养老基地，收益供老年人养老的要求。鼓励城市资金、资产和资源投向农村养老服务。各级政府用于养老服务的财政性资金应重点向农村倾斜。

③繁荣养老服务消费市场。开发老年产品用品。相关部门要围绕适合老年人的衣、食、住、行、医、文化娱乐等需要，支持企业积极开发安全有效的康复辅具、食品药品、服装服饰等老年用品用具和服务产品，引导商场、超市、批发市场设立老年用品专区专柜；开发老年住宅、老年公寓等老年生活设施，提高老年人生活质量。引导和规范商业银行、保险公司、证券公司等金融机构开发适合老年人的理财、信贷、保险等产品。

培育养老产业集群。各地和相关行业部门要加强规划引导，在制定相关产业发展规划中，要鼓励发展养老服务中小企业，扶持发展龙头企业，实施品牌战略，提高创新能力，形成一批产业链长、覆盖领域广、经济社会效益显著的产业集群。健全市场规范和行业标准，确保养老服务和产品质量，营造安全、便利、诚信的消费环境。

④积极推进医疗卫生与养老服务相结合。健全医疗保险机制。对于养老机构内设的医疗机构，符合城镇职工（居民）基本医疗保险和新型农村合作医疗定点条件的，可申请纳入定点范围，入住的参保老年人按规定享受相应待遇。完善医保报销制度，切实解决老年人异地就医结算问题。鼓励老年人投保健康保险、长期护理保险、意外伤害保险等人身保险产品，鼓励和引导商业保险公司开展相关业务。

（4）政策措施

①完善投融资政策。要通过完善扶持政策，吸引更多民间资本，培育和扶持养老服务机构和企业发展。各级政府要加大投入，安排财政性资金支持养老服务体系建设。金融机构要加快金融产品和服务方式创新，拓宽信贷抵押担保物范围，积极支持养老服务业的信贷需求。积极利用财政贴息、小额贷款等方式，加大对养老服务业的有效信贷投入。加强养老服务机构信用体系建设，增强对信贷资金和民间资本的吸引力。逐步放宽限制，鼓励和支持保险资金投资养老服务领域。开展老年人住房反向抵押养老保险试点。鼓励养老机构投保责任保险，保险公司承保责任保险。地方政府发行债券应统筹考虑养老服务需求，积极支持养老服务设施建设及无障碍改造。

②完善税费优惠政策。落实好国家现行支持养老服务业的税收优惠政策，对养老机构提供的养护服务免征营业税，对非营利性养老机构自用房产、土地免征房产税、城镇土地使用税，对符合条件的非营利性养老机构按规定免征企业所得税。对企事业单位、社会团体和个人向非营利性养老机构的捐赠，符合相关规定的，准予在计算其应纳税所得额时按税法规定比例扣除。各地对非营利性养老机构建设要免征有关行政事业性收费，对营利性养老机构建设要减半征收有关行政事业性收费，对养老机构提供养老服务也要适当减免行政事业性收费，养老机构用电、用水、用气、用热按居民生活类价格执行。境内外资本举办养老机构享有同等的税收等优惠政策。制定和完善支持民间资本投资养老服务业的税收优惠政策。

③完善补贴支持政策。各地要加快建立养老服务评估机制，建立健全经济困难的高龄、失能等老年人补贴制度。可根据养老服务的实际需要，推进民办公助，选择通过补助投资、贷款贴息、运营补贴、购买服务等方式，支持社会力量举办养老服务机构，开展养老服务。民政部本级彩票公益金和地方各级政府用于社会福利事业的彩票公益金，要将50%以上的资金用于支持发展养老服务业，并随老年人口的增加逐步提高投入比例。国家根据经济社会发展水平和职工平均工资增长、物价上涨等情况，进一步完善落实基本养老、基本医疗、最低生活保障等政策，适时提高养老保障水平。要制定政府向社会力量购买养老服务的政策措施。

2. 2015年2月 关于鼓励民间资本参与养老服务业发展的实施意见

（1）政策目的

为了充分发挥市场在资源配置中的决定性作用和更好地发挥政府作用，逐步使社会力量成为发展养老服务业的主体，现就鼓励民间资本参与养老服务业发展。

（2）具体内容

①鼓励民间资本在城镇社区举办或运营老年人日间照料中心、老年人活动中心等养老服务设施，为有需求的老年人，特别是高龄、空巢、独居、生活困难的老年人，提供集中就餐、托养、助浴、健康、休闲和上门照护等服务，并协助做好老年人信息登记、身体状况评估等工作。

②在鼓励民间资本参与机构养老服务方面，支持采取股份制、股份合作制、PPP（政府和民间资本合作）等模式建设或发展养老机构。鼓励社会力量举办规模化、连锁化的养老机构，鼓励养老机构跨区联合、资源共享，发展异地互动养老，推动形成一批具有较强竞争力的养老机构。支持机关、企事业单位将所属的度假村、培训中心、招待所、疗养院等转型为养老机构，支持民间资本对企业厂房、商业设施及其他可利用的社会资源进行整合和改造，用于养老服务。

③加大对养老服务业发展的财政资金投入。有条件的地区，可设立专项扶持资金。充分利用支持服务业发展的各类财政资金，探索采取建立产业基金、PPP等模式，支持发展面向大众的社会化养老服务产业，带动社会资本加大投入。通过中央基建投资等现有资金渠道，对社会急需、项目发展前景好的养老项目予以适当扶持。

④落实税费优惠政策。对民办养老机构提供的育养服务免征营业税。养老机构在资

产重组过程中涉及的不动产、土地使用权转让，不征收增值税和营业税。进一步落实国家扶持小微企业相关税收优惠政策，对符合条件的小型微利养老服务企业，按照相关规定给予增值税、营业税、所得税优惠。

3. 2016 年 3 月 关于金融支持养老服务业加快发展的指导意见

（1）政策目的

为贯彻落实党的十八大和党的十八届三中、四中、五中全会精神和《国务院关于加快发展养老服务业的若干意见》（国发〔2013〕35 号）、《关于推进医疗卫生与养老服务相结合的指导意见》（国办发〔2015〕84 号文转发）等有关要求，积极应对人口老龄化，大力推动金融组织、产品和服务创新，改进完善养老领域金融服务，加大对养老服务业发展的金融支持力度，促进社会养老服务体系建设。

（2）政策目标

到 2025 年，基本建成覆盖广泛、种类齐全、功能完备、服务高效、安全稳健，与我国人口老龄化进程相适应，符合小康社会要求的金融服务体系。促进养老服务业发展的金融组织更加多层次，产品更加多元化，服务更加多样化，金融支持养老服务业和满足居民养老需求的能力和水平明显提升。

（3）具体内容

①支持各类金融组织开展养老领域金融业务。鼓励银行、证券、保险、基金等各类金融机构积极应对老龄化社会发展要求，优化内部组织架构和管理体制，增强养老领域金融服务能力。鼓励金融租赁公司开发适合养老服务业特点、价格公允的产品，提供融资租赁等金融服务。鼓励信托公司利用信托制度优势，积极开发各类附带养老保障的信托产品，满足居民养老领域金融服务需求，支持养老服务业发展。

②积极培育服务养老的金融中介体系。鼓励金融机构创新与融资担保机构合作模式，以政府性融资担保机构为主，引导各类融资担保机构加大对养老服务业的支持力度。积极引导征信机构、信用评级机构面向养老服务业开展征信、评级服务，鼓励银行与征信机构、信用评级机构合作，实施对养老服务机构的分类扶持。支持发展与养老领域金融创新相适应的法律、评估、会计等中介服务机构，鼓励金融机构与养老信息和智慧服务平台合作，运用"互联网 +"大数据资源，提供更高效的金融服务。

③完善养老服务业信贷管理机制。鼓励银行业金融机构根据养老服务业发展导向和经营特点，专门制定养老服务业信贷政策，开发针对养老服务业的特色信贷产品，建立适合养老服务业特点的授信审批、信用评级、客户准入和利率定价制度，为养老服务业提供差异化信贷支持。鼓励银行业金融机构与民政部门、行业协会等合作开展养老信贷专项培训，提升信贷服务专业化水平。

④加快创新养老服务业贷款方式。鼓励银行业金融机构创新承贷主体，对企业或个人投资设立的养老服务机构，在风险可控的前提下，可以向投资企业或个人作为承贷主体发放贷款。对符合条件的个人投资设立小型养老服务机构，或招用员工比例达到政策要求的小微养老服务企业，积极利用创业担保贷款政策给予支持。对建设周期长、现金流稳定的养老服务项目，鼓励银行业金融机构适当延长贷款期限，灵活采取循环贷款、

年审制、分期分段式等多种还款方式。

⑤拓宽养老服务业贷款抵押担保范围。鼓励银行业金融机构探索以养老服务机构有偿取得的土地使用权、产权明晰的房产等固定资产为抵押，提供信贷支持。鼓励银行业金融机构积极开展应收账款、动产、知识产权、股权等抵质押贷款创新，满足养老服务企业多样化融资需求。有条件的地区在风险可控、不改变养老机构性质和用途的前提下，可探索养老服务机构其他资产抵押贷款的可行模式。

⑥推动符合条件的养老服务企业上市融资。支持处于成熟期、经营较为稳定的养老服务企业在主板市场上市。支持符合条件的已上市的养老服务企业通过发行股份等再融资方式进行并购和重组。探索建立民政部门与证券监管部门的项目信息合作机制，加强中小养老服务企业的培育、筛选和储备，支持符合条件的中小养老服务企业在中小板、创业板、全国中小企业股份转让系统上市融资。探索利用各类区域性股权交易市场，为非上市养老服务企业提供股份转让渠道。

⑦支持养老服务业通过债券市场融资。支持处于成熟期的优质养老服务企业通过发行企业债、公司债、非金融企业债务融资工具等方式融资。鼓励中小养老服务企业发行中小企业集合票据、集合债券、中小企业私募债，积极发挥各类担保增信机构作用，为中小养老服务企业发债提供增信支持。对运作比较成熟、未来现金流稳定的养老服务项目，可以项目资产的未来现金流、收益权等为基础，探索发行项目收益票据、资产支持证券等产品。支持符合条件的金融机构通过发行金融债、信贷资产支持证券等方式，募集资金重点用于支持小微养老服务企业发展。

⑧鼓励多元资金支持养老服务业发展。支持各地采取政府和社会资本合作（PPP）模式建设或发展养老机构，鼓励银行、证券等金融机构创新适合 PPP 项目的融资机制，为社会资本投资参与养老服务业提供融资支持，积极探索与政府购买基本健康养老服务配套的金融支持模式。鼓励金融机构通过基金模式，探索运用股权投资、夹层投资、股东借款等多种形式，加大对养老服务企业、机构和项目的融资支持。鼓励有条件的地区探索建立养老产业投资引导基金，通过阶段参股、跟进投资等方式，引导和带动社会资本加大对养老服务业的投入。鼓励风险投资基金、私募股权基金等投资者积极投资处于初创阶段、市场前景广阔的养老服务企业。

⑨完善多层次社会养老保险体系。进一步完善由基本养老保险、企业年金、职业年金、商业养老保险等组成的多层次、多支柱的养老保险体系。推进公平、统一、规范的城乡居民基本养老保险制度建设，发挥社会保险保障基本生活的重要作用。大力拓展企业年金、商业团体养老保险等企业补充养老保险，促进企业补充养老保险进一步向中小企业覆盖。推动商业养老保险逐步成为个人和家庭商业养老保障计划的主要承担者、企业发起的养老健康保障计划的重要提供者、社会保险市场化运作的积极参与者，支持有条件的企业建立商业养老健康保障计划，促使商业保险成为社会养老保障体系的重要支柱。

⑩加快保险产品和服务方式创新。开展个人税收递延型商业养老保险试点，继续推进老年人住房反向抵押养老保险试点，发展独生子女家庭保障计划，丰富商业养老保

险产品。积极开发长期护理保险、健康保险、意外伤害保险等保险产品，助推养老、康复、医疗、护理等服务有机结合。鼓励有条件的地区由政府使用医保基金账户结余统一为参保人购买护理保险产品，探索建立长期护理保险制度，积极探索多元化保险筹资模式，保障老年人长期护理服务需求。支持保险公司发展农民养老健康保险、农村小额人身保险等普惠保险业务。大力发展养老机构综合责任保险，为养老机构运营提供风险保障。

⑪ 创新保险资金运用方式。积极借鉴国际经验，在符合投向要求、有效分散风险的前提下，推动基本养老保险基金、全国社会保障基金、企业年金基金、职业年金基金委托市场化机构多种渠道开展投资，实现资金保值增值，提升服务能力。发挥保险资金长期投资优势，以投资新建、参股、并购、租赁、托管等方式，兴办养老社区和养老服务机构。鼓励保险公司在风险可控的前提下，通过股权、债权、基金、资产支持计划、保险资产管理产品等多种形式，为养老服务企业及项目提供中长期、低成本的资金支持。

⑫ 积极发展服务居民养老的专业化金融产品。鼓励银行、证券、信托、基金、保险等各类金融机构针对不同年龄群体的养老保障需求，积极开发可提供长期稳定收益、符合养老跨生命周期需求的差异化金融产品。大力发展养老型基金产品，鼓励个人通过各类专业化金融产品投资增加财产性收入，提高自我养老保障能力。加快老年医疗、健身、娱乐、旅游等领域消费信贷、信托产品创新。鼓励银行业金融机构探索住房反向抵押贷款业务。鼓励金融机构积极探索代际养老、预防式养老、第三方付费养老等养老模式和产品，提高居民养老财富储备和养老服务支付能力。

⑬ 不断扩展金融服务内容。金融机构要积极介入社会保障、企业年金、养老保障与福利计划等业务，做好支付结算、账户管理、托管和投资等基础服务。鼓励银行业金融机构发行为老年群体提供特定服务的银行卡等非现金支付工具，适当减免开卡工本费、年费、小额账户管理费等费用，探索提供商户优惠、医疗健康、休闲娱乐、教育咨询、法律援助等配套增值服务。加强老年金融消费者教育和权益保护，加大理财产品等新型金融业务的宣传和普及力度，拓展老年人金融知识，银行业金融机构对老年人办理大额转账等业务应及时提醒查阅，在面向老年人销售保险、理财产品时，应严格遵守有关规定，不得误导销售或错误销售。

⑭ 加强金融政策与产业政策的协调配合。建立人民银行、民政、金融监管等部门参加的金融支持养老服务业工作协调机制，加强政策协调和信息沟通，形成推进养老服务业发展的金融政策合力。制定并定期完善养老服务业指导目录，发布更新养老服务机构与企业信息，建立健全项目数据库和推荐机制。对纳入数据库并获得民政部门推荐的优质养老服务项目，金融机构应在风险可控、商业可持续的基础上给予积极支持。各级民政部门应指导养老机构建立规范的财务制度和资产管理制度，提高承贷能力和偿付水平。鼓励有条件的地区积极运用财政贴息、贷款风险补偿、担保增信等政策工具，加大对金融支持养老服务业发展的政策激励和扶持。

⑮ 综合运用多种金融工具。加强信贷政策引导，鼓励金融机构加大对养老服务业和医养结合领域的支持力度。运用支小再贷款、再贴现工具，引导金融机构加大对小微养

老服务企业的信贷支持。不断完善金融监管政策，加强对银行、证券、信托、基金、保险等金融机构开展养老领域金融组织、产品和服务方式创新的监管，以利于金融创新稳妥有序开展。

4. 2016 年 12 月 关于全面放开养老服务市场提升养老服务质量的若干意见

（1）政策背景

养老服务业既是涉及亿万群众福祉的民生事业，也是具有巨大发展潜力的朝阳产业。近年来，我国养老服务业快速发展，产业规模不断扩大，服务体系逐步完善，但仍面临供给结构不尽合理、市场潜力未充分释放、服务质量有待提高等问题。随着人口老龄化程度不断加深和人民生活水平逐步提高，老年群体多层次、多样化的服务需求持续增长，对扩大养老服务有效供给提出了更高要求。

（2）政策目标

到 2020 年，养老服务市场全面放开，养老服务和产品有效供给能力大幅提升，供给结构更加合理，养老服务政策法规体系、行业质量标准体系进一步完善，信用体系基本建立，市场监管机制有效运行，服务质量明显改善，群众满意度显著提高，养老服务业成为促进经济社会发展的新动能。

（3）具体内容

①发展养老金融服务。规范和引导商业银行、保险公司等金融机构开发适合老年人的理财、保险产品，满足老年人金融服务需求，鼓励金融机构建设老年人无障碍设施，开辟服务绿色通道。强化老年人金融安全意识，加大金融消费权益保护力度。稳步推进养老金管理公司试点，按照国家有关规定，积极参与养老金管理相关业务，做好相关受托管理、投资管理和账户管理等服务工作。

②完善财政支持和投融资政策。完善财政支持政策。各地要建立健全针对经济困难的高龄、失能老年人的补贴制度，统一设计、分类施补，提高补贴政策的精准度。对养老机构的运行补贴应根据接收失能老年人等情况合理发放。各级政府要加大投入，支持养老服务设施建设，切实落实养老机构相关税费优惠政策，落实彩票公益金支持养老服务体系建设政策要求。鼓励各地向符合条件的各类养老机构购买服务。

拓宽投融资渠道。鼓励社会资本采取建立基金、发行企业债券等方式筹集资金，用于建设养老设施、购置设备和收购改造社会闲置资源等。鼓励银行业金融机构以养老服务机构有偿取得的土地使用权、产权明晰的房产等固定资产和应收账款、动产、知识产权、股权等抵质押，提供信贷支持，满足养老服务机构多样化融资需求。有条件的地方在风险可控、不改变养老机构性质和用途的前提下，可探索养老服务机构其他资产抵押贷款的可行模式。

③加强服务监管。各地要建立健全民政部门和相关部门协同配合的监管机制，加强对养老机构运营和服务的监管。对养老服务中虐老欺老等行为，对养老机构在收取保证金、办理会员卡和发行金融产品等活动中的违法违规行为，要依法严厉查处。加强养老设施和服务安全管理，建立定期检查机制，确保老年人人身安全。

5. 2017 年 2 月"十三五"国家老龄事业发展和养老体系建设规划

（1）政策背景

① "十二五"时期的成就

"十二五"时期我国老龄事业和养老体系建设取得长足发展。《中国老龄事业发展"十二五"规划》《社会养老服务体系建设规划（2011—2015 年）》确定的目标任务基本完成。老年人权益保障和养老服务业发展等方面的法规政策不断完善；基本养老、基本医疗保障覆盖面不断扩大，保障水平逐年提高；以居家为基础、社区为依托、机构为补充、医养相结合的养老服务体系初步形成，养老床位数量达到 672.7 万张；老年宜居环境建设持续推进，老年人社会参与条件继续优化；老年文化、体育、教育事业快速发展，老年人精神文化生活日益丰富；老年人优待项目更加丰富、范围大幅拓宽，敬老养老助老社会氛围日益浓厚，老年人的获得感和幸福感明显增强。

② "十三五"时期的形势

"十三五"时期是我国全面建成小康社会决胜阶段，也是我国老龄事业改革发展和养老体系建设的重要战略窗口期。

严峻形势。预计到 2020 年，全国 60 岁以上老年人口将增加到 2.55 亿人左右，占总人口比重提升到 17.8% 左右；高龄老年人将增加到 2900 万人左右，独居和空巢老年人将增加到 1.18 亿人左右，老年抚养比将提高到 28% 左右；用于老年人的社会保障支出将持续增长；农村实际居住人口老龄化程度可能进一步加深。

明显短板。涉老法规政策系统性、协调性、针对性、可操作性有待增强；城乡、区域老龄事业发展和养老体系建设不均衡问题突出；养老服务有效供给不足，质量效益不高，人才队伍短缺；老年用品市场供需矛盾比较突出；老龄工作体制机制不健全，社会参与不充分，基层基础比较薄弱。

有利条件。党中央、国务院高度重视老龄事业发展和养老体系建设，"十三五"规划纲要对积极应对人口老龄化提出明确要求。经济社会平稳健康发展，供给侧结构性改革加快推进，公共服务和民生保障能力不断增强，科技创新成果加快推广应用，劳动年龄人口仍较为充足，社会参与老龄事业发展积极性不断提高。

制定实施"十三五"国家老龄事业发展和养老体系建设规划是贯彻落实党中央、国务院关于积极应对人口老龄化决策部署的重要措施，对于保障和改善民生，增强老年人参与感、获得感和幸福感，实现全面建成小康社会奋斗目标具有重要战略意义。

（2）政策目标

到 2020 年，老龄事业发展整体水平明显提升，养老体系更加健全完善，及时应对、科学应对、综合应对人口老龄化的社会基础更加牢固。

多支柱、全覆盖、更加公平、更可持续的社会保障体系更加完善。城镇职工和城乡居民基本养老保险参保率达到 90%，基本医疗保险参保率稳定在 95% 以上，社会保险、社会福利、社会救助等社会保障制度和公益慈善事业有效衔接，老年人的基本生活、基本医疗、基本照护等需求得到切实保障。

居家为基础、社区为依托、机构为补充、医养相结合的养老服务体系更加健全。养老服务供给能力大幅提高、质量明显改善、结构更加合理，多层次、多样化的养老服务更加方便可及，政府运营的养老床位数占当地养老床位总数的比例不超过50%，护理型床位占当地养老床位总数的比例不低于30%，65岁以上老年人健康管理率达到70%。

有利于政府和市场作用充分发挥的制度体系更加完备。老龄事业发展和养老体系建设的法治化、信息化、标准化、规范化程度明显提高。政府职能转变、"放管服"改革、行政效能提升成效显著。市场活力和社会创造力得到充分激发，养老服务和产品供给主体更加多元、内容更加丰富、质量更加优良，以信用为核心的新型市场监管机制建立完善。

支持老龄事业发展和养老体系建设的社会环境更加友好。全社会积极应对人口老龄化、自觉支持老龄事业发展和养老体系建设的意识意愿显著增强，敬老养老助老社会风尚更加浓厚，安全绿色便利舒适的老年宜居环境建设扎实推进，老年文化体育教育事业更加繁荣发展，老年人合法权益得到有效保护，老年人参与社会发展的条件持续改善。

（3）具体内容

①健全完善社会保障体系

完善养老保险制度。制定实施完善和改革基本养老保险制度总体方案。完善社会统筹与个人账户相结合的基本养老保险制度，构建包括职业年金、企业年金，以及个人储蓄性养老保险和商业保险的多层次养老保险体系。推进个人税收递延型商业养老保险试点。建立基本养老金合理调整机制，适当提高退休人员基本养老金标准。加快健全社会保障管理体制和经办服务体系。建立更加便捷的养老保险转移接续机制。

健全医疗保险制度。健全稳定可持续筹资和报销比例调整机制，完善缴费参保政策。加快推进基本医疗保险全国联网和异地就医结算，实现跨省异地安置退休人员住院费用直接结算。鼓励有条件的地方研究将基本治疗性康复辅助器具按规定逐步纳入基本医疗保险支付范围。巩固完善城乡居民大病保险。鼓励发展补充医疗保险和商业健康保险、老年人意外伤害保险。

探索建立长期护理保险制度。开展长期护理保险试点的地区要统筹施策，做好长期护理保险与重度残疾人护理补贴、经济困难失能老年人护理补贴等福利性护理补贴项目的整合衔接，提高资源配置效率效益。鼓励商业保险公司开发适销对路的长期护理保险产品和服务，满足老年人多样化、多层次长期护理保障需求。

制定实施老年人照顾服务项目，鼓励地方丰富照顾服务项目、创新和优化照顾服务提供方式。着力保障特殊困难老年人的养老服务需求，确保人人能够享有基本养老服务。在全国范围内基本建成针对经济困难的高龄、失能老年人的补贴制度。对经济困难的老年人，地方各级人民政府逐步给予养老服务补贴。完善农村计划生育家庭奖励扶助和特别扶助制度。

②健全养老服务体系——推动养老机构提质增效

加快公办养老机构改革。完善公建民营养老机构管理办法，鼓励社会力量通过独资、合资、合作、联营、参股、租赁等方式参与公办养老机构改革。政府投资建设和购置的养老设施、新建居住（小）区按规定配建并移交给民政部门的养老设施、党政机关和国有企事业单位培训疗养机构等改建的养老设施，均可实施公建民营。

支持社会力量兴办养老机构。贯彻全面放开养老服务市场、提升养老服务质量的有关政策要求，加快推进养老服务业"放管服"改革。对民间资本和社会力量申请兴办养老机构进一步放宽准入条件，加强开办支持和服务指导。落实好对民办养老机构的投融资、税费、土地、人才等扶持政策。鼓励采取特许经营、政府购买服务、政府和社会资本合作等方式支持社会力量举办养老机构。允许养老机构依法依规设立多个服务网点，实现规模化、连锁化、品牌化运营。鼓励整合改造企业厂房、商业设施、存量商品房等用于养老服务。

③繁荣老年消费市场

大力发展养老服务企业，鼓励连锁化经营、集团化发展，实施品牌战略，培育一批各具特色、管理规范、服务标准的龙头企业，加快形成产业链长、覆盖领域广、经济社会效益显著的养老服务产业集群。支持养老服务产业与健康、养生、旅游、文化、健身、休闲等产业融合发展，丰富养老服务产业新模式、新业态。鼓励金融、地产、互联网等企业进入养老服务产业。利用信息技术提升健康养老服务质量和效率。

提升老年用品科技含量。加强对老年用品产业共性技术的研发和创新。支持推动老年用品产业领域大众创业、万众创新。支持符合条件的老年用品企业牵头承担各类科技计划（专项、基金等）科研项目。支持技术密集型企业、科研院所、高校及老龄科研机构加强适老科技研发和成果转化应用。落实相关税收优惠政策，支持老年用品产业领域科技创新与应用项目。

④强化工作基础和规划实施保障——强化工作基础保障

完善投入机制。各级政府要根据经济社会发展状况和老年人口增长情况，建立稳定的老龄事业经费投入保障机制。民政部本级彩票公益金和地方各级政府用于社会福利事业的彩票公益金，50%以上要用于支持发展养老服务业，并随老年人口的增加逐步提高投入比例。落实和完善鼓励政策，引导各类社会资本投入老龄事业，倡导社会各界对老龄事业进行慈善捐赠，形成财政资金、社会资本、慈善基金等多元结合的投入机制。

6. 2017 年 8 月 关于运用政府和社会资本合作模式支持养老服务业发展的实施意见

（1）政策目的

贯彻《国务院关于印发"十三五"国家老龄事业发展和养老体系建设规划的通知》（国发〔2017〕13 号）、《国务院办公厅转发财政部 发展改革委人民银行关于在公共服务领域推广政府和社会资本合作模式指导意见的通知》（国办发〔2015〕42 号）精神，落实着力推进幸福产业服务消费提质扩容工作部署，鼓励运用政府和社会资本合作（PPP）模式推进养老服务业供给侧结构性改革，加快养老服务业培育与发展，形成多层次、多渠道、多样化的养老服务市场，推动老龄事业发展。

（2）政策目标

政府和社会资本合作提供养老服务的供给能力大幅提高、质量明显改善、结构更加合理，市场活力和社会创造力得到充分激发，多层次、多样化的养老服务市场初步形成。政府职能转变、"放管服"改革成效显著，群众满意度显著提高，养老服务业成为推动经济社会发展的新动能。

（3）具体内容

①优先支持的重点养老服务领域

重点引导和鼓励社会资本通过PPP模式，立足保障型基本养老服务和改善型中端养老服务，参与以下养老服务供给：

养老机构。鼓励政府将现有公办养老机构交由社会资本方运营管理。支持机关、企事业单位将所属的度假村、培训中心、招待所、疗养院等，通过PPP模式转型为养老机构，吸引社会资本运营管理。鼓励商业地产库存高、出租难的地方，通过PPP模式将闲置厂房、商业设施及其他可利用的社会资源改造成养老机构。

社区养老体系建设。鼓励政府和社会资本在城乡社区内建设运营居家养老服务网点、社区综合服务设施，兴办或运营老年供餐、社区日间照料、老年精神文化生活等形式多样的养老服务。支持政府将所辖区域内的社区养老服务打包，通过PPP模式交由社会资本方投资、建设或运营，实现区域内的社区养老服务项目统一标准、统一运营。

医养健融合发展。鼓励养老机构与医疗卫生机构、健康服务机构开展合作，支持打造"以健康管理为基础、以养老服务为核心、以医疗服务为支撑"的全生命周期养老服务链，兴建一批养老为主题，附加康养、体育健身、医疗、教育、文化娱乐、互联网等现代服务业的"养老+"综合新业态。

②依法择优选择社会资本方。

合理设置参与条件，消除本地保护主义和隐形门槛。除本级政府所属尚未转型的融资平台公司、控股国有企业外，建立现代企业制度的境内外法人，均可作为养老服务项目的社会资本方。鼓励在养老服务项目建设、运营、管理等方面具有专业资质的社会资本方，通过兼并重组、输出服务技术和品牌等形式，发展跨区域、跨行业的综合性养老服务集团，推动养老服务向品牌化、连锁化、专业化和规模化方向发展。

③多渠道构建项目回报机制。

根据项目特点，建立政府付费、使用者付费和开发性资源补偿相结合的项目回报机制，鼓励政府统筹运用授权经营、资本金注入、土地入股、运营补贴、投资补助等方式，支持养老项目建设。允许社会资本配套建设符合规定的医院、康养中心、疗养院及附属设施等经营性项目，提高项目综合盈利能力。鼓励社会资本通过"互联网+"等创新运营模式，降低项目成本，提高项目运营效率和投资回报水平。

④落实现有优惠政策。

合理界定养老服务项目类型，PPP项目依法登记为公益性或经营性养老机构，按规定享受现行投资、补贴、税收、土地等优惠政策，保障养老服务设施用地供应。严格执行养老服务领域行政事业性收费减免政策。

⑤优化财政资金投入方式。

鼓励各级财政部门加大养老服务业财政资金投入，优化资金使用方式，推动财政资金支持重点从生产要素环节向终端服务环节转移，从补建设向补运营转变，支持养老领域PPP项目实施。对社会急需、项目发展前景好的养老服务项目，要通过中央基建投资等现有资金渠道予以积极扶持。鼓励各地建立养老服务业引导性基金，吸引民间资本参与，支持符合养老服务业发展方向的 PPP 项目。

⑥创新金融服务方式。

鼓励金融机构通过债权、股权、设立养老服务产业基金等多种方式，支持养老领域 PPP 项目。积极支持社保资金、保险资金等用于收益稳定、回收期长的养老服务 PPP 项目。充分发挥中国 PPP 基金的引导带动作用，积极支持养老服务 PPP 项目。鼓励保险公司探索开发长期护理险、养老机构责任险等保险产品。

7. 2019 年 3 月 国务院办公厅关于推进养老服务发展的实施意见

（1）政策背景

党中央、国务院高度重视养老服务，党的十八大以来，出台了加快发展养老服务业、全面放开养老服务市场等政策措施，养老服务体系建设取得显著成效。但总的来看，养老服务市场活力尚未充分激发，发展不平衡不充分、有效供给不足、服务质量不高等问题依然存在，人民群众养老服务需求尚未有效满足。

（2）政策目的

按照 2019 年政府工作报告对养老服务工作的部署，为打通"堵点"，消除"痛点"，破除发展障碍，健全市场机制，持续完善居家为基础、社区为依托、机构为补充、医养相结合的养老服务体系，建立健全高龄、失能老年人长期照护服务体系，强化信用为核心、质量为保障、放权与监管并重的服务管理体系，大力推动养老服务供给结构不断优化、社会有效投资明显扩大、养老服务质量持续改善、养老服务消费潜力充分释放，确保到 2022 年在保障人人享有基本养老服务的基础上，有效满足老年人多样化、多层次养老服务需求，老年人及其子女获得感、幸福感、安全感显著提高。

（3）具体内容

①减轻养老服务税费负担。聚焦减税降费，养老服务机构符合现行政策规定条件的，可享受小微企业等财税优惠政策。研究非营利性养老服务机构企业所得税支持政策。对在社区提供日间照料、康复护理、助餐助行等服务的养老服务机构给予税费减免扶持政策。落实各项行政事业性收费减免政策，落实养老服务机构用电、用水、用气、用热享受居民价格政策，不得以土地、房屋性质等为理由拒绝执行相关价格政策。（财政部、税务总局、发展改革委、市场监管总局按职责分工负责，地方各级人民政府负责）

②提升政府投入精准化水平。民政部本级和地方各级政府用于社会福利事业的彩票公益金，要加大倾斜力度，到 2022 年要将不低于 55% 的资金用于支持发展养老服务。接收经济困难的高龄失能老年人的养老机构，不区分经营性质按上述老年人数量同等享受运营补贴，入住的上述老年人按规定享受养老服务补贴。将养老服务纳入政府购买服务指导性目录，全面梳理现行由财政支出安排的各类养老服务项目，以省为单位制定政府购买养老服务标准，重点购买生活照料、康复护理、机构运营、社会工作和人员培养等服务。（财政部、民政部、卫生健康委按职责分工负责，地方各级人民政府负责）

③支持养老机构规模化、连锁化发展。支持在养老服务领域着力打造一批具有影响

力和竞争力的养老服务商标品牌，对养老服务商标品牌依法加强保护。对已经在其他地方取得营业执照的企业，不得要求其在本地开展经营活动时必须设立子公司。开展城企协同推进养老服务发展行动计划。非营利性养老机构可在其登记管理机关管辖区域内设立多个不具备法人资格的服务网点。（市场监管总局、知识产权局、民政部、发展改革委按职责分工负责，地方各级人民政府负责）

④推动解决养老服务机构融资问题。畅通货币信贷政策传导机制，综合运用多种工具，抓好支小再贷款等政策落实。对符合授信条件但暂时遇到经营困难的民办养老机构，要继续予以资金支持。切实解决养老服务机构融资过程中有关金融机构违规收取手续费、评估费、承诺费、资金管理费等问题，减少融资附加费用，降低融资成本。鼓励商业银行探索向产权明晰的民办养老机构发放资产（设施）抵押贷款和应收账款质押贷款。探索允许营利性养老机构以有偿取得的土地、设施等资产进行抵押融资。大力支持符合条件的市场化、规范化程度高的养老服务企业上市融资。支持商业保险机构举办养老服务机构或参与养老服务机构的建设和运营，适度拓宽保险资金投资建设养老项目资金来源。更好发挥创业担保贷款政策作用，对从事养老服务行业并符合条件的个人和小微企业给予贷款支持，鼓励金融机构参照贷款基础利率，结合风险分担情况，合理确定贷款利率水平。（人民银行、财政部、银保监会、证监会、自然资源部按职责分工负责）

⑤扩大养老服务产业相关企业债券发行规模。根据企业资金回流情况科学设计发行方案，支持合理灵活设置债券期限、选择权及还本付息方式，用于为老年人提供生活照料、康复护理等服务设施设备，以及开发康复辅助器具产品用品项目。鼓励企业发行可续期债券，用于养老机构等投资回收期较长的项目建设。对于项目建成后有稳定现金流的养老服务项目，允许以项目未来收益权为债券发行提供质押担保。允许以建设用地使用权抵押担保方式为债券提供增信。探索发行项目收益票据、项目收益债券支持养老服务产业项目的建设和经营。（发展改革委、人民银行、银保监会、证监会按职责分工负责）

⑥全面落实外资举办养老服务机构国民待遇。境外资本在内地通过公建民营、政府购买服务、政府和社会资本合作等方式参与发展养老服务，同等享受境内资本待遇。境外资本在内地设立的养老机构接收政府兜底保障对象的，同等享受运营补贴等优惠政策。将养老康复产品服务纳入中国国际进口博览会招展范围，探索设立养老、康复展区。（民政部、发展改革委、商务部按职责分工负责）

⑦发展养老普惠金融。支持商业保险机构在地级以上城市开展老年人住房反向抵押养老保险业务，在房地产交易、抵押登记、公证等机构设立绿色通道，简化办事程序，提升服务效率。支持老年人投保意外伤害保险，鼓励保险公司合理设计产品，科学厘定费率。鼓励商业养老保险机构发展满足长期养老需求的养老保障管理业务。支持银行、信托等金融机构开发养老型理财产品、信托产品等养老金融产品，依法适当放宽对符合信贷条件的老年人申请贷款的年龄限制，提升老年人金融服务的可得性和满意度。扩大养老目标基金管理规模，稳妥推进养老目标证券投资基金注册，可以设置优惠的基金费率，通过差异化费率安排，鼓励投资人长期持有养老目标基金。养老目标基金应当采用成熟稳健的资产配置策略，控制基金下行风险，追求基金资产长期稳健增值。（银保监

会、证监会、人民银行、住房城乡建设部、自然资源部按职责分工负责）

8. 2020 年 9 月 关于扩大长期护理保险制度试点的指导意见

（1）政策背景

探索建立长期护理保险制度，是党中央、国务院为应对人口老龄化、健全社会保障体系作出的一项重要部署。近年来，部分地方积极开展长期护理保险制度试点，在制度框架、政策标准、运行机制、管理办法等方面进行了有益探索，取得初步成效。为贯彻落实党中央、国务院关于扩大长期护理保险制度试点的决策部署，进一步深入推进试点工作。

（2）政策目的

探索建立以互助共济方式筹集资金、为长期失能人员的基本生活照料和与之密切相关的医疗护理提供服务或资金保障的社会保险制度。力争在"十四五"期间，基本形成适应我国经济发展水平和老龄化发展趋势的长期护理保险制度政策框架，推动建立健全满足群众多元需求的多层次长期护理保障制度。

（3）具体内容

①基本政策

参保对象和保障范围。试点阶段从职工基本医疗保险参保人群起步，重点解决重度失能人员基本护理保障需求，优先保障符合条件的失能老年人、重度残疾人。有条件的地方可随试点探索深入，综合考虑经济发展水平、资金筹集能力和保障需要等因素，逐步扩大参保对象范围，调整保障范围。

资金筹集。探索建立互助共济、责任共担的多渠道筹资机制。科学测算基本护理服务相应的资金需求，合理确定本统筹地区年度筹资总额。筹资以单位和个人缴费为主，单位和个人缴费原则上按同比例分担，其中单位缴费基数为职工工资总额，起步阶段可从其缴纳的职工基本医疗保险费中划出，不增加单位负担；个人缴费基数为本人工资收入，可由其职工基本医疗保险个人账户代扣代缴。有条件的地方可探索通过财政等其他筹资渠道，对特殊困难退休职工缴费给予适当资助。建立与经济社会发展和保障水平相适应的筹资动态调整机制。

待遇支付。长期护理保险基金主要用于支付符合规定的机构和人员提供基本护理服务所发生的费用。经医疗机构或康复机构规范诊疗、失能状态持续 6 个月以上，经申请通过评估认定的失能参保人员，可按规定享受相关待遇。根据护理等级、服务提供方式等不同实行差别化待遇保障政策，鼓励使用居家和社区护理服务。对符合规定的护理服务费用，基金支付水平总体控制在 70% 左右。做好长期护理保险与经济困难的高龄、失能老年人补贴以及重度残疾人护理补贴等政策的衔接。

②管理服务

基金管理。长期护理保险基金管理参照现行社会保险基金有关制度执行。基金单独建账，单独核算。建立健全基金监管机制，创新基金监管手段，完善举报投诉、信息披露、内部控制、欺诈防范等风险管理制度，确保基金安全。

服务管理。进一步探索完善对护理服务机构和从业人员的协议管理和监督稽核等制度。做好参保缴费和待遇享受等信息的记录和管理。建立健全长期护理保险管理运行机制，明确保障范围、相关标准及管理办法。引入和完善第三方监管机制，加强对经办服务、护理服务等行为的监管。加强费用控制，实行预算管理，探索适宜的付费方式。

经办管理。引入社会力量参与长期护理保险经办服务，充实经办力量。同步建立绩效评价、考核激励、风险防范机制，提高经办管理服务能力和效率。健全经办规程和服务标准，优化服务流程，加强对委托经办机构的协议管理和监督检查。社会力量的经办服务费，可综合考虑服务人口、机构运行成本、工作绩效等因素，探索从长期护理保险基金中按比例或按定额支付，具体办法应在经办协议中约定。加快长期护理保险系统平台建设，推进"互联网＋"等创新技术应用，逐步实现与协议护理服务机构以及其他行业领域信息平台的信息共享和互联互通。

③组织实施

扩大试点范围。人力资源社会保障部原明确的试点城市和吉林、山东 2 个重点联系省份按本意见要求继续开展试点，其他未开展试点的省份可新增 1 个城市开展试点，于今年内启动实施，试点期限 2 年。未经国家医保局和财政部同意，各地不得自行扩大试点范围。

强化组织领导。各省级人民政府要高度重视长期护理保险制度试点工作，加强对试点城市的指导。试点城市要成立试点工作领导小组，加强部门协调，共同推进试点工作有序开展。新开展试点城市要按照本意见要求编制试点实施方案，报省级医疗保障、财政部门批准并报国家医保局和财政部备案后启动实施。已开展试点地区要按照本意见要求进一步深入推进试点工作，完善政策框架，加强长期护理服务体系建设。

完善工作机制。省级以上医疗保障部门要明确专人负责长期护理保险试点工作，会同有关部门建立健全工作督导机制，跟踪指导试点进展，并按要求报送运行数据和试点情况。要建立健全评估考核机制，及时研究试点中的新情况新问题，总结好的经验做法，加强横向交流，确保试点工作均衡推进。统筹协调社会各方资源，加强协作咨询，推动试点工作稳步向好发展。试点中的政策调整或其他重大事项，省级医疗保障、财政部门要及时向国家医保局和财政部报告。

加强宣传引导。各地、各有关部门要加强宣传工作，做好政策解读，及时回应社会关切，合理引导预期。充分调动各方面支持配合试点工作的积极性和主动性，凝聚社会共识，为试点顺利推进构建良好社会氛围。

9. 2021 年 12 月 关于印发"十四五"国家老龄事业发展和养老服务体系规划的通知

（1）政策背景

党和国家高度重视老龄事业和养老服务体系发展。"十三五"时期，在党和国家重大规划和政策意见引领下，我国老龄事业发展和养老服务体系建设取得一系列新成就。一是老龄政策法规体系不断完备。涉老相关法律法规、规章制度和政策措施不断完善，老年人权益保障机制、优待政策等不断细化，养老服务体系建设、运营、发展的标准和监管制度更加健全。二是多元社会保障不断加强。基本社会保险进一步扩大覆盖范围，企业退休人员养老保险待遇和城乡居民基础养老金水平得到提升。稳步推进长期护理保险试点工作，明确了两批共 49 个试点城市，在制度框架、政策标准、运行机制、管理办法等方面作出探索。商业养老保险、商业健康保险快速发展。三是养老服务体系不断完善。"十三五"期间，全国各类养老服务机构（包括养老机构、社区养老服务机构，下同）和设施从 11.6 万个增加到 32.9 万个，床位数从 672.7 万张增加到 821 万张。各级政府持续推进公办养老机构建设，加强特困人员养老保障，对经济困难的高龄、失能（含失智，下同）老年人给予补贴，初步建立农村留守老年人关爱服务体系。居家社区养老服务发展迅速，机构养老服务稳步推进，普惠养老专项行动顺利实施。四是健康支撑体系不断健全。老年人健康水平持续提升，2020 年人均预期寿命提高至 77.9 岁，65 岁及以上老年人在基层医疗卫生机构免费获得健康管理服务。医养结合服务有序发展，照护服务能力明显提高，2020 年全国两证齐全（具备医疗卫生机构资质，并进行养老机构备案）的医养结合机构 5857 家，床位数达到 158 万张。五是老龄事业和产业加快发展。老年教育机构持续增加，老年人精神文化生活不断丰富，更多老年人积极参与社区治理、文教卫生等活动。老年宜居环境建设积极推进，老年人权益保障持续加强。老年用品制造业和服务业加快转型升级，科技化水平显著提升，教育培训、文化娱乐、健康养生、旅居养老等融合发展的新业态不断涌现。

"十四五"时期，我国开启全面建设社会主义现代化国家新征程。党中央把积极应对人口老龄化上升为国家战略，在《中华人民共和国国民经济和社会发展第十四个五年规划和 2035 年远景目标纲要》中作了专门部署。人口老龄化是人类社会发展的客观趋势，我国具备坚实的物质基础、充足的人力资本、历史悠久的孝道文化，完全有条件、有能力、有信心解决好这一重大课题。同时也要看到，我国老年人口规模大，老龄化速度快，老年人需求结构正在从生存型向发展型转变，老龄事业和养老服务还存在发展不平衡不充分等问题，主要体现在农村养老服务水平不高、居家社区养老和优质普惠服务供给不足、专业人才特别是护理人员短缺、科技创新和产品支撑有待加强、事业产业协同发展尚需提升等方面，建设与人口老龄化进程相适应的老龄事业和养老服务体系的重要性和紧迫性日益凸显，任务更加艰巨繁重。

（2）政策目标

"十四五"时期，积极应对人口老龄化国家战略的制度框架基本建立，老龄事业和产业有效协同、高质量发展，居家社区机构相协调、医养康养相结合的养老服务体系和健康支撑体系加快健全，全社会积极应对人口老龄化格局初步形成，老年人获得感、幸福感、安全感显著提升。

养老服务供给不断扩大。覆盖城乡、惠及全民、均衡合理、优质高效的养老服务供给进一步扩大，家庭养老照护能力有效增强，兜底养老服务更加健全，普惠养老服务资源持续扩大，多层次多样化养老服务优质规范发展。

老年健康支撑体系更加健全。老年健康服务资源供给不断增加，配置更加合理，人才队伍不断扩大。家庭病床、上门巡诊等居家医疗服务积极开展。老年人健康水平不断提升，健康需求得到更好满足。

为老服务多业态创新融合发展。老年人教育培训、文化旅游、健身休闲、金融支持等服务不断丰富，围绕老年人衣食住行、康复护理的老年用品产业不断壮大，科技创新能力明显增强，智能化产品和服务惠及更多老年人。

要素保障能力持续增强。行业营商环境持续优化，规划、土地、住房、财政、投资、融资、人才等支持政策更加有力，从业人员规模和能力不断提升，养老服务综合监管、长期护理保险等制度更加健全。

社会环境更加适老宜居。全国示范性老年友好型社区建设全面推进，敬老爱老助老的社会氛围日益浓厚，老年人社会参与程度不断提高。老年人在运用智能技术方面遇到的困难得到有效解决，广大老年人更好地适应并融入智慧社会。

（3）具体内容

①织牢社会保障和兜底性养老服务网

完善基本养老保险和基本医疗保险体系。不断扩大基本养老保险覆盖面。尽快实现企业职工基本养老保险全国统筹。实施渐进式延迟法定退休年龄。落实基本养老金合理调整机制，适时适度调整城乡居民基础养老金标准。大力发展企业年金、职业年金，提高企业年金覆盖率，促进和规范发展第三支柱养老保险，推动个人养老金发展。完善基本医保政策，逐步实现门诊费用跨省直接结算，扩大老年人慢性病用药报销范围，将更多慢性病用药纳入集中带量采购，降低老年人用药负担。

稳步建立长期护理保险制度。适应我国经济社会发展水平和老龄化发展趋势，构建长期护理保险制度政策框架，协同促进长期照护服务体系建设。从职工基本医疗保险参保人群起步，重点解决重度失能人员基本护理保障需求。探索建立互助共济、责任共担的多渠道筹资机制，参加长期护理保险的职工筹资以单位和个人缴费为主，形成与经济社会发展和保障水平相适应的筹资动态调整机制。建立公平适度的待遇保障机制，合理确定待遇保障范围和基金支付水平。制定全国统一的长期护理保险失能等级评估标准，建立并完善长期护理保险需求认定、等级评定等标准体系和管理办法，明确长期护理保险基本保障项目。做好与经济困难的高龄、失能老年人补贴以及重度残疾人护理补贴等政策的衔接。健全长期护理保险经办服务体系。

②扩大普惠型养老服务覆盖面

加大国有经济对普惠养老的支持。建立国有经济对养老服务供给的补短板机制，强化中央国有经济在养老服务领域有效供给，加强地方国有经济在养老基础设施领域布局。引导地方国有资本积极培育发展以普惠养老服务为主责主业的国有企业。对主要承担养老服务功能的国有企业，重点考核服务质量、成本控制、运营效率等情况。

③大力发展银发经济

发展壮大老年用品产业，鼓励发展产业集群。鼓励国内外多方共建特色养老产业合作园区，加强市场、规则、标准方面的软联通，打造制造业创新示范高地。优先培育一批带动力强、辐射面广的龙头企业，打造一批产业链长、覆盖领域广、经济社会效益显著的产业集群，形成一批具有国际竞争力的知名品牌，推动我国相关产业迈向全球价值链中高端。

促进和规范发展第三支柱养老保险。支持商业保险机构开发商业养老保险和适合老年人的健康保险，引导全社会树立全生命周期的保险理念。引导商业保险机构加快研究开发适合居家护理、社区护理、机构护理等多样化护理需求的产品。研究建立寿险赔付责任与护理支付责任转换机制，支持被保险人在失能时提前获得保险金给付，用于护理费用支出。支持老年人住房反向抵押养老保险业务发展。积极推进老年人意外伤害保险。鼓励金融机构开发符合老年人特点的支付、储蓄、理财、信托、保险、公募基金等养老金融产品，研究完善金融等配套政策支持。加强涉老金融市场的风险管理，严禁金融机构误导老年人开展风险投资。

④增强发展要素支撑体系

强化支持老龄事业发展和养老服务的资金保障。适应今后一段时期老龄事业发展的资金需求，完善老龄事业发展财政投入政策和多渠道筹资机制，继续加大中央预算内投资支持力度。民政部本级和地方各级政府用于社会福利事业的彩票公益金要加大倾斜力度，自 2022 年起将不低于 55% 的资金用于支持发展养老服务。鼓励地方在养老服务设施建设中同步考虑运营问题，确保后续发展可持续。各地要根据本地实际，研究制定可操作的运营补贴等激励政策，引导各类养老服务机构优先接收特殊困难老年人，鼓励对接收外地老年人的机构同等适用相应补贴政策。

推动税费优惠举措落地。落实落细支持养老服务发展的税费优惠政策。落实养老服务机构用电、用水、用气、用热享受居民价格政策，不得以土地、房屋性质等为理由拒绝执行相关价格政策，因难以计量等操作性原因无法执行的，探索应用大数据等技术手段予以解决。

拓宽金融支持养老服务渠道。鼓励金融机构按照市场化、法治化原则，提供差异化信贷支持，满足养老服务机构合理融资需求。鼓励探索以应收账款、动产、知识产权、股权等抵质押贷款，满足养老服务机构多样化融资需求。在依法合规、风险可控的前提下，审慎有序探索养老服务领域资产证券化，支持保险资金加大对养老服务业的投资力度，支持保险机构开发相关责任险及机构运营相关保险。

10. 2022 年 4 月 28 日 中国银保监会关于规范和促进商业养老金融业务发展的通知

（1）政策目的

深入贯彻党中央、国务院关于规范发展第三支柱养老保险的决策部署，推动银行保险机构更好服务多层次、多支柱养老保险体系建设。

（2）具体内容

①支持和鼓励银行保险机构依法合规发展商业养老储蓄、商业养老理财、商业养老保险、商业养老金等养老金融业务，向客户提供养老财务规划、资金管理、风险保障等服务，逐步形成多元主体参与、多类产品供给、满足多样化需求的发展格局。

②银行保险机构开展商业养老金融业务应体现养老属性，产品期限符合客户长期养老需求和生命周期特点，并对资金领取设置相应的约束性要求。

③银行保险机构应在产品合同中与客户对特殊情形下的流动性安排作出明确约定，但不得以期限结构化设计等方式变相缩短业务存续期限。

④银行保险机构应当落实客户适当性管理要求，充分了解客户年龄、退休计划、财务状况、风险偏好等信息，合理评估客户养老需求、风险承受能力等，向其推介销售适

当的养老金融产品。

⑤银行保险机构经营商业养老金融业务，应当按照监管规定进行信息披露和风险提示，及时、准确、全面披露期限、费用、风险、权益等关键信息。商业养老金融产品宣传材料和销售文件应当简明易懂，不得包含与事实不符或者引人误解的宣传。商业养老理财产品不得宣传预期收益率。

⑥支持和鼓励银行保险机构向客户提供长期直至终身的养老金领取服务，探索将商业养老金融产品与养老、健康、长期照护等服务相衔接，丰富养老金领取形式。

⑦银行保险机构应当持续开展客户教育，提高社会公众对商业养老金融产品的认知度和接受度，逐步培育成熟的养老金融理念和长期投资理念，引导客户合理规划、持续投入、长期持有、长期领取，切实提高养老保障水平。

⑧银行保险机构应当立足实际，制定合理的商业养老金融发展规划，有序开展普惠性产品创新和业务经营，将长期经营效果纳入销售、投资、管理人员考核评价体系，推动商业养老金融业务持续健康发展。

⑨支持和鼓励银行保险机构之间开展业务合作，优化商业养老金融产品设计、渠道推广、市场营销、投资管理、风险管控等。商业养老金融业务合作费用水平原则上不高于本机构其他同类型业务。

⑩银行保险机构应当加强商业养老资金投资管理，采用成熟稳健的资产配置策略，有效管控商业养老资金投资风险。鼓励积极投向符合国家战略和产业政策的领域，为资本市场和科技创新提供支持。

⑪符合银保监会规定的银行理财、储蓄存款、商业养老保险等运作安全、成熟稳定、标的规范、侧重长期保值的满足不同投资者偏好的金融产品可纳入个人养老金投资范围，享受国家规定的税收优惠政策。

⑫对于符合本通知规定的商业养老金融产品，银行保险机构可在产品名称和营销宣传中使用"养老"字样。其他金融产品不得在名称和营销宣传中使用"养老"或其他可能造成混淆的字样。

⑬银行保险机构应当按照依法合规、稳妥有序、保护客户合法权益的原则，对名称中带有"养老"但不符合本通知规定的金融产品进行更名或清理，并于 2022 年 6 月 30 日前向监管部门报送整改情况。各银行保险机构法人应向其直接监管责任单位报送。

深化公共养老服务资源分配研究

高向东　朱蓓倩　郑歆译　宋帅华　邵文豪　高鹏飞　贺　妍　周伊莎 [①]

第一部分　绪论

一、研究背景

人口老龄化是我国的基本国情，总的来看，我国老龄化呈现出数量多、速度快、差异大、任务重的形势和特点。一是老年人口数量多，人口老龄化速度快。相关统计资料显示，截至 2021 年底，全国 60 岁及以上老年人口达 2.67 亿，占总人口的 18.9%；65 岁及以上老年人口达 2 亿以上，占总人口的 14.2%。据测算，"十四五"时期我国 60 岁及以上老年人口总量将突破 3 亿，占比超过 20%，进入中度老龄化阶段。2035 年，60 岁及以上老年人口将突破 4 亿，在总人口中的比重将超过 30%，进入重度老龄化阶段。二是人口老龄化区域差异大。从城乡来看，城镇地区老年人数量比农村多，但农村地区老龄化程度比城镇地区更高。按照 2020 年数据，全国 60 岁及以上人口占辖区人口比重超过 20% 的省份共有 10 个，主要集中在东北、川渝等地区。三是应对人口老龄化任务重。到 2050 年前后，我国老年人口规模和比重、老年抚养比和社会抚养比将相继达到峰值。随着老年人口持续增加，人口老龄化程度不断加深，给公共服务供给、社会保障制度可持续发展带来严重挑战。面对巨大的老龄化压力，相对有限的养老资源难堪重负，在此背景下，养老服务资源，尤其是与政府投入息息相关的公共养老服务资源的合理分配具有重要意义，引发了相关政府部门及社会公众的持续关注和广泛热议。

本世纪初以来，为更好地提供公共养老服务资源，中央和地方政府出台了一系列政策文件，我国基本建立了居家为基础、社区为依托、机构为补充的多层次养老服务体系；2021 年 12 月底，为实施积极应对人口老龄化国家战略，推动老龄事业和产业协同发展，不断满足老年人日益增长的多层次、高品质健康养老需求，国务院出台了

---

① 高向东，华东师范大学公共管理学院教授；朱蓓倩，上海商学院管理学院副教授；郑歆译，华东师范大学公共管理学院硕士研究生；宋帅华，华东师范大学公共管理学院博士研究生；邵文豪，华东师范大学公共管理学院博士研究生；高鹏飞，华东师范大学公共管理学院博士研究生；贺妍，华东师范大学公共管理学院硕士研究生；周伊莎，华东师范大学公共管理学院硕士研究生。

《"十四五"国家老龄事业发展和养老服务体系规划》（以下简称"规划"）。"规划"明确指出，我国老年人口规模大，老龄化速度快，老年人需求结构正在从生存型向发展型转变，老龄事业和养老服务还存在发展不平衡不充分等问题；同时规划中提出建立健全"居家社区机构相协调、医养康养相结合的养老服务体系和健康支撑体系"的发展目标，对养老服务事业发展提出了新的要求。2022年《政府工作报告》再次强调要"积极应对人口老龄化，优化城乡养老服务供给，推动老龄事业和产业高质量发展"。2022年9月，国家卫生健康委在北京召开新闻发布会，全面介绍了党的十八大以来老龄工作的进展与成效。会议指出，"十三五"时期，中央专项彩票公益金投入50亿元支持203个地区开展居家社区养老服务改革试点；2021—2022年，投入22亿元支持84个地区开展居家社区基本养老服务提升行动，在这些试点和提升行动中，推动各地探索形成家庭养老床位，开展助餐、助浴、助洁、助医、助行、助急"六助"服务，探访关爱、互助养老等满足老年人多元养老需求的服务模式；我国养老服务体系建设得到持续加强，完善养老服务支持政策，增强养老服务供给能力，补齐养老服务短板弱项，提升了养老服务质量。

党的二十大指出，我国发展不平衡不充分的问题仍然突出，推进高质量发展还有许多卡点和瓶颈。在基本公共服务方面——要"采取更多惠民生、暖民心举措，着力解决好人民群众急难愁盼的问题，健全基本公共服务体系，提高公共服务水平，增强均衡性和可及性，扎实推进共同富裕"；在基本养老服务方面——要"实施积极应对人口老龄化国家战略，发展养老事业和养老产业，优化孤寡老人服务，推动实现全体老年人享有基本养老服务"。深化公共养老服务资源分配，对于推进我国高质量发展和共同富裕进程有着重大意义。当前我国公共养老服务资源分配领域存在诸多问题，具体可以凝结为资源配置不合理、均等化程度不高的问题，这些问题对达成公共养老服务资源惠及老年人群体的初衷构成了严峻考验。基于上述背景和考虑，本课题的研究目的在于，提出实现公共养老服务资源公平、合理配置的有效路径，为国家老龄化战略的未来定位提供落脚点，为老龄事业和老龄规划的改善提供参考借鉴。从而进一步保障和推进公共养老服务体系建设，构建均衡的公共养老服务资源环境，推动公共养老服务供给结构优化，促进基本公共养老服务均等化，满足老年人日益增长的养老服务需求。

二、研究意义

（一）理论意义

通过研究我国公共养老服务资源分配的情况，探讨与公共养老服务资源分配均衡性、公平性以及效率性相关的理论问题，发掘我国本土现实可能产生的理论创新，从而对现有的理论体系进行补充。此外，本研究将创新性地采用相关定量与定性方法，综合考虑老年人口分布状况和公共养老服务资源分配情况，有利于更精准地探讨我国公共养老服务的资源分配问题，从而在理论及研究方法上进行创新和补充。

（二）现实意义

通过研究并提出相关的对策建议，提高公共养老服务资源的可获得性和利用率，减轻家庭与社会负担，维护社会公平。通过对不同地区的公共养老服务物力资源、人力资源、财力资源的供给、利用与配置的分析，提出深化公共养老服务资源分配的路径，有利于进一步提升养老服务资源配置的有效性和合理性，从而为老年人提供更完善、更高质量的公共养老服务。

三、研究综述

面对多元化、多层次、异质性的养老服务需求，养老服务资源的优化配置是实现养老服务有效供给的重要前提。我国在 2000 年进入老龄化社会，以政府为主导的社会化养老服务体系逐渐建立起来，关于养老服务的研究也出现井喷现象，其中老年人口分布与养老服务资源配置研究在人口学、社会学、地理学中持续受到关注。本研究就养老服务资源配置问题相关文献进行梳理，以期为我国公共养老服务资源分配的进一步深入研究提供参考。目前关于养老服务资源配置的研究主要集中于如下几个方面。

（一）养老服务供需相关研究

养老服务资源总体上可以分解为"机构—社区—居家"的三重结构，其中社区与居家通常是相对紧密地结合在一起的，而每一个层面都面临纷繁的供需问题，衍生出了较为丰富的研究。

在机构养老服务资源供需方面，Tanuseputro 等（2017）研究发现入住养老机构的老年人一般身体机能退化，失能程度较高。大约三分之二的老年人有轻度至重度认知障碍，进行日常生活活动都存在困难；超过 90% 的老年人在进行工具性日常生活活动时遇到很大困难。Hoffmann（2016）等人的研究表明，居住在养老机构中的老年人住院率很高，经常会被转移到医院进行治疗，特别是在刚入住养老机构的阶段和临终阶段，有很高的诊疗照护需求。Maldonado 等人（2017）研究发现所有权和连锁隶属关系对养老院财务绩效存在交互影响，不同的所有权机构追求不同的组织战略，从而造成财务绩效产生差异。结果表明在整体财务方面，营利性私立养老机构是财政业绩最高的机构。

在社区与居家养老服务资源供需方面，Iain 等（2004）指出欧洲国家在居家养老服务中，拥有相对丰富的社区资源投入，如荷兰、捷克等北欧国家。Sherry（2002）提出：社区要将各种养老资源充分利用起来，让资源的效果能在居家养老中得到最大的发挥。胡宏伟（2022）指出供方维度应强调家庭责任、互助养老与政府兜底的上下协同，同时探索纵向托底性养联体联动县乡村三级养老服务网络并延伸至家庭的创新做法；需方维度重点强调多重脆弱与照护依赖人群的兜底保障；通过基本养老服务清单划定政府短期目标责任。

（二）公共资源配置评价先进方法研究

国内外对公共资源配置评价的先进方法研究主要可以从公平性和效率性两个方面进行总结。

在公平性层面——空间可及性是国外用于公共资源配置公平性评价所关注的主要指标。公共资源的可及性是评估为居民获取公共资源的难度的有效指标，可及性被定义为空间位置和人口群体之间的关系，由于在可及性评估中可以使用几种替代测度，所以它是模糊的（Talen，2016）。可及性的测量可以根据不同的角度来进行，并且可以通过在另一个角度创建优势来弥补一个角度的缺点。常用于各种公共服务领域，例如医疗、教育、社区养老和应急避险等。在国际上有大量使用不同方法关于公共服务设施空间可及性的研究，较为突出的当属居民就医空间可及性的研究：美国黑人就医（Sharma，2015）和初级保健服务问题等；国内的公平性研究的主流方法是洛伦茨曲线与基尼系数，比如王梦苑等（2018）运用基尼系数法探究了武汉市养老资源配置公平性，赵志富（2016）运用基尼系数法分析了上海市社区养老服务资源配置公平性。

在效率性层面——DEA 方法被广泛应用于国外学者对公共资源配置效率性的研究中。Sexton 等人（1989）选择 5 个投入指标和 2 个产出指标计算出美国缅因州 52 所养老机构的相对效率。Nyman 和 Bricker（1989）使用相同的方法，对美国威斯康星州 184 所养老机构的资源配置效率进行了系统评估，发现营利性养老机构的效率要高于非营利性养老机构。Kooreman（1994）和 Garavaglia（2011）等人也在 DEA 方法的基础上，评价了荷兰和意大利西北地区一些养老机构的服务效率和服务质量。Bjorkgren 等人（2001）则对一些医养结合型养老机构的资源配置效率做了对比分析。国内相关研究也直接使用闲置率指标，如裴育和史梦昱（2018）通过计量经济学分析发现经济发展水平越高的地区，老年人入住养老机构人数越少，空置率越高；一地区净离婚率越高，养老机构床位入住率越低。

（三）养老服务资源配置现状与问题探析

截至目前，我国养老服务事业取得了一定的成就，但同时也存在着不少弊端，当前研究主要从以下三个途径对我国养老服务资源配置的现状与问题进行探析：

一是依托空间（地理学）研究范式——如蔡泽倩（2021）基于广州市老年人的出行行为，运用空间可达性方法，研究发现在综合交通模式下老年人的社区养老资源区域差异是非常显著的，中心城区围绕着供应点的周边地区可及性程度都比较高。马晓帆等（2021）与李海萍和梁子豪（2021）基于空间网格化的人口数据和兴趣点（POI）数据，分别探索了人口老龄化空间分布及养老资源的空间错位现象，和城市社区养老设施配置空间均衡研究。

二是依托人口学研究范式——如李芬和高向东（2019）针对老年人口需求不同，探析了我国社会省会城市的养老资源配置的均衡性差异。赵启行等（2020）基于老年人口的流动性和老年人口数据增长的预测方法，提出养老资源的配置较为粗糙化。

三是依托社会学研究范式——如苗壮壮（2019）指出社区养老服务相关资源的安排不合理、职责不清晰、服务工作不到位、资源配置合理性低等问题的出现都直接或间接地造成了我国社区养老资源不能进行高效合理的配置。周美彤（2020）对辽宁省城乡老龄化倒置现状、养老服务资源配置现状、人口老龄化与养老服务资源配置两系统综合指数及两系统协调度进行了分析发现，辽宁省老龄化城乡倒置与养老服务资源配置城乡差距明显，均呈扩大趋势，养老服务资源城乡配置失衡。吴雨昊（2020）研究发现，上海市养老服务资源配置存在技术局限致总体框架开发难达需求、市场混乱致平台规模效益难以体现、政策约束致分时服务要求难以实现、银发困境致协作消费合作难以达成等问题。王立剑、邸晓东（2022）指出，随着各类养老服务政策的出台，政策颁布主体和联合部门不断增多，养老服务政策逐渐出现政策拥挤、执行部门不清、职能协调混乱等现象。养老服务供给过于依赖地方政策，导致养老服务建设盲目响应各类政策，忽略了老年人的现实需求，造成许多地区出现养老服务资源供需不匹配的局面。

（四）养老服务资源配置的策略与改进

基于我国养老服务资源配置的现状和突出问题，不少学者从各个角度提出了相关政策建议。

一是从供需角度提出建议：如吴瑞君等（2012）建议政府逐步构建以需求为导向的公共产品供给模式，建立区域间公共服务合作供给和属地共享等机制，逐步探索实有老年人口属地化服务方式。仲思（2019）分别从供需结构和数量两个层次提出了改善社区养老服务资源供需发展的建议和对策。

二是从制度建设角度提出建议：如蒋中信（2015）提出，应当广泛动员各种资源供给主体的力量，采取有效的方式，拓宽养老政策覆盖面，建立社区为老服务平台，发展社区老人共同参与，建立和完善市场化养老体制，使社区养老真正成为政府主导、社会动员、公众参与、整体推进的社会共同事业，更好地迎接老龄化社会带来的挑战。张昊（2020）指出，在智慧养老视域下探讨我国养老服务体系的优化路径，不应仅局限于强调养老服务技术手段的变革，还应强调以人为本、需求导向、合作共赢理念以及敬老尊老的伦理哲学和文化意涵，更应在理念与技术、传统与现代等相融合的基础上系统施策。

三是从空间配置角度提出改进对策：如毕向阳、李沫（2020）基于空间聚类分析结果，养老机构床位表现出的供不应求与利用率不高并存的矛盾现象实际上与空间因素纠缠在一起，政府部门应该有针对性地加强对不同类型养老机构的各种政策引导，兼顾公平与效率，进一步优化养老资源的空间分布。马晓帆（2021）等基于西宁市老年人口分布与养老资源空间错配研究，建议地方政府的养老设施规划应该根据老年人口、养老资源的空间分布情况，并且要在考虑区域平衡性，有针对性地进行空间布局。

四、核心概念与理论基础

（一）核心概念界定

1. 养老服务

本文的界定是，养老服务是针对老年人的特质性需要而给予的满足，即养老服务是各类供给主体根据老年人的特点提供的提高老年人生活和生命质量的有偿或无偿的活动。"居家—社区—机构"的三重养老服务结构在我国依然适用，但在当前实践中，社区与居家养老服务的融合趋势愈发明显，而机构养老的发展相对而言较为独立。

2. 公共养老服务资源

截至目前，政界和学界关于"公共养老服务资源"的认识和界定均较为模糊，甚至对"养老服务资源"的界定也莫衷一是，主流的定义方式有广义和狭义两种——广义角度，柴晓武（2005）认为，养老服务资源可以包含金钱、服务、文化、政策等一系列具有养老保障价值的事物，通过不断地充实、组合和调整，能够为广大老年人、国家的养老服务事业带来实际的效用；狭义角度，韦宇红（2012）将养老服务资源分为物力资源、人力资源、财力资源和组织资源四大类。物力资源主要指提供养老服务的各种有形设备设施；人力资源顾名思义，指养老服务的直接提供者和参与者，主要包含专职从业人员和志愿服务团队、个人；财力资源是资金保障和支撑，用来购买养老服务、建设养老设施，主要来源于各级政府财政投入和社会资本注入；组织资源则泛指各种养老服务机构、组织和单位。

本项目组认为，公共养老服务资源应有狭义和广义之分，狭义主要应集中于各级政府在社会全体老年人养老服务领域的直接投入；广义则应包括政府用于公共养老服务发展的基础性建设投资、各种社会性资源（包括企业社会责任、各种公共基金会等），以及各种保障类资金（如养老金、长期照护保险基金等）。中央政府在养老服务领域的直接支付以及向各地区的转移支付，均属于广义的公共养老服务资源。

根据已有统计资料，全国公共养老服务预算总量约为 4588 亿元，全国共有公共养老机构约 32.9 万家，床位数约 820.9 万张。其中，机构养老床位数约 488.2 万张、社区养老床位数约 332.7 万张，用于日间照料的床位数约为 222 万张，社区全托服务床位数约为 110.7 万张。此外，全国共有养老服务相关从业人员约 122.7 万人，其中机构从业人员约 51.8 万人、社区养老从业人员约 70.9 万人。

3. 基本养老服务

基本养老服务，可从服务对象、服务内容和服务主体三个方面来理解。

首先，基本养老服务的对象是全体老年人，基本养老服务制度要保障全体老年人的基本生存和发展权利，确保每位老年人出现依靠个人和家庭难以化解的贫困、失能、无人照顾的风险时，能够平等获得基本养老服务的机会。在政策实施过程中，由于经济困难的失能、高龄、无人照顾、孤寡等特殊困难老年人面对的养老困难和风险相对更大，基本养老服务要优先给予保障。

其次，基本养老服务的内容应以保障生活安全为底线并动态调整。老年人的养老服务需求是多样化、分层次、不断变化的，但国家和社会的养老服务资源有限，必须科学定位、精准施策、可持续实施。应以满足失能照护需求为核心，逐步实现为经济困难高龄、失能老年人提供基本的长期照护服务；根据经济社会发展水平和财政承受能力，确定不同阶段基本养老服务的具体对象、具体内容和优先顺序并建立动态调整机制，对形成社会普遍共识、国家财力可承担的成熟项目，可进行适当推广。

最后，基本养老服务应坚持服务主体共建共治共享，实现政府主导、家庭尽责、市场和社会积极参与的有机统一。在政策规划、资源保障、组织实施和监督规范等方面应积极发挥政府的主导作用，通过购买服务、委托服务、政府和社会资本合作等方式，推动基本养老服务提供主体多元化、提供方式多样化。支持社会力量兴办基本养老服务，充分发挥社会组织、志愿服务、慈善事业作用，引导社会力量承担基本养老服务。支持家庭承担赡养责任，基本养老服务应以家庭赡养为基础，引导个人做好养老准备，鼓励提升个人的养老意识，在能力范围内为未来的老年生活做好必要的财富积累和规划。

根据《国家基本公共服务标准（2021 年版）》，国家在养老服务方面的基本公共服务包括老年人健康管理和老年人福利补贴。其中，老年人健康管理由中央财政和地方财政共同承担支出责任，国家卫生健康委和国家中医药局为牵头负责单位，每年为辖区内 65 岁及以上常住居民提供 1 次生活方式和健康状况评估、体格检查、辅助检查和健康指导等服务；每人每年提供 1 次中医体质辨识和中医药保健指导。老年人福利补贴则主要由地方政府负责，民政部为牵头负责单位，主要为 65 岁及以上的老年人提供能力综合评估，做好老年人能力综合评估与健康状况评估的衔接；为经济困难的老年人提供养老服务补贴；为经认定生活不能自理的经济困难老年人提供护理补贴；为 80 岁以上老年人发放高龄津贴。

各省市的基本公共服务项目清单则更为详细。以上海市为例，《上海市基本公共服务项目清单》中规定了上海市级和区级政府在"老有所养"方面的主要责任和服务内容，主要包括老年人健康管理、养老服务补贴、老年综合津贴、社区居家照护服务等共计 9 项服务，其中老年人健康管理、农村部分计划生育家庭奖励扶助和计划生育家庭特别扶助主要由区级财政承担；养老服务补贴、老年综合津贴、社区居家照护服务、机构照护服务和城乡居民基本养老保险由市级和区级财政共同承担；职工基本养老保险主要由市级财政承担。

因此我们认为，基本养老服务资源中，可按照财政事权的不同分为中央财政部分和地方财政部分，中央财政的责任主要在于老年人健康管理，以及针对部分省市用于降低区域间支付能力差距的财政转移支付，其余部分则主要由地方财政负责。而地方财政负责的部分中，各级财政的分担比例也有相应规定。

结合上述分析，本课题主要沿用狭义角度的界定方式，并在此基础上吸纳了各方专家学者的意见，加入了对"公共"的理解，初步将"公共养老服务资源"界定为由各级政府部门直接出资包揽或者以补贴等形式间接支撑起来的（其中政府出资可以源于中央、省级和地级各级财政），用于供给各类养老服务所需的物力资源、人力资源和财力资源三方面资源的总称，其中物力资源也包含一些组织资源。

具体而言，物力资源是提供公共养老服务的物质基础和载体，主要包括由政府部门直接出资建设运营或以补贴等形式支持其建设运营活动的各类养老机构（包含所有公办公营机构、绝大部分公办民营机构以及一部分的民办民营机构）、养老机构中享受政府资助的床位（包括医疗护理型床位）、各类社区居家养老服务设施、服务组织等。

人力资源主要是指收入全部或部分来源于政府支出的提供各类养老服务的主体，包括医生、护理人员、管理人员、工勤人员等，如特定养老机构中的职工、社区养老服务设施中的职工、卫生技术人员。

财力资源是公共养老服务供给的经济基础，主要指的是政府提供的用于提供公共养老服务、发展养老服务事业、满足老年人基本养老需求的一系列财政投入，如养老机构建设、运营及人员补贴、困难老年人养老服务补贴、失能老年人护理补贴、高龄老年人津贴等。财力资源又可以分为补需方财力资源和补供方财力资源，补需方财力资源包括定额现金补贴（高龄津贴、养老服务补贴和护理补贴）、政府购买服务（采用发放服务券或费用补贴的形式，支持其购买基本养老服务）和资助老年人参加长期护理保险的财政资金等。补供方财力资源包括机构设施建设类财政投入（新建公办养老机构的财政投资、新增护理型养老床位的补助等）、运营类财政投入（机构运营补贴、一次性开办费补贴、老年人助餐服务点补贴等）和人才保障激励类财政投入（从业人员奖惩、特殊岗位津贴、职业培训补贴等）。

（二）相关理论基础

1. 公共产品理论

萨缪尔森是公共产品理论的创立者，按照竞争性和排他性的维度，他将传统的社会产品分为了公共产品和私人产品。布坎南在此基础上提出了"俱乐部产品"和"准公共产品"的概念。"准公共产品"虽然具有一定的非排他性、非竞争性的特点，但由于资源的有限性，仍然会出现拥挤的现象。

根据公共产品理论的划分，公共养老服务资源具备准公共产品的所有特征。首先，它具有明显的正外部经济性。其次，在效用上无法分割。最后，具有部分的竞争性。因此，公共养老服务资源虽然可以通过多种方式供给，但必须由国家机制参与，并由国家负责最后的保障。

2. 资源配置理论

资源配置理论以资源稀缺性为前提，核心在于使稀缺资源在最大程度上发挥作用，最终目标为满足人们日渐增长的多元化需求。通常来说，资源配置涵盖了三个方面的内容，即配置规模、配置方式和配置结构。资源配置的最理想结果是"帕累托最优"，即资源配置从一种状态变换到另一种状态时，没有任何一个人的境况会变差，且至少有一个人的境况会变得更好，这是一种理想状态。现实情况下可通过一系列优化措施向这种理想状态靠近。

养老服务资源是一种稀缺资源，我国目前对养老服务资源的配置仍不合理，因此需要在人口老龄化、养老需求多元化的背景下，从配置规模、配置空间分布和配置结构三个方面不断完善和改进。其中，配置规模主要指养老服务资源的存量是否足够，配置空间分布主要指资源在同一区域内不同省（直辖市、自治区）间、不同区域间的分配是否相对均衡，配置结构主要研究供需是否匹配。

3. "空间—制度"理论分析框架

传统公共福利资源配置的研究逐渐形成了两个主要思路，分别从制度和空间角度来展开。

一方面，过往研究对于公共福利资源配置的探讨主要集中于经济结构、社会结构、人口结构等制度结构因素的影响作用以及由此产生的区域差异，进而提出通过制度途径促进公共福利资源优化配置的对策建议。如裴育和史梦昱（2018）通过计量经济学分析发现经济发展水平越高的地区，老年人入住养老机构人数越少，空置率越高；一地区净离婚率越高，养老机构床位入住率越低；老龄化程度和纳入政府保障范围内的低保人数与机构床位入住率呈正相关关系。王浦劬（2018）从结构性改革和政策制定，医疗与养老服务机构的机制衔接以及建立健全长期护理保险制度三个维度出发，探讨了我国医养结合型养老模式的构建路径，提出有效整合养老服务与医疗资源，以最大限度满足老年人群体医养护一体化需求。米恩广和李若青（2021）从完善政策设计、优化主体关系、创新服务方式、建立瞄准机制等层面来建构具体、可行的路径，以实现农村互助养老服务从"碎片化运作"走向"协同性供给"。

另一方面，有学者试图突破这种单一制度分析的禁锢，从空间分析的角度进行补足，提出空间结构在社会现象中的重要性，并逐渐形成了空间与制度的二重结构分析的新取向。Waller 等（2004）认为，公共福利资源配置具有空间上的相关性，一个地区的公共福利资源配置不仅取决于自身的政治经济基础和投入，也依赖于其他地区的公共福利资源配置水平，尤其是其邻近地区的公共福利资源配置。Schmitt 等（2013）通过对 1960—2000 年欧洲 18 个 OECD 国家的公共福利项目进行调查发现：在经济发展的黄金时期，国家之间在公共福利项目上的空间扩散效应尤其显著。顾佳峰（2012）对中国县级公共教育财政资源配置的研究也发现，邻近县的教育财政资源供给存在相互竞争关系，同时也受到来自经济、财政和人口迁徙聚集效应的影响。

由此，在公共福利研究领域，学者们开始认识到空间因素和制度因素都会对公共福利资源配置产生影响，提出通过空间优化和制度优化的双重手段来改善公共福利资源配置。"空间—制度"二重结构分析将空间结构作为制度结构的内生因素进行分析，突破了单一制度结构分析的局限，拓宽了结构分析的维度。这是一个有价值的探究方向。但是研究中也存在不足，即对于空间结构与制度结构的互动关注较少。越来越多的研究表明，空间结构与制度结构往往交织融合在一起共同发挥类似于合力的影响作用：制度因素可能会改变社会发展的空间布局，社会发展的空间布局也可能会反作用于制度因素，公共养老服务资源的配置也不例外，需要考虑空间与制度双重因素及其联合作用。

五、研究思路与研究方法

（一）研究思路

在清晰界定公共养老服务资源概念和内涵的基础之上，本研究主体部分将首先对全国范围内公共养老服务资源的分配现状展开描述性分析。尽管由于疫情影响，研究覆盖全部省市的可行性不高，但本课题还是通过搜集官方数据的方法尽量做到了覆盖几乎所有省级地区。

对公共养老服务资源现状的描述性分析将从养老服务供需角度切入，以对全国人口老龄化态势的研判为基础，以本文界定的公共养老服务资源内涵和分类（人力资源、物力资源和财力资源）为描述思路，分门别类进行描述并同时关注城乡公共养老服务供给差别等专题。

其次，本课题将从公平性和效率性两大维度评价我国公共养老服务资源的分配水平，并作为问题提炼的基础。

再次，本课题将提出多个层次的公共养老服务资源分配问题并对这些问题展开深入分析。对于这些问题背后的影响因素和深层作用机制的分析，这一部分以定性为主，但本研究充分吸纳了各位专家学者的研究经验和独特观点，以实现研究分析的相对准确，为对策建议的提出打好了基础。

从此，在正式提出对策建议之前，本课题还计划对典型国家公共养老服务资源分配工作的经验进行梳理与总结。本研究将结合前几部分对国内公共养老服务资源分配体系的研判，与国际情况比较后，对原因分析部分进行补充并形成启示。

最后，在对策建议部分，本课题研究将紧紧抓住"深化"这一目标，在前面几部分研究的基础之上，深入进行问题提炼和原因分析，形成有针对性、有操作性的对策建议（图 39）。

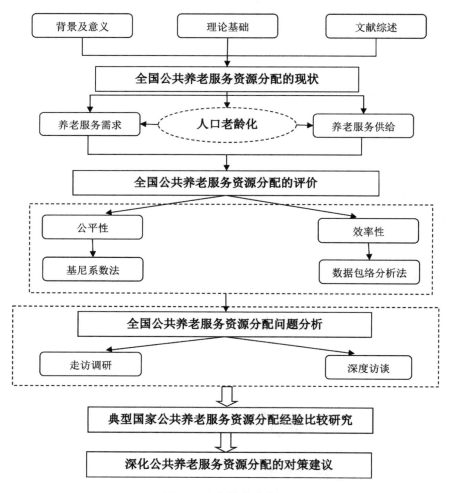

图 39　研究技术路线图

（二）研究方法

1. 文献法

文献法也称历史文献法，是指通过阅读、分析、整理有关文献材料，全面、正确地研究某一问题的方法。研究前期主要借助文献法来明晰公共养老服务资源的概念、学习配置评价的方法以及设立研究路径等。

2. 访谈法

访谈法是指通过访员和受访人面对面地交谈来了解受访人的心理和行为的心理学基本研究方法。因研究问题的性质、目的或对象的不同，访谈法具有不同的形式。本研究计划采用结构式访谈，作为问题因素分析的补充。

3. 定性与定量分析法

定量方面，一是综合指标评价法：其基本思想是将多个指标转化为一个能够反映综合情况的指标来进行评价。如不同国家经济实力、不同地区社会发展水平、小康生活水平达标进程、企业经济效益评价等，都可以应用这种方法。综合评价法的特点表现为：①评价过程不是逐个指标顺次完成的，而是通过一些特殊方法将多个指标的评价同时完成的；②在综合评价过程中，一般要根据指标的重要性进行加权处理；③评价结果不再是具有具体含义的统计指标，而是以指数或分值表示参评单位"综合状况"的排序。

二是洛伦兹曲线与基尼系数法：目前有多种定量方法评价公共资源配置的公平性，其中基尼系数法是应用得较为成熟、泛用性较强的一种。洛伦兹曲线原本是经济学中一个常用的概念，通常用来分析社会群体或国家地区之间收入或财富分配的公平程度。

根据相关文献的记录，在养老服务领域，该曲线可用于评价资源配置的公平性。一般情况下采用三个步骤来绘制洛伦兹曲线：首先，将每千人拥有的资源数量进行升序排列；其次，分别计算人口和资源的累计百分比；最后，根据每次累计后的百分比，利用相关软件在坐标轴上依次描画出各个点，并将这些点连接起来即可得到洛伦兹曲线。

基尼系数是与洛伦兹曲线搭配使用、一同来反映资源配置公平程度的统计指标，它的数值等于绝对平等线与洛伦兹曲线围成的面积与绝对平等线下直角三角形面积之比。基尼系数取值 0 ~ 1，当其越接近于 0，表明养老服务资源分布越公平；相反，越接近于 1，则表示越不公平。

三是数据包络分析法（DEA）：数据包络分析（DEA）是近年来常用的一种效率综合测算方法，主要根据决策单元投入和产出指标，通过线性规划法描绘生产前沿曲线面，以各决策单元距离生产前沿曲线距离评价其相对效率。可以在多投入、多产出的情况下通过测算决策单元的相对有效性来评价资源的利用效率，本研究用此方法评价全国公共养老服务资源配置的效率性。

传统的 DEA 模型包括 CCR-DEA 模型和 BCC-DEA 模型。CCR-DEA 模型基于决策单元为固定规模报酬状态评价其综合效率值，而 BCC-DEA 模型则是在固定规模报酬的基础上发展而来的规模报酬可变模型，决策单元的综合效率值可进一步分解为纯技术效率和规模效率。

此外，DEA 方法还可以计算出养老服务设施和组织、养老床位、养老服务人员等公共养老服务资源投入的冗余程度，以及养老服务人次数等产出不足的程度：冗余率 = 松弛值 / 实际值，由此进一步衡量公共养老服务资源的效率。

定性方面，一是比较研究法：用逻辑比较法研究社会和社会现象的方法。根据一定标准，将有联系的两个或两个以上的社会现象，进行比较分析，找出它们的异同，研究发生异同的原因，探讨它们之间的相互影响和作用。

二是空间政治学分析法：区域一体化具有丰富的空间政治意蕴，可以纳入空间政治学的视域中进行探讨。在我国，推进区域一体化面临着一些空间政治难题，如空间剥夺、空间壁垒和空间失灵等。这些空间政治问题主要是由空间生产机制的缺陷造成的。

区域一体化意味着公共物品在公民中公平分配，这涉及空间正义的问题。根据卡斯特的观点，公共物品是一种集体消费物品，是指由国家集体性提供的服务形式，如交通、医疗设施等。因为集体消费是适应于居住在某一空间区域中的人的，因此它就有了一个空间的所指对象。空间区域中的所有公民都平等地享有公共物品和公共服务，是空间政治的正义追求，是空间政治学中"共同的善"。

本研究的主要研究对象"公共养老服务资源"正是一种较为典型的公共物品，并且研究选取的视域为区域一体化，因此空间政治学在问题分析阶段与本研究的适配性较高。

第二部分　全国公共养老服务资源分配过程

总体而言，我国公共养老服务资源的分配过程在本质上可以被理解为政府公共财政支持在养老服务领域中的分配过程，因为无论是物力资源（包括组织资源）还是人力资源，都是由财力资源（公共财政支持）派生出来的；一方面，政府通过补需方财力资源的分配形成定额现金贴补、服务券或费用补贴和补助老年人购买长期护理保险，直接与老年人的养老服务需求进行对接。另一方面，政府通过补供方财力资源的形式形成机构设施类、机构运营类和人才保障激励类资源投入，支持从属于政府的单位形成一部分物力资源和人力资源，同时吸引市场和社会力量加入共同形成另一部分，间接地为老年人提供养老服务资源（具体分配过程可参考图 40）。由此，公共养老服务资源分配路程可以分为"补需方"路径和"补供方"路径，两者的核心区别在于财政直接补助的对象——"补需方"补助直接给到老年人，而"补供方"补助直接给到供给方。

在"补供方"路径下，老年人群体需要的是经过生产和运作后形成的服务而非简单的现金或实物，因而政府无法直接以财力资源对老年人的这部分需求进行满足，而是要走间接渠道——对有能力和意愿提供相应服务的政府下属单位、市场和社会主体等服务供给方进行补贴，使得有对应需求的老年人群体可以经由得到政府财政支持的这些供给方获得相应的养老服务。具体而言，"补需方"的公共养老服务资源分配可以从"机构设施类"供方财政支持、"机构运营类"供方财政支持和"人才保障激励类"供方财政支持三个方面展开，三者共同作用将补供方的公共养老服务财力资源转化为了物力资源和人力资源，最终形成了一般意义上的机构公共养老服务和社区居家公共养老服务。由此可以体现机构养老服务和社区居家养老服务两大领域的资源分配过程。

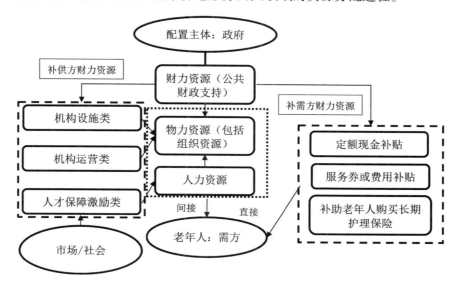

图 40　公共养老服务资源分配过程示意图

在"补需方"路径下，政府将一部分公共养老服务领域的财政支持转化为定额现金补贴、服务券或费用补贴、补助老年人购买长期护理保险等现金或实物形式的补贴，直接与有相应需求的老年人群体进行对接。这种情境中的公共养老服务资源分配过程通常包括三个阶段：第一步，有相应需求的老年人群体或其代理者自愿向政府的相关项目提起申请；第二步，政府对需求申请进行充分的核实、评估；第三步，借助公共财政支持向符合要求的申请者发放相应资源。因此，相对于"补供方"而言，"补需方"的公共养老服务资源分配更有利于实现"供需匹配"，因其本质上就是按需分配的。具体而言，"补需方"的公共养老服务资源分配可以从定额现金补贴、服务券或费用补贴、补助老年人购买长期护理保险等方面进一步阐述，各方面之间有共通点的同时也有各自特色。由此可以体现基本老年福利补贴领域和其他老年福利领域的资源分配过程。

一、机构领域公共养老服务资源分配过程

近年来，政府先后出台《国务院关于加快发展养老服务业的若干意见》《国务院办公厅关于推进养老服务发展的意见》等文件，支持养老服务业的发展，当前我国已初步建立起以"居家为基础、社区为依托，机构为补充、医养相结合"的综合养老服务体系。另一方面，近些年随着我国家庭结构的小型化，家庭的养老功能被弱化，机构养老

的作用得到了进一步的提高。因此，作为公共养老服务的重要内容，公办养老机构的财政补贴与资源分配过程是我们首要关注的问题。

（一）我国机构养老服务的发展演变

改革开放之前，我国公办养老机构已作为补缺型福利的主要提供者而存在，该时期的公办养老机构主要包括城市的社会福利院和农村敬老院。其中，城市社会福利院主要收留"三无"老人、军烈属老人以及鳏寡孤独老人，所需经费由政府财政全额负担；敬老院则由村集体主办，负责安置农村五保老人，主要资金来源于村提留款。

改革开放以后，随着经济体制改革的推进，政府开始转变理念，我国开始进入以"社会福利社会化"为主线的养老服务改革阶段，此阶段开始允许开展自费收养。在此期间，1986年颁布的《民法通则》确立了事业单位法人制度；1993年开始的工资制度改革将事业单位工资制度从机关分离出来，分别划分为全额拨款、差额拨款、自收自支三种类型，此时大部分福利院为财政定额补助单位。1998年，在天津召开的全国专业技术人员暨事业单位人事制度改革工作会议强调，要通过推行聘用制度、建立岗位管理制度、完善分配制度、健全人事监督制度等增强活力，减轻国家财政负担。2006年国务院颁布了《关于加快发展养老服务业的意见》，提出积极支持以公建民营、民办公助、政府补贴、购买服务等多种方式兴办养老服务业，鼓励社会资金兴建适宜老年人集中居住的老年公寓、养老院、敬老院，逐步建立"以居家养老为基础、社区服务为依托、机构养老为补充的服务体系"。公办养老机构收养社会老人，只要付费均可入住，同时实行企业化管理，将一些公办养老机构交给民间力量经营。

此后，国家开始对社会福利社会化的思路进行调整，强调事业单位的公益属性。民政部先后于2007年在河北石家庄召开全国民政事业单位建设经验交流会，2010年在江苏无锡召开全国社会养老服务体系建设推进会，强调探索推进现代管理方式，明确公共养老机构的公益属性，积极推动法人治理或公建民营等方式开展养老服务机构经营。2013年，国务院颁布《关于加快发展养老服务业的若干意见》，要求加快公办养老机构改革。当年年底，民政部发布《关于开展公办养老机构改革试点的通知》，要求通过公建民营或转制为企业的方式，对公办养老机构进行改革。本阶段发展至今，机构养老服务也开始向外延伸，养老院等养老机构开始提供居家和社区养老服务；同时政府也鼓励民营机构承接社区养老服务，支持其购买养老服务设备或器材。这些措施和变化有力地推进了居家—社区—机构养老服务的融合发展，也满足了老年人多样化的养老需求。

（二）国家对机构养老服务的财政投入方式

公共养老服务事业具有公益性和非营利性的属性，公共财政是养老机构的重要资金来源，在保障养老服务机构运营、提高养老服务水平方面发挥着极其重要的作用。当前我国的公共养老服务机构中，各级财政以及福利彩票公益金是其经营的重要资金来源，政府针对公共养老机构的财政政策工具主要包括财政投资、财政补贴、财政采购和税收优惠，四者分别从不同的角度对公共养老机构的发展提供帮助和支持。

1. 财政投资

在财政投资方面，财政资金主要用于对城市或农村养老服务机构或设施建设的投资。首先，用于城市养老机构建设的资金，此类资金不仅包括用于建设福利院等公办福利机构的政府财政资金和福利彩票公益金，还包括以公建民营、民办公助等形式扶持社会力量兴办养老机构所需的资金，公办养老机构的内部装修、设备采购、人员工资等开支也同属此类。而对农村地区养老服务机构的财政投资，主要是指用于对农村地区的公办养老院、托老院、社区养老服务照料中心等公共养老服务设施的建设或设备采购开销；或是将废弃学校、办公楼、工厂或家属楼旧址等进行改造以建设农村养老服务设施所需的费用。

2. 财政补贴

在财政补贴方面，根据补贴的对象不同，可以将政府所发放的养老服务财政补贴分为供方补贴和需方补贴。当前我国对公共养老服务提供的财政补贴中，针对服务提供方的相对较多，即供方补贴。供方补贴是指面向养老服务提供方即养老服务机构及其服务人员所发放的补贴，在此主要对供方补贴作详细介绍。此类补贴主要包括以下内容。

首先，养老院、托老所、老年日间照料中心等机构或设施的建设及运营补贴。其中，建设补贴通常由地方财政一次性或分两次发放，如《南京市养老服务补贴实施办法（试行）》规定：对养老机构的建设补贴分两次拨付，每次拨付 50%，拨付补贴的前提是养老机构投入运营且入住率达到一定标准。运营补贴则一般按照养老机构的服务质量星级、信用状况、医疗服务能力、接收的服务对象身体状况、床位数以及服务时长等表现而确定，通常每半年或一年拨付一次。典型的如北京市，对收住失能老年人的机构，根据老年人的失能或残疾等级，分别给予每床每月 100、600 或 700 元的补助金，同时根据其服务质量星级分别将每床每月的补贴增加 50、100 或 150 元。

对公办或民办非营利养老服务机构的服务人员发放的岗位补贴，或对机构发放稳岗补贴。养老机构护理员等服务人员与机构签订聘用合同并长期供职的可给予相应补贴；对于不裁员养老机构，按照一定标准对其发放稳岗补贴。《广州市养老机构服务人员就业补贴及岗位补贴试行办法》规定，对于从事养老服务一线工作的中等、高等院校毕业生，工作期满 3 年后分别给予一次性就业补贴 5000 元、10000 元；而对从事一线养老护理工作满 5 年、10 年的养老护理员，分别一次性给予 5000 元和 20000 元的艰苦岗位补贴。此外，《上海市扶持养老机构纾困发展的若干政策措施》还为养老服务机构提供了一定的抗疫补贴和稳岗补贴，抗疫补贴按照机构实际收住老年人数，以 500 元/床位的标准发放，每家机构的补贴范围为 1 万～20 万元；稳岗补贴则是为不裁员或少裁员的养老机构所提供的，根据其社保缴费人数，按照每人 600 元发放一次性稳岗补贴，每家机构补贴上限为 300 万元。

贷款贴息或融资担保补贴。部分省市对符合条件的民办非营利养老机构以及公建民营养老机构实施贷款贴息补助政策，也有省市对从事养老服务业贷款的融资担保机构的全额融资担保费提供补贴。

划拨土地或减免房租。对于社会资本举办的非营利性养老机构，一些地方政府采取划拨的方式供地，降低其建设成本；此外，一些省市也出台政策，对承租国有或集体房产用于开展公共养老服务的养老机构予以减免房租，必要时由地方财政予以补助。

3. 财政采购

在财政采购方面，我国地方政府在公共养老服务方面的主要采购项目是购买服务、设备或设施。具体而言，各地民政部门通常会出资购买养老服务人员培训、养老机构评估，或老年人照料、评估及设施改造等服务；此外，也有部分地区的公办公营养老机构通过单项服务外包、专项服务合作等方式，向社会力量购买服务。养老服务设备或设施的采购则主要是指公办公营养老机构在建设或改造、运营过程中所需采购的设备或设施。

4. 税收优惠

除上述措施之外，当前我国还对公共养老服务机构提供一定的税收优惠措施，即对养老机构的相关税费进行减免。2014年，国家发改委、民政部等部委联合下发的《关于加快推进健康与养老服务工程建设的通知》中指出，"对非营利性养老机构建设要免予征收有关行政事业性收费，对营利性养老机构建设要减半征收有关行政事业性收费，对养老机构提供养老服务要适当减免行政事业性收费。"在我国现行税收体系下，对于各类型养老机构，我国均按照一定标准分别对其减征或免征行政事业性收费、增值税和企业所得税。具体而言，我国对营利性养老机构和非营利性养老机构的税收优惠政策是不同的，其中，非营利性养老机构的增值税、企业所得税、房产税等税收均是免征项目，而对于营利性养老机构则免征增值税、减征企业所得税，对于符合小微企业的养老服务收入所得减按50%计入应纳税所得额，按20%的税率缴纳企业所得税。

二、社区居家领域公共养老服务资源分配过程

（一）我国受传统养老模式影响下的居家养老观

当前，我国基本建立了居家、社区、机构养老"三位一体"的养老服务体系。其中，家庭养老是我国老年人养老的传统习惯和主流方式。近年来，国家进一步重视居家社区养老服务工作，出台一系列政策措施，不断夯实居家养老基础地位，积极发挥社区养老服务依托作用，推动居家社区机构养老服务协调发展。居家养老服务是对家庭养老的重要社会支持，是养老服务体系的重要基础。

据统计，目前我国超过99%的老年人在居家和社区养老，仅有不到1%的老年人在机构养老。同时，不论是农村还是城市，均有95%以上的老年人选择居家养老。发展社区居家养老服务，顺应了绝大多数老年人居家和社区养老的意愿，是养老服务体系建设中十分重要的基础性工作，对于广大老年人享有幸福美好的晚年具有十分重要意义。

（二）我国社区居家养老的发展历程与建设情况

《"十三五"国家老龄事业发展和养老体系建设规划》、《国家积极应对人口老龄化中长期规划》等规划，都对大力发展居家社区养老服务提出具体措施，并设立老龄事业

发展和养老服务体系建设主要指标、目标值。各地出台的"十三五"养老领域规划也将完善居家养老服务发展作为主要任务推进。《国民经济和社会发展第十四个五年规划和2035年远景目标纲要》明确提出，健全基本养老服务体系，大力发展普惠型养老服务，支持家庭承担养老功能。

2019年，经国务院同意，民政部印发了《关于进一步扩大养老服务供给 促进养老服务消费的实施意见》（民发〔2019〕88号），提出要大力发展城市社区养老服务，要求各地依托社区养老服务设施，在街道层面建设具备全托、日托、上门服务、对下指导等综合功能的社区养老服务机构，在社区层面建立嵌入式养老服务机构或日间照料中心，为老年人提供生活照料、助餐助行、紧急救援、精神慰藉等服务。截至2020年底，北京、上海等地已基本实现街道层面具备综合功能社区养老服务机构全覆盖，其他地方也积极出台相关政策措施，推动加快社区养老服务机构建设。

目前国家已制定《"十四五"国家老龄事业发展和养老服务体系规划》，对养老服务事业的发展提出了新的目标和要求：加快健全居家社区机构相协调、医养康养相结合的养老服务体系和健康支撑体系。此规划将指导全面推进养老服务体系建设，推动我国养老服务高质量快速发展，为广大老年人过上美好幸福晚年提供有力保障。

（三）财政在社区居家养老资源分配中的作用

1. 专项拨款

"十三五"期间，中央财政安排专项彩票公益金50亿元，支持5批203个地区开展居家和社区养老服务改革试点。江苏、北京、上海、浙江、广东、四川等地结合当地实际，大胆探索实践，推出了家庭养老床位等居家养老模式。通过试点工作，全国数以千万计的老年人直接受益，其中经济困难家庭的高龄、失能、空巢（留守）老年人，以及计划生育特殊家庭老年人的养老服务需求得到更好的保障。在试点工作的示范带动下，多地推动形成了多元化广覆盖居家社区养老服务供给格局，初步构建了以短期托养、上门服务、精神慰藉、六助（助餐、助洁、助医、助急、助浴、助行）等为主要内容的社区养老服务框架，社区养老服务质量明显提升，广大老年人获得感和满意度明显增强。

中央专项彩票公益金支持方面，民政部规定的老年人福利类支持项目包括：通过政府购买服务，培育居家和社区养老服务组织和机构发展，提高城乡居家和社区养老服务覆盖率等与社区居家养老服务相关的项目。2019年彩票公益金在老年人福利类项目的支出达19.4亿元，2020年下降到3.8亿元，2021年又增长到12.8亿元。《2021年居家和社区基本养老服务提升行动项目的通知》中特别提到，两项重点任务为：中央专项彩票公益金支持项目地区为60周岁（含60周岁）以上的经济困难失能和部分失能老年人建设家庭养老床位、提供居家养老上门服务。

2. 税费优惠

2019年，财政部、税务总局、民政部等部门联合印发《关于养老、托育、家政等社区家庭服务业税费优惠政策的公告》，明确提出对提供社区养老服务的机构收入免征增值税，并在计算应纳税所得额时，减按 90% 计入收入总额，免征 6 项行政事业性收费。

2019 年，民政部印发《关于进一步扩大养老服务供给 促进养老服务消费的实施意见》，进一步明确加大财政资金支持力度，将养老服务纳入政府购买服务指导性目录，以省为单位制定政府购买养老服务标准，中央财政安排补助资金引导和支持地方购买养老服务。各地可采取购买服务、建设补贴、运营补贴等措施，推动将社区养老服务设施低偿或无偿用于社区养老服务，切实降低社区养老服务成本和价格。

3. 政府购买

2020 年民政部等九部门发布的《关于加快实施老年人居家适老化改造工程的指导意见》中提出，将特殊困难老年人家庭居家适老化改造中符合条件的服务事项列入政府购买养老服务指导性目录，科学确定购买服务内容和购买费用，实施全过程预算绩效管理。

2022 年财政部发布的《关于做好 2022 年政府购买服务改革重点工作的通知》中提到，推广政府购买基本养老服务。积极应对人口老龄化，鼓励有条件的地区务实拓展政府购买养老服务的领域和范围，优化城乡养老服务供给，支持社会力量提供日间照料、助餐助洁、康复护理等服务。优先保障经济困难的失能、高龄、无人照顾等老年人的服务需求，加大对基层和农村养老服务的支持。适宜通过政府购买提供的养老服务，政府不再直接举办公办养老机构提供。确需由政府直接提供的养老服务，应当发挥好公办养老机构托底作用。

三、基本老年福利补贴领域资源分配过程

作为定额现金补贴，基本老年福利补贴可进一步分配为高龄津贴、养老服务补贴、护理补贴和综合津贴等项目，通常情况下补贴形式都是现金，因此需要地方政府建立较为成熟完善的财政运作模式。

（一）高龄津贴的分配

高龄津贴，是针对高龄老人实行的一种社会保障制度。其目的是为了解决高龄老人基本生活问题，对保障高龄老人的生活质量起到很重要的作用。高龄津贴按照"低标准、广覆盖、保基本、多层次、可持续"的总体要求，创新高龄老人福利制度模式，健全养老保障服务体系，建立保障高龄老人基本生活需求的长效机制，推进补缺型老年福利向适度普惠型社会福利发展，使广大高龄老人的基本生活得到保障，不断提高高龄老人的生活质量。

宁夏回族自治区于 2009 年 5 月首次发布《关于建立低收入老年人基本生活补助制度的通知》，是我国首个实行户籍管理的省级政府养老保障制度，并把农村 80 岁以上老年人归进了享受高龄津贴的范围内。这是全国第一个建立高龄津贴制度的地区，从过去的低标准的临时救助制度转变为按月付城乡结合的标准高龄津贴制度。因此，宁夏成为我国第一个建立高龄津贴制度的地区，是社会保障特别是老年人养老保障的里程碑。

云南省人民政府为全面建立高龄津贴制度提供资金支持，决定从 2009 年 1 月起安排省级财政专项补助。目前，云南省百岁老人每年可获得 2400 元，年龄超过 80 岁的老人还能享受到介于 240～600 元之间的医疗补助。陕西省从 2010 年 10 月 1 日开始，便全面实施每个年龄段标准不一高龄津贴制度。民政部在 2009 年 6 月对宁夏建立制度的经验进行了总结，并规定符合条件的地区对贫困老人给予补助。2013 年，民政部又指出，将对全国的高龄津贴制度加以统一，让年龄超出 80 岁的老人可以领到这项津贴。《中华人民共和国老年人权益保障法》中强调，国家鼓励地方针对年龄超出 80 岁的低收入老人实行高龄津贴制度。此后地方政府的政策实践中，多地现已全面启动并先后落实高龄津贴制度，当前，我国 31 个省份已全部实施了高龄津贴制度，高龄津贴制度基本实现全国全覆盖，今后能够获取高龄津贴的老人也将更多。

用在高龄津贴上的资金来自省、县（市）、区的财政预算资金，并对其进行专户管理。财政部门通常负责补贴金的发放；民政部门负责对补贴进行审批；监察审计部门对补贴进行审计与检查。贪污、扣押、挤占、挪用或者不按规定分配的，按照相关规定进行惩处。

（二）养老服务补贴的分配

养老服务补贴制度是指对于低收入的高龄、独居、失能等养老困难老年人，经过评估，采取政府补贴的形式，为他们入住养老机构或者接受社区、居家养老服务，提供支持的一种制度。

本世纪初开始，中央逐步对养老服务补贴制度进行优化，各省也加快脚步制定了本省的补贴实施方案。2000 年，我国提出要建立社会福利社会化政策，2006 年，国务院转发了 10 个部委《关于加快发展养老服务业的意见》，养老服务作为一个专有名词被第一次明确提出来。2008 年民政部在全国民政工作会议上提出"有条件的地区可建立困难老人、高龄老人津贴制度"，2013 年最新修订的《中华人民共和国老年人权益保障法》中，第十条要求对生活长期不能自理、经济困难的老年人，地方各级人民政府应当根据其失能程度等情况给予护理补贴。2013 年 10 月，国务院下发了《国务院关于加快发展养老服务业的若干意见》明确提出，各地要加快建立养老服务评估机制，建立健全经济困难的高龄、失能等老年人补贴制度。2014 年，财政部等部门发布《关于建立健全经济困难的高龄失能等老年人补贴制度的通知》（财社 113 号文件），提出对经济困难的高龄、失能等老年人，地方各级人民政府应当逐步给予养老服务补贴。根据中央指示，各地政府也纷纷出台了一些政策法规来发展养老服务补贴。

我国养老服务补贴的资金主要是按照事权与支出责任相匹配的原则，经费多由各级地方财政负担，中央财政的负担极少。地方财政关于补贴的资金来源多为公益彩票收入、社会捐赠等，各地省政府又按照中央要求，把资金责任下放到各县市政府，只有较少省份对资金的负担比例有着明确的说明，如黑龙江、青海、四川等。

（三）护理补贴的分配

失能老年人护理补贴是发放给重度失能或持有相应残疾证的老年人，用于因生活自理能力缺失而产生的长期照护补贴。

2013 年国务院颁布《关于加快发展养老服务业的若干意见》，明确指出要建立健全经济困难的失能老年人护理补贴制度。随后，2014 年 10 月，财政部联合多个部门发布了《关于建立健全经济困难的高龄、失能等老年人补贴制度的通知》，以帮助经济困难的失能老年人缓解家庭照护压力。失能老年人护理补贴成为落实党的十九届五中全会"积极应对人口老龄化国家战略"的重要举措，我国多数省份相继出台和实施失能老年人护理补贴政策。当前，失能老年人护理补贴政策坚持"因地制宜和分散决策"的原则，各省的失能老年人护理补贴政策不尽相同。

失能老年人护理补贴由地方政府负责。黑龙江、安徽规定各级政府通过同级财政预算负责失能补贴经费。北京、天津规定除了区财政承担部分所需资金外，市级还给予定额专项转移支付补助。目前，大多地区按照属地化进行管理，资金由同级财政负担，如江西、吉林、山西、贵州、上海、甘肃等。部分省份规定补贴资金由不同层级政府负担，明确出资责任。

（四）综合津贴的分配

从 2007 年 10 月到 2016 年 5 月，上海推出"70 岁以上老人免费乘车"措施，老年人在非高峰时段可持敬老服务专用卡免费乘坐公交。2016 年 6 月至今，实施老年综合津贴政策，符合要求的老人不再享受免费乘车福利，转而发放现金补贴。现金补贴包括了原来的高龄营养补贴，并由保险公司推出"保通卡"（公交折扣卡）供老年人自行选择。具体补贴措施是：65~69 岁 75 元 / 月，70~79 岁 150 元 / 月，80~89 岁 180 元 / 月，90~99 岁 350 元 / 月，大于 100 岁 500 元 / 月。这项改革在推动政策精细化的同时促进社会福利均等化，使老年人乘坐公共交通的出行决策更加合理，道路压力也得以缓解。

四、其他基本老年福利领域的资源分配过程

（一）服务券或费用补贴

地方政府可能采取发放服务券或费用补贴的形式直接补贴老年人群体、支持其购买养老服务，下面选取了北京、长春、泰州三个地市介绍其试点情况。

1. 北京市

《北京市市民居家养老（助残）服务办法》自 2010 年 1 月 1 日起全面实施。80 周岁及以上的老年人每个月都可以领取到价值 100 元的居家养老服务券，凭券可以在社区指定的家政、商品专柜以及老年餐桌使用。当年年底，北京已为 28 万名 80 岁以上老年人和 8 万名残疾人发放每人每月 100 元养老（助残）券，总金额 3.2 亿元。但调查显示，很多老人觉得养老服务券使用起来并不方便，主要是使用范围小、限制多、发放金额太

少等。据不完全统计，服务商已累计向政府兑换了 1.5 亿元的养老服务券。即已发放的养老服务券中，有近一半已兑换了服务。

2013 年北京将首先进行试点，推进养老服务券从纸质变为电子卡，同时扩充养老服务内容。另据了解，在养老服务券变身电子卡的同时，本市还将整合低保、福利、老年优待卡、老年证等承担的功能，最终实现为老服务"一卡通"。

2010—2013 年三年间，本市向全市符合条件的老人每人每月发放 100 元养老服务券，总共已发放 14.3 亿元。这些养老服务券只能用于特定的老年服务领域，因此有效带动了数十亿社会资金进入为老服务领域，其中包括推动建立了约 5000 家社区为老服务商，以及近 5000 家社区老年小餐桌等设施。

2. 吉林省长春市

长春市政府为特殊老人发放的居家养老服务券，用于购买相应的居家养老服务，相当于每位老人每月补贴 200 元，本月用不完可以累积到下月，但不能连续累积。享受政府购买居家养老服务补贴的老人包括 60 周岁以上的特困人员、失独家庭老人，城市低保家庭中的重度残疾老人，重点优抚对象老人，60 周岁以上的最低生活保障家庭、低保边缘家庭中的空巢老人，60 周岁以上的失能和失智老人，80 周岁以上的空巢老人，等等。

在"长春养老服务"的应用程序中，老人可以自行选择家政、按摩、餐食制作、心理疏导、三甲医院全程助医等 36 项服务，每项服务的费用都可以通过居家养老服务券支付。对于符合条件但身体不好、行动不便、无法办理家居养老服务券的老人，社区还提供上门服务。

3. 江苏省泰州市

养老服务"三张券"是为解决江苏泰州市区经济困难失能老人照护问题而专门定制的政府购买服务的凭证，分为"机构托养券""社区照护券"和"邻里互助券"，分别为符合条件的老年人入住养老机构、接受社区居家养老服务或者签约委托亲友、邻里服务提供支持。

养老服务"三张券"首批覆盖具有泰州市区户籍、年满 70 周岁且符合下列条件的对象，如特困人员中的失能老人、低保家庭中的失能老人、重点优抚对象中的失能老人、建档立卡贫困户中的失能老人等六类群体。第二批将扩大到年满 65 周岁的对象，第三批将扩大到年满 60 周岁的对象。第二批和第三批的执行时间，将根据第一批对象的实施情况确定。

符合条件的对象按照规定程序（书面申请、调查核实、评估审批）申请养老服务"三张券"。根据人员类别和能力等级状况，领取养老服务"三张券"的经济困难失能老人可在机构养老、社区养老、家庭养老三种方式中选择需要的服务。

（1）机构养老。领取"机构托养券"的老人，就近入住区民政部门确定的集中供养失能老人的托养机构，托养机构提供包括医疗护理、生活照料、精神慰藉等在内的养老服务。

（2）社区养老。领取"社区照护券"的老人，可以根据社区居家养老服务中心、社区卫生服务中心、护理站、政府购买养老服务机构或组织提供的服务清单，根据自己的实际需要，选择日常看护、生活照料、护理康复、住院陪护、家政服务、精神慰藉等服务。

（3）家庭养老。领取"邻里互助券"的老人，可以指定一名参加过养老护理员培训并经区民政部门备案的亲友（法定赡养、抚养、扶养义务人除外）或邻居提供照护服务。

（二）补助老年人购买长期护理保险

2016年，我国在15个城市开始首批长期护理险试点。目前全国有49个试点城市，至今已覆盖1.45亿人，全国累计172万人享受长期护理保险待遇，人均报销水平每年约1.6万元，基金支付占到个人基本护理费用的70%左右。其中有20个试点城市覆盖城镇职工和城乡居民，29个试点城市只面向城镇职工。从全国看，参保人群仍以职工为主，城乡居民占比30%左右。

1. 上海

上海长期护理保险筹资水平按照"以收定支、收支平衡、略有结余"的原则合理确定。对参加职工医保的人员而言，按照用人单位缴纳职工医保缴费基数1%的比例，从职工医保统筹基金中按季调剂资金，作为长期护理保险筹资。对于参加居民医保的人员，根据60周岁以上居民医保的参保人员人数、按照略低于第一类人员的人均筹资水平，从居民医保统筹基金中按季调剂资金，作为长期护理保险筹资。长期护理保险的资金来自医保统筹基金，暂不实行个人缴费。对于符合条件的二类人群，保险的给付将以服务的形式提供，分为居家上门照护、社区日间照护、养老机构照护三类。为体现鼓励居家养老的原则，对接受规定服务时间之外服务的人员，将按时长和登记给予现金补助。

2. 青岛

山东在全国率先实现职工长期护理保险全覆盖，全省参保人数达到3434.9万人，居全国第一。其中，青岛作为首批试点城市，2012—2021年，青岛长期护理保险享受待遇人数从约8000人扩大到了7.1万人，资金支出从约4500万元增长到了35亿元，护理服务机构从143家增加到了978家。青岛地区长期护理保险的资金筹集以单位和个人缴费为主，财政给予适当补贴。职工护理保险方面，财政部门按照参保职工每人每年30元标准予以补贴，补贴资金由市与区（市）两级财政按1:1比例负担。居民护理保险方面，在不增加财政和个人负担的前提下，从居民医疗保险统筹金中按照每人每年30元的标准划转，其中20元作为财政补助资金，另外10元作为个人缴纳资金。

第三部分　全国公共养老服务资源分配现状

一、全国人口老龄化态势

（一）年龄结构

目前，我国老龄化程度逐步加深，我国老龄化问题十分严峻。从年龄结构来看，2000 年我国 65 岁及以上人口比重超过 7.0%，开始步入老龄化社会。图 41 显示，近十年来，老龄人口比重持续上升。第七次人口普查数据显示，我国 60 岁及以上人口的比重达到 18.7%，其中 65 岁及以上人口比重达到 13.5%，与 2010 年相比，我国 60 岁、65 岁及以上老年人口分别增加 8637 万人、7181 万人，占总人口的比重分别上升 5.44% 和 4.63%。仅一年后，2021 年底，我国 60 岁及以上老年人口数量便达到 2.67 亿，占总人口的 18.9%，65 岁及以上人口占总人口比重达到了 14.2%，提前一年达到了专家预测的水平，可见我国老龄化的速度之快。

据国家卫健委老龄司的测算，预计"十四五"时期，我国 60 岁及以上老年人口总量将突破 3 亿，占比将超过 20%，进入中度老龄化阶段。2035 年左右，60 岁及以上老年人口将突破 4 亿，在总人口中的占比将超过 30%，进入重度老龄化阶段。

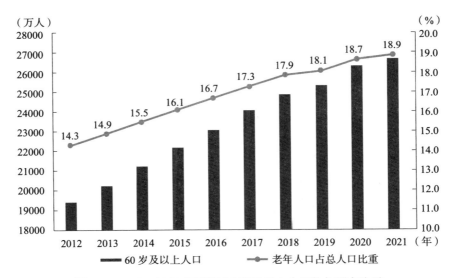

图 41　2012—2021 年我国 60 岁及以上人口数与所占比重

从地区分布来看，第七次全国人口普查主要数据结果显示，全国 31 个省份中，有 16 个省份的 65 周岁及以上老年人口超过了 500 万人，其中有 6 个省份的 65 周岁及以上老年人口超过了 1000 万人。按照 2020 年数据，全国 60 岁及以上人口占辖区人口比重超过 20% 的省份共有 10 个，主要集中在东北、川渝等地区（图 42）。

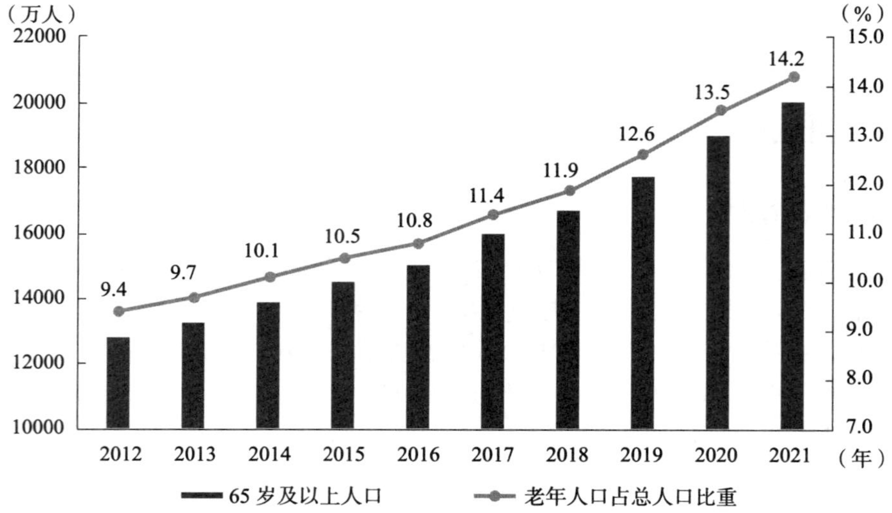

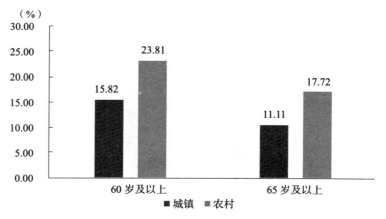

图 42　2012—2021 年我国 65 岁及以上人口数及所占比重

　　从城乡来看，乡村的老龄化水平明显高于城镇。乡村 60 周岁及以上、65 周岁及以上老年人口占乡村总人口的比重分别为 23.81%、17.72%，比城镇 60 周岁及以上、65 周岁及以上老年人口占城镇总人口的比重分别高出 7.99 个百分点、6.61 个百分点。但从老龄人口数量方面看，城镇老年人口数量要多于农村老年人口数量（图 43）。

图 43　第七次人口普查城乡老龄化程度

　　从老年人年龄结构来看，由图 44 可知，在 60 周岁及以上老年人口中，60～69 周岁的低龄老年人口 14740 万人，占比为 55.83%；70～79 周岁老年人口 8082 万人，占比为 30.61%；80 周岁及以上老年人口 3580 万人，占比为 13.56%。低龄老年人口占老年人口比重过半。

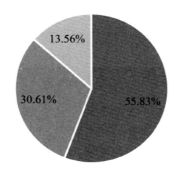

图 44　第七次人口普查老年人年龄结构

（二）老年抚养比

从抚养比来看，我国的老年抚养比也呈现出逐年上升的趋势。图 45 显示，我国 2021 年老年抚养比已经超过了 20%，相比 10 年前上升了 8 个百分点。目前我国的人均预期寿命还在持续延长，因此未来一段时间我国的老年人口抚养比仍将持续上升，预计 2050 年老年抚养比达 53.2%，即每两个年轻人需要承担抚养一位老人的责任，养老负担沉重。老龄化程度的加深，必将对我国社会保障和公共服务造成较大压力，影响我国经济发展和社会活力。

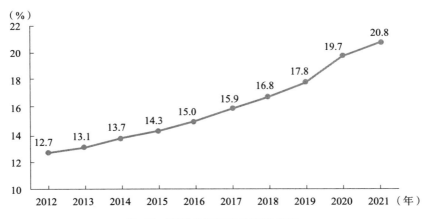

图 45　我国老年抚养比变化趋势

（三）人口预期寿命

得益于世界格局的相对和平稳定，以及数十年来世界经济和科技水平的高速发展，近几十年来人类的预期寿命已经得到了较大的提高。根据联合国公布的数据，1960 年全球男性的预期寿命为 50.7 岁，全球女性的预期寿命为 54.6 岁；到了 2017 年，全球男性的预期寿命增长至 70.2 岁，女性则达到 74.7 岁。根据 2022 年中国国际发展知识中心发布的首期《全球发展报告》指出，由于卫生健康发展取得积极成效，2000—2019 年间，全球预期寿命从 66.8 岁增长至 73.3 岁，健康预期寿命从 58.3 岁增长至 63.7 岁。

国家统计局数据显示，2005 年我国人口平均预期寿命为 72.95 岁，其中男性平均预期寿命 70.83 岁，女性平均预期寿命 75.25 岁。到 2010 年，人口平均预期寿命增长到 74.83 岁，其中男性平均预期寿命 72.38 岁，女性平均预期寿命 77.37 岁。2020 年 10 月 14 日，国家卫健委统计公报显示，2019 年我国居民人均预期寿命达到了 77.3 岁，主要健康指标总体上居于中高收入国家前列。人均预期寿命的延长见证了"十三五"时期我国医疗卫生体系的不断提升。2022 年 9 月 7 日，中央宣传部就党的十八大以来卫生健康事业发展成就有关情况举行发布会，在发布会上，国家卫健委副主任李斌透露，我国的人均预期寿命已增长到 78.2 岁（图 46）。

2022 年国务院办公厅印发的《"十四五"国民健康规划》中提出，到 2025 年，中国的人均预期寿命在 2020 年基础上将继续提高 1 岁左右，展望 2035 年，人均预期寿命达到 80 岁以上。

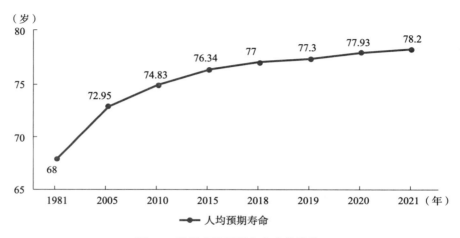

图 46　我国人均预期寿命变化趋势

（四）相关保险情况

养老保险方面，截至 2021 年底，全国基本养老保险参保人数为 10.3 亿人，2022 年 6 月，养老保险参加人数增加到 10.4 亿人。2012—2022 年 6 月底，基本养老保险参保人数从 7.9 亿人增加到 10.4 亿人，这十年间养老保险参保人数增加了 2.5 亿人。

医疗保险方面，2021 年底基本医疗保险覆盖 13.6 亿人，参保率稳定在 95% 以上，全民医保基本实现。2020 年我国城乡居民医疗保险参保人数 10.17 亿人，年人均赔付 803 元。

长期护理保险方面，国家医保局数据显示，长期护理保险试点城市达 49 个，参保人员达 1.45 亿，累计待遇享受人数约 172 万人，人均报销水平约每年 1.6 万元，基金支付占到个人基本护理费用负担的 70% 左右。49 个试点城市中有 20 个试点城市覆盖城镇职工和城乡居民，29 个试点城市只面向城镇职工。从全国看，参保人群仍以职工为主，城乡居民占比 30% 左右。

二、全国公共养老服务需求态势

近年来，我国养老服务需求快速增长，根据 2015 年全国老龄办发布的第四次中国城乡老年人生活状况抽样调查显示，我国城乡老年人自报需要照护的比例为 15.3%，较 2010 年抽样调查的 13.7% 上升了 1.6%，较 2000 年抽样调查的 6.6% 上升了 9.1%。分年龄段来看，高龄老年人对照护服务的需求最为强烈，自报需要照护服务的比例从 2000 年的 21.5% 上升到 2015 年的 41%，上升了近 20 个百分点，上升幅度是 79 岁及以下老年人的 3 倍多。从具体服务项目来看，38.1% 的老年人需要上门看病服务，12.1% 的老年人需要上门做家务服务，11.3% 的老年人需要康复护理服务（图 47）。随着老年人收入的不断提高，这些潜在需求都将转变为老年人的有效需求。未来，这一需求也将随着老龄人口数量的不断增长而持续扩大。

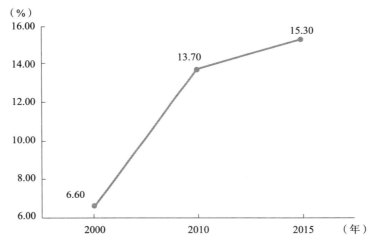

图 47　我国城乡老年人自报需要照护比例

从养老方式选择来看，基于中国老年社会追踪调查的数据，我国 93.3% 的城市老年人倾向于居住在家和社区进行养老，6.6% 的城市老年人打算入住养老机构；98.5% 的农村老年人更愿意选择居住在家和社区接受养老服务，仅有 1.5% 的农村老年人打算入住养老机构。总体来看，无论城乡，大多数老年人都更倾向于选择居家和社区养老方式。传统的养老观念和相对更低的成本，是更多的老年人做出了这一选择的主要因素。有关研究显示，年龄越大的老年人选择社区养老或居家养老的可能性更大。

从健康结构来看，步入老年期后，老年人成为慢性病患病的高发人群。虽然我国人均期望寿命在持续提高，但处于失能或者健康不良状态下的老年人比例正在逐步增大。根据《2018 年中国城乡老年人生活状况调查报告》数据，我国约占八成的 60 岁及以上老年人患有慢性病，且随着年龄的增长，慢性病患病比例也在逐渐增加。其中，有 4.2% 的老年人为失能老年人（重度失能的占 31%，中度失能的占 12.8%，轻度失能的占 56.2%）。目前，我国失能半失能老年人超过 4000 万人，2050 年将达到 1 亿人左右，长期照护需求巨大。此外，据国家卫健委数据显示，我国 60 岁及以上老年人中约有 1500 万名痴呆患者，其中 1000 万人是阿尔茨海默病患者，这一疾病对我们国家老年人的健康和生活质量都带来了很大的影响。据全国老龄办的预测数据，到 2020 年，我国失能以及 80 岁以上的高龄老年人占比将高达总人口的 30%。因此，老年人对于涉及日常生活照料和医疗护理的基本养老服务资源需求巨大。

老年人根据自身健康状况不同，对养老服务也产生了不同的需求。身体健康状况良好的对医疗资源和养老资源依赖较少，更多需要学习养生保健知识、锻炼身体、保持健康的生活习惯、参与社交活动等；半失能的老年人身体处于半自理状态，需要借助他人的力量来维持日常生活，对医疗和养老服务的需求增加，以此来减慢能力的衰退；完全失能的老年人对长期照护、医疗服务和养老服务均有很强烈的需求，如临终关怀、失智护理服务等。

从专业护理人员需求来看，北京师范大学中国公益研究院发布的《2017 年中国养老服务业发展年报（人才篇）》显示，目前全国失能、半失能老人约 4063 万人，按照国际标准失能老人与护理员 3∶1 的配置标准推算，我国至少需要 1300 万名护理员。2021 年 5 月，国家卫健委医政医管局局长焦雅辉表示，我国对养老护理员的需求多达 600 多万人。

从养老保险方面来看，截至 2021 年底，养老保险参保人数为 10.3 亿人，而领取待遇人数为 2.9 亿人，占比 28.16%。根据《2020 年度人力资源和社会保障事业发展统计公报》可知，2020 年城镇职工基本养老保险的领取人数是 1.2762 亿人，领取了 51301 亿元养老金，平均每人每月养老金待遇为 3349.9 元。而城乡居民基本养老保险的领取人数是 1.6068 亿人，领取的养老金为 3355 亿元，2020 年月人均待遇水平仅为 174 元，这个水平只有城镇职工基本养老保险的 5.2%（图 48）。可见，有很大一部分老年人没有养老金或养老金待遇水平低，因此在养老金方面，老年人也存在很大的需求。

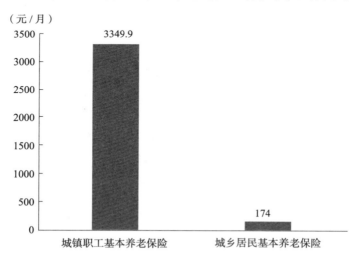

图 48　2020 年我国养老金待遇水平

从消费需求来看，2016 年，中国老年康养产业市场消费需求在 5 万亿元以上。但根据不完全测算，2016 年为老年人康养生活提供的产品在 5000 亿～7000 亿元，需求持续旺盛，但有效供给不足。随着康养产业的供给不断增加，2030 年中国老年康养产业市场消费需求将达到 20 万亿元左右（图 49）。

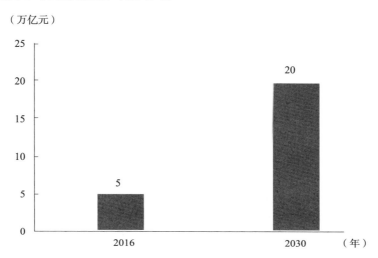

图 49　我国老年康养产业市场消费需求

综上，我国人口老龄化快速爬坡，孕育了庞大的养老服务需求，且需求呈现多元化、多层次化等特点。

三、全国公共养老服务供给现状

（一）物力资源供给现状

总体来看，2020 年年底，全国共有各类养老机构和设施 32.9 万个，养老床位合计 821.0 万张，比上年增加 5.9%，每千名老年人拥有养老床位 31.1 张。截至 2022 年 1 季度，全国各类养老机构和设施总数达 36 万个、床位 812.6 万张，增速较快，养老床位总数比 2012 年底的 416.5 万张翻了近 1 倍。

1. 机构养老

机构养老方面，2015—2022 年，我国养老机构数量整体呈增长趋势。据民政部公布的数据显示，截至 2022 年第 1 季度，全国共有养老机构 4 万个，较 2020 年增长 5.3%，较 2015 年底增长 42.9%（图 50）。

同时，我国养老机构床位数也基本上呈现稳步上升态势。据民政部公布的数据，截至 2022 年年底，我国注册登记的养老机构共有床位 518.3 万张，较 2021 年增长 2.9%，较 2015 年增长 44.7%（图 51）。但我国养老机构入住率却不高，2022 年年末抚养老年人数量不足 229.9 万人，意味着养老床位的空置率超过了 50%（图 52）。传统养老观念制约我国养老院入住率的提升，再加上养老院服务质量参差不齐、专业护理人才不足、部分养老院的选址和定价不合理、服务设施不完善，我国养老院入住率难以提高。

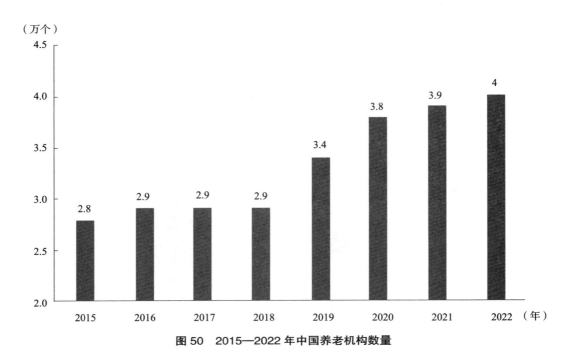

图 50　2015—2022 年中国养老机构数量

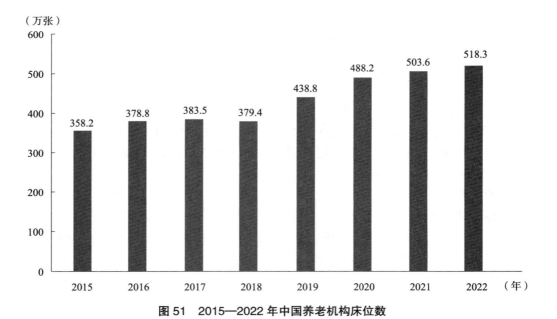

图 51　2015—2022 年中国养老机构床位数

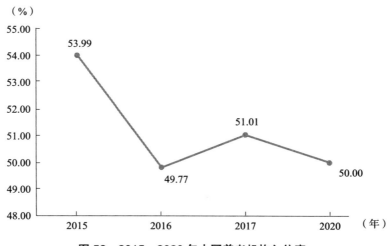

图52 2015—2020 年中国养老机构入住率

2. 社区及居家养老

社区养老服务方面，2016 年每千老人占有的社区养老机构面积数为 108.7 平方米，每千老人社区日间照料和留宿收养床位数合计约 6.7 个，与 2015 年相比，各类社区照顾服务的资源密度中，建筑面积的净增长值最多、社区日间照料床位数次之。

从全国整体发展水平看，社区居家养老服务发展不充分，资源密度处于较低水平。设施床位数、建筑面积、养老服务人员数和专业水平等社区照顾资源密度和权利维护、医疗保健、社会参与、学习发展等居家养老综合服务资源密度均处于较低水平，距离社区居家养老服务充分发展仍有较大空间，急需大力拓展。

在社区服务方面，全国共有各类社区服务机构和设施 52.8 万个，其中城乡社区养老机构和设施 6.4 万个，城乡社区互助型养老设施 10.1 万个，从而弥补了政府提供养老服务不足的困境，也激活了养老服务消费经济，减轻了财政资金压力，提高了服务质量，体现了"多赢"的社会效果。至 2020 年，社区养老照料机构和设施达到了 29.1 万个，其中，社区互助型养老设施 14.7 万个，社区养老服务床位 332.8 万张。2020—2022 年上半年，各地建设改造社区养老、助餐等服务设施约 3.6 万个，得到了老年人的普遍欢迎。

3. 医养结合

医养结合方面，不断深入推进。截至 2020 年年底，全国共有两证齐全（指具备医疗机构执业许可或备案，并进行养老机构备案）的医养结合机构 5857 家，比上年末增加了 22.1%；床位总数达 158.5 万张，比上年末增加了 21.7%；医疗卫生机构与养老服务机构建立签约合作关系达 7.2 万对，比上年末增加了 27.7%；超过 90% 的养老机构以不同形式为入住老年人提供医疗卫生服务。截至 2021 年底，全国共有两证齐全医养结合机构 6492 个，较上年末增加了 10.84%；机构床位总数 175 万张，较上年末增加了 10.41%；医养签约近 7.9 万对，较上年末增加了 9.72%；总体上的增长速度较上一年度放缓。2021 年底的全国医养签约数是 2017 年的 6.6 倍；两证齐全医养结合机构数较 2017 年增加 76.7%。

4. 农村相关供给情况

民政部统计显示，2021 年县级特困人员供养服务机构的护理型床位占比已达到 63.7%，68.1% 的乡镇已建立具有综合功能的养老机构，农村互助养老服务、留守老年人巡访关爱、老年助餐等服务已普遍开展。"十四五"时期将重点推进县乡村三级养老服务的网络建设，加强特殊困难老年人基本养老服务保障。

"十四五"规划中提到，2022 年乡镇（街道）范围具备综合功能的养老服务机构覆盖率为 54%。计划在"十四五"期间实现覆盖率年增速 6%。

2018 年底全国共有农村特困人员供养服务机构（农村敬老院和社会福利院，主要为五保老人等农村特困人员提供集中供养服务）为主的农村供养服务机构 19255 所，床位 155 万张，工作人员 13.8 万名。农村养老机构的入住率较低，据民政部调查统计，2015 年农村养老机构的床位利用率为 65%。有的农村养老机构"简易型"普通养老床位大量空置，部分有需求的失能半失能的农村老人因为不属于政府兜底服务的范围而无钱或无资格入住。由于农村的基础条件较差，广大失能半失能老人急需的医养结合护理型床位严重短缺。

5. 小结

伴随人口快速老龄化及老龄人口规模增大，家庭核心劳动力的综合负担也逐步增加，机构养老资源不能有效缓解养老需求压力，而以居家养老为核心的社会化养老发展滞后也将进一步加大养老供需矛盾。然而，供需结构性失衡导致养老服务有效供给不足，我国机构养老服务市场供需结构性不平衡和居家养老服务供给不充分矛盾仍然突出。具体而言，从有效供给不足看，大部分公建养老院的床位及其设施空置，使用率不高，尤其是一些建立在城市社区内的公立养老机构或将公办养老机构以 PPP 模式转让给社会资本方经营的养老机构，因采取封闭式运营，一些养老康复设施等基本不对社区内居家养老的老年人开放，造成养老服务资源浪费，利用率低，共享程度低而不能实现有效供给。当前，我国普遍存在"公办养老院因制度性限制进不去，高端民办的养老院因高额收费住不起，低端民办养老院因条件太差而不敢住"的困境局面。养老服务机构存在严重两极分化，养老服务运营城乡二元分割，养老服务福利保障水平存在供给不平衡、不充分的矛盾，导致供需结构性失衡、制度失效、政府社会福利服务政策目标的达成度不够，从而有失社会福利公平目标。这表明公共财政投入产出的制度运行效率没能充分显现，其社会效益价值取向没能充分体现。

（二）人力资源供给现状

社区照顾服务的人力资源密度虽增幅明显，但由于其基数小，资源密度依然处于较低水平。以养老服务人员专业资格水平为例，与 2015 年相比，2016 年每千老人助理社会工作师和社会工作师数量增长迅速，增长率为 73.6% 和 56.7%，但绝对数量仅有 0.0125 和 0.0047 个。与之相类似，从受教育程度、专业资格水平两项指标衡量养老服务人员的资源密度同样处于相当低的水平。

养老服务专业人员缺口巨大，远不能满足需求。而且因长期以来的社会偏见，养老护理从业者一直存在学历、技能水平低，年龄偏高等问题。2020年3月，民政部发布数据显示，全国有200多万老人入住在约4万个养老院，但工作人员只有37万人，其中真正的护理员只有20多万人，一个护理员平均要服务近10个老人。2021年民政部数据显示，全国养老机构职工人数为518185人，其中女性职工人数为305809人，占比近60%，专业技术技能人员378897人，占比73.12%。学历方面，大学专科学历80071人，占比15.45%；大学本科学历42742人，占比仅8.25%。医养结合专业人才方面，近年来我国组织医养结合人才能力提升培训项目，2020年以来培训4万余人。

长期护理方面，据国家医保局不完全统计，近年来，全国为长护险提供服务的机构新增了近5000家。试点起步阶段从业人员不到8万，现在直接提供长护服务的从业人员已接近30万。

（三）财力资源供给现状

财政方面，2020年，中央财政下达9.93亿元，继续支持开展居家和社区养老服务改革试点，鼓励试点地区扶持社会力量提供居家和社区养老服务、支持养老机构向居家和社区提供延伸服务等。2012—2021年，中央财政累计投入359亿元支持养老服务设施建设，社区养老服务基本覆盖城市社区和半数以上农村社区，居家社区机构相协调、医养康养相结合的养老服务体系持续健全。

2020年安排中央预算内投资28亿元，支持特困人员供养服务设施（敬老院）等养老服务设施建设。将符合条件的农村低收入老年人纳入危房改造范围，指导各地采取多种方式保障符合条件的农村低收入老年人住房安全。

"十三五"时期，中央专项彩票公益金投入50亿元支持203个地区开展居家社区养老服务改革试点；2021年、2022年，投入22亿元支持84个地区开展居家社区基本养老服务提升行动，在这些试点和提升行动中，推动各地探索形成家庭养老床位，助餐、助浴、助洁、助医、助行、助急"六助"服务，探访关爱，互助养老等满足老年人多元养老需求的服务模式。

民政部近5年彩票公益金在老年人福利类项目方面的使用情况如图53所示。资金主要用于：特殊困难老年人家庭适老化改造；新建和改扩建以服务生活困难和失能失智老年人为主的城镇老年社会福利机构、城镇社区养老服务设施、农村特困人员供养服务设施，帮助养老机构配置消防设施器材；城乡社区为老服务信息网络平台建设；通过政府购买服务，培育居家和社区养老服务组织和机构发展，提高城乡居家和社区养老服务覆盖率；开展养老护理职业技能大赛等方面。

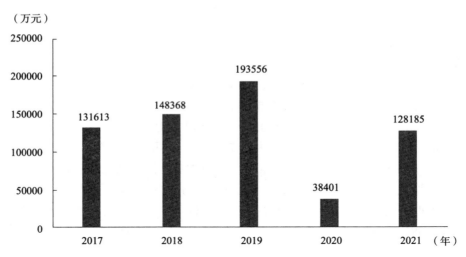

图 53　近 5 年彩票公益金在老年人福利类项目的支出情况

　　补贴方面，截至 2020 年年底，全国共有 3853.7 万老年人享受老年人补贴，其中享受高龄补贴的老年人 3104.4 万人，享受养老服务补贴的老年人 535.0 万人，享受护理补贴的老年人 81.3 万人，享受综合老龄补贴的老年人 132.9 万人。2020 年，全国共支出老年人福利经费 517 亿元。截至 2021 年底，全国享受高龄补贴的老年人 3184.1 万人，享受护理补贴的老年人 104.7 万人，享受养老服务补贴的老年人 511.8 万人，享受综合补贴的老年人数 76.1 万人。

　　2021 年底，全国社保基金规模达到 25929.96 亿元，累计投资收益 17914.33 亿元加强社会救助工作，将符合条件的农村高龄、失能等困难老年人及时纳入最低生活保障范围，满足特困人员集中供养需求，截至 2021 年底，特困供养人数 470.5 万人，实现了应养尽养。

（四）组织资源供给现状

1. 老年健康管理

　　我国近年来扎实推进老年健康促进行动，在 15 个省份组织开展老年人失能（失智）预防干预试点，2021 年约 1.4 亿 65 岁及以上老年人获得一次免费体检等健康管理服务。截至 2021 年底，全国建成老年友善医疗机构的综合性医院 5290 个、基层医疗卫生机构 15431 个；二级以上综合性医院设置老年人"绿色通道"的超过 9000 家，设有老年医学科的超过 28%，二级以上公立综合性医院设老年医学科达到 53.4%；80% 以上的社区卫生服务中心和乡镇卫生院可以提供最长 12 周的长期处方服务。

2. 养老服务相关企业

　　近年来，基于庞大的养老服务需求，我国持续扩大养老服务供给，养老服务相关产业快速发展。企查查数据最近报告显示，近 10 年来，我国养老服务相关企业注册量不断增加，尤其是近年来，呈两位数增长。截至目前，现存的养老服务相关企业已多达

24.52 万家。2017 年，新增养老服务相关企业 2.48 万家，同比增长 33.78%。2018 年新增 2.95 万家，同比增长 18.97%。2019 年我国新增养老服务相关企业 3.65 万家，同比增长 23.78%。2020 年新增 4.48 万家，同比增长 22.80%。2021 年新增 5.27 万家，同比增长 17.66%（图 54）。

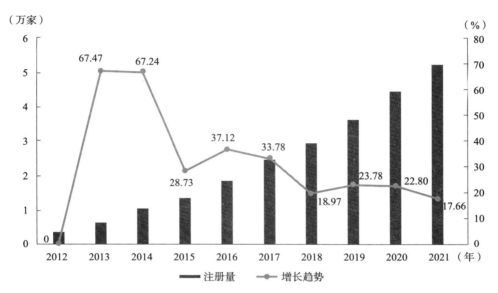

图 54　2012-2021 年养老服务相关企业注册量及增长趋势

从注册资本分布来看，则呈现两头大：100 万元以内的养老服务相关企业最多，占比 40%。100 万 ~ 200 万元以内的占比为 13%，200 万 ~ 500 万元以内的占比 11%，500 万 ~ 1000 万元以内的养老服务相关企业占比 11%。至于注册资本在 1000 万元以上的养老服务相关企业，占比则达 25%，位列第二（图 55）。

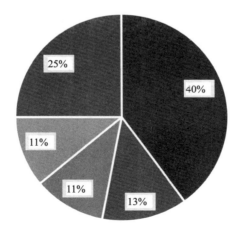

■ 100 万以内　■ 100 万 ~200 万 ■ 200 万 ~500 万 ■ 500 万 ~1000 万 ■ 1000 万以上

图 55　我国养老服务相关产业注册资本分布

3. 智能养老产业

智能养老服务方面，我国"智慧养老"处于探索发展期，2017 年以来，我国大部分省份都已经开展智慧养老试点建设，截至 2019 年 11 月，已经公布三批智慧健康养老示范企业、示范街道（乡镇）和示范基地，在公布的智慧养老示范试点企业中，第一批有企业 53 家，第二批有 26 家，第三批有 38 家；在公布的智慧养老示范示范街道（乡镇）中，第一批有 81 个，第二批有 48 个，第三批有 95 个；在公布的智慧养老示范基地中，第一批有 19 个，第二批有 10 个，第三批有 23 个。在最新公布的 2021 年智慧健康养老应用试点示范名单中，全国共 35 家企业、2 家园区、45 家街道、17 家基地入选，可见试点范围也在逐年扩大。但存在地区间不平衡的问题，试点企业或街道主要集中于北京、上海等东部发达地区。

根据清华大学互联网产业研究院发布的《2019 年智慧养老产业白皮书》，2014 年我国智慧养老产业市场规模为 0.17 万亿元，2020 年我国智慧养老产业规模突破 4 万亿元，增长迅速。前瞻结合历年来智能养老在整体养老市场的渗透情况进行初步测算，2021 年中国智能养老产业市场规模或达 4.57 万亿元。

第四部分　全国公共养老服务资源分配评价

在对全国层面的公共养老服务资源分配情况进行了初步描述性分析后，本研究将对全国范围内的公共养老服务资源进行分地区的量化评价。对各个地区的公共养老服务资源分配的评价将从公共养老服务资源配置公平性和配置效率性这两大维度进行。

本部分所使用的评估数据主要来自 2020 年中国省级行政区（不包含台湾、香港、澳门）有关养老公共服务资源供给的数据，依据《中国劳动统计年鉴 2021》《中国民政统计年鉴 2021》《中国人力资源和社会保障年鉴 2021》等进行整理分析获得；相关人口数据主要来自第七次人口普查。本文所称"老年人口"均界定为 60 岁及以上人口。

需要特别说明的是，根据本研究对"公共养老服务资源"的定义，受评价的公共养老服务资源应满足"由各级政府部门直接出资包揽或者以补贴等形式间接支撑起来的"这一基本原则，本研究将其简称为"公共性原则"。从物力资源、人力资源和财力资源三方面来看，仅有财力资源一项可以既满足公共性原则，又满足数据可获得性要求，因为无论是养老服务三项补贴，还是各项保险的补贴与待遇，甚至福利彩票公益金等，都与政府各级财政息息相关，且这些数据在官方口径均能找到。然而，物力资源和财力资源两项在必须满足公共性原则的前提下，往往很难获得相匹配的数据——以物力资源中的养老机构举例，养老机构可以按运营模式分为公办公营、公建民营、民办民营三种，尽管我们的识别策略是——理论上全部的公办公营养老机构和绝大多数的公建民营养老机构，以及享受到政府补贴的民办民营养老机构才切实地从属于"公共养老服务资源"范畴，但本课题组通过各类口径均无法找到按这一思路进行统计并公开的数据。鉴于此，下文各部分的评价只能尽量兼顾定义层面的公共性原则和操作层面的数据可获得性，主要展示本研究借助量化工具进行公共养老服务资源分配评价的思路和方法，以及结合现有数据与处理策略能得到的初步结果。如果能在后续的合作研究中按照课题组对定义的把握，得到相应数据层面的帮助，本课题组将进一步完善评价指标的选取并得到更加精准的评价结果。

一、公平性评价

公共养老服务资源是指主要由政府提供的、老年人最为急迫和必需的资源，核心是"照护"，即日常生活照料和医疗护理。公平性用来衡量养老服务资源配置是否满足区域内的基本需求，以保证服务对象可以方便获得并购买。根据中共中央、国务院相关意见及精神和我国不同区域的社会经济发展状况，将我国的经济区域划分为东部、中部、西部和东北地区，四大区域内部各省份无论从区域位置还是经济发展阶段都较为相似。因此，选取 31 个省份，利用各项人均指标并结合基尼系数从人口配置的公平性对我国公共养老服务资源的配置情况进行定量评价，侧重比较四大区域内部养老资源分布情况。

（一）评价方法

基尼系数是反映资源配置公平程度的统计指标，基尼系数取值 0 ~ 1，当其越接近于 0，表明养老服务资源分布越公平；相反，越接近于 1，则表示越不公平。在利用基尼系数分析公平性时，一般认为基尼系数 < 0.2 时为绝对公平，0.2 ~ 0.3 时为相对公平，在 0.3 ~ 0.4 范围内为适度公平，0.4 以上为不公平，0.5 ~ 0.7 范围内为高度不公平。本文主要使用下列公式计算基尼系数：

$$G = \sum_{i=1}^{n} W_i Y_i + 2\sum_{i=1}^{n} W_i(1 - V_i) - 1$$

其中，W_i 为各省（直辖市、自治区）的 60 岁及以上老年人口数占总老年人口数量的比重。Y_i 为各省（直辖市、自治区）公共养老服务资源的占有量占全国养老服务资源总量的比重。$V_i = Y_1 + Y_2 + Y_3 + \cdots\cdots + Y_i$ 表示公共养老服务资源占有量的百分比。

（二）区域内公平性评价

1. 各区域内部公共养老服务资源按人口配置的情况

（1）东部地区各省公共养老服务资源按人口配置的情况

表 44 显示东部地区中，江苏省养老机构数量、床位数量均最多，北京、浙江、天津三个省份每千老年人口养老机构数量最多，浙江省每千老年人口床位数最多；在服务人员数量方面，山东省服务人员数量最多，北京市每千老年人口服务人员数量最多；在老年福利财政支出中，上海市总量最高，海南省最低，而每千老年人口福利财政支出中，上海依然最高，山东省最低。

表 44　东部地区各省公共养老服务资源按人口配置的情况

东部地区	60岁以上老年人口数（万人）	养老机构数（个）	每千老年人口养老机构数（个）	床位数（万张）	每千老年人口床位数（张）	服务人员数（万人）	每千老年人口服务人员数（人）	老年福利财政支出（万元）	每千老年人口福利财政支出（元）
北京	429.90	584	0.14	112848	26.25	20283	4.72	237257.50	551889.97
天津	300.27	399	0.13	63235	21.06	7401	2.46	38526.60	128306.52
河北	1481.20	1726	0.12	231981	15.66	29535	1.99	112001.20	75615.18
上海	581.55	669	0.12	139355	23.96	29193	5.02	772478.70	1328310.03
江苏	1850.53	2470	0.13	442975	23.94	46882	2.53	307754.40	166306.09
浙江	1207.27	1752	0.15	335694	27.81	26607	2.20	148649.80	123128.88
山东	2122.10	2190	0.10	358829	16.91	38359	1.81	135585.40	63892.09
广东	1556.51	1891	0.12	251597	16.16	32041	2.06	270481.10	173774.08
福建	663.79	640	0.10	84312	12.70	8759	1.32	83666.70	126043.93
海南	147.66	48	0.03	9002	6.10	1136	0.77	34091.70	230879.72

（2）中部地区各省公共养老服务资源按人口配置的情况

从表 45 可以看出，在中部地区中，河南省在养老机构数量方面最多，江西省在每千老年人口床位数方面最高，安徽省在床位总量和每千老年人口床位数量方面均最高；在养老服务人员方面，河南省总量最高，同时江西省每千老年人口服务人员数量最高；在老年福利财政支出中，湖南省总量最高，山西省最低，而每千老年人口福利支出中，江西省最高，山西省依旧最低。

表 45　中部地区各省公共养老服务资源按人口配置的情况

中部地区	60岁以上老年人口数（万人）	养老机构数（个）	每千老年人口养老机构数（个）	床位数（万张）	每千老年人口床位数（张）	服务人员数（万人）	每千老年人口服务人员数（人）	老年福利财政支出（万）	每千老年人口福利财政支出（元）
安徽	1146.92	2452	0.21	360892	31.47	24169	2.11	132758.90	115752.54
河南	1796.4	3244	0.18	310535	17.29	34404	1.92	244025.90	135841.63
湖北	1179.5	1841	0.16	280387	23.77	25095	2.13	118242.40	100247.90
湖南	1321.13	2381	0.18	225080	17.04	22584	1.71	93147.70	70506.08
山西	660.7	665	0.10	72262	10.94	8807	1.33	36612.90	55415.32
江西	762.48	1808	0.24	166742	21.87	16476	2.16	105052.00	137776.73

（3）西部地区各省公共养老服务资源按人口配置的情况

从表 46 可以看出，西部地区中，四川省养老机构数量最多，贵州省和内蒙古自治区每千老年人口养老机构数量最高；床位数量方面，四川省总量最高，宁夏每千老年人口床位数最多；同时，四川省服务人员数量最多，新疆每千老年人口服务人员数最多；在老年福利财政支出中，四川省总量最高，西藏自治区最低，而每千老年人口福利支出中，青海省最高，甘肃省最低。

表 46　西部地区各省公共养老服务资源按人口配置的情况

西部地区	60 岁以上老年人口数（万人）	养老机构数（个）	每千老年人口养老机构数（个）	床位数（万张）	每千老年人口床位数（张）	服务人员数（万人）	每千老年人口服务人员数（人）	老年福利财政支出（万）	每千老年人口福利财政支出（元）
重庆	701.04	927	0.13	102560	14.63	12083	1.72	52557.20	74970.33
四川	1816.38	2541	0.14	297638	16.39	21202	1.17	175696.00	96728.66
新疆	291.7	374	0.13	49562	16.99	5688	1.95	46613.00	159797.74
贵州	593.14	988	0.17	84344	14.22	6731	1.13	77294.20	130313.59
内蒙古	475.72	677	0.14	77560	16.30	8185	1.72	98669.40	207410.66
云南	703.8	880	0.13	89142	12.67	7667	1.09	86275.30	122584.97
西藏	31.1	23	0.07	4160	13.38	433	1.39	442.00	14212.22
陕西	759.12	735	0.10	105009	13.83	12276	1.62	128700.50	169539.07
甘肃	426.1	268	0.06	29049	6.82	3301	0.77	23039.30	54070.17
青海	71.94	64	0.09	6734	9.36	702	0.98	62135.80	863716.99
宁夏	97.41	112	0.11	20033	20.57	1792	1.84	22013.20	225985.01
广西	836.38	567	0.07	91148	10.90	12883	1.54	95905.10	114666.90

（4）东北地区各省公共养老服务资源按人口配置的情况

从表 47 可以看出，在养老机构数量、床位数以及服务人员数量方面，辽宁省均最多，而吉林省在每千老年人口养老机构数量、每千人口床位数和每千人口服务人员数量方面最多；在老年福利财政支出中，辽宁省总量最高，吉林省最低，而每千老年人口福利支出中，黑龙江省最高，辽宁省最低。

表 47　东北地区各省公共养老服务资源按人口配置的情况

东北地区	60 岁以上老年人口数（万人）	养老机构数（个）	每千老年人口养老机构数（个）	床位数（万张）	每千老年人口床位数（张）	服务人员数（万人）	每千老年人口服务人员数（人）	老年福利财政支出（万）	每千老年人口福利财政支出（元）
辽宁	1095.45	2035	0.19	178035	16.25	19241	1.76	46678.70	42611.44
吉林	555.12	1498	0.27	136103	24.52	17686	3.19	27739.70	49970.64
黑龙江	739.57	1709	0.23	165563	22.39	16584	2.24	38901.20	52599.75

2. 各区域内部公共养老服务资源按人口配置的基尼系数

各区域内部公共养老服务资源按人口配置的基尼系数整理如表 48，根据基尼系数的计算情况，可以得出以下结论：

（1）区域内各省份养老机构、养老床位、养老服务人员数量和老年福利财政支出按人口配置的基尼系数都大于 0，说明都存在不同程度的不公平性，但大部分公共养老服务资源按人口配置的公平性在三个区域内部处于相对平均状态，均在合理范围之内。

（2）从按人口配置的公共养老服务资源分布情况来看，养老机构资源在东部地区内部配置的公平性最好，在西部地区内部公平性最差；养老床位数在东北地区内配置的公平性最好，在中部地区公平性最差；服务人员数在中部地区内部配置的公平性最好，在西部地区公平性最差；老年福利财政支出在东北地区内部配置的公平性最好，而在东部地区内部的公平性最差。结合原始数据，由于东部地区某些省份老年人口较多，但财政支出较少，因此导致东部地区内部公平性配置较差，如河北等省份。

（3）全国公共养老服务资源按人口配置的整体公平性较好，各地老龄人口数量不同、经济发展水平不同、政府对养老服务的投入不同等原因导致各地区公共养老服务资源配置存在显著的差异，部分省份公共养老服务资源比较丰富，但按人口配置却明显表现不足，因此应根据各省实际情况及老年人口需求，不断提升人均公共养老服务资源的配置合理性，特别是要提高东部地区省份老年福利财政支出的公平性。

表 48　各区域内部公共养老服务资源按人口配置的基尼系数

	东部	中部	西部	东北
养老机构数	0.079	0.103	0.140	0.083
床位数	0.139	0.156	0.102	0.129
服务人员数	0.177	0.057	0.126	0.050
老年福利财政支出	0.483	0.152	0.236	0.118

最后，关于城乡之间公平性的评价，由于不少省市有关公共养老服务资源城乡分布

的数据难以完全获取，在此本课题组将根据2021年《中国民政统计年鉴》给出的统计结果，用城市和农村社区综合服务设施覆盖率指代各省市公共养老服务资源的城乡分布情况，以展现各省市内部城乡间的资源分布公平性。

表49列出了31个省份的城市和农村社区综合服务设施覆盖率对比情况，从中不难发现，多数省份城乡社区综合服务设施覆盖率之间均存在一定差距，二者之间普遍相差1~14倍。这表明我国目前多个省市的公共服务资源城乡分布存在不公平，由此可以认为我国公共养老服务资源的城乡分布存在不均衡问题。

表49　各省市城乡社区综合服务设施覆盖率

区域	省份	城市社区综合服务设施覆盖率	农村社区综合服务设施覆盖率
东部	北京	100.0%	100.0%
	天津	100.0%	75.2%
	河北	62.1%	22.9%
	上海	64.0%	79.6%
	江苏	100.0%	61.1%
	浙江	83.5%	47.9%
	山东	100.0%	100.0%
	广东	100.0%	100.0%
	福建	100.0%	89.5%
	海南	92.7%	93.4%
中部	安徽	100.0%	79.2%
	河南	100.0%	86.5%
	湖北	100.0%	74.4%
	湖南	100.0%	100.0%
	山西	100.0%	75.1%
	江西	100.0%	100.0%
西部	重庆	100.0%	91.9%
	四川	82.2%	17.2%
	新疆	100.0%	92.0%
	贵州	100.0%	100.0%
	内蒙古	70.2%	5.3%
	云南	86.3%	55.9%
	西藏	6.5%	0.1%
	陕西	79.9%	6.8%

续表

区域	省份	城市社区综合服务设施覆盖率	农村社区综合服务设施覆盖率
西部	甘肃	100.0%	22.9%
	青海	60.9%	1.0%
	宁夏	88.3%	67.3%
	广西	72.2%	7.1%
东北	辽宁	100.0%	89.9%
	吉林	100.0%	100.0%
	黑龙江	92.6%	8.4%

数据来源：《中国民政统计年鉴 2021》。

（三）区域间公平性评价

1. 区域间公共养老服务资源按人口配置的情况

从表 50 中可以看出，东部地区和中部地区养老机构数量明显高于西部和东北地区，东北每千老年人口养老机构数最高，达到 1.22；从床位数来看，东部地区床位数最多，而中部地区每千老年人口床位数最多；从服务人员数量来看，东部地区最高，并且每千老年人口服务人员数最高；从老年福利财政支出方面，东部地区每千老年人口福利财政支出最高，东北地区最低。

表 50　区域间公共养老服务资源按人口配置的情况

区域	60 岁以上老年人口数（万人）	养老机构数（个）	每千老年人口养老机构数（个）	床位数（万张）	每千老年人口床位数（张）	服务人员数（万人）	每千老年人口服务人员数（人）	老年福利财政支出（万）	每千老年人口福利财政支出（元）
东部	10340.78	12369	1.12	2029828	19.63	240196	2.32	2140493.1	206995.32
中部	6867.13	12391	0.18	1415898	20.62	131535	1.92	729839.8	957192.06
西部	6803.83	8156	0.12	956939	14.06	92943	1.37	869341	1039409.12
东北	2390.14	5242	0.22	479701	20.07	53511	2.24	113319.6	47411.28

2. 区域间公共养老服务资源按人口配置的基尼系数

根据基尼系数的计算情况，可以看出，从人口配置的角度来看，区域间老年福利财政支出的基尼系数最大，配置公平性最差，养老床位的基尼系数最小，配置公平性相对较好。这是由于区域间历史、地理及经济发展水平不同，四个区域老年福利财政支出差距较大，应当继续协调配置老年福利财政支出，加大财政对老年人口福利财政支出的调节配置作用，缩小地区间差距，提高区域间公共养老服务资源的公平性。

表 51 区域间公共养老服务资源按人口配置的基尼系数

	基尼系数
养老机构数	0.118
床位数	0.069
服务人员数	0.105
老年福利财政支出	0.196

二、效率性评价

在经济学中，效率是指在一定的单位时间内有效产出和投入的比例。本研究关注的是公共养老服务资源配置的效率性，它表示公共养老服务资源被有效利用的状态，即既定的投入和技术条件下，获得的产出能够有效满足人类需求的程度。因此，公共养老服务资源的效率性反映的是养老服务的能力和质量，其评价应着重衡量公共养老服务资源实现老年人效用最大化的程度。

数据包络分析（DEA）作为当前进行产业效率评价的重要方法，在现有研究中被广泛使用，该方法能够利用评价单元的投入产出数据得出效率值，对评价单元进行分析。本研究将选用相关投入及产出指标，利用 DEAP2.1 软件，使用规模报酬可变的 BCC 模型测度我国 31 个省市的公共养老服务效率，同时得出各省市的投入冗余情况，据此进行养老服务效率评价。在对公共养老服务资源效率进行分析和评价时，本研究将公共养老服务资源划分为机构养老和社区居家养老两类，分别给出评价结果。

（一）数据来源及指标选取

本研究所使用的各项指标数据均来自《中国民政统计年鉴 2021》，部分数据经计算整理而得。结合已有研究，笔者选取以下指标进行公共养老服务效率评价：在机构养老服务方面，选取年末收养人数、年在院总人天数以及康复和医疗门诊人次数作为产出指标，机构数、床位数、服务人员数、固定资产原价和养老财政投入作为投入指标；在社区居家养老服务方面，选取年末全托照料服务人数、社区养老服务人次数作为产出指标，床位数、职工人数、机构建筑面积和养老服务财政投入作为投入指标。本研究所选取的主要评价指标如表 52 所示。

通常情况下，决策单元（DMU）的数量不应少于投入和产出指标数量的乘积，同时不应少于投入和产出指标数量之和的 3 倍。结合本研究实际及我国现实情况，因此选择全国 31 个省（直辖市、自治区）作为决策单元（DMU），分别按照区域划分为东部地区、中部地区、西部地区和东北地区。

表 52　公共养老服务效率评价指标

资源类型	指标类型	可测度指标
机构养老	产出指标	年末收养人数
		年在院总人天数
		康复和医疗门诊人次数
	投入指标	机构数
		床位数
		服务人员数
		固定资产原价
		养老服务财政投入
社区居家养老	产出指标	年末全托照料服务人数
		社区养老服务人次数
	投入指标	床位数
		职工人数
		机构建筑面积
		养老服务财政投入

（二）数据包络模型构建

CCR 模型的综合运营效率测算建立在生产过程中规模报酬不变的假定上，即当投入的资源等比例增加时，产出量也会以等比增加。然而实际经济活动中经常有很多因素导致规模报酬不是一成不变的。因此，本研究在此采用 Banker、Charnes 和 Cooper 等人提出的 BCC 模型来对各省市的公共养老服务资源配置效率进行分析。BBC 模型下，综合效率（TE）可以分解为纯技术效率（PTE）与规模效率（SE）的乘积，即综合效率由规模效率和技术效率共同决定。若决策单元处于规模无效状态，可以结合规模报酬的测算结果判断应该扩大经营规模还是缩减规模。若规模报酬递增，则可以扩大规模，反之则缩小规模，两者均可以提高经营效率、实现规模效益。

假设有 N 个决策单元 DMU，分别为 DMU_1，DMU_2，…，DMU_n，一个 DMU 单元有 K 个输入和 M 个输出，那么 DMUi 的输入向量为：$X_i = (X_{1i}, X_{2i}, X_{3i}, …, X_{ki})^T$，输出向量为：$Y_i = (Y_{1i}, Y_{2i}, Y_{3i}, …, Y_{ki})T$。其中，i=1，2，3，…，n，$X_{ji}$ 表示第 i 单元的第 j 个投入量，$X_{ji} > 0$；Y_{ij} 表示第 i 个 DMU 决策单元的第 j 种服务产出量，$Y_{ij} > 0$；X=K×N 表示投入矩阵，Y=M×N 表示产出矩阵，DMU_i 决策单元的效率数值为 $\theta = U^T Y_i / V^T X_i$，式中 U^T 的为投入向量，V^T 为产出向量。

$$(P) = \begin{cases} \max_{\mu,v}(\mu^t y_i) \\ s.t.v^T x_i = 1 \\ \mu^T y_i - v^T x_i \leq 0, j = 1,2,...,N \\ N1^T \lambda = 1 \\ u,v \geq 0 \end{cases} \quad (4\text{--}1)$$

在式（4–1）中，u 和 v 通过 Chames–Cooper 变换得到 μ 和 υ，即 $t=1/V^T X_0$，$\upsilon=tv$，$\mu=tu$。另外，通过分析其对偶性得到公式（4–2）：

$$(D) = \begin{cases} \min_{\theta,\lambda} \theta \\ s.t. - y_i + Y\lambda \geq 0 \\ \theta X_i - X\lambda \geq 0 \\ N1^T \lambda = 1 \\ \lambda \geq 0 \end{cases} \quad (4\text{--}2)$$

在式（4–2）中，θ 为标量，λ 为 $N \times 1$ 阶常数向量，θ_i 是某个单元的表现分值，当假设条件满足 $\theta_i \leq 1$ 时，那么可以认为服务供给是有效率的。$N1^T\lambda=1$ 增加了式子的凸性，表示服务供给的规模是可以改变的，可以递增或者递减，而不是一成不变的。最后得到三个衡量效率水平的指标，分别为 $\theta*$（综合效率 TE）、$\delta*$（纯技术效率 PTE）和 $P*$（规模效率 SE）。

（三）投入和产出数据

1. 机构养老服务资源

表 53 所示为各省市的机构养老服务产出及投入指标具体数值。全国 31 个省市中，江苏、四川、山东等地的产出水平最高，相应地，江苏省床位数、服务人员数和固定资产原价等各项投入指标同样为最高水平；海南、青海和西藏三省区的养老机构产出指标和投入指标则均为最低水平，一定程度上证明了机构养老服务的产出水平与投入水平成正相关关系。

分地区而言，东部地区和中部地区的产出与投入水平相对较高，西部和东北地区则相对更低，各省市之间的产出和投入水平差距较大。

表 53　各省份机构养老服务资源投入产出情况

DMU	产出			投入				
	年末收养人数（人）	年在院总人天数（天）	康复和医疗门诊人次数（人次）	机构数（个）	床位数（张）	服务人员数（人）	固定资产原价（万元）	养老服务财政投入（万元）
北京	46817	17887753	711847	584	112848	17127	359550.3	57144.5
天津	25515	5502367	80463	399	63235	5895	104054	14887.2
河北	103826	28781281	52629	1726	231981	23494	586425.3	39279.5

DMU	产出			投入				
	年末收养人数（人）	年在院总人天数（天）	康复和医疗门诊人次数（人次）	机构数（个）	床位数（张）	服务人员数（人）	固定资产原价（万元）	养老服务财政投入（万元）
上海	85543	23155197	245460	669	139355	22550	362558.9	90542.7
江苏	197916	50343268	602197	2470	442975	37418	1235807.3	91423
浙江	124962	30645273	480648	1752	335694	19896	395176.9	150213.7
山东	155892	42268070	515948	2190	358829	30636	1142823.1	97967.5
广东	95576	27353328	875785	1891	251597	24906	800180.9	44006.9
福建	32693	7939884	102901	640	84312	6304	127995.5	46824.4
海南	3672	487017	8951	48	9002	850	102402	1016.2
安徽	126136	36509770	79693	2452	360892	15725	1049210	49040.4
河南	156055	36390345	269911	3244	310535	23959	551327.5	107901.5
湖北	121184	34983657	386304	1841	280387	15436	644580	56910.9
湖南	119563	30657517	283865	2381	225080	16364	586173.1	41176.1
山西	30997	6938593	48582	665	72262	5793	233947.5	28501.6
江西	82514	20364266	55823	1808	166742	10987	646438.3	23504.6
四川	163382	45759620	324025	2541	297638	12005	630003.2	97263.8
重庆	55529	15558214	249354	927	102560	8805	435609.1	24079.9
云南	30296	7097273	88546	880	89142	5891	373460.4	25699.3
贵州	36382	9516957	61652	988	84344	3592	249674.9	12792.9
西藏	2404	554676	1160	23	4160	349	36027.7	5097.3
陕西	57925	13881428	156623	735	105009	9179	426363.5	48184
甘肃	12736	2475129	51193	268	29049	2255	173444.3	20613.8
青海	3157	553577	492	64	6734	474	25612.2	10743.6
宁夏	7978	1786309	17945	112	20033	1344	75359	10137
新疆	24941	4960562	24866	374	49562	4682	150177.6	24910.4
内蒙古	42398	9726943	82748	677	77560	5874	204891.5	19410
广西	27663	6566224	119509	567	91148	10180	331487.6	19598.6
辽宁	94661	20858525	104692	2035	178035	12953	233564.1	26662.4
吉林	72427	30143996	27560	1498	136103	11544	151549.9	13399.5
黑龙江	82901	17779492	47290	1709	165563	12430	410601.2	13814.6

数据来源：《中国民政统计年鉴 2021》。

2. 社区居家养老服务资源

表 54 所示为各省市社区居家养老服务产出和投入指标的具体数值。其中，江苏、

浙江、山东、湖南、四川等省份的产出水平和投入水平较高；天津、海南、西藏、宁夏四省市的社区居家养老服务产出指标和投入指标则为较低水平，同样在一定程度上证明了社区居家养老服务的产出与投入成正相关关系。

整体而言，在社区居家养老服务方面，中东部地区的产出与投入水平均相对较高；而西部地区和东北地区中，除四川、陕西等较发达省份以外，其余地区的产出与投入水平均处于较低水平，各省市之间差距较大。

表 54　各省社区居家养老服务资源投入产出情况

DMU	产出值		投入值			
	全托照料服务人数（人）	社区养老服务人次数（人次）	床位数（张）	职工人数（人）	机构建筑面积（m²）	养老服务财政投入（万元）
北京	2799	1454432	17339	4636	384062	57144.5
天津	520	142079	10043	3024	500659	14887.2
河北	14396	3791617	203052	51952	4350791	39279.5
上海	2053	709518	31542	4815	737365	90542.7
江苏	19902	3144157	311492	85963	5528790	91423
浙江	38583	10150807	303531	47485	7718179	150213.7
山东	27466	5132130	233405	34369	8660288	97967.5
广东	7992	7646171	217153	48305	4520793	44006.9
福建	4226	2224961	141687	24306	5228427	46824.4
海南	56	5104	1420	786	43018	1016.2
安徽	7549	554913	60428	11807	1408103	49040.4
河南	8085	2023135	84706	20870	2795967	107901.5
湖北	11821	3943553	190667	45441	4147090	56910.9
湖南	28847	3526752	178298	50209	5563429	41176.1
山西	9562	1339989	85025	14573	1927842	28501.6
江西	12408	909756	96619	39642	5003076	23504.6
四川	31475	4461884	151724	29057	4273818	97263.8
重庆	16509	1543390	50069	10185	1604071	24079.9
云南	4777	404252	30204	3822	928040	25699.3
贵州	7596	511483	61057	34159	2699845	12792.9
西藏	48	22	1377	378	117911	5097.3
陕西	12339	2444665	82298	21759	2212111	48184
甘肃	7157	588681	118963	14995	1421393	20613.8

续表

DMU	产出值		投入值			
	全托照料服务人数（人）	社区养老服务人次数（人次）	床位数（张）	职工人数（人）	机构建筑面积（m²）	养老服务财政投入（万元）
青海	2085	24047	12222	2906	313607	10743.6
宁夏	860	91020	7160	2002	270009	10137
新疆	2271	103523	19277	2986	797237	24910.4
内蒙古	62062	1656087	131636	5499	3178640	19410
广西	17318	1245964	145220	21966	3658663	19598.6
辽宁	5624	1511597	54184	19673	2361839	26662.4
吉林	4082	108039	30288	4285	1066601	13399.5
黑龙江	14807	344363	46933	10185	1104352	13814.6

数据来源：《中国民政统计年鉴2021》。

（四）机构养老服务效率评价结果

将表53中的数据作为投入和产出指标数据，输入DEAP2.1软件中进行BCC模型计算，基于投入导向角度，从而得到机构养老服务的效率评价结果。表55汇报了机构养老服务资源配置的综合效率、纯技术效率、规模效率、规模报酬以及相对有效性的评价结果。

表55　机构养老服务效率评价结果

决策单元（DMU）	综合效率（TE）	纯技术效率（PTE）	规模效率（SE）	规模报酬	相对有效性
北京	1.000	1.000	1.000	不变	强DEA有效
天津	0.971	1.000	0.971	递增	弱DEA有效
河北	0.939	0.940	0.999	递减	非DEA有效
上海	1.000	1.000	1.000	不变	强DEA有效
江苏	1.000	1.000	1.000	不变	强DEA有效
浙江	1.000	1.000	1.000	不变	强DEA有效
山东	0.915	0.937	0.977	递减	非DEA有效
广东	1.000	1.000	1.000	不变	强DEA有效
福建	0.844	0.883	0.956	递增	非DEA有效
海南	1.000	1.000	1.000	不变	强DEA有效
安徽	0.942	1.000	0.942	递减	弱DEA有效

决策单元 （DMU）	综合效率 （TE）	纯技术效率 （PTE）	规模效率 （SE）	规模报酬	相对有效性
河南	0.914	1.000	0.914	递减	弱 DEA 有效
湖北	1.000	1.000	1.000	不变	强 DEA 有效
湖南	1.000	1.000	1.000	不变	强 DEA 有效
山西	0.758	0.764	0.993	递增	非 DEA 有效
江西	0.975	0.975	1.000	不变	弱 DEA 有效
四川	1.000	1.000	1.000	不变	强 DEA 有效
重庆	1.000	1.000	1.000	不变	强 DEA 有效
云南	0.621	0.631	0.985	递增	非 DEA 有效
贵州	1.000	1.000	1.000	不变	强 DEA 有效
西藏	1.000	1.000	1.000	不变	强 DEA 有效
陕西	0.981	0.981	1.000	不变	弱 DEA 有效
甘肃	0.807	0.824	0.980	递增	非 DEA 有效
青海	0.828	1.000	0.828	递增	弱 DEA 有效
宁夏	0.865	0.869	0.995	递增	非 DEA 有效
新疆	0.871	0.875	0.995	递增	非 DEA 有效
内蒙古	1.000	1.000	1.000	不变	强 DEA 有效
广西	0.676	0.688	0.984	递增	非 DEA 有效
辽宁	1.000	1.000	1.000	不变	强 DEA 有效
吉林	1.000	1.000	1.000	不变	强 DEA 有效
黑龙江	1.000	1.000	1.000	不变	强 DEA 有效
平均值	0.932	0.947	0.984		

从综合效率 TE 来看，北京、上海、江苏等 16 个省市的综合效率均为 1，为综合效率有效，这表明 16 个省市的机构养老服务投入与产出结构合理，资源配置能力高、资源使用效率高。全国 31 个省市的机构养老服务综合效率均值为 0.932，其中，天津、河北等 5 省市的综合效率高于总体均值，可以认为其养老机构的整体运营水平相对较高；山东、福建等 10 省市的综合效率则低于总体均值，其养老机构资源配置相对较差。

从纯技术效率 PTE 来看，北京、天津等 20 个省市的纯技术效率等于 1，为技术效率有效，表明此类省市的机构养老服务的投入要素得到了充分、高效的利用，在当前的投入组合下实现了产出的最大化。31 个省市的机构养老服务纯技术效率均值为 0.947，江西、陕西两省的纯技术效率高于这一均值，投入要素得到了有效利用，投入要素的生产效率较高；河北等 9 个省市的纯技术效率则低于这一均值，其机构养老服务投入要素的生产效率有待提升。

从规模效率 SE 来看，北京、上海等 18 个省市的规模效率为 1，为规模效率有效，表明当前这 18 个省市的机构养老服务规模适当，处于最优生产规模。河北、山东等 4 个省份的规模报酬递减，提示了这些地区的机构养老服务规模过大，存在规模过度扩张的风险；天津、福建等 9 个省市的规模报酬递增，表明这些地区的机构养老服务规模过小，需要扩大规模以增加规模效益。

综合来看，北京、上海、江苏等 16 个省市的综合效率、纯技术效率和规模效率均为 1，因此可以认为上述地区同时处于技术有效和规模有效，即强 DEA 有效，此类地区对机构养老服务资源的配置最为合理，资源使用效率最高。天津、安徽等 4 个省市的纯技术效率为 1，但规模效率小于 1，这表明此类地区当前的机构养老服务资源的使用是有效率的，但因为实际生产规模过大或过小，未达到综合有效，今后改革的重点应是调整生产规模以发挥其规模效益。江西、陕西两省的规模效率为 1，但纯技术效率小于 1，表明此类地区当前的实际生产规模适当，但机构养老服务资源配置不合理，资源使用效率较低。此外，河北、山东等 9 个省市的纯技术效率和规模效率均小于 1，未来可适当调整投入要素和生产规模，从而达到投入产出综合有效。

全国 31 个省市的养老服务机构综合效率均值为 0.932，纯技术效率全国均值为 0.947，低于平均规模效率 0.984。北京、上海、江苏等 16 个省市的综合效率达到最佳，综合效率未达到最佳的有天津、河北等 15 个省份。其中，天津、安徽、河南等 4 个省份的纯技术效率大于规模效率，河北、山东等 11 个地区的纯技术效率小于规模效率。整体而言，全国综合效率以及各地区综合效率未达到最佳，主要是由纯技术效率偏低造成的，且综合效率未达到最佳的省份多位于西部地区，西部地区的养老服务机构服务效率亟须提升，其余地区也应注重平衡发展。

机构养老服务效率评价显示：强 DEA 有效的省份有 16 个，分别为北京、上海、江苏、浙江、广东、海南、湖北、湖南、四川、重庆、贵州、西藏、内蒙古、辽宁、吉林、黑龙江；弱 DEA 有效的 6 个省份分别为天津、安徽、河南、江西、陕西、青海；剩余 9 个省份则为非 DEA 有效，包括河北、山东、福建、山西、云南、甘肃、宁夏、新疆及广西。

分地区来看，强 DEA 有效的省份中，位于东部、西部以及东北地区的省份较多，其中东部省份最多，东部地区强 DEA 有效的省份为 6 个，而东北地区 3 个省份均为强 DEA 有效；在弱 DEA 有效的省份中，中部省份最多；而在非 DEA 有效的省份中，西部省份则明显较多，西部地区 12 个省份中非 DEA 有效的省份为 5 个，占比为 41.67%。整体来看，东部地区和东北地区的有效性情况相对较好，其次为中部地区，西部地区有效性相对较差。这表明我国机构养老资源服务有效性在一定程度上与地区发展水平相关，中东部部分省份和西部不少省份应及时关注自身有效性评价结果，及时调整生产规模、提高投入要素生产效率。

（五）社区居家养老服务效率评价结果

表56　社区居家养老服务效率评价结果

决策单元 （DMU）	综合效率 （TE）	纯技术效率 （PTE）	规模效率 （SE）	规模报酬	相对有效性
北京	1.000	1.000	1.000	不变	强 DEA 有效
天津	0.271	0.387	0.700	递增	非 DEA 有效
河北	0.602	0.608	0.990	递增	非 DEA 有效
上海	0.470	0.511	0.921	递增	非 DEA 有效
江苏	0.413	0.414	0.998	递增	非 DEA 有效
浙江	1.000	1.000	1.000	不变	强 DEA 有效
山东	0.714	0.719	0.993	递增	非 DEA 有效
广东	1.000	1.000	1.000	不变	强 DEA 有效
福建	0.494	0.511	0.966	递增	非 DEA 有效
海南	0.113	1.000	0.113	递增	弱 DEA 有效
安徽	0.325	0.341	0.952	递增	非 DEA 有效
河南	0.492	0.507	0.971	递减	非 DEA 有效
湖北	0.610	0.611	0.998	递增	非 DEA 有效
湖南	0.725	0.728	0.995	递减	非 DEA 有效
山西	0.538	0.550	0.979	递增	非 DEA 有效
江西	0.405	0.417	0.971	递增	非 DEA 有效
四川	0.842	0.965	0.873	递减	非 DEA 有效
重庆	1.000	1.000	1.000	不变	强 DEA 有效
云南	0.427	0.493	0.867	递增	非 DEA 有效
贵州	0.385	0.410	0.938	递增	非 DEA 有效
西藏	0.074	1.000	0.074	递增	弱 DEA 有效
陕西	0.802	0.811	0.988	递减	非 DEA 有效
甘肃	0.386	0.409	0.943	递增	非 DEA 有效
青海	0.362	0.465	0.778	递增	非 DEA 有效
宁夏	0.333	0.501	0.656	递增	非 DEA 有效
新疆	0.268	0.330	0.813	递增	非 DEA 有效
内蒙古	1.000	1.000	1.000	不变	强 DEA 有效
广西	0.500	0.531	0.941	递增	非 DEA 有效
辽宁	0.754	0.766	0.984	递增	非 DEA 有效

决策单元 （DMU）	综合效率 （TE）	纯技术效率 （PTE）	规模效率 （SE）	规模报酬	相对有效性
吉林	0.286	0.326	0.878	递增	非 DEA 有效
黑龙江	0.687	0.714	0.961	递增	非 DEA 有效
平均值	0.557	0.646	0.879		

表 56 所示为社区居家养老服务的效率评价结果，表中分别汇报了 31 个省区市社区居家养老服务资源配置的综合效率、纯技术效率、规模效率、规模报酬以及相对有效性情况。

从综合效率 TE 来看，北京、浙江等 5 个省份的综合效率为 1，为综合效率有效，这表明 5 个决策单元在社区居家养老服务方面的资源配置能力高、且资源使用效率高。31 个省区市的社区居家养老服务综合效率均值为 0.557，其中，天津、河北、山西等 18 个省区市的综合效率低于总体均值，表明社区居家养老服务的整体运营水平不高；北京、河北等 13 个省区市的综合效率则高于总体均值，表明其社区居家养老服务的资源配置相对合理、运营状况相对较好。

从纯技术效率 PTE 来看，北京、浙江等 7 个省市的纯技术效率等于 1，为技术效率有效，这表明 7 省市的社区居家养老服务的投入要素得到了充分、高效的利用，在当前的投入组合下实现了产出的最大化。31 个省市的社区居家养老服务纯技术效率均值为 0.646，天津、河北等 18 个省区市的纯技术效率低于这一均值，表明此类地区的社区居家养老服务的投入要素生产效率较低；北京、浙江、山东等 13 省市的纯技术效率则高于这一均值，社区居家养老服务的投入要素生产效率较高，投入要素得到了有效利用。

就规模效率 SE 而言，北京、浙江、广东、重庆、内蒙古 5 个省市的规模效率为 1，处于规模效率有效，表明当前这些省市的社区居家养老服务规模适当，当前规模为最优生产规模。河南、湖南等 4 个省区市的规模报酬递减，表明这些地区的社区居家养老服务规模过大，存在规模过度扩张的风险。天津、河北、上海等 22 个省市的规模报酬递增，即这些地区的社区居家养老服务规模过小，未达到规模有效的状态。

综合来看，仅有北京、浙江、广东、重庆以及内蒙古 5 个省份的综合效率、纯技术效率和规模效率均为 1，同时处于技术有效和规模有效，即强 DEA 有效，因此可以认为此类地区对社区居家养老服务资源的配置最为合理，资源使用效率最高。海南、西藏 2 个省市的纯技术效率为 1，但规模效率小于 1，这表明此类地区当前的社区居家养老服务资源的使用是有效率的，但实际生产规模不适当，未达到综合有效，今后改革的重点应是调整生产规模，发挥其规模效益。此外，天津、河北等 24 个省市的纯技术效率和规模效率均小于 1，未来应适当调整投入要素和生产规模，以期达到投入产出综合有效。

我国 31 个省市中，社区居家养老服务的综合效率平均值为 0.557，纯技术效率平均值为 0.646，低于规模效率平均值 0.879。31 个省市中，仅有北京、浙江、广东、重庆以及内蒙古 5 个省份的综合效率为最佳，其余省份的综合效率均未达到最佳。其中，海南、四川、西藏 3 省份的纯技术效率大于规模效率，而包括天津、河北等 23 个省市在内的大部分地区，其纯技术效率则小于规模效率。整体而言，全国综合效率以及各地区综合效率未达到最佳，主要是由于大部分省份的纯技术效率偏低和个别省份的规模效率偏低，此类省份在各区域均有分布，纯技术效率亟须提升。

综合各方面效率评价结果，我们认为，在社区居家养老服务方面，强 DEA 有效的省份有 5 个，分别为北京、浙江、广东、重庆、内蒙古；弱 DEA 有效的省份为海南、西藏；剩余 24 个省份为非 DEA 有效。

分地区来看，强 DEA 有效的省份主要为东西部地区的部分省份；弱 DEA 有效的省份为海南和西藏，分别为东部省份和西部省份；非 DEA 有效的省份在各地区均有分布，其中中部地区和东北地区全部为非 DEA 有效。整体来看，东部地区的有效性情况相对较好，其次为西部地区，中部地区和东北地区的有效性相对较差。各地区各省份均应及时关注社区居家养老服务效率的评价结果，及时调整生产规模，尤其应着重提高投入要素生产效率。

（六）公共养老服务效率的投影分析

本研究在此进一步汇报公共养老服务效率的投影分析结果。投影值是指决策单元达到运营有效时的理想取值，对投影分析结果进行进一步分析，可以找出各决策单元非 DEA 有效和效率偏低的原因，从而为今后公共养老服务资源的优化配置提供参考。

1. 机构养老服务的投影分析

表 57 汇报了机构养老服务资源的投影分析结果。

在产出方面，由表 57 可知，不少省份的年在院总人天数存在一定程度的产出不足问题；其次，一些省份在康复和医疗门诊人次数方面也存在一定的产出不足；在年末收养人数方面产出不足的省份仅有山东一省。

具体而言，山东省的年末收养人数产出存在一定不足，改进幅度为 1.96%；河北、福建、山西、云南、陕西、甘肃、宁夏、新疆及广西 9 个省份在年在院总人天数方面存在提升空间；河北、山西、江西和新疆 4 个省份则在康复和医疗门诊人次数上有较大的发展潜力。其中，河北、山西、新疆 3 个省份同时在年在院总人天数和康复和医疗门诊人次数存在产出不足。

在投入方面，各省份的投入冗余主要集中表现在机构数和固定资产原价两个指标上，固定资产的投入冗余尤甚。东部地区的冗余集中体现在服务人员数、固定资产原价和养老服务财政支出三个方面，而中西部地区的冗余则集中表现于机构数和固定资产原价。

具体而言，在机构数方面，山西、江西、云南、甘肃和新疆 5 个省份存在投入过多的情况，冗余程度为 6.70% ~ 12.76%；在固定资产投入上，存在投入冗余的省份包括河北、山东、山西、江西、云南、陕西、甘肃、宁夏及新疆，冗余程度介于 5.45% ~ 38.63%。在床位数方面，陕西、宁夏、广西三地的投入存在冗余；服务人员数上，河北、山东和广西三地可适当减少一定的服务人员数；而在养老服务的财政投入方面，山东、福建及甘肃三地应进一步节约资金，减少财政投入冗余。

表 57　机构养老服务投入产出调整表

省份		年末收养人数（人）	年在院总天数（天）	康复和医疗门诊人次数（人次）	机构数（个）	床位数（张）	服务人员数（人）	固定资产原价（万元）	养老服务财政投入（万元）
河北	初始值	—	28781281	52629	—	—	23494	586425.3	—
	目标值	—	32743585.493	209743.141	—	—	19857.519	528155.215	—
	改进幅度	—	13.77%	298.53%	—	—	15.48%	9.94%	—
山东	初始值	155892	—	—	—	—	30636	1142823.1	97967.5
	目标值	158948.318	—	—	—	—	29561.528	968614.546	94479.749
	改进幅度	1.96%	—	—	—	—	3.51%	15.24%	3.56%
福建	初始值	—	7939884	—	—	—	—	—	46824.4
	目标值	—	9508349.189	—	—	—	—	—	35613.440
	改进幅度	—	19.75%	—	—	—	—	—	23.94%
山西	初始值	—	6938593	48582	665	—	—	233947.5	—
	目标值	—	7914540.517	64775.889	586.323	—	—	204617.171	—
	改进幅度	—	14.07%	33.33%	11.83%	—	—	12.54%	—
江西	初始值	—	—	55823	1808	—	—	646438.3	—
	目标值	—	—	78819.039	1686.944	—	—	399669.080	—
	改进幅度	—	—	41.19%	6.70%	—	—	38.17%	—
云南	初始值	—	7097273	—	880	—	—	373460.4	—
	目标值	—	8541037.842	—	812.633	—	—	338270.035	—
	改进幅度	—	20.34%	—	7.66%	—	—	9.42%	—
陕西	初始值	—	13881428	—	—	105009	—	426363.5	—
	目标值	—	16131267.410	—	—	104631.737	—	261657.113	—
	改进幅度	—	16.21%	—	—	0.36%	—	38.63%	—
甘肃	初始值	—	2475129	—	268	—	—	173444.3	20613.8
	目标值	—	3604094.025	—	233.8	—	—	125548.375	14514.914
	改进幅度	—	45.61%	—	12.76%	—	—	27.61%	29.59%
宁夏	初始值	—	1786309	—	—	20033	—	75359	—
	目标值	—	2109623.723	—	—	17311.928	—	70144.474	—
	改进幅度	—	18.10%	—	—	13.58%	—	6.92%	—
新疆	初始值	—	1673272.305	30749.492	374	—	—	150177.6	—
	目标值	—	6633834.305	55615.492	347.413	—	—	141997.549	—
	改进幅度	—	33.73%	123.66%	7.11%	—	—	5.45%	—

续表

省份		年末收养人数	年在院总天数（天）	康复和医疗门诊人次数（人次）	机构数（个）	床位数（张）	服务人员数（人）	固定资产原价（万元）	养老服务财政投入（万元）
广西	初始值	—	6566224	—	—	91148	10180	—	—
	目标值	—	7712602.212	—	—	90899.535	9074.041	—	—
	改进幅度	—	17.46%	—	—	0.27%	10.86%	—	—

注："—"表示该项目无须调整。

　　综合上述结果可以认为，当前我国机构养老服务资源中，年在院总人天数的产出不足和固定资产投入过多的问题较为突出，而其余方面的问题也不容忽视。表 58 给出了各省份的机构养老服务产出不足及投入冗余的分类汇总情况。显而易见的是，河北、山西、甘肃、新疆等省份的产出不足与投入冗余的问题同时存在，且不足或冗余的程度均相对较高，此类省份应尽快调整生产要素投入结构，节约开支、提高产出，从而提升机构养老的服务效率。

表 58　各省份机构养老服务松弛分析结果

	指标	省份
产出不足	年末收养人数	山东
	年在院总人天数	河北、福建、山西、云南、陕西、甘肃、宁夏、新疆、广西
	康复和医疗门诊人次数	河北、山西、江西、新疆
投入冗余	机构数	山西、江西、云南、甘肃、新疆
	床位数	陕西、宁夏、广西
	服务人员数	河北、山东、广西
	固定资产原价	河北、山东、山西、江西、云南、陕西、甘肃、宁夏、新疆
	养老服务财政投入	山东、福建、甘肃

2. 社区居家养老服务的投影分析

社区居家养老服务资源的投影分析结果如表 59 所示。

表 59　社区居家养老服务投入产出调整表

		服务人数（人）	养老服务人次数（人次）	床位数（张）	职工人数（人）	机构建筑面积（m²）	养老服务财政投入（万元）
天津	初始值	520	—	—		500659	—
	目标值	743.877	—	—		406243.678	—
	改进幅度	43.05%	—	—		18.86%	—
河北	初始值	—	—	203052	51952	4350791	
	目标值	—	—	202302.700	43727.285	4340641.148	
	改进幅度	—	—	0.37%	15.83%	0.23%	
上海	初始值	—		31542	—	737365	90542.7
	目标值	—		25864.409	—	639711.453	74298.551
	改进幅度	—		18.00%	—	13.24%	17.94%
江苏	初始值			311492	85963	—	—
	目标值			286411.456	67432.467	—	—
	改进幅度			8.05%	21.56%	—	—
山东	初始值	27466	—	—	—	8660288	
	目标值	28134.603	—	—	—	6601114.840	
	改进幅度	2.43%	—	—	—	23.78%	
福建	初始值	4226	—	—	—	5228427	
	目标值	10116.760	—	—	—	4255283.826	
	改进幅度	139.39%	—	—	—	18.61%	
安徽	初始值	—	—	60428	11807	—	—
	目标值	—	—	59889.147	10124.738	—	—
	改进幅度	—	—	0.89%	14.25%	—	—
河南	初始值	—	—	—	20870	2795967	
	目标值	—	—	—	19014.703	2499709.214	
	改进幅度	—	—	—	8.89%	10.60%	
湖北	初始值	—	—	—	45441	—	
	目标值	—	—	—	41403.048	—	
	改进幅度	—	—	—	8.89%	—	
湖南	初始值	—	—	—	50209	5563429	
	目标值	—	—	—	34296.527	4575121.927	
	改进幅度	—	—	—	31.69%	17.76%	

		服务人数 （人）	养老服务 人次数 （人次）	床位数 （张）	职工人数 （人）	机构建筑 面积（m²）	养老服务 财政投入 （万元）
山西	初始值	—	—	—	14573	—	—
	目标值	—	—	—	14377.934	—	—
	改进幅度	—	—	—	1.34%	—	—
江西	初始值	—	—	—	39642	5003076	—
	目标值	—	—	—	28665.620	3920555.816	—
	改进幅度	—	—	—	27.69%	21.64%	—
四川	初始值	—	—	—	29057	4273818	97263.8
	目标值	—	—	—	20447.926	3804047.445	81649.419
	改进幅度	—	—	—	29.63%	10.99%	16.05%
云南	初始值	4777	—	—	—	928040	—
	目标值	5536.866	—	—	—	830519.361	—
	改进幅度	15.91%	—	—	—	10.51%	—
贵州	初始值	—	—	—	34159	2699845	—
	目标值	—	—	—	23472.658	2188070.886	—
	改进幅度	—	—	—	31.28%	18.96%	—
陕西	初始值	—	—	—	21759	2212111	—
	目标值	—	—	—	18061.629	2178967.912	—
	改进幅度	—	—	—	16.99%	1.50%	—
甘肃	初始值	—	—	118963	14995	—	—
	目标值	—	—	95387.802	12338.065	—	—
	改进幅度	—	—	19.82%	17.72%	—	—
青海	初始值	—	24047	—	2906	—	10743.6
	目标值	—	59119.133	—	2494.686	—	7375.789
	改进幅度	—	145.85%	—	14.15%	—	31.35%
宁夏	初始值	—	—	—	—	270009	10137
	目标值	—	—	—	—	230944.672	9075.917
	改进幅度	—	—	—	—	14.47%	10.47%
新疆	初始值	—	—	—	—	797237	24910.4
	目标值	—	—	—	—	708884.493	20734.620
	改进幅度	—	—	—	—	11.08%	16.76%

		服务人数（人）	养老服务人次数（人次）	床位数（张）	职工人数（人）	机构建筑面积（m²）	养老服务财政投入（万元）
广西	初始值	—	—	145220	21966	3658663	—
	目标值	—	—	126689.234	17329.987	3059949.691	—
	改进幅度	—	—	12.76%	21.11%	16.36%	—
辽宁	初始值	—	—	—	19673	2361839	—
	目标值	—	—	—	13929.960	1570542.347	—
	改进幅度	—	—	—	29.19%	33.50%	—
吉林	初始值	—	108039	—	4285	1066601	—
	目标值	—	109734.981	—	3767.222	1005636.739	—
	改进幅度	—	1.57%	—	12.08%	5.72%	—
黑龙江	初始值	—	344363	46933	10185	—	13814.6
	目标值	—	397866.801	45801.043	4815.839	—	9337.193
	改进幅度	—	15.54%	2.41%	52.72%	—	32.41%

注："—"表示该项目无须调整。

在产出方面，仅有个别省份的服务人数或养老服务人次数存在产出不足的问题，此类省份在东中西以及东北地区均有分布，且东部地区的产出不足主要集中于服务人数方面，西部地区和东北地区的产出不足问题则主要表现为养老服务人次数较少；其余多数省份产出情况均较好。具体而言，在服务人数方面产出不足的省份包括天津、山东、福建及云南，而青海、吉林、黑龙江三省的养老服务人次数则有一定的提升空间。

在投入方面，各省份在社区居家养老服务资源方面的投入冗余主要表现在职工人数和机构建筑面积两个指标上，各区域的职工人数或机构建筑面积冗余问题均广泛存在。此外，东部地区的冗余集中体现在床位数、职工人数和机构建筑面积，而其余地区的冗余则更集中于职工人数和机构建筑面积，床位数的投入冗余问题并不突出。

具体而言，在床位数方面，河北、上海、江苏、安徽、甘肃、广西以及黑龙江7个省份的床位数量投入过多，冗余程度介于0.37%～19.82%；在职工人数上，存在投入冗余的省份包括河北、江苏、安徽、河南、湖北、湖南、山西、江西、四川、贵州、陕西、甘肃、青海、广西、辽宁、吉林以及黑龙江17个省份，冗余程度在1.34%～52.72%；而在机构建筑面积方面，存在投入冗余的省份则包括天津、河北、上海、山东、福建、河南、湖南、江西、四川、云南、贵州、陕西、宁夏、新疆、广西、辽宁、吉林17个省区市。此外，分析结果也显示，在养老服务财政投入方面，上海、四川、青海、宁夏、新疆、黑龙江6个省份存在一定比例的投入冗余，在节约财政资源方面有一定的改进空间。

结合上述结果我们发现，在我国社区居家养老服务中，目前最突出的问题在于职工人数和机构建筑面积的投入过多，其次则是床位数和养老服务财政投入的冗余，产出不足的问题则相对较轻。

表 60 中汇报了各省份的社区居家养老服务产出不足及投入冗余的分类汇总情况。全国 31 个省市中，社区居家养老服务产出不足的问题程度较轻，主要问题表现为投入冗余。具体而言，多数省份在职工人数和机构建筑面积上的投入过多，也有一些省份在床位数和养老服务财政投入方面存在一定冗余。此类省份应及时转变发展思路、调整社区居家养老服务的评价体系，积极引导节约社区居家养老服务的资源投入，集约发展社区居家养老服务，节约服务资源、提高服务产出。

表 60　各省份社区居家养老服务松弛分析结果

	指标	省份
产出不足	服务人数	天津、山东、福建、云南
	养老服务人次数	青海、吉林、黑龙江
投入冗余	床位数	河北、上海、江苏、安徽、甘肃、广西、黑龙江
	职工人数	河北、江苏、安徽、河南、湖北、湖南、山西、江西、四川、贵州、陕西、甘肃、青海、广西、辽宁、吉林、黑龙江
	机构建筑面积	天津、河北、上海、山东、福建、河南、湖南、江西、四川、云南、贵州、陕西、宁夏、新疆、广西、辽宁、吉林
	养老服务财政投入	上海、四川、青海、宁夏、新疆、黑龙江

第五部分　全国公共养老服务资源分配问题分析

一、公共养老服务财力资源区域分配失衡

目前我国公共养老服务财力资源主要通过供方补贴和需方补贴两种形式进行配置，其中，我国各省份之间养老机构建设和运营补贴水平存在较大差距。《2021 年中国民政统计年鉴》显示，目前全国每千名老年人拥有床位数超过 35 张的省份有 9 个，仅占全国（31 个省区市）的 29.03%；水平最高的省份每千名老年人拥有 53.2 张床位，水平最低的仅有 9.9 张床位，差距巨大。受经济发展水平的制约，各地的养老服务财政补贴水平也参差不齐，整体而言，东部地区的补贴水平高于中西部地区，同时区域内也存在较大差异。如北京、广州、深圳等东部地区对养老服务提供的运营补贴标准为每人每月 200～500 元，而西部地区的补贴标准则仅有 50～200 元。

　　政府面向养老服务需方即老年人所发放的需方补贴，其资金主要来自于地方财政，但现实情况中，不同发展水平的地方其财政实力可能存在较大差距，东西部之间、不同省份之间甚至不同县市之间的地方财力均可能存在相当大的差距，导致不同地区间的养老服务需方补贴水平也存在不少差距。通常情况下，东部地区和城镇地区的补贴水平相对较高，西部或农村地区的养老服务补贴水平可能相对较低。如北京市对享受低保待遇的老年人发放的困难老年人养老服务补贴标准为每人每月 300 元，而内蒙古自治区对经济困难老年人发放的养老服务补贴仅为每人每月 50 元，地区之间存在较大差距。

　　此外，受我国城乡二元体制的制约，公共养老服务发展也呈现出城乡之间对立、分割和不平衡的状态。农村养老服务"先天不足"，基础差、起步晚，环境条件相对较差，同时各级政府往往更注重城镇养老服务设施与机构建设，忽视农村老年人的养老服务设施与机构建设。民政部数据显示，2022 年我国城市社区养老服务设施覆盖率达到了 100%，而农村社区养老服务设施覆盖率仅为 79.5%。相比城市地区，农村养老体系建设面临更多困难，农村集体收入较少，养老标准较低，养老机构后续运转比较困难，亟须各级财政加大对农村地区养老服务补贴的政策规划和资金投入。

二、针对养老服务机构的供方财政补贴存在结构性失衡

　　当前，政府对开展公共养老服务的养老机构提供的财政补贴主要是指对养老机构的建设和运营所提供的补贴，但二者均存在严重的结构性失衡问题。政府普遍对不同所有制养老机构的补贴存在差别化待遇，如太原市对营利性养老机构的床位建设补贴标准为非营利性的 50%，对社会资本投资建设并形成产权的非营利性养老机构，按照每张床位 9000 元的标准给予一次性建设补助，而营利性养老机构仅能享受每张床位 4500 元的床位建设补助，二者相差甚大。同时，不少地方政府的补贴仅针对公办养老机构和民办非营利养老机构，社会力量建成的营利性养老机构不享受任何财政补贴。如石家庄仅对非营利性养老机构发放床位建设补贴，对社会力量利用自有土地、划拨土地、租赁土地新建改建的非营利性养老机构，给予每张床位 4000 元一次性建设补贴；对社会力量通过租赁房产开办非营利性养老机构，给予每张床位 1500 元的一次性建设补贴。

　　针对不同所有制养老机构的差异化运营补贴也造成了养老服务市场的不公平竞争，给民办机构实的际运营造成了困难。通常而言，政府投资兴办的公办养老机构在土地、资金等方面都更为充足，民办养老机构的设施建设以及价格竞争方面通常处于弱势地位，因此导致老年人抢夺公办床位资源，而对民办机构床位敬而远之。据民政部测算，建设一个具有基本养老保障设施的养老机构，初期床位建设的固定投入至少为 5 万元，杭州等经济发达城市的养老机构每张床位建设成本甚至高达 25 万元。高成本不免会导致民办养老机构的定价较高，高昂的收费让不少老年人望而却步，出现"一床难求"和床位空置并存的现象。民办机构的低入住率更打击了社会资本的投资积极性，对民间资本形成了挤出效应。

　　在养老机构财政补贴中，还存在"重建设轻运营"的倾向。部分地区往往只强调养

老机构的建成数、床位的增加量以及养老从业人员的培训次数，并不重视床位建成后的入住率、机构建成后的运营情况和从业人员培训后的效果提升。通常各级政府部门仅仅为了完成任务规定的客观指标，并不在意完成任务的效果和资金使用的效益，使得养老服务机构建设期的补贴远远高于运营期补贴。以上海为例，对于建设期的养老机构，每平方米给予 2300 元建设补贴，同时每张床位补助上限为 8 万元；而运营期间的养老机构，每人每月仅能获得 100 ~ 200 元的运营补贴，二者存在较大落差。长此以往，将造成养老机构入住率和设施运营率偏低，导致设施资源的巨大浪费。就机构本身而言，很多养老机构设立的目的就是为了获得补贴，其经营重点不再是加强管理、控制成本和提高服务质量上，只考虑迎合政府补贴的要求，主要目的放在争夺政府补贴资金，使得补贴的效果也受到较大影响。

三、针对养老服务需方的财政补贴分割严重

针对老年人的需方财政补贴主要来源于地方财政，即主要依靠省市县三级政府的专项预算资金，但不同区域甚至不同地区政府之间的财力通常存在一定差距，因此导致了东西部之间、同一省份不同地区之间以及城乡之间的财政补贴水平有较大差异，一般而言，东部地区和城市地区相对富足，补贴水平较高；而西部地区和农村地区的财政实力较低，保障水平明显不足。

在补贴的范围和标准方面，高龄津贴、护理补贴、养老服务补贴之间相互交叉重叠，再加之补贴对象认定标准不合理，影响了政策实施的公正性。2009 年，为缓解高龄老年人基本生活压力，保障其生活质量，民政部出台相关通知要求各地"尽快探索建立高龄老人津贴制度"，起初高龄津贴的发放范围为年龄在 80 周岁及以上的农村老年人和城市低收入家庭中无固定收入的老年人；当前，高龄津贴制度已覆盖到全国范围内的 80 周岁及以上全体高龄老人，由特定人群扩大至所有高龄人群。然而，高龄老年人群收入水平各异，对于高收入水平的高龄老人而言，高龄补贴为其生活质量带来的提升作用不明显；而对于低收入或农村高龄老人而言，尽管高龄补贴能够缓解其生活压力，但由于保障水平有限，因此对其生活质量的提升作用也相对有限。

为降低失能护理问题的影响、更好地保障失能老年人养老权益，我国于 2013 年由国务院颁布《关于加快发展养老服务业的若干意见》（国发〔2013〕35 号），提出要建立健全经济困难的失能老年人护理补贴制度；此后，在财政部等部门《关于建立健全经济困难的高龄失能老人补贴制度的通知》（财社〔2014〕113 号）的指导下，我国多个省市先后出台了失能护理补贴政策。然而，尽管护理补贴的发放对象均指向经济困难的失能老人，但仍存在补贴水平较低以及覆盖范围不一的问题。护理补贴的标准直接关系着失能护理补贴政策的实施效果，若补贴标准过低，将难以实现失能老年人的护理需求。根据各地区失能老年人护理补贴政策相关文件，当前我国大部分地区的护理补贴待遇水平介于 50 元 / 人 / 月和 600 元 / 人 / 月之间，仅浙江将重度失能老人的补贴标准提高到了 1000 元 / 月。以上海市为例，上海市非全日制小时最低工资标准为 23 元，重度失能老

人每月仅能获得 500 元的护理补贴，即 21.74 小时。实际中，照顾重度失能老人这种专业服务的市场价格会远高于 23 元 / 小时，因此失能老人享受到的养老服务只会远远低于这一标准。显然，当前护理补贴力度不能满足失能老人的长期护理需求；不仅如此，各地区之间的补贴标准差距还相差较大，长此以往也将阻碍统一补贴标准的建立、威胁省际及城乡间的待遇公平。另一方面，由于国家并未对失能老年人护理补贴的标准出台明确规定，因此导致各地的补贴标准和失能等级标准各行其是，各地区之间不仅补贴水平相差较大、对失能程度的认定方法也千差万别。

为了更好地保障经济困难的失能老年人有效获得基本养老服务，国家建立了养老服务补贴制度，为老年人享受居家养老等服务提供一定补贴。然而，在实际施行过程中，针对老年人所发放的养老服务补贴同样存在制度碎片化以及补贴水平较低的问题。由于经济社会发展水平和老龄化程度存在一定差异，各省市开展养老服务补贴制度试点的时间并不一致，此外，各地养老服务补贴在资金来源、责任主体、保障对象、补贴标准以及管理体系等方面也存在相当程度的差异，从而导致养老服务补贴存在碎片化。制度碎片化的突出表现则是各地补贴水平差距较大，其中，湖南、山西和甘肃等中西部地区的养老服务补贴标准为每人 50～100 元 / 月，重庆和四川的补贴标准则为每人 200～300 元 / 月，上海、北京等地则可以高达 500 元 / 月，更有特定失能老人的养老服务补贴达到了 1000 元 / 月。另一方面，当前养老服务的补贴水平还相对较低，江苏的补贴标准只有 60 元 / 月，大部分省市的补贴标准都不超过 500 元 / 月，均难以承担起失能老年人的日常养老服务需求。此外，养老服务补贴定位于经济困难老人，只统计老人和配偶收入，没有子女收入统计，也没有将老年人的资产收入纳入评估考虑范围，忽视了子女对老人养老的法律责任，分得多套住房的城市"拆迁户"和征地农民依然可以享受着补贴，造成了政策覆盖人群的不公平。

最后，三项补贴相互之间也存在一定的交织和重叠，在护理补贴和养老服务补贴之间，二者覆盖了同样的老年人群。同时，养老服务补贴对失能、孤寡、经济困难等老年人的基本养老服务需求的保障能力仍相对有限，亟须探索解决办法。

四、公共养老服务财政补贴长期重供方轻需方

目前政府对基本养老服务的财政补贴主要包括对供方（服务提供方）的运营补贴和对需方（目标老年人）的服务补贴两个方面，其中供方财政补贴又可分为机构建设类、机构运营类和人才激励保障类，需方财政补贴一般则包括定额现金补贴（即高龄津贴、护理补贴和养老服务补贴）、政府购买服务和补助老年人购买长期护理保险等。

有研究指出，我国当前公共养老服务财政补贴政策实施过程中，往往更侧重于"补机构、补供方"，"补人头"和"补需方"的力度明显更弱，使得养老服务发展内需驱动力不足。各地政府的公共养老服务财政投入中对供方的财政支持通常更多，但实际效果并不理想。补贴长期固化在机构建设以及床位设置上，对机构的补贴多重叠加、逐年增长，使得部分机构以骗取政府补贴为主要任务，而非提高服务产出和服务质量。

　　课题组对各省份养老服务相关数据进行分析后认为：目前我国中西部部分省份的机构养老服务效率值较低，多数省份的社区居家养老服务的 DEA 有效性评价较不理想，资源浪费问题较为严重。首先，山西、云南、陕西、甘肃等中西部省份以及河北、福建等东部省份的机构养老服务产出相对较少；同时，陕西、甘肃、宁夏、广西等省份的机构养老服务投入相对冗余。这表明一些省份对养老服务机构的资源投入并未达到理想效果，资源使用效率较低，存在资源浪费问题。另外，不少省份的社区居家养老服务的 DEA 评价结果显示效率值较低，显示出多个省市的社区居家养老服务处于低效率的状态，这一方面反映出当地老年人对社区居家养老服务资源的利用率不高，另一方面也是由于当地政府对经济困难、失能或残疾老年人的补贴不足所造成的。

五、特定公共养老服务政策统筹与衔接工作落实不到位

　　相关统计资料显示，近年来，我国 60 周岁及以上的老年人口规模和占总人口的比重均逐年提高；2021 年我国 60 周岁及以上的老年人口达到了 2.67 亿人，占全国人口的 18.9%。从目前趋势来看，未来我国的老龄化程度将持续提高，老年人对公共养老服务的需求也将持续增长。

　　早在 2013 年，国务院颁发的《关于加快发展养老服务业的若干意见》（国发〔2013〕35 号）便确立了我国养老服务体系的主要框架，即到 2020 年，全面建成以居家为基础、社区为依托、机构为支撑的，功能完善、规模适度、覆盖城乡的养老服务体系。当前，我国已实现此目标，基本构建了以居家为基础、社区为依托、机构为补充的多层次养老保障体系，形成"9073"的养老格局。但实际工作中，"居家""社区"和"机构"之间的关系依然混乱，各地对三种层次的养老服务缺乏统筹，导致居家养老、社区养老和机构养老的发展相互割裂，彼此"各自为政"、相互独立、盲目扩张，造成大量的养老资源浪费。

　　通常而言，老年人由于自身身体原因的特殊性，其养老服务需求必然伴随着大量的就医需求。但目前我国各地的医保支付与养老服务却未能有效对接，医养结合费用报销等配套政策尚未明确。此外，医务人员上门服务的医疗风险和医患纠纷缺少应对措施，家庭医生的服务规范和收费标准也缺乏相关规定。在此情况下，医疗卫生部门本身效益较好，参与风险高且收益低的养老服务缺乏动力；养老机构由于缺乏医疗技术且未接入医保报销，也无法提供高质量的医疗服务，因此，医养和康养无法有效结合的问题日益凸显。

　　此外，长期护理保险制度目前仍在试点阶段，与以往政府的养老服务补贴或政府购买服务项目缺乏有效统筹，制度碎片化的问题已然十分突出。当前全国共有长期护理保险制度的试点城市 49 个，各地的覆盖范围不一，且长护险与原有的失能护理补贴、政府购买养老护理服务等并行；同时，长期护理保险制度的试点过程中，各地的护理服务体系发展相对滞后，缺乏专业人才队伍、城乡和区域间的服务供给不均衡等问题长期存在；同时，长期护理保险制度也缺乏统一的制度保障和法律规范，亟待后续的工作中探

索解决。

更重要的一点是，当前我国的养老服务相关政策的制定及主管部门颇多，各项职能分属于不同类型的部门，不同部门之间的职能定位和政策理念各有不同，因此可能会出现政策相悖的情况，更对养老服务资源的统筹协调造成巨大障碍。在养老服务补贴方面，不同类型人群的补贴条件和补贴标准差异较大。民政部门的政策和补贴无法应用于失能人群和医疗护理人群；医保局仅关注医疗保险的范畴，只有在医疗机构产生的护理费用才能被纳入报销；残联则只关注残疾人的福利，缺乏对社会老年群体的养老服务福利的整体统筹。

第六部分　典型国家公共养老服务资源分配经验与启示

"它山之石，可以攻玉"，部分发达国家公共养老服务体系建设和资源分配的多年实践中积累的经验，对于我国公共养老服务资源的合理配置具有极强的借鉴意义。本研究将通过对国外典型国家的老龄化概况、公共养老服务体系建设及资源分配的实践进行分析，总结出可借鉴的经验。

一、日本公共养老服务实践模式分析

（一）老龄化概况

日本是亚洲最早进入老龄化社会的国家，同时也是全世界老龄化最严重的国家之一。1970年，日本65岁及以上人口占比达到7.1%，日本开始进入老龄化社会，2020年这一比例上升至28.9%，老龄化水平居全球第一，预计到2065年将达到38.4%。近年来，日本的人口增长速度始终维持在零增长乃至负增长的水平，未来该国老龄化程度还会进一步加剧。

（二）公共养老服务资源分配经验

1. 养老服务领域的发展

作为较早关注养老问题的国家之一，日本一直在进行养老模式的探索，经历了从传统的"家庭养老"到"机构养老"再到"居家—社会型养老"三种模式。

日本养老服务的供给受益于国内养老事业和养老产业并行发展，除了本就承担了重要赡养功能的家庭之外，政府、市场力量以及社会组织都积极参与到养老服务的供给环节之中。经过多年的发展，目前日本居家养老服务的供给主体有政府机构、私营机构、非营利组织和家庭社区，这四大主体各司其职，提供互为补充的居家服务。政府是服务供给中的主导力量，承担了60%~70%的居家养老服务，包括政府资助的民间组织及由大学生、家庭主妇和健康老年人组成的志愿者队伍。

中央政府、地方政府建立了相应级别的福利机构，同时也允许个人兴办福利机构，对于个人兴办的福利机构，政府给予财税支持。一般由中央政府以及地方政府各承担1/3，创办者承担1/3，这种做法充分地将社会资源引入养老服务领域。

2. 日本的照料保险制度

照料保险制度方面，1997年12月17日，日本《照料保险法》被正式通过，同时宣布2000年4月1日开始在全国统一实施。

照料保险制度保险费的征收标准根据个人的年收入（包括领取的养老金），按比例从工资或者养老金中扣除。保险的支付内容是为被保险者提供各种身体上和家务上的照料服务、福利器具租借购买的补贴，以及住房改修等保险服务。

照料服务内容分为居家养老服务（包括身体上的护理照料、清扫房间和做饭等家务协助、日托服务、养老机构的短期居住等）和机构养老服务（特别养护老人院、老人保健设施、医院疗养病床），以及社区密切型养老服务等。照料服务费的10%由被保险人个人承担，90%由保险人支付。享受居家养老服务的老年人，根据不同的照料等级，每月可以使用的照料服务费设置有相应的限制额，如果使用的服务费超出了规定的限额，超出部分的费用则全部自负。

据厚生劳动省统计，至2009年4月底为止，"全国1号被保险者"（65岁及以上）为2838万人，占总人口比重的22%，比制度开始实施时的2000年4月底增加了673万人(增长率为31%)。而"2号被保险者"（40~64岁）与2000年相比则逐渐减少，至2009年4月底为止为4239万人，占总人口比重的33.2%。可见日本照护保险得到了较好的发展。

该制度实施后的第一年即2000年，每月平均支付人数为184万人，2010年为403万人，增加了219万人。其中享受居家照料服务人数的增加更为显著，占全部服务人数的73%（2000年为67%）。而机构照料服务的支付人数，尽管在这10年中也增加了24万人，但是在服务总人数中的占比则下降了12%（2000年占总人数的33%，2010年为21%）。2006年以后实施的社区密切型照料服务的支付人数也逐渐增加，2010年每月平均为25万人，占总人数的6%。

在费用方面，2000年全国每月平均支付的照料费用为2936亿元，2010年为5551亿元，制度实施后的11年中每月平均支付的照料费用增长了90%，增加2615亿元，其中居家照料服务费的增加非常显著。然而与居家服务支付人次比重的73%相比，居家照料服务费只占总额的52%，仍属较低水平。

二、韩国公共养老服务实践模式分析

（一）老龄化概况

韩国是近年来人口结构老龄化和少子化发展速度最快的国家之一。根据韩国统计厅公布的数据，2018年韩国65岁及以上老年人口占总人口的14%，预计2050年将达到

1527 万人，约为总人口的 34.4%。与此同时，韩国的人口出生率却逐年走低，2018 年韩国新生儿数量仅为 32.7 万人，是 1970 年以来的最低值，国民生育率已降至 0.98，成为世界上人口出生率最低的国家之一。

（二）公共养老服务资源分配经验

为应对人口和家庭结构变化，韩国政府通过制度性与非制度性手段激励代际照料、提高居家养老家庭支持力的同时，还与市场、社会等供给主体协同合作，构建相对完善的社会支持网络，满足居家老人的养老需求，取得良好效果。

首先主要由政府直接供给普惠性养老服务项目。如在轨道交通、文化旅游等领域加大敬老优待力度；提供免费医疗诊断服务，预防老年慢性疾病出现；兴建老年福利设施、举办健康庆典活动，激励老人自发参与健康保健运动，保持身心健康。对无人赡养或家庭赡养困难的老人采取救济支援政策，除免费伙食供应之外，还利用福利支援设施安排居住场所，保障困难老人的基本生活需要。

财政方面，韩国通过补贴服务主体，支持居家养老服务机构发展。为吸引民间资本注资，拓宽居家养老服务的供给途径，提高服务供给效率，1970 年便颁布《社会福利事业法》，规定对民间资本投资的社会福利机构提供一定财政补贴。从金大中政府开始，韩国进一步加大财政补贴力度、扩大财政支持范围，除了补贴营利性服务机构外，政府每年出资 1500 万美元为非营利性组织提供援助资金。此外，韩国政府还对服务对象进行补贴，提高居家养老服务供给效能。韩国政府从 2007 年开始推出养老服务凭单制度，面向居家老人发放消费券或服务券，并指定服务券兑换机构，规定各种服务项目的消费方式和服务单价，老年人可以自由选择到心仪的居家养老服务机构兑换服务，促进了多元主体良性竞争，提高了居家养老服务供需匹配度和满意度。截至 2010 年，在政府双面补贴政策激励下，韩国市场、社会组织成立的老人居家福利机构数达到 2496 家，其中上门护理机构 1118 家；老人休闲福利机构（包括敬老堂及老人福利馆等）62469 家；老人医疗福利机构 3852 家，其中老人护理机构 2429 家。

三、德国公共养老服务实践模式分析

（一）老龄化概况

德国是欧洲人口老龄化最严重的国家，在 1960 年时德国就已进入老龄化社会，当时 65 岁及以上老年人口占比达到 11.5%。根据联邦统计局的数据，2021 年德国 65 岁及以上老年人口为 1843.6 万，占总人口的比重达 22.2%，老龄化程度仅次于日本。

（二）公共养老服务资源分配经验

1. 基本养老服务

德国兴办养老服务机构的主体主要分为国家、社会及私人。国办养老院的服务对象仅限于政府官员、法官和职业军人等特殊群体，费用由国家承担；社会办的养老院由某些社会基金会集资创办并掌管；私人办的民间养老院，完全由本机构负责。后两种是普遍意义上的养老院，面向全体老年人，重视群体需求，养老服务市场化明显。

目前，德国有 1.24 万家养老机构，包括托老所、老年公寓、临终关怀医院等，以老年公寓为主。多数德国老人在人生最后时刻才选择入住养老机构。德国养老机构多分布在居民密集区，少数分布在郊区及度假区内，均提供 24 小时服务。以首都柏林为例，在养老机构查询网站上随机输入一个邮编，通常均可在方圆 5 公里范围内找到约 50 家养老院。

2. 德国的照料保险制度

1994 年 4 月德国创立了世界上第一个照料保险制度。德国法律规定"护理保险跟从医疗保险"的原则，即所有医疗保险的投保人都要参加护理保险。国家官员、法官和职业军人由国家负责，他们患病和需要护理时有专门人员负责并承担有关费用，除此之外的所有公民则纳入法定护理保险体系。德国的老年长期照护服务供给总体上遵照辅助性原则来组织，由国家、市场、家庭和非营利组织等主体按照一定优先次序来提供。老年人的长期照护服务需求，首先是通过家庭及其成员来获得满足，其次是社区组织或是志愿慈善协会，国家介入则是最后的手段。

德国将"居家照护优于机构照护"作为待遇给付方面最重要的原则。在居家照护中，失能老年人可以根据个人意愿选择家庭成员作为照护服务提供者，由长期护理保险基金以现金形式向家庭照护者支付照护津贴和现金补贴，并为之提供养老、工伤、失业等社会保险待遇以及照护服务技能培训。这样一来，德国长期护理保险制度就通过赋予家庭内照护服务以对应经济价值的方式，让老年长期照护服务回归家庭场域，实现了传统的家庭成员提供非正式照护和专业组织提供正式照护平衡发展，并借用经济逻辑与市场规则重塑家庭成员之间的团结和连接。由家庭提供老年长期照护服务的传统得到了维护，既提供了机构照护所无法比拟的情感慰藉，也节约了制度费用，契合了失能老年人的实际需要。到 2018 年底，德国 368.5 万享受长期护理保险待遇的被保险人中，有 78.8%（290.5 万）选择广义上的居家照护，只有 21.2%（78 万）的被保险人选择机构照护。

保险费支出方面，德国长期护理保险制度中，在宅实物护理待遇第一类、第二类、第三类每月分别是 750 马克、1800 马克、3750 马克；护理补贴第一类、第二类、第三类分别是 400 马克、800 马克、1300 马克；在院护理金从 2500 ~ 3300 马克；而护理院的食宿等须投保者自理，平均约每月 1500 马克。

专业护理人员方面，正规护理行业就业人数由 1995 年的 32 万人增长至 2009 年的 89 万余人。不同形式的家庭护理兼职工作人员占比由 1995 年的 54.2% 增加至 2009 年的 73.2%，护理院兼职工作人员占比由 1995 年 39.1% 增加至 2009 年的 66.7%。

3. 智能养老

智能服务方面，2007 年，德国制订并开始实施环境辅助生活系统计划，即 AAL，该系统就是专为老年人设计的智能家居系统，它包括智能技术平台和智能仪器在内，通过现代化的感应传输装置，将智能仪器共同连通在一个具有扩展性的智能技术平台上，能够对老年人的身体状态和生活环境即时做出反应。环境辅助生活系统适合养老院、社区和家庭等环境，打破了养老空间限制。通过打造强大的智能技术平台，完善环境辅助生活系统，加强智能设备的使用率，德国智慧养老不仅减轻了机构养老的成本，而且在一定程度上提高了资源配置的效率。

四、美国公共养老服务实践模式分析

（一）老龄化概况

美国于 20 世纪 40 年代步入老龄化社会，至今已有半个多世纪。2020 年，美国 60 岁及以上的老年人口约 7268 万人，占总人口的比重达到 22.9%，这些老年人绝大部分都生活在自己的家中。美国的居家服务体系经过多年的发展已经趋于完善，大大小小的养老院、托老所散见于各个社区，可以为老年人提供多项养老服务。不同的社区提供的养老服务是不同的，举例而言，有的提供的是休闲的娱乐生活，有的提供的是专门的医疗服务。虽然第二次世界大战后出现的"婴儿潮"致使人口老龄化速度有所放缓，但青壮年人口短缺、老龄人口总量不断增加以及高龄化等问题依然给美国社会带来沉重的养老负担。

（二）公共养老服务资源分配经验

美国养老服务体系具有很强的层次性和针对性，既注重运用市场机制和发挥社会组织作用，又注重发挥政府在养老服务中的兜底保障和政策引导作用。

财政方面，依托于雄厚的财政实力，美国的各类养老服务设施遍布每一个社区，而且功能比较完备。统计数据显示，美国服务于居家养老的人数保守估计在 1000 万以上，每年居家养老服务的规模在 5000 亿美元以上，这其中超过 60% 都是政府出资，由联邦政府和州政府共同分担，其余的部分主要靠各类慈善组织捐赠。在美国社会保障制度建立初期，各州对其制度的建立和发展产生直接影响，州政府承担社会保障财政的比例明显高于联邦政府。随着社会保障制度的发展，联邦政府的影响和作用逐渐增强，其承担的社会保障财政比例逐渐超过州政府。1980—1985 年，联邦政府社会保险支出由 1911.62 亿美元增至 3101.75 亿美元，州和地方政府社会保险支出由 385.92 亿美元增至 594.2 亿美元，到 1989 年，联邦政府社会保险支出、州和地方政府社会保险支出分别为 3872.9 亿美元和 807.65 亿美元。1965 年《美国老年人法》生效以来，联邦政府和各州对养老事业的财政支持不断增加，1966 年支出 650 万美元，分别用于"各州与社区老年计划赠款"和"培训研发强制项目与计划"。从 1974 年开始增加拨款用于"老年美国人社区服务就业计划"，当年总拨款 5.73 亿美元。1980 年增加拨款用于"土著美国人赠款计划"，当年财政拨款达到 9.93 亿美元。1993 年开始增加拨款，用于"脆弱老年人权利保护"计划，当年拨款达到将近 13.73 亿美元。1998 年开始增加 Alzheimer's 验证计划赠款近 600 万美元，当年的拨款总额达到了 14.45 亿美元。2010 年的财政支出达 23 亿美元之多，2012 年支出 19 亿多美元。拨款最大的两个计划主要是"各州与社区老年计划赠款"和"老年美国人社区服务就业"计划。其中前者又分为"支持性服务与中心"计划、"家庭护理者"计划、"疾病预防和健康推进"计划以及"营养服务计划"。近年来，营养服务计划支出越来越大。

美国老龄住房分为独立生活社区、协助生活社区、失忆症患者生活小区、养老院，以及综合性的连续照料退休社区（CCRC）和生活规划社区（LPC），功能和服务有不同定位。以 CCRC 为例，这种养老服务模式已在部分西方国家逐渐兴起，它集合了居家、社区和机构养老的优点，并有效避免其不足。目前，全美共有约 1900 处 CCRC 社区，82% 为非营利性组织所有，很多是从传统养老院转型而来的，该模式已日益被中国养老产业所关注。养老服务提供主体方面，美国充分利用市场机制来鼓励社会力量介入养老服务这一领域，从投资主体来看，美国提供居家养老服务的机构有国家投资、个人投资以及二者合办的。对于以盈利为目的的私人养老服务机构，政府给予土地、税收等优惠，同时规定利润率不得超过 15%。

美国养老服务市场化程度高，老年行业的巨大发展空间吸引到了众多资本的介入。根据美国疾病控制与预防中心网站公布的数据，2016 年美国有 1.56 万个养老院，其中营利性养老院占比为 69.3%，总床位 170 万张。美国全国老年公寓及护理业投资中心（NIC）发布的报告显示，截至 2019 年末，美国有 2.45 万个投资级老人居住和看护小区，涉及住宅数量 314.8 万套。其中，养老院（护理院）占比最大，小区数量和住房总数分别为 1.03 万个和 132.8 万套。成本最低的独立生活社区每月平均租金 3239 美元，失忆症患者生活小区月均租金 6709 美元。老龄住房居民的平均年龄约 85 岁，平均入住年龄为 80 岁以上。

智能养老方面，美国政府注重完善养老服务立法，将科学技术纳入养老服务工作领域。《美国老年人法案》自 1965 年颁布以来进行了多次修订，力求通过大量应用科学技术手段来改善老年人的生活状况。2020 年出台的《疗养院紧急支援和老年人司法改革法案》提出，充分利用人工智能技术提升老年人长期护理服务工作水平，在受疫情影响的老人及其家庭成员的要求下，主管部门应该充分利用互联网和电信设备满足老人的医疗照护和基本生活需求。美国基于物联网、室内网络、云平台的健康监护服务系统，借助"养老"和"健康"综合服务平台，将医疗服务、运营商、服务商、个人、家庭连接起来，平台将资源和老年人需求进行有效对接，满足老年人的不同服务需求，也提高了养老服务资源配置效率。

五、英国公共养老服务实践模式分析

（一）老龄化概况

作为最早进入老龄化社会的国家之一，英国超过 65 岁的老龄人口高达 1000 多万人，占总人口的比重为 18%，属于严重老龄化的国家。为了应对老龄化的冲击，英国早在 20 世纪 80 年代就开始了社区养老模式的探索。

（二）公共养老服务资源分配经验

1987 年，英国颁布了《公共照顾白皮书》，该白皮书规定所谓的社区养老就是对那些年长的、生活不便的老人提供服务照顾，使之能够在家庭或者家庭所在的社会环境中生活。随着撒切尔政府市场化改革的推行，1990 年英国政府颁布《社区照料法》，开始通过购买服务的方式，将原本属于政府的职能转让给具有更高效率的市场，同时通过竞争性招标的方式提供更加优质的服务。经过几年的实践探索，1993 年起社区照顾开始在英国全国范围内推广。英国通过出台一系列的政策，有效地使社区承担起了老人照顾这一职能。

财政方面，政府提供资金支持。在社会照顾所需要的资金方面，政府承担了绝大部分，而在大部分的服务支持中个人及家庭仅仅是象征性地缴纳一部分。

据英国政府统计，英国 95% 的养老服务机构设置在社区，包括老年公寓、日间照护中心、老年活动中心、护理机构等。英国目前约有 5500 个机构、41 万人经营 1.13 万个养老院，每年产值约 159 亿英镑。

英国的养老服务作为福利制度的一部分，主要是"入住"模式，养老服务机构由政府出资兴办并进行统一管理，60 岁以上的低收入老年人可以申请养老补助。其养老服务机构包括老人日间护理服务中心、老人护理院、老人福利院等，政府还为无人照顾但有生活自理能力的老年人提供设施齐全、收费较低的老人公寓。由政府直接管理并负担养老服务机构的主要运营费用是英国的传统，这样可以降低老年人入住该机构的成本，老年人只是负担一定比例的、合理的费用。但是，这种模式具有一定的垄断性。

六、瑞典公共养老服务实践模式分析

（一）老龄化概况

1968 年，瑞典 65 岁及以上的老年人口占比达到 13.4%。到 2021 年，瑞典总人口 1018 万人，其中 60 岁及以上比例 25.21%，65 岁及以上比例 19.60%。数据显示，厄兰岛的博里霍尔姆市老年居民比例最高，占 35.7%。而位于斯德哥尔摩的松德比贝里市的老年人口最少，占比 12.5%。

从人均寿命来看，瑞典人口的平均寿命逐年延长，已经成为"超老龄社会"，人口老龄化带来的挑战不断加重。瑞典中央统计局 2020 年 9 月公布的最新统计数据显示，截至 2019 年，瑞典男性平均寿命已达到 81 岁，女性的平均寿命则将近 85 岁。

（二）公共养老服务资源分配经验

瑞典设立的福利型养老机制较为成熟。按照瑞典法律的规定，亲属、儿童并无义务赡养老年人，赡养老年人的义务由国家担负。数据显示，首都斯德哥尔摩市 65 岁及以上的老年人口约 32 万人，其中选择居家养老的有 28 万人，住在疗养院或养老院的约 3 万人，其余近万人居住在随时能得到服务的老人公寓。

老年群体可按照自己的需求，向当地政府机构提交申请，主管部门按照实际养老需求为其制定养老服务项目。该类福利养老模式由政府、自治组织共同承担。瑞典的养老模式中，主要通过国家颁布福利政策来承担养老职责，通常来说，老年人都可以享有国家提供的养老福利，不再需要子女进行赡养。但这一模式易引发"福利病"，对经济发展造成不利影响，不利于财政的稳定发展，仅适用于福利保障体系十分成熟的国家。

公共住房养老政策方面，瑞典作为有代表性的高福利国家，遵循普惠性原则，为老年人提供多种不同类型住房：普通住房、老年人专用住房、社区住房和辅助生活住房。

智能养老服务方面，近年来，面对护理人才的持续短缺和"超老龄化"的双重挑战，瑞典积极行动，在养老领域引入人工智能，大力推动社区养老全面数字智能化试点。位于瑞典中东部的埃斯基尔斯蒂纳市人口约 10.7 万人，是瑞典首批开始为家庭护理服务提供数字化整体解决方案的城市之一。该市正与北欧最大、欧洲第二大的 IT 方案供应商挪威 ATEA 公司进行合作，在未来几年分阶段为当地老年人提供数字化整体护理方案。新升级的智能助手需要与目前存在的各种数字解决方案相结合，主动适应老年人的情况和实际需求。

七、新加坡公共养老服务实践模式分析

（一）老龄化概况

新加坡地处东南亚，面积 600 多平方公里，共有人口 400 万人，是亚洲经济最为发达的国家之一。新加坡人生活水平较高，人均寿命在世界范围内名列前茅。目前，新加坡也属于严重老龄化的国家，自 2000 年正式进入老龄化阶段以来，该国人口老龄化的进程十分迅速。预测数据显示，到 2030 年新加坡的老龄人口将占到总人口的 20%，将给新加坡的社会保障体系以及经济社会发展带来潜在挑战。

（二）公共养老服务资源分配经验

随着老龄化程度的加剧、家庭规模的缩小，新加坡政府推出了社区养老和机构养老模式以应对日益突出的养老资源不足等问题。新加坡政府在倡导个人和家庭对福利保障主体责任的同时，积极发挥社区养老和机构养老的作用，有效补充了家庭养老功能弱化的部分，缓解了家庭养老资源的不足。

新加坡出台了乐龄健保计划来为失能失智老人提供高效的护理服务，完善的中央公积金制度、长期护理保险制度、税收优惠制度以及老年津贴制度，也有助于减轻老人享受智能养老服务时的经济压力，这构成了新加坡独具特色的集养老、医疗、住房与教育等民生问题为一体的综合性养老服务模式。这种综合性保障模式对于新加坡社会福利制

度的形成具有重要的塑造作用，如新加坡的人工智能发展战略注重从整体视角对社会问题进行全方位治理，这有助于增强智能医疗、养老、金融、教育等领域间的凝聚力。而高效的政府执行力和完善的科技成果转换制度也使得智能养老研发成果的市场化转换程度处于较高水平。

新加坡政府历来注重利用科技手段来解决城市中的养老、医疗等社会问题。如在2006年、2014年先后提出的"智能城市2015计划"和"智慧国2025计划"中，就充分利用覆盖整个城市的数据分析平台为政府公共服务提供准确的数据信息支持，也注重通过智慧国家（Smart Nation）建设促进健康科技的发展，进而为应对严峻的老龄化社会问题做出有效回应。2019年出台的《国家人工智能战略》指出，人工智能技术革新能有效促进经济发展和社会进步，该战略中将"慢性病预防与管理工程"列入首批国家应重点发展的五大领域之一，该工程也是新加坡人工智能养老战略的重要组成部分，该工程又细分为慢性病个性化风险评估、为基层医生医疗提供决策支持、使患者更好地管理其慢性疾病三个子部分，目的是通过智能医疗、智能护理技术为老年人提供精准医疗服务和个性化护理服务。

八、比较研究与启示

（一）强化政府主导地位，切实履行财政责任

从国外经验不难看出，政府在养老服务体系的构建中发挥着独特作用。政策及法律法规体系是养老服务事业发展的重要基础，也是日本等发达国家养老服务事业取得成功的重要经验。我国应注重加强全方面、多层次、整体性的养老服务法律法规政策体系构建，注重加强服务内容和标准、权责主体、职能等方面政策法规的完善，以应对法律制度滞后于经济社会变迁的窘境。政府需要从更加宏观以及整体的角度来统筹安排居家养老模式，确保各个主体各司其职，相互协调，进而为居家养老增添更多活力。

财政方面。首先，养老具有经济产业和民生保障双重属性，既要遵循市场经济规律，又要重视并切实履行政府责任，在支持发展社会化养老同时，履行好保障经济困难老年人养老的兜底责任。加强保障型养老服务机构和设施建设，直接为生活困难老年人或重度残疾人提供无偿或低偿养老服务。其次，我国养老服务社会化进程正向体系化的方向不断迈进，需要积极的财政支持，适当提高补贴力度，切实推进政府购买养老服务制度。同时也可以采取一定的财政政策，如为养老产业和养老服务机构的发展提供税收优惠或财政补贴，以引导、促进养老服务产业的发展。

（二）大力发挥社会化养老，重视社会组织的力量

大力发展社会化养老，支持引导社会力量成为养老服务供给主体。鼓励和支持不同所有制性质的单位和个人以多种方式建设养老服务设施、兴办养老服务组织。优化审批服务，降低社会力量参与养老服务的制度性成本。加大对社会兴办养老服务机构的政策

支持，推进公办养老机构社会化改革。引导养老服务组织优化服务质量，在更高水平上促进供需平衡。

非营利组织的强势介入以及居家养老服务人员的专业化，也是上述国家在居家养老服务模式构建过程中积累的重要经验。由非营利组织提供居家养老服务，可以提升效率、降低成本，这一方面减轻了政府自身的经济、管理负担，另一方面也可以充分调动社会力量积极参与，提升公民的自治和责任意识。

（三）着重发展居家养老，积极发动社区力量

我国在历史发展中形成的以血缘和地缘关系为纽带的"孝文化"所支撑的家庭养老功能仍然不可忽视。可以借鉴日本相关立法经验，政府通过制定家庭成员照料者支持政策，明确居家养老的主体地位。同时，在居家养老服务推进过程中，这些国家都非常重视社区功能的发挥，立足于社区开展各项服务。社区居家养老服务模式将家庭、社区和养老服务相融合，它的便捷性和高效性提高了老年人的生活质量，可提供机构养老服务无法实现的亲情慰藉，同时减轻机构养老或护理的负担，是国际上普遍认同的发展模式。所以，积极发展社区居家养老服务，形成"居家社区机构相协调、医养康养相结合"的养老服务体系，提供优良的资源配置是我国养老事业的重要任务。

（四）发展智能养老产业

我国信息化在养老服务中的应用尚处在分散存在、不成系统、互不衔接的状态，需要进一步完善。经济和互联网通信技术的迅速发展，为我国发展养老服务提供了条件。社区养老、居家养老、医养结合和"互联网+"服务形式相互结合，不但可以克服传统养老方式的局限性，而且可以构建服务明确、管理规范、高效便捷且兼具针对性和普适性的多元养老服务体系。应强化政府主导，加快医养结合数据库和信息服务平台建设应用，铺设线下服务网络，支持养老智能化新产品新技术的研发应用，让智慧安防、智慧健康、智慧通讯、穿戴设备等智慧养老解决方案惠及更多老年人。

人工智能技术是引领社会进步和产业发展的重要力量，人口老龄化加速、养老服务需求增加促进了人工智能与养老服务的融合。发达国家相继制定并实施了人工智能养老发展战略和相关政策，这些实践活动为我国人工智能养老战略的实施提供了丰富的经验。结合中国实际，我国应从促进养老战略与老龄化政策衔接、制定伦理道德规范、提升老人利用智能设备能力等方面对我国人工智能养老战略进行优化。

第七部分　深化公共养老服务资源分配的对策建议

一、优化公共养老服务资源配置，缩小区域内外差异

我国当前公共养老服务财力资源存在区域分配失衡问题，区域内部各省份公共养老服务资源配置不均衡，地区间公共养老资源分配的不平衡同样比较显著。受经济发展水平、财政补贴差异、教育文化水平等多重因素的影响，不同区域间公共养老服务资源的服务水平存在很大的差异。因而要补缺公共养老服务资源不足，实现资源配置与老年人口相协调。

中央政府要继续提升对西部区域老龄人口大省的关注和支持力度，适当改变过去基于地域的静态倾斜转移支付模式，转向基于人口流动的动态倾斜模式，做好人口流动情况的预测和实时监控，让养老服务"跟人走"，让转移支付"跟人走"。同时要对经费从拨付到使用实施透明化监管，构建转移支付经费的问责机制，避免因为地方政府的一己私利造成政策执行偏差，以人头为单位将经费精准投放到养老服务领域，实现具体落实和有效使用。

各级地方政府在政策制定过程中应综合考虑地区经济发展状况、老龄人口死亡率、迁移率、平均寿命、居民收入、工农业总产值、就业人数等因素，对未来的老年人口数量和政府财政收入做出科学客观的预测，同时加强老龄人口数量的统计监测，以便加快地方政府的响应速度，合理调配公共养老服务资源方面的财政投入资金，进一步落实财政补贴从"补砖头""补床头"向"补人头"转变。同时，相关部门应多渠道筹措公共养老服务资金，引导社会组织、企业、个人向公共养老服务捐资捐物，以老年人的实际需求为导向，不断实现政策创新、更好地解决老年人养老服务需求。

具体而言，用于社会养老服务体系建设的资金规模在财政总支出中的占比同样应逐年提高，其财政支出增长率应明显高于平均增长率。各地财政有必要提高补贴标准并建立补贴标准随时间推移的自然增长机制，适度降低享受补贴的门槛，放宽外资准入标准，提高补贴标准，并结合市场现状引入新的财政补贴政策，多角度出发扩大补贴政策的辐射范围，增加财政投入资金。

此外，在投向结构上，考虑到区域间经济发展水平和基础设施建设的差异，当中央政府对东部发达地区的养老服务建设进行补贴时，中央财政投入规模可以适当地小于当地的投入规模，对中西部欠发达地区增加投资比例，以达到在国家一级保持相对平等的状态；加快补齐农村养老服务短板，全面构建满足农村老年人需求的新时代农村养老服务体系，着力实施乡镇敬老院改造升级工程，对服务功能较弱、供养人数较少的敬老院进行改造提升，结合实际打造建成区域性养老服务中心。

二、完善平等且更重质量的养老机构供方补贴机制

当前我国不少地方政府针对养老服务机构发放的财政补贴存在明显的不公平,财政补贴通常重公办轻民办。如此大的补贴差异,加之养老产业经营利润低和投资回报周期长的客观特点,无疑将会大大打击民间资本进入养老服务领域的积极性。面对这一困境,在制定养老机构补贴政策和补贴标准时,除了考虑养老机构发展规模外,还应将不同养老机构的地理位置、土地和租金成本等因素纳入考量范围,根据服务对象满意率、入住率、标准化等考评指标,对机构运营资助进行绩效成本预算评估,制定梯度化的针对性补贴政策;多考虑民办养老机构的经营现状,减少区别化对待的现象。在办好公办养老机构的同时,政府也应进一步加大对民办养老机构的资金扶持力度,做到公办与民办在政策支持上一视同仁。

此外,也应转变养老机构财政补贴中重建设而轻运营的局面,树立以质取胜而非以量取胜的政策理念,提高对机构运营过程中的支持力度,引导养老服务机构提升服务质量以及自我发展能力。同时也应加强对机构的监管,建立完整的养老机构入住老年人数据统计网络,对服务硬件、服务态度、服务质量等实施监管,减少养老床位空置、提高资金等资源使用效率。应加强对补助资金的使用和绩效管理,改变重资助申报轻资金管理的现状,重视资助资金的财务责任要求、资金目标、资金绩效测评,使资助产生应有的效益。应积极转变监管方式和监管机制,实行更加有效的奖惩制度。对现有的服务等级评定、服务满意度评价等措施积极进行改进,推动服务改革,减少机构降低服务质量和应付上级检查的可能性。同时可加强第三方评估制度,引入第三方专业评估机构定期对公建民营养老机构进行考核,主要评估机构内部设施是否完善、服务质量是否达标、是否真正满足老年人的需求,借助第三方的监管力量推动机构的发展和完善。

三、积极调整建立统一完善的养老服务需方补贴制度

首先应精准定位三类服务补贴的属性,着重将公共养老服务资源用于基本养老服务领域,保障老年人基本养老服务需求。当前各地对三类补贴的定位还不够清晰,各地在补贴范围、补贴标准等方面还存在较大差异。三类补贴都具有福利性和非缴费的特征,资金主要来自地方财政。根据国际经验和国内实践,不同于养老保险和最低生活保障制度,三类补贴主要向老年人提供照护服务保障,通过政府的补贴提高老年人的消费能力。三类补贴的服务对象应各有侧重,各地应首先明确三类补贴制度的定位,精准识别各类补贴的对象,分别进行差别化补贴。高龄津贴主要定位于向高龄老年人发放现金补贴,尤其应注重向生活困难的高龄老人发放,以提高其养老服务购买能力。护理补贴主要瞄准失能老人,主要用于满足失能老年人的照护需求,因此应集中向失能及残疾老年人发放补贴,以老年人身体状况或失能等级评估为享受前提,根据失能等级确定补贴标准。养老服务补贴主要瞄准经济困难老年人,按照老年人及其家庭收入状况给予相应的补贴待遇。

随着城镇化的加速发展，物价水平的上涨，老年人维持基本生活的压力不断增大，获得基本养老服务的成本也越来越高。因此可在财政资金允许的情况下适度提高补贴标准，从而更好地改善老年人生活，满足养老服务需求。失能老年人的护理成本通常会随其失能程度的不同而表现出较大的差异，而同一失能等级的失能老年人，其护理成本所造成的经济压力也会因经济收入状况的不同而不尽相同。因此在确定失能老人护理补贴对象之后，补贴的标准不可"一刀切"，而是应该根据补贴对象的实际情况实行分类补助，进而最大化实现补贴资金的价值。同时应建立起补贴标准的动态调整机制，按照与经济社会发展水平相适应的原则，同时兼顾失能老人生活保障和长期照护需求、向中重度失能老人倾斜，统筹考虑城乡居民收入增长、物价变动、最低生活保障等社会救助与保障标准调整等因素，合理确定护理补贴标准，鼓励有条件的地区可适当扩大补贴发放范围。

其次，全国各省市、各部门进行失能等级评估的方法和标准也有很大不同，对失能等级的划分标准不统一，因此应尽快制定全国统一的失能等级标准和相应的分级护理服务标准。在护理等级划分和需求衡量方面，可充分借鉴国际通行的评估工具，结合我国实际情况，开发出符合我国国情的失能评定标准体系。

最后，应积极调整完善养老服务补贴制度，加大力度向失能、经济困难老年人提供护理或服务补贴，使每个老年人均能平等享有基本的养老服务。此外，可通过提高低保障水平地区或人群的补贴标准、统一保障对象等减小制度碎片化。养老服务补贴对象的认定应综合考虑老年人的多方面收入，将子女的赡养责任考虑在内，综合评估各种因素，进一步体现补贴的公平性。

四、优化资金配置结构，加大"补需方"倾斜力度

当前我国所提供的养老服务财政补贴中，往往更侧重于补供方，而对需方的补贴明显更弱。有研究指出，政府财政对养老服务需求者的直接补贴可提升其购买力，扩大养老服务需求；也能增强老年人的消费选择能力，提高老年福利资源使用的选择度和灵活性、激活养老服务业发展的内在动力。与此同时，供方补贴在实际过程中则不断显现出道德风险、政策倾斜、资源分配不公平、歧视性入住政策和福利反导向现象等一系列问题。因此，或可将原先给予各养老服务机构的建设或运营补助部分转化为对服务对象的补贴，实现由补供方到补需方的转变，形成科学、完善以及平衡的财政补贴支出结构。

此外，当前不少地方政府仅按照新建床位的数量等确定对养老机构发放的补贴金额，尽管也有一些政府按照养老服务机构的星级、服务满意度以及实际入住人数对机构发放补贴，但仍无法避免养老机构骗取补贴的可能性，同时也无法帮助减轻政府财政压力、提高老年人获得感。可能存在一些机构变相接收老年人"充人数"，从而骗取政府补贴。需方补贴在提高经济困难老年群体购买力上的效果明显优于供方补贴。政府针对敏感型消费者发放的财政补贴具有更强的针对性，弱势群体以更低的价格购买养老服务，将更有助于切实解决低收入老年人的基本养老服务需求。与供方补贴相比，需方补

贴所需的财政投入相对更少，政府财政压力也会相对更小。

在对养老服务需方进行补贴时，需注意几个方面：一是要有严格的资格筛选机制，即身体条件评估和经济条件评估相结合，两者均符合条件才能接受政府补助。二是人员资格的限定条件和补助标准既要积极，也要稳妥。对老年人经济困难条件的设定要考虑当地老年人实际收入状况，也要考虑财政实际承受能力。对老年人经济条件的普遍调查有一定难度，以现有的城乡低保工作为主要参照，则是较为现实的选择。同样地，对老年人的补助标准也要综合考虑当地物价水平和当地财政的实际财力。三是慎重选择需方补贴的具体形式。目前各地实践中，对需方的补贴大体有发放补助券、给予服务时间以及直接发放现金等方式。总的来看这些补贴形式各有利弊，应根据地区情况综合选择。

五、强化落实特定公共养老服务政策的统筹衔接工作

政府针对居家养老、社区养老和机构养老的发展相互独立、缺乏有效衔接的问题，可将社区作为相互之间衔接的平台，推动养老服务向融合发展服务体系转变。实际工作中，应推进居家养老和机构养老社区化，将养老服务和医疗服务搬至社区，以社区为核心和纽带，让老年人实现在本社区内就地接受服务，在社区中满足多种服务需求。应支持养老机构、医疗机构向家庭和社区提供延伸服务，支持区域养老服务中心和社区养老服务机构建设，扶持社会力量投资兴办居家养老服务机构；可开展"家庭养老床位"试点，研究制定服务标准和操作规范，强化居家养老支持保障。

对于医养康养无法有效结合的问题，可以积极探索医养结合机构医保报销等制度规定，及时确定报销定额、报销程序和结算方式；鼓励医疗卫生机构与养老机构通过签约、派驻、托管、支援等方式开展合作。此外，可及时出台医疗风险和医患纠纷应对措施，出台规定为医护人员开展服务提供便利和保障，及时明确家庭医生的服务规范和收费标准。同时，也应充分发挥中医药在治未病、慢性病管理、疾病治疗和康复中的作用，鼓励和支持公立中医院与养老机构开展合作，支持养老机构开设中医诊所，或在基层卫生服务中心提供中医诊疗服务，满足老年人的多样化需求。

对于养老服务三项补贴而言，应以保障基本养老服务需求为基准，集中资源为经济困难的失能、高龄、孤寡等特殊困难老年人提供基本养老服务，切实提升地方政府养老服务资源整体效能、提高弱势老年群体的获得感。

对于长期护理保险制度，应及时对经验进行总结，并继续扩大试点范围，及时制定相关制度规范；尽快完善从专业机构到社区、家庭的长期照护服务模式，依托护理机构、社区卫生服务中心、乡镇卫生院等医疗卫生机构以及具备服务能力的养老服务机构，为失能老年人提供长期照护服务。发展"互联网＋照护服务"，积极发展家庭养老床位和护理型养老床位，方便失能老年人照护。持续推进长期护理保险制度试点和安宁疗护试点，加强养老服务体系建设和人才队伍建设，加强城乡、区域间的服务协调供给。

最后，针对主管部门过多、相对独立的问题，应尽快建立常态化的统筹机制，可由

民政部、全国老龄办等作为主要协调部门，加强与各功能部门的协调，实现共同制定政策、统一发布。此外，也应及时对各级部门、各级政府的职权进行统一梳理和规范，建立健全信息公开和交流沟通渠道，完善信息共享，建立跨功能、跨部门的协同监管机制，实现养老服务碎片化管理向整体治理转变。

六、多渠道发动社会力量提供养老服务

社会福利社会化的思想由来已久，西方国家在"福利多元主义""福利社会"等理念的倡导下，其福利社会化的进程已开展了数十年。为缓解政府的财政压力，同时为了解决单位外特殊服务对象的福利需求，自 20 世纪 80 年代市场化改革开始，我国民政部门便提出了"社会福利社会办"的城市社会福利改革思路。2000 年 2 月，民政部等部门发布的《关于加快实现社会福利社会化的意见》确定了社会福利社会化的发展方向，同时提出社会福利社会化的总体要求。在此之后，我国逐步探索出一条国家倡导资助、社会各方面力量积极兴办社会福利事业的新道路。然而在实际中，不少地区养老机构仍然存在公强民弱的局面，民办养老机构面临着不利的市场竞争环境，养老服务中社会力量的参与程度依然很小；同时，社区居家养老服务由于存在各种不利条件，社会力量参与的积极性很小，其发展也面临着多重挑战。

因此，为更好地满足老年人的养老服务需求，减轻政府财政压力，首先需要充分发挥社会力量在提供公共养老服务资源中的积极作用，提高社会力量参与养老服务的广度和深度，借助社会力量提高养老服务质量和水平。养老服务社会化的推进需要鼓励社会力量参与和培育服务型社会，形成"老吾老以及人之老"的友好氛围。各地可以社区为平台，发挥中国社会结构和传统文化优势，鼓励社区自主和自发治理，完善自下而上的决策参与平台，吸纳社区居民尤其是老年人的积极参与，激发社区居民的责任和自我发展意识，鼓励社区内各方力量共同参与，唤起共同的责任感，重塑社区共同体意识，共同为社区内老年人提供力所能及的服务。推行老龄服务社区化，进而形成全民共助的、社会化的服务型社会。

其次，倡导发展志愿和慈善服务，鼓励独立、健康老年人积极参与。可参照南京、北京等地的时间银行模式，大力发展志愿时间经济，创新激励保障措施，建立健全志愿服务记录制度。如此不仅能帮助老年人实现更多的生命价值，还能提高养老服务资源整合效率，帮助构建稳定的社会信用体系。

最后，培育和发展老龄服务专业组织和社会企业。相关政府部门应积极改进和完善社会组织相关政策，简化审批程序，符合条件的组织直接登记，对暂未达到登记条件的组织进行帮助和追踪管理；同时注意保障企业权益，允许企业营利和收费；发展和创新财政扶持政策，通过增加服务补贴、护理人员特殊岗位津贴、老人服务券等措施进行扶持。

七、推进智慧化养老服务，提升养老服务信息化水平

大力推进智慧养老服务，有利于提升养老服务的供给水平、缓解养老服务资源短缺。作为当前我国"互联网＋养老"产业和养老服务发展的重要趋势，有必要在今后大力开展智慧养老服务，推动我国养老服务水平的提升、释放产业活力，同时也可以帮助减轻子女养老压力，对于解决我国当下的人口老龄化困局具有重要意义。

首先，应提前做好顶层设计。智慧养老的健康、持续发展需要良好的顶层设计，完备的政策法规制度体系。政府应出台国家层面的政策法规，明确各部门、各主体间的责任与义务；应构建智慧养老的准入、运营、退出机制，制定统一的行业标准，规范社区居家养老服务照料中心、养老机构等服务提供主体的行为；同时应健全监督和考核体系，将结果与评比、奖励挂钩，以此提高服务提供方的服务质量和服务热情。应打破各部门间的信息壁垒，减少数据"信息孤岛"的局面，实现信息共享；可建立智慧健康养老服务平台，让服务接受方也参与进来，提供有效的反馈，提高监督和考核的说服力，从而促使供给方不断改进服务中的不足和提高服务质量。政府还可以通过委托第三方专业的机构进行监督考核，以此搭建更为科学、有效的监督考核体系。此外，政府还应制定并落实配套政策，吸引社会资本，实现政府主导，多方参与的市场模式。

其次，应加强人才队伍的建设与培训。人才是行业发展的根本，智慧养老产业相关人才存在巨大缺口。相关部门应加强注重人才的培养，完善人才队伍建设，加强对一线服务人员在信息技术、医疗保健等方面知识学习的教育培训；鼓励高校设置相关专业，通过与当地社区服务中心、养老机构等签订定向委培协议的方式，培育高质量复合型人才。此外，从业人员待遇水平需要得到足够重视，以此留住人才，实现智慧养老服务的持续健康发展。

最后，有必要帮助老年人跨越数字鸿沟。老年人是智慧养老的服务对象，老年人对于该模式的接受度，直接决定了该模式的未来走向。因此，要提高老年人的信息化水平，帮助其跨越信息鸿沟。一方面，政府、社区等主体可以通过报纸，电视等传统媒体来普及互联网知识，可招募志愿者帮助宣传，转变老年人的思想观念，加强老人互联网的学习和使用能力。另一方面，企业在设计产品时应改进设计理念，从老年人的实际需求出发，提高智慧养老服务的实用性、易用性，降低产品使用的信息门槛。

参考文献

1. 著作：

[1] 郑书耀 . 准公共物品私人供给研究 [M]. 北京：中国财政经济出版社，2008.

[2] 成刚 . 数据包络分析方法与 MaxDEA 软件 [M]. 北京：知识产权出版社，2014.

[3] 陈诚诚 . 德日韩长期护理保险制度比较研究 [M]. 北京：中国劳动社会保障出版社，2016.

[4] Waller, L. & Gotway, C. Applied spatial statistics for public health data[M]. Hoboken: John Wiley and Sons, 2004.

2. 期刊文献：

[1] 毕向阳，李沫 . 在公平与效率之间：对北京市养老资源的空间分析 [J]. 社会，2020，40（03）：117-147.

[2] 陈显友 . 乡村振兴背景下农村养老服务供给问题研究 [J]. 广西社会科学，2021（11）：8-16.

[3] 陈燕 . 推动实现全体老年人享有基本养老服务——民政部副部长唐承沛专访 [J]. 中国民政，2022，740（23）：9-11.

[4] 戴卫东 . 解析德国、日本长期护理保险制度的差异 [J]. 东北亚论坛，2007（01）：39-44.

[5] 邓沛琦 . 我国养老服务供给模式存在的问题及政策建议 [J]. 当代经济，2021（11）：128-131.

[6] 甘炜，刘向杰，于凌云 . 养老服务市场化财政补贴与调整机制研究 [J]. 地方财政研究，2017（11）：49-54+62.

[7] 高向东，何骏 . 上海市养老机构空间可达性研究 [J]. 中国人口科学，2018（02）：116-125+128.

[8] 郭嘉玥，孙燕，董艳 . 发达国家健康养老服务的主要模式及对我国的启示 [J]. 卫生软科学，2019，33（03）：3-7.

[9] 顾佳峰 . 县际竞争和公共教育财政资源配置——基于空间经济计量研究 [J]. 经济地理，2012，32（04）：38-43.

[10] 海龙 . 我国失能老人护理补贴政策的特征刻画与治理策略 [J]. 湖南社会科学，2022（01）：112-119.

[11] 郝君富，李心愉 . 德国长期护理保险：制度设计、经济影响与启示 [J]. 人口学刊，2014，36（02）：104-112.

[12] 胡宏伟，蒋浩琛，阴佳浩 . 农村县城养老体系：优势、框架与政策重点阐析 [J]. 学习与实践，2022（04）：113-124.

[13] 胡宪 . 支持我国养老服务业发展的财税政策分析 [J]. 湖南社会科学，2017（04）：143-148.

[14] 李超民 . 美国养老事业的财政支持研究 [J]. 上海商学院学报，2015，16（01）：32-41.

[15] 李芬，高向东 . 我国社会养老资源配置均衡性探析——基于省会城市差异的视角 [J]. 人口与社会，2019，35（05）：48-56.

[16] 李海萍，梁子豪 . 城市社区养老设施配置空间均衡研究 [J]. 地球信息科学学报，2021，23（03）：467-478.

[17] 梁青青 . 发达国家居家养老服务经验及对我国的借鉴 [J]. 重庆理工大学学报（社会科学），2021，35（11）：135-140.

[18] 刘春姣 . 基于 Malmquist 模型的战略性新兴产业创新效率实证分析 [J]. 统计与决策，2019，35（13）：147-149.

[19] 罗烨军 . 高龄津贴对城市老年人主观福利的影响 [J]. 生产力研究，2022（07）：50-56+161.

[20] 马晓帆，张海峰，高子轶，孙骜 . 西宁市老年人口分布与养老资源错位研究 [J]. 世界地理研究，2021，30（01）：213-222.

[21] 马玉娜，顾佳峰 . "空间—制度"互动与公共福利资源配置：以机构养老为例 [J]. 北京大学学报（哲学社会科学版），2018，55（01）：124-132.

[22] 马玉娜，顾佳峰 . 县际公共养老福利资源配置研究——兼论空间与制度结构的影响 [J]. 社会学

研究，2015，30（03）：146-169+244-245.

[23]马跃如，易丹，黄尧.我国各地区养老服务机构服务效率及时空演变研究[J].中国软科学，2017（12）：1-10.

[24]米恩广，李若青.从"碎片化运行"到"协同性供给"：农村互助养老服务有效供给之进路[J].云南民族大学学报（哲学社会科学版），2021，38（04）：86-93.

[25]裴育，史梦昱.地区公共养老服务资源利用率影响因素分析——以苏南地区为例[J].江苏社会科学，2018（01）：50-57.

[26]齐齐，赵树宽，李其容.战略性新兴产业企业创新效率评价研究——以东北地区为例[J].中国流通经济，2017，31（10）：65-72.

[27]任洁.机构养老服务效率研究——以厦门市为例[J].人口与经济，2016（2）：58-68.

[28]桑东升，舒沐晖，刘大伟，等.供给侧改革视角下城市养老设施规划对策探索[J].城乡规划，2020（03）：37-42+49.

[29]斯琴，马占新.基于DEA交叉评价的模糊有效性度量方法[J].运筹与管理，2022，31（04）：123-128.

[30]涂爱仙.组织、政策和资源：三维透视医养结合服务供给碎片化[J].云南大学学报（社会科学版），2022，21（04）：135-144.

[31]王立剑，邸晓东.政策组合对养老服务资源供给的影响研究[J].西安交通大学学报（社会科学版），2022，42（02）：112-121.

[32]王浦劬，雷雨若，吕普生.超越多重博弈的医养结合机制建构论析——我国医养结合型养老模式的困境与出路[J].国家行政学院学报，2018（02）：40-51+135.

[33]王晓洁，李小倩，陈肖肖.推动我国养老服务体系发展的税收政策研究[J].税收经济研究，2021，26（04）：13-20.

[34]吴飞.居家养老服务多元主体协同供给策略研究——来自韩国的经验启示[J].邵阳学院学报（社会科学版），2020，19（03）：72-76.

[35]吴瑞君，孟兆敏，钟华.上海老年人口空间移动及其对公共服务资源配置的影响[J].统计科学与实践，2012（08）：14-16.

[36]夏金，李放.江苏财政支持社会养老服务体系建设的问题与对策[J].江苏社会科学，2017（01）：260-266.

[37]仙蜜花，仇雨临.我国养老服务补贴制度优化路径研究[J].江淮论坛，2021（05）：162-166.

[38]邢梓琳，杨立雄.混合福利经济视角下的中国老年长期照护服务体系建构——基于德日韩三国实践经验比较[J].行政管理改革，2022（05）：93-103.

[39]严佳辉，张燕，葛松盛，等.嘉兴市"医养结合＋智慧养老"的问题与对策[J].中国农村卫生事业管理，2022，42（12）：885-889.

[40]严明明.公共服务供给模式的选择——基于公平与效率关系理论的阐释[J].齐鲁学刊，2011（04）：103-106.

[41]杨斌，和俊民，陈婕.美国养老保险制度政府财政责任：特征、成因及启示[J].郑州大学学报（哲学社会科学版），2015，48（05）：90-93.

[42]杨雪凌，尹文强，赵兹旋，等.基于 DEA 模型的我国社区养老服务效率评价 [J]. 卫生软科学，2021，35（03）：62-65.

[43]殷俊，段亚男.准公共物品理论下我国养老服务财政补贴政策的失衡与纠偏 [J]. 决策与信息，2020（08）：34-42.

[44]俞华.日美市场化养老经验对我国的启示 [J]. 城市住宅，2018，25（11）：16-19.

[45]郁建兴，金蕾，瞿志远.民办社区养老机构建设及其政府责任——以杭州市上城区为例 [J]. 浙江社会科学，2012（11）：76-83+157.

[46]张孟强，任姗姗.美国养老服务发展经验与启示 [J]. 中国民政，2019（03）：54-55.

[47]张庆伟.公办养老机构定价探讨——以杭州为例 [J]. 社会科学家，2015（08）：55-58.

[48]张钊，毛义华，胡雨晨.老年数字鸿沟视角下智慧养老服务使用意愿研究 [J]. 西北人口，1-12.

[49]赵宁，张健.国外智慧养老发展模式的经验与启示 [J]. 社会科学动态，2020（08）：67-71.

[50]赵万里，李谊群.中国多元养老服务模式研究——基于中外养老服务模式的比较分析 [J]. 天津师范大学学报（社会科学版），2019（02）：61-67.

[51]赵越聪，郭锦丽.基于 DEA 模型的山西省养老机构资源配置效率研究 [J]. 护理研究，2022，36（01）：34-38.

[52]Tanuseputro P，Hsu A，Kuluski K，et al. Level of Need，Divertibility，and Outcomes of N ewly Admitted Nursing Home Residents[J]. J Am Med Dir Assoc. 2017，18(07):616-623.

[53]Hoffmann F，Allers K. Age and sex differences in hospitalisation of nursing home residen ts: a systematic review[J]. BMJ Open. 2016, 6(10):e011912.

[54]Lord J，Weech-Maldonado R，Davlyatov G. Predicting financial distress in nursing homes: An application of the Altman Z-Score model[J]. Innovation in Aging, 2017，1(Suppl 1): 185.

[55]Iain.et al.Community care in Europe: The Aged in Home Care project[J]. Aging Clinical and Experimental Research. 2004：266.

[56]Sherry Anne Chapman, et al. Client-centered, community-based care for frail seniors [J]. Health and Social Care in the Community，2002，11(03): 253-261.

[57]Talen，E.，& Anselin，L. Assessing spatial equity: An evaluation of measures of accessibility to public playgrounds[J]. Environment & Planning A，1998. 30(04): 595-613.

[58]Lucas，K.，B. van Wee, and K. Maat. A method toevaluate equitable accessibility: Combining ethical Accessibility Inequality and Income Disparity in Urban China 139 theories and accessibility-based approaches [J]. Transportation, 2016.43 (03): 473-490.

[59]Sharma，A. Modelling disparities in health services utilisation for older blacks: A quantile regression framework[J]. Ageing and Society，2015. 35(08): 1657-1683.

[60]Mobley，L. R.，Root，E.，Anselin，L.，Lozano-Gracia，N.，& Koschinsky，J. Spatial analysis of elderly access to primary care services[J]. International Journal of Health，2006，5(1): 19.

[61]Sexton T. R.，Leiken A. M. ，Sleeper S. ，et al.The Impact of Prospective Reimbursement on Nursing Home Efficiency[J].Medical Care，1989，27(02):154-163.

[62]Nyman J. A.，Bricker D.L. Profit Incentives and Technical Efficiency in the Production of Nursing

Home Care[J]. The Review of Economics and Statistics, 1989, 71(04): 586-594.

[63]Kooreman P. Nursing Home Care in the Netherlands: A Nonparametric Efficiency Analysis[J]. Journal of Health Economics, 1994, 13(03): 301-316.

[64]Garavaglia G., Lettieri E., Agasisti T., et al. Efficiency and Quality of Care in Nursing Homes: An Italian Case Study[J]. Health Care Management Science, 2011, 14(01): 22-35.

[65]Bjorkgren M.A., Hkkinen U., Linna M.Measuring Efficiency of Long-term Care Units in Finland[J]. Health Care Management Science, 2001, 4(03): 193-200.

[66]Samuelson P A. The Pure Theory of Public Expenditure [J]. The review of economics and statistics. 1954, 36:387-389.

[67]Schmitt, C. &Obinger, H. Spatial interdependencies and welfare state generosity in western democracies(1960—2000)[J]. Journal of European Social Policy, 2013, 23(02): 119-133.

[68]Gu, J. "Spatial Dynamics and Determinants of County-level Education Expenditure in China[J]. Asia Pacific Education Review, 2012, 13(04).

3. 学位论文：

[1] 蔡泽倩. 基于出行行为的广州市社区养老服务资源配置研究 [D]. 广州：广东工业大学，2021.

[2] 赵启行. 老年人口流动背景下的养老资源精细化配置研究 [D]. 大连：辽宁师范大学，2020.

[3] 吴靖. 基于数据驱动的北京市老年群体特征及精细化养老管理研究 [D]. 北京：北京化工大学，2020.

[4] 苗壮壮. 上海社区养老服务资源配置有效性研究 [D]. 上海：上海工程技术大学，2019.

[5] 周美彤. 辽宁省养老服务资源城乡配置协调性分析 [D]. 沈阳：辽宁大学，2020.

[6] 吴雨昊. 分享经济下养老服务资源优化配置研究 [D]. 上海：上海工程技术大学，2019.

[7] 仲思. 社区养老服务资源供需研究 [D]. 上海：上海工程技术大学，2019.

[8] 蒋中信. 社会工作视角下高校社区养老服务资源整合问题研究 [D]. 兰州：兰州大学，2015.

[9] 张昊. 智慧养老视域下中国养老服务体系的优化路径研究 [D]. 吉林：吉林大学，2020.

[10]赵志富. 上海市社区养老服务资源配置研究 [D]. 上海：上海工程技术大学，2016.

[11]连楠楠. 养老机构服务效率评价及影响因素研究 [D]. 内蒙古：内蒙古科技大学，2019.

[12]李金蔓. 居家养老机构运营效率评价研究 [D]. 昆明：昆明理工大学，2017.

[13]王梦苑. 基于医养结合背景下武汉市养老资源配置与服务评价研究 [D]. 广州：南方医科大学，2018.